處世
처세

曾国藩成就大事十八诀
作者: 常峰瑞
copyright ⓒ 2007 by 当代世界出版社
All rights reserved.
Korean Translation Copyright ⓒ 2010 by Book21 Publishing Group Co., Ltd
Korean edition is published by arrangement with 当代世界出版社
through EntersKorea Co.,Ltd, Seoul.

이 책의 한국어판 저작권은 (주)엔터스코리아를 통한
중국의 当代世界出版社와의 계약으로 도서출판 (주)북이십일이 소유합니다.
신 저작권법에 의하여 한국 내에서 보호를 받는 저작물이므로
무단전재와 무단복제를 금합니다.

중국 최고 전략가 증국번의
세상을 이기는 법 18

처세

處世

챵펑뤼 지음 | 양성희 옮김

www.book21.com

| 서문 |

'진심'으로 승리한 영웅, 증국번을 배우라!

　증국번은 극단적인 평가가 엇갈리는 인물인 만큼 그를 한 마디로 정의하기는 힘들다. 이 책에서는 그에 대한 모든 논란을 접어두고 그의 '포부'와 '성공'에만 초점을 맞추려 한다.
　교육학 이론에서는 인간 발달의 3대 요소로 유전, 환경, 교육을 꼽는다. 교육만으로는 모든 문제를 해결할 수 없고, 타고난 유전인자가 모든 것을 결정하는 것도 아니란 뜻이다. 증국번은 이 교육학 이론의 훌륭한 모델이다. 아마도 인간 발달의 3대 요소를 그만큼 충실히 갖춘 사람도 없을 것이다. 성급한 결론일지 모르겠지만, 이 책에서 말하고자 하는 것이 바로 이런 교훈이다. '끊임없이 공부하고 소질을 개발하면 누구나 성공할 수 있다'는 것.
　진시황(秦始皇)과 유방(劉邦)은 '위인'이라는 말이 참 잘 어울리는 사람이다. 보통사람에게는 그저 우러러볼 대상이지 본보기로 삼을 수 있는 상대가 아니다. 하지만 증국번은 조금 다르다. 그는 성현(聖賢)이라 불릴 만큼 대단한 업적을 세웠지만, 또 한편에서는 매국노로 비난받고 첩 문제로 손가락질을 받기도 했다. 어디 그뿐인가? 그는 감히 함풍제(咸豊帝)

에게 권력을 요구했으며, 강서(江西) 위기가 고조되자 부모상을 핑계로 책임을 저버리고 도망친 일까지 있었다. 이 모든 것을 종합해보면 증국번은 장점도 있고 단점도 있는, 우리와 별반 다르지 않은 보통사람이라는 생각이 든다. 이러한 강한 정신력, 신중함, 적절한 인재 활용, 뛰어난 판단력 등 장점은 물론 유약하고 부드러운 성격, 집착에 가까운 인내심과 같은 단점까지 증국번의 대업을 만들어낸 요인은 모두 '학습'을 통해 얻은 것들이다.

신이 아닌 사람인 이상 증국번도 당연히 실수를 할 수 있다. 태평천국(太平天國) 군대와 맞붙어 연패를 하던 때는 자살을 시도하기도 했고, 큰 돈을 사기당한 적도 있으며, 첩을 들이기도 했다. 이 때문에 그를 선비의 고상한 탈을 쓴 위선자라고 비난하는 사람들도 있다. 그랬다. 그는 확실히 평범한 인간이었다. 어린 시절, 대련(對聯)을 공부할 때는 얼른 답이 떠오르지 않아 하루 온종일 고민해야 할 때도 많았다. 그러나 그는 확실히 학문에 타고난 재능이 있었다. 어려서부터 문장력이 뛰어났던 그는 스물일곱 살에 진사(進士)에 합격했고, 서른일곱 살에 이미 이품(二品) 관직에 올랐으니, 확실히 뛰어난 인재임이 입증된 셈이다. 그는 일찍이 성현을 인생의 목표로 삼으면서 성현이 되지 못하면 인간도 아니라는 뜻으로 '불위성현(不爲聖賢), 변위금수(便爲禽獸)'라는 말을 남기기도 했다. 이렇게 단호한 말투와 의지는 보통사람에게서는 찾아보기 힘든 것이다. 또한 그는 지방 자치 군사 조직인 단련(團練)을 재편성해 새로운 군대를 창설하는 등 개혁정신도 투철했다.

증국번이 대성공을 거두는 데 영향을 끼친 요소는 아주 많다. 이 책에서 그것을 모두 다루기는 힘들기 때문에 비중 있는 몇 가지만 선별해서 18장으로 구성했다. 증국번이 특별히 강조했던 '입지(立志)'와 '인재' 부분을 두 장으로 나누었기 때문에 실질적으로는 16개 항목이다.

사실상 이 책 구성의 가장 큰 단점이 바로 증국번의 모든 것을 담지 못했다는 것이다. 그 중에서도 증국번이 일생을 통해 몸소 실천했던 근면과 분투 정신을 담지 못한 것이 가장 아쉽다. 그리고 마지막으로 짚고 넘어가야 할 것이 있다. 인간은 사회적 동물이라는 말처럼 증국번의 삶 역시 사회적인 영향을 많이 받았다. 그의 사상 중에는 훌륭한 것도 있지만, 전통과 폐단에 얽매인 부정적인 것들도 있다. 따라서 오늘을 살아가는 우리는 반드시 명확한 기준을 세워 필요한 부분을 취사선택해야 할 것이다. 위인의 삶이라 해서 맹목적으로 따르는 것은 오히려 해가 될 수 있다.

필자가 칠 년 전 증국번에 관해 짧은 글을 쓴 적이 있는데, 여기에서 잠깐 소개하겠다. 문어체와 구어체가 섞여 있어 읽기에 다소 불편하겠지만, 간단하게나마 증국번이라는 인물 소개를 대신할 수 있을 것 같다.

증국번은 가난한 농촌 출신으로 중앙 정치 무대로 진출했으나, 만주족 정권에서 관직을 유지하는 일이 쉽지 않았다. 십 년 동안 아홉 번이나 자리를 옮긴 후에야 이품 관직에 올랐으니 그 과정이 결코 순탄치 않았을 것이다. 관직에서 물러나 고향에 돌아온 그는 다시 시대의 부름에 응했다. 증국번은 유명무실해진 녹영(綠營, 청나라 군제. 만주족 중심의 팔기八旗 외에 한족을 중심으로 편성된 지방군 녹기綠旗의 군영-역주)을 대신해 상용(湘勇, 증국번이 태평천국의 난을 진압하기 위해 조직한 상군湘軍의 또 다른 명칭-역주)을 조직해 태평천국의 난을 진압하고 쓰러져가는 청나라 왕조를 위기에서 구해냈다. 증국번은 자신과 같은 유생과 선비들을 모아 막강한 군대를 만들었던 것이다. 증국번이 처음 군대를 조직했을 때만 해도 그는 명망이나 권력과는 거리가 멀었다. 중앙이나 지방정부로부터 지원을 받지 못해 군량도 넉넉지 않은 상황이었다. 친구들조차 그를 외면했기 때문에 오로지 정신력 하나로 고군분투할 수밖에 없었다. 그는 하늘을 찌를 듯 높은 정기로 혈성(血誠, 진심에서 우러나오는 정성, 참된 마음의 정성-역주)을 다했으며, 목숨을 아끼지 않고 온몸으로 나라에 충성했다. 군왕으로부터 세 번이나 버림받았지만 끝까지 뜻을 굽히지 않았고, 수차례 패전을 거듭했지만 포기하지 않고 다시 일어났다. 그러는 동안 조금씩 힘을 길렀고, 용기와 인내로 온갖 시련을 견뎌낸 끝에 마침내 봄날을 맞이했다. 증국번의 상군은 구강(九江), 안경(安慶), 금릉(金陵)에서 연달아 대승을 거두며 주목받기 시작했다. 태평천국의 난을 성공적으로 진압한 후 상군을 해산할 즈음 증국번은 이미 대업을 이룬 성인(聖人)으로서 청나라 조정과 만백성으로부터 추앙받는 존재가 되었다. 그의 원대한 포부, 뛰어난 지혜와 식견 모두 당대 최고로 인정받았다. 그는 서학(西學)을 배워 양무(洋務)에 힘썼다. 특히 서양 군대의 장점을 배워 청나라 군대를 강하게 만들었다.

내우외환이 점점 깊어지는 상황에서 빠른 효과를 보려면 맹약(猛藥)을 쓸 수밖에 없었다. 결국 단번에 성공을 거두기는 했지만, 오랫동안 깊은 후유증을 앓아야 했다. 외부의 적을 상대하려면 먼저 내부 상황을 안정시켜야 했다. 그래서 증거가 충분치 않아도 사형을 일삼기도 했다. 일을 처리할 때 화합이 중요하지만, 알면서도 종종 어길 수밖에 없었다. 훗날 본말이 전도되어 이를 악용하는 이들이 나타났다. 전통을 배운다는 핑계로 공직을 이용해 사리사욕을 채우는 이들이 늘어나면서 중국의 신음은 더욱 깊어졌다. 그러나 그의 내성외왕(內聖外王) 정신과 입덕, 입공, 입언의 삼불후(三不朽)는 반드시 기억해야 한다. 전반적인 상황을 파악해 대국 전략을 세우는 데는 단연 문정(文正, 증국번 사후 조정에서 내린 시호. 문신에게 내리는 가장 격이 높은 시호-역주)이 최고였다.

사람은 기(氣)가 중요하다. 기가 쇠하지 않아야 뜻을 강하게 할 수 있고, 뜻이 강해야 지식이 쌓이고, 지식이 쌓이면 언제든 중용될 것이다. 시대 흐름에 따라 나아가면 자연스럽게 공이 이루어지고, 널리 이름을 알릴 수 있다. 증국번의 뜻은 반드시 공명을 위한 것이 아니었기 때문에 영원히 바르게, 보다 원대하게, 오래도록 이어질 것이다. 우리 평범한 사람들은 어리석고 무지하거나, 알더라도 행동으로 옮기지 못하거나, 행동으로 옮기더라도 포기하지 않고 끝까지 가기가 힘들다. 끝까지 포기하지 않고 견디며 조금씩 공을 쌓아가는 사람, 평생 변함없이 굳은 의지로 살아가는 사람은 극소수다. 이렇게 큰 성공을 거둘 수 있는 사람은 아주 극소수일 뿐이다. 설사 굳은 의지를 세우고 뛰어난 식견을 지녔더라도 시간이 나를 기다려주지 않는다면 무엇을 어떻게 할 수 있겠는가? 그래서 평생 빛을 보지 못하는 사람이 또 얼마나 많겠는가?

차 례

서 문 '진심'으로 승리한 영웅, 증국번을 배우라! · 5

제1장 **웅혼한 기백으로 천하를 품어라**
'성현'이 되기로 결심하다 · 16 | 뜻이 있어 시련도 견디나니 · 22
봄의 활력으로 무엇을 못 이기랴 · 28
성공 인물의 처세력 ❶ 진정한 '혈성'이 성현을 키운다 · 38

제2장 **나의 힘은 '부드러운 카리스마'**
뛰어난 기지보다는 강한 끈기로 · 46 | 나를 아는 것이 가장 큰 장점 · 56
성공 인물의 처세력 ❷ 개방형 이광과 폐쇄형 정부식의 개성 전략 · 61

제3장 **기회는 결코 기다려주지 않는다**
시대를 읽는 눈이 되어 · 69 | 경세치용의 시대, 시기를 타다 · 77
결정적 기회, 드디어 '종군' · 88
성공 인물의 처세력 ❸ 뜻을 세우기보다 먼저 기회를 잡아라 · 95

제4장 **최고의 지략으로 뜻을 이루라**
치밀하고 신중하며 절묘하게 · 106 | 원칙이야말로 특급 계략 · 114
성공 인물의 처세력 ❹ '전략 부재', 진시황 선조의 참패를 기억하라 · 120

제5장 **크고 넓은 세상을 상대하라**
대국적으로 머리를 쓰라 · 133 | 그 상황에 직접 몸을 담그라 · 143
성공 인물의 처세력 ❺ 강남의 적을 완전 평정하는 방법 · 154

제6장 포부와 기개의 기반을 구축하라
진실과 거짓의 조화 · 161 | 전략기반, 호남을 의지하다 · 167
성공 인물의 처세력 ❻ 유방의 기반, 확실한 근거지로 승리하다 · 173

제7장 큰 뜻은 큰마음에서 나온다
이상의 날개를 펴라 · 184 | 밭 가는 법을 물어라 · 189
성공 인물의 처세력 ❼ 포부에 맞게 능력을 키워라 · 194

제8장 의지의 깃발을 휘날려라
'불요전, 불파사' 투지를 불태우다 · 213 | 강한 공명심과 원대한 포부로 · 222
성공 인물의 처세력 ❽ 주원장의 포부를 내 것으로! · 230

제9장 똑똑하기보다 참된 고수가 되라
독립 권유를 물리치다 · 243 | 영원한 청나라의 충신으로 · 252
성공 인물의 처세력 ❾ 고수의 막강 파워를 구사하라 · 261

제10장 부러진 이는 피와 함께 삼켜라
때론 정당한 분노가 필요하다 · 272 | 모욕과 억울, 참담함을 견디라 · 278
성공 인물의 처세력 ❿ '와신상담'의 교훈을 잊지 마라 · 285

제11장 자기최면으로 용기를 길러라
죽음은 누구에게나 두려운 것 · 296 ｜ 필사의 신념이 '나'를 구한다 · 302
성공 인물의 처세력 ⑪ 긍정적으로 평상심을 유지하라 · 310

제12장 강직함으로 큰일을 감당하라
욕심이 없으면 강해진다 · 319 ｜ 세월의 타성을 비낄 수만 있다면 · 325
성공 인물의 처세력 ⑫ 강직하다는 오만을 버려라 · 329

제13장 내 편을 적극 확보하라
다수의 지지로 소수를 고립시켜라 · 336 ｜ 아부 아닌 신중한 사교술 · 342
성공 인물의 처세력 ⑬ 큰일은 절대 혼자 할 수 없다 · 352

제14장 냉정하고 엄격하게 다스려라
대의와 대세에 맞는 냉정함 · 364 ｜ 누구보다 자신에게 냉정하라 · 371
성공 인물의 처세력 ⑭ 망국 군주 숭정 황제의 비극을 보라 · 380

제15장 의미 있는 '사소함'을 챙겨라
작지만 중요한 일을 살펴라 · 393 ｜ 눈 밝은 사람이 인재를 키운다 · 399
성공 인물의 처세력 ⑮ 큰일이 되는 작은 일을 살펴라 · 404

제16장 치우침 없이, 중용의 도를 익혀라
타협이 없으면 협조도 없다 · 410 | **중용의 도를 처세 기준으로** · 417
성공 인물의 처세력 ⓰ 중용의 지혜가 목숨을 살린다 · 430

제17장 사람을 얻는 일이 최고의 전략이다
정성껏 인재를 구하라 · 438 | **능력과 인품을 함께 판단하라** · 445

제18장 인재의 수준을 한층 끌어올려라
인재 사랑의 명확한 기준 · 458 | **상벌을 분명히 하라** · 468
증국번의 뜨거운 교육 열정 · 475

주 석 · 475

제1장

웅혼한 기백으로 천하를 품어라

참된 마음의 열정, '혈성'을 다한 사람은 반드시 성공한다.
이는 증국번의 삶이 웅변하는 것으로, 그의 혈성은 천하를 품을 수 있는 것이었다.

중국 근대 역사의 영웅으로 꼽히는 증국번. 그가 대업을 이루기까지 수많은 요인이 영향을 끼쳤을 텐데, 그 중 첫 번째는 무엇일까? 이 책은 역사 문제가 아닌 개인의 성공을 다루고 있으니 첫 번째로 '혈성'을 꼽을 수 있겠다. 그와 같은 시대 인물 중 입공(立功), 입언(立言), 입덕(立德)[1] 각 부분에서 손꼽히는 사람은 있지만, 이 세 가지를 모두 갖춘 사람으로는 증국번이 유일하다. 궁벽한 농촌 마을에서 태어난 그는 가진 것 없는 가난한 선비였다. 그런 그가 훗날 높은 관직에 오르고, 30만 대군을 지휘하고, 천하의 수많은 인재를 거느리고, 태평천국의 난을 성공적으로 진압할 수 있었던 기초가 바로 혈성이었다.

그렇다면 증국번은 누구에게 혈성을 바쳤을까? 사실 그의 혈성은 누구에게 바쳐진 것이 아니다. 바로 그 자신의 이상을 위한 것이었다. 혈성은 유가(儒家) 덕목에서 시작된 가르침으로 수신(修身), 제가(齊家), 치국(治國), 평천하(平天下)를 위한 기본 조건이다. 호남(湖南) 지역은 전통적으로 '농사를 지으며 학문에 힘쓴다'는 이른바 경독(耕讀) 사상이 강하게 뿌리 내린 곳이다. 지금도 호남 사람들은 집안에 '천지군친사(天地君親師)'[2]라는 위패를 모시고 있는데, 시대가 바뀌면서 임금을 뜻하는 '군(君)'이 나라를 뜻하는 '국(國)'으로 바뀌었을 뿐, 그 기본 정신은 그대로 이어지고 있다. 일찍이 유가를 대표하는 맹자(孟子)가 '곤궁하면 오로지 자신을 잘 돌보고, 잘되면 천하에 선을 베풀라'³⁾고 말했는데, 이 가르침을 뛰어넘은 이가 바로 증국번이다. 그는 남들보다 일찍 뜻을 세웠고, 개인적으로 어려운 상황에서도 자기 살 길만 도모한 것이 아니라 이미 천하를 품었다.

'성현'이 되기로 결심하다

증국번은 가난한 농가에서 태어났다. 만약 청(淸)나라 조정에서 과거를 시행하지 않았다면 제아무리 똑똑하고 성실한 사람이라도 10년 만에 이품 관직에 오를 수는 없었을 것이다. 가문 배경이나 인맥이 아무것도 없는 한낱 선비가 스물일곱 살에 진사(進士)에 합격해서 서른일곱 살에 이품까지 거침없이 질주할 수 있었던 것은 모두 청나라 조정이 그에게 기회를 주었기 때문이다. 그래서 그는 청나라 조정에 한없이 감사했고, 그 은혜에 보답하기 위해 힘썼다.

그는 언제나 조정 편에 서서 청나라를 보호하는 일에 앞장섰다. 그리고 이런 말을 자주 했다. "가난하고 보잘것없는 집안에서 태어난 내가 이렇게 높은 관직에 올랐으니, 여기에 만족할 줄 모른다면 아마 귀신도 용서치 않으리라." "앞으로 나는 혈성을 다해 나라에 충성하고 은혜에 보답할 것이다. 절대 개인의 사리사욕을 채우는 관리가 되지 않겠다." 이러한 관점에서 보면 청나라 조정에 대한 증국번의 혈성은 가풍(家風) 때문이라고 해도 과언이 아닐 것이다.

하지만 그가 청나라 조정에 아무 불만이 없었던 것은 아니다. 증국번이 살던 시대는 강희(康熙), 옹정(雍正), 건륭(乾隆), 가경(嘉慶) 시대의 태평성세에 가려진 온갖 사회 모순과 갈등이 한꺼번에 폭발한 시기였다. 특히 청나라 부패를 만천하에 드러낸 아편전쟁의 패배 이후 청나라는 급속히 기울기 시작했다. 증국번은 하층민 출신이었기 때문에 대다수 일반백성의 고통을 누구보다 잘 알았고, 과거에 합격한 후 직접 관리들의 부정부패를 목격하면서 세상에 대한 안목을 넓혀갔다. 그는 암암리에 진행되는 관리들의 부정부패를 극도로 혐오했고, 백성들을 괴롭히고 폭정과 착취를 일삼는 관리를 강하게 비난했다. 이때 그는 '재물을 탐하지 않고, 죽음을 두려워하지 않는 관리'가 되어 관리의 기강을 바로 세우고 부패 정치를 일소하기로 다짐했다. 대대적인 개혁을 통해 청나라 조정에 새로운 바람을 일으켜 과거 당(唐)나라와 송(宋)나라가 그랬던 것처럼 청나라의 중흥을 도모하는 것이 최종 목표였다. 그러나 그가 할 수 있는 것은 태평천국의 난을 진압함으로써 청나라의 운명을 50여 년 연장한 것이 다였다. 청나라 중흥은 한 사람의 노력만으로는 절대 불가능한 일이었기에 한낱 꿈으로 끝나고 말았다.

증국번과 청나라 조정의 이상향은 분명히 달랐지만, 그렇다고 청나라 왕조를 무너뜨리고 스스로 황제가 될 생각은 없었기 때문에 그로서는 다른 선택의 여지가 없었다. 청나라 조정에 모든 혈성을 바치는 것, 그리하여 관리의 기강을 바로 잡고, 일련의 개혁 조치를 통해 청나라 조정의 지배 기반을 튼튼히 하는 것이 그의 목표였다.

그가 청나라의 부패와 위기를 명확히 인지하고 적극적으로 행동에 나설 수 있었던 데는 그의 성장 배경과 지인들의 영향이 컸다. 농촌 출신으로 지방 농민들의 고통을 누구보다 깊이 이해했던 그였기에 농민들 사이에 반정부 분위기가 일고 있음을 일찍이 간파했다. 호남의 일부 의식 있는 관리들 중에도 오랜 경험을 통해 반란의 폭풍을 감지하고 미리 대비책을 세워둔 이들이 있었다. 뢰재호(雷再浩)의 난을 신속하게 진압한 강충원(江忠源)이 대표적인 예다.

증국번은 본래 나약한 선비의 전형이었다. 그러나 성현이 되기로 결심한 후 청나라 조정을 위해 헌신할 마음으로 학문과 무예 수련에 정진했다. 그는 다른 성리학자들과 마찬가지로 매일 심신 수양을 위해 좌선도 게을리하지 않았다. 하지만 노력이 너무 지나쳐 결국 피를 토하고는 무리한 육체 활동을 접었다. 그는 이때 얻은 병으로 평생 편하게 잠을 이룰 수 없었다고 한다. 그는 관리가 된 후에도 꾸준히 학문을 닦아 높은 관직에 오르고, 부귀와 명예를 얻었다. 그러나 높은 관직, 부귀, 명예는 그가 목표한 바가 아니었다. 그의 이상향은 오로지 성현이 되는 것이었다. 성현이란 나라와 백성을 위해 개인의 이익에 연연하지 않는 사람이다. 때문에 성현 중에는 부귀와 명예를 동시에 얻은 사람이 많지 않다. 공자(孔子)와 그의 제자들 대부분은 부귀와 거리가 멀었고, 주자(朱子)도 높은 관직에 오르지 못했다. 하지만 이들 사상은 수천 년을 뛰어넘어 증국번에게 이어졌다.

증국번은 관리가 된 후에도 학술 및 시국 문제를 논의하기 위해 고향에 있는 친구들과 꾸준히 편지를 주고받았다. 역시 유가의 영향을 깊이 받은 친구들은 가정환경이나 정치사상 모두 그와 비슷했으나, 관운(官運)이 있는 사람은 증국번뿐이었다. 증국번의 친구들은 높은 관직에 오르지는 못했지만, 나라를 걱정하는 마음은 그에 못지않았다. 친구들은 지방 백성들의 바람이 증국번을 통해 황제에게 전해지길 바랐고, 증국번은 친구들을 통해 지방 백성들의 상황을 정확히 파악하고 대비책을 마련할 수 있었으니, 이들은 서로에게 큰 힘이 되는 존재였다. 그와 자주 편지를 주고받았던 가까운 친구로 유용(劉蓉), 곽숭도(郭嵩燾), 강충원,

구양조웅(歐陽兆熊), 라택남(羅澤南) 등이 있다.

이처럼 혈성 깊은 친구들의 격려와 지지가 있었기에 그는 함풍제(咸豐帝)가 반란 진압을 종용할 때 과감히 개혁 정책의 시급함을 주장했다. 그는 무려 14개의 상소문을 올려 먼저 관직 질서와 사회 모순을 바로잡고, 인재를 키우고, 군대를 재편해야 한다는 일련의 개혁 조치를 제안했다. 특히 마지막 상소문에서는 함풍제의 잘못을 직접적으로 언급해 자칫 큰 화를 당할 뻔했다.

그런데 그는 왜 목숨을 걸고 황제의 심기를 건드리면서까지 조정을 개혁하려 했을까? 무엇보다 증국번 개인의 혈성이 가장 큰 영향을 끼쳤겠지만 주변 성리학자와 친구들의 혈성 또한 무시할 수 없었기 때문이다. 그는 자신의 행동이 얼마나 위험한 것인지 잘 알고 있었지만, 그렇다고 뜻을 꺾을 수는 없었다. 그는 말했다. "이품 관직에 올라 어찌 고귀하지 않은 행동을 하겠느냐? 지금 내가 충성을 다해 바른 말을 하지 못한다면 또 언제 할 수 있겠느냐?" 이에 친구 유용이 그를 지지하며 말했다. "혹여 자네 상소문이 받아들여지지 않는다고 해도 절대 포기하거나 책임을 저버리지 말게. 자네는 이 나라의 대신이 아닌가? 자네 스스로 '재물을 탐하지 않고, 죽음을 두려워하지 않는 관리'가 되겠다고 했으니, 반드시 대신으로서 충성을 다하고 나라에 보답해야 하네." 또 다른 친구 라택남은 "물론 위험하다는 건 알지만, 그렇다고 말하지 않는다면 권력과 개인의 이익만 탐하는 대신이 될 걸세"라고 말했다. 증국번은 친구들의 격려 속에 과감히 개인의 이익을 떨쳐버리고 황제의 잘못을 지적하는 상소문을 올렸다.

증국번과 뜻을 함께하며 그를 지지한 사람들은 대부분 훗날 상군(湘軍)[4] 주요 간부로 활약했다. 이 때문에 상군은 유가 '혈성'의 영향을 크게 받았다. 증국번과 친구들은 정부가 일방적으로 민중 봉기를 무력 진압하는 데 반대했다. 백성들의 불만이 대부분 부패 관리와 불합리한 제도 때문이었으므로 먼저 관리 질서를 바로잡는 것이 나라와 백성을 모두 위하는 길이라 생각했다. 그러나 함풍제가 이를 받아들이지 않았기 때문에 이들의 혈성은 물거품이 될 위기에 처했다.

이때 마침 홍수전(洪秀全)의 태평천국 난이 일어나자 증국번에게 새로운 기회가 찾아왔다. 남에서 군대를 조직한 그는 오로지 혈성을 기초로 '치국평천하'를 이루기 위해 닥치는 대로 반란군을 죽였다. 비난 여론이 거셌지만 개의치 않았다. 또한 장사(長沙)에서 군사훈련을 하던 중 그는 직권 남용이라는 비난을 뿌리치고 자신의 주장을 강력하게 밀고 나갔다. 이 때문에 병사들이 폭동을 일으켜 죽을 고비를 넘기기도 했다. 이것은 모두 기회를 성공으로 만들기 위한, 즉 혈성에 너무 몰입한 탓이었다. 군사훈련이 한창 진행되고 있을 때 안휘(安徽) 지역에서 급보가 날아들고 곧이어 함풍제의 출병 명령이 떨어졌다. 당시 증국번은 여러 차례 출병을 거부해 황제의 심기를 불편하게 만들었다. 그러나 이 역시 혈성에서 비롯된 행동이었다. 그는 나라를 구하는 것만이 청나라 조정에 보답하는 길이라 생각했고, 그래서 온갖 모욕과 불명예를 감수하고 개인의 이익을 포기했다. 증국번의 혈성은 점차 순박한 농민 상군 병사들에게까지 전해져 상군의 강력한 '정신 무기'가 되었다.

1858년(함풍 8년), 다시 주요 관직에 임명된 증국번은 완전히 다른 사람이 되었다. 관리로서의 삶과 개인의 삶에 대한 태도가 그전과 확연히 달랐다. 성격이 급하고 다소 과격하기까지 했던 그가 최종 목표를 달성하기 위해 인내하고 자기 의견을 굽히기 시작했다. 하지만 청나라 조정에 대한 생각이나 혈성을 다하겠다는 결심은 변하지 않았다. 6년 후, 그는 남경(南京)을 함락하고 태평천국의 난을 진압함으로써 다시 한 번 자신의 혈성을 증명했다.

증국번은 태평천국의 난을 진압한 지 한 달 만인 1864년(동치同治 3년) 7월 29일에 황제에게 「준지사판도원품알지현신명정의절(遵旨査辦道員稟評知縣訊明定議折)」이라는 제목으로 상소문을 올렸다. 총 8,300자에 달하는 이 상소문은 증국번이 쓴 것 중 가장 긴 상소문이다.

이 상소문은 그가 일 년 전 황제의 명을 받고 조사한 사건의 보고서로 권력을 이용해 사리사욕을 채우는 관리와 파벌 싸움에 대한 내용이었다. 고위직 관리 수십 명이 연루된 이 사건은 원래 심보정(沈葆楨)이 조정에 보고한 것이었다. 청나라 조정은 증국번에게 재조사를 지시하면서 정확한 증인과 물증을 확보하고 공정하게 처리할 것을 명했다. 증국번은 일 년 동안 고생한 끝에 조사를 마무리하고, 위의 상소문을 작성했다.

사건이 워낙 복잡하고 고위직 관리가 많이 연루되어 있어 신중에 신중을 기해야 했다. 사건 경위와 전후관계를 정확히 정리하고, 관련자들의 처벌 수준을 정하고 그 이유를 명확히 밝혀야 했으므로 일 년이란 긴 시간이 필요했다. 관련자 한 명 한 명에 대해 어떻게 처벌하고, 왜 그렇게 처벌해야 하는지 분명하고 자세히 진술하느라 8,300자가 넘는 장문의 상소문이 탄생한 것이다. 웬만한 사람은 읽다 지쳐 쓰러질 정도의 방대한 분량인 만큼 그가 이 상소문에 얼마나 심혈을 기울였는지 짐작할 수 있다.

증국번이 이 사건을 조사하던 때는 남경을 함락하던 바로 그 해였다. 당시 그는 남경 함락에 집중하느라 정신이 없었지만, 특별히 시간을 내서 조사에 노력을 기울였다. 그가 이렇게 힘든 상황에서도 조사에 최선을 다한 이유는 자신의 정치적 위치에서 최상의 해결방법을 찾는 것이 혈성을 다하는 일이라고 생각했기 때문이다.

증국번은 태평천국의 난과 염군(捻軍)5)을 진압한 후에도 청나라 중흥을 위해 최선을 다하고자 했으나, 더 이상 좋은 결과는 없었다. 관리들의 부패는 이미 돌이킬 수 없을 정도로 만연해 있었고, 청나라 조정은 바람 앞의 등불처럼 위태로웠다. 그는 상군 동료 조렬문(趙烈文)이 50년 안에 청나라가 멸망할 것이라고 말했을 때 크게 반발했다. 그러나 후에 북경(北京) 직례(直隷) 총독(總督)에 임명된 후 여러 가지 상황과 청나라 조정 대신들의 자질을 직접 보고 들으면서 생각이 바뀌기 시작했다. 특히 정치의 '정' 자도 모르는 서태후(西太后)가 조정을 좌지우지하는 것을 보면서 조렬문이 옳다는 것을 깨닫고 청나라 중흥에 대한 꿈을 버렸다.

뜻이 있어 시련도 견디나니

증국번은 천진교안(天津敎案) 사건과 함께 최후를 맞이했다. 천진교안은 외국인 치사 사건이기 때문에 황제도 이것이 매우 어려운 사건이라는 것을 모르지 않을 터였다. 하지만 누군가는 떠안아야 할 일이었고, 증국번이 그 주인공이 되었다. 사건의 전모는 이러했다.

1870년(동치 9년) 5월, 프랑스 가톨릭교회에서 키우던 갓난아이 수십 명이 잇따라 죽었는데, 원인이 명확히 밝혀지지 않았다. 마침 천진(天津) 일대에 갓난아이 실종 사건이 빈번히 일어났는데, 용의자가 체포되면서 이 사건이 교회와 연관되어 있음이 드러났다. 이때부터 천진시민들은 교회를 주시하기 시작했다.

얼마 뒤 또 다른 인신매매범이 현장에서 체포되었는데, 가톨릭 신자 왕삼(王三)이 마약을 주면서 갓난아이를 유괴해오면 은화 닷 냥을 주기로 했다고 진술했다. 왕삼은 중국인이었지만 가톨릭 신자였기 때문에 교회에 몸을 숨길 수 있었다. 소문이 퍼지자 성난 천진 시민들이 관아로 몰려가 사건 해결을 촉구했다. 이에 관아에서는 교회로 사람을 보내 왕삼을 넘겨달라고 요구했으나 거절당했다. 관아에서 파견된 병사들이 돌아간 후에 교회 앞에 남아 있던 시민들과 교회 관계자 사이에 말다툼이 벌어졌고, 결국 이것이 격렬한 몸싸움으로 변했다.

당시 프랑스 영사 퐁타니에가 천진의 통상대신(通商大臣) 숭후(崇厚)에게 군대를 파견해 시민들의 폭력을 진압하라고 요구하자, 숭후는 마지못해 병사 두 명을 현장에 보냈다. 퐁타니에가 병사들에게 폭력을 휘두른 시민들을 당장 체포하라고 명령했으나, 병사들은 못 들은 척 움직이지 않았다. 화가 난 퐁타니에는 숭후를 찾아가 결판을 지을 생각으로 병사의 변발을 휘어잡았다. 퐁타니에에게 변발을 잡힌 병사는 관아까지 질질 끌려갔다. 퐁타니에는 숭후를 보자마자 총을 쏘았으나, 두 번 모두 빗나갔다. 이처럼 당시 서양인의 오만방자함은 이루 말할 수 없을 정도였다. 마치 중국을 제 집처럼 생각하고 중국인을 하인 부리듯 했다.

총소리가 들리자, 관아 밖에 모여 있던 군중들은 안에서 큰일이 벌어졌다고 생각했다. 이 소식이 여러 사람을 거치면서 급기야 전쟁이 일어났다는 소문까지 퍼졌다. 천진 시내에 요란한 북과 징 소리가 울려퍼지고 천진 시민들이 힘을 모으기 위해 한 자리에 모이기 시작했다.

이런 상황에 이르자 숭후는 혹시 모를 불상사를 막기 위해 퐁타니에에게 잠시 기다렸다가 군중들이 해산한 후에 돌아가라고 당부했다. 그러나 퐁타니에는 지혜롭거나 신중한 사람이 아니었다. 그는 오히려 더 크게 소리 지르며 관아 밖으로 뛰어나갔다. 퐁타니에가 등장하자 천진 시민들은 일단 뒤로 물러나 길을 열어주었다. 퐁타니에는 부교를 건넌 후 마중 나온 천진 지현(知縣) 유걸(劉杰)을 보고 다짜고짜 총을 발사했다. 유걸은 다행히 총알을 피했으나, 곁에 있던 그의 부하가 총상을 입었다.

천진 시민들은 이 모습을 보고 더 이상 참을 수가 없었다. 약속이나 한 듯 한꺼번에 달려들어 퐁타니에를 마구 두들겨 패기 시작했고, 그는 결국 그 자리에서 즉사했다.

퐁타니에의 행동으로 천친 시민들 마음속에 수십 년 동안 쌓인 서양인을 향한 분노가 한꺼번에 터져나왔다. 분노가 쉽게 가라앉지 않자 시민들은 사건의 발단인 왕삼과 사라진 아이들을 찾기 위해 프랑스 가톨릭교회와 다른 서양인 단체로 몰려갔다. 그러는 동안 외국인 수십 명이 성난 시민들에게 맞아 죽었다.

이것이 바로 역사에 기록된 '천진교안'의 대략적인 내용이다. 사건 직후 프랑스, 영국, 미국, 러시아 등 일곱 나라가 연합해 군함을 출동시켜 청나라 조정에 압력을 가하면서 이 사건은 국제분쟁으로까지 발전했다.

본래 증국번은 남경에서 양강(兩江)[6] 총독을 맡고 있었으므로 사건이 일어난 천진과는 1,200km 넘게 떨어져 있었다. 그런데 염군을 성공적으로 진압하고 한 달 뒤인 1868년(동치 7년) 7월에 갑자기 조정에서 그의 병권을 회수하고 북경으로 불러들여 직례 총독에 임명했다. 이때 이미 증국번의 험난한 운명이 정해진 것이다. 천진이 직례 총독 관할 구역이었으므로 천진교안 사건은 당연히 그의 몫이었다. 직례 총독이 된 지 불과 2년이 채 되지 않은 시점이었다.

천진교안 사건은 증국번에게 큰 시련이었다. 외국인 치사 사건이라는 점에서 처리하기가 쉽지 않았고, 이즈음 그의 건강이 크게 악화되었기 때문이다. 1870년(동치 9년) 3월경에 오른쪽 눈을 완전히 실명했고, 왼쪽 눈도 희미하게 빛을 감지할 수 있을 정도밖에 되지 않았다. 지병인 간질환 병세도 점점 깊어졌다. 증국번은 그 해 4월 21일에 한 달 동안 병가를 냈고, 상태가 호전되지 않아 5월 22일에 다시 병가를 연장했다. 천진교안 사건이 발생한 것은 바로 그다음 날인 5월 23일이었다.

증국번은 사건의 심각성을 충분히 인식하고 있었기에 천진으로 떠나기 전에 미리 주변을 정리하고 마음의 준비를 했다. 그는 먼저 아들 증기택(曾紀澤)에게 편지를 썼다. "나는 곧 사건을 해결하기 위해 천진으로 떠난다. 서양인의 기질이 사납고, 천진 사람들이 워낙 야단스러워 해결 방법을 찾기가 쉽지 않을 것 같구나. 만약 서양 사람들이 원한을 품고 군대를 보내면 일이 더 어려워질지 모른다. 이미 수없이 생각해봤지만 아무래도 해결책이 떠오르질 않는구나. 시일이 촉박하고 앞으로 무슨 일이 일어날지 모르니 일단 네게 집안일을 맡긴다. 1853년(함풍 3년) 상용을 조직할 때 전쟁터에서 목숨을 바치겠다고 맹세했다. 그런데 어느덧 늙고 병들어 마음처럼 몸이 움직이지 않는구나. 어려울 때일수록 더욱 목숨을 아끼지 말아야 하거늘 그때처럼 혈성을 다할 수 있을지 모르겠다. 만약 내가 죽거든 호남 고향에 묻어다오. 그동안 내가 쓴 상소문과 다른 글을 새로 베껴 보관해다오. 절대 외부에 공개하거나 인쇄하지 말거라."

마지막으로 그는 아들에게 근면, 검소할 것을 강조하고 효와 우애를 기본으로 집안을 다스리도록 당부했다. 일찍이 그는 상용 조직 초기에 절대 공금으로 사리사욕을 채우지 않는다는 원칙을 세웠는데, 끝까지 원칙을 지킨 것에 대해 무한한 기쁨을 표현하기도 했다.

그는 천진으로 가면 가시밭길이 펼쳐지리라는 것을 잘 알고 있었다. 더구나 병가 중이었으니 가지 않을 수도 있었다. 그런데 왜 천진으로 떠났을까? 당시 조정과 주변 사람들 모두 그의 병세가 위중하다는 사실을 잘 알고 있었다. 만약 그가 병을 핑계로 사직을 청했더라도 그를 탓할 사람은 아무도 없었을 것이다. 시련을 피할 정당한 이유가 있었지만 그는 끝내 천진으로 향했다. 왜냐고 묻는 사람들에게 그는 이렇게 말했다. "내가 원하지 않는 일이라면 다른 사람도 원하지 않을 것이오. 구차한 변명으로 내 책임을 회피하는 일은 절대 있을 수 없소. 바로 이것이 진정한 혈성이기 때문이오."

증국번은 천진교안을 처리하면서 민족투항주의(民族投降主義)[7]를 원칙으로 내세워 매국노라는 오명을 얻었다. 혈성에 관계없이 시종일관 투항주의에 기초해 외교 관계에서 약자의 입장을 면치 못했다. 결과적으로 투항주의는 잘못된 선택이었고, 증국번 스스로도 처리 결과를 부끄럽게 생각했다. 잘못도 없이 한직(閑職)으로 쫓겨나야 하는 관리들이 불쌍하고 그들에게 너무 미안했다. 천진 백성들과 많은 이야기를 나누지는 않았지만, 간단히 심문하는 과정에서 그들의 마음을 대략 읽을 수 있었다.

후에 증국번은 "가톨릭 비호는 도리에 어긋나는 일이다"라고 말했다. 그는 부끄럽고 미안한 마음을 감출 수 없어 사비를 털어 흑룡강(黑龍江)으로 떠나는 관리들에게 여비를 마련해주었다. 천진교안 외에 그가 두고두고 후회한 일이 하나 더 있다. 1866년(동치 5년) 염군 진압에 큰 공을 세우지 못해 사직하고 고향으로 돌아가려 했으나 행동으로 옮기지 못한 것이다. 이 때문에 결국 천진교안 사건을 떠맡게 되어 평생 쌓아올린 명예에 흙탕물을 끼얹고 말았다.

그는 일찍이 아들에게 보내는 편지에 이렇게 썼다. "이 일은 하늘에 부끄럽고 마음이 괴로운 일일 뿐더러 조정에도 죄를 짓게 될 터이니 온 세상이 나를 욕할 것이다. 아마도 끝까지 일을 잘 해결하기 힘들 것 같구나." 그는 천진으로 떠나기 전에도 이미 속병이 깊어 정신이 혼미한 상태였다. 그는 이 일로 자신이 명예도 잃고 몸도 망치게 될 것임을 잘 알고 있었지만, 구차한 변명으로 피하지 않는 것이 곧 혈성이라고 생각했다. 그가 육체적으로 힘든 상황에서 끝까지 버틸 수 있었던 것은 혈성 뿐 아니라 정신력의 힘이기도 했다.

천진교안 사건으로 난관에 봉착한 증국번을 구한 이는 바로 서태후였다. 그녀는 "증국번은 문무에 두루 재능을 지닌 인재다. 천진교안을 담당하기엔 아까운 인재다"라며 그를 다시 양강 총독에 임명해 남경으로 보냈다. 그러나 그는 남경으로 돌아와 채 2년을 넘기지 못하고 세상을 떠났다. 이것으로 미루어보아 그의 병세가 얼마나 깊었는지, 천진교안 사건이 육체적, 정신적으로 그에게 얼마나 큰 고통이었는지 알 수 있다. 하지만 그는 끝까지 버티며 죽는 그 순간까지 혈성을 다했다.

이런 상황이었지만, 증국번은 양강 총독으로 남경에 돌아간 후에도 혈성을 다하며 직무에 충실했다. 그는 임종 직전 닷새 동안 몸이 아주 안 좋았지만, 평소와 다름없이 손님을 맞이했다. 임종 전날을 제외하고 나머지 나흘 동안 공무와 관련해 각각 7회, 7회, 8회, 6회 손님을 맞았다. 당시 강소 순무(巡撫)[8]는 증국번의 혈성에 크게 감동해 그가 공무에 최선을 다하느라 과로사했음을 알리는 상소를 올렸다. 예순한 살 나이에 심장질환으로 세상을 떠난 그는 개인의 이상을 위해, 청나라 조정에 은혜를 갚기 위해 죽는 그 순간까지 혈성을 다했다.

그런데 증국번이 충심과 혈성 때문에 항상 조정에 정직하기만 했던 것은 아니다. 그는 남경성을 포위한 후 조정에 태평천국군 규모가 10만이 넘는다고 보고했는데, 사실은 3만이 채 되지 않았다. 그는 상군 병사들에게 최대한 많은 공과 혜택을 주기 위해 그들이 얼마나 힘든 전투를 치렀는지 알리려고 거짓말을 했던 것이다. 덕분에 남경성을 함락하는데 2년을 훨씬 넘겼으나 아무도 상군의 전공을 깎아내리거나 비난하지 않았다. 여기에서 그의 혈성을 가식적이라고 말하거나 그가 진실하지 못하다고 말하는 사람이 있다면, 이는 세상 물정 모르는 어린아이의 투정으로밖에 볼 수 없다.

증국번의 혈성은 청나라 조정을 향한 그의 태도에 그대로 나타나 있다. 그러나 그는 자신의 이상을 펼치기 위해 어떤 일이든 결과가 중요하다고 생각했기 때문에 청나라 조정을 무조건 최우선으로 여기지는 않았다. 그래서 그는 영국-프랑스 연합군이 북경을 공격해왔을 때, 군대를 보내 왕실을 보호하지 않았다. 이는 남송의 충신 악비(岳飛)와 분명히 다른 점이다. 그러나 결과적으로 보면 증국번은 악비처럼 우직한 충신이 아니었기 때문에, 강충원처럼 맹목적으로 충성하지 않았기 때문에 큰 업적을 이룰 수 있었다. 그가 악비나 강충원처럼 오로지 왕실을 최우선으로 생각했다면 일찌감치 저세상 사람이 되었을 것이다.

봄의 활력으로 무엇을 못 이기랴

증국번의 혈성은 강충원이나 라택남처럼 그와 같은 혈성을 가진 많은 인재들이 그의 곁에 모일 수 있게 해주었다. 혈성은 증국번 무리의 정신적 지주가 되는 가치이자 상징이었다. 증국번의 동지들 중에는 강충원, 라택남, 오문용(吳文鎔)처럼 전쟁 중에 목숨을 잃은 사람이 많다. 그 중에는 이속빈(李續賓), 이속의(李續宜) 형제나 증국번의 두 동생처럼 형제가 동시에 불행을 당한 경우도 많았다. 증국번의 여섯째 동생 증국화(曾國華)는 삼하(三河) 전투에서, 막내 증국보(曾國葆)는 안경(安慶)에서 죽었다. 당시 상군에 참가하지 않은 사람 중에도 청나라 조정에 혈성을 다한 사람이 많았다.

사천(四川) 출신 호남 제독(提督) 주천수(周天受)는 태평천국군을 상대로 많은 전공을 세웠으나 조정의 불신으로 파직당했다. 1860년(함풍 10년) 10월, 태평천국군이 안휘 영국부(寧國府)를 포위했다. 영국부 수비군은 주천수의 지휘 아래 70여 일 동안 태평천국군의 맹렬한 공격을 막아냈다. 그러나 외부 지원이 아무것도 없는 상황에서 식량마저 떨어지자 적의 포위망을 뚫고 성 밖으로 도망치는 최후의 방법을 선택할 수밖에 없었다. 이때 주천수는 직접 성문까지 병사들을 데리고 나가 탈출하도록 했으나 그 자신은 끝까지 성에 남았다. 부하들은 일단 목숨을 부지해서 훗날을 도모해야 한다고 그를 설득했으나 결국 그의 고집을 꺾지 못했다. 그는 구차하게 도망쳐 목숨을 건지기보다 명예롭고 장렬한 죽음을 선택했다. 병사와 백성들이 대부분 성을 탈출한 그날 저녁 태평천국군이 성문을 부수고 들어와 주천수의 목을 베었다. 그는 청나라 조정에 우직한 충성을 바치는 것이 혈성이라고 생각했던 것이다.

주천수의 동생 주천배(周天培)는 형보다 한 해 일찍 장강(長江) 연안 강포(江浦)에서 전사했고, 또 다른 동생 주천부(周天浮)는 그보다 두 달 앞서 태평천국군에 포위되어 힘겹게 싸우다 죽었다.

주씨 형제의 소식을 들은 증국번은 조정에 상소를 올려 이들의 충심과 공적을 널리 알리고 표창해야 한다고 주장했다. 그리고 영국부와 사천 고향 마을에 주씨 형제의 넋을 기리는 사당을 지어 그들의 충의를 드높였다.

또 증국번은 「행영설립충의국채방충의제일안편(行營設立忠義局采訪忠義第一案片)」이라는 보고서에 한 일흔네 살 노인의 이야기를 실었다. 충의국(忠義局)은 청나라 조정에 목숨 바쳐 충성을 다한 순국열사를 위해 비석을 세우고 사당을 건립하는 기관이었다.

안휘 영국현(寧國縣)에 젊은 시절 귀주(貴州)에서 벼슬살이를 하다 퇴직한 노인이 살고 있었다. 원래 고향은 안휘 서성(舒城)인데 태평천국의 난이 일어나자 영국현으로 피난온 사람이었다. 그런데 얼마 뒤 태평천국군이 또 영국현까지 밀려왔다. 하지만 노인은 더 이상 도망칠 생각이 없었다. 그는 거실 한가운데 의자를 놓고 바르게 앉아 태평천국 병사들을 호되게 꾸짖었다. 결국 노인은 딸, 사위, 며느리, 조카들과 함께 불길에 휩싸인 집에서 최후를 맞이했다. 외출했다 돌아와 이 광경을 본 노인의 아들은 태평천국군과 싸우다 죽었다. 노인의 둘째며느리는 아들과 함께 서성에서 태평천국군을 비난하다 무참히 살해당했다. 증국번은 상소문에서 노인의 가족을 하나하나 언급하고 그들의 충효정신과 절개를 강조하며 이들을 표창해야 한다고 주장했다.

사실 당시 중국에 위 노인과 같은 사례는 한둘이 아니었다. 1860년(함풍 10년) 4월, 상주(常州) 무진현(武進縣)에 사는 한 거인(擧人)[9]은 태평천국군이 성을 함락하던 날 스스로 목을 맸다. 그리고 그의 아내, 아들, 며느리, 손자, 하인 등 삼십여 명이 호수에 뛰어들어 목숨을 끊었다. 증국번은 조정에 상소를 올려 이들이 '대의를 알고 죽음을 두려워하지 않는 충성스러운 백성'이라는 점을 강조하며 이들을 위한 사당을 지어 널리 귀감이 되도록 해야 한다고 말했다.

이들 중에는 혈성을 다하기 위해 목숨을 바친 사람도 있고, 청나라 조정에 우직한 충성을 표현하기 위해 목숨을 끊은 사람도 있다. 조금씩 이유는 다르지만, 이렇게 깊은 혈성과 강한 충성심을 가진 인재가 나타날 수 있었던 것은 청나라 조정이 유가의 삼강오륜에 기초해 천하를 다스렸기 때문이다. 이러한 인재들은 기본적으로 청나라 조정의 이익과 자신의 이익을 같은 선상에 놓았기 때문에 나라와 운명을 함께한다는 각오로 목숨 바쳐 혈성을 다한 것이다. 증국번이 특별히 사당을 건립해야 한다며 올린 상소문 중에 제대로 된 유가 교육을 받지 못한 가난한 하층민은 한 명도 없었다. 기본적으로 이들의 삶은 청나라 조정의 이익과 아무 상관이 없었으므로 나라를 위해 목숨을 바쳐야 할 이유가 없다. 상군 병사들의 대다수를 차지하는 호남 농민들은 대부분 먹고살 길이 막막해 군대에 자원한 사람들이었다. 그러나 점점 관직과 재물에 관심이 생기면서 청나라 조정의 이익을 위해 혈성을 바치는 사람들이 생겨났다. 이들은 태평천국군에 가담했더라도 자신의 이익과 전체의 이익이 일치한다고 생각하면 역시 태평천국을 위해 목숨을 바쳤을 것이다.

하지만 태평천국을 위해 목숨을 바친 사람과 청나라를 위해 목숨을 바친 사람은 확실히 구별할 필요가 있다. 일단 태평천국 내부에 확실한 투항파가 존재했다는 사실에 주목해야 한다. 원래 태평천국군에 몸 담았던 정학계(程學啓), 위지준(韋志俊), 이세충(李世忠), 진국서(陳國瑞) 등은 자신의 이익이 청나라 조정의 이익과 부합한다고 생각하는 순간 태평천국을 배신했다. 반면 상군 내부에는 투항파가 세력을 형성하지 못했고, 태평천국으로 투항한 간부급 인재는 한 명도 없었다. 이것은 태평천국의 난이 실패한 아주 중요한 이유 중 하나다. 증국번의 상군은 '혈성'을 기초로 강한 결속력을 갖추었지만, 태평천국군은 전혀 그렇지 못했다. 물론 증국번의 '혈성'을 부정적으로 평가하는 사람들도 있다. 그 중에서도 특히 태평천국의 난을 옹호하는 사람들은 증국번이 많은 인명을 무참히 살해했다고 비난하면서 그의 혈성이 수많은 사람의 '피'로 이루어졌음을 말한다.

물론 청나라 조정을 위해 목숨을 바친 사람들 중에는 그 이유가 '혈성' 때문이 아니라 단순히 재물이나 죽음에 연연하지 않았기 때문인 경우도 있었다.

호남 봉황(鳳凰)에서 태어난 전흥서(田興恕)는 열여섯 살 때 녹영군(綠營軍)[10]에 입대했고, 스무 살에 수군 영관(營官)이 되었으며, 소계강(蕭啓江) 수하에서 전투를 치렀다. 그는 스물두 살에 귀주를 수비하라는 명을 받고 석달개(石達開)가 이끄는 태평천국군을 물리쳤다. 이 공으로 귀주 제독에 임명되어 귀주 성 녹영군 최고지휘관이 되었다. 제독은 종일품(從一品)으로 총독과 같은 직급이지만, 관례적으로 총독과 순무의 명령에 따라야 했다. 전흥서는 1860년(함풍 10년)에 다시 흠차(欽差) 대신에 임명되었고, 1861년(함풍 11년)에 귀주 순무를 겸임하면서 성의 행정 및 군권을 모두 장악했다. 이때 그의 나이는 겨우 스물일곱 살이었다.

대권을 장악한 전흥서는 먼저 친위부대를 조직했다. 용맹하고 날쌘 병사 100명으로 조직된 친위대는 죽음을 두려워하지 않는 전사라는 의미에서 '사용(死勇)'이라 불렸다. 전흥서는 친위부대 지원자를 한 명 한 명 직접 면담했다. 그는 가장 먼저 "죽음이 두렵지 않나? 고향에 남아 있는 가족이 어떻게 되나? 나라를 위해 가족을 버릴 수 있나?"라고 질문했다. 그리고 그 사람이 대답하려는 순간 재빨리 칼을 뽑아 휘둘렀다. 이때 피하지 않는 사람에게는 '진정한 대장부'라는 명예와 함께 은화 50냥을 주고 합격시켰다. 조금이라도 움직이거나 피하는 사람은 온갖 모욕을 듣고 쫓겨났다. 이 일화에서 보듯 전흥서는 해적 혹은 산적 두목 같은 지휘관이었다.

태평천국의 난으로 사회 질서가 무너지고 매우 혼란한 시기였으므로 전흥서의 관운은 증국번보다 훨씬 파격적이었다. 하지만 그의 인생은 입덕, 입공, 입언의 삼불후와는 아주 거리가 멀었다.

전흥서는 일개 병사로 시작했으나 파격적인 출세가도를 달려 단숨에 성 전체 대권을 쥐고 흔드는 위치에 올랐다. 그러나 그는 기본적인 유교 인성교육조차 받지 못한 탓에 청나라의 법과 제도를 무시하고 제멋대로 행동할 때가 많았다. 한 번은 황제에게 양무에 관한 상소문을 올렸는데, 온통 당시 권력의 핵심이었던 숙순(肅順)의 공을 떠받드는 내용 일색이었다. 이 때문에 숙순과 정적(政敵) 관계에 있던 서태후의 심기를 불편하게 만들었다. 서태후는 전흥서보다 나이가 어렸지만, 그와 비교할 수 없이 큰 야망을 가진 여걸 중의 여걸이었다. 전흥서의 활동 무대인 귀주는 지리적으로 중앙 정부와 멀리 떨어져 있었기 때문에 그의 독단과 전횡은 날이 갈수록 심해졌다. 조정의 명령을 무시하는 것은 기본이고, 멋대로 일을 처리한 후 뒤늦게 보고를 하기 일쑤였다. 조정을 속이거나 없는 전공을 만들어내기도 했다. 결국 그는 누군가에게 탄핵을 받아 파면당한 후 북경으로 압송되었다. 그리고 얼마 뒤, 함부로 외국인 선교사를 죽인 죄로 신강(新疆)에 유배되어 그곳에서 생을 마감했다.

이상의 내용으로만 보면 전흥서는 탐관오리, 흉악범, 권력을 남용해서 함부로 무고한 사람을 죽이는 나쁜 인간이라고 욕해야 마땅하다. 그러나 그에게는 다른 모습도 있었다. 역사는 그를 '반듯하고 빛나는 외모에 기지와 무예를 두루 갖춘 인물'로 묘사하고 있다. 그는 탐관오리가 아니라 재능과 용기가 뛰어난 훌륭한 지휘관이었다. 탄핵을 받고 파면당해 귀주를 떠날 당시 여비도 마련하지 못할 정도로 청빈한 관리였다고도 한다.

진국서도 전흥서와 비슷한 이유로 신장에 유배된 인물이다. 만약 이 두 사람이 권력을 잡은 후에 책을 가까이했거나 유명전(劉銘傳)처럼 증국번의 가르침을 받아들였다면 그들의 최후가 그렇게 비참하지는 않았을 것이다. 증국번은 이들을 두고 개탄했다. "전흥서가 흠차 대신이 되고 이세충이 방판(幇辦)이라니, 이런 세상이 어찌 평화로울 수 있겠는가!"

그렇다면 증국번은 어땠을까? 그는 조정을 속이거나 허위 보고한 일이 한 번도 없었을까? 물론 있었다. 예를 들어 이수성(李秀成)을 처형한 일은 그가 독단적으로 결정한 일이었다. 그러나 그는 도가 지나칠 만큼 노골적으로 행동하지 않았고, 그것이 자신의 공을 높이려는 의도가 아니었기 때문에 조정에서도 이를 크게 문제 삼지 않았다. 증국번은 오랫동안 자기수양을 거쳐 훌륭한 인격과 뛰어난 문장력을 길렀지만, 전흥서 등에게는 이런 내공이 전혀 없었다. 이것이 바로 혈성 지식인과 경솔한 무장의 차이다.

증국번이 함풍제에게 상소문을 올렸다가 실패로 끝난 일이 있었다. 그러나 이것은 그를 포함해 뜻을 함께하는 지식인들이 처음으로 '지식인의 혈성'을 표면화함으로써 유가 이상을 실현하기 위해 투쟁했다는 데 큰 의미가 있다. 사실 홍수전이 없었다면 증국번은 라택남, 좌종당(左宗棠)과 함께 역사에 길이 남을 중흥명신(中興名臣)이 되지 못했을 것이다. 아마도 뛰어난 학자는 되었겠지만 시골 마을의 이름 없는 학자로 삶을 마감했을지 모른다. 증국번 등은 오로지 지식인의 혈성으로 태평천국 진압에 참가했고, 그들의 위대한 이상을 위해 싸웠다. 반면 홍수전이 난을 일으킨 이유는 막다른 골목으로 내몰렸기 때문이었다. 이들은 인간적인 삶의 이상향을 기본으로 토지균등분배와 평등을 주장하며 이상 국가 건설을 꿈꾸었다. 태평천국의 난도 사상적으로는 혈성을 포함하고 있지만, 안타깝게도 지식과 동떨어져 있었다.

혈성은 타고나는 것이 아니며 영원히 변하지 않는 것도 아니다. 일반적으로 젊은이들은 혈성이 강하게 작용해 대의를 위해 목숨까지 바칠 수 있다고 생각한다. 그러나 나이가 들면서 애국 혈성은 점차 탐욕으로 변해간다. 과거의 애국 청년이 오로지 자신의 이익을 위해서만 혈성을 다하는 탐관오리가 된 사례는 수도 없이 많다.

증국번이 황제에게 올린 상소문은 그의 공명심에서 비롯된 것이지만, 보다 위대한 이상을 실현하기 위한 투쟁과 혈성이 더 큰 부분을 차지했다. 증국번이 태평천국군 진압에 합류하자마자 큰 공을 세울 수 있었던 것도 모두 그의 혈성 덕분이다. 그는 승리 아니면 죽음이라는 각오로 밤낮 없이 투쟁했다. 중간에 그만두고 도망치고 싶을 때도 있었지만, 상황이 여의치 않거나 스스로 용납할 수 없었기 때문에 끝까지 이겨냈다. 장사에서 병사들에게 쫓겨 죽을 고비에 처했을 때, 정항(靖港) 전투에서 패했을 때, 강서에서 포위당했을 때, 기문(祁門)에 고립되었을 때, 천진교안 사건에 연루되어 비난받을 때, 그는 항상 혈성의 힘으로 꿋꿋이 버티며 자신의 이상을 끝까지 지켰다.

증국번은 혈성을 위해서라면 자신의 모든 것을 희생할 각오가 되어 있었다. 그는 평생 검소하게 생활하며 허례허식에 얽매이거나 체면치레에 연연하지 않았다. 형제들의 탐욕은 막지 못했지만 아내와 자식에게만큼은 절대적인 권위를 보여주었다. 그는 평소 "평생 아내와 자식 문제에 휘말리지 않았으니, 이것 또한 큰 복이 아니겠소?"라고 말하며 매우 뿌듯해했다. 이렇게 청빈한 자세로 나라를 위해 혈성을 다할 수 있는 사람이야말로 바로 국가와 기관이 원하는 인재일 것이다. 역사적으로 귀족 혹은 갑부 집안에서 나라를 위해 혈성을 다한 인물은 거의 없었다.

이렇듯 혈성이란 끝까지 변함없이 지키기도 어려운 일이며, 그것을 실현하기란 더욱 어려운 일이다. 하지만 증국번은 해냈다. 그것도 황제와 대신들에게 배척당하고 아무 힘도 없는 상황에서, 온갖 질타와 비난이 쏟아지는 가운데 그는 결국 해냈다. 그는 오랜 세월 키워온 혈성과 의지의 힘으로 온갖 시련을 이겨내고 끝내 자신의 이상을 실현했다.

'생기 넘치는 봄의 활력을 기르면, 우리의 육체와 정신은 가난을 이겨낼 수 있다.'[11] 이 문장은 혈성 정신을 표현한 증국번의 대표적인 명언이다. 일부에서는 그를 위선자, 살인마, 매국노라고 욕할지 모르지만,

혈성을 기초로 쌓아올린 그의 도덕성, 문장력, 전공(戰功)이 당대 최고였음에는 의심할 여지가 없다.

그렇다면 혈성은 어디에서 어떻게 만들어지는가? 결론부터 얘기하자면 혈성은 교육과 환경의 결과물이다. 증국번은 진사에 합격한 후, 할아버지로부터 "우리 집안은 대대로 농사를 지으며 학문에 힘쓰는 전통을 지켜왔다. 돈을 벌기 위해 관리가 된다는 생각은 절대로 갖지 마라"는 충고를 들었다. 이런 환경에서 자란 그는 평생 관리가 되어 뜻을 펼치면서, 재물을 탐하고 죽음을 두려워하는 것을 매우 부끄러운 일이라고 여겼다. 이후 한림원(翰林院)에서 학문 연구에 매진하던 시절, 당감(唐鑑)과 왜인(倭仁)의 지도·편달을 통해 타고난 본성과 혈성이 한층 강화되었다. 덕분에 증국번은 평생 탐욕과 향락이 무엇인지도 모르는 관리로 살았다.

하지만 증국번과 한 부모 아래 자란 증국전(曾國荃)은 형과 달리 탐욕스러운 사람으로 유명하다. 오죽하면 걸신이라는 별명이 붙었을까? 그는 형과 함께 이름을 날린 후 고향집에 크고 화려한 건물을 지었다. 그러나 대부분 전쟁 중에 불타 없어지고, 현재 남은 건물은 부후당(富厚堂)뿐이다. 부후당은 관리 월급만으로는 절대 꿈도 꿀 수 없는 어마어마한 규모를 자랑한다. 일부 기부금이 있었다고 하지만 당시 증국전이 구입한 목재 가격으로 미루어보아 턱없이 부족한 액수였다. 증국전이 한창 집을 짓고 있을 때, 한 장사꾼이 목재가 있으면서도 팔지 않으려고 했다. 어떻게든 하루 빨리 대저택을 완성하고 싶었던 증국전은 장사꾼이 부르는 대로 10~20배 값을 치르고 목재를 구입했다고 한다. 그는 어떻게 이렇게 큰돈을 모았을까? 그의 재산은 대부분 전쟁 중에 부정 축재한 재물이었다.

탐관오리, 부패관리를 처벌할 때 교육 수준이나 법과 제도만으로 따지는 것은 바람직하지 않다. 반드시 그 사람이 어떤 성향을 가지고 있는지, 어떤 환경에 처해 있었는지 등을 모두 고려해야 한다. 예를 들어 부모를 우습게 아는 사람이라면 어떻게 청렴하고 훌륭한 관리가 될 수 있겠는가? 혈성도 마찬가지다. 훌륭한 교육이나 법이나 제도와 같은 환경 외에 타고난 천성도 큰 영향을 끼친다. 따라서 천성, 교육, 제도 등 여러 가지 요인을 종합적으로 분석해봐야 한다.

먼저 증국번이 살았던 시대 환경을 살펴보자. 당시 중국에는 탐관오리나 무능한 관리는 많았지만, 큰 뜻을 품은 뛰어난 인재는 찾기 힘들었다. 곽숭도는 증국번의 막역한 친구로 그와 뜻을 함께했지만, 모든 면에서 훌륭한 관리는 아니었다. 곽숭도는 몇 년 동안 광동(廣東) 순무를 지내면서 개인 재산을 크게 늘렸는데, 후에 퇴직해서 고향으로 돌아갈 때 배를 21척이나 동원해야 할 정도로 재물이 많았다고 한다. 당시 사회가 이런 분위기였으므로 증국번의 혈성이 더욱 빛을 발하는 것이다. 그는 평생 유가 가르침에 충실했기 때문에 세속에 얽매이지 않고 자신의 이상을 향해 혈성을 다할 수 있었다.

성공 인물의 처세력 ❶
진정한 '혈성'이 성현을 키운다

　성현 중의 성현으로 손꼽히는 공자는 증국번의 이상형이기도 했다. 그래서 증국번은 "성현이 되지 못하면 인간이 아니라 짐승이다"라는 말을 자주 했다. 공자는 생전에 부귀와 거리가 멀었지만, 그의 명성은 중국을 넘어 전 세계를 사로잡았다. 프랑스의 대사상가 볼테르는 서재 벽에 공자의 초상화를 걸어둘 정도로 그를 흠모했다고 한다. 이렇듯 공자가 시공간을 뛰어넘어 수천 년 동안 전 세계인에게 존경받는 이유는 무엇일까? 그가 남긴 것이라곤 얇고 얇은 『논어(論語)』 한 권뿐이지만, 그 안에는 그의 정치이상과 인생 포부가 총망라되어 있다.

　공자는 14년 동안 여러 나라를 돌아다니며 유세했지만 결국 어디에서도 등용되지 못했다. 제(齊)나라 경공(景公)이 정치에 대해 묻자 공자는 대답했다. "임금은 임금답고, 신하는 신하답고, 아버지는 아버지답고, 아들은 아들다워야 한다."[12] 이에 경공은 감탄을 금치 못했다. "정말 맞는 말이오. 임금이 임금답지 못하고, 신하가 신하답지 못하고, 아버지가 아버지답지 못하고, 아들이 아들답지 못하면 어찌 마음 편히 지낼 수 있겠소?" 경공은 당장 공자를 등용하고 싶었지만, 일단 안영(晏嬰)에게 의견을 묻기로 했다. 그러나 안영이 유가 학자들은 여러 가지 문제가 많다며 공자를 비난하고 반대하는 바람에 생각을 바꾸었다.

　결국 제나라에서도 등용되지 못한 공자는 제자들을 데리고 다시 길을 떠났다. 공자와 제자들은 병사도 아니고, 기술자도 아니고, 상인도 아니고, 농민도 아닌 그저 입으로만 떠들 줄 아는 글쟁이일 뿐이었다. 오늘날로 따지면 같은 정치이상을 지닌 정당으로 볼 수 있겠지만, 당시에는 그들을 인정해주는 곳이 없었다. 진시황(秦始皇)이 분서갱유(焚書坑儒)를 단행한 것은 단순히 글쟁이를 겨냥한 화풀이가 아니라, 바로 이렇게 정치사상을 퍼뜨리는 학자들을 경계했기 때문이다.

진(陳)나라와 채(蔡)나라 사이를 떠돌던 무렵 공자는 구걸하는 '상가집 개'라는 모욕적인 말을 듣기도 했다. 그러나 그는 전쟁과 굶주림으로 죽음을 넘나드는 상황에서도 조금도 위축되지 않고 자신의 이상을 펼치기 위해 혈성을 다했다.

하루는 제자가 "스승님, 죽음이 두렵지 않으십니까?"라고 묻자 공자는 이렇게 대답했다. "문왕(文王)13) 이후 모든 문화와 전통이 나에게 이어져 있다. 만약 하늘이 나를 저버린다면 후세 사람들은 문화와 전통을 알지 못할 것이다. 다행히 하늘이 우리를 저버리지 않아 내가 그것을 얻었으니, 내가 어찌 죽을 수 있겠느냐!"

유랑 생활이 길어지면서 점점 희망이 사라지자 제자들은 조금씩 불만을 표현하기 시작했다. 공자는 제자들의 마음을 미리 알아차리고 그들에게 이렇게 물었다. "나는 호랑이가 아니지만 황량하고 드넓은 들판을 누비고 있다. 그렇다면 나의 도가 틀린 것인가? 왜 우리가 이런 지경에 이르렀느냐?" 공자의 제자 중 가장 뛰어난 인물로 꼽히는 안회(顔回)가 대답했다. "스승님의 도가 너무 커서 세상이 담아낼 수 없는 것입니다. 도가 있는데 수련하지 않는 것은 나의 잘못이지만, 도를 수련했는데 등용되지 않는 것은 나라의 잘못입니다."

공자는 안회를 보며 진심으로 기뻐했다. 이렇게 훌륭한 제자를 얻는 것이 보통 어려운 일이 아니기 때문이다. 하지만 안타깝게도 안회는 스물아홉 살의 젊은 나이로 요절했다. 전하는 바에 따르면 그의 직접적인 사인은 굶주림으로 인한 영양실조였다고 한다.

40여 년 동안 세상을 떠돌던 공자는 늙고 지쳐 고향으로 돌아갔다. 이후 편안한 마음으로 책과 글을 정리하는 데 몰두했다. 그는 일흔세 살의 나이로 삶을 마감할 때까지 세상에 도를 전하려는 노력을 게을리하지 않았다. 공자는 생전에 자신의 도가 세상에 받아들여지지 않았지만 좌절하거나 포기하지 않았다. 그는 매순간 세상에 도를 전하기 위해 혈성을 다했다. 그의 자손과 제자들 역시 혈성을 다해 그의 도를 정성껏 받들었고, 이를 계승해 다시 후세에 전해주었기에 오늘날까지 공자의 가르침이 살아 숨 쉬고 있는 것이다.

공자는 자신이 말한 것에 대해 '술이부작(述而不作)'[14]이라고 말한 바 있다. 술(述)이란 설명이나 강연을 의미한다. 공자는 오늘날의 정당 대표처럼 하루에도 수차례 강연을 펼쳤다. 하루 종일 목소리 높여 도를 알리려다보니 목이 쉬어 말도 제대로 하지 못했다고 하니, 저술이나 창작에 몰두할 시간도 체력도 없었을 것이다. '술이부작'이라는 단어 하나만으로도 그가 유가의 도를 알리기 위해 자신의 모든 혈성을 다했음을 알 수 있다. 공자의 도와 혈성은 함께 후세에 계승되어 시대마다 수많은 영웅을 탄생시켰다.

공자가 세상을 뜬 지 오래지 않아 유가 사상은 중국 역사상 최고의 충신으로 꼽히는 영웅호걸을 탄생시켰다. 그 이름도 유명한 제갈량(諸葛亮)이 바로 그 주인공이다. 유비(劉備)는 임종을 앞두고 제갈량의 손을 꼭 붙잡으며 이렇게 말했다. "형제여, 그대는 조비(曹丕)보다 열 배 이상 능력이 뛰어나니 반드시 나라를 안정시키고 통일대업을 완성할 수 있을 것이오. 유선(劉禪)이 재목이 되면 잘 보좌해주고, 재목이 아니거든 그대가 그 자리를 대신하시오." 그리고 아들 유선을 돌아보며 이렇게 당부했다. "너는 제갈 승상(丞相)을 어버이처럼 모셔야 한다. 반드시 승상과 함께 의논해 조정을 이끌어야 한다."

본래 바른 마음을 타고난 제갈량은 유비의 유언을 듣고 감동과 슬픔을 주체하지 못해 비 오듯 눈물을 흘렸다. "신은 반드시 혈성을 다해 이 몸이 부서질 때까지 목숨 바쳐 태자를 보좌할 것입니다."[15] 제갈량이 남긴 이 말은 혈성과 충심을 표현한 대표적인 문장으로 오늘날까지 전해지고 있다.

유비가 죽은 후 촉(蜀)나라 국정은 크든 작든 모두 제갈량이 맡아 처리하고 유선은 크게 관여하지 않았다. 이때부터 제갈량은 과로로 인해 건강이 급속히 나빠지기 시작했다. 제갈량은 위(魏)나라가 촉나라보다 훨씬 대국이므로 국가의 기반을 다지기 위해서는 전쟁을 자제하고 먼저 백성들의 삶을 안정시키고 경제를 발전시켜야 한다는 사실을 잘 알고 있었다. 하지만 유비의 유언과 나라를 위해 혈성을 다하겠다는 약속도 저버릴 수 없었다. 그는 촉나라에 그처럼 혈성과 재능을 겸비한 인재가 없었기에 지금이 아니면 기회가 없다고 생각했다. 그래서 해마다 군대를 일으켜 위나라를 공격했던 것이다.

제갈량은 군사훈련, 전략과 전술 면에서는 뛰어났지만, 직접 군대를 이끌거나 과감한 결단력이 요구될 때는 약한 모습을 보였다. 더구나 그의 상대인 사마의(司馬懿)가 지혜롭고 교활하기로 유명했기 때문에 뜻을 이루기가 쉽지 않았다. 제갈량의 국정 운영 실력은 관중(管仲)이나 소하(蕭何)에 결코 뒤지지 않았으나, 안타깝게도 한신(韓信)과 같은 맹장을 얻지 못했다. 결국 그는 혼자 국정과 군사를 모두 책임지느라 건강을 해쳐 오장원(五丈原)에서 쉰네 살의 나이로 숨을 거두었다. 그의 자손은 촉나라가 멸망할 때 모두 죽었다.

제갈량은 위나라 군대에 맞서 오장원에 진을 친 후, 사마의에게 전서를 보냈다. 사마의는 전서를 가져온 사신에게 술과 음식을 대접하며 제갈량의 하루 식사량이 얼마나 되는지 물었다. 사신은 3~4되쯤 된다고 대답했다. 사마의는 또 제갈량이 어떻게 공무를 처리하고 있는지 물었다. 사신은 곤장 스무 대에 처하는 간단한 사건도 제갈량이 직접 심문하고 처리한다고 답했다. 그러자 사마의가 말했다. "보아하니, 제갈량의 목숨이 얼마 남지 않았구나." 그의 예상대로 제갈량은 며칠 후 죽었다.

당시 제갈량은 능력과 위엄을 바탕으로 완전히 유선을 대신하고 있었다. 하지만 그 자신은 자신이 무리하고 있음을 조금도 인식하지 못했고, 매순간 혈성을 다하느라 결국 과로사한 것이다. 동서고금을 막론하고 제갈량과 같은 충신은 몇 명 되지 않을 것이다. 촉나라 백성들은 그가 죽은 후에도 그를 잊지 못하고 오랫동안 그리워했다. 이러한 분위기는 오늘날에도 남아 있다. 사천 지역 산골 노인 중에는 아직도 머리에 흰 두건을 두른 사람이 많은데, 이는 수천 년 전 제갈량의 죽음을 애도하기 위해 온 백성이 상복을 입은 데서 유래한 관습이다. 또한 촉나라 사람들은 곳곳에 제갈량을 추모하기 위해 무후사(武侯祠)라는 사당을 세웠다. 그러나 세월이 흐르면서 대부분 소실되고 현재는 몇 개밖에 남아 있지 않다.

일찍이 당나라의 대시인 두보(杜甫)는 이렇게 제갈량을 칭송했다. "전쟁에 나가 이기지 못하고 몸이 먼저 죽으니, 후세 영웅의 눈물이 옷깃을 적시는구나."[16] 현재 성도 무후사에는 남송의 충신 악비가 직접 필사한 「출사표(出師表)」가 걸려 있다. 증국번은 "출사표를 읽고 감동하지 않는 사람은 충심이 없는 것이 분명하다"라고 말했다.

조조(曹操)는 유비만큼 인복이 없었는지 제갈량처럼 충성심이 강한 부하가 없었다. 그는 일찍부터 사마의의 야심을 꿰뚫어보았으나, 그의 재능이 아까워 내치지도 못하고 가까이하지도 못했다. 그는 사마의가 이리처럼 목만 돌려 뒤를 볼 수 있는 반골상(反骨相)이라는 말을 듣고 그를 시험해봤다. 조조는 사마의를 불러 앞으로 걸어가다 뒤를 돌아보게 했다. 그랬더니 정말 몸은 전혀 움직이지 않고 목을 180도 돌려 뒤를 돌아봤다. 한 번은 조조가 구유 하나에 말 세 마리가 달려들어 여물을 먹는 꿈을 꾸었다.[17] 꿈에서 불길한 징조를 느낀 조조는 조비에게 말했다. "사마의는 다른 사람 밑에 오래 있을 사람이 아니니 각별히 경계하라."

그러나 조비는 사마의와 각별한 관계를 유지하며 항상 그를 감싸주었다. 사마의는 재능이 뛰어났을 뿐 아니라 먹고 자는 것을 잊을 정도로 직무에 충실했기 때문에 조조도 조금씩 의심을 풀었다. 조비의 뒤를 이어 위나라 황제가 된 명제(明帝) 조예(曹叡)도 사마의를 중용했다. 명제가 임종을 앞두고 사마의를 찾으니 사마의는 밤낮 없이 달려 서둘러 왕궁에 도착했다. 명제는 사마의의 손을 잡고 태자를 바라보며 이렇게 말했다. "뒷일을 모두 그대에게 맡기겠소. 이 말을 하려고 지금까지 죽지 못했소. 이제 그대가 왔으니 나는 죽어도 여한이 없소."

명제는 조상(曹爽)과 사마의에게 함께 태자를 보좌하라는 유언을 남겼다. 그러나 사마의는 기회를 엿보아 조상을 죽이고 그의 배후 세력을 모두 제거했다. 이때 남녀노소 수많은 조씨가 목숨을 잃었는데, 심지어 출가한 조씨 가문의 딸들도 화를 면치 못했다. 표면적인 이유는 조상이 사마의를 적대시했기 때문이라지만, 사마의에게 제갈량이나 곽자의(郭子儀)[18]와 같은 충성심과 혈성이 없었기 때문이라고도 볼 수 있다. 그의 혈성은 위나라 조정이 아닌 오로지 자신의 이익을 위한 것이었다.

사마의가 죽은 후 그의 권력은 아들 사마소(司馬昭)가 그대로 이어받았다. 사마소는 그 아버지보다 더 교활하고 충심이나 혈성은 전혀 찾아볼 수 없는 인물이었다. 그는 부하를 시켜 황제를 죽이고 허수아비 황제를 세웠다. 그리고 부하에게 죄를 덮어씌워 삼족을 멸했다. 사마소의 권력은 다시 그의 아들 사마염(司馬炎)에게 이어졌다. 사마염은 대권을 이어받은 지 넉 달 만에 조씨 황제를 폐위시키고 스스로 황제가 되었다. 사마씨 가문은 삼대째에 이르러 드디어 천하를 얻어 서진(西晉)을 세웠다.

그러나 서진의 운명도 오래가지 못했다. 왕위를 둘러싼 내부 세력 다툼이 계속 이어지던 중 외부 침입을 막아내지 못해 결국 37년 만에 막을 내렸다. 얼마 뒤 사마의의 증손자 사마예(司馬睿)가 남쪽으로 이동해 동진(東晉)을 세웠다. 후에 동진 명제가 대신들에게 사마씨가 어떻게 천하를 얻었느냐고 묻자, 이에 대신들은 사마의가 조상을 죽인 일, 사마소가 조씨 황제를 죽이고 허수아비 황제를 세운 일 등을 빠짐없이 알려주었다. 명제는 깊이 고개를 숙이며 괴로워했다. "그런 진(晉)나라가 어떻게 오래갈 수 있겠느냐?"

역사 기록을 보면 사마의의 자손들은 대부분 잔인해서 쉽게 사람을 죽이곤 했는데, 아마도 반골상이었던 사마의의 유전자 때문이 아닌가 한다. 다시 혈성 이야기로 돌아가보자. 사마의는 오로지 자신만을 위한 혈성으로 성공적인 인생을 살았다. 반면 조조는 평생 힘들게 이룬 대업을 사마의 손에 고스란히 넘겨주었으니, 사람을 알아보는 눈은 확실히 유비만 못했다.

진심으로 혈성을 다하는 사람은 공적이든 사적이든 원하는 바를 이루게 마련이다. 이는 증국번과 역대 성현들의 삶을 통해 이미 증명되었다. 국가가 필요로 하는 인재는 당연히 공적으로 혈성을 다할 수 있는 인물이다. 증국번이 청나라 조정을 위해 학문과 무예 수련에 매진했듯이 오늘날에는 조국을 위해 최선을 다할 수 있는 인재가 필요하다. 천하가 나의 것이 아니라 모두의 것임을 아는 자만이 나라를 위해 혈성을 다할 수 있다.

제2장
나의 힘은 '부드러운 카리스마'

증국번의 가장 큰 장점은 자신을 정확히 알고 자신의 단점을 역이용한 것이다.
무조건 남의 성공을 따라하면 자신의 개성과 장점을 잃어버릴 수 있다.

    증국번은 유완(儒緩)[19]한 인물, 즉 부드럽고 유약한 성격의 소유자였다. 그는 단순한 관리가 아니라 막중한 임무를 지닌 군대 총지휘관이었으므로 이것은 치명적인 단점이었다. 그러나 그는 자신에게 잘 어울리면서 효과적인 방법을 찾아냈다. 상군은 서두르지 않고 우직하게 물 샐 틈 없이 완벽하고 튼튼한 진영을 구축하는 전략을 이용하면서부터 시간이 지나고 전투를 거듭할수록 좋은 성적을 거두며 최후의 승리를 만들어냈다.

    증국번은 전형적인 학자형 인물이었기 때문에 군대를 지휘하는 동안에도 항상 책을 끼고 살았다. 이런 습관 탓에 어떤 일이든 연구하는 자세로 진지하게 임하는 단점이 있었다. 그가 남긴 일기를 보면 그는 주로 중국 고대 경전과 역사서를 읽었다. 그 때문인지 당시 주변 사람들의 평가에 따르면 그는 지나치게 신중하고 언행이 조심스러워 답답할 정도였다고 한다. 그 자신도 유완함이 자신의 큰 단점이라 생각해 고치려 했지만 쉽지 않았다. 그러나 그는 태평천국군과 몇 차례 전투를 치른 후 자신의 부족한 점을 정확히 인지하고 자신의 장점을 최대한 살릴 수 있는 전략을 찾아내 상군 핵심 전술을 완성했다. 증국번이 존경받는 이유는 이처럼 단점을 장점으로 승화시켰기 때문이다.

뛰어난 기지보다는 강한 끈기로

증국번의 유완한 성격은 어렸을 때부터 유명했다. 예닐곱 살 무렵, 그의 아버지가 아이들을 데리고 교외로 놀러갔다. 마침 아이들에게 대련(對聯)[20]을 가르치고 있던 아버지는 길을 걸어가면서 이 연습을 시키기로 했다.

아버지가 먼저 '구미초(狗尾草)'라고 읊자 여동생이 '봉관화(鳳冠花)'라고 대답했다.[21] 아버지는 매우 기뻐하며 칭찬했다. "간단하지만 아주 훌륭한 대련이구나." 그러나 증국번은 아무 말도 하지 않았다. 잠시 후 다리를 건너던 아버지가 다시 '관풍교(觀風橋)'라고 상련(上聯)을 읊었다. 이번에는 증국번과 여동생 모두 답을 못했다. 그날 집에 돌아온 증국번은 책상 위에 놓인 『월단평(月旦評)』이란 책을 보고 갑자기 대련구가 떠올랐다. 그는 당장 아버지에게 달려가 말했다. "아버지, 하련(下聯)이 생각났어요. 청월루(聽月樓)요."

이 일화에서 보듯 증국번은 기지가 뛰어나다기보다는 끈기가 강한 사람이었다. 목창아(穆彰阿)가 증국번의 든든한 후원자가 된 것도 그의 기지와 민첩함 때문이 아닌 유완함 덕분이었다. 훗날 증국번의 정치, 군사 기반을 물려받은 이홍장(李鴻章)은 매사에 민첩하고 뛰어난 기지를 발휘했는데, 이 때문에 두 사람의 지휘 방식은 확연히 달랐다.

증국번은 자신을 이렇게 평가했다. "나는 천성이 우둔해서 다른 사람이 한 눈에 두세 줄을 읽을 때 아무리 빨리 읽어도 한 줄을 넘기지 못한다. 또 다른 사람들이 단시간에 집중해서 해내는 일을 나는 한참동안 깊이 생각해도 쉽게 해결하지 못한다. 양호(陽湖)의 친구 주도보(周韜甫)는 항상 나에게 너무 유완해서 제때 일을 해결하지 못한다고 말하는데, 나도 이런 내가 정말 부끄럽다." 사실 유완은 문인들의 보편적인 병폐로-물론 모든 문인이 그러한 것은 아니다-호삼성(胡三省)[22]은 이런 말을 남겼다. "유학자는 행동이 느려 민첩하게 일을 해결하지 못한다. 유가가 제시하는 수신, 치국 방법 자체는 문제가 없다. 다만, 너무 둔하고 느리면 정치 개혁이나 군사적으로 공을 세울 수 없다."

반면 증국번의 가장 큰 장점은 자신을 정확히 알고 있었다는 점이다. "전투 지휘는 애초부터 내 능력 밖이었다. 전쟁에서는 신출귀몰한 전략과 전술이 중요한데 나는 너무 평범했다. 전쟁에서는 상대를 속일 수 있어야 하는데 나는 너무 정직하기만 하다." "예부터 전쟁에서는 예측불허의 전략전술을 중시했는데, 나는 매번 그러지 못하고 정석대로 움직였다." 그는 다른 사람의 장점으로 자신의 부족함을 채우기 위해 항상 인재를 갈구했다.

그러나 인재에 너무 의지하면 중심을 잃을 수 있으므로 인재 활용에 신중해야 한다. 증국번은 먼저 유완한 성격으로 적을 제압할 수 있는 방법을 연구했다. 그는 많은 인재를 모으고 등용하면서 항상 그 중심에 자신의 역할을 세워두는 것을 잊지 않았다. 그는 적재적소에 인재를 배치할 뿐 직접 전면에 나서지 않았고, 전체적인 밑그림을 그리고 운영하는 기획자 역할에 충실했다.

증국번의 기획 과정에는 두 가지 과제가 있었다. 첫 번째는 인재를 얻는 방법이고, 두 번째는 그들에게 자신의 이상을 전달하고 실행하도록 하는 방법이었다. 첫 번째 문제를 해결하려면 자신과 상대방의 특성과 상황을 동시에 고려할 줄 알아야 한다. 애초에 인재를 구하려는 목적이 자신의 유완함과 소극적인 용병술을 보완하는 것이었으므로 자신보다는 상대방의 특성을 조금 더 중요하게 생각했다. 결과적으로 태평천국군을 이기지 못하면 과정은 아무 의미가 없기 때문이다. 두 번째 문제의 핵심은 같은 뜻과 이상을 가진 인재를 찾는 것이다. 그의 뜻을 쉽게 이해하고 받아들일 수 있는 사람이어야 지혜와 용기를 겸비한 진정한 인재가 될 수 있다.

증국번이 태평천국군을 상대하면서 가장 취약했던 부분은 바로 속전속결 전술이었다. 그는 특유의 유완함 때문에 너무 완벽하고 안정적인 것만 추구해 임기응변으로 빠른 변화에 대처해야 하는 실제 상황에 약했다. 유완한 성격은 군대를 지휘하는 데 있어 확실히 큰 문제였다. 문인이라면 대부분 어느 정도 유완한 면이 있지만, 모두 그런 것은 아니다. 명(明)나라의 대학자 왕양명(王陽明)은 유가의 영향을 깊이 받은 문인이었지만, 전쟁에 나가 수많은 공을 세웠다. 그는 수차례 반란을 평정하면서 신출귀몰하고 전광석화와 같은 용병술로 이름을 떨쳤다. 이외에 강충원, 라택남, 호림익(胡林翼), 좌종당, 이홍장, 이속빈 등도 모두 유학자 출신이었지만, 유완과는 거리가 먼 맹장들이었다. 결국 유완은 유가의 영향이라기보다는 타고난 성격이나 기질과 관계가 깊다고 볼 수 있다.

고지식하리만큼 완벽한 진영을 구축하는 증국번의 용병술은 그의 단점인 유완함과 아주 잘 어울리는 방법이었다. 이외에도 여러 가지 용병술이 있었지만, 이것만큼 상군의 특징을 확실히 보여주는 것은 없다. 그는 장사와 형양(衡陽)에서 1만 정예부대 양성을 목표로 군사훈련에 매진했으나, 훈련이 끝난 후 군대 지휘권은 강충원에게 넘길 계획이었다. 자신의 유완함이 군대 지휘에 얼마나 큰 단점인지 잘 알고 있었기 때문이다.

태평천국군과 두 차례 전투를 치른 후, 증국번은 아버지의 조언이 담긴 편지를 받았다. 그는 이 조언을 기초로 대대적인 군영 개혁에 착수했는데, 가장 중점을 둔 부분은 일과시간 조정이었다. 태평천국군은 보통 새벽 3~4시에 일어나 아침을 먹고 5시부터 행군을 시작해서 동이 틀 무렵 선제공격을 개시했다. 상군은 상대적으로 기상 시간이 늦었기 때문에 처음부터 불리한 싸움을 할 수밖에 없었다. 증국번의 군영 개혁 이후 상군은 아직 깜깜할 때 일어나 동틀 무렵 새벽 훈련을 시작했다. 병사들이 갑자기 바뀐 일과에 적응하지 못할 것을 염려해 아침식사 시간은 일단 그대로 유지했다. 처음에는 일어나자마자 훈련을 하고 아침식사를 했지만, 일찍 일어나는 것이 익숙해진 후에는 해가 뜨기 전에 아침식사를 마치도록 조정했다. 새로운 일과시간이 정착되면서 새벽 5시 전에 일어나 아침식사를 마치고, 해가 뜰 무렵 훈련을 시작한 덕분에 적의 기습 공격에 효과적으로 대처할 수 있었고, 더불어 병사들의 사기도 높아졌다. 항상 일찍 일어나고 부지런히 훈련하는 습관이 들면서 상군 병사들은 실제 전투에서도 제 실력을 발휘하기 시작했다.

두 번째 개혁 대상은 군영 구조였다. 증국번은 처음에 태평천국군의 군영을 어설프게 따라하다가 연달아 뼈아픈 패배를 맛보았다. 특히 악주(岳州)에서는 태평천국군이 선제공격을 시작하자마자 전열이 무너져 제대로 싸워보지도 못하고 크게 패했다. 초반 상군의 군영은 위치 선정도 좋지 않고 워낙 부실했기 때문에 매번 적의 공격이 시작되자마자 쉽게 무너졌다. 증국번은 몇 차례 실전 경험을 통해 이상적인 군영 구조의 조건을 배웠다. 먼저 군영의 위치는 반드시 적보다 높고 물이 가까운 곳이어야 한다. 저지대 습지, 사방이 트인 벌판은 절대 피해야 한다. 일단 위치를 선정한 후에는 먼저 바깥 둘레에 참호를 파고 돌로 벽을 쌓았다. 군영 개혁 초반에 지은 벽은 높이 2.4m에 두께 0.9m였고, 참호는 너비

2.4m에 깊이 1.8m였다. 시간이 지나면서 벽의 구조는 정장(正牆)과 자장(子牆)으로 나뉘었다. 벽의 토대는 정장과 자장을 합해 1.8m 너비였다. 정장은 높이 약 2.1m에 너비 0.5m였고, 자장은 높이 0.9m에 너비 0.6m였다. 정장 윗부분에는 총부리를 내놓을 수 있도록 구멍을 뚫었고, 자장은 총을 쏠 때 밟고 올라서는 부분이었다. 참호 구조도 내부 참호와 외부 참호로 분리되었다. 외부 참호는 너비 1.8m에 깊이 2.4m로, 내부 참호는 너비 0.9m에 깊이 0.9m로 팠다. 외부 참호는 상황에 따라 두 개 이상 팔 때도 있었다.

세 번째 군영 개혁 조치는 보초 제도였다. 상군은 기상 이후부터 취침 때까지 3분의 1씩 돌아가며 장벽을 이용해 물샐 틈 없이 철저하게 보초를 섰다. 취침 이후 야간에는 보초병을 좀 줄여 10분의 1씩 돌아가며 계속 보초를 섰다. 적군과 가장 가까운 곳에 있는 최전방 진영에서는 야간 보초병을 2배로 늘렸다.

이상의 세 가지 개혁 조치를 실행하면서 상군은 태평천국군의 기습에 효과적으로 대처할 수 있게 됐다. 무엇보다 튼튼한 참호와 장벽 덕분에 수비력이 크게 강화되어 전군이 완벽한 전투태세를 갖출 때까지 충분한 시간을 벌 수 있었다. 여기에 성능이 뛰어난 총과 대포가 더해지면서 상군의 전투력은 크게 향상되었다. 상군은 완벽한 군영과 무기 등 만반의 준비를 갖추고 힘을 비축해둔 상태에서 조용히 적을 기다리는 방법으로 한동안 불패 신화를 이어갔다.

사실 증국번의 군영 개혁 조치는 따지고보면 특별한 조치나 방법이 아니라 기본적인 군대 통솔 규칙일 뿐이다. 그러나 어떤 일이든 기본에 충실하기란 결코 쉽지 않다. 일반적으로 증국번과 정반대로 두뇌회전이 빠르고 행동이 민첩해서 임기응변에 능한 사람들은 쉽게 기본을 간과한다. 그 대표적인 예가 이홍장이다. 그는 타고난 기지를 발휘해 속전속결로 일을 처리하는 데 익숙했다. 1858년(함풍 8년), 상군에 합류한 이홍장은 이듬해에 황제의 명령을 받고 직접 군영 체험에 나섰다. 한껏 기대에 부풀어 길자영(吉字營)[23]에 도착한 이홍장은 보초, 군사훈련, 점호, 순찰, 야간 정찰 등 평범한 일과로 하루를 보냈다. 그는 매우 불만스러워하며 투덜거렸다. "난 상군에 대단한 전술이 있는 줄 알았는데, 지금 보니 아무것도 없구먼. 누군가 '적군이다!' 라고 외칠 때까지 보초만 서고 있지 않나!"

상군은 증국번의 군영 수칙을 엄수하느라 하루에 10km 이상 행군하지 못했다. 일반적인 군대 행군 속도와 비교할 때 거의 굼벵이 수준이었다. 정해진 규격대로 참호를 파고 장벽을 쌓으려면 상당한 시간이 필요했기 때문이다. 증국번은 임시로 하룻밤 머물 군영을 세울 때도 예외를 두지 않았다. 이 규칙의 가장 큰 장점은 전군이 여유 있게 적을 기다리며 힘을 비축할 수 있다는 점이다.

태평천국군은 뛰어난 기동력과 속전속결이 장기였지만, 증국번의 개혁 조치로 다져진 상군 군영 앞에서는 제 실력을 발휘하지 못했다. 증국번의 군영 개혁 조치는 수비를 목적으로 시작되었으나 시간이 지나면서 공격법으로 발전했다. 상군의 목적은 단순한 전투 승리가 아니라 태평천국군이 점령하고 있는 성과 도시를 탈환하는 것이었다. 상군은 장강 상류에서 출발해 하류 방향으로 차례차례 도시를 공격해나갔다. 최종 목표는 남경, 남경을 차지하는 자가 최후의 승리자가 된다.

그러나 태평천국군의 전투력도 만만치 않았으므로 상군은 도시 하나를 점령할 때마다 참혹한 대가를 치러야 했다. 특히 무창(武昌) 전투에서는 라택남이 전사하는 등 사상자가 속출해 다시 전력을 회복하기가 쉽지 않았다. 다행히 증국번의 군영 개혁 조치가 공성(攻城)에서도 훌륭한 효과를 발휘하면서 전력이 안정되었다. 적의 성을 포위할 때 참호를 파고 장벽을 세워 외부 지원을 완벽히 차단했기 때문에 어느 정도 시간이 지나면 총알과 식량이 떨어진 적군이 스스로 항복해왔다.

참호와 장벽은 안으로 성을 포위하고 밖으로 지원군의 접근을 막는 일석이조 효과가 있었다. 참호와 장벽은 여러 겹으로 구축할수록 수비 효과가 더 커졌다. 최전방 참호와 장벽이 무너지면 그 다음 참호로 후퇴해서 전투를 이어갔기 때문에 피해를 최소화하면서 효과적으로 적을 막아낼 수 있었다. 이를 위해 전방에서 전투가 벌어지는 동안 후방에서 끊임없이 새로운 참호와 장벽을 구축했다. 상군은 항상 참호와 장벽에 몸을 숨기고 적을 기다리는 입장이었으므로 상대적으로 유리한 상황이었다. 상군은 이렇게 참호와 장벽으로 성을 포위하는 방법을 이용해서 무창, 서주(瑞州), 길안, 구강(九江), 안경, 남경성을 함락시켰다. 중국 전통 전법(戰法)에서는 성 안에서 수비하는 쪽을 '주(主)', 성을 공격하는 쪽을 '객(客)'으로 비유하는데, 상군의 공성법은 주객이 전도된 용병술이었다.

1861년 8월, 증국전은 안경 함락에 큰 공을 세운 뒤 병력을 보충하기 위해 호남으로 돌아가 새로 군대를 모집했다. 1862년(동치 원년) 5월, 새로 모집한 병력이 더해져 총 2만 2,000명으로 늘어난 증국전 부대는 새로운 목표를 향해 출발했다. 증국전은 뒤처지는 후방 부대를 무시하고 행군을 강행한 탓에 후방 지원 없이 고군분투해야 했다. 그는 온갖 위험을 무릅쓰고 우화태(雨花台)에 군영을 세우고 남경성을 포위하기 시작했다. 이 소식을 들은 증국번은 깜짝 놀라 증국전에게 당장 철수하라는 편지를 보냈다. 그리고 다른 장군들에게도 당부의 편지를 썼다. "내 아우가 경솔한 판단으로 사지(死地)에 들어가고 말았으니, 어쩌면 이번에 화를 면치 못할 수도 있소. 장군 여러분, 전군에게 스스로 목숨을 버리는 경솔한 행동을 자제하라고 전하시오."

태평천국군은 남경을 수도로 삼은 후, 계속해서 성벽을 더 높고 튼튼하게 만드는 등 완벽한 수비 체계를 구축했다. 더구나 남경성은 둘레가 약 40km에 달해 물샐 틈 없이 완벽하게 포위하기가 쉽지 않았다. 처음에 증국번은 세 방향에서 동시에 남경을 공격할 계획이었으나, 증국전 부대가 너무 서두르는 바람에 나머지 두 부대가 아직 도착하지 않은 상황에서 고군분투하게 된 것이었다. 증국전의 부대는 겨우 2만 남짓이었다. 더구나 그 중 3분의 1은 신병이고, 태평천국군에서 투항해온 병사도 상당수 포함돼 있었다. 군의 사기는 고사하고 아직 자신이 상군임을 제대로 인식하지 못하는 병사들을 데리고 그 큰 남경성을 포위하기는 무리였다. 때문에 증국전의 소식을 접한 사람들은 모두 걱정이 태산이었다.

증국번은 증국전 부대가 패하는 것은 상관없었지만, 혹시 증국전의 경솔한 행동으로 부대가 전멸하지 않을까 노심초사했다. 삼하 전투에서 상군 정예 병사 6,000명이 목숨을 잃은 것도 지휘관 이속빈이 증국번의 충고를 무시하고 적진 깊숙이 들어갔기 때문이었다. 당시 태평천국군에 포위된 이속빈 부대는 본진과 너무 멀리 떨어져 있던 탓에 지원 부대가 도착할 때까지 버티지 못하고 전멸했다.

증국전이 생각보다 빨리 남경성을 포위하기 시작하자 증국번보다 더 놀란 사람은 바로 홍수전이었다. 위협을 느낀 그는 서둘러 이수성에게 남경으로 돌아오라고 명했다. 파발을 하루에 세 번이나 띄웠다고 하니 당시 홍수전이 얼마나 다급했을지 짐작이 된다. 그러나 이수성은 상군이 안경을 함락한 직후라 한창 사기가 올라 있으니 한동안은 정면 승부를 피하는 것이 좋겠다고 생각하고 있었다. 그는 상군이 기다리다 지쳐 사기가 꺾일 때쯤 남경으로 돌아가 결전을 치를 생각이었기에 군대를 움직이지 않았다. 홍수전이 국법을 들먹이며 계속 재촉하자 어쩔 수 없이 남경으로 방향을 돌렸다.

이렇게 이수성이 넉 달을 지체해준 덕분에 증국전의 위기는 기회로 바뀌었다. 이수성이 홍수전과 신경전을 벌이는 사이에 증국전은 완벽한 참호와 장벽을 구축했다. 이것은 증국전 부대가 2년 넘도록 남경을 포위한 끝에 결국 성을 함락시킬 수 있었던 가장 결정적인 요인이었다. 증국번이 만든 군영 수칙대로 참호를 파고 장벽을 세우는 데 걸리는 기간은 약 20일이었다. 결국 증국전 부대는 이수성이 빨리 회군하지 않은 덕분에 넉 달 동안 여유 있게 참호와 장벽을 구축할 수 있었던 것이다.

남경성 포위 참호를 구축한 후의 상황을 보자. 40km에 달하는 참호 전체를 수비한다는 것은 사실상 불가능한 일이었다. 병력이 충분하지 않았으므로 40km에 골고루 병력을 분산시킨다면 아예 수비를 하지 않는 것이나 다름없다. 남경성이 워낙 커서 성벽의 둘레가 길긴 했지만 중요한 길목은 많지 않았다. 그래서 증국번은 참호 안에서 적이 올 때까지 기다렸던 기존 방법에서 벗어나 보다 공격적인 전략을 시도해보기로 했다. 그는 먼저 증국전에게 각 부대별로 참호 안쪽에 이중삼중의 참호와 장벽을 더 쌓게 하라고 명했다. 그 중 가장 중요하다고 생각되는 두 곳을 선택해 정예부대를 집중 배치하고, 나머지 부분에는 최소한의 병력만 남겨놓았다. 증국전은 각 부대별로 군영을 완성한 후, 지도에 자세한 상황을 기록해 증국번에게 보고했다. 지도를 살펴본 증국번은 전반적인 군영 배치에는 만족했으나 한 가지 걸리는 부분이 있었다. 상군 군영 앞뒤로 강이 흐르고 있었는데, 증국전이 만든 지도에는 강의 깊이나 너비가 표시

되어 있지 않았다. 그는 증국전에게 만약 강물이 깊지 않다면 적군이 언제든지 강을 건너 기습해올 수 있으므로 각별히 주의하라고 일렀다.

이수성이 13명의 왕(王)[24]과 함께 20만 대군을 이끌고 남경 교외에 도착했을 때 상군은 이미 완벽한 군영을 구축한 상태에서 그들을 기다리고 있었다. 이수성이 이끄는 태평천국 지원군이 서양식 대포를 일제히 발사하며 집중 포격을 시작했다. 마치 세상이 뒤집히는 것 같았다. 이때 성 안의 태평천국군이 협공을 시작했다. 상군 역시 대포를 전면 배치하고 참호와 성벽을 최대한 활용해 수비에 집중했다. 태평천국군은 15일 동안 밤낮을 이어가며 맹렬한 공격을 퍼부었다. 이에 상군도 일제히 총을 쏘고 불공을 던지는 등 이를 악물고 강력히 저항했다.

태평천국군도 상군의 참호전에 대비해 나름대로 전략을 세웠다. 태평천국 병사들은 일제히 함성을 지르며 상군 외부 참호에 접근해 볏짚으로 참호를 메웠다. 일단 참호를 메우고 장벽을 기어오를 작정이었다. 증국전은 다급한 마음에 앞으로 뛰어나가 병사들을 지휘하다 얼굴에 총상을 입었다. 얼굴에서 흘러내린 피가 목을 타고 내려왔다. 증국전이 상처를 대충 동여매고 다시 장벽 위에 올라서자 상군의 사기가 급상승했다. 그러나 태평천국 병사들은 끊임없이 밀려왔다.

이때 '우르르 쾅!' 하는 굉음과 함께 상군이 세운 장벽이 수십 미터 무너져내렸다. 일부 태평천국 병사들이 다른 한쪽에서 땅굴을 파서 장벽을 무너뜨린 것이었다. 전장은 순식간에 흙먼지로 뒤덮여 한치 앞도 보이지 않았다. 하늘을 가득 메운 흙먼지 사이로 잘려나간 병사들의 팔다리가 날아다녔다. 곧이어 태평천국 병사들이 물밀듯이 밀려오기 시작했다. 증국전은 일단 외부 참호에서 먼지가 가라앉기를 기다렸다. 모래 연기가 사라지자 상군 병사들은 일제히 휘파람을 불며 벌떼처럼 모여 불공을 던지고 총을 발사했다. 상군은 6시간 동안의 치열한 전투 끝에 간신히 태평천국군을 막아냈다. 무너진 장벽 주위에는 태평천국 병사들의 시체 수천 구가 나뒹굴었고, 상군의 피해도 막대했다.

잠시 물러났던 태평천국군은 다시 한 번 상군 참호를 무너뜨리기 위해 목숨 걸고 땅굴을 파기 시작했다. 태평천국군의 동태를 주시하던 증국전과 상군 장수들은 땅굴 계획을 눈치 채고 마주보는 방향으로 땅굴을 팠다. 중간에서 만난 양군은 땅굴 속에서 치열한 육탄전을 벌였다. 칼과 도끼를 휘두르고, 독가스를 살포하고, 오수를 흘려보내는 등 참호전과 또 다른 양상이 벌어졌다. 태평천국군은 본래 장강 물을 끌어와 참호에 숨어 있는 상군을 익사시키고, 나아가 장강 수로를 장악해 상군의 보급로를 차단할 계획이었다. 그러나 상군의 발 빠른 대처와 강력한 저항으로 태평천국군의 계획은 수포로 돌아갔다.

태평천국군과 상군이 형성했던 전선 중에는 가깝게는 60m를 사이에 두고 대치한 곳도 있었다. 이곳에서는 밤낮없이 치열한 공방전이 이어졌다. 그러나 태평천국군은 끝내 상군의 참호와 장벽을 무너뜨리지 못했다. 46일 동안 치열한 공방전이 이어졌고, 양군 모두 극심한 고통과 처참한 지경에 이르렀다. 수많은 병사들이 목숨을 잃었고, 힘겹게 하루하루 버티는 병사들은 얼굴에 핏기가 사라지고 뼈만 앙상하게 남아 살아 있는 시체나 마찬가지였다. 남경 전투에서 살아남은 한 병사는 후에 "상군 역사상 이렇게 고통스럽고 처참한 전투는 없었다"라고 말했다.

나를 아는 것이 가장 큰 장점

당시 증국번은 직접 전투에 참여하지 않고 안경에 머물러 있었지만, 초조한 마음에 가만히 앉아 있을 수가 없었다. 그는 잠시도 마음을 놓지 못하고 방안을 서성거리며 머리를 쥐어짰지만, 도저히 묘안이 떠오르지 않았다. 훗날 그는 당시 기억을 떠올리며 이렇게 말했다. "심장이 타들어가고 간이 녹아드는 기분이었다. 지금까지 이렇게 고통스러운 적은 없었다." 증국전이 총상을 입었다는 소식이 전해지자 증국번은 더욱 애가 탔다. 그렇지 않아도 전날 꿈자리가 뒤숭숭해 걱정하고 있던 차였다. 다행히 상처가 깊지 않다는 말을 듣고 가슴을 쓸어내린 그는 그날 일기에 "천륜으로 피를 나눈 형제이기 때문인지 멀리 떨어져 있어도 뭔가 통하는 것이 있었다"라고 적었다.

이수성이 잠시 군대를 물리자 증국번은 증국전에게 서둘러 철수하라고 지시했다. 그러나 증국전은 절대 물러설 수 없었다. 양재복(楊載福)과 좌종당도 증국전과 뜻을 같이했다. 그러나 나머지 장수들과 병사들은 모두 철수하기를 원했다. 이들은 증국전이 남경성을 함락시킬 수 있는 인물이 아니라며 비난의 목소리를 높였다. 계속 의견이 엇갈리자 증국번은 직접 우화태 상황을 확인해보기로 마음먹었다.

증국번은 한 달 동안 우화태 군영의 참호와 장벽을 꼼꼼히 조사하고 근처에 있는 다른 군영도 돌아봤다. 상군의 군영은 처음부터 끝까지 완벽했고 부대 배치 상황도 훌륭했다. 결국 증국번은 철수 계획을 취소하고 증국전을 지지하기로 결정했다. 증국전은 완벽한 참호와 장벽을 바탕으로 강력한 전투 의지를 불태운 끝에 드디어 남경성을 함락시켰다. 남경성을 포위한 지 26개월 만이었다.

증국번이 상군을 지휘하면서 항상 고지식하게 서두름 없이 장벽과 참호 구축만 강조했던 것은 아니다. 그가 부하 장수들에게 보낸 공문 중에는 상대의 허를 찌를 수 있는 기묘한 전술 전략을 적절히 이용하고, 상황에 맞는 가장 효과적인 대처법을 찾도록 지시한 내용이 있었다. 그러나 그는 직접 군대를 지휘한 전투에서 세 번 모두 패한 후 두 번 다시 전장에 나서지 않았다. 증국번은 기문 전투에서 패한 후 본진을 장강에 띄워놓은 배 위로 옮겨 언제라도 안경으로 달려갈 수 있도록 만반의 준비를 갖추었다. 증국전이 안경을 포위하고 있을 때, 조언을 얻기 위해 증국번을 초청한 일이 있었다. 그러나 증국번은 이를 거절했다. "내가 이미 배를 타고 있는데 왜 당장 달려가고 싶지 않겠느냐? 하지만 지난 몇 년 동안 중요한 고비에 내가 등장하면 늘 우리가 패했다. 이런 상황이 여러 번 반복되니 마음이 편치 않구나. 애써 이런 생각을 지우려고 지난달 휘주(徽州) 전투에 직접 나갔는데, 불길한 예감이 어김없이 적중하고 말았구나. 그래서 이번에 안경만큼은 절대 가지 않을 생각이다."

증국번은 이렇게 편지를 보내고 이 문제에 대해 다시 심사숙고하기 시작했다. 직접 전장에 나갈 수 없다면 과연 나는 무엇을 해야 할까? 그는 실전 전투에서 치명적인 단점으로 큰 과오를 남겼지만, 이 경험은 오히려 그의 장점을 더 크게 발전시키는 계기가 되었다. 그의 유완함은 실전 전투에서는 불리하게 작용했지만, 전체 상황을 파악하고 전략을 수립하는 데는 큰 힘이 되었다. 전체 상황을 정확히 파악하고 치밀하게 분석해 완벽한 종합 계획을 수립하는 것, 이것이 바로 증국번의 가장 큰 장점이었다. 이는 그가 상군 최고 지휘자로서 최후의 승리를 만들어낼 수 있었던 주요 요인이기도 했다.

증국번은 처음 상군을 조직할 때 이미 머릿속으로 큰 밑그림을 그려두었다. 그는 마지막까지 태평천국군을 완벽히 제압하려면 호남 전선에만 머물 것이 아니라 주변 지역과 연합전선을 구축해야 한다고 생각했다. 나중에 서태후가 증국번에게 강남 4성의 대권을 부여하고 2년여 만에 태평천국의 난이 완전히 진압되었으니 그의 생각은 확실히 적중했다.

증국번은 자신의 단점을 극복하기 위해 일찍이 '유완'에 대해 철저히 분석한 바 있는데, 그 내용은 대략 다음과 같다.

『논어』에 '민즉유공(敏則有功)'[25]이라는 구절이 두 번 나온다. 민첩한 사람은 하늘이 내리는 것이니, 이들은 일일이 경험하지 않아도 뛰어난 재능과 기술을 바탕으로 물 흐르듯 자연스러운 판단력을 가지고 있다. 남이 열 번 할 때 나는 천 번 한다는 자세로 끊임없이 노력하면 보통 이하의 능력을 가진 사람이라도 충분히 분발할 수 있다.

『좌전(左傳)』에 제나라 사람이 계수(稽首)[26]의 예를 다하지 않는 노(魯)나라 임금을 비난하는 구절이 있다. '노나라 사람들은 그들의 잘못을 오랜 시간이 지나도 깨닫지 못하니 우리로 하여금 화를 못 참고 펄쩍 뛰게 만드는구나. 노나라는 오직 유가에만 얽매여 두 나라 사이에 커다란 근심을 초래했다.'[27] 노나라 사람들이 유가에 대한 지나친 자부심 때문에 제나라를 무시한 것이 화근이 되어 결국 전쟁이 일어났다.

『한서(漢書)』「주박전(朱博傳)」을 보자. 옛 제나라 땅에 부임한 주박[28]이 이곳 사람들이 유완함을 자랑스럽게 여기는 것을 보고 화를 참을 수 없었다. "이곳은 어린아이 때부터 이런 못된 습관이 있구나." 주박은 유완함에 길들여진 관리들을 모두 파면시켰다. 이곳에 높은 덕망으로 존경받는 유학자 노인이 있었는데, 역시 유완하기 이를 데 없었다. 주박은 이 노인이 관리로서의 도리를 다하지 않는다며 질책했다. 그는 정확히 공을 따져 관직을 정했다. 지나치게 형식적인 헐렁한 옷차림이나 무절제한 허례허식을 금하고 관복을 간소화했다. 이는 유가의 유완함 때문에 일을 제대로 마무리 짓지 못하는 일을 경계하기 위해서였다.

『자치통감』에서 표기대장군(驃騎大將軍) 송혼(宋混)은 이렇게 말했다. "신의 동생 송정(宋澄)은 정치 수완은 뛰어나지만, 유완한 탓에 기지를 발휘해야 하는 일에는 어울리지 않습니다." 호삼성은 이 구절에 "유학자는 대부분 천천히 꼼꼼히 살피는 경향이 있어 임기응변에는 약하지만 열심히 최선을 다한다"는 설명을 덧붙였다. 『증국번전집』「시문」 중에는 다음 기록이 있다. "대체로 유가 방법 자체에는 문제가 없으나, 중심을 잃어 지나치게 시간을 끄는 것이 문제다. 때문에 조정에는 미해결 정무가 쌓이고 전쟁에서는 승리의 기회를 놓친다."

이상을 종합해보면 증국번은 유가 자체에는 문제가 없으나 지나치게 유유자적하는 유학자들이 정치, 군사적으로 큰 허점을 드러낼 수 있음을 지적하고 있다. 특히 그는 자신이 직접 지휘한 전투에서 세 번 모두 패하면서 이 점을 확실히 깨닫고 두 번 다시 전장에 나가지 않았다. 대신 다양한 인재를 끌어모아 자신의 단점을 보완했다.

인재를 선발할 때는 구성원의 능력, 개성, 경력, 장점이 겹치지 않고 상호 보완 관계를 이뤄야 조직의 역량을 최대한으로 끌어올릴 수 있다. 이들이 각자 자신의 전문 분야에만 몰두하도록 해야 사공이 많아 배가 산으로 가는 폐해를 막을 수 있다.

성공 인물의 처세력 ❷
개방형 이광과 폐쇄형 정부식의 개성 전략

여기에서 비교해볼 두 인물은 유완함과는 거리가 멀었지만, 각자 개성에 맞는 효과적인 방법으로 자신의 이상을 실현했다는 점에서 이번 장의 주제와 일맥상통한다.

이광(李廣)과 정부식(程不識)은 모두 서한(西漢)의 명장이다. 이광은 일찍이 연(燕)나라 태자 단(丹)[29]을 추격했던 진(秦)나라 장군 이신(李信)의 후손이다. 이신은 단을 생포해 큰 공을 세웠으나 자신감이 넘쳐 오만했고, 결국 20만 대군을 이끌고 초(楚)나라를 공격했으나 참패를 기록했다. 유서 깊은 무장 집안에서 태어난 이광은 선천적으로 팔이 길어 기마궁술에 뛰어났다.

어느 날 이광은 100여 명의 기병부대를 이끌고 고비 사막을 가로질러 흉노 병사를 추격했다. 살을 에는 듯한 칼바람을 맞으며 눈 덮인 사막을 질주하던 이광은 흉노 병사 둘을 활로 쏘아 죽이고 한 명을 사로잡았다. 그런데 돌아오는 길에 뜻하지 않게 수천 규모의 흉노 군대와 마주쳤다. 당황한 이광의 부하들은 뒤돌아 도망가려 했다. 이광은 부하들의 앞을 가로막으며 이렇게 말했다. "이곳은 끝없는 사막이다. 도망간다고 목숨을 건질 수 있겠느냐? 만약 우리가 여기에서 움직이지 않으면 저들은 분명히 함정에 빠질 것을 염려해 섣불리 공격해오지 못할 것이다."

이광과 부하들은 태연하게 흉노 부대를 향해 좀 더 가까이 다가갔다. 그리고 흉노 부대와 불과 800여 미터 거리에서 멈추고 말에서 내려 느긋하게 휴식을 취했다. 이광의 명성이 워낙 대단했던 터라 흉노 병사들은 감히 공격할 생각을 하지 못했다. 잠시 후 한 흉노 장수가 말을 타고 이광 부대에 접근해왔다. 이광은 벌떡 일어나 말을 타고 번개처럼 달려나가 흉노 장수를 죽이고 다시 제자리로 돌아왔다. 그는 이제 아예 말안장까지 풀어놓고 바닥에 드러누웠다.

흉노 군대가 머뭇거리는 동안 해가 지고 어느새 주변이 깜깜해졌다. 사막은 온통 정적에 휩싸인 채 희미한 초생달빛이 아련히 양쪽 군대를 비추었다. 흉노 부대는 더 이상 지체하면 한(漢)나라 지원군이 올지도 모른다는 생각에 공격을 포기하고 조용히 물러갔다. 이렇게 해서 이광과 부하들은 털끝 하나 다치지 않고 무사히 귀환했다.

이광은 용맹하고 무예가 출중할 뿐 아니라 용병술에도 뛰어났다. 또한 부하들을 자기 몸처럼 아껴 포상금이나 전리품이 생기면 모두 부하들에게 나눠줬다. 그래서 그는 40년 동안 전장을 누비며 수많은 공을 세웠지만 재산은 거의 남은 것이 없었다.

이광은 행군이나 전투 시에 특별한 규칙이나 명령을 강조하지 않았다. 야영을 할 때도 병사들 마음대로 편히 쉬게 하고 따로 보초를 세우지 않았지만, 한 번도 적의 기습을 당한 적이 없었다. 이광의 대범함과 관대함에 매료된 병사들은 진심으로 그를 따르며 언제든 목숨을 바칠 각오가 되어 있었다.

한편 다른 변방 요새를 지키고 있던 정부식은 이광과 달리 엄격한 규율로 유명했다. 그는 행군과 전투 시에 항상 엄격한 규율과 명령 복종을 강조했다. 특히 적의 기습에 대비해 야영을 할 때도 곳곳에 초소를 세웠고, 병사들이 언제라도 신속하게 전투태세를 갖출 수 있도록 항상 질서를 유지했다. 정부식은 이광을 이렇게 평했다. "이광의 군대는 특별한 규율이 없어 만약 적의 기습이 있었다면 무사하지 못했을 것이다. 이광의 부하들은 그의 너그럽고 따뜻한 마음에 감동받아 그를 위해 목숨 걸고 싸운다. 나의 군대는 엄격한 규율로 항상 긴장감을 유지하기 때문에 병사들이 활기가 부족하고 늘 답답해한다. 하지만 단결력이 강하고 항상 준비되어 있으며 명령에 절대복종하므로 적의 기습에 효과적으로 대처할 수 있다."

흉노 입장에서는 특별한 규칙이 없어 어떻게 반응해올지 모르는 이광 쪽이 더 상대하기 어렵고 두려웠다. 한나라 병사들 입장에서 보면 이광의 부하들은 항상 즐겁고 마음이 편했으며, 정부식의 부하들은 전투가 없을 때에도 긴장을 늦추지 못해 고생이 많았다.

사마광(司馬光)은 『자치통감』에서 두 사람을 이렇게 평했다. '제도와 규칙 없이 엄하게 군대를 다스리는 것은 매우 위험한 일이다. 이광이 병사들을 자유롭게 방임할 수 있었던 것은 그의 능력과 담력으로 병사들을 통제할 수 있었기 때문이다. 따라서 아무나 이광처럼 할 수 있는 것이 아니다. 정부식의 방법대로 하면 큰 공을 세우지는 못하더라도 큰 실수나 실패도 없을 것이다. 이광의 방법을 따르되 그만한 재능이 없으면 적을 이기기도 힘들 뿐더러 반란을 초래할 확률 또한 높다.'

두 사람의 스타일을 살펴보면 이광은 밖으로 재능을 드러내는 개방형 인재이고, 정부식은 겉으로 드러내지 않는 폐쇄형 인재다. 두 사람은 모두 당대 최고의 명장으로 큰 공을 세우고 명성을 널리 떨쳤으나 최후의 모습은 확연히 달랐다. 정부식은 병사들을 힘들고 괴롭게 만들었지만 엄격한 규율을 바탕으로 실수 없이 임무를 완수해 마침내 태중대부(太中大夫)에까지 올랐다. 이광은 발굴의 무예와 용맹함으로 눈부신 전공을 세우며 큰 명성을 떨쳤으나 말년에 대장군 위청(韋靑)을 따라 노쇠한 몸을 이끌고 무리해서 흉노 정벌에 참가했다. 이광은 행군 도중 길을 잃고 헤매는 바람에 흉노 총공격을 위해 위청과 합류하기로 한 날짜를 지키지 못했다. 이광의 뒤늦은 합류 때문에 결국 흉노의 선우(單于)[30]를 놓치고 말았다. 당시 군법에 따르면 군사 작전에서 정한 기한을 지키지 못하면 참수형에 처해졌다. "이광 인생 60년, 규율을 지키지 못해 이렇게 끝나는구나." 이광은 흉노 공격에 실패하고 돌아오는 길에 이 말을 남기고 스스로 목숨을 끊었다.

이광의 죽음이 알려지자 그의 부하들은 물론 백성들까지도 눈물을 흘리며 슬퍼했다. 그러나 얼마 뒤 이광의 손자 이릉(李陵)이 흉노에 투항하면서 이신에서 이광까지 이어진 이씨 집안의 명예가 한순간에 사라졌다.

이광과 동시대 인물 중 예지력이 뛰어나기로 유명한 왕삭(王朔)이란 사람이 있었다. 어느 날 이광은 왕삭에게 자신은 뛰어난 능력으로 많은 공을 세웠는데 왜 제후에 오르지 못했는지 모르겠다며 푸념했다. 왕삭은 이광에게 지금까지 살면서 후회되는 일이 있느냐고 물었다. 이광은 말했다. "농서(隴西) 태수(太守)로 있을 때 강족(羌族)이 반란을 일으켰소. 그때 그들을 유인하기 위해 투항을 권유했는데, 나중에 투항해온 800명을 모두 죽였소." 이 말을 듣고 왕삭이 대답했다. "이미 항복한 자를 죽였으니 그보다 더 큰 화가 어디 있겠습니까? 장군이 제후가 되지 못하는 이유는 바로 그것입니다."

이광과 비슷한 운명을 맞이한 인물 중 진(秦)나라 장군 백기(白起)가 있다. 그는 장평(長平) 전투에서 승리한 후 조(趙)나라 사람 40만 명을 생매장해서 죽였다. 후에 그는 왕에게 버림받고 유배지로 향하던 중 자의반 타의반으로 자살을 선택했다.

재능의 종류는 이광처럼 밖으로 드러나는 개방형과 정부식처럼 겉으로 드러나지 않는 폐쇄형 두 가지로 나누어볼 수 있다. 각 인재형의 특색을 좀 더 자세히 살펴보자. 개방형 인재는 말을 내뱉는 동시에 바로 행동으로 옮기기 때문에 일 처리가 아주 빠르고 결정을 내릴 때도 시원시원하다. 이들은 대부분 능숙하고 노련한 솜씨로 명확하게 일을 해결한다. 하지만 세밀한 부분까지 치밀하고 깊게 생각하지 못하고 직감, 경험, 기분에 따라 일을 처리하는 경향이 강하다.

스스로 똑똑하고 능력이 뛰어나 용기와 지혜를 두루 갖추었다고 생각하지만, 사실 지혜보다는 용기의 비중이 높기 때문에 전체적으로 생각이 깊지 못하다. 사람은 누구나 능력의 한계가 있기 마련인데, 이들은 작은 부분을 사소하게 여기거나 무시하는 경우가 많아 나중에 문제가 생겼을 때 효과적으로 대처하지 못하거나 은폐하고 넘어가는 상황이 생길 수밖에 없다.

반면 폐쇄형 인재는 심사숙고해 치밀하고 완벽한 계획을 세우는 것이 장점이므로 주변 사람들에게 완벽하다는 느낌을 준다. 개방형 인재가 떠들썩하고 요란한 데 비해 폐쇄형 인재는 순서에 따라 차분하게 일을 진행해 소리 없이 훌륭한 결과를 만들어낸다. 물론 단점도 있다. 이들은 기지가 떨어지고 결단력이 약해 행동이 느리고 신속하게 일을 처리하지 못한다. 또한 지나치게 안정적이고 완벽한 것을 추구하기 때문에 모처럼 찾아온 기회를 놓치기 쉽다. 이들은 보통 일의 중요도에 관계없이 모든 일에 과도한 신경을 쏟아붓거나, 조심스러운 성격 때문에 전체보다는 부분에 매달려 방향을 잘못 잡기도 한다.

같은 일이라도 사람과 상황에 따라 일을 처리하는 방법은 아주 다양하다. 여기에서 예로 든 이광과 정부식의 전략 외에도 방법은 많다. 핵심은 효과적이면서 자신에게 맞는 방법을 찾아야 쉽고 빠르게 성공할 수 있다는 사실이다. 여기에서 가장 중요한 것은 무엇보다 효과적이어야 한다는 것이고, 그다음이 자신에게 맞는 방법이어야 한다. 무조건 남의 성공을 따라하려고 하면 자신의 개성과 장점을 잃어버릴 수 있기 때문에 신중해야 한다.

제3장
기회는 결코 기다려주지 않는다

기회는 모두 인생에 단 한 번뿐이다. 위대한 업적을 이루려면
시대 흐름을 읽고 기회를 포착할 수 있는 뛰어난 통찰력이 반드시 있어야 한다.

'시기를 탄다'라는 말은 시대의 큰 흐름에 따라 기회를 포착해야 한다는 뜻이다. 인간은 시대를 선택해서 태어날 수 없다. 따라서 결국 시대에 순응할 수밖에 없다. 개인의 힘으로 시대의 흐름을 바꿀 수 없다면, 시대의 흐름을 따르는 법을 배워야 한다. 동서고금의 위인들이 역사에 이름을 남길 수 있었던 것도 모두 시대의 흐름에 따랐기 때문이다. 대세를 거스르고 시대 흐름에 역행하는 사람은 절대 기회를 잡을 수 없다. 아무리 작은 목표라도 기회가 주어지지 않는다면 성공은 말할 수조차 없다. 천하의 대세를 따르는 자만이 위대한 업적을 남길 수 있다.

1867년(동치 6년), 태평천국의 난을 완전히 진압한 후 증국번은 조렬문에게 말했다. "대업을 이루는 데는 운이 6할이고, 노력이 4할이다." 이에 조렬문은 "옳은 말씀입니다. '하늘에 앞서 해도 하늘을 어기지 않고, 하늘보다 나중에 해도 하늘의 때를 받든다'[31]라는 말도 있지 않습니까?"라며 맞장구를 쳤다. '하늘의 때를 받든다'라는 말이 바로 '시기를 탄다'는 의미다. 위에서 '운이 6할, 노력이 4할'이라고 말한 것으로 보아 증국번은 개인의 노력보다 시기를 더 중요하게 생각했을 것이다. 하

지만 평소 삶의 자세에서는 인간적인 요소, 올바른 됨됨이를 강조했다. 올바른 됨됨이를 기본으로 시기를 타고 기회를 포착해야 한다고 생각했기 때문이다.

현대 사회에는 여러 가지 종류의 성공이 있다. 먼저 정부 요직에 오르는 정치적인 성공을 들 수 있다. 정치계는 그 사회의 모든 권력이 집결하는 곳이므로, 어느 나라에서나 대통령 선거가 가장 큰 이슈가 된다. 다음으로 경제적인 성공이 있다. 그리고 세 번째 성공으로는 현재 많은 어린이와 청소년들이 우상으로 삼는 연예계와 스포츠 스타를 꼽을 수 있다. 마지막으로 문화, 예술, 과학 분야에서 뛰어난 업적을 세워 사회적으로 존경받는 예술가와 학자들이 있다.

이외에도 성공 형태는 아주 다양하지만, 모든 성공에는 한 가지 확실한 공통점이 있다. 성공이란 과거의 자신을 뛰어넘어야 하는 것이기에 무엇보다 노력이 중요하다는 것이다. 하지만 성공의 범위가 사회적인 대업으로 발전하면 단순히 개인의 노력만으로는 불가능하다. 대업을 이루려면 정치, 경제적인 역량을 최대한 끌어올려야 하기 때문에 많은 사람의 도움과 지지가 반드시 필요하다. 대업을 이루려면 힘이 있어야 한다. 힘이란 곧 권력 - 지위, 명예, 부를 모두 포함하는 - 이다. 결론적으로 권력이 없으면 대업을 이룰 수 없다.

간혹 비인기 분야에서 전혀 알려지지 않은 사람이 갑자기 다크호스로 떠올라 아무도 예상치 못한 큰 성공을 거두기도 한다. 하지만 이런 경우는 그다지 많지 않다. 확률적으로 따져봐도 답은 금방 나온다. 새로 떠오르는 분야는 아직 채워지지 않은 부분이 많기 때문에 그만큼 기록을 남기기 쉽고, 많은 관심이 쏟아지는 만큼 기회도 많다. 그만큼 성공의 기회도 많고 확률도 높다는 뜻이다. 생각해보자. 중국 문화를 대표하는 영화감독 장예모(張藝謀)와 작가 여추우(余秋雨)[32] 중 누가 더 유명할까? 아무래도 장예모 쪽이 아닐까 싶다. 그의 이름은 우리나라에서도 낯설지 않다. 영화 산업은 최근 수십 년 사이에 급속히 성장하면서 현대 문화산업의 주류가 되었고, 문학과 학술은 이미 저 멀리 뒤처졌다. 장예모의 성공은 일정 부분 시대 흐름의 영향이었다. 경제적인 성공도 마찬가지다. 시대 흐름과 유행을 따라야 더 빨리 더 많은 돈을 벌 수 있다. 중국의 경우 국가가 경제 발전에 발 벗고 나서면서 전통 문화나 역사 분야에 필요한 인재까지 경제 분야로 몰리고 있다. 많은 사람들이 관심을 갖는 곳에 많은 기회가 존재하기 마련이다. 그렇기 때문에 객관적으로 시기를 분석하고 기회를 포착하기 위해서는 뛰어난 사고력과 통찰력이 기본이 되어야 한다.

사업적인 성공에도 역시 시기를 잘 타는 것이 중요하다. 단순히 시대 흐름을 따라가는 것이 아니라 시대 흐름을 선도하는 위치에 올라서야 성공에 가까워질 수 있다. 물론 주도적인 입장에 서면 그만큼 위험부담이 크지만 이를 성공의 과정으로 받아들여야 할 것이다. 비유컨대 개인이 물방울이라면, 수많은 물방울이 모인 시내나 강은 사회라고 할 수 있다. 시내와 강의 흐름에서 앞쪽에 있는 물방울이 먼저 바다에 도착하는 것처럼 흐름 속 위치에 따라 앞에 펼쳐질 세상과 성공의 크기가 달라진다.

증국번이 살던 시대의 성공 기준은 오로지 높은 관직에 올라 청렴하고 훌륭한 관리로 널리 이름을 알리는 것뿐이었다. 성공으로 가는 길도 하나뿐이었다. 과거시험. 다행히 증국번은 관운이 있어 스물일곱 살에 진사에 합격해 관직에 오를 자격을 얻었다. 그러나 높은 관직에 올라 청렴하고 훌륭한 관리로 이름을 알리기 위해서는 아직 두 가지 조건이 더 필요했다. 하나는 더욱 학문에 매진해 학문적으로 명성을 높이는 것이고, 다른 하나는 폭넓은 교제를 통해 권력에 가까워질 수 있는 인맥을 형성하는 것이다. 어떤 식으로든 내가 먼저 나의 존재를 알리지 않으면 위에서 어떻게 알고 나를 끌어주겠는가? 또 위에서 나를 좋게 보지 않는다면 어떻게 중용될 수 있겠는가? 진사 합격은 성공으로 가는 첫 계단일 뿐이다. 높은 관직에 오르고 청렴하고 훌륭한 관리로 이름을 알리려면 계속해서 더 많은 노력이 필요했다. 증국번과 같은 시기에 활약한 한족 문신들은 대부분 학식이 뛰어난 인재였다. 관직이 높을수록 당연히 학문 성과도 뛰어났다.

시대를 읽는 눈이 되어

증국번은 신해혁명(辛亥革命)이 일어나기 100년 전인 1811년에 태어났다. 그 시대에 성공해서 조상과 가문을 빛낼 수 있는 방법은 오직 과거 급제뿐이었다. 청나라 과거제도는 수재(秀才), 거인, 진사 세 단계를 거쳐 예비 관리를 선발했다. 각 단계마다 여러 차례 시험을 거쳐 최종 합격자가 되면 사회지도층 반열에 올라 여러 가지 혜택을 누릴 수 있었으므로 과거는 모든 사람들의 꿈이자 이상이었다.

증국번은 일곱 살 때부터 아버지가 운영하는 글방에서 과거 준비를 시작했다. 그의 가문의 사회적 위치로 볼 때 다른 선택의 여지가 없었다. 사실 그의 인생 목표는 타의에 의해 만들어졌지만, 그 덕분에 남들보다 먼저 시대 흐름을 탈 수 있었다.

열아홉 살이 되던 해에 증국번은 동생과 함께 형양(衡陽)에서 본격적인 과거 준비를 시작했다. 소문으로 떠도는 이야기지만, 형양에서 있었던 일화를 하나 소개한다. 증국번이 서당에 다닐 때 문장을 외우는 숙제가 있었는데, 제대로 외우지 못하자 선생님이 그를 크게 꾸짖었다. "만약 네가 과거에 합격하면 내가 네 양산을 받치는 종이 되겠다." 당시 스승의 독설은 증국번에게 큰 상처인 동시에 자극제가 되었다. 나중에 진사에 합격해 금의환향한 증국번은 일부러 양산을 들고 그 스승을 찾아갔다. 그는 대문 앞에서 작별인사를 하다가 갑자기 말했다. "이런, 어쩌죠? 스승님, 깜박 잊고 우산을 안에 두고 나왔습니다." 선생님이 들어가 우산을 가지고 나오자 증국번이 다시 말했다. "감사합니다, 스승님. 이렇게 직접 제 양산을 가져다주셔서요." 한참 동안 증국번이 멀어지는 것을 지켜보다 방으로 돌아온 선생님은 갑자기 몇 년 전 자신이 했던 말이 떠올라 그 자리에 주저앉고 말았다.

    증국번이 이를 악물고 학문에 매진한 이유는 어쩌면 스승의 독설 때문이었는지 모른다. 그는 처음부터 순수한 마음으로 학문에 뜻을 두었던 것이 아니다. 하지만 자극을 받아 분발하는 사람이 모두 꾸준히 노력해서 결과를 만들어내는 것은 아니다. 그런 사람은 아주 극소수에 불과하다. 어리석은 자는 지혜로운 자를 이길 수 없고, 지혜로운 자는 행동하는 자를 이길 수 없으며, 행동하는 자는 끝까지 포기하지 않는 자를 이길 수 없는 법이다. 작심삼일이라는 말처럼 작심은 쉽지만, 의지가 박약한 사람이 열에 아홉이니 성공이란 역시 쉬운 일이 아닐 것이다.

    이 이야기는 증국번의 또 다른 성격을 보여준다. 그는 작은 덕이라도 반드시 실천했고, 사소한 원한도 잊지 않고 되갚는 치밀하고 꼼꼼한 성격의 소유자였다. 그러나 이러한 성격이 훗날 태평천국의 난을 진압하는 과정에 투영되어 많은 인명을 살상했다는 오명을 얻기도 했다.

    증국번은 스물두 살에 수재가 된 후, 장사 악록서원(岳麓書院)[33]에서 수학했다. 악록서원은 호남성 최고 학부로 오늘날 호남대학보다 더 높은 위상을 자랑했다. 현재 호남대학 안에 위치해 있는 악록서원은 한때 모택동(毛澤東)이 공부한 곳으로도 유명하다. 이듬해 증국번은 거인에 합격했고, 그 해 가을 조정에서 직접 주관하는 회시(會試)[34]에 응시하기 위해 북경으로 떠났다. 그는 그 해 회시에는 떨어졌지만, 처음부터 단번에 합격할 거라고 생각하지 않았기 때문에 별로 개의치 않았다. 대신 시골뜨기 증국번에게 북경에서 지낸 처음 2년은 여러 사람과 교류하고 새로운 경험을 하면서 시야를 크게 넓힐 수 있는 소중한 시간이었다. 책상 앞에 앉아 책만 읽는 것과는 비교할 수 없는 귀중한 인생 경험이었다. 그러던 중 그는 여비가 떨어져 다시 고향으로 돌아가야 했다. 이때 증국번은 옷가지 등을 저당 잡히고 주변 사람들에게 돈을 빌려 『이십삼사(二十三史)』[35]를 샀다.

증국번은 고향에 돌아온 후 더욱 분발해 일 년 동안 외부 출입을 삼가고 오직 학문에 매진했다. 그리고 2년 후 다시 북경에서 열린 회시에 응시해 스물일곱 살의 나이로 진사가 되었다. 그가 여기까지 올 수 있었던 것은 북경에서 지낸 처음 2년 동안 많은 것을 보고 경험하면서 학문에 대한 새로운 뜻을 세울 수 있었기 때문이다. 일찍이 공자는 열다섯 살에 뜻을 세웠는데, 증국번은 조금 늦은 스물다섯 살에 뜻을 세웠지만, 그에 비해서는 상당히 빨리 성공한 셈이었다. 과거시험의 수많은 단계를 거쳐 드디어 진사가 된 스물일곱 살의 증국번, 그의 관직 인생은 이제 시작이었다. 앞으로 높은 관직에 올라 부와 명예를 누리기 위해서는 더 많은 노력이 필요했다.

증국번이 처음 학문에 대한 열정을 불태우기 시작한 것은 어린 시절 스승의 독설 때문이었지만, 더 큰 세계를 경험하면서 점차 자신만의 뜻을 확립해갔다. 이때부터 그는 자신의 이상을 실현하기 위해 보다 적극적으로 과거시험에 임했고, 마침내 뜻을 이루었다.

그러나 당시 증국번에겐 아직 '시기를 탄다'는 개념은 없었다. 조금 더 시간이 흘러 서른이 넘은 후에야 그 의미를 충분히 이해하고 받아들여 보다 완벽하고 논리적인 개념으로 정립할 수 있었다. 중국 속담에 '서른 전의 삶은 부모 인생의 일부이고, 서른 이후에야 진정한 자신의 삶이 시작된다'는 말이 있는데, 바로 증국번이 그러했다.

증국번이 일찍부터 과거시험에 매진한 것은 확실히 시기를 잘 탄 선택이었다. 사실 그 시대에 태어나 과거시험에 응시하지 않았다면 무엇을 할 수 있었겠는가? 태평천국의 난을 일으킨 홍수전도 14년 동안 과거시험에 매달린 경험이 있었다. 그러나 과거에 실패하고 다른 길을 찾지 못하자 결국 반란을 일으켰다. 증국번과 뜻을 함께했던 좌종당은 세 번 과거에 도전해 모두 실패하자 홧김에 공부를 때려치웠다. 만약 홍수전이 태평천국의 난을 일으키지 않았다면 그는 평생 시골 마을 서당을 벗어나지 못했을 것이다.

증국번은 진사가 된 후 한림원에 들어가 학문 연구에 더욱 깊이 매진했다. 한림원은 과거에 합격한 인재들이 모여 학문을 연구하며 미래를 준비하는 곳이다. 나라를 위해 일할 인재, 특히 조정에서 실무를 담당할 고위 간부를 양성하는 곳이므로 책을 읽고 편찬하는 것 외에 특별히 실무를 담당하지는 않았다. 일단 한림원에 들어가는 순간 관직길이 열리지만 관직의 높이는 각자 하기 나름이었다. 증국번으로서는 인생의 새로운 도전이 시작된 셈이었다. 이곳에서 인맥을 잘 쌓고 적응하면 생각보다 쉽게 높은 자리에 오를 수도 있었지만, 잘 어울리지 못하면 가장 낮은 종칠품에서 시작할 수밖에 없다. 당나라의 위대한 시인 두보도 이 세계에 적응하지 못해 종칠품에 머물지 않았던가!

그렇다면 증국번은 어땠을까? 스물일곱 살에 한림원에 입성한 그는 스물아홉부터 서른두 살이 될 때까지 종칠품에 머물렀다. 그러나 그 후 5년 동안 승승장구하며 무려 열 단계를 뛰어넘어 정이품에 올랐다. 오늘날 중국 관료체계로 보면 성장(省長)보다도 두 단계나 더 높은 관직이었다. 이렇게 빠른 승진은 예나 지금이나 대단한 일이다. 여기에는 물론 증국번 자신의 능력과 노력이 큰 몫을 했지만, 특별히 그를 지지하고 이끌어준 권력자의 영향도 컸다.

증국번은 처음부터 이름을 떨치기 위해 과거에 응시했노라고 당당히 밝혔다. 이런 뜻은 그의 자작시에도 드러나 있다. '자고로 명예와 이익을 위해 나그네 중 어느 누가 장안에 가지 않았을까?'[36] 그는 이미 관직에 들어선 이상 당연히 더 높은 관직에 올라 더 널리 이름을 알려야 한다고 생각했다. 이 꿈을 이루기 위해서는 오직 더 열심히 학문에 매진하는 길뿐이었다.

공명심, 즉 공을 세워 이름을 널리 알리려는 마음은 절대 나쁜 것이 아니다. 공명심은 중국의 문인 역사 2,000년을 만들어낸 원동력이었다. 중국 역사를 수놓은 수많은 문인들은 수신, 제가, 치국, 평천하를 목표로 강한 의지를 불태우며 끊임없이 분발했다. 장재(張載)의 명언 '세상을 위해 마음을 정한다. 백성들을 위해 명을 세운다. 지난 성인들을 위해 끊어진 학문을 잇는다. 후세를 위해 태평시대를 연다'[37]는 훗날 청나라 황제와 많은 문인들에게도 큰 사랑을 받았다. 그러나 이러한 이상을 실현하고 숭고한 도덕성을 지키기 위해서는 매우 엄격하고 절제된 삶이 요구되었다. 특별한 상황에서 부부생활이나 결혼이 금지된 때도 있었다. 훗날 증국번이 '고상한 선비의 탈을 쓴 위선자'라고 비난받은 이유가 바로 이것과 연관이 있는데, 그가 함풍제 상중에 첩을 맞이했기 때문이었다.

증국번이 한림원에서 연구한 책들은 대부분 어렸을 때부터 수없이 많이 읽었던 것이었다. 그러나 상황이 분명히 달라졌다. 높은 관직에 올라 널리 이름을 알리기 위해서는 더 깊은 연구와 새로운 깨달음이 필요했다. 이때부터 그는 주도적으로, 적극적으로 시기를 이용하기 시작했다. 학문은 그가 공명의 이상을 실현할 수 있는 유일한 통로였다. 한림원 생활 초기에 그는 명사의 지도나 동료들과의 학술 교류 없이 오로지 학문에 대한 순수한 열정만으로 홀로 연구에 몰두했다. 그렇게 반년이 지난 어느 날 그는 자신이 조금도 발전하지 못했음을 깨달았다. 평소 문장력이 뛰어나다고 생각했던 그는 글쓰기에서만큼은 아주 자신이 있었다. 그러나 반년 후 동료들이 자신을 제치고 멀리 앞서가고 있음을 알고 큰 충격에 휩싸였다. 그래서 그는 오로지 문장으로 세상에 이름을 알리려던 생각을 접고 다른 길을 모색하기 시작했다.

사실 책은 어떻게 읽느냐가 중요한데, 이때까지 증국번은 특별한 생각 없이 유명한 학자의 책이라면 가리지 않고 읽었다. 그는 서른 살 되던 해 어느 여름날 유리창(琉璃廠)[38]에서 『주자전서(朱子全書)』를 샀다. 그리고 3일 후 당시 가장 명망 높은 학자 중 한 명인 당감을 찾아가 가르침을 구했다. 증국번과 같은 호남 장사 출신인 당감은 당시 정삼품 태상시향(太常侍卿)이었고, 후에 이품으로 승진했다. 당감과의 만남은 증국번에게 새로운 기를 불어넣어 그가 자신만의 세상에서 빠져나올 수 있게 해주었다. 증국번은 당감의 일장 연설을 들으면서 많은 것을 깨달았다. 특히 학문의 목적과 방향이 관직의 길과 같아야 한다는 중요한 사실을 알았다. 높은 관직에 오르기 위해서는 그만큼 학문적으로 높은 경지에 올라야 하는 것이다. 당시 사회에서는 학문의 성과가 곧 그의 이상을 실현하는 지름길이었기 때문이다. 증국번은 그제야 비로소 시기와 기회에 대한 의미를 이해할 수 있었다.

지금 전해지는 당감의 글을 참고하면 그의 연설은 대략 이런 내용이었을 것이다. '학문을 하는 데는 세 가지 방법이 있다. 첫째는 의리(義理)이고, 둘째는 고핵(考核)이며, 셋째는 문장이다.' 의리란 성리학을 가리키는 것으로, 그는 의리야말로 학문의 기초라고 생각했다. 그러나 그에게서 고핵[39]은 쓸데없는 것에 집중하느라 핵심을 놓치기 쉽고 문장은 하찮은 재주일 뿐이었다. 당시 관리 세계에서 유행하던 경세치용(經世致用)은 의리를 기초로 해 역대 법규와 제도를 배울 수 있는 사서를 완벽하게 숙지해야 했다.

당감의 사상은 청나라 주류 학술계가 정치적인 이해관계에서 벗어날 수 없는 현실을 여실히 보여준다. 이와 관련해 먼저 주동안(朱東安)[40] 교수의 설명을 참고해보자.

청나라 왕조는 강력한 무력을 앞세워 중원을 차지하기는 했으나, 수적으로 비교도 안 될 만큼 열세였기 때문에 계속 무력으로 중원을 통치할 수는 없었다. 이렇게 통치 방법을 놓고 깊이 고민하던 청나라 지배층은 정주리학(程朱理學)[41]을 기초로 한 윤리도덕 관념을 발견했다. 삼강오륜, 그 중에서도 특히 '신하의 기본은 임금을 섬기는 것이다'라는 내용이 가장 마음에 들었다. 정주리학은 청나라의 국가 기본 이념이 되었고, 이를 받든 강희제는 청나라 황제 중 유학을 가장 숭상한 황제인 동시에 훌륭한 성리학자가 되었다.

청나라 건국 초기, 한족 하층민들은 천지회(天地會)를 중심으로 힘을 모아 '반청(反淸)'을 외치며 무장 반란을 일으켰다. 중국의 유명한 소설가 김용(金庸)이 쓴 무협소설 『녹정기(鹿鼎記)』의 시대 배경이 바로 이 시기였다. 소설에 등장하는 진근남(陳近南), 위소보(韋小寶)는 실제 천지회의 중심인물이었다. 이외에 명나라 유신(遺臣)을 비롯한 대부분의 한족 유생들도 강렬한 반청의식을 드러냈다. 이들은 칼 대신 붓을 들고 명나라에 대한 그리움과 청나라에 대한 원한을 표현했다. 그러나 이들의 저항은 모두 참혹하게 막을 내렸다. 무력으로 저항한 자는 무력으로 짓밟혔고, 붓으로 저항한 자들은 끔찍한 옥고를 치러야 했다.『녹정기』주인공 위소보의 부인 중 한 명인 쌍아(雙兒)가 고아가 된 후 모셨던 주인마님의 집안도 붓으로 저항했다가 화를 당했다.

그래서 일부 한족 선비들은 위의 사건을 교훈삼아 은밀하게 혹은 은유적인 방법으로 합법적이면서 확실한 투쟁방법을 모색했다. 이들은 논리적으로 확실한 증거를 찾아내 정주리학에서 숭상하는 경서가 위작(僞作)임을 주장했다. 정주리학을 위기에 몰아넣음으로써 청나라 통치 기반을 흔들기 위해서였다. 당시 위작 목록에 오른 경서 중 상당수가 2,000년 이상 된 고서였다. 어떤 선비는 30년간 심혈을 기울여『고문상서(古文尙書)』가 위작이라는 확실한 증거 128개를 분석해 책으로 엮었다. 또『고문상서』의 저작 연대와 저자가 모두 거짓이라는 증거를 제시한 학자도 있었다. 송나라 초기에 활약한 유명 도사(道士)의 하도낙서(河圖洛書) 이론을 기초로 한 주자의『주역본의(周易本義)』도 조작되었음이 밝혀졌다. 이러한 노력은 반청 사상을 발전시키기 위한 가장 근원적인 방법이었다. 청나라 지배자들이 심혈을 기울여 만들어놓은 사상 체계가 모두 거짓임을 증명함으로써 청나라 조정에 대한 신뢰를 무너뜨렸다. 이렇게 탄생한 것이 바로 고증학이다. 고증학이 눈부신 성과와 함께 학술계의 주류로 자리 잡으면서 성리학에 대한 관심은 자연스럽게 멀어져갔다.

하지만 역사는 끊임없이 변하는 것이다. 백련교(白蓮敎)의 난이 무서운 기세로 중원을 휩쓸면서 청나라 조정에 비협조적이었던 한족 선비들의 생각이 바뀌기 시작했다. 1796년(가경 원년)에 일어난 백련교의 난은 강건성세(康乾盛世)⁴²⁾에 마침표를 찍게 한 역사적인 사건이었다. 충격적인 대혼란을 겪은 한족 선비들은 이제 자신들의 밥그릇을 지키기 위해 반국가 행위를 근절시키고 청나라 지배 체제를 유지시켜야 한다고 생각했다. 한족 선비들 사이에 청나라 조정과 운명을 같이해야 한다는 인식이 뿌리내리기 시작한 것이다. 백련교의 난을 겪으며 새로운 교훈을 얻은 청나라 조정도 적극적인 한족 회유 정책을 펼쳤다. 이런 분위기가 이어지면서 한족 선비들의 반청복명(反淸復明) 사상은 점점 희미해졌다. 대신 눈앞에 닥친 현실과 사회 문제 해결에 관심을 기울이기 시작했다.

고증학은 건륭, 가경 연간에 전성기를 누렸으나, 도광(道光) 연간 이후 경세치용에 밀리기 시작했다. 도광 후기에 발발한 아편전쟁을 계기로 대세는 완전히 경세치용으로 넘어갔다.

경세치용의 시대, 시기를 타다

이미 경세치용이 대세였지만, 그 전까지 경세치용에 어두웠던 증국번은 당감을 만난 후에야 비로소 새로운 학문의 세계에 들어섰다. 그는 동생, 친구에게 보내는 편지와 일기에 복잡하고 답답한 마음이 탁 트이고 새로운 기운을 얻었다며 그날의 벅찬 감동을 여러 번 언급했다. 이후 증국번은 당감의 지도 아래 새로운 학문의 세계를 경험했다. 과거에 급제하고, 학문을 통해 부귀영화를 누리고, 공을 세워 이익을 얻는 것이 자신의 인생 목표임을 확실히 인지했다. 이것이 증국번이 시기와 기회 포착의 중요성을 스스로 인지하기 시작한 첫 번째 경험이었다. 이때 그의 나이 서른이었다.

이때부터 증국번은 문장 자체가 아니라 성리학적 관점에서 연구하는 자세로 꼼꼼히 내용을 분석하기 시작했다. 그는 먼저 최근에 구입한 『주자전서』를 정독하면서 내용과 흐름을 완벽히 이해한 후 치밀하게 분석했다. 이듬해 겨울, 증국번은 그의 인생을 바꿔준 당대 최고의 유학자로 고관대작 지위에 오른 왜인을 만났다. 왜인은 만주족 출신으로 정일품에 해당하는 대학사(大學士)를 지냈으니, 고관대작이란 말이 딱 어울리는 인물이었다. 그는 왜인의 가르침에 따라 먼저 몸을 다스리는 방법, 즉 좌선을 통해 독서와 신체 수련의 효과를 높이는 방법을 배웠다. 조금 더 구체적으로 보면 좌선과 일기 쓰기를 꾸준히 반복해 사고력을 키우는 것이 목적이었다. 매일 자신의 잘못된 행동과 욕망을 빠짐없이 기록하고, 좌선을 통해 하루 세 번 자신을 돌아보았다. 이것은 유가에서 말하는 '수신, 제가, 치국, 평천하'를 실현하기 위한 가장 기초적인 방법이었다.

공자와 옛 성인들은 심신 수련을 통해 학문의 경지를 높이고, 정신을 바르게 다스리고, 처세 기술을 익힘으로써 도덕성과 학식을 두루 갖춘 훌륭한 인재가 될 수 있다고 생각했다. 그러나 불행히도 공자는 모든 것을 다 누리지 못했다. 전쟁이 끊이지 않는 약육강식, 도덕상실의 시대에 태어난 탓에 그는 성인의 대열에 올랐지만 평생 굶주려가며 세상을 떠돌았다. 이런 고난 속에서도 그의 머릿속엔 항상 위기에 빠진 국가와 도탄에 빠진 백성들을 구해야 한다는 생각뿐이었다. 높은 관직에 올라 널리 이름을 알리고 부귀영화를 누리는 일은 생각해보지도 않았다. 현실의 벽에 가로막혀 오랜 시간을 지내는 동안 공자의 생각은 점점 이상주의로 흘러갔다. 눈앞에 닥친 현실적인 문제보다는 교육과 치국 이론에 집중했다. 이후 공자의 이론은 2,000년 넘게 이어지면서 점차 종교로 발전하기에 이르렀다. 평생 자신의 이상을 실현시키지 못해 실의에 빠져 있던 그로서는 전혀 상상하지 못한 결과일 것이다.

증국번은 성리학 수련 방법으로 자신을 다스리기 시작하면서 매일 한 시간씩 좌선을 하고 그날 있었던 옳지 않은 행동이나 욕망을 기록해두었다가 친구와 동료들의 의견을 구했다. 특히 그는 앞서 말한 왜인을 자주 찾아가 가르침을 구했는데, 그때마다 부모와 스승을 섬기는 마음으로 정성을 다했다. 그의 근면 성실한 태도와 뛰어난 재능을 인정한 왜인 역시 많은 조언을 아끼지 않고 적극적으로 그를 이끌어주었다.

그러나 안타깝게도 이 수련 방법은 증국번에게 맞지 않았다. 처음엔 좌선을 하려고 앉기만 하면 금방 잠이 들곤 했다. 문득 잠에서 깨어 정신을 차리면 한없이 후회가 밀려왔다. 매일 일기를 쓸 때마다 신랄하게 자신을 비판했다. 그렇게 열흘 정도 지나니 조금씩 좌선에 익숙해졌다. 하지만 그는 선천적으로 허약했던지라 좌선의 부담을 이기기 힘들었다. 좌선을 하는 동안에는 그날 있었던 모든 일을 꼼꼼히 분석해야 하므로 고도의 집중력과 긴장감이 요구된다. 이렇게 두 달째 접어들었을 때 그는 불면증에 시달리기 시작했고, 얼마 뒤 결국 피를 토하며 쓰러지고 말았다.

증국번은 자신이 성리학의 대가가 될 수 없다는 사실에 크게 상심했다. 얼마 뒤 그는 동생들에게 보내는 편지에 이렇게 썼다. "원래 허약한 몸이었는데, 요즘엔 이명(耳鳴) 증세가 더 심해지는 것 같구나. 조금만 집중해도 금방 지쳐서 쓰러지곤 한다. 요즘엔 종종 이런 생각이 드는구나. 하늘이 내게 깊이 생각하는 것을 허락지 않았다면 학문적으로 성공하는 것도 허락지 않았겠지. 이것 때문에 며칠 동안 정말 괴로웠다. 작은 관직이라도 생기는 대로 고향으로 내려갈까 한다. 그동안 빚진 것을 갚는 대로 이곳 생활을 정리하고 내려갈 생각이다. 이제 더 이상 공명이나 부귀에 미련을 두지 않으련다."

이것은 누가 봐도 충동적인 선택이었다. 하지만 신체의 한계로 과감히 성리학자가 되기를 포기한 덕분에 그는 자신이 가장 좋아하는 '문장'으로 돌아갈 수 있었다. 그는 다시 글쓰기에 정력을 쏟았다. 피를 토하며 쓰러진 후로 좌선은 포기했지만 일기 쓰기는 계속 이어갔다. 그의 일기는 세상을 떠나기 전날까지 기록되었다. 증국번은 결국 성리학자가 되지는 못했지만, 이 경험을 바탕으로 학문의 범위를 크게 넓힐 수 있었다. 이후 그는 성리학, 고거학, 경세치용, 시문, 산문 등 장르를 가리지 않고 다양한 분야를 섭렵했다. 그 중에서 그가 가장 좋아한 장르는 역시 시문이었다. 이제 그는 자신의 의지에 따라 학문의 목적을 세울 수 있게 되었다. 오랫동안 유가 학파 간 경쟁이 치열했지만, 그는 학파를 구별하지 않고 각 학파의 장점을 받아들여 자신만의 목표를 세웠다. 모든 유가 학파에 통달한 전체 유가의 대학자가 되는 것이었다.

증국번이 다시 문장과 글쓰기에 심혈을 기울인 이유는 당연히 공명심 때문이다. 공을 세워 이름을 알리면 당연히 관리가 될 수 있다고 생각했다. 그는 "이렇게 계속 노력하면 지방 요직에 임명되지 못하더라도 도덕적으로나 학문적으로 반드시 성과를 이룰 수 있을 것이다"라고 확신했다. 만주족 지배 하에서 한족 출신 관리가 높은 관직에 오르려면 명예를 높일 수 있는 학문 성과가 반드시 필요했다.

증국번이 북경에서 교류한 사람들은 모두 이미 공을 세워 이름을 알리고 어느 정도 위치에 오른 사람들이었다. 정일품 대학사였던 왜인은 동치제의 스승이기도 했다. 태상시경(太常侍卿) 당감은 후에 정이품 관직에까지 올랐다. 이외에 정이품 형부시랑(刑部侍郎) 오정동(吳廷棟)이 있었고, 가장 낮은 관직이 정팔품 국자감(國子監) 학정(學正)이었다.

증국번은 이들과의 교류를 통해 시야를 크게 넓히고 학계와 정계에 좋은 이미지를 만들어 관운을 크게 펼쳤다. 그가 훗날 장강 일대에서 태평천국군과 전투를 벌이는 동안 동생에게 보낸 편지에 이런 내용이 있었다. "나는 북경에 있는 동안 어느 정도 명망을 쌓았었다." 증국번을 따랐던 후학들도 북경에서 그의 명성이 대단했다고 동의했다. 이것은 모두 증국번의 강한 공명심에서 비롯된 결과였다. "오늘 아침, 갑자기 공명심이 일어 거창한 계획을 생각해보았다. 세상의 이목을 집중시킬 아주 대단한 것인데 …"라는 일기 내용을 보아 그의 거침없는 공명심을 알 수 있다.

일단 학계에서 좋은 평판을 얻자 증국번의 관운은 기세 좋게 뻗어나가기 시작했다. 그가 서른일곱 살의 나이로 정이품에 오르기까지 당시 권력의 핵심이었던 목창아의 지지가 큰 힘이 되었다. 목창아가 적극적으로 그를 돕고 중용한 이유는 무엇보다 그의 재능 때문이었다. 한족 출신 관리가 청나라 조정에서 관직을 높이는 데는 분명히 한계가 있었다. 증국번은 권력 배경이 전혀 없는데다 아첨을 일삼을 성격도 아니었으니 더더욱 앞이 깜깜했을 것이다. 그래서 그가 선택한 방법이 끊임없는 학문 연구를 통해 먼저 학문적으로 좋은 평가를 받은 후에 꾸준히 식견을 넓혀 관리로서 인정받는 것이었다.

증국번은 당감의 가르침을 받으면서 학문 목표를 문장에서 성리학 연구로 잠시 바꾼 적이 있었다. 그러나 후에 왜인의 가르침이 더해지고 다양한 인사들과 교류하면서 조금씩 자신만의 기준을 세워나갔다. 특히 권력의 핵심 목창아와 인연을 맺으면서 그의 목적의식은 더욱 뚜렷해졌다. 드디어 본격적으로 시대의 흐름을 타기 시작한 것이다.

사실 증국번의 첫 번째 기회 포착은 직감으로 시작해서 운 좋게 성공한 것이었다. 북경의 여러 인사들과 교류를 시작한 증국번은 목창아를 만나면서 시기와 기회가 얼마나 중요한 것이지 절실히 깨달았다. 그래서 그는 꾸준히 학문을 쌓으면서 진심으로 목창아를 따랐다. 학문의 성과로 얻은 좋은 이미지에 목창아의 지원이 더해지면서 증국번의 앞날은 탄탄대로였다. 이것은 그가 시대의 특징을 정확히 간파하고 그 흐름을 쫓아 완벽하게 적응했음을 의미했다. 물론 성공은 여러 가지 요인이 복합적으로 작용한 결과지만, 이것이 가장 큰 영향을 끼친 요인임에는 틀림없다. 서른일곱의 나이로 정이품에 올랐다는 것은 당시 사회 기준으로 볼 때 대단한 성공이었다.

만약 태평천국의 난이 일어나지 않았다면 서른일곱 살의 정이품 증국번의 정치 인생은 어떻게 되었을까? 왜인처럼 고관대작 반열에 올라 뛰어난 학식으로 이름을 널리 알리며 부귀영화를 누리지 않았을까? 어쩌면 황제의 총애를 받아 청나라의 2인자가 되었을지도 모른다.

1850년 2월 25일에 도광제가 세상을 떠나고 함풍제가 열아홉 살의 나이로 황제가 되었다. 즉위하자마자 20여 일 동안은 상을 치르느라 정신이 없었다. 상을 치르는 일이 어느 정도 정리되자 함풍제는 널리 좋은 의견을 구한다는 발표와 함께 비공개 상소를 올리라는 명을 내렸다. 모든 대신들에게 시국 상황을 정확히 파악해 현실적이고 효과적인 조치를 세우라는 구체적인 요구사항까지 제시했다. 증국번은 이 소식을 듣는 순간 한 줄기 희망의 빛이 보이는 듯했다. 가난에 찌들어 피폐해진 백성과 혼란에 빠진 국가를 구하고, 자신의 정치 이상과 공명심을 펼칠 수 있는 절호의 기회였다. 운이 좋으면 역사에 길이 남을 명신이 될 수도 있을 터였다. 자고로 훌륭한 황제 아래 훌륭한 신하가 나오는 법이니까.

함풍제의 명이 떨어진 후 증국번은 연달아 14개의 상소문을 올렸는데, 그 중 대표적인 것 세 가지를 살펴보자. 첫 번째는 인재 문제를 거론한 내용이다. 그동안 그가 지켜본 관리들은 대부분 탐욕스럽고 제 몸만 아끼는데다 실무 능력이 크게 떨어지고 기개나 용기도 전혀 없었다. 이런 상황에서는 나라에 큰일이 일어나도 수습할 인재가 없어 나라 전체가 큰 혼란에 빠질 것이 불 보듯 뻔했다. 그러므로 인재를 선발, 배양, 평가하는 인재관리 시스템이 절실했다. 증국번의 판단은 정확했다. 얼마 뒤 태평천국군이 강남 일대를 휩쓸자 위기의식을 느낀 함풍제가 서둘러 인재를 찾았지만, 청나라 조정에는 그만한 실력을 갖춘 인재가 없었다.

두 번째 상소의 제목은 「의태병소(議汰兵疏)」. 그는 병부시랑(兵部侍郎)을 지내면서 전국의 녹영군이 이미 유명무실하다는 사실을 잘 알고 있었다. 이때 광서(廣西)에서 반란 소식이 들려왔다. 당시 광서에는 3만 7,000명의 녹영군이 있었으나 전혀 도움이 되지 않았다. 이에 증국번은 인원 감축, 군량 비축, 훈련 강화 등 개혁을 주장했다. 군량이나 재정이 넉넉지 않았으므로 규모를 축소하고 훈련을 강화해 소수정예부대를 키우는 것이 더 효과적이라고 생각했다. 그러나 함풍제는 훌륭한 제안이라고 표창만 했을 뿐, 실제로 이 의견을 받아들이지는 않았다. 증국번은 대세가 기울어가는 상황에서 자신이 할 수 있는 게 아무것도 없다고 생각하니 답답해서 분통이 터질 지경이었다. 애초에 함풍제에게 건 기대가 컸던 만큼 실망도 컸다.

그로부터 한 달 반 후 증국번은 다시 상소문을 올렸다. 지금까지의 상소문은 새로운 방법을 제안하는 형식이었으나, 이번 상소문에서는 소심하고 작은 일에 얽매여 대세를 읽지 못하는 젊은 황제를 강하게 비난하는 파격적인 내용이었다. 그는 황제가 조정 대신의 일거수일투족에 일일이 참견하는 등 사소한 일에만 얽매여, 광서 병란이 일어난 지 한참이 지났는데 군사지도 한 장 구하지 않고 있다고 지적했다. 널리 의견을 구한다는 황제의 발표가 있은 후로 100개가 넘는 상소문이 올라왔지만 대부분 쓸모없는 내용이었다. 이것만 봐도 그동안 인재 선발 제도가 얼마나 허술했는지 잘 알 수 있다. 과거시험에서 답안 내용이나 그 안에 담긴 사상을 보지 않고 겉멋으로 가득 찬 문장만 선호한 결과였다.

증국번의 마지막 상소문은 상당히 격정적으로 황제의 단점을 직접적으로 지적했기 때문에 비뚤어진 시각으로 보면 황제를 헐뜯고 깎아내리려는 글로 오해하기 딱 알맞았다. 경우에 따라서는 황제를 생각 없고 겉멋만 든 거만한 인간으로 몰아붙였다고 비약할 수도 있었다. 함풍제는 이 내용을 보고 크게 화를 내며 상소문을 집어던졌다. 함풍제는 당장 증국번의 죄를 다스리려 했지만, 다행히 곁에 있던 함풍제의 스승이 그를 말려 일이 커지는 것을 막을 수 있었다. 그는 증국번의 상소문을 표창해 황제의 넓은 도량과 미덕을 널리 알리는 기회로 삼으라고 충고하면서 함풍제의 화를 가라앉혔다.

증국번이 일생일대 위기였던 상소 사건에서 목숨을 건지고 화를 면할 수 있었던 것은 두 사람의 적극적인 호소 덕분이었다. 그 중 한 명인 정일품 대학사 기준조(祁寯藻)는 함풍제의 스승으로, 정치적으로는 목창아와 경쟁관계에 있었다. 다른 한 명은 종일품 민절(閩浙) 총독 계지창(季芝昌)으로, 증국번이 진사에 합격할 당시 시험 감독관이었다. 후에 두 사람은 사제 관계를 맺었다.

증국번이 이처럼 목숨을 걸고 상소문을 올렸던 것은 시대 흐름으로 볼 때 이것이 확실한 기회라 여겼기 때문이었다. 그러나 함풍제에 대한 환상이 너무 컸던 탓에 그의 시도는 실패로 끝나고 말았다. 그는 함풍제가 혼란에 빠진 나라를 구하기 위해 자신을 버리고 최선을 다할 훌륭한 군주라고 믿었지만, 함풍제는 그렇게 대단한 위인이 아니었다.

이 이야기는 일을 계획할 때 현재 상황과 조건을 철저히 분석하는 일이 얼마나 중요한지 말해준다. 함풍제는 널리 의견을 구한다고 거창하게 발표하면서도 그에 따른 행동은 아무것도 하지 않았다. 어쩌면 그는 그럴듯한 황제 노릇을 하고 싶었는지 모른다. 하지만 그는 정치경험이 거의 없었을 뿐더러 강희제처럼 포부와 도량이 넓지 못했다. 강희제는 기본적으로 만주족을 기용했지만, 특별한 경우에는 한족을 중용했다. 만약 증국번이 강희제를 만났더라면 어떻게 되었을까? 아마도 강희제라면 이렇게 말하지 않았을까? "그대가 군대를 감축하고 훈련을 강화하자고 말했으니, 직접 해보라. 황제로서 가능한 모든 인력과 재력을 지원하는 것이 내가 할 일이다. 다만 그대가 한족이라 마음을 놓을 수 없으니 권한을 분산시키고 지속적으로 관리 감독할 것이다."

하지만 함풍제는 전혀 달랐다. 홍수전 세력이 직접 북경을 위협하는 것도 아니고 아직 멀리 떨어져 있으니 그렇게 위급한 상황은 아니라고 생각했을 것이다. 당시 함풍제는 혈기왕성하고 자신감 넘치는 열아홉 청년이었다. 그는 청나라 관병이 백련교의 난을 진압했으니 자신이 명령만 내리면 광서 반란도 곧 진압될 것이라고 생각했다. 하지만 안타깝게도 이것은 아무 근거 없는 무모한 자신감이었다. 더구나 그는 당시 청나라 조정과 군대의 부패 상황이나 태평천국군의 실력이 어느 정도인지 아무것도 몰랐다. 재위 말기에 이르러서야 현실을 파악했지만, 그때는 이미 손 쓸 방법이 없었다. 믿을 데라곤 오직 증국번과 상군뿐이었다.

위의 상소문은 증국번이 충분히 위험을 감수하고 벌인 일이었을 것이다. 황제에게 올리는 글이었으니, 당연히 생각하고 또 생각해서 쓰지 않았겠는가? 그래서 상소문을 완성했을 때 그의 머릿속에는 군대 조직과 용병술에 대한 계획도 이미 세워져 있었다. 후에 상군이 조직에서 훈련까지 신속하고 체계적으로 진행될 수 있었던 이유가 바로 여기에 있다. 물론 상소문을 올릴 때부터 상군과 같은 새로운 군대 조직을 생각했던 것은 아니었다. 그러나 호남에서 직접 군대를 훈련시키면서 개혁의 한계와 함께 새로운 도전이 절실해졌다. 새로운 세상을 열기 위한 새로운 군대가 필요했다.

이상의 내용을 종합해보면 증국번의 기회 포착에는 세 가지 주목할 점이 있다. 첫 번째는 대담하고 과감한 직언(直言). 오랫동안 관직 세계에서 잔뼈가 굵은 조정 대신들은 젊고 혈기왕성한 신임 황제를 어떻게 대해야 하는지 잘 알았다. 설사 황제의 잘못이 명백하더라도 한동안은 모르는 척 침묵해야 한다. 이것은 수천 년의 경험과 역사가 만들어낸 일종의 법칙이었다. 이미 이런 법칙에 길들여진 사람들은 자기 밥그릇 지키기에만 급급할 뿐 나라를 위해 큰일을 해야겠다는 생각 같은 건 이미 사라진 지 오래다. 그러나 이런 상황에서 대담함이나 용기가 없으면 대업을 이루고 이름을 널리 떨칠 수 없다.

두 번째는 현실적이고 효과적인 해결 방법을 제시했다는 점이다. 용기가 지나쳐 요점을 간과하고 함부로 지껄일 거라면 차라리 말하지 않는 것만 못했을 것이다. 자고로 용기와 지혜를 겸비한 자만이 대업을 이룰 수 있는 법이다.

세 번째는 함풍제의 반응에 신속하게 대처했다는 점이다. 관직 세계에서 성공하려면 임기응변에 능해야 한다. 상황을 정확히 파악하고, 변화에 맞춰 적절한 방법으로 그 상황에 맞게 일을 진행시키는 지혜가 필요하다. 대업을 이루려면 일단 끝까지 살아남아야 하기 때문이다. 초나라의 굴원(屈原)은 회왕(懷王)이 자신의 충고를 받아들이지 않자 답답하고 조급한 마음에 막말까지 내뱉고 말았다. 그는 충분히 나라를 구할 수 있는 재능이 있었지만, 용기가 너무 과해 잠시 침묵하고 때를 기다리는 지혜를 발휘하지 못했다. 결국 소인배들의 모함을 받고 쫓겨나 강가를 배회하며 푸념을 늘어놓을 수밖에 없었다. 그의 푸념과 넋두리는 중국 문학을 대표하는 명작이 되었지만, 그가 구하려 했던 초나라는 끝내 망하고 말았다. 목숨을 걸고 직언하는 사람들은 분명 충신이긴 하지만 현명하다고는 할 수 없다.

아무튼 널리 의견을 구하겠다는 함풍제의 선언은 아쉽게도 실제 행동으로는 이어지지 못했다. 많은 상소문이 빗발쳤지만, 그는 아무 대책 없이 사건이 저절로 해결되기만을 하염없이 기다렸을 뿐이다. 확실히 따끔한 충고나 직언이 필요한 시점이었다. 단순히 용기 있는 한 마디가 아니라 기술적으로, 전략적으로 효과를 발휘할 수 있는 직언이 필요했다. 대담함과 용기는 기본이고 어떤 상황이든 유연하게 대처할 수 있는 능력과 능숙한 언변이 필요했다. 이런 능력이 있는 사람이라면 상황에 따라 계속 직언을 이어갈지, 멈춰야 할지 정확히 판단할 수도 있을 것이다. 여기에서 증국번은 후자를 선택했다. 기준조와 계지창의 도움으로 위기를 모면한 후 그는 더 이상 황제의 잘못을 직접 지적하거나 비난하지 않았고, 상소문을 쓸 때도 조심스럽게 단어를 선택했다. 자칫 목숨을 잃을 수도 있는 큰 위기였지만 이것은 증국번 인생에 큰 교훈을 남겼다.

위의 상소문 사건은 사실 시대 흐름에 영향을 끼칠 만큼 큰일은 아니었다. 함풍제의 반란 진압 선언은 치기 어린 순간의 결정이었을 뿐, 지속적인 국가 정책으로 이어지지 못했다. 더구나 당시 상황으로 볼 때 황제가 신하의 직언을 받아들이느냐 마느냐, 훌륭한 신하가 되느냐 마느냐는 그리 중요한 게 아니었다. 태평천국의 난도 문제였지만 세계적 흐름에 따라 서구 열강의 침략과 강탈이 끊임없이 이어졌다. 함풍제가 현군이었다면 증국번의 제안을 받아들여 과감히 사회를 개혁하고 관리질서를 바로잡았을 것이다. 그랬다면 증국번도 역사에 길이 남을 명신이 되었을지 모른다. 하지만 안타깝게도 청나라의 국운은 이미 대세와 멀어지고 있었다.

증국번이 상소문에 절절히 표현한 '천하태평'의 포부와 바람은 이후 태평천국의 난을 진압하는 데 중요한 정신적 기반이 되었다.

결정적 기회, 드디어 '종군'

1852년(함풍 2년)에 증국번은 강서 지역 과거시험 감독관에 임명되자 서둘러 북경을 떠났다. 그리고 한 달 후 안휘성 태호현(太湖縣)을 지나던 중 어머니의 부고를 접했다. 그는 곧바로 뱃머리를 돌려 고향집으로 향했다. 원래는 배를 타고 장강에서 상강(湘江)으로 진입해서 장사로 갈 계획이었다. 그런데 무한(武漢)에서 만난 호북(湖北) 순무로부터 장사가 태평천국군에 포위되었다는 소식을 들었다. 어쩔 수 없이 배에서 내려 상향(湘鄕) 백양평(白楊坪)까지 걸어가야 했다.

유가에서는 나라를 다스리는 근본이 효에 있다고 보았다. 그래서 부모상을 당한 사람은 반드시 집으로 돌아가 3년상을 치러야 했다. 아무리 중요한 일을 하고 있더라도 다른 사람에게 임무를 인계하고 집으로 돌아와 상을 치러야 했는데, 이를 정우(丁憂)[43]라고 한다. 집에 돌아갈 수 없는 특수한 상황이라도 반드시 상부의 승인을 받아 예를 올려야 했으니, 증국번이 임무를 내던지고 서둘러 고향집으로 향한 것도 바로 이런 이유에서였다.

증국번은 상을 치른 후 당분간 시묘살이를 하면서 고향집에 머물 생각이었다. 그의 집은 형산(衡山) 산맥에 속하는 고미산(高嵋山) 산자락에 있었다. 물론 부모 상중이니 마음이 편안하고 즐거울 수는 없겠지만, 어떻든 매일 자연을 벗삼아 지친 심신을 달랠 수는 있었다. 14년 동안 떠나 있었지만 아늑하고 정겨운 고향 마을은 전혀 낯설지 않았다. 그러나 석달쯤 지났을 때 군대 훈련을 지휘하라는 황제의 명령이 떨어졌다.

그가 고향에 돌아가 있는 사이 태평천국군이 빠르게 세력을 넓히면서 전국의 상황이 급변했다. 홍수전의 태평천국군은 연전연승을 거두었고, 1852년 12월에 무한까지 점령했다. 무한은 북경으로 향하는 관문 중 하나였다. 무한이 함락되자 함풍제는 사태의 심각성을 깨닫고 즉시 군대를 소집하고 모든 대신들에게 군대 훈련에 주력하라고 명령했다. 이런 상황에서 증국번도 지방 단련대신(團練大臣)에 임명되었다. 황제는 자신을 신랄하게 비판했던 그의 상소문을 분명히 기억하고 있었던 것이다.

1853년 1월 8일, 함풍제가 정식으로 증국번을 호남 단련대신으로 임명했다. 1월 12일에 태평천국군이 무창을 점령했다. 이즈음 10만 규모로 세력을 크게 불린 태평천국군은 스스로 50만이라고 허풍을 떨며 기세등등하게 장강 하류로 내려가 남경을 공격하기 시작했다. 1월 21일에 증국번은 고향 집에서 황제 명령을 전달받았다. 3월 19일에 결국 남경은 태평천국군에 점령당했다.

증국번은 심각한 고민에 빠졌다. 그는 무엇보다 자식으로서 의무를 다하고 싶었다. 어떤 경우라도 부모 상중에 공무를 수행하거나 전쟁에 나가는 일은 절대 용납될 수 없었다. 일 년 전 강충원이 부모 상중에 전장에 나가려 하자 증국번이 강력히 반대한 일이 있었는데, 일 년 후 자신이 똑같은 입장에 놓였다. 도리상 당연히 있을 수 없는 일이기에 그는 즉시 함풍제에게 부모상중이라 군대를 맡을 수 없다고 편지를 썼다.

증국번이 막 편지를 보내려던 찰나에 호남 순무가 보낸 편지가 도착했다. 무창이 태평천국군에 함락되었고, 호북 순무가 전사해 상황이 매우 어려워졌다는 내용이었다. 그날 밤 증국번의 오랜 친구 곽숭도가 찾아왔다. 호남 순무의 부탁으로 특별히 증국번을 설득하기 위해 찾아온 것이었다.

곽숭도는 증국번에게 진심을 전했다. "자네가 관직에 들어선 목적이 세상을 평화롭게 만드는 것이 아니었나? 그렇다면 바로 지금 그 뜻을 펼쳐야 하네. 이렇게 위급한 순간에 집안에서 어머니 영정만 지키면서 어찌 나라와 부모에게 최선을 다했다고 할 수 있겠나? 상복을 입고 전장에 나가는 일은 예부터 있어왔네. 정성껏 부모상을 치르는 일도, 상복을 입고 전장에 나가는 것도 모두 오랜 전통인데, 도대체 뭘 망설이나?" 곽숭도는 혼자 힘으로 부족할 것 같아 증국번의 아버지에게 도움을 구했다. 증국번의 아버지 역시 대의를 분명히 알고 있었기에 "곽숭도의 말이 옳다"고 말해주었다. 증국번은 결국 종군(從軍)을 결심하고, 함풍제에게 보내려던 편지를 찢어버렸다.

증국번이 며칠 만에 입장을 완전히 바꾼 데는 크게 두 가지 이유가 있었다. 먼저 전쟁 상황이 갑자기 악화되어 도저히 한가롭게 집안에 머물러 있을 수가 없었기 때문이다. 처음에는 증국번도 함풍제처럼 홍수전을 대수롭지 않게 생각했다. 지리적으로 광서와 북경이 멀리 떨어져 있었기에 큰 위기의식이 없었다. 그런데 지금 태평천국군이 불과 수십 킬로 거리에 접근해온 것이다. 호북을 지키지 못하면 그다음 차례는 호남이다. 전사한 호북 순무는 증국번도 잘 아는 사이였던 터라 안타까운 마음을 넘어 분노가 끓어오르기까지 했다. 광서 도적떼들이 무서운 기세로 성장해 더 이상 하찮은 도적떼로 무시할 수 없었다. 이대로 계속 집에서 부모상만 치르고 있다가는 제 목숨도 지킬 수 없을지 몰랐다. 최악의 경우 충심과 효심이 모두 물거품이 될 수도 있다. 일 년 전 부모 상중에 종군하려는 강충원을 반대할 때는 증국번 역시 황제처럼 태평천국군의 실력을 과소평가했었다. 지방의 한낱 도적떼가 아무리 날뛴들 청나라를 뒤집어엎을 수는 없을 테니, 정성껏 부모상을 치르는 것이 먼저였다. 하지만 지금은 상황이 다르다.

두 번째는 증국번 개인의 의지였다. 그는 누구보다 명예욕, 공명심이 강한 사람이었다. 곽숭도가 '관직에 들어선 목적이 세상을 평화롭게 만드는 것'이라고 말한 것은 단순히 증국번의 비위를 맞추려는 것이 아니었다. 곽숭도는 한림원에서 학문을 연구하는 동안 증국번과 꾸준히 친분을 쌓아왔기에 누구보다 증국번을 잘 알았다. 그는 증국번이 절대 허튼 말을 지껄이거나 함부로 말을 바꾸는 사람이 아니라는 걸 알고 있었다. 만약 태평천국군이 단순히 증국번의 고향을 위협하는 정도였다면 아마도 그는 끝까지 종군하지 않았을 것이다. 그가 어머니 상을 치르느라 집에 머무는 동안 쓴 「보수태평가(保守太平歌)」에서 그의 생각을 읽을 수 있다. 하지만 눈 깜짝할 새에 상황이 급변했다. 광서 도적떼가 어느새 호북을 위협하고 호북 순무가 전사했으니 이들은 더 이상 단순한 도적떼가 아니었다. 반란을 진압해 역사에 길이 이름을 남기는 일은 이미 어려워 보였다. 당시 태평천국군은 거의 청나라를 뒤엎을 뻔했다.

황제의 명령, 아버지의 권유, 호남 순무와 친구 곽숭도의 요청은 증국번이 최상의 결정을 내릴 수 있도록 도와주었다. 그러나 이들이 아니었더라도 증국번은 상황 변화를 지켜보다 결국 군대에 나갔을 것이다.

그렇다면 종군 이후 증국번의 상황은 어땠을까? 이루 말할 수 없는 고난의 연속이었다. 장사에서는 한때 부하들에게 쫓기는 신세가 되기도 했고, 수차례 패배를 기록했으며, 스스로 목숨을 끊으려 한 적도 있었다. 그뿐인가? 함풍제가 등을 돌리고 지원을 끊어버려 강서와 기문에서 목숨을 잃을 뻔하기도 했다. 하지만 그의 10년 노력은 헛되지 않았다.

마침내 태평천국군을 진압한 증국번은 위대한 업적으로 중국 전역에 명예로운 이름을 알리고 역사에 길이 남는 인물이 됐다.

여기에서 태평천국군 진압 과정을 간략히 정리해보자. 1853년(함풍 3년), 증국번은 단련대신에 임명되어 장사와 형양에서 군사훈련을 시작했다. 그는 단과 연을 분리하는 혁신적인 방법으로 자신의 군대를 재편했다. 이때까지만 해도 사람들은 상군을 단순한 농군으로 보았다. 그러나 이들은 결국 태평천국의 난을 진압했고 청나라 정규군을 밀어내고 1930년대까지 정국을 좌우하며 중국 근현대사에 큰 영향을 끼쳤다.

1854년에 본격적인 전투가 시작되자 상군은 악주, 정항에서 연달아 패했지만 청나라 조정을 위한 첫 승리를 위해 끊임없이 도전했다. 증국번은 무창, 황주를 연달아 공격하면서 열 달 만에 구강까지 진격했다. 1855~1857년 사이 증국번은 호구(湖口)에서 참패를 당했다. 전함이 크게 파손되고 수군은 거의 전멸했다. 육군도 혼전 속에 여러 갈래로 흩어졌다. 이 와중에 탑제포(塔齊布)와 라택남 등 증국번이 아끼던 많은 동료와 부하 장수들이 전사했다. 증국번도 강시에서 포위당해 큰 위기에 처했으나, 다행히 석달개가 남경으로 철수하면서 화를 면할 수 있었다.

증국번은 1858년에 다시 군대에 복귀했다. 1860년에 양강 총독에 임명되어 강남, 강북의 수군과 육군의 전권을 위임받음으로써 청나라 조정에서 가장 막강한 권력을 가진 한족 관리가 되었다. 1861년 초에 증국번은 기문에서 여러 번 위기에 처하면서 죽을 고비를 넘겼다. 겨우 목숨을 건진 그는 장강에 띄워놓은 배에 주둔했다. 이때부터 그는 절대 직접 전투 지휘에 나서지 않았다. 기문 전투 패배는 그의 마지막 패배였다.

1861년 8월 상군은 안경을 공격하기 시작했다. 이때 태평천국군의 정예부대는 지휘관 진옥성(陳玉成)을 잃으면서 치명적인 타격을 입었다. 이

후 증국번 쪽으로 전세가 기울기 시작했다. 증국번의 명성은 날이 갈수록 높아졌고, 막강한 권력을 자랑하며 총 6개 관직을 겸했다. 1864년(동치 3년)에 남경성이 무너지면서 기세등등하던 태평천국의 난이 막을 내렸다. 증국번은 너무 큰 공적이 오히려 황제의 노여움을 살 것을 염려해 자발적으로 상군을 해산시켰다. 조정의 의심과 근심을 미연에 방지해 화를 면하고 성현과 명신의 명예를 이어갔다. 증국번이 후에 성공적으로 염군을 소탕하고 양무운동을 주도할 수 있었던 것은 모두 태평천국군을 진압한 경험 덕분이었다.

공을 세워 이름을 널리 알리기 위해 부모 상중임에도 불구하고 종군했던 증국번. 이것이야말로 그의 성공 인생에 가장 중요한 기회 포착이었다. 이때는 증국번에게 두 번 다시 얻을 수 없는 일생일대의 기회였기에 어떤 실수도 용납할 수 없었다. 이런 기회는 인생에 단 한 번뿐이다.

증국번 외에도 호림익, 좌종당, 이홍장, 강충원, 설복성(薛福成) 등도 상군에 참여한 덕분에 태평천국군 진압에 공을 세워 역사에 길이 이름을 남겼다. 특히 좌종당은 마흔 살이 넘도록 수재라는 꼬리표를 달고 호남 시골 마을에서 아이들에게 글을 가르치고 있었다. 만약 그가 이 기회를 잡지 못해 상군에 참여하지 않았다면 지금 그를 기억하는 사람이 얼마나 될까? 그가 태평천국군 진압에 공을 세우지 않았다면 후에 신강의 반란을 진압해 민족영웅의 영예를 얻게 되는 일도 없었을 것이다. 신강 반란 진압은 민족 기개를 보여준 상군의 위대한 업적으로 손꼽히는 사건이다. 마흔 살 이전까지 그의 삶은 중국의 수많은 유생들처럼 보잘것없는 것이었다. 하지만 그는 기회를 잡았고 결국 역사에 길이 이름을 남기는 소수의 성공한 인생이 되었다.

만약 증국번이 끝까지 3년상을 고집했더라면 그의 인생은 어떻게 되었을까? 어쩌면 호북에 이어 호남까지 휩쓸고 내려온 태평천국군에게 목숨을 잃었을지 모른다. 그는 청나라 조정에서 정이품 관직에까지 올랐던 인물이니 분명히 태평천국군의 주요 목표물이 되었을 것이다. 하지만 그는 가만히 앉아서 죽기만을 기다릴 정도로 어리석은 사람이 아니었다. 그의 성격과 됨됨이를 보건대 함풍제의 명령이 없었더라도 상황 변화에 따라 자발적으로 상군의 지도자가 되었을 것이다.

성공 인물의 처세력 ❸
뜻을 세우기보다 먼저 기회를 잡아라

증국번이 일찍부터 과거시험에 매달렸던 이유는 그것만이 당시 사회의 가장 확실한 성공 기준이었기 때문이다. 물론 이 성공은 하루아침에 이루어질 수 없는 것이었다. 어떤 분야든 하나의 목표를 향해 꾸준히 노력하다보면 조금씩 실력이 쌓여 언젠가는 원하는 결과를 얻게 된다. 하지만 역사에 길이 남을 위대한 업적을 이루려면 노력만으로는 부족하다. 시대 흐름을 읽고 기회를 포착할 수 있는 뛰어난 통찰력이 반드시 있어야 한다. 그다음에 필요한 것이 노력이다. 아무리 화려하게 등장했어도 금방 사라진다면 진정한 성공이라 할 수 없지 않겠는가?

큰 성공, 위대한 업적을 이루려면 시대 흐름을 주도하는 위치에 올라서야 한다. 그러기 위해서는 용기, 지혜, 재능 등 다양한 조건이 필요하다. 훌륭한 지도자의 자질을 갖춘 사람이라면 겸손한 자세보다는 과감한 행동으로 결과를 보여줄 수 있어야 한다. 하지만 최고가 될 능력을 갖추지 못했다면 최고의 보좌관이 되는 것도 좋은 방법이다. 뛰어난 능력을 가진 사람과 가장 가까운 곳에서 그를 도와 성공을 만들어낸다면 그것이 곧 자신의 성공이 될 수 있다. 두 사람이 힘을 합하면 조금 더 쉽게 각자 원하는 목표를 이루게 될 것이다. 자신의 능력으로 할 수 없는 일에 매달리기보다는 자신의 능력에 맞는 일에 최선을 다한다면 남들이 인정하는 큰 성공은 아니더라도 나만의 작은 성공 속에서 행복하게 살 수 있지 않을까? 결국 가장 중요한 것은 자신에게 어울리는 인생 목표를 정하는 일이다.

그러한 목표를 이루기 위해 일생일대의 기회를 잡기란 정말 쉽지 않다. 먼저 시대 흐름을 읽고 정확히 대세를 파악할 수 있어야 한다. 그리고 온갖 두려움을 떨쳐버리고 결사의 각오로 과감히 시대 흐름에 뛰어들 수 있는 용기가 필요하다. 마지막 성공의 열쇠는 뭘까? 뛰어드는 것만으로, 참여하는 것만으로는 아무 의미가 없다. 수단과 방법을 가리지 않고 결과를 만들어내는 것이 가장 중요하다.

일찍이 조조가 장로(張魯)를 치려 할 때 사마의가 다른 의견을 내놓았다. "유비가 간계를 써 유장(劉璋)을 사로잡은 터라 촉의 인심이 좋지 않습니다. 더구나 유비가 강릉(江陵)까지 노리고 있으니 그대로 두면 안 됩니다. 바로 지금이 촉을 칠 수 있는 절호의 기회이니 절대 놓치지 마십시오. 지금 장군께서 군대를 움직이면 익주(益州) 사람들도 이것을 기회라 생각하고 우리에게 호응해올 것이니, 쉽게 익주를 얻을 수 있을 것입니다. 예로부터 성인들은 시대의 흐름을 거스르거나 기회를 놓치지 않았습니다." 그러나 조조는 "사람이 만족할 줄 모르면 되겠는가? 지금 막 롱(隴) 땅을 얻었는데 어찌 또 촉 땅을 바란단 말인가?"라며 사마의의 제안을 받아들이지 않았다. 결국 조조는 촉 땅을 장악하고 유비를 제압할 수 있는 절회의 기회를 놓쳤다.

부자가 되는 것도 마찬가지다. 특히 큰돈을 벌려면 목표를 세우는 것보다 기회를 포착하는 것이 더 중요하다. 어떤 사업이든 그 분야에서 최고가 된다면 백만장자가 되는 것은 시간문제다. 이를 위해서는 두 가지를 명심해야 한다. 하나는 자신이 뛰어든 분야의 흐름을 정확히 읽는 것, 다른 하나는 국가 정책의 흐름을 파악하는 것이다. 최근 몇 십 년 동안 급속히 성장한 중국의 전기, 주식, 컴퓨터, 인터넷, 부동산 분야를 보자. 이 분야에는 시대의 흐름에 따라 큰 성공을 거둔 이들이 아주 많다. 이 중 컴퓨터 분야의 성공이 가장 주목할 만한데, 현재 다국적 기업으로 성장한 연상(聯想, 롄샹)이 그 대표적인 예다. 시대의 흐름에 따라 새롭게 떠오른 컴퓨터 사업이나 부동산 분야에서 특별히 눈부신 성공이 많았다.

보통 부동산으로 돈을 벌려면 어느 정도 자금이 있어야 한다고 생각한다. 하지만 상황에 따라 꼭 그런 것만도 아니다. 시대 흐름에 뒤떨어져 있는 사람은 아무리 돈을 많이 모아도 항상 자금이 부족하다고 생각하지만, 시대 흐름을 주도하는 사람은 자금이 없어도 기회를 포착해 큰돈을 번다.

중국에 부동산 산업이란 말이 아직 낯설던 수십 년 전에 돈도, 땅도, 인맥도 없이 부동산 사업에 도전한 사람이 있었다. 30대 후반까지 여러 가지 사회 경험을 쌓은 이 사람은 기본적으로 타고난 과감한 도전정신이 있었다. 이 사람은 먼저 지방정부의 토지 담당 공무원을 찾아가 부동산 개발에 필요한 땅을 지원해달라고 요청했다. 일단 지방정부에서 땅만 공급해주면 건물을 짓고 판매하는 일은 모두 자신이 책임지겠다고 장담했다. 끈질긴 설득 끝에 결국 지방정부의 승인을 받아냈다. 이 사람은 돈 한 푼 안 들이고 부지를 확보한 것이다. 이제 그는 명실상부한 부동산 개발업자가 된 것이다.

건축 부지가 확보되었으니 이제 건설사를 섭외해야 했다. 대형 건설사는 그를 상대조차 해주지 않았기 때문에 중소 건설사로 눈을 돌렸다. 중소 건설사들은 그의 계획에 동참하고 싶었지만, 그들 역시 자금이 넉넉지 않았다. 중소 건설사는 값비싼 중장비를 소유할 수 없어 굴착기, 불도저, 콘크리트믹서기 등을 대여해서 쓰고 있었다. 그들은 중장비 대여비에 해당하는 최소한의 계약금만 준다면 당장 공사를 시작하겠다고 말했다. 사실 중장비 대여비만 필요한 게 아니었다. 돈이 없으면 철근도 시멘트도 살 수 없다.

부동산 개발업자는 고심 끝에 묘안을 생각해냈다. 건설업자, 목재상, 각종 재료 설비상에게 새로 짓는 건물의 사무실을 주기로 했다. 당시 중국 사회에서 사유 재산이 생기는 것은 상당히 매력적인 일이었다. 건물 공사가 시작되자 부동산 개발업자는 목이 쉬도록 영업 활동에 열과 성을 다했다. 영업 결과는 매우 성공적이었다. 공사비용을 정산하고도 사무실 수십 개가 개발업자 몫으로 남았다. 돈 한 푼 들이지 않고 사무실 수십 개를 소유하게 된 것이다.

당시까지만 해도 부동산과 관련된 특별한 제도나 규제나 없었기 때문에 비교적 쉽게 사무실 분양을 마칠 수 있었다. 공사 현장 옆에 간단히 몇 글자 적어 팻말만 세워 광고를 하고 매매계약만 하면 끝이었다. 이렇게 해서 그는 돈 한 푼 들이지 않고 금방 큰 부자가 되었다.

물론 이제 이런 일은 불가능하다. 시대가 완전히 달라졌기 때문이다. 위의 부동산 개발업자처럼 허술한 계획은 요즘 세상에 절대 먹히지 않는다. 요즘에는 사기를 치려 해도 시대 흐름을 읽지 못하면 성공할 수 없다. 현재 흐름을 정확히 파악해야만 미래를 예측할 수 있기 때문이다.

시간이 흐르면서 외부 환경이 끊임없이 변하기 때문에 한 순간의 노력이나 성공으로 평생 편안히 살 수도 없다. 갈수록 변화의 속도나 폭이 커지고 있어 게으르고 나태한 생각으로는 큰 성공을 이룰 수 없다. 시기를 파악해 기회를 포착하려면 최소한 3년에 한 번은 외부 환경에 대한 치밀하고 전면적인 검토를 할 필요가 있다. 물론 꾸준히 시대 흐름을 파악하고 있어야 하지만, 3년에 한 번 정도 대대적인 수정 및 개선 작업을 거쳐야 시대 흐름에 뒤떨어지지 않고 항상 선두 자리를 지킬 수 있다는 것이다. 1등 자리는 빼앗는 것보다 지키는 것이 더 어려운 법이다. 또한 일생일대의 기회는 언제 올지 모르는 법이니 항상 준비되어 있어야 한다.

외부 환경을 정확히 파악해야 하는 또 다른 이유는 일방적으로 자기 생각만 고집해서 주관적인 판단 오류에 빠지는 과오를 피해야 하기 때문이다. 사람은 모두 자신만의 목표를 가지고 있지만, 모두에게 기회가 주어지지는 않는다. 기회를 얻는 일은 용기와 지혜를 겸비해야 하기에 뜻을 세우는 일보다 훨씬 어렵다. 지혜는 훌륭한 판단력의, 용기는 대담한 행동력의 바탕이 된다. 늘 머릿속으로 생각만 하고 행동으로 옮기지 않는다면 작은 성공도 이룰 수 없다. 시작이 반이라 했으니 일단 뜻을 세운 것만으로 절반의 성공이라 할 수 있겠다. 하지만 기회를 잡지 못하면 큰 성공은 없다. 그렇기 때문에 뜻을 세우는 것보다 중요한 것이 기회를 포착하는 것이다.

이러한 예는 기업 경영에서 쉽게 찾아볼 수 있다. 세계적인 대기업 총수 중에는 단순히 먹고살기 위해, 혹은 그냥 어쩌다 우연히 사업을 시작한 경우가 의외로 많다. 이들은 대부분 빈털터리로 시작했으나, 고도성장 시기와 맞물려 기회를 얻고 과감하게, 신속하게, 지혜롭게, 열정적으로 시장에 뛰어들었다. 짧은 시간에 성장과 발전을 거듭하면서 사업 규모는 상상 이상으로 커졌고, 아무도 생각지 못한 놀라운 성공 신화의 주인공이 된 것이다.

2002년 중국 10대 갑부 명단에 이름을 올린 사람들의 성공 신화를 보면 위의 내용을 이해할 수 있을 것이다. 4위에 오른 노관구(魯冠球, 루관치우)는 1960년대에 3,000위안을 빌려 정미소를 차렸다. 그러나 당시 중국 사회는 사기업을 운영하기 어려운 상황이었으므로 결국 가산을 탕진하고 빚까지 져야 했다. 몇 년 뒤 그는 3년간 배운 철공 기술을 바탕으로 다시 철공소를 열었다. 대두(大隊, 다두이)농기계정비소라는 간판을 내걸면서 그의 사업은 승승장구했다.

각각 6위와 8위에 오른 희망(希望, 시왕) 그룹의 유(劉, 리우)씨 형제(2000년과 2001년에는 1위를 기록했다)는 아이들에게 실컷 고기를 먹이고 싶다는 소박한 바람으로 사업을 시작했다. 유씨 집안의 네 형제는 1982년에 가보로 여겨온 시계를 팔고, 자전거 노동으로 사업 자금 1,000위안을 모았다. 돈벌이가 될 만한 일을 찾던 이들은 사천성 농촌 마을에서 메추리 사육을 시작했다. 7위에 오른 엽립배(葉立培, 예리페이)는 1973년, 자금이 전무한 탓에 첫 직업으로 기차 화물감독을 선택했다. 상해(上海)와 신강을 오가는 고된 여정이었지만, 한 번 임무를 마치면 100위안 정도를 벌 수 있었다. 이렇게 5년 동안 고생하며 자금을 모았다.

9위에 오른 곽광창(郭廣昌, 궈광창)은 1992년에 자본 3만 8,000위안으로 컬러 화약과 향초, 건강보조 사탕, 유아 기저귀 경보기 등을 개발했으나 모두 실패했다. 하지만 나중에 시장조사 및 컨설팅 분야에 뛰어들면서 순식간에 백만장자 대열에 올랐다. 10위에 오른 유한원(劉漢元, 리우한위안)은 1984년에 아버지가 돼지를 팔아 마련해준 자금 500위안으로 가두리 양식을 시작해 그 해 연말 1,950위안의 수익을 올렸다. 그 후 물고기 사료 사업으로 전환하면서 사업 규모가 급속히 팽창했다.

위에 언급한 사람들은 모두 먹고살기 위해 혹은 돈 되는 일을 찾아 새로운 분야에 도전했다. 곽광창은 교육수준이 높고 자금이 넉넉했으므로 상대적으로 쉽고 빨리 성공했다. 하지만 교육수준이 높고 자금이 넉넉하다고 해서 모두 성공하는 것은 아니다. 곽광창의 성공 역시 그가 시대 흐름을 정확히 읽었기 때문에 가능한 일이었다. 그런데 재미있는 사실은 이들 모두 사업 초기에는 지금과 같은 대성공을 상상조차 하지 못했다는 것이다. 세계적인 대기업들도 마찬가지다. 창업과 동시에 세계 제패를 목표로 세운 회사는 한 곳도 없었을 것이다.

"언젠가 경영대학원 사람들이랑 우연히 옛날 얘기를 나눈 적이 있어요. 처음 회사를 세울 때 우린 특별한 목표가 없었어요. 그저 무엇이든 돈 될 만한 기회를 찾고 있었죠. 교수님이 제일 놀라시더군요. 하지만 그 당시엔 돈이 되는 일이라면 뭐든 해야 했거든요. 우리는 볼링장에서 쓰는 선감지기, 망원경 시계, 말구유에 쓰일 자동급수시스템, 다이어트용 진동기 등을 만들었어요. 그땐 정말 그랬어요. 자본금 500달러로 시작했으니, 우리는 뭐든 할 수 있다는 것을 보여줘야 했거든요."

이것은 휴렛패커드사의 창업자 휴렛이 과거를 회상하며 한 말이다. 휴렛패커드는 공동 창업자의 이름을 딴 것으로 두 사람은 동전던지기로 순서를 정했다고 한다. 지금은 HP라는 약칭으로 더 유명한 휴렛패커드는 세계적으로 손꼽히는 다국적 대기업이다. 하지만 회사를 설립할 당시 두 사람은 '무엇을' 만들어야겠다는 목적이 전혀 없었다. 1937년 8월 23일 설립된 휴렛패커드는 일 년 동안 다양한 제품을 만들어냈지만 모두 외면당했다. 그렇게 일 년 동안 시행착오를 거친 끝에 드디어 그럴듯한 제품을 만들어냈다. 휴렛패커드는 디즈니사에 납품한 음향발진기가 영화 「판타지아」 제작에 사용되면서 드디어 이름을 알리기 시작했다. 하지만 이때까지도 휴렛패커드는 명확한 목적 없이 이것저것 할 수 있는 것은 다했다. 그러던 중 1940년대 초에 진주만 공습이 발생하면서 휴렛패커드에게 기회가 왔다. 미국 정부의 국방력 강화 정책에 따라 군납 계약을 맺으면서 휴렛패커드는 급속도로 성장했다.

1945년 8월의 어느 날, 이제 막 문을 연 일본의 한 회사 사무실에 여덟 사람이 모여 앉아 회의를 진행했다. 이 회의는 벌써 일주일을 넘기고 있었다. 뭘 만들어야 돈을 많이 벌어 회사를 더 크게 키울 수 있을까? 일본식 된장국인 미소시루, 소형 골프기계, 계산자 등 여러 가지 의견이 나왔다. 이들은 고심 끝에 첫 번째 제품으로 전기밥솥을 선택했으나, 제작과정상의 문제로 실패했다. 곧이어 심혈을 기울여 녹음기를 개발했으나 판매가 부진해 또다시 실패했다. 계속해서 이불 안에 전기선을 깔아 전기장판을 만들었으나, 조잡하기 이를 데 없었다. '도쿄통신공업'이라는 간판을 내걸었던 이 회사는 점점 최악의 상황으로 치달았다. 이 회사가 오늘날 세계적인 다국적 기업 소니로 발전하리라고는 아무도 상상하지 못했을 것이다.

유통업계의 신화로 통하는 월마트의 창업자 샘 월턴도 처음부터 세계적인 기업을 꿈꾸었던 것은 아니다. 1954년에 작은 잡화점을 열었던 그는 "나는 사업을 시작하면서 규모에 대해서는 전혀 생각해본 적이 없었다"라며 과거를 회상했다. 처음 잡화점을 열 당시 그는 이미 중년에 접어든 상태였다. 창업 20년 만에 월마트 체인점이 전 세계로 뻗어나가며 오늘날과 같은 엄청난 규모로 발전하리라고는 그 누구도 예상치 못했을 것이다.

셀로판 접착테이프와 포스트잇으로 유명한 3M은 본래 광산개발회사였다. 그러나 그들이 개발한 지역의 자원 매장량이 예상보다 크게 적어 광산개발은 실패로 끝났다. 이후 3M 사장은 11년 동안 월급 한 푼 가져가지 못하고 힘겹게 회사를 유지시켜야 했다.

모토로라는 처음에 축전지 제조 회사로 문을 열었다. 그러나 당시 스물여섯 살이었던 창업자 폴 갤빈은 창업 일 년을 넘기지 못하고 실패를 맛봐야 했다. 7년 후, 갤빈은 친구와 함께 다시 회사를 세웠고, 이것이 바로 오늘날 모토로라로 발전했다. 그러나 두 번째 창업도 순탄치 않았다. 당시 모토로라는 가정용 라디오 배터리 엘리미네이터를 생산했는데, 기술상의 문제로 제품을 모두 회수했고, 회사는 경매 처분되었다. 갤빈은 어렵게 마련한 자금으로 경매에 참여해 일부 사업 부문을 인수했다. 그러나 1929년 경제 대공황이 시작되면서 또다시 위기에 직면했다. 1930년에 차량용 라디오를 생산하면서 조금 숨통이 트이기는 했지만 회사 사정은 여전히 어려웠다. 그러다가 1931년에 처음으로 흑자 경영을 기록하면서 조금씩 안정적인 기반을 만들어나갔다.

1837년 비누와 양초 제조회사로 출발한 P&G는 15년이 지난 후에야 초라하고 궁색한 사무실을 떠날 수 있었다. 1847년에 평범한 노점 담배 가게로 출발한 필립모리스는 7년 후 직접 담배를 제조하기 시작했다. 담배 시장의 최고 베스트셀러인 말보로는 필립모리스가 1924년에 여성전용 담배로 생산한 것이었다.

물론 위에서 언급한 회사들과 달리 처음부터 뚜렷한 목적의식을 가지고 창업한 기업도 있을 것이다. 하지만 대다수 창업자들은 위대한 기업 이상을 실현하기 위해서가 아니라 먹고살기 위해 사업을 시작하는 것이 현실이다. 조금씩 사업을 확장하고 회사를 발전시키면서 이상과 포부가 커진다. 이 과정에서 숨어 있던 잠재력을 발휘해 기적을 만들어낸 사람들이 바로 위에 언급한 사람들이다. 무일푼으로 시작해서 세계적인 대기업으로 발전한 회사들은 대부분 고도의 시장 경제 발전기 속에서 확실한 기회를 포착했기 때문에 오늘의 결과를 만들어낸 것이다. 차이가 있다면 창업하자마자 시기를 탔느냐, 오랫동안 시행착오를 겪은 후에 우연히 기회를 얻었느냐 정도일 것이다.

여러분도 대기업 총수가 되고 싶다면 먼저 고속 성장기에 있는 분야를 찾아라. 그리고 그 안에서 기회를 잡아라. 만약 시기적으로 기회를 놓쳤다면 대기업의 두 번째 혹은 세 번째 전문 경영인이 되는 방법도 있다. 그 후에 더 큰 목표를 세우고, 자신의 위치를 안정적으로 다져 명실상부한 대기업 총수로 인정받으려면 역시 시장 흐름을 정확히 파악하고 기회를 잡아야 한다. 시장 상황은 끊임없이 변한다. 이런 변화와 흐름을 놓치면 경쟁에서 도태되고 결국 시장에서 사라질 수밖에 없다. 30년 전 '500대 세계 기업'에 이름을 올렸던 회사 중 상당수가 이미 시장에서 사라지고 없다.

시장 상황이 끊임없이 변하기 때문에 발전의 기회는 누구에게나, 언제나 존재한다. 중요한 것은 누가 먼저 기회를 포착하고 자기 것으로 만드는가이다. 다시 말해 인류가 존재하는 한 성공의 기회는 반드시 존재한다. 앞으로도 수많은 위인들이 뜻을 세우고 기회를 잡아 위대한 이상을 실현하게 될 것이다.

제4장
최고의 지략으로 뜻을 이루라

진정한 계략이란 지혜는 물론 호방함과 당당함을 갖춘 고수만이 구사할 수 있다.
증국번이 세운 계략은 전반적인 대국의 흐름이 반영된 완벽한 계획이었다.

　유서 깊은 역사와 문화 배경만큼 중국에는 계략과 지혜를 담은 다양한 역사서가 있다. 『손자병법(孫子兵法)』에 언급된 '승산이 많으면 이기고, 승산이 적으면 패한다'[44]라는 구절은 용병술의 기본으로 통한다. 이 말은 꼭 전쟁에서만 적용되는 것은 아니다. 일반적으로 속마음을 알 수 없는 사람을 대할 때 일종의 두려움을 느끼는데, 그만큼 승산이 적다고 느끼기 때문일 것이다. 그러니 나라의 운명과 수많은 사람의 목숨이 달린 전쟁이라면 당연히 치밀한 계략에 따라 신중하게 행동해야 할 것이다. 큰 성공을 위해 가장 중요한 것은 계략이고, 용기는 그다음이다.[45]

　그런데 일반적으로 사람들은 '계략'이라고 하면 부정적인 이미지를 떠올리는 것 같다. 계략을 수작을 부리거나 꿍꿍이를 숨기고 있다는 뜻으로 생각하는데, 계략이란 다른 사람을 음해하거나 중상모략하기 위한 비정상적인 수단이나 방법이 절대 아니다. 일찍이 한나라 무제(武帝)가 제자백가(諸子百家)를 배척하고 오직 유가만을 숭상한 것으로 알려져 있으나, 실제 내용은 조금 다르다. 유가의 성(誠) 사상[46]을 기본으로 삼긴 했으나, 구체적인 방법론에서는 주로 병가(兵家)에 따랐다. 그러나 기본

사상을 지나치게 강조하는 분위기 때문에 유가 외의 모든 제자백가를 배척했다는 오해가 생긴 것이다. 역사가 만들어낸 오해는 또 있다. 원래 음모(陰謀)라는 말은 부정적인 뜻이 아니었다. 음(陰)이 '조용히 행동한다'는 뜻이기 때문에 음모는 '적이 알아차리지 못하게 한다'는 의미였다. 계략은 수작을 부리는 것과 분명히 다르다. 중국 근현대사에서 최고의 작가로 손꼽히는 노신(魯迅, 루쉰)은 이렇게 말했다. "수작을 부릴 때도 효과적인 방법이 이용되지만, 여기에는 분명히 한계가 있다. 자고로 이렇게 해서 큰 성공을 거둔 사람은 없었다." 수작을 부리는 것도 하나의 수단이기는 하지만, 거기에는 비열한 행동이 주를 이룬다. 그러나 계략은 지혜의 일종으로 깊고 풍부한 의미를 담고 있다.

계략에는 바둑이나 태권도처럼 급수가 있다. 수준 낮은 계략은 남들에게 잔꾀를 부리는 것처럼 보인다. 또 수준이 너무 높으면 계략이 계략처럼 보이지 않을 때가 있다. 유가, 법가(法家), 서양의 시장경제제도에는 국가적으로 혹은 개인적으로 인류 발전에 막대한 영향을 끼친 고도의 계략이 숨어 있다. 이런 사상을 기반으로 최고의 계략을 만들어내면 신의 경지에 오를 수 있다. 무협소설 주인공이 최고의 무공을 익히고 신의 경지에 올라 꽃이나 나뭇잎을 꺾듯 손쉽게 사람을 죽이는 것처럼 뭐든 마음대로 할 수 있게 된다.

증국번은 평소 이십삼사를 애독한 덕분에 인간으로서, 관리로서, 군대 지휘관으로서 수준 높은 계략을 이용할 수 있었다. 스물일곱 살에 관리가 된 이후 이품 관직에 오르기까지 그 역시 분명히 속셈 혹은 꿍꿍이가 있었을 것이다. 하지만 그를 간사하다거나 교활하다고 말하는 사람은 아무도 없다. 평소 자신의 최종 목표와 관리의 길을 철저히 구분해 별개 계략을 세워두었기 때문이다.

먼저 인간으로서, 관리로서의 계략에서는 '성(誠)'과 '내(耐)'를 강조했다. 유가의 충서(忠恕)⁴⁷ 사상이 '성'을 기본으로 해 모든 사람에게 진심으로 대하고, 모든 일에 성실히 임하라고 강조한 것과 같은 맥락이다. "가장 중요한 것은 뜻을 세우는 것이고, 두 번째는 지식을 쌓는 것이며, 세 번째는 항상 같은 마음을 유지하는 것이다." 증국번은 평소 이렇게 말하며 어떤 어려움이 있더라도 뜻을 꺾지 않고 참고 견뎌야 하며, 신중하게 차근차근 일을 진행시킬 것을 강조했다. 사실 이것은 인간으로서나 관리로서나 어떤 일을 하든지 모두 적용되는 기본 원칙이다. 이처럼 증국번의 계략은 '성'을 기본으로 하기 때문에 계략으로 보이지 않았던 것이다.

치밀하고 신중하며 절묘하게

안경 전투를 예로 들어 증국번 계략의 특징을 살펴보자. 증국번은 태평천국의 난을 진압하기 위해 체계적인 종합 계략을 세웠다. 종합 계략은 다시 몇 가지 세부 계략으로 나누었고, 각각의 세부 계략 아래에는 다시 좀 더 구체적인 계략을 세웠다. 종합 계략의 최종 목표는 태평천국의 수도인 남경이었지만, 하부 계략의 최우선 목표는 안경이었다. 일단 안경을 점령하면 남경은 저절로 무너질 것이라는 판단이었다. 증국번은 안경이 결전의 최적 장소라고 생각했다. 안경 전투에 모든 전력을 집중시키고, 무슨 일이 있어도 안경을 포기하지 않을 생각이었다.

안경 계략 아래에는 다시 여러 단계의 세부 계략이 있었다. 그러나 미리 세워둔 계략이 아무리 완벽하더라도 언제 어디에서든 예상치 못한 문제가 발생할 수 있는 것이 현실이다. 물론 증국번은 이런 부분까지 대비해두었다. 모든 대비책은 절대 안경을 포기하지 않는다는 기초 위에 만들어졌다. 그는 안경 전투가 국가와 증씨 가문의 운명을 좌우할 것이라고 확신했기 때문이다.

1858년(함풍 8년)에 증국번은 잠시 떠났던 상군 총사령관에 복귀했다. 이듬해 여름, 증국번과 호림익은 머리를 맞대고 안경 전투 전략을 짜는 데 몰두했다. 두 사람은 오랜 상의 끝에 적의 지원군을 먼저 공격하고 직접 안경을 공격하는 일은 다음으로 미루기로 결정했다. 안경성 포위에는 최소 병력만 남겨두고 적의 지원군을 공격하는 데 모든 병력을 집중시켰다. 일단 성 밖의 지원군을 격퇴시키면 안경성은 저절로 무너질 것이라는 계산이었다. 안경 계략은 본래 네 방향에서 동시에 진행될 계획이었으나, 한쪽 부대가 합류하지 못해 세 방향 진행으로 계획을 수정했다.

먼저 증국전 부대가 안경성을 포위하고 직접적인 위협을 가해 적의 지원군을 유인하는 임무를 맡았다. 다음으로 다융아(多隆阿) 부대가 려주(廬州) 방향에서 오는 적의 지원군을 막기 위해 동성(桐城)을 점령했다. 동성은 려주에 있는 태평천국 지원군이 안경으로 갈 때 반드시 지나야 하는 길목이었다. 마지막으로 이속의 부대는 기동 지원 부대 역할을 담당했다. 상황에 따라 증국전 부대 혹은 다융아 부대를 지원하면서, 태평천국군이 호북 지역에 진입하지 못하게 하는 막중한 임무를 맡았다. 호북은 상군의 후방 기지였기 때문에 호북 사수는 기본 중의 기본이었다.

작전이 시작되자 증국전 부대는 안경성을 포위하고 나머지 두 부대는 적의 지원군을 막는 데 주력했다. 적의 지원군을 상대하는 주력부대는 최고의 전투력을 갖추었으며, 규모 면에서도 성을 포위하는 부대보다 2배 이상 많았다. 증국번은 이렇게 먼저 자리를 잡고 힘을 비축해두었다가 다급하게 달려온 적의 지원군을 상대하면 확실히 이길 수 있다고 생각했다.

장강 상류에 위치한 안경은 남경을 지켜주는 든든한 방패막이였다. 태평천국군 입장에서 보면 안경을 빼앗기면 남경을 지키기 힘들어진다는 뜻이다. 태평천국군도 이 사실을 잘 알고 있을 것이니, 상군이 안경을 포위하면 안경을 구하기 위해 당장 달려올 것이 분명했다. 안경을 공격하면 적의 지원군이 올 것이고, 그 지원군을 깨뜨리는 것이 안경 계략의 대전제인 동시에 최종 목표였다.

안경 계략은 치밀하게 짜인 전략이긴 했지만 세상에 완벽한 것은 없는 법이다. 상군 병력이 대부분 안경에 집중 배치되었기 때문에 호북에는 무한을 지키는 관문(官文)의 녹영군 3,000명뿐이었다. 강서에도 최소 병력만 남겨두었으니 상군 후방은 거의 텅 비어 있는 셈이었다. 만약 태평천국군이 기습적으로 호북을 공격해올 경우 최악의 사태가 발생할 수 있다. 일단 무한이 무너지면 태평천국군이 여세를 몰아 강을 타고 올라올 것이고 남창(南昌), 구강 등 강서 지역의 태평천국군까지 합세해 상군 후방을 무너뜨리면 증국번의 안경 계략은 물거품이 될 수밖에 없다.

증국번도 이런 상황을 생각하지 못한 것은 아니지만, 가능성이 아주 낮았기 때문에 이 정도는 감수해야 했다. 결국 안경 계략의 성공 여부는 세부 계략을 얼마나 효과적으로 실행하는가에 달려 있었다.

이즈음 함풍제가 증국번을 양강 총독으로 임명하고 드디어 그에게 실권을 넘겨주었다. 이로써 그는 강남 지역 군대를 총지휘하면서 조금 더 효율적인 전략전술을 세울 수 있게 됐다. 이것은 증국번에게는 행운이었고 홍수전에게는 불행의 시작이었다. 본래 함풍제는 양강 총독으로 호림익을 염두에 두었으나 숙순의 생각은 달랐다. 숙순은 호림익이 호북에서 제몫을 다하고 있으니 증국번을 양강 총독으로 임명해 장강 상류와 하류에 각각 믿을 만한 인재를 두는 것이 좋다는 의견을 내놓았다. 함풍제는 결국 숙순의 의견을 받아들여 증국번을 양강 총독에 임명했다.

호림익은 증국번이 양강 총독에 임명됐다는 소식을 듣고 크게 기뻐하며 그에게 편지를 보내 양주(揚州)와 항주(杭州)에서 부대를 충원해 안경 병력을 늘리자고 제안했다. 원래 계획을 앞당겨 일 년 안에 남경까지 함락시키자는 생각이었다. 그러나 증국번은 기존 안경 계략을 고수했고, 결과적으로 그의 생각이 옳았다. 그는 항상 일의 중요도와 순서를 정확히 따졌기 때문에 작은 변화나 유혹에 흔들리지 않고 끝까지 자신의 뜻을 관철시켰다. 눈앞의 작은 이익을 얻기 위해 위험을 감수하지 않고 신중하게 차근차근 단계를 밟아나갔다.

한편 안경성 포위 임무를 맡은 증국전 부대는 길안, 구강에서와 같은 방법으로 안경성 둘레에 참호를 만들었다. 외부 참호에서는 적의 지원군을 상대하고, 내부 참호에서는 안경성 수비군에 대비했다. 증국전은 성을 둘러싼 참호전에 특히 강한 면모를 보여 증철통(曾鐵桶)이라는 별명을 얻었다. 증국번이 증체두(曾剃頭)[48]라는 악명을 얻은 것에 비하면 아주 기분 좋은 별명이다. 증국전은 안경성 삼면에 참호를 만들고, 강에 면한 나머지 한쪽엔 수군을 배치해 성을 철저히 봉쇄했다. 증철통의 안경성 포위는 그야말로 물 샐 틈 없는 '철통' 포위였다. 사실 증국전 부대가 처음 안경성에 도착했을 때는 위태로운 상황이었으나, 태평천국군의 지원군이 늦어진 덕분에 철통 참호를 구축할 수 있었다. 진옥성이 이끄는 태평천국 지원군이 도착했을 때, 증철통의 참호는 이미 난공불락의 요새가 되어 있었다.

증국번은 이미 무창, 서주, 길안, 구강에서 참호 포위 전략으로 연이어 승리를 만들어냈고, 안경에서는 한 단계 발전한 전략을 구사했다. 안경 계략의 핵심은 안경성 자체가 아니라 밖에 있는 주력부대 지원군을 섬멸하는 것이었다. 이를 위해 안경에 상군 병력을 총집결시켜 성을 포위해 태평천국 부대의 주력부대를 유인했다.

그런데 안경 계략을 본격적으로 시작하려 할 때, 예상치 못한 문제가 발생했다. 갑작스런 함풍제의 명령으로 안경 계략을 위한 부대 배치가 완전히 틀어질 위기에 처했다. 이수성이 이끄는 태평천국군이 강남 지역에서 가장 부유한 소주(蘇州)와 상주를 점령하자 — 태평천국군의 안경 지원이 늦어진 이유가 바로 이것 때문이었다 — 다급해진 함풍제가 증국번에게 안경을 포기하고 강소를 구하라는 명령을 내렸다.

증국번은 큰 위기에 직면했다. 안경 포위를 포기할 수도 없고, 황제의 명령을 거역할 수도 없는 진퇴양난 상황에 처한 것이다. 어떻게든 양쪽 모두 지켜야 했다. 그는 고심 끝에 한 가지 꾀를 냈다. 전체 계략에 영향을 주지 않는 범위에서 하부 계략을 하나 더 추가하기로 했다. 증국번은 자신이 지휘하는 군대를 셋으로 나눈 후 가장 작은 무리를 이끌고 강소로 향했다. 일부러 떠들썩하고 요란하게 움직였지만 그의 생각은 온통 안경에 묶여 있었다. 그는 먼저 황제에게 답을 보낸 후 최대한 천천히 안휘성 기문에 들어섰다. 그는 이곳에서 태평천국군을 만나 고전을 면치 못했는데, 하마터면 저세상 사람이 될 뻔했다.

안휘성 남부 산간 지역에 위치한 기문은 안휘, 절강(浙江), 강서, 강소 4개 성이 만나는 곳으로 군사 지리적으로 매우 중요한 곳이었다. 기문을 장악하면 태평천국군의 연락 체계를 방해하고, 전방 안경과 후방 강서를 연결하는 편리하고 빠른 길을 확보해 상군 전체의 안전을 도모할 수 있다. 증국번이 생명의 위험을 감수하면서까지 기문 '사지'로 들어간 이유가 바로 이것이었다. 겉으로는 황제 명령에 따라 강소 지원군을 움직인 것처럼 보이지만, 실제로는 안경 계략을 돕기 위한 행동이었다.

증국번은 대다수 병력을 안경에 그대로 남겨두고, 아주 적은 병력만을 이끌고 기문으로 향했다.

그는 호림익에게 태호 부근으로 이동해 자신이 없는 동안 안경 계략을 지휘하도록 조치해두었다. 증국번의 결정은 황제의 명령을 받드는 동시에 안경 계략을 유지하기 위한 고육지책이었다. 안경 계략의 큰 틀을 유지하는 동시에 상황 변화에 대처하기 위해 어쩔 수 없이 하위 전략을 하나 더 추가한 것이다. 그런데 이때 또 다른 걸림돌이 등장했다. 즉시 포초(鮑超) 부대를 북경으로 보내 황가를 보호하라는 함풍제의 명령이 떨어졌다. 영국-프랑스 연합군이 북경을 공격하고 원명원(圓明園)을 불태우자 위협을 느낀 함풍제는 서둘러 열하(熱河)로 도망쳤다.

황제의 서신을 받아든 증국번은 매우 난감했다. 포초는 당시 상군의 유일한 맹장으로 안경 전선에서 주력 기동부대를 지휘하고 있었다. 삼하 전투에서 태평천국군의 진옥성이 이속빈과 6,000여 정예부대를 전멸시킨 후, 진옥성의 명성이 크게 높아지자 대다수 상군 장수들이 그를 피하고 싶어했다. 유일하게 진옥성을 대적하겠다고 나선 이가 바로 사납기로 유명한 맹장 포초였다. 안경 전선에 포초가 꼭 필요한 상황이었다. 하지만 문제는 이것뿐이 아니었다. 황제가 이미 포초의 용맹함을 알고 직접 그를 지목한 만큼, 지금 황제에게 가면 쉽게 돌아오지 못할 터였다. 여기에까지 생각이 미치자 더더욱 포초를 보낼 수 없었다.

이즈음 증국번 부대도 계속 상황이 어려워지고 있었다. 이런 상황에서 어떻게 포초를 보낸단 말인가? 그렇다고 황제를 구하러 달려가지 않을 수도 없으니 도대체 어떻게 해야 한단 말인가? 증국번은 잠도 이루지 못하고 며칠 밤낮을 고민하다가 친구에게 편지를 썼다. "이곳 기문도 위험하고 저쪽 북경도 위험한 상황이네. 하루 종일 생각해봤지만 도저히 어떻게 해야 할지 모르겠고, 정말 울고 싶은 심정이라네. 그저 이리저리 서성이기만 할 뿐 아무것도 할 수가 없어."

그는 생각 끝에 막료들을 소집해 대책 회의를 열었다. 막료들은 대부분 군대를 보내 황제를 구해야 한다고 말했지만, 이홍장은 다른 의견을 제시했다. "서양놈들이 원하는 건 그저 돈입니다. 지금 중요한 건 이곳 안경입니다. 원래 계획대로 안경 전선을 유지하면서 조금 더 상황을 지켜봐야 합니다." 잠시 후 이속의가 호림익 대변인 자격으로 회의에 참석했다. 증국번은 상군 핵심 막료들과 논의한 끝에 새로운 계략을 세웠다.

먼저 함풍제에게 보낼 서신을 작성했다. "저희는 언제든 북경으로 군대를 파견할 준비가 되어 있습니다. 다만 증국번과 호림익 부대 중 어느 쪽이 가야 할지 황제 폐하께서 직접 선택해주십시오. 포초는 용감하기는 하나 단독 임무를 수행할 능력이 없어 총지휘를 맡길 수 없습니다." 이 계략은 확실히 절묘했다. 지원 부대 파견에 대한 즉답을 회피하고 누구를 보낼 것인가를 문제삼아 시간을 끌어보려는 생각이었다.

일반적으로 전략은 전진을 목표로 하지만 때로는 작전상 후퇴도 필요한 법이다. 황제가 계속해서 지원 부대 파견을 요구한다면 더 이상 이렇게 모호한 태도로 어물쩍 넘어갈 수 없다. 그래서 증국번은 만약의 상황에 대비해 북경에 파견할 군대 1만을 미리 준비해두었다. 황제가 호림익을 지명하면 장강 북쪽 주둔군을 이동시켜 호북 수비를 강화해야 한다. 이렇게 되면 안휘 북부 공격은 잠시 보류할 수밖에 없다. 반대로 증국번을 지목하면 장강 남쪽 주둔군을 강서로 이동시키고 안휘 남부 공격을 보류해야 한다. 이 전략의 중심은 역시 안경 포위를 유지하는 것이었다. 강서와 호북 둘 중 한 곳만이라도 확실히 지켜 후방 지원이 끊이지 않으면 안경 전략을 유지할 수 있다고 보았다.

하지만 이 방법도 최선은 아니었다. 아무리 오합지졸이라도 1만 병력이 빠져나가면 전력에 큰 타격을 줄 수 있다. 어쩌면 포초 부대 3,000명을 보내는 것보다 더 나쁜 상황이 펼쳐질지 모른다. 황제의 답변을 기다리는 동안 이런저런 걱정이 끊이지 않으니 한시도 마음 편할 날이 없었다. 함풍제가 북경 지원 부대 지휘에 누구를 지명할지, 지금 안휘성 남부에 주둔하고 있는 포초와 장운란(張運蘭)이 제몫을 해낼지 등등. 또 태평천국군에 보급로를 빼앗겨 상황이 점점 어려워졌다.

한 달 후 어느 날 드디어 북경에서 편지가 날아왔다. 영-프 연합군과 평화조약을 맺어 지원군을 보낼 필요가 없다는 내용이었다. 하루하루 가슴을 졸이던 증국번은 환호하며 기뻐했다. 무엇보다도 다른 걱정 없이 안경 계략에만 몰두할 수 있게 된 것이 가장 기뻤다.

황제의 지원군 파병에 대비해 추가한 하위 계략을 자세히 분석해보자. 가장 주목할 부분은 정확한 상황 판단이다. 서양 군대의 목적은 돈이므로 북경 상황이 더 이상 악화되지 않을 것이라는 이홍장의 의견이 큰 도움이 되었다. 두 번째는 최대한 시간을 끌며 상황 변화에 대처한 점이다. 지원군 파병에 대한 즉답을 회피하고 누구를 지휘관으로 임명할 것인지 황제에게 되물어 시간을 벌었다. 세 번째는 최후의 상황에 대비해 미리 북경 지원 부대를 준비한 것이다. 특히 이 부분에서는 안경 전략 유지에 중점을 두고 후방 기지의 안전을 최우선 목표로 군대를 재배치했다.

이 하위 계략은 돌발 상황에 대처하기 위해 마련된 고육책이었으므로 애초의 안경 계략에는 없던 내용이다. 당시 상군 상황에서 황제의 갑작스런 지원군 요청은 무리한 요구였다.

증국번은 당황스럽고 난감했지만 심사숙고를 거쳐 편지 한 통으로 적절히 문제를 해결했다. 후에 그는 이 계략이 탄생한 막료 회의 과정과 내용을 정리해 『북원의(北援議)』라는 책을 편찬했다.

지원군 파병이 취소되었지만, 기문에 고립된 증국번 부대의 위기는 계속되었다. 고생 끝에 좌종당이 경덕진(景德鎭)을 되찾고 강서 후방 본부와 연락이 통하면서 겨우 한숨을 돌리고 무사히 기문을 빠져나올 수 있었다. 안경 전투는 상군과 태평천국군 모두에게 악몽과 같은 시간이었다. 증국번 스스로도 말한 바 있다. "태평천국군은 안경을 구하기 위해 목숨을 걸었고, 우리는 안경을 함락시키기 위해 이를 악물었다. 정말 치열한 전투였다."

원칙이야말로 특급 계략

난세에 영웅이 탄생한다는 말처럼 안경 전투에서도 많은 영웅들의 활약이 두드러졌다. 가장 먼저 동성에서 태평천국 지원군을 막아낸 다융아를 꼽을 수 있다. 그는 기병부대를 이끌고 동에 번쩍 서에 번쩍하며 진옥성 부대와 수차례 대결했다. 다융아는 진옥성 부대에 치명타를 안겨주지는 못했지만 끝까지 안경으로 가는 길을 내주지 않았다. 다융아가 끈질기게 저항하자 진옥성은 결국 목표물을 바꿔 무한으로 방향을 돌렸다. 무한을 위협해서 호림익 부대를 호북으로 끌어들이면 그만큼 안경 전선의 상군 병력이 줄어들 것이라는 생각이었다. 태평천국군이 몰려온다는 소식이 전해지자 무한은 순식간에 혼란에 빠졌다. 관리 몇 명만 남고 대부분 피난을 떠났다. 호림익도 이 소식을 듣고 너무 당황스러워서 제정신이 아니었다. 그는 "멍청한 놈! 제 집 단속도 제대로 못했으니!"라고 자책하며 서둘러 팽옥린(彭玉麟)과 이속의 부대를 보내 무한을 구하게 했다.

태평천국군이 무한으로 향한 이유는 적의 후방을 공격해 적의 주력부대를 물러가게 하기 위해서였다. 상군 입장에서 무한은 안경 전선을 지원하는 중요한 기지 역할을 하고 있었으므로, 무한을 잃으면 모든 전략이 수포로 돌아갈 수밖에 없다. 따라서 상군이 당연히 안경 포위를 풀고 무한으로 돌아갈 것이라고 생각한 것이다. 하지만 태평천국군의 계획은 성공하지 못했다. 영국 외교관 파크스가 진옥성에게 무한은 영국의 조차지이므로 태평천국군이 무한을 공격하면 즉시 영국군을 동원하겠다고 엄포를 놓았기 때문이다. 당시 겨우 스물다섯 살로 경험이 많지 않았던 진옥성은 덜컥 겁을 먹고 서둘러 무한을 떠났다. 진옥성 부대는 다시 안경으로 돌아가 증국전 부대와 치열한 참호전을 벌였다. 이제 안경 포위를 풀 방법은 정면 돌파뿐이었다. 하지만 일반적으로 정면 돌파는 효과에 비해 희생이나 대가가 너무 크다. 더구나 철통 수비로 유명한 증국전 부대가 참호를 구축하고 기다린 지 오래이니 포위망을 뚫기가 쉽지 않은 상황이었다.

태평천국군의 원래 계획은 이수성과 진옥성 부대가 함께 무한을 공격해서 안경을 구하는 것이었다. 그러나 장강 하류 소주에 주둔하고 있던 이수성이 홍수전의 명령을 무시하고 출병을 늦추면서 계획이 틀어졌다. 이수성 부대는 안휘성 남부를 오가며 몇 번이나 기문에 접근했지만, 증국번이 겨우 3,000병력을 이끌고 그곳에 숨어 있다는 사실을 꿈에도 몰랐다. 이수성이 적극적으로 움직이지 않은 덕분에 증국번은 무사히 사지를 벗어날 수 있었다. 만약 증국번이 기문에서 목숨을 잃었다면 어떻게 됐을까? 물론 누군가 그의 뒤를 이어 상군을 지휘했겠지만 안경 계략의 성공은 장담할 수 없다. 당시 상군에는 증국번만큼 큰 흐름을 정확히 파악하고 국면을 조정할 만한 인물이 없었다. 증국번이 기문 위기에서 벗어난 것은 기적이었고, 이 기적이 역사를 만든 것이다.

안경 계략의 빈틈은 호북뿐이 아니었다. 증국번은 이수성이 감강(贛江)을 타고 이동해 남창과 구강을 공격하지 않을까 늘 불안했다. 상군 후방 기지인 호북과 강서에 병력을 충분히 배치하지 못한 것이 안경 계략의 가장 큰 약점이었기 때문이다. 증국번은 "만약 이수성이 감강으로 이동해 구강을 공격하면 어쩔 수 없이 안경 포위를 풀어야 한다. 그래서 늘 이 점이 걱정스럽다"라고 말했다.

이즈음 증국번에게는 이수성이 구강을 공격하는 것과 진옥성이 아직 군영을 갖추지 못한 증국전 부대를 기습하는 것이 가장 큰 걱정거리였다. 그래서 그는 임시로 하위 계략을 하나 더 세웠다. 포초 부대를 팽택현(彭澤縣)에 주둔시켜 구강 혹은 안경으로 언제든 달려갈 수 있도록 준비해두었다. 하지만 진옥성과 이수성이 동시에 안경과 구강을 공격하는 최악의 상황이 펼쳐진다면 천하의 증국번이라도 더 이상 방법이 없었다.

이렇게 어려운 상황이었기 때문에 증국번의 진가가 더욱 빛을 발하지 않았을까? 그는 3일 동안 이수성의 움직임을 면밀히 관찰하고 분석해 그가 섣불리 남창이나 구강을 공격하지 않을 것이라고 확신했다. 그리고 과감히 포초를 안경 전선에 투입했다. 증국번의 예상은 적중했다. 이수성은 남창과 구강을 공격하지 않아 안경을 구할 수 있는 마지막 기회를 놓치고 말았다.

얼마 뒤 증국번은 다시 한 번 진가를 발휘했다. 호북과 강서에서 동시에 위급 상황이 전해지자 상군 전체가 동요했다. 많은 장수와 병사들이 후방 본부를 지키는 것이 급선무이므로 당장 철수해야 한다고 목소리를 높였다. 호림익도 다급함을 감추지 못했다. 그러나 증국번은 침착하고 냉철한 태도로 안경을 주시했다. 증국번은 상군 후방 기지를 공격해 안경을 포위하고 있는 주력부대를 후퇴시키려는 태평천국군의 의도를 정확히 파악하고 있었다. 그들이 무한을 공격하는 이유는 안경을 구하기 위해서였다. 증국번은 과감히 결단을 내렸다. "설사 무한을 잃는다 해도 안경 포위를 풀 수 없다. 무한은 지금 빼앗겨도 나중에 다시 찾을 수 있지만, 지금 안경 포위를 풀면 두 번 다시 기회를 얻을 수 없다."

그리고 자신의 뜻을 분명히 하기 위해 즉시 증국전에게 편지를 보냈다. 증국전 부대가 세운 참호에 모든 것이 달려 있으니 목숨을 걸고 반드시 참호를 지켜야 한다는 내용이었다. 무한을 빼앗기더라도 증국전이 끝까지 참호를 지켜내면 무한은 다시 찾을 수 있지만, 무한을 지키고 증국전이 참호를 지키지 못하면 안경 계략은 수포로 돌아간다. 안경 참호를 지키는 것은 증씨 가문과 청나라의 운명을 모두 짊어지는 일인 셈이었다.

증국번의 격려를 받은 증국전은 안경 참호를 지켜내어 최후의 승리를 쟁취하겠다는 굳은 결심으로 모든 고통과 대가를 견뎌냈다. 진옥성과 증국전 부대는 내외부 참호를 사이에 두고 치열한 혈전을 벌였다. 참호로 밀려온 양쪽 병사들이 쓰러지면 곧이어 또 다른 병사들이 밀려왔다. 태평천국군이 기존 참호를 무너뜨리는 동시에 상군은 계속해서 새로운 참호를 구축했다. 무너지는 속도보다 새로 세우는 속도가 조금 더 빨랐기 때문에 진옥성은 끝내 증국전의 철통 참호를 뚫지 못했다.

참호와 장벽은 전투 장비가 아니라 군영 기초 설비였지만, 증국번이 새로운 용병술로 이용하면서 엄청난 전투력을 발휘했다. 태평천국군은 번번이 상군의 참호와 장벽에 가로막혔고, 끝내 그 비밀을 풀어내지 못했다. 증국전 부대가 만든 안경성을 둘러싼 참호와 장벽의 길이는 무려 27km에 달했고, 상군 병력은 고작 1만 명에 불과했다. 만약 태평천국군이 안팎에서 총력전을 펼쳤다면 결국 증국전 부대는 수적 열세에 무릎을 꿇었을 것이다. 밤낮으로 쉬지 않고 공격을 퍼붓는다면 수적으로 열세인 상군이 먼저 지칠 수밖에 없다. 증국번은 바로 이 점을 염려해 증국전에게 절대 적을 얕보지 말고 계속 참호를 겹겹이 파라고 충고했다. 참호와 장벽은 증국번 군사 전략에서 가장 중요하고 효과적인 하위 계략이었다.

한창 치열한 전투를 벌이던 중 증국번은 안경성이 여전히 외부에서 식량을 공급받고 있다는 사실을 알게 되었다. 상군과 태평천국군이 참혹한 대가를 치르는 동안 서양 상인들은 돈벌이에 혈안이 되어 있었던 것이다. 터무니없이 비싼 가격이긴 했지만, 서양 상인들이 안경성에 곡물을 공급하고 있었기 때문에 태평천국군의 전투력이 계속 유지되었던 것이다. 서양 상인들 입장에서는 상군이 목숨 걸고 안경성을 포위해준 덕분에 큰돈을 벌 수 있는 셈이었다. 증국번은 이 사실을 알고 크게 분노했지만, 서양 상인들을 강제로 내쫓을 수 없었기에 다른 방법을 찾아야 했다. 그는 수군 순찰을 강화하고 외국 상선이 보이는 대로 그 안에 실려 있는 곡식을 모두 사들이라고 지시했다. 무력을 동원하지 않고 조용히 외국 상선을 강변에 정박시킨 후 아무리 비싸더라도 곡식을 모두 사들이라 했다. 이렇게 해서 뒤늦게나마 안경성의 식량 공급을 차단할 수 있었다.

안경성의 태평천국군은 곡식 공급이 끊어지자 굶주림에 허덕이기 시작했다. 안경성이 함락되던 날 엽운래(葉芸來)와 1만 6,000여 수비군은 칼 한 번 휘두르지 못하고 힘없이 무너졌다. 한편 성 밖에 있던 태평천국 지원군도 상군의 총공세에 밀려 3만여 명이 몰살당했다. 당시 호림익이 태평천국군 주력부대가 몰살됐다는 소식을 듣고 증국번에게 특별히 축하 편지를 보냈다고 한다. 안경성 함락은 상군에게 축제나 마찬가지였다.

증국번이 '적이 반드시 구하려 하는 곳'을 공격하는 전략으로 안경을 포위하고 공격한 것처럼 태평천국군도 같은 방법을 썼더라면 안경 포위를 풀 수 있었을지 모른다. 그러나 똑같은 계략이라도 상황 변화에 따라 유연하게 대처하고 구체적인 하위 계략을 세울 수 있어야 하므로, 지휘 체계가 통일되어 있지 않으면 계획대로 일을 진행할 수 없다. 증국번은 적의 계략을 정확히 파악해 완벽한 대비책까지 세워두었으니, 확실히 태평천국군보다 한 수 위일 수밖에 없었다.

종합 전략이 성공하기 위해서는 각각의 하위 계략이 하나하나 차근차근 진행되어야 한다. 만약 태평천국군이 안경 계략의 빈틈을 찾아냈더라면 어떻게 되었을까? 호북과 강서 후방 기지가 비어 있는 틈을 타 무한을 공격하고 여세를 몰아 상군의 뒤를 쳤더라면 증국번의 안경 계략은 물거품이 되었을 것이다. 후방 기지는 모든 전략의 기본이었으니 증국번도 결국 안경을 포기해야 했을 것이다. 그러나 태평천국군의 진옥성과 이수성은 강남 일대 수백 킬로를 누비면서 무한을 공격할 생각은 전혀 하지 못했다.

참호와 장벽에 의지해 완벽한 수비체계를 구축한 후 힘을 비축하면서 적을 기다리는 상군의 전략은 확실히 주효했다. 사실 이것은 고지식하고 단조롭기 짝이 없는 전략이었지만, 보다 세밀하고 구체적인 하부 계략 덕분에 확실히 태평천국군을 제압할 수 있었다.

성공 인물의 처세력 ❹
'전략 부재', 진시황 선조의 참패를 기억하라

진(秦)나라 목공(穆公)은 효함(崤函)$^{49)}$ 전투에서 진(晉)나라에 밀리자, 잠시 뒤로 물러나 서융(西戎)을 정벌하고 재기의 발판을 마련했다. 그러나 목공 이후 진(秦)나라에는 한동안 영웅이 등장하지 않았고, 끊임없이 진(晉)나라에게 시달렸다. 기원전 578년에 두 나라는 마수(麻隧)에서 다시 큰 전쟁을 치렀다. 진(秦)나라는 마수 전투에서 크게 패하면서 더 이상 황하(黃河) 유역에 발붙이지 못하고 함양(咸陽)으로 쫓겨났다.

이 마수 전투에 대해 자세히 살펴보자. 진(晉)나라가 마수 전투에서 대승을 거둘 수 있었던 이유가 바로 전반적인 흐름을 읽은 치밀한 계략에 있었다. 반면 진(秦)나라는 치밀한 계략은 고사하고 그럴듯한 계획 하나 없었다.

두 나라의 대결 구도는 하루 이틀에 만들어진 것이 아니었다. 수십 년 넘게 팽팽한 긴장이 이어지던 중 진(晉)나라에 경공이 즉위하면서 상황이 급변하기 시작했다. 당시 진(晉)나라는 온통 강력한 적수들로 둘러싸여 있었는데, 동쪽에 위치한 제나라와 동맹 관계를 유지하기 위해 과감히 노나라를 포기했다. 남쪽의 초나라는 오랫동안 적대관계에 놓여 있는 눈엣가시였다. 마지막으로 서쪽 진(秦)나라와의 관계는 조금 복잡했다. 진(晉)나라는 여러 번 진(秦)나라와 평화조약을 맺으려 했지만, 진(秦)나라는 이를 거부하고 끊임없이 진(晉)나라를 위협했다. 나머지 작은 제후국들은 이편에 붙었다 저편에 붙었다 하며 배신을 반복했기 때문에 믿을 수 없었다.

이런 상황에서 경공은 진(晉)나라를 부흥시키고 패업을 달성해 천하의 주인이 되는 꿈을 꾸기 시작했다. 그러기 위해서 가장 먼저 해결해야 할 문제는 진(秦)나라의 위협이었다. 진(秦)나라의 위협이 계속되는 한 중원 쟁탈전에 전력할 수 없기 때문이다. 그래서 경공은 조금 복잡하지만 아주 치밀한 계략을 세웠다.

패업 달성을 위한 첫 번째 하위 계략은 제나라를 끌어들이는 것이었다. 제나라는 중원에서 동떨어져 있어 특별한 원한이 없었으므로 뜻을 함께하는 데 별 어려움이 없었다. 하지만 제나라를 확실히 제압하려면 먼저 진(晉)나라의 실력을 보여줘야 했다. 그래야 고분고분 진(晉)나라의 뜻에 따르지 않겠는가.

두 번째 하위 계략의 목표는 진(秦)나라였다. 두 나라는 수십 년 동안 치열한 공방전을 벌이며 원한이 깊은 터라 외교적인 방법으로는 관계를 개선시킬 수 없었다. 무력으로 제압하는 것 외에는 다른 방법이 없었다. 당시 진(秦)나라는 초나라와 동맹관계인지라 진(秦)나라를 공격하면 초나라가 개입하고, 초나라를 공격하면 진(秦)나라까지 상대해야 했기 때문에 섣불리 어느 쪽을 공격할 수가 없었다. 진(晉)나라가 진(秦)나라와 초나라를 무너뜨리고 중원의 패권을 차지하려는 의도를 드러내면 두 나라의 동맹 관계는 더욱 강화될 터였다. 이 계략의 관건은 어떻게 진(晉)나라의 진의를 숨기고 진(秦)나라와 초나라의 동맹을 깨뜨릴 것인가였다. 여기에는 좀 더 치밀한 하위 전략이 필요했다.

바로 이때 좋은 기회가 찾아왔다. 한 초나라 대신이 진(晉)나라에 정치 망명을 해온 것이다. 초나라 대신은 경공의 호의에 보답하는 뜻에서 획기적인 전략을 제시했다. "초나라 동쪽에 있는 오(吳)나라와 동맹을 맺어 그들에게 초나라를 공격하게 하십시오. 초나라는 오나라와 전쟁을 벌이는 동안에는 새로운 적을 만들지 않으려 할 것입니다. 이때 우리가 동맹을 제안하면 초나라는 절대 거절할 수 없겠지요. 이렇게 초나라와 동맹이 성립되면 진(秦)나라는 완전히 고립됩니다. 대왕의 은혜에 보답하는 뜻에서 제가 직접 오나라로 가겠습니다." 이렇게 해서 동쪽 변두리에 위치한 오나라가 중원 패권 무대에 등장했다.

장강 하류에 위치한 오나라는 아주 작은 제후국이었다. 오나라는 단발이나 문신 등 제도와 관습이 중원과 크게 달랐다. 지리적으로 중원에서 멀리 떨어져 있을 뿐 아니라, 아직 국가의 틀을 제대로 갖추지 못한 상태라 중원 패권 경쟁과는 거리가 멀었다. 오나라가 위치한 장강 유역은 당시까지만 해도 울창한 삼림으로 뒤덮여 무덥고 습한 기후 탓에 풍토병이 많아 사람이 살기에 적합한 곳이 아니었다.

오나라 입장에서는 중원 선진 국가가 내미는 손을 마다할 이유가 없었다. 더구나 여러 가지 선진 기술을 전수해주고 자금까지 지원해준다니 이보다 좋을 수 없었다. 두 나라 동맹은 간단한 협의를 통해 신속하게 성립됐다. 동맹이 결성되자 진(晉)나라는 즉시 오나라에 군사 교관을 파견해 전차 전술을 전수하고, 농경과 도로 건설 등 다양한 기술을 전했다. 이즈음 오나라 왕실에 연이어 영웅과 현군이 등장하면서 오나라는 빠르게 성장했다. 어느새 오나라는 초나라와 정면 승부를 벌일 수 있을 만큼 강한 나라가 되었다.

오나라가 급속히 성장하자 초나라의 국경은 큰 위협에 휩싸였다. 조금 더 후의 이야기지만 오나라 군대가 초나라 수도까지 쳐들어와 초나라는 망국의 위기를 겪기도 했다.

오나라가 초나라 국경을 위협할 만큼 성장하자 진(晉)나라는 곧바로 다음 계략을 진행했다. 초나라가 오나라에 대비하느라 정신없는 틈을 타, 동맹과 함께 양국 전쟁 포로 교환을 제안했다. 초나라는 진(晉)나라의 제안을 흔쾌히 받아들여 서둘러 동맹을 맺고 오나라를 상대하는 데 주력했다.

진(晉)나라는 초나라와 동맹을 맺음으로써 진(秦)-초 동맹을 깨뜨린 후, 먼저 진(秦)나라를 무너뜨리고 그다음에 다시 초나라를 공격할 계획이었다. 사실 이런 생각을 한 것이 진(晉)나라만은 아니었을 것이다. 초나라 역시 나름대로 생각과 계획이 있었기에 흔쾌히 진(晉)나라의 동맹 제안을 받아들였을 것이다. 이렇게 해서 초나라와 동맹을 맺고 먼저 진(秦)나라를 무너뜨리겠다는 경공의 계략은 려공(厲公)에 이르러 완성되었다.

 진(晉)나라는 진(秦)나라를 무너뜨리기 위한 몇 가지 하위 전략을 세우는 등 본격적인 준비에 착수했다. 려공은 먼저 진(秦)나라의 생각을 떠보기 위해 동맹을 제안했다. 진(秦)나라가 동맹을 받아들여 전쟁을 피할 수 있다면 진(晉)나라로서는 그것이 가장 반가운 일이다. 반대로 진(秦)나라가 동맹을 거절하면 전쟁의 명분이 확실해지므로 그것도 나쁘지 않았다. 두 나라는 일단 황하 동쪽 언덕에서 정상회담을 갖기로 했다. 진(晉)나라 려공이 먼저 도착했고, 곧이어 진(秦)나라 환공(桓公)이 황하 서쪽 언덕에 도착했다. 그러나 환공은 직접 강을 건너지 않고 대신을 파견했다. 그러자 려공도 직접 나서지 않고 대신을 내보냈다. 양국 정상회담이 대신 회의로 바뀌자 진(秦)나라가 애초에 협상할 마음이 없었다는 소문이 퍼졌다.

 과연 환공은 돌아가자마자 초나라, 적족(狄族)[50]에 사신을 보내 동맹 협상을 진행하는 동시에 본격적인 전쟁 준비에 돌입했다. 그러나 이미 진(晉)과 동맹을 맺은 초나라는 진(秦)나라의 제안을 거절하고 이 사실을 진(晉)나라에 알렸다. 여기까지가 진(秦)나라와 진(晉)나라의 마수 전투가 일어나기 직전 상황이다.

 오늘날 섬서성(陝西省) 봉상현(鳳翔縣) 위하(渭河) 북쪽 연안에 위치한 진(秦)나라 수도 옹(雍) 땅과 오늘날 산서성(山西省) 곡옥현(曲沃縣) 서남쪽에 위치한 진(晉)나라의 수도 강(絳) 땅의 거리는 약 157km였다. 두 나라 사이에는 황하에서 갈라져 나온 하천 다섯 줄기가 흐르고 있었다. 동서로 연결되는 뱃길은 위하와 황하가 합류되는 지점부터는 동쪽으로 이어졌다. 남북으로 연결되는 뱃길에는 분하(汾河), 황하, 낙하(洛河), 경하(涇河)가 있었는데, 모두 폭이 좁고 깊지 않아 작은 뗏목만으로 쉽게 건널 수 있었다. 진(秦)나라는 간단히 위하를 건너 금방 황하에 도착했다. 진(晉)나라는 황하까지 25km밖에 떨어져 있지 않아 분하 뱃길로 금방 도착했다. 황하, 낙하, 경하 등이 남북으로 흐르고 있어 육로로는 이동하기가 힘들었으니, 강은 곧 천연의 국경 요새였다. 두 나라의 국경은 낙하에서부터 동관(潼關)과 화산(華山)까지 이어져 있었고, 두 나라가 서로 차지하려 다투는 땅은 황하, 낙하, 경하에 둘러싸여 있었다.

먼저 낙하를 건너 서쪽으로 돌진하던 진(晉)나라 군대가 경하에서 진(秦)나라 군대를 만나면서 마수 전투의 막이 올랐다. 초나라의 도움을 굳게 믿고 있던 진(秦)나라는 초나라가 그들을 배신하고 진(晉)나라와 동맹을 맺자 큰 위기에 처했다. 그러나 진(秦)나라 환공은 위기 상황을 정확히 파악하지 못했고, 진(晉)-초 동맹에 대비할 방법도 마련하지 못했다. 대세는 진(晉)나라로 기울어갔고, 진(秦)나라 진영에는 짙은 먹구름이 뒤덮였다.

경공으로부터 시작된 진(晉)나라 부흥과 패업 전략의 주요 목표는 진(秦)-초 동맹을 깨뜨린 후 두 나라를 각개 격파하는 것이었다. 먼저 초나라와 동맹을 맺어 진(秦)나라를 고립시킨 후 무너뜨린다. 이렇게 미리 후환을 없애야 나중에 초나라 공격에 전력을 집중시킬 수 있다. 이것은 천하의 패권을 다투는 큰일인 만큼 단계별로 치밀하고 구체적인 하위 계략이 필요했다.

진(秦)나라는 진(晉)-초 동맹이 결성된 것도 모르고 먼저 전쟁을 도발했다. 진(秦)나라 환공은 기원전 579년에 북적과 연합해 진(晉)나라를 공격했다가 실패했다. 이듬해 초여름, 진(晉)나라가 진(秦)나라의 도발을 응징하겠다며 대규모 전쟁을 일으켰다. 진(晉)나라는 전투력을 최대한 높여 속전속결로 단번에 진(秦)나라를 무너뜨리기 위해 두 가지 하위 계략을 준비했다.

기원전 578년 초여름, 진(晉)나라 려공은 대부 려상(呂相)을 진(秦)나라에 보내 외교 관계 단절과 선전포고 내용을 담은 장문의 서신을 전달했다. 춘추(春秋)시대 최장 외교문서로 기록된 이 서신에는 두 나라의 오랜 애증의 역사가 자세히 기록되어 있다. 려공은 진(秦)나라가 신의를 저버리고 배신 행위를 일삼았다고 비난하며 자신의 군사 행동을 정당화시켰다. 대략적인 내용은 이러했다.

'과거 두 나라는 원만한 관계를 유지하며 각자 자국 발전에 주력했다. 그러나 진(秦)나라 목공이 진(晉)나라 왕실의 초상에 예의를 취하지 않고 정(鄭)나라와 전쟁을 벌이고, 활(滑)나라를 멸망시키고, 결국엔 진(晉)나라를 넘보기에 이르렀다. 이 때문에 두 나라 사이에 효함 전투가 벌어졌다. 진(晉)나라 입장에서 볼 때 이것은 정의를 구현하고 스스로를 지키기 위한 정당방위였다. 그러나 진(秦)나라는 대의를 저버리고 수십 년 동안 진(晉)나라를 괴롭혔다. 진(晉)나라는 언제나 평화를 원했으나, 진(秦)나라는 오히려 융적(戎狄)과 연합해 수차례 전쟁을 일으켰다. 지난해 진(晉)나라가 동맹을 제안했을 때, 진(秦)나라가 이를 받아들였다면 두 나라는 평화를 되찾을 수 있었다. 그러나 진(秦)나라는 또다시 신의를 저버리고 융적과 결탁해 전쟁을 일으켰다. 이에 진(晉)나라는 진(秦)나라와 모든 외교 관계를 단절할 것을 선언한다.'

진(晉)나라의 고상하고 품위 있는 외교문서는 사실 특별한 목적을 지닌 치밀한 계략이었다. 첫 번째 목적은 초나라를 안심시키는 것이다. 진(晉)나라가 진(秦)나라를 공격하는 이유는 오랜 원한을 풀기 위한 것임을 강조해 '훗날 초나라를 공격하기 위해 미리 후환을 없애려는' 진짜 목적이 최대한 드러나지 않도록 한 것이다. 두 번째 목적은 훗날 천하의 패권을 차지하는 데 유리한 발판을 마련하기 위해 세상 사람들에게 진(晉)나라의 성실함과 진실함을 알리려는 것이다. 그래서 진(晉)나라가 평화를 위해 동맹을 제안했으나, 진(秦)나라가 신의를 저버리고 전쟁을 도발했음을 강조했다. 즉, 진(晉)나라는 정의와 나라를 지키기 위해 어쩔 수 없이 진(秦)나라를 공격했다는 것이다.

진(晉)나라의 계략은 정말 완벽했다. 황하 회담과 장문의 외교문서 등은 모두 진(秦)나라를 무너뜨리기 위한 치밀한 작전이었다. 이로써 진(晉)나라는 진(秦)나라 공격에 전념할 수 있도록 미리 후환을 없애고, 그들의 속셈을 감추고 완벽하게 초나라를 속이는 일석이조의 효과를 얻었다. 진(晉)나라는 계획대로 진(秦)나라를 제압하고 곧바로 초나라를 공격함으로써 모든 계략을 완벽하게 현실로 만들었다. 이것은 과거 효함 전투와 비교도 안 될 만큼 치밀하고 원대한 포부였다. 진(晉)나라 양공(襄公)이나 선진(先軫)[51]이 효함 전투를 승리로 이끌긴 했지만, 경공이 더 한 수 위였다.

진(晉)나라는 외교문서를 발표한 후 곧바로 제나라, 정나라 등 여덟 나라와 연합해 막강한 전력을 구축했다. 원래 진(晉)나라가 보유한 4개 군단에 연합군 8개 군단을 더한 총 12개 군단이 진(秦)나라에 맹렬한 공격을 퍼부어 속전속결로 전쟁을 끝냈기 때문에 초나라는 미처 끼어들 틈이 없었다. 당시 진(晉)나라 연합군 조직은 이러했다.

총사령관－진(晉)나라 려공, 중군(中軍)－사령관 란서(欒書)·부사령관 구경(苟庚), 상군(上軍), 하군(下軍), 신군(新軍), 8국 연합군－제나라·노나라·정나라·조(曹)나라 등

진(秦)나라 병력 배치는 기록이 남아 있지 않아 정확히 알 수 없다. 어쩌면 진(秦)나라 사관들이 이 패배를 부끄럽게 생각해서 일부러 기록하지 않았을 수도 있다. 여러 가지 역사 자료와 정황으로 보건대 적의 기세가 아무리 대단했어도 진(秦)나라가 가만히 앉아 있지는 않았을 것이다. 그들 역시 가능한 모든 병력을 동원해 진(晉)나라 연합군에 맞섰을 것이다. 그러나 진(秦)나라가 가장 번성했던 목공 시대에 병력이 3개 군단이었다는 기록으로 보건대, 마수 전투 당시 진(秦)나라 병력은 진(晉)나라 연합군의 4분의 2~3분의 1 수준이었을 것으로 추측된다.

진(晉)나라 연합군이 곧바로 마수로 진격했고, 진(秦)나라는 전선을 최소한으로 좁혀 한 곳에 병력을 집중시켰다. 진(秦)나라는 용병술이나 병력 모두 진(晉)나라 연합군에 뒤졌다. 이들은 전통적인 포진과 전술을 고집했다. 배수의 진을

친 진(秦)나라 군대는 대규모 진(晉)나라 연합군을 맞이해 목숨 걸고 달려들었지만, 결국 병력과 전략의 열세를 극복하지 못했다. 한바탕 치열한 전투를 치른 후 진(秦)나라는 주력부대가 거의 전멸하고 장수 두 명이 적의 포로가 되었다. 그러나 진(晉)나라 연합군은 조나라 선공(宣公)이 전사한 것 말고는 관련 자료가 없어 정확한 피해 상황을 알 수 없다.

진(秦)나라 군대는 패잔병을 모아 함양으로 후퇴했다. 진(晉)나라 군대는 경하까지 추격해 적의 주력부대를 완전히 몰살시키고 나서야 칼을 거두었다.

누구와 손을 잡고, 누구를 공격할 것인가? 중국 역사상 가장 큰 혼란기로 꼽히는 춘추전국(春秋戰國) 시대에는 이것이 가장 중요한 문제였을 것이다. 수십 년 동안 진(秦)나라의 무력 앞에서 고전을 면치 못하던 진(晉)나라는 경공이 즉위하면서 원대한 포부를 갖기 시작했다. 춘추시대 후기, 무력이 가장 확실한 문제 해결법으로 떠오르면서 자연스럽게 패권주의가 유행했다. 힘없는 소규모 제후국들은 생존과 이익을 위해 신의를 저버리고 배신을 밥 먹듯 했다. 진(晉)나라가 제나라와 연합한 것은 향후 중원의 군소 제후국들을 효과적으로 상대하기 위해서였다. 그러나 진(晉)나라의 핵심 전략은 역시 진(秦)나라-초 동맹을 깨뜨리는 것이었다. 이를 위해 특별히 치밀하고 체계적인 계략을 탄생시켰다. 먼저 초나라 동남쪽에 위치한 오나라를 발전시켜 초나라를 위협하게 만들었다. 그리고 초나라의 다급함을 틈타 그들과 동맹을 성사시키고 진(秦)나라를 고립시켰다. 이것은 대표적인 연환계(連環計)[52)]로 여러 가지 의미를 담고 있다.

진(晉)나라는 한 번의 전쟁으로 승부를 결정짓기 위해 치밀한 계략을 세우고 일단 진(秦)나라에 동맹을 제안하는 것으로 승부수를 띄웠다. 진(秦)나라가 동맹을 받아들이면 진(晉)나라는 피 한 방울 흘리지 않고 원하는 목적을 이룰 수 있다. 반대로 진(秦)나라가 거절한다면 전쟁을 일으킬 확실한 명분이 생긴다. 진(晉)나라는 무엇보다 진(秦)나라가 두 번 다시 재기하지 못하도록 치명적인 타격을 주기 위해 두 가지 부분에 주력했다. 첫 번째는 초나라를 같은 편으로 끌어들여 진(秦)나라를 돕지 못하게 한 것이고, 두 번째는 최대한 많은 병력을 모아 초나라가 생각할 틈을 주지 않고 속전속결로 전쟁을 끝내는 것이었다. 이를 위해 진(晉)나라는 역사에 길이 남을 특별한 외교문서를 작성했다. 여기에서 진(秦)나라의 부도덕함을 지적해 과거의 원한을 풀기 위해 진(秦)나라를 공격한다고 강조했다.

진(秦)나라는 진(晉)나라의 완벽한 계략과 전술 앞에 힘없이 무너졌고 패배를 인정할 수밖에 없었다. 그러나 진(晉)나라 연합군에 참전한 조나라 왕이 전사한 것으로 보아 진(秦)나라의 저항 또한 만만치 않았을 것이다.

고대 중국에서는 전통적으로 전쟁을 일으킬 때 정당한 명분을 중요시했으나, 춘추시대 중후반에 이르러서는 속임수가 만연했다. 진(秦)나라 군대가 '전쟁은 속임수다'[53]라는 말만 기억했어도 그렇게 참혹한 패배를 당하지 않았을 것이다. 그냥 무작정 용감하게 돌진할 것이 아니라 충분히 생각하고 신중하게 대처했어야 했다.

마수 전투는 진(秦)나라에 치명타를 안겨주었다. 정예 주력부대가 전멸했고, 황하 유역에서 함양으로 쫓겨나 수십 년 동안 숨죽여 지냈다. 진(秦)나라를 완전히 제압한 진(晉)나라는 다시 만반의 준비를 갖추어 3년 후 초나라와 전면전을 치렀다. 초나라에 대승을 거둔 진(晉)나라는 다시 중원 패권을 손에 넣었다. 마침내 진(晉)나라의 뛰어난 계략이 결실을 맺은 것이다. 반면 진(秦)나라는 이때까지 계략은 고사하고 그럴듯한 계획 하나 세우지 못했다.

진(秦)나라는 마수 전투 이후 줄곧 쇠퇴의 길을 걷다가 효공(孝公)이 상앙(商鞅)의 변법(變法)을 채용하면서 재기의 발판을 마련했다. 마수 전투에서 치명적인 타격을 입긴 했지만 진(秦)나라는 여전히 강대국의 저력을 가지고 있었다. 아직 중원 패권을 노릴 정도는 아니었지만 나름대로 착실하게 힘을 키웠다.

진(秦)나라는 목공 이후 효공이 즉위하기까지 259년 동안 총 16명의 군주가 왕위에 올랐다. 이 시기 진(秦)나라 왕실은 피비린내 나는 왕위 다툼으로 하루도 편할 날이 없었으니, 국제사회에는 조금도 관여할 여유가 없었다. 굳이 이 시기 진(秦)나라의 대외 활동을 말하라면 세 가지를 꼽을 수 있겠다. 첫째는 촉나라와 전쟁을 치러 한중(漢中) 땅을 얻은 것, 둘째는 서북 유목 민족과 싸워 감숙 지역을 얻은 것, 셋째는 초나라에 지원군을 파병한 것이다.

진(秦)나라가 초나라에 지원군을 보낸 데는 깊은 사연이 있다. 여기에는 앞서 언급했던 오나라가 다시 등장한다. 오나라는 손자(孫子), 오자서(伍子胥)와 같은 뛰어난 인재를 등용해 초나라 수도를 위협할 만큼 강력한 존재로 떠올랐다. 일반적으로 제나라, 진(晉)나라, 초나라, 진(秦)나라를 춘추시대 4대 강국으로 꼽는데, 바로 그 초나라가 오나라의 위협으로 망국의 위기에 처한 것이다. 당시 제나라와 진(晉)나라는 내란으로 어지러운 상황이라 초나라를 도울 여력이 없었으니, 남은 것은 진(秦)나라뿐이었다. 이에 초나라 대신 신포서(申包胥)가 작은 보따리를 둘러메고 걸어서 진(秦)나라까지 갔다. 신포서가 진(秦)나라에 도착했을 때 그의 발은 온통 상처투성이라 진(秦)나라 대전에 피 발자국을 남겼다고 한다. 진(秦)나라는 마수 전투 이후 의욕을 잃어 중원 패권 다툼에 끼어들 생각이 없어 처음에는 신포서의 말을 무시했다. 그러나 신포서가 진(秦)나라 대전 앞에서 일주일 동안 쉬지 않고 통곡한 끝에 결국 진(秦)나라 애공(哀公)의 마음을 움직였다. 애공은 신포서의 정성에 감동해 이 시를 지었다. '어찌 옷이 없다고 불평하겠는가. 그대와 함께 솜옷을 입으리라. 임금님이 전쟁을 일으키시면, 짧은 창 긴 날을 세워 우리 함께 원수를 갚으리오.'[54] 『시경(詩經)』「진풍(秦風)」에 수록된 이 시는 애공이 지었다고 전해지나 신빙성은 없다. 어떻든 진(秦)나라는 지원군을 보내기로 결정했다. 전차 500대와 군사 3만으로 구성된 진(秦)나라 지원군은 초나라 패잔병을 모아 오나라 군대에 반격을 가했다. 결과적으로 초나라는 다시 회생의 기회를 얻었다.

진(秦)나라가 초나라에 지원군을 보낸 일은 역사적으로 아주 작은 사건에 불과하지만, 향후 역사에 지대한 영향을 끼쳤다. 진(秦)나라가 지원군을 보내지 않아 초나라가 멸망했다면 우리가 아는 전국칠웅(戰國七雄)[55]은 존재하지 않았을 것이다. 진(秦)나라는 마수 전투에서 주력 정예부대가 전멸하는 등 치명적인 타격을 입었지만, 여전히 강대국의 저력을 가지고 있었기에 초나라를 구할 수 있었다. 또한 마수 전투 이후 이미 73년이 지난 후였으므로 어느 정도 국력을 회복했을 터였다.

  신포서의 계략은 '성(誠)' 한 글자로 요약할 수 있다. '지성이면 감천이다'라는 속담을 떠올리게 만드는 신포서의 일화는 치밀한 계략이 있더라도 진심이나 정성이 더해지면 더 큰 효과를 얻을 수 있음을 보여준다.

제5장
크고 넓은 세상을 상대하라

뛰어난 대국관을 갖추고 장기적인 대국 전략을 세우는 데 능한 증국번.
'치밀하고 완벽한 전략의 일인자로 꼽히는 그가 상대하는 세상은 실로 웅대했다.

    대국을 도모하지 못하는 자는 그 시대를 도모할 수 없다.[56] 여기에서 말하는 대국관(大局觀)은 전략관으로 이해할 수 있다. 기업과 같은 영리단체와 정부 기관에 속하는 비영리단체 모두 뛰어난 대국관이나 명확한 전략이 없으면 지속적으로 발전할 수 없다.

    증국번은 바둑을 광적으로 좋아해서 한시도 긴장을 늦출 수 없는 전쟁터에서도 매일 거르지 않고 바둑을 두었다. 보통 한 번 바둑알을 잡으면 서너 판은 기본이었다. 그에게서 바둑은 중압감과 스트레스를 풀어버릴 수 있는 유일한 탈출구였다. 그는 바둑의 고수였고, 전체적인 흐름을 읽어내는 대국관이 기사(棋士)의 필수조건임을 잘 알고 있었다. 대국관이 명확하지 않으면 잠시 작은 승리는 가능하겠지만, 결국 큰 이익을 놓쳐 상대에게 대세를 넘겨주게 된다. 바둑에서의 대국관은 군사상의 대국관이나 전략관과 비슷한 부분이 아주 많다. 그래서 증국번은 군사 활동 중에 무의식적으로 바둑의 영향을 드러내곤 했다. 1861년(함풍 11년) 4월 13일 새벽, 안경 전투가 급박하게 돌아가자 그는 증국전에게 다음과 같은 편지를 보냈다. "진옥성이 동성에서 돌아오려면 아직 시간이 있으니 서둘러

진영을 구축하라. 바둑판의 이치가 그러하지 않더냐. 떨어져 있는 두 돌을 연결해야 살 수 있다." 여기에서 떨어져 있는 두 돌이란 증국전과 포초 부대를 일컫는 것으로, 이것은 서둘러 연합전선을 구축하라는 메시지였다.

뛰어난 대국관과 장기적인 대국 전략이야말로 증국번의 가장 큰 장점이었다. 일찍이 양무운동을 지지했던 그는 군수공장을 설립해 자체적으로 전함과 대포를 생산해야 한다고 주장했다. 당시 중국은 기술적으로 매우 낙후한 상태였기 때문에 일단 서양 기술을 무조건 받아들여야 했다. 이렇게 해서 10년 만에 최초의 중국제 전함이 탄생했다. 하지만 이런 속도로는 최소한의 수요도 만족시킬 수 없었다. 경험과 노하우가 쌓이면서 10년이 일 년으로 줄었지만, 일 년에 한 척으로도 부족했다. 증국번도 이렇게 해서는 필요한 만큼의 전함을 만들어낼 수 없음을 잘 알고 있었으나, 그는 조금 더 멀리 내다볼 생각이었다. 지금 당장은 느리더라도 차근차근 배우고 경험을 쌓으면 서양의 간섭이나 도움 없이 중국 스스로 기술을 발전시키는 날이 올 것이라고 믿었다.

증국번의 뒤를 이어 강남제조국(江南製造局)을 운영하게 된 이홍장은 새로운 방침을 세웠다. 그는 직접 처음부터 배를 만드는 것보다 일단 외국에서 배를 사들인 후 적절한 무기를 보강해 전함으로 꾸미는 편이 훨씬 효과적이라고 생각했다. 이때부터 강남제조국은 제조 공장에서 보수 공장으로 바뀌었다. 이홍장이 강남제조국을 운영한 지 10년 만에 탄생한 전함은 이홍장이 만든 처음이자 마지막 전함이 되었다.

사실상 양무운동은 태생부터 일련의 문제와 한계를 내포하고 있었던 터라, 증국번이나 이홍장보다 더 뛰어난 인물이 등장했더라도 결과는 크게 달라지지 않았을 것이다. 그나마 증국번이 있었기에 중국 스스로 기술을 발전시킬 수 있는 기초가 마련되었다. 그러나 이홍장 시대에 이르러 중국인이 만든 것이라곤 덩치 큰 공장 건물뿐이었고, 증국번이 어렵게 만들어놓은 기술 발전의 토대가 사라진 것은 정말 안타까운 일이다. 이런 관점에서 볼 때 증국번은 이홍장보다 확실히 한 수 위였다. 물론 이홍장이 어려운 시기에 나라를 지키기 위해 최선의 노력을 다한 점은 부정할 수 없다.

일찍이 태평천국군의 맹장 석달개는 장렬한 죽음을 앞두고 이런 말을 남겼다. "(증국번은) 전쟁터에서는 별 볼일 없었지만, 뛰어난 장군을 알아보는 탁월한 안목이 있고, 끊임없는 연구 분석을 통해 치밀하고 완벽한 계략을 세웠다. 이런 지휘관은 정말 처음 본다." 석달개는 증국번의 가장 큰 약점과 장점을 모두 잘 알고 있었다. 증국번은 유완한 성격 때문에 실제 전투에서는 형편없었지만 인재 선발과 배치, 대국 전략에서는 그를 따를 자가 없었다.

대국적으로 머리를 쓰라

그렇다면 증국번의 대국관은 어떻게 만들어졌을까? 기본적으로 기개와 포부의 영향이 컸을 것이다. 그는 '천하의 일을 나의 소임으로 여기다',[57] '곤궁하면 오로지 자신을 잘 돌보고, 잘되면 천하에 선을 베풀라'[58]와 같은 유교 전통을 강조했고, 이를 위해 '세상을 위해 마음을 정한다. 백성들을 위해 명을 세운다. 지난 성인들을 위해 끊어진 학문을 잇는다. 후세를 위해 태평시대를 연다'라는 장재의 명언을 구체적인 행동 양식으로 삼았다. 이러한 유교 전통은 역사적으로 수많은 인재와 위인을 길러냈는데, 그 대표적인 인물이 바로 증국번이다. 물론 유가 문화가 완벽한 것은 아니다. 특히 세계적인 관점에서 볼 때 유가의 폐해나 단점은 매우 심각한 문제점을 가지고 있는데, 이는 청나라 말기에 가장 정점을 찍었다고도 할 수 있다.

증국번은 청나라 조정을 위해 대국 전략을 세운 충신인 동시에 자신이 속한 이익집단을 위해 최선을 다한 지식인이었다. 그의 목적은 단순히 고관대작이 되는 것이 아니라 역사에 길이 남을 업적을 세우는 것이었다. 그래서 그는 평소 "성현이 되지 못하면 인간이 아니라 짐승이다"라고 말했고, '재물을 탐하지 않고 죽음을 두려워하지 않는 관리'가 될 것을 굳게 다짐했다. 이 모든 것은 그의 사회적 입장, 기개와 포부가 종합적으로 영향을 끼친 결과였다.

증국번은 북경에서 관리 생활을 하는 동안에도 뛰어난 대국관을 드러내곤 했다. 함풍제가 막 즉위했을 때, 증국번이 인재론을 밝힌 상소문을 올렸다. 그는 이부시랑(吏部侍郞)을 지내는 동안 청나라 조정에 인재가 크게 부족함을 절실히 느꼈다.

그는 장차 국가에 위급한 상황이 닥쳤을 때 인재가 없어 큰 어려움을 겪게 될 것을 염려해 함풍제를 설득하기로 마음먹었다. 지금이라도 널리 인재를 구하면 10년 후에는 조정의 인재가 충분할 것이라고 생각했다. 또 그는 병부시랑을 지내면서 녹영군의 심각한 부패 상황을 알게 됐다. 이에 무력하고 쓸모없는 병력을 감축하고, 군사훈련을 강화해 정예부대를 키워야 한다고 생각했다. 이러한 생각은 모두 당시의 전반적인 사회 현실을 고려한 것이었다.

군대를 지휘하기 시작하면서부터 증국번의 삶은 고달픔의 연속이었다. 관직과 봉록이 높아지고 부귀영화를 누리며 널리 이름을 알렸으니 겉으로는 부족한 것 하나 없어 보였지만, 사실 그의 삶은 온통 걱정과 두려움뿐이었다. 그는 이런 마음을 시로 표현했다. '봄바람의 포효를

들을 때마다 마음이 찢어지는 듯하다. 적의 함대가 움직이기 시작하면 집 주변을 방황한다.'59)

원래 남쪽의 봄바람은 따뜻하고 부드럽고 희망적이고 기쁜 것인데, 그는 봄바람 속에서 매서운 겨울바람 소리를 듣고 마음이 찢어지는 느낌이 들었다. 그의 괴로움과 아픔이 얼마나 컸는지 짐작할 수 있는 부분이다. 증국번은 훗날 세상을 떠나기 며칠 전까지 '세상이 온통 쓸쓸한 낙엽으로 뒤덮여, 안락하고 편안한 느낌이 전혀 없다'라는 글을 썼다. 그러나 그가 매우 유쾌하고 재미있는 사람이었다는 기록도 있다. 평소에 농담을 던져 주변 사람을 박장대소하게 만들고 정작 본인은 전혀 웃지 않았다고 한다. 증국번에 대한 평가는 결국 보는 사람의 관점에 따라 크게 달라졌던 것이다. 인간 증국번은 신이 아니었기에 결코 완벽한 사람은 아니었을 것이다.

여기에서 증국번이 자신의 대국관을 드러낸 문장들을 살펴보자. 첫 번째는 1853년(함풍 3년) 12월 21일에 작성한 「력진현판정형절(瀝陳現辦情形折)」. 이때 증국번은 형양에서 군사훈련을 하고 있었다. 한창 마무리 훈련에 집중하고 있을 때 안휘성에서 급보가 날아들었고, 곧이어 지원군을 파견하라는 황제의 명령이 떨어졌다. 그러나 그는 명령에 따르지 않고, 오히려 무창의 중요성을 강조하며 여러 성의 군사력을 하나로 모아 연합 전선을 펼쳐야 한다고 주장했다. 당시 가장 중요한 것은 무창이었다.

'현재의 대국을 고려할 때, 가장 먼저 뱃길을 막아 적의 전함을 공격하고 무창을 지켜야 합니다. … 지금 전반적인 상황을 논하자면 무창이 가장 중요합니다. 왜 그럴까요? 무창을 확보하면 남경 상류를 지킬 수 있고, 형양(荊陽) 관문 수비를 튼튼하게 해주기 때문에 강남, 강서, 사천과 이어진 보급로를 안전하게 지킬 수 있습니다. 만약 무창을 지키지 못

하면 병력이 분산되어 큰 위기를 초래할 수 있습니다.'

두 번째는 1859년 1월 11일에 올린 「통주전국잉청첨연마대절(通籌全局仍請添練馬隊折)」이다. '신이 지식과 재주가 얕아 대국 계획에 부족함이 있을 것입니다. 먼저 근처 다른 성의 상황을 보건대, 군사적으로는 안휘가 가장 중요하고, 그다음은 강서와 복건(福建) 순서입니다. … 전반적인 상황을 고려해 중요한 쪽을 먼저 해결하면 양쪽 모두 이익을 얻을 수 있지만, 중요하지 않은 쪽을 먼저 해결하면 양쪽 모두 큰 손해를 볼 것입니다. 그러므로 큰 것을 얻기 위해 어쩔 수 없이 작은 것을 버리고, 뿌리를 지키기 위해 가지와 잎을 쳐내야 하는 것입니다. 장강 유역에 군사를 집중시켜 강과 육지 셋으로 나누어 동쪽으로 진공해야 합니다. 이렇게 안휘 남부를 점령하면 남경 태평천국 병력이 여럿으로 나뉘어 절강의 위기가 해소될 것입니다. 또 안휘 북부를 점령하면 려주의 적군 세력을 분산시켜 산동과 하남의 근심을 덜 수 있습니다. … 이렇게 우리가 상류에 집중하면 하류의 적들도 어쩔 수 없이 우리를 막는 데 집중할 수밖에 없습니다.'

세 번째는 1860년 5월 3일에 쓴 「소, 상, 무석실함, 준지통주전국병판리대개정형절(蘇, 常, 無錫失陷, 遵旨通籌全局并辦理大槪情形折)」이다. '자고로 강남의 적을 소탕하려면 상류를 차지한 후 여세를 몰아 하류로 내려가야 성공할 수 있다고 했습니다. … 남경을 되찾으려면 장강 북쪽에서는 안경과 화주(和州)를, 장강 남쪽에서는 지주(池州)와 무호(蕪湖)를 점령해 상류에서 하류를 제어하는 형세를 만들어야 합니다. 계속 동쪽으로 진군하면 주객이 전도되어 대세를 적에게 빼앗겨 훗날을 기약하기 힘들어집니다. … 지금 안경 군대는 회남(淮南)의 운명을 좌우하고, 훗날 남경 함락을 위한 기초가 될 것입니다. 신이 수없이 생각해보았으나 당장은 안경 포위를 풀 수 없습니다.'

증국번이 계획한 대국 전략은 대략 이러했다. 이 전략에서는 반드시 장강 상류를 발판으로 삼아야 했다. 상류에 기지를 세우고 강을 따라 내려가며 장강 연안 도시를 하나하나 점령하고 최종적으로 남경을 함락한다는 계획이었다. 이 전략의 성공 여부를 좌우할 요충지가 바로 무한, 구강, 안경이었다. 그래서 상군과 태평천국군은 이 세 도시를 뺏고 뺏기는 치열한 쟁탈전을 반복했다. 태평천국군이 무한만 세 번 탈환하고, 상군이 4년 동안 구강을 포위한 것도 모두 이 때문이었다. 그 중에서도 안경은 최종 목표인 남경에까지 영향을 끼칠 수 있는 요충지였기 때문에 가장 치열한 격전지였다.

반면 상류의 중요성을 인식하지 못한 이수성은 강서와 절강에서 뛰어난 전공을 세우며 함풍제를 불안에 떨게 만들었으나, 안경과 남경을 구할 절호의 기회를 놓치면서 점점 힘을 잃어갔다. 태평천국의 충왕(忠王) 이수성은 소주와 상주 등 부유한 도시를 차지했지만 대세에는 큰 영향을 끼치지 못했다. 이수성이 장강 상류를 외면하면서 태평천국군은 시간이 지날수록 패색이 짙어졌다. '자고로 강남의 적을 소탕하려면 상류를 차지한 후 여세를 몰아 하류로 내려가야 성공할 수 있다'라는 증국번의 계획이 적중한 것이다.

안경을 함락한 직후 증국번은 새로운 공격 계획을 세웠다. 이즈음 호림익이 이미 세상을 떠난 후였기에 이제 증국번 혼자 모든 전략을 세워야 했다.

남경은 안휘, 강소, 상해, 절강성에 둘러싸여 있었고, 장강 상류에서 출발해서 안휘를 지나면 곧바로 닿을 수 있었다. 그래서 증국번은 상소문 중에 '군사적으로 안경이 가장 중요하다'라고 말한 것이다. 최우선 목표가 안경이었으므로 아무리 힘든 상황이라도 절대 안경 포위를 풀 수 없었다. 그는 대세를 지키기 위해 끝까지 안경에 소홀하거나 포기하지 않았다. 드디어 안경을 포함해 안휘 일대를 평정한 상군의 다음 목표는 최후의 목표인 남경이었다. 이렇게 되기까지 증국번은 세 번의 자살 시도를 했고, 적군에게 포위되어 몇 번이나 죽을 고비를 넘겼다. 장장 10년간의 고난과 시련을 이겨내고 마침내 안경 전략을 완수한 것이었다.

증국번은 남경의 지형 특성을 고려해 상군 병력을 셋으로 나누었다. 먼저 증국전, 이속의, 포초가 이끄는 주력부대는 안경에서 배를 타고 장강 하류로 내려가 직접 남경성을 공격하게 했다. 다음으로 좌종당 부대에 절강 지역을, 이홍장 부대에 상해, 소주, 상주를 탈환하도록 지시했다. 좌종당과 이홍장 부대는 먼저 남경성 밖에 있는 태평천국군의 물자 공급 기지를 파괴한 후 동쪽으로 이동해 주력부대와 힘을 합쳐 남경을 공격할 계획이었다.

좌종당이 절강을 평정한 후 곧이어 이홍장도 상해, 소주, 상주를 탈환했다. 이제 남경은 사면초가 고립 상태에 빠진 것이다. 모든 상황이 증국번의 계획에 따라 차근차근 진행되고 있었다.

남경과 연결된 장강 상류의 주요 도시 무창, 구강, 안경을 중심으로 증국번 전략의 진행 상황을 간단히 정리해보자. 먼저 무창을 공격할 때는 행운의 시기였다. 연이어 벌어진 전투에서 잇따라 승리를 거두며 파죽지세로 태평천국군을 밀어붙였다. 다음으로 구강 공격은 고난의 시기였다. 장장 3년 반 동안 열세를 극복하지 못했다. 이때 증국번은 2년 동안 강서에 고립돼 있었고, 부모님 상을 치르기 위해 1년 이상 상군을 떠나 있었다. 마지막으로 안경을 공격하면서 그의 계획이 순조롭게 진행되기 시작했다. 일단 지방 군권을 얻고 안경을 함락했다. 이제 남경 탈환은 시간문제였다.

다음은 상군이 태평천국의 난을 진압한 과정을 간단히 정리한 것이다.

- 1854년(함풍 4년) 1월, 상군은 형양을 출발해 4월에 정항에서 패하고, 8월에 무창에서 승리하고, 11월 구강에 도착했다.
- 다시 한 달 후, 상군이 호구 전투에서 패하고 태평천국군이 무창을 탈환했다. 증국번이 강서에 묶여 있는 동안 구강에서 탑제포가 죽고, 무창에서 라택남이 전사했다. 1857년 2월에 증국번이 모친상을 치르기 위해 고향으로 돌아갔다. 증국번 대신 상군 지휘권을 넘겨받은 호림익은 1858년 3월 구강을 함락시켰다.
- 1858년 6월에 증국번이 다시 군대에 복귀했다.
- 1860년 4월에 증국번이 양강 총독에 임명되었다. 1861년 8월에 안경을 함락시키고, 3년 후 남경을 탈환했다.

상군은 형양을 출발해 불과 열 달 만에 무창과 구강을 점령했다. 그러나 그 이후부터 최종 목표인 남경을 탈환하기까지는 무려 10년이란 시간이 걸렸다. 10년 동안 증국번에게는 두 번의 큰 전환점이 있었는데, 하나는 호구에서의 패배이고, 다른 하나는 양강 총독에 임명되었을 때였다. 반면 홍수전의 전환점은 내부 반란으로 대세가 기울기 시작한 남경사변이다.

호구 전투는 석달개와 라대강(羅大綱)이 직접 구강으로 달려와 지휘력을 크게 강화함으로써 태평천국군 쪽으로 대세가 기울었다. 지휘력을 크게 높인 덕분에 태평천국군이 절대적으로 유리했다. 석달개와 라대강은 림계영(林啓榮)과 진옥성에 버금가는 태평천국군의 명장이었다. 반면 상군은 초반 승리에 도취되어 자만에 빠져 있는데다 쉬지 않고 전쟁을 치르느라 피로가 누적된 상태였다. 또한 차분하게 태평천국군의 지휘체계 변화 등을 살필 겨를이 없었으니, 어쩌면 지는 것이 당연했다. 호구 전투 패배로 큰 피해를 입은 상군 수군은 두 길로 나뉘어 도망쳤다. 그중 한쪽은 파양호(鄱陽湖)에 고립되었고, 다른 한쪽은 장강 상류로 후퇴해 전열을 정비했다. 육군 역시 큰 타격을 입어 넷으로 나뉘어 후퇴했다. 결과적으로 상군의 전투력이 크게 꺾이고 증국번은 강서에 묶여 오도 가도 못하는 신세가 되었다.

사실 모든 상황이 증국번의 계획대로 진행되었다면 상군이 무리하게 진군을 강행해 11월에 구강에 도착하거나 호구에서 참패를 당하는 일은 없었을지 모른다. 무창에서 승리한 증국번은 황제에게 이렇게 보고했다. '신이 대국을 면밀히 살핀 결과 지금 상군에는 세 가지 문제가 있습니다. 첫째, 연이은 승리로 장군에서 병사까지 모두 자만에 빠져 적을 얕보기 시작했습니다. 둘째, 장강 연안 지역을 점령하지 못한 상태에서 계속 동쪽으로 진군하면 고립되거나 보급이 끊길 확률이 높습니다. 셋째, 이미 후방 기지와 너무 멀어져 보급이 쉽지 않습니다. … 지금 대세를 타고 기회를 잡아야 합니다. 신이 급하게 동진을 결정하고 장강 연안 도시들을 공격하기로는 했으나, 위의 세 가지 문제로 난관이 예상됩니다. 신중하게 생각하고 또 생각해야 할 문제이니, 부디 황제 폐하께서 자비를 베풀어 지시를 내려주십시오.'

증국번이 황제에게 전한 세 가지 생각의 핵심은 상군이 잠시 행군을 멈추고 휴식을 취해야 할지 계속 동쪽으로 진군해야 할지를 묻는 것이었다. 사실 이미 증국번의 생각은 분명했으나 황제의 뜻을 무시할 수 없었다. 그는 승기를 잡았을 때 계속 밀어붙이는 것이 정도이기는 하지만, 외부 상황이 점점 불리해지고 있다고 보았다. 계속 적진을 향해 진군할 경우 적의 숫자가 많아지고 보급이 어려워질 수밖에 없기 때문이다.

그러나 함풍제는 연달아 세 개의 칙서를 내려 남경을 탈환할 때까지 동쪽으로 계속 진군하라고 명했다. 증국번도 당장 남경으로 달려가 역적 홍수전을 끝장내고 싶은 마음이 간절했다. 언젠가 홍수전이 "이 세상에 황제를 화나게 하고 어쩔 줄 모르게 만들 수 있는 사람이 나 말고 또 누가 있겠나?"라며 비웃던 모습을 잊을 수 없었다. 때문에 증국번의 의지가 아주 없었다고는 할 수 없다.

물론 호구 전투 패배가 꼭 함풍제 때문이라고 할 수는 없다. 당시 그는 겨우 스물세 살이었으니, 오늘날로 따지자면 대학을 갓 졸업한 사회 초년생들처럼 경험이나 노하우가 전무한 상태였다. 그렇다면 이미 마흔을 넘겨 세상의 이치와 상군의 단점을 잘 알고 있는 증국번은 왜 형양에서 군사훈련을 할 때처럼 황제의 명령을 거부하지 않았을까? 당시 그는 군사훈련과 전함 준비가 다 끝나지 않았다는 이유로 연이은 황제의 독촉에도 불구하고 눈 하나 깜빡이지 않았다. 그런데 이번에는 왜 잘못될 줄 알면서 황제의 뜻을 거부하지 않았을까? 어쩌면 증국번 역시 자만심에 빠져 적을 얕보았는지 모른다.

호구 전투를 치를 당시는 증국번이 상군을 지휘한 지 채 일 년이 되지 않은 시점이었으므로 아직 실전 경험이 많지 않은 상황이었다. 증국번은 성릉기(城陵磯)에서 "용병술의 귀재 증씨가 누구인지 한번 가려보자"라며 비웃는 태평천국군의 노장 증천양(曾天養)까지 격파하자, 입으로는 늘 신중해야 한다고 말하면서 실제 행동에서는 그렇지 못했다.

정항 전투에서 패한 후, 증국번은 부끄러운 마음에 강에 뛰어들어 죽으려 했다. 전쟁에서 패한 것 자체보다는 세상 사람들의 비웃음이 두려웠다. 그는 평소 전투에 패해 도망친 녹영군을 비난하며 자신이 지휘하는 상군은 절대 그렇지 않을 것이라고 큰소리 치곤 했다. 그러나 상군도 녹영군과 같은 전철을 밟고 만 것이다. 증국번이 전투에 나서 칼을 뽑아 들고 "깃발보다 뒤처지는 자는 참수하겠다"라고 외치자, 병사들이 깃발 주변에 몰려들어 떨어지지 않으려는 웃지 못할 장면이 연출됐다. 정항 전투 패배를 통해 그는 신중한 것보다 군의 기강을 바로 세우는 것이 중요하다는 사실을 깨달았다. 증국번은 호구 전투에서 패한 후 더욱 신중한 자세로 견고한 진영을 구축하고 안정적인 용병술을 구사했다.

그러나 호구 전투에서 패했다고 해서 증국번의 대국관이 잘못되었다고 볼 수는 없다. 그는 형양에서 군사훈련에 매진하던 때 함풍제에게 이런 글을 올렸다. '성별로 각자 군사 작전을 펼치면 군량 소모가 많고 병력이 분산되어 전투력이 떨어집니다. 여러 성이 연합해 군사 작전을 펼치면 군량 소비를 줄이고 전투력을 향상시킬 수 있습니다. 장불(張芾), 강충원과 이를 논의했는데, 이들 역시 네 성의 연합 군사 작전에 동의했습니다.' 그러나 함풍제는 증국번의 생각을 비웃었다. '지금 그대의 글을 보니, 결국 여러 성의 군권을 혼자 독차지하겠다는 것이로구나. 과연 그대가 그럴 능력이 되는가 묻고 싶구나.' 실제로 여러 성의 연합 군사 작전은 매우 효과적이었다. 훗날 염군을 소탕할 수 있었던 것도 증국번과 이홍장이 연합해 황하 전선을 형성했기 때문이다. 즉, 황하 유역 여러 성의 군사력을 한데 집중시켰기에 가능했던 것이다. 그러나 연합 군사 작전은 황제의 반대에 부딪혀 보류되었다가 7년 후 증국번이 양강 총독에 임명된 후에야 실행되었다.

증국번은 대국의 흐름과 상황을 정확히 파악했기 때문에 성 간 연합 군사 작전을 생각해낼 수 있었다. 그가 말한 성 간 연합은 군사 부분에 한정된 것이었지만, 청나라 조정에서는 그가 정치까지 독점할 것을 우려해 그에게 실권을 주려 하지 않았다. 그러나 상황이 불리해지자 어쩔 수 없이 그를 양강 총독에 임명하고 강남 네 성의 군권을 부여했다.

일찍이 청나라 조정은 증국번에게 무창과 려주를 구하라고 명했으나 그는 군사훈련과 전함 준비가 끝나지 않았다는 이유로 출병을 거부했다. 혹시 그는 대국의 흐름을 무시하고 군사훈련만 중요하게 생각했던 게 아닐까? 아니다. 오히려 그 반대였다. 그는 대국을 정확히 파악하고 있었다.

당시 증국번은 출병 거부 이유를 이렇게 설명했다. "급하기로 따지자면 당연히 려주로 달려가야겠지만, 대국의 흐름으로 따지자면 가장 중요한 곳은 무창입니다. 무창을 지키면 남경 등 장강 하류를 제어할 수 있기 때문입니다. 만약 무창을 잃으면 적들이 이곳을 기지로 삼아 남경을 지원할 것이니, 이는 매우 위험합니다. 그러나 우리가 무창을 지키면 호남, 호북, 광서, 광동, 사천의 아군을 모두 하나로 묶을 수 있습니다. 따라서 지금 가장 좋은 방법은 호남과 호북 병력을 모아 수륙 양동 작전을 펼쳐 무창 수비를 강화하고 강을 따라 하류로 진격하는 것입니다. 이를 위해 장강 연안의 호남, 호북, 강서, 안휘 네 성이 군사적으로 연합해야 대국의 흐름을 지킬 수 있습니다."

그 상황에 직접 몸을 담그라

증국번이 처음 대국 전략을 제안한 것은 1853년(함풍 3년) 12월 21일이었다. 당시 그는 형양에서 군사훈련에 매진하는 동시에 대국 전략을 세우는 중이었다. 그는 호남과 호북을 기지로 삼아 장강을 따라 하류를 공격하고, 최종적으로 남경을 탈환할 계획이었다. 이후 그가 지시한 군사 배치는 모두 이 대국 전략에 따른 것이었다.

여기서 잠깐 증국번과 강충원을 비교해보자. 강충원은 처음부터 큰 공을 세워 함풍제의 신임이 두터웠다. 함풍제가 그를 총애한 이유는 뛰어난 전공 때문이기도 하지만, 사실 그가 황제의 명령이라면 무조건 따르는 충신이었기 때문이다. 사실 강충원도 중국번과 마찬가지로 장강 상류를 지키는 것이 가장 중요한 전략이라고 생각했다. 증국번은 아무리 황제의 명령일지라도 자신의 기준에 따라 실행 여부를 결정했다. 그러나 황제가 려주를 구하라고 명령하자, 강충원은 병중인데다 병력이 크게 부족한 상황임에도 불구하고 두말없이 사지로 뛰어들었다.

하지만 증국번은 우직한 충신이 아니었다. 그는 함풍제가 세 번이나 출병을 독촉했지만 모두 거절했다. 상군이 안경 포위에 집중하고 있을 때 이수성 부대가 소주, 상주, 절강 지역 곳곳을 휩쓸었다. 다급해진 청나라 조정은 증국번에게 지원군 파병을 명했으나, 그는 여전히 자신의 뜻을 굽히지 않았다. 그는 먼저 장강 상류를 점령한다는 대국 전략에 의거해 하류 상황에 상관없이 끝까지 안경 포위를 풀지 않았다.

위의 내용으로 볼 때 증국번의 대국관은 모든 군사 행동의 중요한 원칙임을 알 수 있다. 그는 전략의 각 단계마다 핵심 목표를 정해두고 오로지 그 목표를 달성하는 데 최선을 다했다. 상군은 호구 전투 패배로 수군이 둘로, 육군이 넷으로 갈라지면서 순식간에 목표가 6개로 늘어났다. 즉, 핵심 목표가 사라졌다는 뜻이다. 호구 전투 패배 이후 증국번이 강서에 묶이고 상군이 오랫동안 세력을 회복하지 못한 이유가 바로 여기에 있다.

다른 관점에서 보면 증국번은 가장 중요한 것과 가장 시급한 것을 확실히 구별할 줄 알았다. 그는 가장 중요한 것이 먼저이고, 가장 시급한 것은 두 번째라고 생각했다. 만약 이 순서가 뒤바뀌면 아무리 훌륭한 대국관이라도 무용지물이 될 것이다. 물론 상황 변화에 따라 가장 중요한 것과 가장 시급한 것이 바뀔 수는 있지만, 원칙에 따라 신중히 결정해야 한다. 이 부분에 관한 한 젊은 황제 함풍제는 역시 노련한 증국번을 따르지 못했다. 증국번은 전쟁터에서 직접 군대를 지휘하지는 않았지만, 상군의 총지휘자로서 전쟁의 승패를 좌우하는 중요한 역할을 담당했다.

증국번이 장강 상류 다음으로 주목한 것은 바로 수군이다. 이것은 장강 상류 전략에 포함되는 하위 전략으로 볼 수 있다. 태평천국이 결국 실패한 직접적인 이유도 바로 수군이 무너졌기 때문이었다. 태평천국군은 상군이 출병하기 전까지 청나라 관병과 대치했으나, 실제로 가까이에서 전투를 벌인 적은 거의 없었다. 당시 지방 녹영군은 완전히 부패해 전투력이 전무한 상태였고, 태평천국군이 주로 뱃길로 이동했기 때문에 육군뿐인 청나라 관병으로서는 전혀 그들을 저지할 수 없었다. 태평천국군은 전함 1만 척으로 장강을 따라 동쪽으로 이동했다. 장강을 이용하면 청나라 관병을 피할 수 있고, 육로보다 빠르고 쉽게 이동할 수 있다는 장점이 있었다. 청나라 관병이 육로로 아무리 빨리 이동한다고 해도 도저히 따를 수 없었을 것이다.

호구 전투 이후 상군 수군이 둘로 나뉘어 전투력을 상실한 틈을 타 태평천국군이 반격을 가해 무창을 되찾았다. 상군 수군은 호구 전투 패배로 타격을 입긴 했지만, 곧바로 전열을 정비하고 치밀한 전략을 세워 태평천국 전함을 전멸시켰다.

1854년(함풍 4년) 10월에 증국번이 황제에게 올린 보고에 따르면, 상군이 태평천국 전함 4,000척을 불태웠다고 한다. 물론 과장일 수도 있지만 최소한 절반은 사실이었을 것이다. 이때를 전후해 일 년 동안 상군이 불태운 태평천국 전함은 무려 9,000여 척에 달했다. 이로써 태평천국 수군은 거의 전멸한 것이나 마찬가지였고, 이후 장강 전체가 상군 깃발로 뒤덮였다.

이후 태평천국군의 지원 및 보급 경로가 육로에 한정되면서 뱃길을 이용할 때보다 물자 소모나 병사들의 피로도가 2배 이상 증가됐다. 한편 상군은 수륙 경로를 동시에 이용하면서 군사 작전상 훨씬 유리한 고지를 점령할 수 있었다. 상군은 뱃길을 완전히 장악하고 육지에서도 견고한 참호를 세워 완벽한 방어선을 구축했다. 이렇게 해서 구강, 안경, 그리고 최종 목표인 남경까지 함락시킬 수 있었다.

결국 태평천국의 난이 실패로 끝난 이유는 그들이 장강 상류의 중요성을 인식하지 못했고 수군 보강에 소홀했기 때문이었다. 반면 증국번은 수군을 조직할 때부터 엄격한 기준을 세워 전함과 대포의 위력을 최대한 끌어올렸다. 특히 서양에서 들여온 강력한 대포를 전함에 장착해 당대 최강의 수군을 만들었다.

그는 수군 전투력이 일정 기준에 도달하기 전까지 어떤 일이 있어도 출병시키지 않았다. 그러나 태평천국 전함은 대부분 상선과 운송선을 개조한 것이어서 숫자만 많았을 뿐, 견고함이나 전투력을 논할 수준이 아니었다. 전투가 시작되자마자 이런 약점은 그대로 노출되었다. 후에 태평천국군도 상군처럼 신식 전함을 도입했으나 대세를 돌리기엔 무리였다. 상군의 공격으로 이미 전함 대부분을 잃은 태평천국 수군은 천경사변 이후로 완전히 자취를 감추었다.

강남제조국 부분에서 이미 언급했듯 증국번의 대국관은 장기적인 안목을 바탕으로 했다. 그는 항상 눈앞의 성공이 아니라 먼 미래를 염두에 두었는데, 실제 결과는 그의 상상을 훨씬 뛰어넘는 것이었다. 상군의 성공으로 태평천국의 난이 진압된 후 청나라는 잠시 중흥의 길로 들어서는 듯했다. 그러나 상군의 성공은 '군대는 나라를 위해 존재한다'는 법칙을 무력화시키고 '병사는 장군을 위해 존재한다'는 새로운 법칙을 만들어냈다. 결과적으로 상군은 중국 근대 군벌의 효시가 되어 청나라를 멸망시키고 20여 년간 혼란의 군벌 시대를 초래했다.

증국번의 대국관을 시간의 흐름에 따라 정리해보자.

1853년(함풍 3년) 12월 형양에서 군사훈련 중이던 증국번은 황제에게 '천하의 대국을 논하자면 무창을 지키는 것이 가장 중요하고, 이를 위해 여러 성이 연합해 군사 작전을 펼쳐야 한다'는 내용의 보고서를 올렸다. 당시 태평천국군은 이미 남경을 수도로 삼고 서쪽으로 세력을 확장시키려 하고 있었다. 태평천국 세력이 안휘를 휩쓸었고 무창도 위급한 상황에 처했다. 이에 함풍제는 증국번에게 즉시 출병해 안휘를 구하라고 명했다. 그러나 증국번은 안휘 지역이 위급하긴 하지만 대국의 흐름으로 볼 때 무창이 더 중요하다고 생각해 안휘에 지원군을 보내지 않았다. 결국 안휘는 태평천국군의 독무대가 되었고, 이때 강충원이 려주에서 전사했다. 한 달 후, 드디어 출병한 상군은 상담(湘潭)에서 태평천국군을 만나 첫 번째 승리를 거두었다.

1854년 윤 7월 무창 공격 준비를 마친 증국번은 황제에게 이런 보고서를 올렸다. '대국의 흐름으로 보아 서북쪽 육지에서는 기병이 주가 되어야 하고 동남쪽 장강 연안에서는 반드시 전함이 필요합니다. 지금 전함 1만 척을 보유한 태평천국 수군은 장강 수백 킬로를 종횡무진하고 있습니다. 그러나 관병은 수군을 갖추지 못해 태평천국군을 따라잡을 수 없습니다. 신은 황제의 명령을 받들어 수군을 조직했고, 드디어 악주 수전에서 승리했습니다. 청컨대 수군 전투력을 보강해 장강 하류를 장악할 수 있도록 민간의 자본을 모아 전함을 만드는 일을 윤허해주십시오.' 상군 수군은 상담과 악주에서 승리하긴 했지만 상당 수 전함이 파괴되거나 부서졌다. 증국번은 대국 흐름과 지역 특성상 동남 지역을 장악하기 위해서는 반드시 수군을 더욱 강화시켜야 한다고 생각했다.

1854년 8월 무창을 점령한 증국번은 함풍제에게 전투 상황을 보고하며 다음과 같은 말을 덧붙였다. '신이 대국을 면밀히 살핀 결과 아직 문제가 되는 부분이 많습니다.' 증국번이 말한 문제란, 연이은 승리에 도취된 상군 병사들의 자만심, 끊임없이 불어나는 적의 세력, 후방 수비 및 보급과 관련된 것으로 모두 참패의 요인이 될 수 있는 것이었다. 증국번은 연이은 승리에 도취되지 않고 침착한 태도와 냉철한 판단을 유지하고자 노력했으나, 함풍제는 오로지 승리에만 초점을 맞춰 계속 진군할 것을 명령했다. 그 결과 상군은 호구에서 참패를 당하고 말았다.

1855년 2월과 3월 증국번은 호구 전투 결과를 함풍제에게 보고하며 다시 한 번 대국을 강조했다. '호북, 안휘, 강서의 전반적인 상황을 고려할 때 육군은 넷으로, 수군은 둘로 나누어 하류로 이동하며 먼저 장강 연안 도시를 공격해야 합니다. 수륙 양동 작전을 펼치면 훨씬 큰 효과를 낼 수 있습니다.'

이때 무창은 다시 태평천국군에게 점령당해 증국번 부대는 장강 중류에 묶여 오도 가도 못하는 신세가 되었다. 증국번에게는 자신의 안위보다 대국의 근본인 무창이 더 중요했다. 어떻게든 무창을 구해야 했지만 병력이 문제였다. 구강에 있던 탑제포 부대가 6,000명·라택남 부대가 3,000명·증국번 부대가 3,000명뿐이었으니, 이를 모두 합해도 강서 지역의 위기를 해결하기는 힘들었다. 이런 상황이었기에 무창 재탈환을 강행하는 것은 결코 최상의 선택은 아니었다. 또한 황제의 명령 없이 함부로 움직일 수도 없었기에 일단 강서 지역에 주둔하며 적의 동태를 주시했다. 증국번은 병력의 열세에도 불구하고 대국의 흐름을 지키기 위해 위험을 감수하고 강서 지역을 떠나지 않았다.

한편 홍수전은 상군을 물리치고 무창을 회복한 후 청나라 관병의 강남, 강북 본영을 무너뜨리기 위해 석달개를 남경으로 보냈다. 즉, 홍수전의 전략은 대국의 기초나 흐름을 전혀 읽지 못한 것이었다.

당시 상황을 보면 강남과 강북의 청나라 관병이 남경을 포위한 채 위협을 가하고 있는 것처럼 보였지만, 사실 실력 면에서 볼 때 청나라 관병은 태평천국군의 상대가 되지 못했다. 이때까지 청나라 관병은 태평천국군을 상대로 승리를 거둔 적이 한 번도 없었으니, 태평천국군의 적수는 청나라 관병이 아니라 상군이었다.

증국번은 장강 상류에서 하류로 진군하는 대국관을 세웠기 때문에 무창을 출발점으로 삼아 전선을 형성했다. 전략적으로 볼 때 남경 방어에서 가장 중요한 곳이 바로 무창이었다.

이때 남경은 강남, 강북 본영의 청나라 관병에 포위되어 위급해 보이긴 했지만, 사실 무창보다 중요하지는 않았다. 그 이유는 첫째, 청나라 관병은 태평천국군과 감히 교전할 생각이 없었다. 사실 청나라 관병의 전투력은 군대라 부르기 민망할 정도였고, 전투를 치를 의욕도 전혀 없었다. 이들은 황제 명령 때문에 어쩔 수 없이 남경을 포위하고 있는 것일 뿐, 감히 성을 공격할 생각은 없었다. 둘째, 당시 태평천국군은 단결력이나 군의 사기가 최고조에 달해 있었고, 남경성 안에는 노련한 장수와 수만에 달하는 병력이 있었다. 설사 청나라 관병이 공격해오더라도 충분히 성을 지킬 수 있었다.

만약 태평천국군이 다양한 정보를 수집하고 치밀하게 적의 상황을 분석해 적의 장단점을 파악했더라면 역사가 달라졌을지도 모른다. 이들이 근본을 정확히 파악하고 좀 더 과감히 행동했더라면 증국번으로서도 어쩔 수 없었을 것이다. 태평천국군이 호북과 강서에서 승부수를 띄우고 결전을 벌였다면 상군 수군을 전멸시켰을지 모른다. 증국번이 이원도(李元度)와 3,000명도 안 되는 병력으로 어렵게 버티고 있었을 때, 석달개가 마음만 먹었다면 증국번을 제거할 수도 있었다.

어떻든 태평천국군은 청나라 관병의 강남, 강북 본영을 철저히 무너뜨렸다. 그리고 태평천국군이 전혀 예상치 못한 결과가 펼쳐졌다. 특히 좌종당은 이 소식을 듣고 박수를 치며 쾌재를 불렀다고 한다. 태평천국군이 청나라 관병을 제거함으로써 상군이 직접 남경성을 공략할 수 있게 되었기 때문이다. 사실 그동안 상군은 황제의 명령을 수행 중인 관병에 가로막혀 군사 작전 수행에 어려움을 겪고 있었던 것이다. 그러나 홍수전은 이러한 적의 내부 사정을 전혀 눈치 채지 못했다.

증국번은 그의 철학을 담은 「정경(挺經)」 첫 번째 조항에서 '입국(入局)'을 강조했다. 이것은 일을 처리할 때 한 발 물러나 이래라저래라 참견만 하거나 일이 다 끝난 후에 큰소리 치는 사람이 되지 말라는 뜻이다. 반드시 상황 안에 직접 뛰어들어 전반적인 상황과 흐름을 정확히 판단하고 상대와 나의 장단점을 파악해야 한다. 하지만 이것을 행동으로 옮기기란 말처럼 쉽지 않다.

1859년 1월 상군 지휘권을 다시 잡은 증국번은 황제에게 이렇게 말했다. '신이 지식과 재주가 얕아 대국 계획에 부족함이 있을 것입니다. 먼저 근처 다른 성의 상황을 보건대, 군사적으로는 안휘가 가장 중요하고, 그다음은 강서와 복건 순서입니다.' 그러나 함풍제가 보기엔 복건이 가장 위급했기 때문에 그는 증국번에게 즉시 복건을 구하라고 명령했다. 이때 증국번의 대국관은 이미 확고한 상태였다. 그는 안휘성이 최후의 승패를 결정할 중요한 전선임을 확신했다. 먼저 장강 상류를 점령하면 하류로 진군해 남경을 탈환하는 것은 시간문제였다. 그는 "내가 안경 공격에 주력하면, 적군도 반드시 안경을 구하기 위해 필사적으로 매달릴 것이다. 이렇게 하면 장강 하류 지역의 적군을 안경으로 끌어들여 복건의 위기를 해결할 수 있다"라고 말했다.

1860년 5월 증국번이 양강 총독에 임명된 후 곧바로 안경 포위 전략이 시작됐다. 이때 절강에서 급보가 날아들었고, 함풍제는 증국번에게 절강을 구하라고 명했다. 그러나 이번에도 증국번의 생각은 달랐다. '자고로 강남의 적을 소탕하려면 상류 지역을 차지해야 성공한다고 했습니다. … 지금 안경 군대는 회남의 운명을 좌우하고 훗날 남경 함락을 위한 기초가 될 것입니다. 신이 수없이 생각해보았으나, 당장은 안경 포위를 풀 수 없습니다.' 다시 말해 지금 당장 장강 하류를 빼앗기더라도 절대 안경 포위를 풀 수 없다는 뜻이다. 안경 포위가 풀리는 순간 대국이 완전히 뒤바뀔 수 있기 때문이다. 증국번의 대국 전략은 안경 함락 이후에도 일관되게 유지되었다. 그는 먼저 좌종당에게 절강 지역을, 이홍장에게 상해, 소주, 상주를 점령하도록 지시했다. 이렇게 절강, 상해를 포함해 장강 중상류 지역을 모두 장악함으로써 남경을 완벽하게 고립시켰다. 외부로부터 모든 지원이 끊긴 상황이므로 싸우지 않고 포위만 하고 있어도 남경성을 함락시킬 수 있는 것이다.

앞에서도 말했듯 대국관은 전략관과 일맥상통한다. 예로부터 잘못된 전략관으로 실패한 인물은 셀 수 없이 많았다. 이런 관점에서 볼 때 태평천국의 후기 전략관은 정도를 크게 벗어난 것이었다.

1859년 4월 석달개가 남경으로 향하던 무렵, 홍콩에 있던 홍수전의 친척 동생 홍인간(洪仁玕)도 남경에 합류했다. 홍인간은 타고난 재능에다 서양의 선진 과학기술과 중국 정치동향에 밝은 인재였다. 홍수전은 홍인간을 간왕(干王)으로 책봉하고 그에게 중요한 발전 사업을 맡겼다.

1860년(함풍 10년) **5월** 홍인간은 태평천국의 대국 전략을 발표했다. '남경은 중국 서부, 북부, 남부 각 성과 2,000여 킬로 이상 떨어져 있다. 400km 내에 있는 주요 도시는 동쪽에 위치한 소주, 항주, 상해뿐이다. 따라서 장강 하류 지역을 먼저 점령하는 것이 성공확률도 높고 군량과 자금을 확보하는 데도 유리하다. 자금이 확보되면 증기선 20척을 마련해 쉽게 강을 거슬러 올라갈 수 있고, 이렇게 하면 강서와 호북까지 진출할 수 있다. 이것은 아주 완벽한 계획이다.' 홍인간의 대국관은 장강 하류를 먼저 취하고 상류는 그다음 생각하는 것이었는데, 여기에는 아주 큰 맹점이 있었다. 그는 자기 편 상황만 생각하고 외부 환경, 지리 형태, 적의 상황 등은 전혀 고려하지 않았다.

태평천국군이 소주와 항주 공격을 준비할 때, 상군은 안경 전략에 따라 이미 모든 군사 배치를 마친 상황이었다. 증국전의 길자영이 안경성 밖에 자리를 잡자, 진옥성은 안경을 먼저 구해야 한다고 주장했다. 그 역시 장강 상류의 중요성을 인식하고 있었기에 안경을 구하는 것이 먼저라고 생각한 것이다.

그러나 당시 진옥성은 나이와 경험이 많지 않아 증국번처럼 원대한 안목으로 확고한 비전을 제시하지 못했다. 결국 홍수전은 그의 주장을 받아들이지 않고 홍인간의 계획대로 소주와 항주를 공격했다. 태평천국군이 소주와 항주를 점령한 후 안경에 도착했을 때, 상군은 이미 물 샐 틈 없이 완벽한 포위망을 구축한 후였다. 깊은 참호와 높은 장벽 뒤에 숨어 힘을 비축하며 태평천국군을 기다린 지 이미 오래였다.

증국번이 수군 강화에 주력한 것도 장강의 지리적 이점을 활용하면 훨씬 유리한 고지를 점령할 수 있다고 판단했기 때문이다. '자고로 강남의 적을 소탕하려면 상류 지역을 차지해야 한다'라는 명언이 다시 한 번 입증된 셈이다.

성공 인물의 처세력 ❺
강남의 적을 완전 평정하는 방법

증국번이 말한 '자고로 강남의 적을 소탕하려면 상류 지역을 차지해야 한다'라는 명언이 처음 등장한 것은 진시황이 왕전(王翦)에게 초나라 공격을 명했을 때였다. 그러나 전함을 준비하고 수군을 강화시켜 장강의 이점을 충분히 활용해 큰 성공을 거둔 주인공은 오나라를 멸망시킨 서진이었다.

아직 서진이 건국되기 전, 사마소가 세운 대국 전략의 첫 번째 목표는 촉나라였다. 먼저 촉나라를 평정해 수륙 양동 작전으로 오나라를 공격할 생각이었다. 촉나라가 멸망한 후, 사마염은 조씨의 위나라를 무너뜨리고 서진을 건국했다. 진(晉)나라 무제가 된 그는 오나라 공격 준비에 박차를 가했다. 이를 위해 유선을 비롯한 촉나라 대신 10여 명에게 관직과 봉토를 하사하고, 제갈량 부자를 크게 표창했다. 이것은 촉나라 백성의 마음을 얻고 오나라 백성의 관심을 끌기 위한 것이었다.

272년에 무제 사마염은 서진의 명장 양호(羊祜)와 비밀리에 오나라 공격 전략을 세웠다. 양호는 장강 상류의 이점을 충분히 활용해야 한다고 생각해 노장 왕준(王濬)에게 계속 성도에 남아 전함 제조와 수군 훈련을 맡아달라고 부탁했다. 그리고 전쟁이 시작되면 강을 타고 내려와 곧바로 건업(建業)[60]을 공격하도록 주문했다.

왕준이 전함을 만들기 시작하면서 강물에 버린 엄청난 양의 폐자재 나무 조각이 장강을 따라 오나라로 흘러들어갔다. 나무 조각을 발견한 오나라 사람들은 서진이 오나라를 공격하기 위해 많은 전함을 만들고 있다는 사실을 알고 즉시 손호(孫皓)에게 보고했다. 그러나 주색에 빠진 손호의 귀에는 아무 말도 들리지 않았다.

276년에 양호가 정식으로 상소를 올려 오나라 정벌 전략을 제안했다. 뛰어난 정치 안목으로 유명한 그였기에, 그가 제안한 오나라 정벌 전략은 대부분 그대로 실행되었다. 278년 어느 날 고령에 병까지 얻은 양호는 이렇게 말했다. "오나라 군주 손호는 어리석고 포악할 뿐 아니라 함부로 사람을 죽이는 바람에 민심과 멀어졌다. 지금이 오나라를 정벌할 절호의 기회다. 만약 이때를 놓쳐 손호가 죽고 오나라에 현군이 나타나면, 100만 대군이 있어도 장강을 넘기 어려울 것이며, 오나라는 큰 후환이 될 것이다." 양호는 임종 직전 두예(杜預)를 후임으로 지목했다. 두예의 19세손이 바로 시성(詩聖) 두보이다.

279년에 노장 왕준도 상소를 올려 오나라 정벌을 시작해야 한다고 말했다. "어리석고 포악한 손호가 군주로 있을 때 빨리 오나라를 쳐야 합니다. 지금 때를 놓쳐 손호가 죽고 오나라에 현군이 등장하면 그들은 더욱 강대해질 것입니다. 신이 전함을 만든 지 벌써 7년이 지났습니다. 하루하루 나무가 썩어가고 신의 나이도 칠십이 넘어 죽을 날이 멀지 않았습니다. 폐하, 부디 하늘이 주신 기회를 놓치지 마십시오."

그러나 조정 중신 가충(賈充)이 전쟁을 반대하고, 또 다른 사정이 생기는 바람에 결국 전쟁은 다음해로 미뤄졌다. 양호의 뜻을 이어받은 두예 역시 두 차례 상소를 올려 출병을 주장했다. 하루는 무제와 바둑을 두게 된 조정 대신이 기회를 보아 이렇게 진언했다. "영명하고 기백 있는 폐하께서는 명령만 내리시면 됩니다. 손호는 어리석고 포악해 이미 민심을 잃었으니, 우리 군대가 나서기만 하면 오나라를 단숨에 쓸어버릴 수 있습니다." 무제는 드디어 결심을 굳히고 즉시 오나라로 군대를 파병했다.

서진 군대는 여섯으로 나뉘어 오나라를 향해 위풍당당하게 진군했다. 이중

육군 다섯 무리는 북에서 남으로 이동했고, 나머지 수군은 노장 왕준의 지휘 아래 장강을 따라 동쪽으로 이동했다. 왕준이 만든 전함은 병사 2,000명을 태우고 갑판 위에서 말을 달릴 수 있을 만큼 거대했다. 7만여 명에 달하는 서진 수군은 위풍당당하게 오나라로 향했다. 왕준은 오나라 군대가 장강 뱃길을 막기 위해 설치해놓은 쇠사슬을 불태워 끊어버리면서 순식간에 호북 지역에 진입했다. 이즈음 서진 수군 병력은 9만 3,000명으로 늘어나 있었다.

오나라는 장강이라는 천연 장벽에 의지하고 있었지만, 내부 혼란이 끊이지 않고 군대 조직이 부패해 이미 국방의 기능을 상실한 상태였다. 서진 군대가 공격해오자 황급히 전열을 갖추기는 했으나 큰 효과는 없었다. 건업 수비군은 약 2만 명이었고 그럴듯한 전함도 가지고 있었지만, 서진 군대를 보고 모두 도망쳐버리는 바람에 전함은 출격 한 번 해보지 못했다. 왕준의 수군이 가장 먼저 건업에 도착해 공격을 개시했다. 오나라 군주 손호는 스스로 몸에 밧줄을 묶고 성문 앞에 나가 항복했다. 오나라 역사는 이렇게 막을 내렸다.

수나라 문제(文帝) 양견(楊堅)은 수나라 건국 때부터 진(陳)나라 정벌을 염두에 두고 있었다. 그는 8년 동안 여러 대신들에게 자문을 구하고 의견을 수렴했다. 이것을 기초로 그는 완벽하고 치밀한 진(陳)나라 정벌 전략을 세웠다. 일단 장강 상류에서 전함을 만들고 강력한 전투력으로 무장해 하류를 공격하는 형국이었다. 이것은 진(陳)나라 병력을 상류로 유인해 하류 수비를 약화시키기 위해서였다. 문제는 하약필(賀若弼)에게 장강 북쪽에 주둔하면서 여러 가지 속임수로 진(陳)나라 군대를 현혹시키라고 명했다. 진(陳)나라는 하약필이 계속 장난만 치고 공격해오지 않자 조금씩 경계를 늦추기 시작했다.

그동안 돌궐 문제를 처리한 문제 양견은 본격적으로 진(陳)나라 정벌에 착수했다. 완벽하고 치밀한 준비를 끝내고 588년에 드디어 수군과 육군을 합쳐 51만

8,000명에 달하는 수나라 군대가 여덟 무리로 나뉘어 진(陳)나라로 향했다. 장강은 동쪽으로 황해, 서쪽으로 파촉(巴蜀)에 이르기까지 수백 킬로에 달한다. 따라서 전략적으로 유리한 위치에 병력을 집중시켜 맹공을 펼쳐야 한다.

수나라 군대 여덟 무리 중 셋은 장강 상류에서 진(陳)나라 군대의 퇴로를 차단하고, 이들이 건강(建康)[61]을 구하러 가지 못하도록 막는 임무를 맡았다. 나머지 다섯 무리는 장강 하류에서 진(陳)나라 수도 건강과 전략적으로 중요한 도시를 직접 공격했다.

수나라 수군은 명장 양소(楊素)의 지휘 아래 선공을 퍼부었다. 진(陳)나라는 수나라 침입에 대비해 장강 위에 뱃길을 막는 쇠사슬을 설치해두었다. 뱃길이 막히자 양소는 장강 연안에 상륙해 진(陳)나라 군대를 격파하고 쇠사슬을 끊어버렸다. 장강 뱃길이 깨끗이 정리되자 수나라 전함은 속력을 높여 동쪽으로 진군했다. 곧이어 무한을 점령함으로써 장강 상류를 완전히 장악하고 진(陳)나라 군대의 퇴로를 확실히 차단했다.

한편 장강 하류의 육군 주력부대는 진(陳)나라 군대 대부분이 장강 상류로 이동한 틈을 타 총공격을 가했다. 진(陳)나라 수비군은 아무 대비가 없는 상태였고, 당시 진(陳)나라 군주 진숙보(陳叔寶)는 어리석기 짝이 없었다. 일주일 뒤, 수나라 장수 하약필과 한금호(韓擒虎)가 장강을 건너 진(陳)나라 수도 건강을 포위했다.

진숙보는 처음에는 어쩔 줄 몰라 어린아이처럼 울기만 하다가, 남은 병력을 끌어모아 성 밖에 8km에 달하는 장사진(長蛇陣)을 펼치고 마지막 승부수를 띄웠다. 장강을 건넌 하약필 부대 8,000명은 종산(鐘山)을 넘어 진(陳)나라 군대의 장사진을 향해 돌격했다. 하약필은 초반에 고전하며 병사 270명을 잃었다. 잠시 물러났던 하약필이 장사진 북쪽 끝부분을 집중 공격하자 수세에 몰린 진(陳)나라 병사들은 정신없이 도망치기 시작했다.

한편 한금호는 진(陳)나라 군대가 하약필을 상대하느라 정신없는 틈을 타 서남쪽 방향으로 입성하는 데 성공했다. 당황한 진숙보는 애첩을 데리고 우물 안에 숨어 있다가 한금호에게 발각되어 포로로 끌려갔다. 이로써 진(陳)나라의 운명은 막을 내렸고, 중국 역사는 혼란의 남북조 시대를 지나 최대 전성기로 꼽히는 수나라 · 당나라 통일 시대에 접어들었다.

이상의 두 전쟁은 중국 고대 역사 중 대성공을 거둔 대규모 장강 작전의 대표적인 예로 비슷한 점이 많다. 첫째, 오랜 전략 준비 기간을 거쳤다. 서진이 오나라를 치기까지 사마소의 대국 전략을 포함해 17년이 걸렸고, 수나라는 진(陳)나라를 무너뜨리는 데 8년이 걸렸다. 둘째, 대규모 군대를 출병시켰다. 서진의 군대는 20만, 수나라는 51만 8,000에 달했다. 셋째, 오랜 준비 기간에 비해 실제 작전 기간은 매우 짧았다. 서진이 오나라를 공격한 기간은 다섯 달, 수나라가 진나라를 공격한 기간은 불과 한 달이었다. 넷째, 전쟁 결과 통일 왕조가 탄생했다. 서진은 오나라를 멸망시킨 후 37년간 통일 중국을 지배하다가 동진과 16개 남북조 국가로 다시 분열되었다. 수나라가 진(陳)나라를 멸망시킨 후에는 수나라에서 당나라로 이어지는 300년간의 통일 시대가 이어졌다.

고대 장강 전략과 관계된 위의 역사는 후대 사람들에게 많은 교훈을 주었다. 위에 언급한 두 전쟁 외에 북송이 남당(南唐)을 평정할 때도 같은 방법을 이용했다. 그러나 조조가 오나라를 침략한 전쟁은 예외였다. 조조의 주력부대는 육군이었다. 수군은 임시로 조직된데다 지휘관 대부분이 적군에서 투항한 장수였기 때문에, 결국 조조는 적벽대전에서 치욕의 패배를 당했다. 전진(前秦)의 부견(苻堅)도 육군 60만, 기병 27만을 이끌고 동진을 공격했으나 수군이 없어 대패했다. 물론 이들의 패배가 100% 수군의 부재 때문만은 아니겠지만, 증국번이 말한 '강남의 적을 평정하는 방법'에 참고가 되기에는 충분하다.

제6장

포부와 기개의 기반을 구축하라

증국번의 군사적 기반과 도덕적 기반은 그의 인간성, 관리로서의 삶,
신중한 용병술, 성급한 이익을 추구하지 않는 인내와 굳은 의지의 기초가 되었다.

역사에 이름을 남긴 영웅들에겐 모두 대업 달성을 위한 확실한 기반이 있었다. 유방(劉邦)은 관중(關中), 광무제(光武帝)는 하내(河內), 위나라는 연주(兗州), 당나라는 진양(晉陽)에 기반을 세우고, 나아가 싸우고 물러나 지키며 대업을 달성했다.

기반은 패업을 꿈꾸는 영웅에게만 필요한 것이 아니다. 군자가 학문과 도를 닦을 때에도 소위 기반이 필요하다. 군자의 기반을 세우려면 그릇이 크고 말에 신용이 있어야 한다. 이것을 우리가 사는 집에 비유해보자. 그릇이 크다는 것은 넓은 집일수록 많은 사람이 모일 수 있는 것으로, 말에 신용이 있다는 것은 기초 공사와 구조를 완벽히 해야 튼튼한 집을 지을 수 있는 것과 같은 맥락으로 이해할 수 있다. 그래서 『주역(周易)』에서는 '관이거지(寬以居之)'의 뜻을 '웅대한' 혹은 '웅장한'으로 풀었고, '수사립기성(修辭立其誠), 소이거업(所以居業)'의 뜻을 성신(誠信)으로 풀이했다.62) 또한 대정자(大程子)63)는 이런 말을 남겼다. '도가 이처럼 넓고 넓으니 어디에서부터 시작해야 할까? 오직 진실함만이 발판이 될 수 있다. 성(誠)은 곧 진실과 신의를 의미한다. 자신의 언사를 잘

살피고 다듬어 진심과 신의를 세워야 한다. 만약 말을 가리지 못하고 함부로 말한다면 진심과 신의가 가려져 안정적인 기반에 서지 못한다.'

나 증국번은 이렇게 생각한다. 안정적인 기반에 선다는 것은 위에서 말한 '거업(居業)'과 일맥상통하는 말로 세속적인 표현을 빌리자면 '훌륭한 업적으로 가문을 빛내는 것'이다. 자장(子張)은 "덕을 지녔으면서 넓지 않고, 도를 믿으면서 독실하지 않으니, 어찌 있다고 할 것이며, 어찌 없다고 하겠는가?"[64]라고 말했다. 마음이 넓고 진실하지 못하면 아무리 많은 지식을 쌓아도 무의미하다. 때문에 자신 있게 지식을 쌓았다고도 말하지 못하고, 지식이 없다고도 말할 수 없다. 결국 평생 '훌륭한 업적으로 가문을 빛내는 일'은 불가능하고, 대정자의 말처럼 '안정적인 기반에 서는 것'도 불가능하다.

이상의 내용은 증국번이 직접 쓴 글로 『증국번전집』 「시문」 362쪽에서 발췌한 내용이다. 증국번은 대업을 이루기 위해 기반이 필요한 것처럼 올바른 인간성과 언행을 키우기 위해서도 반드시 기반이 필요하다고 보았다. 유방의 관중, 광무제 유수(劉秀)의 하내, 위나라 조조의 연주, 이연(李淵)의 진양은 우리에게도 익숙한 영웅들의 기반이다. 이렇게 탄탄한 기반이 있었기에 유방은 항우(項羽)를 무너뜨렸고, 유수는 수많은 경쟁자를 물리쳤으며, 조조는 북방을 통일했고, 이연은 당나라를 건국할 수 있었다. 그렇다면 올바른 인간성과 언행을 키우기 위해서는 어떤 기반이 필요할까?

올바른 인간성과 언행을 키우기 위해 반드시 필요한 것은 역시 도덕과 성신이 아닐까 한다. 깊고 확고한 도덕성과 성신이 담긴 언행을 갖춘 사람이라면 어떤 분야에서든 성과를 이룰 수 있을 것이다. 마음 내키는 대로 함부로 말을 내뱉고 과장이나 거짓을 일삼는 사람은 당연히 어디에서도 인정받지 못한다.

예부터 많은 성현들이 '거짓을 말하지 말고, 모든 진실을 드러내지 말라'고 말해왔다. 증국번은 평생 이것을 언행의 기본원칙으로 삼았다. 그는 기본적으로 성신을 중요시했지만, 모든 사실을 있는 그대로 말하거나 평생 한 번도 거짓말을 안한 것은 아니었다. 기본적으로 언제 진실을 말하고 언제 진실을 숨겨야 하는지, 무엇을 사실대로 말하고 무엇을 숨겨야 하는지가 아주 중요한데, 이것은 상황에 따라 달라지기 때문에 직접 경험을 통해 배워야 한다.

진실과 거짓의 조화

증국번은 서른한 살 때 대학사 왜인의 가르침을 받으며 자신을 다스리는 데 집중했다. 그는 매일 빠짐없이 자신의 언행을 돌아보고 반성했다. 특히 나쁜 생각이나 행동을 일일이 일기장에 기록해 자신의 잘못을 잊지 않도록 했다. 이런 경험을 통해 그는 다음과 같은 교훈을 얻었다. '그러므로 성(誠)이란 것은 속이지 않는 것이다. 속이지 않는 것이란 마음에 사심이 없는 것이다. 사심이 없는 것을 곧 지허(至虛)라 한다. 그러므로 천하제일의 지허가 곧 천하제일의 지성(至誠)이다. 일단 집중하기 시작하면 사심이 생길 수밖에 없다. 영혼을 맑고 깨끗하게 유지하면 원하는 바가 저절로 이루어질 것이다. 일부러 미래를 맞이할 필요 없고, 현재에 충실하게 되며, 지나간 것에 연연하지 않는다. 이것을 비움이라 하고, 또 이것을 성이라 한다.'[65]

증국번은 현실에서 '성(誠)'을 활용하는 방법에 대해서도 언급했다. '책을 읽을 때는 책을 읽고 마음에 사람을 만나는 생각이 없어야 한다.

사람을 만날 때는 사람을 만나고 마음에 책을 읽을 생각이 없어야 한다.' 이렇게 한 가지 일에 집중해 마음을 완전히 비우는 지허가 곧 지성이다. 증국번은 이학을 연구하면서 '현실에 충실하고, 지나간 것에 연연하지 않는다'라는 말의 의미를 확실히 깨달았다. 이것은 '일이 닥쳤을 때 흔들리지 말고, 일이 지나간 후에 연연하지 말라'[66)]는 불교 사상과 일맥상통한다.

증국번은 이런 생각을 행동으로 옮기기 위해 부단히 노력하고 심신 수련에 힘썼다. 그의 수련 과정을 살펴보면 그는 여러 모로 우리처럼 보통사람이라는 사실을 알 수 있다. 증국번이 직접 기록한 수신 과정은 이러했다. '나는 마음이 쉽게 변하는 것이 큰 단점이다. 오늘 굳게 맹세한 것이 내일이 되면 흐지부지해진다. 아랫사람을 다룰 때도 일정한 규칙을 지키지 못한다. 앞으로 지도자가 된다면 약속을 지키지 못해 아무 성과를 올리지 못할 수도 있다. 반드시 고쳐야 한다! 이것은 '제가'나 '치국'과 같은 유가의 가르침과도 연결된다.'

그러나 이렇게 며칠이 지나면서 스스로 약속을 지켜낸 것을 자랑스러워하며 조금씩 긴장이 풀렸다. 아주 특별한 경우를 제외하면 세상에 절대 못할 일은 없다. 어느 정도 노력하면 조금은 바꿀 수 있고, 이런 성과가 눈에 보이기 시작하면 긴장이 풀어질 수밖에 없다. 그것이 아주 작은 변화라도 마음은 한없이 여유로워진다. 그래서 '그동안 고생했으니 내일부터는 좀 쉬어가자'라며 스스로를 격려한다. 보통사람이라면 모두 이렇지 않을까?

어느 날 증국번은 『역경』을 독파하기로 결심하고 새벽 일찍 일어났다. 그런데 마음이 어지러워 책 내용이 머릿속에 들어오지 않았다. 오로지 『시경』을 읽고 싶다는 생각뿐이었다. 아침식사를 하고 다시 『역경』을 펼쳐 억지로 읽었지만 여전히 집중이 되지 않았다. 정말 미칠 노릇이었다. 아무런 진전 없이 그렇게 삼일이 지나니 나오느니 한숨뿐이고 머리가 지끈거려 죽을 것 같았다. 그래서 좌선으로 안정을 찾으려 했으나 역시 마음이 어지러워 앉아 있기가 힘들었다. 밖으로 뛰쳐나가고 싶은 생각이 간절했다. 책을 읽고 있어도 집중이 안 되며 계속 다른 생각만 떠오른다. 억지로 자신을 다잡아도 결국 마음이 잡히지 않았다는 걸 보면 증국번도 우리와 같은 보통사람임에 틀림없다.

'나는 빨리 『역경』을 독파하고 싶은 마음에 아무런 깨달음 없이 허둥지둥 책장을 넘겼다. 정말 우습지 않은가! 아침 일찍 잠이 깨고도 자리에서 일어나지 않는 것은 분명 잘못된 습관이다. 잘못된 습관을 버리지 못하고 잘못된 행동을 억제하지 못한다면 짐승과 다를 게 무엇인가!' 사실 증국번도 사람인지라 늦잠을 자고 게으름 피우는 걸 좋아했다. 하지만 과거에 급제하기 위해, 조정에서 맡은 바 책임을 다하기 위해 매일 새벽 3시에 일어났다. 그는 북경에서 과거를 준비하고 관리 생활을 하는 내내 이렇게 고달픈 생활을 이어갔다.

'30분 정도 좌선을 할 생각이었는데 어느 순간 깜빡 잠이 들었다. 정말 한심할 따름이다. 자세가 불편하고 마음도 불편했는데 아예 잠이 들어버렸으니.' 증국번의 의지력이나 자제력이 초인적으로 강했던 것은 아니다. 그 또한 조금만 피곤해도, 조금만 아파도 눕고만 싶고 일어나기 싫은 그런 보통사람이었다.

'오늘 또 바둑을 두고 말았다. 이 습관을 고치지 않고 어떻게 인간성을 논하겠는가! 매일 잘못을 고치겠다고 말하고, 매일 무의미하게 허비한 시간을 후회하며 새로운 다짐을 맹세한다. 하지만 도대체 언제 고칠 수 있단 말인가? 다른 사람이 바둑 두는 걸 보면 손이 근질거린다. 그 사람

대신 그 자리에 앉고 싶은 마음이 간절했다. 수없이 다짐하고 수없이 잊어버리니 이게 어디 사람인가!' 증국번은 바둑을 병적으로 좋아했다. 그는 굳은 결심으로 담배를 끊는 데는 성공했지만, 죽을 때까지 바둑은 끊지 못했다. 수많은 다짐과 후회 끝에 결국 끊으려는 생각을 버렸다.

수없이 다짐하고 수없이 잊어버렸다고 하니, 증국번도 보통사람들처럼 변치 않는 마음을 갖기는 어려웠나보다. 그 역시 보통사람들처럼 수많은 유혹과 갈등을 겪었다. 그렇기 때문에 보통사람들의 본보기가 될 수 있는 것이다.

증국번은 항상 성(誠)을 강조했다. '재주를 피우는 것보다 차라리 서툰 것이 낫다', '서툴더라도 성실하고 진실해야 한다.' 그가 말하는 성신은 도덕, 학문, 입신의 기초이기도 했다. 마음이 넓고 밝지 못한 사람, 정성이 부족한 사람은 절대 학문으로 성공할 수 없다. 성은 사람의 포부, 기개 등과 관계가 깊다. 정성이 깊은 사람일수록 포부가 크고 넓은 안목을 지녀 다양한 분야를 두루 섭렵할 수 있다. 하해(河海)처럼 넓은 포부와 기개를 지닌 사람만이 널리 이름을 알리고 역사에 길이 남을 업적을 이룰 수 있다.

남의 성과를 가로채는 것은 성신에 어긋나는 일이다. 자신의 부족한 학문을 감추고 남에게 보이지 않으려 하는 것, 단점을 숨기는 것은 모두 진실하지 못한 행동이다. 이렇게 해서는 영원히 발전할 수 없다. 그래서 증국번은 수신의 뜻을 세운 뒤로 자신의 결점을 낱낱이 일기장에 기록했다. 그리고 이것을 스승과 친구들에게 보여주고 비난과 충고를 겸허히 받아들였다. 이렇게 자신의 모든 욕심을 낱낱이 세상에 공개하기란 결코 쉬운 일이 아니다. 그만큼 넓은 도량과 기개를 지닌 사람만이 다른 사람의 충고를 받아들일 수 있다는 뜻이다. 자신의 단점을 만천하에 공개할 경우 처음엔 비난이 쏟아지겠지만, 그만큼 발전할 수 있는 기회가 많아진다. 훌륭한 스승, 훌륭한 친구, 훌륭한 본보기는 모두 다른 사람의 도움 없이는 불가능하다.

스스로 성실을 지키면서 친구와 가족들에게 성실하도록 요구하는 사람은 공명정대하고 사심이 없으며 도량과 기개가 넓은 사람이다. 물론 완벽할 수는 없겠지만, 항상 자신에게 엄격한 태도를 유지해야 한다. 특히 관직에 있는 사람이라면 '성신'을 목숨 걸고 지켜야 한다. 이것 역시 완벽할 수 없겠지만 세태에 물들어서는 안 된다. 도연명(陶淵明)처럼 욕심을 버리고 강직한 성품을 유지할 줄 알아야 한다. 도연명의 강직한 성품은 출세(出世)와 관련된 것이고, 증국번의 강직한 성품은 입세(入世)에 관한 것이다.[67] 이 둘은 서로 비슷하기도 하고 다르기도 한데, 종합적으로 볼 때 입세를 위한 강직이 더 어렵다. 그것은 끊임없이 스스로에게 성신을 요구하면서도 비난과 모욕을 피할 수 없다. 그야말로 진퇴양난 상황에 빠질 때가 비일비재하다. 그래서 입세를 위한 강직함은 절대 고지식해서는 안 된다. 상황에 따라 거짓말도 해야 하고 아부도 해야 한다. 하지만 너무 노골적으로 표현해서는 곤란하고 일의 진행 방향에 어느 정도 영향을 끼칠 수 있는 정도가 적당하다.

진실한 마음은 안정적인 기반을 위한 기본 요소다. 그렇다면 절대 거짓말을 해서는 안 되는 게 아닌가? 그렇지 않다. 진실과 거짓의 기준은 이해관계에 따라 크게 달라진다. 이해관계 변화를 확실히 파악해야 진심을 유지할 것인지 변화를 택할 것인지 판단할 수 있다. 진실해야 할 때는 숨김없이 분명하게 밝히고, 바꿔야 한다면 주저하지 말고 과감하게 행동해야 한다. 증국번은 세 번이나 황제의 출병 명령을 거부했지만, 혈성으로 함풍제의 마음을 움직여 결국 출병을 미루는 데 동의하게 만들었다. 그러나 이수성을 처형한 것은 이해관계에 기초한 일종의 변칙이었다. 만약 이수성을 처형하지 않고 북경으로 압송했더라면 증국번 자신은 물론 황제까지 곤란해질 수 있었다.

증국번은 남경성을 함락한 직후 조정에 보고서를 올리면서 남경성의 태평천국군이 10만이었다고 적었지만, 사실 민간인까지 전부 합해 3만 정도였다. 또 조정에서 태평천국군이 남긴 재물이 얼마나 되는지 물어오자, '아무것도 없었다. 나도 정말 뜻밖이었다'라고 답했다. 물론 거짓말이었다. 그는 상군 병사들에게 돌아갈 위로금을 조정에 빼앗길 것을 염려해 거짓말을 한 것이다. 곧이어 이수성을 사로잡은 후 다시 조정에 그를 북경으로 압송할 것인지 즉결 처리할 것인지 의견을 물었다. 지금 남아 있는 당시 기록을 보면 증국번은 조정으로부터 답변이 도착한 바로 그날 이수성을 처형하고, 그로부터 나흘 뒤에 답신을 받았다고 거짓말까지 했다. 그가 조정을 속이고 이수성을 처형한 데는 이유가 있었다. 이수성이 너무 많은 것을 알고 있어 그를 북경으로 압송할 경우 그동안의 거짓 보고가 들통나 증국번 자신이 큰 위험에 빠질 수 있기 때문이었.

만일 이런 증국번을 거짓말쟁이라고 비난하는 사람이 있다면, 그는 고지식하고 어리석다고밖에 할 수 없다. 혹은 세상물정 모르고 일의 순서나 중요성을 따지지 못하는 사람일 수도 있다. 단순하게 보면 증국번은 진실하지 못한 거짓말쟁이라고 볼 수 있다. 그러나 그는 가장 간단하고 효과적인 방법으로 복잡하고 어려운 일을 처리한 것뿐이다. 이수성은 증국번이 죽이지 않았더라도 북경으로 압송된 후 어차피 죽을 목숨이었다. 그렇다면 문제가 복잡해지기 전에 죽이는 편이 낫다. 후에 멋대로 이수성을 죽였다는 비난이 있기는 했지만 그 이상 큰 문제는 생기지 않았다.

사실 증국번이 조정에 거짓말을 한 것은 한두 번이 아니었다. 특히 전투 상황이나 결과를 보고할 때, 항상 적군 수천 명을 죽였고 상군의 피해는 수십 명 혹은 수백 명이라고 말했다. 당시 전쟁에 총과 대포가 사용되기는 했지만, 여전히 활, 창, 칼 등이 주류를 이루었으므로 이것은 상식적으로 생각할 때 믿기 어려운 내용이었다. 더구나 매번 이렇게 압도적인 승리를 거둘 수는 없는 일이다. 하지만 그의 거짓말은 도를 지나치지 않았고, 조정에서도 크게 신경 쓰지 않아 다행히 별 문제 없이 지나갈 수 있었다.

그러나 개인의 인간성을 논할 때의 증국번은 조금 달랐다. 이 부분에서만큼은 예외 없이 '잔꾀를 부리는 것보다는 서툰 것이 낫'다', '성을 근본으로 삼아야 한다'는 원칙을 고수했다. 그래서 그는 일상에서나 일을 할 때, 항상 일관된 기준으로 행동해야 한다고 말했다. 그러나 상황이나 변화를 정확히 인지해 중용을 지키는 것이 더욱 중요하다고 강조했다.

사람은 진심이 있어야 넓은 도량과 기개를 키워 대중의 마음을 얻을 수 있다. 세상을 움직이려면 먼저 대중의 마음을 얻어야 한다. 증국번은 황제가 될 생각이 없었으므로 천하 패권을 내걸고 인재를 구하지는 않았다. 그는 오로지 진심과 정성으로 천하의 인재를 감동시켰다.

전략기반, 호남을 의지하다

큰일을 이루기 위한 또 다른 기반은 전쟁의 승패를 좌우하는 핵심 조건인 후방기지다. 증국번은 호남에 안정적인 후방기지를 구축하기 위해 강력한 수단으로 현지 도적떼를 진압했다. 그는 호남이 안정된 후 곧바로 상군 조직을 위한 기반 마련에 착수했다. 군대를 유지하기 위해서는 무엇보다 병력과 군량 보급이 안정적으로 유지되어야 하기 때문이다. 1만으로 시작한 상군은 전성기에 최대 30만 이상을 기록했는데, 여기에는 호남인의 역할이 컸다. 후방기지 호남이 아니었다면 상군은 병력 보충 문제를 해결하기 어려웠을 것이고, 호구 전투 패배 이후의 열세를 극복하지 못했을 수도 있다. 상군 전체 역사를 살펴보면 증국번이 후방기지의 안전을 얼마나 중요하게 생각했는지 알 수 있다. 그는 호남과 호북의 군소 도적떼를 완전히 제거한 후에야 출병을 결정하고 장강 하류, 강서 지역을 탈환해나갔다. 태평천국 전쟁의 최대 쟁점이었던 안경 전략에서는 호북과 강서를 후방기지로 삼았다. 드디어 안경을 함락하고 안휘 지역을 평정한 후 최후 목표인 남경성으로 향했다. 증국번은 계획에 따라 차근차근 안정적으로 군사 배치를 명했다. 후에 태평천국군을 이끌었던 석달개는 "그는 끊임없는 연구 분석을 통해 치밀하고 완벽한 계략을 세웠다. 내 평생 이런 지휘관은 본 적이 없다"라고 감탄해 마지않았다.

후방기지는 상군이 최후의 승리를 거두는 데 아주 중요한 역할을 담당했다. 특히 후방 지역에서 거둬들이는 이금(釐金)[68]은 군자금의 주요 원천이었다. 이처럼 후방기지로부터 꾸준히 병력과 자금이 보급되었기 때문에 상군은 중반의 열세를 극복하고 최후의 승리를 거둘 수 있었다. 반면 태평천국군은 이 두 가지 – 병력과 자금 – 가 부족했기에 결국 상군에게 무릎을 꿇을 수밖에 없었다.

증국번은 전쟁 역사를 살펴보면 시대와 상황에 따라 전략 전술은 다양하지만 한 가지 변하지 않는 사실이 있다고 보았다. 바로 후방기지를 안정적으로 구축하는 것이다. 따라서 출병에 앞서 반드시 근거지를 확보해야 한다. 호남, 호북, 강서를 근거지로 삼은 그는 '호남, 호북, 강서 3성을 안정적으로 운영해 그 기반으로 장강 하류를 탈환해야 한다'고 강조했다.

호남은 증국번이 조상 대대로 터를 닦아온 인생의 발판이자 상군의 병력 및 군량 보급 기지였다. 증국번은 단련대신에 임명되어 호남에서 일 년 동안 군사 훈련과 도적떼 소탕을 병행했다. 군사훈련과 도적떼 소탕은 동반 상승효과를 발휘해 기대 이상의 결과를 낳았다. 호남이 어느 정도 안정되자 상군은 본격적으로 태평천국군을 상대하기 위해 성 밖으로 나섰다. 증국번이 강력한 소탕 작전을 벌인 후 호남에는 별 다른 문제 없이 거의 평화를 되찾았다. 덕분에 생활이 안정된 농민들이 자연스럽게 상군 병력으로 유입되었다. 증국전이 길안과 안경에서 치열한 전투를 치른 후 병력이 크게 줄어들었을 때 호남으로 돌아와 다시 군대를 모집할 수 있었던 것도 기반을 미리 안정적으로 다져놓았기 때문이었다. 전성기의 상군 30만 명 중 절대 다수가 호남 출신이었으므로, 호남을 의미하는 상(湘)자를 붙여 상군이라 부르게 된 것이다.

1860년에 증국번과 호림익이 손을 잡고 연합 상군을 탄생시켰다. 이들은 가능한 모든 병력을 끌어모아 안경을 공격하고 계속해서 장강 하류로 진군했다. 일명 '동정(東征) 작전'이었다. 증국번은 작전 개시에 앞서 군량을 확보하기 위해 호남 장사에 특별히 동정국(東征局)을 설치했다. 여기에서 거둔 이금은 오로지 동정 부대 자금으로만 사용되었다. 동정국 설치 이후 호남 지역에서는 원래 이금의 절반에 해당하는 금액을 별도로 납부해야 했다. 물론 반대 여론이 만만치 않았으나, 다행히 곽곤도(郭昆燾), 황면(黃冕) 등 실무 담당자가 증국번을 지지하는 사람들이었다. 이들이 증국번과 상군을 위해 밤낮 없이 뛰어준 덕분에 별 탈 없이 자금을 확보할 수 있었다. 증국번이 남긴 기록을 보면 1861년(함풍 11년) 안경 전략 당시 위기에 빠진 상군은 군량마저 끊길 상황에 처했는데, 때마침 동정국에서 보내온 은자 7만 냥으로 겨우 군의 사기를 회복한다. 또 증국전

부대가 우화대에서 홀로 고전을 치르며 자금과 군량이 부족해 어려움에 처했을 때 증국전이 급보를 띄우자 동정국은 이번에도 즉시 자금을 보내주었다.

증국번의 대국관은 기본적으로 호북과 강서를 기반으로 해서 상류에서 하류로 진군하는 것이었다. 1854년 초에 군사훈련을 마치고 출병한 상군은 불과 열 달 만에 무창, 무혈(武穴), 전가(田家) 등 장강 연안 도시를 점령하고 눈 깜짝할 새에 구강에 도착했다. 구강은 안경을 중심으로 한 장강 상류의 관문이고, 안경은 상류로부터 남경을 지켜주는 방패였다. 본래 증국번은 무창을 탈환한 후에 호북 방위를 조금 더 강화할 계획이었다. 후방기지 안전을 확보해야 마음 놓고 하류로 진군할 수 있다고 생각했기 때문이었다. 그러나 함풍제가 동진을 재촉했고, 증국번 자신도 예상치 못한 위기에 빠져 구강과 호구에서 연달아 참패했다. 그 결과 수군은 두 갈래로, 육군은 네 갈래로 흩어졌고, 한동안 강서에 고립되는 처지에 놓였다.

증국번은 실패 요인을 면밀히 분석했다. 첫째, 호북 후방기지가 완벽하게 구축되지 않은 상태에서 동진을 강행했기 때문이다. 후방기지가 완전하지 않은 상태에서 너무 빨리 진군할 경우 적진에 둘러싸여 고립될 수 있으므로, 이는 병법에서 절대 금기시하는 것이다. 그래서 그는 먼저 후방기지 보강에 주력했다.

안경은 상군과 태평천국군의 최대 격전지이므로 전반적인 전략 구상에서 구체적인 부대 배치 하나하나까지 특별히 신경 써야 했다. 증국번과 호림익은 각각 부대를 이끌고 작전을 수행했다. 장강 북쪽 언덕에 주둔한 호림익 부대는 호북을, 장강 남쪽 언덕에 주둔한 증국번 부대는 강서를 후방기지로 삼았다. 동시에 이 두 부대는 직접 안경성을 포위하고 있는 최전방 부대의 후방기지이기도 했다. 이때 예상치 못한 사건이 발생했다. 영국-프랑스 연합군이 수도 북경에 침입하자 열하로 피난한 함풍제가 증국번에게 즉시 포초 부대를 지원군으로 보내라고 명한 것이다. 포초 부대가 3,000명 남짓이었고 안경 전략에 투입된 상군 전체 규모가 5~6만이었으니, 단순하게 보면 별일 아니라고 생각할 수도 있다. 하지만 전쟁은 단순히 병사 머리수로 하는 게 아니다. 탑제포가 전사한 후 포초는 상군 내에서 거의 유일한 맹장으로 손꼽혔다. 포초의 명성이 이미 조정에까지 알려질 정도니, 승보(勝保)나 승격림필(僧格林沁) 등이 그를 붙잡고 놓아주지 않을 가능성이 컸다. 증국번은 어떻게든 포초를 보내지 않으려고 적당한 핑계를 찾아 시간을 끌었다. 그러나 황제가 계속 파병을 독촉할 경우에 대비해 미리 대책을 세워두었다. 어떤 일이 있어도 안경 포위는 유지해야 했다. 황제가 호림익을 지명할 경우 장강 북쪽 연안에서 물러나 호북 수비에 집중하고, 증국번을 지명할 경우 장강 남쪽 연안에서 물러나 강서 수비에 전력하기로 했다. 둘 중 하나가 북경 지원군으로 파견되더라도 호북과 강서의 후방기지 중 적어도 하나는 반드시 지켜야 했다. 안경성을 포위하고 있는 부대를 지원할 후방기지가 있어야 안경 포위를 유지할 수 있기 때문이었다.

증국번 전략의 기초는 후방 안전과 안정적인 진영 구축이었다. 이를 위해 전략적 후방기지로 삼은 호남, 호북, 강서 방위에 만전을 기했다. 후방기지는 치열한 전투가 벌어지는 전장과는 멀리 떨어져 있었지만, 중요성만큼은 절대 뒤지지 않았다. 그가 기문에 고립되어 있을 때, 실제 태평천국군의 공격은 거의 없었다. 당시 태평천국군은 그가 기문에 있는지도 몰랐고, 그의 부대가 3,000명 남짓이라는 사실은 꿈에도 몰랐다. 오히려 증국번 자신의 지나친 걱정이 가장 큰 적이고, 가장 큰 위협이었다. 그는 특히 태평천국군이 경덕현을 점령해 군량 보급이 끊이지 않을까 노심초사했다.

포초는 죽음을 두려워하지 않는 상군 최고의 맹장이었다. 원칙대로라면 그는 당연히 선봉장이 되어야 했지만, 증국번은 그에게 예비 부대를 맡겼다. 안경과 남경 전투에서 그의 역할은 위급한 부대를 지원하는 것이었다. 전투력이 가장 강한 부대와 장수를 예비 부대로 남겨 놓은 것은 최전방 주력부대, 측면 지원 부대, 후방기지의 안전을 지키기 위해서였다.

증국번이 전략 기반과 후방기지를 강조한 내용을 보면 그의 신중하고 침착한 자세, 굳은 결심과 강인한 인내심이 그대로 드러나 있다. 이것은 그의 인간성이나 관직 철학과도 일맥상통한다. 결과적으로 그는 이 모든 것을 종합해 자신에게 가장 잘 맞고 효과적인 방법을 찾아냈다. 가장 효과적인 방법 혹은 최상의 성공비법이란 그 사람의 특성과 장점을 최대한 살릴 수 있는 것이다.

성공 인물의 처세력 ❻

유방의 기반, 확실한 근거지로 승리하다

홍문연(鴻門宴)[69]이 끝나고 유방은 서둘러 파상(灞上)으로 도망쳤다. 그러나 항우는 유방을 뒤쫓지 않고 함양을 공격해 진(秦)나라 황궁을 불태우고 무차별적인 살육을 저질렀다. 도시 전체가 불길에 휩싸여 무려 석 달 동안 타올랐다고 한다. 일찍이 진시황이 이곳 함양에서 수많은 책을 불살랐다는 분서갱유 사건이 있었지만, 실제 불태워진 책은 일부 금서뿐이었다. 그러나 항우는 모든 책과 그림을 닥치는 대로 불태웠다. 문화적인 파괴 정도를 따지자면 항우가 진시황보다 훨씬 악랄했다. 오늘날 아방궁(阿房宮) 옛터와 병마용(兵馬俑)에서 출토된 유물 상당수에는 까만 그을림 흔적이 남아 있는데, 이것은 항우의 행적이 남긴 상처다.

함양 함락 직후, 한 모사가 항우에게 새로운 전략을 내놓았다. "관중은 동쪽에 함곡(函谷), 남쪽에 무관(武關), 서쪽에 산관(散關), 북쪽에 소관(蕭關)으로 둘러싸여 있습니다. 험준한 산과 계곡으로 둘러싸여 지리적으로 매우 유리한 요새가 될 뿐 아니라 사람이 많고 물자가 풍부하니, 이곳을 수도로 삼으면 반드시 패업을 달성할 것입니다."

그러나 항우는 완전히 폐허가 돼버린 함양을 보면서 갑자기 남쪽 고향으로 돌아가고 싶다는 생각이 간절해졌다. "얻을 만큼 얻었으나 고향에 돌아가지 못한다면, 잠잘 때조차 화려한 비단 옷을 벗지 못하는 것과 같으니, 누가 그 마음을 알까?" 항우가 이렇게 말하며 제안을 거절하자 모사는 뒤에서 온갖 불평을 늘어놓았다. "초나라 사람은 원숭이가 관을 쓴 격이라더니, 과연 그 말이 사실이구나."[70] 나중에 이 말을 전해들은 항우는 그 모사를 잡아들여 끓는 물에 넣어 삶아 죽였다.

얼마 뒤 항우는 18제후를 봉하고, 스스로 서초패왕(西楚霸王)에 등극했으나, 유방의 야망을 잘 알고 있었기에 마음이 놓이지 않았다. 그래서 그는 유방을 험준한 산으로 둘러싸여 출입이 쉽지 않은 탓에 예부터 유배지로 유명한 파촉으로 보내기 위해 한왕(漢王)에 봉했다. 그리고 관중을 셋으로 나눠 세 명의 왕을 세우고 유방을 견제하도록 했다.

유방으로서는 달갑지 않은 처사였지만, 당장은 항우를 이길 수 없으니 그의 결정을 받아들일 수밖에 없었다. 그는 험한 고개를 넘어 한중으로 향했다. 그리고 항우의 경계심을 없애야 한다는 모사 장량(張良)의 제안을 받아들여 잔도(棧道)를 모두 불태우고 한중으로 들어갔다. 이것은 '잔도를 불태웠으니 나는 두 번 다시 관중에 돌아오지 않을 것이다. 그러니 나 때문에 특별히 신경 쓸 필요 없다'라는 뜻이었다. 잔도란 고대 중국에서 절벽을 따라 구멍을 뚫고 나무 받침대를 세우고 나무판을 깔아 만든 길로 사람 한 명과 수레 하나가 겨우 지나갈 만큼 좁고 위험한 길이다.

18제후들은 각자 영지로 돌아갔고, 항우도 팽성(彭城)으로 돌아가 서초패왕 놀이에 푹 빠졌다. 그러나 항우가 열여덟 명의 제후를 봉한 것은 결과적으로 역사를 거스르는 엄청난 실수였다. 지방 실권을 제후에게 위임하면 중앙통제권이 크게 약화될 수밖에 없기 때문이다. 그가 팽성으로 돌아가자마자 북방이 어지러워지기 시작했고, 결국 다시 진압군을 파견해야 했다.

유방은 이것이 일생일대의 기회임을 인식했다. 그는 잔도를 수리하는 척 시선을 돌리고 몰래 진창(陳倉)을 넘어 군대를 이동시킬 계획을 세웠다. 이것이 그 유명한 고사성어 '명수잔도, 암도진창(明修棧道, 暗渡陳倉)'의 유래다. 유방의 작전은 대성공이었다. 진령(秦領)을 넘어 한중을 빠져나온 유방 군대가 순식간에 삼진(三秦) 지역을 휩쓸고 관중을 차지했다. 관중을 중심으로 한 옛 진(秦)나라의 땅은 넓고 비옥하기로 유명했다. 특히 위하 연안에서는 풍부한 농산물이 생산되어 식량 공급 조건도 최상이었다. 한중을 빠져나온 유방 군대가 엄청난 기세로 불과 한 달 만에 관중을 장악할 수 있었던 것은 용병술의 귀재 한신 덕분이었다.

한편 유방과 한신이 군대를 이끌고 떠난 후 한중에는 소하가 남아 후방 지원을 총괄했다. 소하가 있었기에 한중은 유방 군대의 훌륭한 전략적 기지가 될 수 있었다. 얼마 지나지 않아 유방이 관중을 점령하자 소하도 즉시 관중에 합류했다. 이때부터 한신과 소하는 관중을 새로운 전략 기지로 발전시키는 데 주력했다. 유방은 파촉과 한중에 이어 관중까지 장악하면서 완벽한 후방기지를 구축했다.

그리고 드디어 초한 전쟁이 시작되었다.

먼저 항우의 후방기지를 짚어보자. 항우는 자신의 고향이자 오랜 근거지였던 초나라 수도 팽성을 후방기지로 삼았다. 하지만 이 선택은 일생일대의 실수가 됐다. 그는 전국(戰國)시대 위나라가 범했던 과오를 그대로 답습하고 말았다. 팽성은 끝없이 펼쳐진 황토평야에 위치해 지형적으로 요새로 삼을 만한 것이 전혀 없었다. 사방이 모두 뚫려 있어 어디서든 적이 쉽게 공격해올 수 있는 반면 수비하기는 어려웠다. 따라서 팽성은 수도로 적합하지 않을 뿐더러 천하 패업을 달성할 근거지로도 불합격이었다. 일찍이 위나라는 전국시대 혼란을 이겨내고 가장 먼저 법과 제도를 정비해 가장 먼저 힘을 키웠다. 그러나 산서 서남부 산지에 있던 수도를 하남 평원에 위치한 개봉(開封)으로 옮겨 돌이킬 수 없는 불행을 자초하고 말았다. 개봉은 중원과 가깝기는 하지만 요새 구축이 어려워 사방의 적을 불러들이는 지형이었다.

관중 기지를 안정시킨 유방은 항우가 북방을 평정하기 위해 팽성을 비우자 곧

바로 56만 대군을 이끌고 팽성을 공격했다. 초한전쟁을 도발한 유방은 한 달 만에 팽성을 점령했다.

그러나 유방 군대는 말이 56만이지 사실 오합지졸이었기 때문에 전투력은 미미했다. 곧이어 항우가 3만 정예부대를 이끌고 반격해오자 유방 군대는 반나절도 버티지 못하고 무너졌다. 정신없이 쫓기며 휴수(睢水)를 건너다 익사한 자만 10만에 달해 강물이 막힐 정도였다. 유방은 우여곡절 끝에 살아나 호위병 수십 명과 함께 도망 길을 재촉했다. 당시 그는 아들, 딸과 함께 마차를 타고 있었다. 그런데 그는 사람이 많이 탄 마차가 빨리 달리지 못한다는 이유로 몇 번이나 아이들을 내버리려 했다. 다행히 아이들은 부하 장수들 덕분에 목숨을 건질 수 있었다. 이때 아버지에게 버림받았던 아들이 바로 훗날 한나라 혜제(惠帝)다. 혜제는 당시 너무 큰일을 겪은 탓인지 몸이 허약해 황제가 된 지 7년 만에 세상을 떠났고, 결국 모후인 여후(呂后)가 정권을 장악했다.

초한전쟁의 승자이자 한나라의 시조인 유방이지만, 그는 자기 목숨을 건지기 위해 군대도 자식도 버리는 인물이었다. 그는 '사람'을 중요하게 생각하지 않았다. 관중이라는 확실한 근거지가 있으니 군대는 다시 모으면 된다고 생각했다. 심지어 가족도 소중하게 생각하지 않았기에 훗날 그의 부모가 항우의 포로가 되었을 때도 눈 하나 깜짝하지 않았다.

쉬지 않고 도망쳐 형양(滎陽)에 이른 유방은 곧이어 뒤쫓아온 항우와 대치했다. 이번 대결은 그야말로 유방의 참패였다. 항우는 유방보다 줄곧 강한 전력을 유지했고, 이번 승리로 훨씬 더 강해졌다. 유방은 관중을 차지하며 잠시나마 상승세를 탔으나 상황은 다시 반전되었다.

항우는 유방의 수십만 대군을 섬멸하고 여세를 몰아 형양까지 그를 뒤쫓았으나 겨우 팽성을 되찾는 데 만족했다. 덕분에 유방은 관중, 관동 지역을 기반으로 삼아 금방 다시 일어섰다. 유방은 관중이라는 확실한 근거지가 있었기에 나아가고 물러서는 데 큰 어려움이 없었다. 그는 두 번 다시 홍문연에서처럼 당하고만 있지 않겠다며 이를 악물고 힘을 키웠다. 한편 항우는 끊임없이 문제를 일으키는 북방 제후들 때문에 한시도 편할 날이 없었다. 이렇게 유방이 하루하루 기반을 안정시키는 동안 항우의 전력은 하루하루 약화되었다. 양군의 대치가 장기화되면서 먼저 지친 쪽은 역시 항우였다.

유방은 형양으로 도망치는 중에 이미 다음 행보에 대한 전략을 구상했다. 말을 쉬게 하느라 잠시 길을 멈췄을 때, 그는 장량에게 이렇게 물었다. "관동 지역에 함께 일을 도모할 인물이 누가 있겠소?" 장량이 오래전부터 준비하고 있었던 듯 조금도 망설이지 않고 대답했다. "구강 왕 영포(英布)와 팽월(彭越)이 있습니다. 이 두 사람은 당장 연락을 취해볼 필요가 있습니다. 그리고 대왕의 부하 중에서 큰일을 해낼 사람은 오직 한신뿐입니다. 이 세 사람을 잘 기용하면 항우를 무너뜨리는 것은 시간문제입니다." 장량 역시 천하의 흐름을 정확히 읽고 있었던 것이다. 역시 그는 한나라 3대 개국 공신으로 손색이 없는 인물이었다. 유비는 장량의 제안을 한층 발전시켜 패업 달성을 위한 대국 전략을 완성했다.

장량이 말한 영포는 항우가 구강 왕으로 봉한 인물이다. 그는 원래 항우를 따라 천하를 누비던 초나라 최고의 맹장이었다. 제후들이 항우를 두려워했던 이유가 바로 영포 때문이었다. 북방 제후들의 반란을 진압하기 위해 출병한 항우는 영포에게도 서둘러 합류할 것을 명했다. 그러나 영포는 병을 핑계로 출병을 거절했다. 얼마 뒤 유방이 팽성을 급습했을 때도 영포는 병을 핑계로 끝내 지원군을 보내지 않았다. 크게 화가 난 항우는 영포를 소환하기 위해 계속해서 사신을 보냈다. 이에 위기를 느낀 영포가 항우를 더 멀리하면서 두 사람의 관계는 돌이킬 수 없는 지경에 이르렀다.

이런 상황에서 유방이 영포에게 접근했다. 유방의 사신이 구강에 도착했을 때 마침 항우의 사신이 영포에게 출병을 재촉하고 있었다. 이때 유방의 사신이 끼어들어 말했다. "구강 왕은 이미 한왕의 사람인데, 무슨 출병을 한단 말이오?" 영포는 깜짝 놀라 얼굴이 사색이 되었고, 항우의 사신도 황급히 자리에서 물러났다. 유방의 사신은 다시 말했다. "기왕 이렇게 되었으니, 일단 저자를 죽여야 하지 않겠습니까? 그리고 저와 함께 한왕에게 가시지요." 영포에게는 이 사신의 말에 따르는 것 말고는 다른 선택의 여지가 없었다. 드디어 그가 군대를 모아 초나라 군대를 공격하면서 항우의 남방 기지가 위험해졌다.

이렇게 해서 유방의 남방 전선 전략은 간단히 해결되었다.

팽월은 본래 진(秦)나라 말기 혼란을 가중시킨 도적떼 우두머리였다. 지방 곳곳에서 진(秦)나라에 반대하는 무리가 끊임없이 일어났고, 이런 분위기를 타며 팽월 부대는 순식간에 1만 명으로 늘어났다. 그러나 팽월은 어디에 소속되어 관직을 받고 명령을 수행하는 것이 아니라 독자적으로 행동했다. 어느 날 유방의 사신으로부터 연합 제안을 받고 흔쾌히 동의하면서 드디어 적을 갖기 시작했다. 팽월은 주로 항우의 근거지를 중심으로 유격전을 펼쳤다. 그의 주요 임무는 초나라 후방 기지를 습격해 초나라 군대의 사기를 떨어뜨리고 물자 공급을 어렵게 만드는 것이었다. 팽월의 군대는 유격전에 특별한 능력을 발휘했다. 이 때문에 골치를 썩이던 항우가 팽월을 잡으려고 두 번씩이나 군대를 철수시켰다. 한편 팽월은 항우 군대의 움직임을 간파하는 순간 빠르게 후퇴해 멀리 달아났다. 항우로서는 너무 화가 나 미치고 팔짝 뛸 지경이었지만, 팽월이 이미 모습을 감추었으니 어쩔 도리가 없었다. 팽월의 활약으로 항우가 형양 전선에 집중하지 못하면서 대세는 유방에게 매우 유리한 방향으로 흘러갔다.

이렇게 해서 적의 후방 기지에 치명적인 타격을 주려는 유방의 계략이 성공을 거두었다.

유방은 북방을 평정하기 위해 한신을 파견했다. 한신은 발군의 능력을 뽐내며 북방 지역 수백 킬로를 종횡무진 누볐다. 그는 항우 수하의 맹장으로 손꼽히는 용저(龍且)를 대파함으로써 북방 지역을 평정하고, 이곳에서 다시 항우 군대를 위협했다. 특히 한신은 초나라 군대를 격파할 때마다 투항해온 초나라 병사들을 모아 그럴듯한 지원군을 조직해 형양 전선으로 보냈다. 유방은 적시에 병력이 보충되니 마음 놓고 전투에 집중할 수 있었다. 이처럼 한신의 군대는 대부분 적군에서 투항해온 병사들이었으니, 그의 리더십이나 군사적 재능이 얼마나 대단했는지 충분히 짐작할 수 있다.

이렇게 해서 유방의 북방 전선 전략도 대성공을 거두었다. 유방의 대국 전략 마지막 단계는 관중 기지를 완벽히 해서 확실한 근거지를 구축하는 것이었다. 그는 형양으로 도망쳐온 후 곧바로 아들을 관중으로 보내 태자로 삼고 숙하에게 태자 보좌와 관중 운영을 맡겼다.

유방은 이상의 네 단계 전략에 기초해 기본적인 전략적 군사배치를 마련했다. 그 중심 근거지는 당연히 관중이었고, 형양 전선에서 정면 승부를 걸었다. 유방이 형양에서 항우와 대치하는 동안, 북방에서는 한신이 초나라 군대를 공격하고, 남방에서는 영포와 팽월이 초나라 후방 기지를 끊임없이 괴롭혔다. 이는 완벽한 입체적 전방위 전략이다. 즉, 사방에서 위압을 가해 먼저 초나라 군대를 지치게 만든 후 일격을 가해 항우를 무너뜨릴 생각이었다.

일찍이 항우가 팽성 전투에서 대승을 거두기는 했지만, 유방의 새로운 전략 제휴와 전방위 군사배치가 진행되면서 항우의 낡은 전략은 전혀 효과를 발휘하지 못했다. 그 중에서도 유방이 직접 지휘하는 형양 전선의 위력이 가장 컸다. 항우 역시 여기에 정면 승부를 걸고자 주력부대를 이끌고 직접 유방을 상대했다. 항우는 당시 천하제일 맹장이었고, 유방은 번번이 그에게 패했다. 어떤 때는 적의 포위망을 뚫고 도망치기 위해 여장을 하기도 했고, 가슴에 화살을 맞아 죽을 뻔한 적도 있었다. 그러나 든든한 후방 근거지가 있었기에 수많은 고비를 넘기고 다시 일어설 수 있었다.

소하의 관중 운영 능력은 정말 대단했다. 그는 특별히 조치나 제도를 만들지 않았지만, 유방의 형양 전선 물자 보급에 문제가 생긴 일이 한 번도 없었다. 군량이 떨어질 때쯤 소하가 곡식을 보내왔고, 병력이 줄어들면 소하가 새로 모집한 군대가 도착했으니, 유방은 마음 놓고 전투에 집중할 수 있었다.

초한 전쟁이 한창 최고조에 달했을 무렵 유방이 여러 번 사신을 보내 소하의 공을 치하했다. 어느 날 소하의 부하가 "필시 대왕께서 공을 의심하고 계신 것입니다"라며 소하를 깨우쳐주었다. 소하는 깜짝 놀라 좋은 방법이 없는지 물었다. 이에 부하가 조언했다. "지금 군대에 있는 공의 자손을 최전방 부대로 보내십시오. 대왕께서 공을 더 깊이 신뢰하게 될 것입니다." 소하가 부하의 조언대로 따르니 유방은 크게 기뻐했다. 사실 유방은 한신과 소하를 포함해 어느 누구도 100% 신뢰하지 않았다.

유방이 안정적인 근거지를 마련할 수 있었던 것은 관중의 지리적 이점과 우수한 인재 덕분이었다. 특히 소하는 유방에게 충성을 다했고, 그만큼 큰 신뢰를 얻었다. 한나라 개국 후 논공행상을 논하는 자리에서 유방이 소하의 공을 최고로 인정했다. 유방은 그만큼 근거지의 역할이 중요하다고 생각했던 것이다.

그런데 유방이 소하의 공을 최고로 뽑았을 때, 많은 장군들이 이의를 제기했다. 자신들은 목숨 걸고 전쟁터를 누비며 유방이 패업을 달성하도록 도왔는데, 어떻게 소하보다 못하단 말인가? 한낱 서생에 불과한 소하는 후방에서 잘 먹고 잘 입고 편안히 지내지 않았는가? 그런데 그의 공이 최고라고?

이러한 무장들의 반발에도 불구하고 유방은 확실히 자신의 뜻을 밝혔다. 조참(曹參)을 비롯한 여러 장수들이 목숨을 걸고 적군을 무찔러 전공을 올린 것은 사실이지만, 이는 일시적이고 지엽적인 성과일 뿐이었다. 반면 소하가 관중을 효과적으로 운영해 안정적인 기반을 마련한 것은 역사적으로 보기 드문 뛰어난 공적이었다. 조참 등 무장들의 전공이 적었더라도 유방은 조금 더 시간이 걸릴지

언정 한나라를 세울 수 있었을 것이다. 그러나 관중 기반이 무너졌더라면 역사가 완전히 달라졌을지 모른다. 그렇기 때문에 소하의 공이 최고일 수밖에 없다. 소하가 관중을 잘 운영해준 덕분에 유방은 복잡하고 쓸데없는 걱정을 덜고 오직 전투에 집중할 수 있었다. 만약 관중에 문제가 생겼더라면 군대의 사기가 떨어지고, 유방도 미리 계획한 전략을 실행할 수 없었을 것이다.

그러나 항우는 유방과 달리 인복(人福)이 없었다. 팽월 때문에 늘 불안했던 후방 기지에는 소하처럼 뛰어난 능력을 지닌 인재가 없었다. 병력이 줄어들어도 보충되지 않고, 군량 보급도 제때 이뤄지지 않아 초나라 군대는 점점 힘을 잃어갔다. 만약 형양 전선에서 항우가 조금 더 강하게 유방 군대를 밀어붙였다면 어떻게 되었을까?

유방은 관중을 기반으로, 효산과 함곡관을 요새로 삼고 있었다. 천하의 항우라도 효함 요새를 깨뜨리기는 쉽지 않았겠지만, 최소한 형양 전선을 효함 요새까지 밀어낼 수는 있었을 것이다. 효함 전선이 형성되었다면 유방은 어떻게 대처했을까? 전선이 밀렸다고 해도 부대 배치가 그대로이고 관중 근거지도 여전히 건재했으므로 군사 전략상으로 크게 달라지지는 않았을 것이다. 한신과 팽월이 계속 초나라 북방과 남방을 어지럽혔기 때문에 항우는 여전히 효함 전선에 집중하지 못했을 것이다. 오히려 후방 기지와 더 멀어져 작전을 수행하기가 더 어려웠을 것이다.

유방에게 소하는 현모양처와 같은 존재였다. 덕분에 집안 걱정할 필요가 없고 오히려 지속적으로 도움을 받아 전력을 다한 덕분에 패업을 달성할 수 있었다. 이것은 증국번이 "평생 아내와 자식 문제에 휘말리지 않았으니, 이것 또한 큰 복이 아니겠소?"라고 말한 것과 비슷한 맥락이다.

소하의 공적을 단적으로 보여주는 예가 있다. 유방 군대가 함양을 공격했을 때, 성에 진입한 병사들은 모두 재물을 챙기느라 정신이 없었다. 이때 소하는 서둘러 승상부와 어사부로 달려가 법령 관련 문서를 챙겼다. 소하가 아니었다면 훗날 항우가 함양을 폐허로 만들었을 때, 이 귀중한 자료들이 모두 사라졌을 것이다. 유방은 소하가 챙겨온 자료를 바탕으로 초나라 주변 지역의 요새 정보, 각 지역의 인구, 물자 정보를 얻어 효과적인 전략을 세울 수 있었다.

유방이 삼진 지역을 탈환하고 관중을 근거지로 삼을 때도 소하의 자료에 큰 영향을 받았다. 관중은 황하와 화산으로 둘러싸여 천연의 요새를 이루었고, 효산과 함곡관은 철통 관문에 해당했으며, 이를 통해 동쪽으로 쉽게 중원에 진출할 수 있었다. 이곳은 공격하기 어렵고 수비가 유리한 지형인데다 위하 유역의 비옥한 땅에서 풍부한 물자가 생산되었다. 그래서 일찍이 진(秦)나라도 관중을 기반으로 육국(六國)[71]을 평정하고 천하를 차지했다. 당시까지만 해도 장강 유역은 기후가 덥고 습한데다 삼림이 빽빽해 사람이 살기 어려운 지역이었다. 따라서 관중만큼 완벽한 지리적 조건을 갖춘 군사 거점은 없었다. 이러한 정보는 모두 소하의 자료에서 얻은 것이었다.

위에서 보듯 소하의 공적은 단순히 후방 기지를 잘 운영해 병력과 군량을 보급해준 데 그치지 않고 군사 전략 및 대국관 수립에 결정적인 역할을 했다. 유방이 그의 공적을 최고로 인정한 것은 당연한 결과였다.

제7장
큰 뜻은 큰마음에서 나온다

'천하를 평안케 할 것'과 '내성외왕', 이 두 가지는 세상에서 가장 위대한 포부다.
그런데 증국번은 이 위대한 포부를 기적처럼 현실로 만들어냈다.

    장원(狀元), 방안(榜眼), 탐화(探花)는 일갑(一甲) 합격자 1, 2, 3등을 가리키는 말이고, 이들을 통틀어 진사급제(進士及第)라 칭했다. 이갑(二甲) 합격자는 진사출신(進士出身), 삼갑(三甲) 합격자는 동진사출신(同進士出身)이라 불렀다. 진사란 과거 합격자를 통틀어 이르는 말이다.[72] 청나라 때는 보통 일갑, 이갑 합격자만 한림원에 들어갈 수 있었으므로 삼갑 합격자인 증국번은 원칙적으로 한림원에 들어갈 수 없었다. 안타깝게 목표를 놓친 그는 억울하고 부끄러워 당장 고향으로 돌아가고 싶었다.

    한림원이 어떤 곳인가? 이곳은 당나라 때 문학, 학문, 의술, 방술 등 사회 각 분야에서 재주가 뛰어난 인재를 모으기 위해 설립한 기관이었다. 이들은 황제 가까이에서 재주를 갈고 닦았지만, 정식 관리로 등용되지는 않았다. 당시 가장 대표적인 인물로 이백(李白)을 꼽을 수 있다. 이백은 장안(長安)에 머물면서 현종(玄宗)과 양귀비(楊貴妃)를 위해 아름다운 시를 지어 바쳤다. 이후 한림원은 송나라, 원(元)나라, 명나라, 청나라를 거치면서 관직 제도를 관리하는 국가 중추기관으로 발전했다. 한림원의 수장인 한림학사(翰林學士)는 보통 삼품~오품에 해당했는데, 그 영향력은 시간이 지날수록 커졌다. 청나라 때 한림원은 국가가 운영하는 전문 고급간부 양성기관이었다. 역대 청나라 재상은 대부분 한림원 출신이었고, 황제나 태자의 스승도 반드시 한림원 출신이어야 했다. 물론 예외가 없는 것은 아니었다. 화신(和珅)은 한림원 출신은 아니지만 만주족의 직위 세습 전통에 따라 재상이 되었다. 하지만 한족 고급 간부는 예외 없이 한림원 출신이었다.

물론 한림원에 들어간다고 해서 모두 고관대작이 되는 것은 아니었지만, 이들은 정일품 대학사, 종일품 육부(六部) 상서(尚書), 정이품 시랑, 종일품 총독, 종이품 순무와 같은 중앙 및 지방 기관 요직을 차지했다. 이 때문에 한림원은 과거를 준비하는 모든 선비들의 목표였고, 한림원에 들어가는 것은 개인과 가문의 커다란 영광이었다.

이상의 날개를 펴라

이런 상황이었기 때문에 진사에 합격했지만 한림원에 들어갈 수 없다는 사실은 증국번에게 큰 충격이고 시련이었다. 모든 걸 포기하고 고향으로 돌아가려 했던 그의 마음이 충분히 이해된다. 그가 이렇게까지 실망한 것은 애초의 기대, 자신감, 공명심이 너무 컸기 때문일 것이다. 그러나 그는 절친 곽숭도와 노숭광(勞崇光)의 격려와 도움으로 계속 북경에 남아 있기로 했다. 곧이어 있을 조고(朝考)[73]에 다시 한 번 승부를 걸어 볼 생각이었다. 노숭광은 이때 이미 관리 생활을 하고 있었지만, 보잘것없는 말단 관직이었다. 그러나 증국번과 뜻을 함께한 덕분에 훗날 양강 총독, 운귀(雲貴) 총독을 역임하며 종일품까지 올랐다. 어떻든 증국번은 노숭광 등의 도움으로 조고에 참가해 3위에 입상하면서 한림원에 들어갈 수 있었다.

증국번은 한림원에 들어간 후 학문에 더욱 매진하는 한편 많은 학계 및 정계 인사와 폭넓게 교류했다. 이때 증국번은 그의 인생에 큰 영향을 끼친 두 사람을 만났다. 바로 당감과 왜인이다. 대학사였던 두 사람은 특히 그의 사상 발전에 큰 영향을 끼친 스승이었다. 증국번은 두 사람의 가르침 아래 진정한 이상과 포부를 세웠다. 그는 왜인을 만난 이후 '성현'을 목표로 삼아 자신을 새롭게 바꾸기 시작했다. 이 시기 그가 남긴 편지와 일기에는 그의 원대한 포부와 공명심이 그대로 드러나 있다. 그는 처음 왜인을 만난 그날부터 심신 수련을 위해 좌선을 시작했고, 12가지 일일 규칙을 세웠다. 또한 그날 머릿속에 떠올랐던 나쁜 생각이나 욕망을 빠짐없이 일기에 기록한 후, 스승 왜인에게 보여주고 가르침을 받았다. 이 중에는 성욕과 관련된 내용까지 있어 그가 얼마나 솔직한 사람인지 알 수 있다. '대낮부터 갑자기 욕정이 날뛰며 활활 타올라 도저히 억누를 수 없었다. 정말 짐승과 다를 것이 없었다.'

현존하는 증국번 일기 중, 1842년(도광 22년) 10~11월 내용을 보면 그의 공명심이 얼마나 강했는지 추측할 수 있다.

- 술에 취하니 갑자기 공명심이 동하는구나. 이는 인간으로서 반드시 경계해야 할 일이다.(10월 4일)
- 그동안 나는 죄를 지으면서 남을 짓밟고 명예를 얻으려 했다. 어떻게 해야 이런 이기적인 마음을 극복할 수 있을까?(10월 8일)
- 동료들을 쓰러뜨리고 이기고 싶다는 생각이 든다.(10월 13일)
- 오늘도 쓸데없는 생각과 남 얘기로 많은 시간을 낭비했다. 이렇게 공명심으로 가득 차 있는 나 자신이 정말 부끄럽다. 공명심 때문에 스스로 남들보다 잘나야 한다고 말한다. 이런 생각이 마음속 깊이 박혀 있으니 병이

아닌가 싶다. 도대체 언제쯤 이 병을 완전히 고칠 수 있을까?(10월 20일, 이 문장 옆에 '절대 이런 마음을 가지면 안 된다'라는 비판적인 문구가 있는데, 아마도 왜인이 쓴 것으로 추측된다.)

- 온통 공명심뿐이로다. 시 쓰기를 좋아하는 것도 공명심 때문이리라. 이렇게 여기에 매일 고백해도 고칠 수가 없으니, 이 일기장이 오히려 공명심을 키우고 있는 것이 아닌가 싶다.(10월 25일, 옆에 '공명심을 인식하는 자체가 강적을 상대하는 것만큼 힘든 일이다'라는 문장이 있다.)

- 단번에 이름을 알리려는 마음이나, 고루한 생각이나 문장을 답습하고 남에게 잘 보이려 겉과 속이 다르게 행동하는 것은 모두 공명심에서 비롯되는 것이니, 그 뿌리가 아주 깊다고 할 수 있다.(11월 8일)

- 오늘은 아침부터 공명심이 크게 일더니 갑자기 거창한 생각이 떠올랐다. 세상 사람들을 경악케 할 도둑놈 같은 생각일 뿐이다. 정말 역겹다.(11월 10일)

- 글을 쓸 때 좋아해주는 사람도 있지만, 처음엔 그저 글씨를 너무 못 써 부끄러울 뿐 비난도 칭찬도 귀에 들어오지 않았다. 그러다 나중에는 오로지 아첨만 들렸고, 결국 어떤 칭찬에도 만족할 수 없는 지경에 이르렀다.(11월 11일)

- 무례함을 알면서도 억지로 다른 사람이 하는 대로 따라가는 것은 대부분 명예를 탐하는 마음 때문이고, 남이 욕할까 두렵기 때문이다.(11월 27일)

위의 발췌문에서 보듯 증국번의 공명심은 보통사람들과 비교할 수 없을 만큼 강했다. 일찍이 청나라 초기의 대사상가 왕부지(王夫之)가 남긴 "큰 뜻을 품지 않고 성공할 확률은 아주 낮다"라는 말은 많은 선비들에게 영향을 끼쳤는데, 누구보다 강한 공명심을 지닌 증국번도 그 중 한 명이었을 것이다. 하지만 공명심은 나쁜 것이 아니다. 오히려 강하면 강할수록 좋다. 성리학자 중에는 명예를 추구하려는 마음을 버려야 한다고 말하는 이들이 있는데, 이것은 절대 진심이 아니다. 이는 단지 세속적인 인간으로 비쳐지고 싶지 않아 자신을 속이고 감추는 기만행위일 뿐이다.

증국번은 왜인의 가르침을 받기 시작하면서 성리학자의 기준에 맞는 사람이 되기 위해 끊임없이 자신을 채찍질했다. 그는 자기 안의 공명심과 힘겹게 투쟁했지만 결국 승자가 되지 못했다. 예나 지금이나 공명심 자체는 나쁜 것이 아니다. 중요한 것은 그것을 어떻게 공명정대하고 올바른 방향으로 발전시키느냐 하는 것이다.

증국번이 왜인을 처음 만난 날이 1842년 10월 1일인데, 그날 이후 몇 달 동안 집으로 보내는 편지 중에 그와 관련된 내용이 자주 등장했다. "나는 지난 10월 1일에 새 마음 새 뜻을 세웠다. 아직 게으른 버릇을 못 다 고쳤지만, 매일 해서(楷書) 연습에 정성을 기울이고, 역사책 열 쪽을 읽고, 사소한 일 하나하나 모두 일기에 기록하고 있다. 지금까지 이 세 가지를 하루도 거르지 않았다."(『증국번가서(曾國藩家書)』 도광 22년 12월 20일에 동생들에게 보낸 편지 중에서) 이외에 그는 직접 정한 '12가지 일일 규칙'[74]을 편지에 적어 동생들에게도 실천하도록 했다.

증국번은 성리학자를 목표로 정하면서 금연을 결심했는데, 금연 과정과 심경에 대해서도 자세히 기록해두었다. 금연 8일째 되는 날, 그는 너무 담배가 피우고 싶어 미칠 것만 같았다. 완전히 제정신이 아니었지만 배수의 진을 친 군대처럼 필사의 각오로 자신과의 싸움을 이어갔다. 그렇게 두 달여 후, 그는 자연스럽게 담배를 끊을 수 있었다.

증국번은 금연 이야기 뒤에 이런 내용을 덧붙였다. "무릇 선비가 책을 읽을 때는 먼저 뜻을 세우는 것이 가장 중요하다. 그런 후에 지식을 쌓고, 마지막으로 항상 변치 않는 마음을 지녀야 한다. 뜻을 세울 때는 반드시 최고가 되겠다는 의지가 필요하다. 지식을 쌓을 때는 배움에 끝이 없음을 알고 쉽게 만족하거나 안주하지 않도록 해야 한다. 이런 마음이 변치 않고 끝까지 유지되면 이루지 못할 일이 없다. 위의 세 가지 중 어느 것 하나도 부족하면 안 된다. 너희들은 아직 어려 잘 모르겠지만, 지식만으로 하루아침에 무엇을 이룰 수 있는 게 아니다. 반드시 명확한 뜻을 세우고 변치 않는 마음으로 노력해야 원하는 바를 이룰 것이다."(『증국번가서』, 도광 22년 12월 20일에 동생들에게 보낸 편지 중에서)

이 편지를 받은 그의 아홉째 동생 증국전은 아직 10대 소년이었다. 증국전은 형의 가르침에 감동해 새로운 뜻을 세우고 더욱 분발하기로 결심했다. 그래서 그는 가숙을 떠나 더 넓은 세상으로 나가 더 큰 학문을 배우려 했다. 그러나 증국번의 생각은 달랐다. "만약 스스로 분발해 뜻을 세울 수 있으면 가숙에서도 충분히 학문을 쌓을 수 있을 것이다. 의지만 있으면 드넓은 벌판이나 시끄러운 시장통에서도 책을 읽을 수 있고, 땔감을 등에 지고 돼지를 치면서도 책을 읽을 수 있다. 하지만 스스로 분발해 뜻을 세우지 못한다면 가숙에서 학문을 쌓을 수 없을 것이다. 의지가 없으면 아무리 맑고 깨끗한 무릉도원에서도 책을 읽을 수 없는 법이다. 어찌해 장소를 탓하고, 시간을 탓하느냐? 그보다 먼저 너의 진정한 뜻인 무엇인지 자문해보아라."(『증국번가서』, 도광 22년 12월 26일에 동생들에게 보낸 편지 중에서)

여기에서 증국번은 가숙을 떠나려는 동생에게 '명확한 의지만 있다면 어디에서 공부를 하느냐는 중요하지 않다'라고 따끔하게 충고했다. 학문을 닦고 실력을 쌓는 데 중요한 것은 시간이나 장소가 아닌 그 사람의 의지인 것이다.

밭 가는 법을 물어라

증국번의 가르침은 시대를 초월해 모택동에게까지 이어졌다. 모택동은 장사에서 공부하던 시절, 성내에서 장이 서는 날에는 성문동(城門洞)[75]으로 자리를 옮겨 책을 읽었다. 이것을 꼭 증국번의 가르침 때문이라고는 할 수 없겠지만, 모택동이 그의 저서 『강당록(講堂錄)』중에 『증국번가서』에서 큰 감동을 얻었다고 수차례 언급하고, 일부 내용을 직접 인용한 것으로 보아 어느 정도 영향이 있었던 것만은 확실하다. 어떻든 모택동은 주변 상황에 구애받지 않고 꿋꿋하게 자신의 뜻을 지킨 덕분에 대업을 이룰 수 있었다.

한 번은 증국번의 여섯째 동생 증국화가 과거시험에 떨어지고 크게 낙심하자 이렇게 편지를 보냈다. "시험에 한 번 떨어졌다고 이렇게 축 늘어져 푸념이나 늘어놓고 있다니, 어찌 그리 포부가 작으냐? 무릇 군자는 큰 뜻을 품어야 하는 법이다. 민포물여(民胞物與)의 뜻을 품고, 내성외왕(內聖外王)을 목적으로 해야 한다.[76] 자식으로서 부끄럽지 않은, 하늘 아래 부끄럽지 않은 완벽한 사람이 되어야 한다."(『증국번가서』 도광 22년 10월 26일에 동생들에게 보낸 편지 중에서)

증국번은 여기에서 자기 생각만 하느라 나라와 백성을 생각하지 않는 것은 군자의 도리가 아님을 강조했다. 그는 이런 사람이 과거에 급제해 등용된다면 조정에서 개, 돼지를 관리로 삼는 것과 다를 바 없다고 생각했다. 따라서 과거 급제자는 반드시 성현의 말씀을 되살리고, 성현의 도리를 밝히고, 성현의 행동을 실천할 수 있는 군자여야 한다고 말했다. 이후에도 증국번은 계속해서 동생들에게 여러 가지 충고를 전했다.

"너희들은 늘 바쁘다는 말을 입에 달고 사는구나. 작년에 여섯째 동생이 성남(城南)에 있을 때 매일 관아에 나가 관리들의 보고를 듣느라 편지를 쓸 시간이 없다고 했는데, 이 얼마나 어리석은 말이냐? 과거를 준비하던 시절에는 일 년 내내 매일 편지를 썼는데, 이제는 일부러 시간을 만들어야 편지를 쓸 수 있단 말이냐? 너희들 모두 바쁘다고 말하는데, 바쁘기로 따지자면 내가 너희보다 열 배 이상일 것이다. 어떻게 일 년에 편지 한 통을 못 쓴단 말이냐? 너희들이 고향 가숙에 남아 공부하는 것을 원치 않는다는 걸 나도 알고 있었다. 성도(省都)의 라택남은 훌륭한 스승이지만, 여섯째와 아홉째는 그에게 2년을 배우고도 전혀 발전하지 않았다. 나는 너희들이 고향에서 때를 기다리며 본분을 다하고 꿋꿋한 의지를 키워 일류 선비가 되길 바란다. 안휘 무원(婺源)의 진쌍지(陳雙池) 선생은 집안이 너무 가난해서 서른 살까지 도자기 공장에서 그릇에 그림을 그리는 일을 했다. 서른 살이 넘어 학문을 시작한 그는 평생 과거에 응시하지 않았지만, 100여 권의 저서를 남겨 당대 유명 인사와 어깨를 나란히 했다. 그는 스승도 친구도 없었고 고향 마을을 떠난 적도 없었다. 내가 너희들에게 바라는 것은 그저 포부를 크게 하고 늘 변함없는 마음을 유지하는 것, 이 두 가지뿐이다."(『증국번가서』 도광 25년 2월 1일에 동생들에게 보낸 편지 중에서)

증국번은 누구보다 강한 공명심을 지니고 있었지만 결코 헛된 명예를 추구하지는 않았다. "쓸데없이 다른 사람의 헛된 명예를 부러워하지 말라. 스스로 뜻을 세울 수 있는 사람이라면 누구나 성현이 되고 영웅호걸이 될 수 있다. 왜 다른 사람 등에 업혀 가려 하느냐?" (『증국번가서』 도광 24년 9월 19일에 동생들에게 보낸 편지 중에서)

여기에서 말하고자 하는 것은 고관대작, 높은 명예, 부귀영화를 꿈꾸지 말고 백년에 한 번 나올 만한 성현이나 영웅호걸, 즉 일류 중의 일류가 되는 큰 포부를 지녀야 한다는 것이다. 그는 '성현이 되지 못하면 인간이 아니라 짐승이다. 수확에 대해 묻지 말고 어떻게 밭을 갈지 물어라'[77]라는 명언을 남겼다. '성현이 되지 못하면 인간도 아니다' 라는 말은 곧 그의 공명심이 얼마나 강한지 보여준다. 아마도 이렇게 자신 있게 공명심을 드러낼 수 있는 사람은 많지 않을 것이다. 나아가 이것을 행동으로 옮길 수 있는 사람은 더욱 드물다.

증국번은 이렇게 큰 포부와 큰 깨달음과 대단한 재능을 지녔지만, 그 역시 한 사람의 인간이었다. 보통사람들처럼 단점도 많았다. 그는 스스로 천성적으로 게을러 매일 자신을 돌아보고 매일 새로운 결심을 해야 한다고 말했다. 하지만 단점을 고치는 일이 생각처럼, 말처럼 쉬운 일이 아니기에, 그 역시 "매일 새롭게 뜻을 세우지만 매일 고쳐지지 않는다"라고 고백했다. 위인 증국번에게 정말 어울리지 않는 일이지만, 그는 늦잠 자는 버릇을 고치기가 가장 힘들었다고 한다. 아래 내용은 그가 1842년에 왜인을 만난 후 나태함과 투쟁한 기록이다.

- 반드시 한 곳에 집중할 방법을 찾아야 한다. 진심으로 하나에 집중하면 … 그래서 하루 사이에 뜻을 바꿀 수 있다.(10월 12일)
- 내 나이가 이미 적지 않은데, 시서육예(詩書六藝)[78] 어느 것 하나 제대로 배우지 못했다. 아직 뜻을 세우지 못하고 잘못을 고치지 못하니 욕심이 오히려 부끄러울 따름이다. 정말 힘들구나.(10월 17일)
- 나는 잔생각이 많아 하나에 전념하지 못하는 큰 단점이 있다. 오랫동안 습관이 되지 않으면, 뜻을 확고히 세우지 않으면, 진실로 안다고 할 수 없다.(10월 24일)
- 새로운 포부를 세운 지 오늘로 50일이 지났건만 아직 잘못을 하나도 고치지 못했다.(11월 23일)

- 10월 초에 새로운 포부를 세운 후 근 두 달이 지나는 동안 정신이 해이해졌다. 더 이상 엄숙하지도 않고, 조심스럽게 행동하지도 않으며, 잘못을 고치려고 하지도 않으니 여전히 옛날 모습 그대로다. 짐승 상태에서 벗어나기 위해 반드시 새로운 인간이 되어야 한다.(12월 7일)
- 한 가지 일도 제대로 마치지 못하고, 뜻도 세우지 못하고, 잘못도 고치지 못했다. 집중력이 날로 떨어지니 정말 한스럽다. 이래서야 어떻게 사람 노릇을 할까? 어떻게 자식 노릇을 할까?

증국번은 늦잠 버릇에 대해 말하면서 12월 한 달 중 13일 간 늦잠을 잤다고 고백하며 '나는 정말 인간도 아니다', '잠에 취해 늦게 일어나 아무것도 이룬 것이 없으니 정말 부끄럽다'라며 자신을 욕했다. 외부사람은 모를 테지만, 가까이에서 함께하는 아랫사람들은 그의 버릇이나 단점을 분명히 알고 있었을 것이다. 그래서 증국번은 주변 사람들이 자신을 비웃고 가식적인 사람이라고 생각할 것 같아 고개를 들 수 없었다.

사람은 누구나 게으름을 피우고 싶을 때가 있다. 증국번도 예외일 수 없었다. 그러나 그는 단점을 극복하고 포부를 실현하기 위해 끊임없이 나태함과 투쟁했다. 그는 자신의 의지가 약해지지 않도록 매일 사람들을 만나거나 가족들에게 편지를 보낼 때마다 자신의 포부와 의지를 확실히 공개했다. 이러한 방법은 대뇌 신경을 반복 자극함으로써 잠재력을 불러일으키는 효과가 있어 심리 치료법으로도 이용된다. 하나의 관념 혹은 어떤 목표를 반복적으로 언급하거나 머릿속에 떠올려 잠재력을 유발하는 '자기 암시'가 여기에 해당한다.

이렇게 부단히 노력한 결과 증국번은 북경 지식인들 사이에서 큰 명성을 얻기 시작했다. 그러나 그는 성리학자가 되는 길은 중도에 포기했기 때문에 군사 업적, 도덕성, 문장에서만 인정받았다.

증국번의 포부에서 반복적으로 언급되는 '천하를 평안하게 하는 것'과 '내성외왕'은 그야말로 세상에서 가장 위대한 포부라고 할 만하다. 성현, 영웅호걸, 대학자가 되겠다는 포부도 결코 만만치 않은 어려운 목표다. 역사에 길이 남을 위대한 업적을 세워야만 실현할 수 있는 꿈이지만, 증국번은 이렇게 기적과 같은 일을 현실로 만들어냈다.

다만 아쉬운 점은 학문적으로는 성과를 얻지 못했다는 사실이다. 그는 학문 성과를 이루기 전에 이미 고관대작이라는 목표를 이루었고, 혼란한 정국을 수습하느라 평생 저서를 남길 만한 여유가 없었다. 그가 세상을 떠난 후 누군가 증국번을 성현으로 추대하며 유교 사당에 모셔야 한다고 주장했다. 이 일은 예부(禮部) 소관이었으므로, 청나라 조정에서는 예부에 이 일을 위임했다. 그러나 예부 회의 결과 이 제안은 거부되었다. 증국번은 학문 성과를 보여줄 만한 저술 활동을 하지 않았고, 성리학 발전에 영향을 끼친 바도 없었기 때문이었다.

대신 청나라 조정에서 그에게 영광스러운 시호를 내렸다. '순수한 열정의 학문, 도량과 식견을 두루 갖춘 학자'라는 뜻을 담아 '문정(文正)'이라 했다. 결국 그는 유가 성현으로 추대되지는 못했지만 학문에서도 어느 정도 인정을 받은 셈이다.

성공 인물의 처세력 ❼
포부에 맞게 능력을 키워라

유방의 포부

『사기』, 『한서』 등에 묘사된 유방은 대략 이런 사람이다. "너그럽고 인자하게 타인을 배려했으며, 활발한 성격을 지녔다. 항상 큰 도량을 지녀 집안일이나 생업은 돌보지 않았다. 어른이 되어 관리가 되는 시험을 보고 사수의 정장(亭長)이 되었다. … 술과 여색을 좋아했다."(寬仁愛人, 意豁如也. 常有大度, 不事家人生産作業. 及壯, 試吏, 泗上亭長. … 好酒及色.)

이 문장은 '가인(家人)'을 어떻게 해석하느냐에 따라 의미가 달라질 수 있다. 혹자는 이것이 유방의 두 형을 가리키는 것이라고 하는데, 그렇게 해석해도 말은 된다. 하지만 유방이 형들처럼 열심히 일하지 않은 것을 비난하는 의미가 되어 '큰 도량을 지녔다'는 내용과 상충된다. 사마천의 다른 글들을 참고하면 그가 이렇게 논리에 어긋나는 문장을 썼다고 보기는 어렵다. 증국번은 '가인'을 '서인(庶人)', 즉 보통사람으로 풀이하면서 몇 가지 설명을 덧붙였다. '불사가인생산작업(不事家人生産作業)'이란 유방이 보통사람들이 하는 일에 관심이 없었다는 뜻이다. 그는 아무나 할 수 있는 일을 하면서 평범한 인생을 살고 싶지 않았던 것이다. 물론 유방이 처음 관리가 되었을 때부터 천하 제패를 꿈꾸지는 않았겠지만, 남다른 포부를 지녔던 것만은 확실하다. 소하 같은 인재가 보잘것없는 그를 따르며 목숨 걸고 협력한 데는 분명 이유가 있었을 것이다. 그는 확실히 남다른 면이 있었지만, 이때까지는 완벽한 포부를 세우지 못했다. 얼마 뒤 난생 처음 함양 땅을 밟은 그는 진시황의 행차를 보고 그 놀라운 위용에 큰 전율을 느꼈다.

이 순간 그는 진시황이 곧 자신이 꿈꾸는 미래임을 깨닫고 명확한 포부를 세웠다. "아! 이것이 바로 진정한 대장부로다!"

이상의 내용으로 볼 때 위의 예문에는 세 가지 의미가 담겨 있다. '관인애인(寬仁愛人)'은 유방의 성격을, 중간 부분은 유방의 남다른 포부를, 말단 관직 정장이 되고 술과 여자를 좋아했다는 마지막 부분은 평범한 인간의 모습을 보여준다. 이렇게 보는 것이 사마천의 의도와 가장 가까울 것이다.

일반적으로 사람들은 유방이 한나라를 세운 영웅인 만큼 어려서부터 큰 포부를 지녔을 것이라고 믿고 싶어한다. 하지만 그는 말단 관직 자리에 있을 때까지만 해도 자신의 포부를 제대로 인지하지도 못했다. 그가 처음부터 대단한 포부를 지녔다고 보기는 어렵다. 아마도 '가인', 즉 보통사람들과 다른 삶을 살고 싶다는 막연한 생각만 있었을 것이다. 하지만 소하, 조참, 하후영(夏侯嬰)이 아무 기반도 없는 유방을 처음부터 따랐던 이유는 그가 결코 평범한 사람이 아니라고 생각했기 때문일 것이다. 어디가 어떻게 다르다고 구체적으로 말하기는 힘들지만, 이들 역시 역사에 한 획을 그은 비범한 인물인 만큼 직감적으로 유방의 비범함을 알아차렸던 것이리라.

지금까지 내용으로 볼 때 유방의 마음속에 처음부터 씨앗 형태의 위대한 포부가 존재했고, 이것이 시간이 흐르면서 점점 명확하고 구체적인 형태로 발전했다고 볼 수 있다. 결국 포부는 타고나는 것일까? 그렇다면 주은래(周恩來)는 왜 "중화민족의 부흥을 위해 책을 읽었다"라고 말했을까? 포부는 천부적인 것이기도 하지만 교육이나 환경의 영향을 크게 받는다는 뜻일 것이다. 성공은 한 사람의 인생을 좌우하는 3대 요인, 즉 천부적인 재능, 환경, 교육이 이상적인 조화를 이룰 때 가능하다. 아무리 뛰어난 재능이라도, 아무리 위대한 포부라도, 그 하나만으로는 대업을 이룰 수 없다.

유방의 후손 중 포부만으로는 대업을 이룰 수 없음을 증명한 인물이 있다. 바로 광무제 유수의 형 유백승(劉伯承)이 그 주인공이다. 그는 어려서부터 큰 뜻을 품어왔다. 직계 조상인 유방을 본보기로 삼아 반드시 왕망(王莽)에게 빼앗긴 천하를 되찾아 가문을 다시 일으키고 대업을 이루겠다고 다짐했다. 반면 훗날 광무제로 즉위한 유수는 스물여덟 살까지 착실히 사업에만 몰두했다. 땅 부자가 된 그는 풍족하고 편안한 소지주의 삶에 만족했기 때문에 위대한 포부 같은 건 생각해보지도 않았다. 유백승은 자신과 달리 현실에 안주해 야망도 포부도 없는 유수를 비웃곤 했다. 그러나 유씨 형제가 군대를 일으키고 본격적으로 천하를 다투기 시작하면서 유수의 숨겨진 재능이 드러났다. 유백승은 많은 전공을 세우며 널리 명성을 떨쳤지만, 정치문제와 인간관계에 서툴러 많은 적을 만들었다. 그는 자신에게 반감을 품은 사람이 많다는 사실을 알면서도 전혀 대비하지 않다가 결국 암살당하고 말았다. 반면 그가 야망도 포부도 없다며 비웃었던 유수는 군사뿐 아니라 정치적으로 뛰어난 재능을 발휘하며 마침내 동한(東漢) 왕조를 세웠다. 역시 포부만으로는 대업을 이룰 수 없는 법이다.

송나라 양공의 포부

송나라 양공은 춘추오패(春秋五覇)[79] 중 첫 번째 천하의 주인이었던 제나라 환공이 죽은 후, 천하를 넘보기 시작했다. 그는 누구보다 강한 야망과 포부의 소유자였지만, 결과적으로 춘추오패에 이름을 올리지는 못했다. 왜 그랬을까?

일반적으로 뜻을 세우는 것 자체도 어렵지만 그것을 실현하기는 훨씬 더 어렵다. 무엇보다 용기와 지혜가 겸비되어야 한다. 여기에 정확한 시기, 지리적인 이점, 협력자들과의 완벽한 호흡이 더해져야 한다. 그래서 역사에는 큰 포부를 지녔지만 실현하지 못한 사람이 더 많다. 조(趙)나라 무령왕(武靈王),[80] 진승(陳勝),[81] 왕망,[82] 장각(張角),[83] 조조, 부견, 환온(桓溫),[84] 이백, 황소(黃巢),[85] 신기질(辛棄疾),[86] 악비,[87] 이자성(李自成),[88] 정성공(鄭成功),[89] 임칙서[90] 등등. 물론 홍수전도 빼놓을 수 없다. 중화민국의 영웅 손문(孫文)도 결과적으로 자신의 뜻을 이루지 못했다. 이들이 실패할 수밖에 없던 이유 중에는 재능에 비해 포부가 너무 큰 탓도 있었다. 포부는 클수록 좋지만, 재능과의 차이가 너무 크다면 결과는 불 보듯 뻔하다. 그 대표적인 사례가 바로 송나라 양공이다.

천하를 제패할 뜻을 세우다

송나라 양공의 아버지 환공은 처음부터 그를 후계자로 점찍었다. 그러나 양공은 "저는 장자가 아닙니다. 마땅히 자어(子魚) 형님이 군주 자리에 올라야 합니다"라고 말했다. 양공의 발언은 그 의도와 상관없이 그의 덕행을 세상에 널리 알리는 계기가 되었다. 그는 미덕의 주인공으로 널리 칭송받으며 결국 군주의 자리를 이어받았다. 당시 천하의 주인이었던 제나라 환공도 양공의 미덕에 반해 태자의 보위를 부탁했다.

여색을 밝히기로 유명했던 제나라 환공은 열 명이 넘는 아들을 둔 탓에 자신이 죽은 후 아들들 사이에 권력 다툼이 일어나지 않을까 노심초사했다. 이런 와중에 송나라 양공의 미덕을 전해 듣고 태자를 부탁한 것이었다. 역시 그의 예상은 틀리지 않았다. 그가 죽자마자 다섯 아들이 왕위를 차지하기 위해 서로 창을 겨누었다. 그 바람에 환공의 시신은 67일 동안 방치되어 온갖 벌레가 들끓었다고 한다.

송나라 양공은 제나라 환공의 부탁을 저버리지 않고 태자를 무사히 보호하다 제나라로 돌려보냈다. 그러나 태자가 미처 즉위하기 전에 또 다른 찬탈자가 들이닥쳐 그를 나라 밖으로 쫓아냈다. 이 소식을 들은 송나라 양공은 제나라의 왕위 찬탈자와 한바탕 전쟁을 치른 후 다시 태자를 데려와 즉위시켰다. 그가 바로 제나라 효공이다.

패주(霸主)였던 환공이 죽기는 했지만, 제나라는 여전히 강대국이었다. 이런 제나라 왕위를 좌지우지했으니 양공의 명성은 다시 한 번 세상을 뒤흔들었다. 그는 중원 무대의 새로운 스타로 떠올랐고, 그러는 사이 점점 깊은 자만의 늪에 빠져들었다. 환공이 죽은 후 계속 중원의 자리가 비어 있던 터라 양공은 서서히 욕망을 드러내기 시작했다. 이즈음 그는 이미 환공의 뒤를 이어 천하의 주인이 될 뜻을 품었다. 일단 포부가 확실해지자 곧바로 행동에 들어갔다.

상고 시대 중국에는 3개 부족이 살고 있었다. 염제(炎帝)와 황제(黃帝)의 화하족(華夏族), 치우(蚩尤)의 동이족(東夷族)과 묘만족(苗蠻族). 동이족은 본래 동부 해안 지역에 살고 있었는데, 치우가 황제에게 패하면서 동이족 일부가 남쪽으로 피난해 묘만족을 형성했다.

초나라는 묘만족이 세운 대표적인 나라였고, 이들은 때에 따라 형초(荊楚) 혹은 형만(荊蠻)이라 불렸다. 하(夏)나라는 하화족이 세운 나라이고, 상(商)나라는 동이족이 세운 나라다. 주나라 무왕(武王)이 상나라를 무너뜨리자 동이족은 뿔뿔이 흩어져 제후국을 세웠는데, 송나라도 그 중 하나였다. 대략 이런 배경이 있었기에 송나라 양공은 중원 패권을 다투기 전에 일단 동이족을 통일하기로 결심했다.

이에 양공은 조(曹)나라, 주(邾)나라, 등(滕)나라, 증(鄫)나라 군주에게 휴수 회의를 제안했다. 이때 등나라와 제나라 군주가 약속한 시간보다 늦게 도착했다는 이유로 한 사람은 목숨을 잃고 한 사람은 막대한 배상금을 지불하고 겨우 목숨을 건졌다. 양공은 이런 조치를 통해 자신의 위엄을 세우고 싶었던 것이다. 당시 자어는 양공에게 이렇게 충고했다. "제나라 환공이 삼국을 보존시킨 것은 정의가 박정함을 싫어하기 때문입니다. 지금 이렇게 한 번에 두 나라를 다치게 했으니 어떻게 패업을 이루려 하십니까?" 과연 조(曹)나라가 송나라의 명령에 불복했다. 양공이 당장 출병하려 하자 자어가 다시 그를 말렸다. "덕행을 쌓지 않으면 무력으로 제압해도 소용이 없습니다. 먼저 덕을 쌓은 후에 군대를 동원해도 늦지 않습니다."

이즈음 초나라, 진(陳)나라, 채나라, 정나라는 제나라 환공과 회맹을 맺음으로써 우호적인 관계를 형성했다. 이것은 송나라가 주도한 휴수 회맹에 맞서기 위한 것이었다. 양공은 그제야 중원 제후국들이 제나라와 초나라를 중심으로 모이려 한다는 사실을 깨달았다. 그는 드디어 제나라 효공을 제치고 스스로 패주가 되기로 결심했다. 그는 많은 예물과 함께 사신을 파견해 제나라와 초나라를 록상(鹿上) 회맹에 초대했다. 그러나 제나라는 양공의 제안을 무시했다. 양공은 체면이 깎이자 모든 대가와 희생을 각오하고 초나라에 모험을 걸었다. 초나라가 이에 맞서면서 드디어 전쟁이 시작되었다.

속임수를 쓰다

사실 초나라는 얼마 전까지만 해도 강대국이 아니었다. 그 옛날 묘만족이 남쪽으로 쫓겨가 세운 나라여서 중원으로부터 멀리 떨어져 있었다. 그러나 강한 (江漢)[91] 유역의 작은 제후국을 하나하나 병합하면서 조금씩 세력을 불려 마침내 중원으로 진출하기 시작했다. 당시 초나라 군주였던 성왕(成王)은 야망과 포부가 대단한 인물이었다. 그는 널리 덕을 베풀어 주변 제후국과 좋은 관계를 유지하고, 특히 주나라에 극진한 예를 다했다. 이에 주나라 천자(天子)는 특별히 남쪽 이월(夷越) 반란을 진압하라 명하고, 중원에는 침범하지 말라고 말했다. 그러나 초나라 성왕은 재위 30년 동안 정나라를 세 차례 공격하는 등 끊임없이 북진을 시도했다. 중원 한가운데 위치한 정나라는 초나라가 중원을 제패하기 위해 반드시 거쳐야 할 길목이었다.

제나라 환공이 중원을 차지하고 있을 때, 그 역시 초나라의 야욕을 두고 보지 않았다. 환공은 먼저 북방 오랑캐를 평정한 후 조(曹)나라 위(衛)나라, 송나라 등 8국 연합군을 이끌고 초나라를 공격했다. 초나라 성왕도 이에 맞서기 위해 초나라 북쪽 국경으로 이동했다. 제나라 환공은 천하의 주인답게 초나라 병력과 지형 등을 정확히 파악해 전략을 세웠다. 물론 연합군이 총공격을 가하면 초나라를 일격에 무너뜨릴 수도 있었지만, 가능한 한 초나라 국경에 진입하지 않고 최대한의 전공을 올리는 방법을 모색했다. 한편 초나라 성왕도 연합군 기세에 눌려 감히 선공을 펼치지 못하고 망설였다. 결국 두 나라는 전쟁을 피하고 협상을 통해 평화롭게 문제를 해결하기로 했다. 이렇게 해서 열린 소릉(召陵) 회의에서 제나라와 초나라는 각각 소기의 목적을 달성했다. 제나라 환공은 패주의 지위를 유지하면서 초나라의 북진을 막았고, 초나라 성왕은 본국이 전쟁의 화염에 휩싸이는 불상사를 막아냄으로써 큰 손실을 막았다. 정치적인 관점에서 보면 제나라 환공의 이익이 더 컸다. 비록 초나라에 실질적인 타격을 주지는 못했지만, 잠시나마 그들의 야욕을 잠재움으로써 중원의 평화를 지킬 수 있었다.

얼마 뒤 제나라 환공이 죽자 초나라 성왕의 야망이 다시 불타오르기 시작했다. 그래서 가장 먼저 정나라를 끌어들였다. 그리고 이즈음 송나라 양공이 휴수 회맹을 열자, 평소 우호적인 관계를 유지해온 제나라 환공을 앞에 내세워 휴수 회맹에 맞설 5국 연합을 형성했다. 송나라 양공은 동이족의 후예가 세운 군소 제후국의 맹주였고, 초나라는 당시 최강국으로 꼽히는 제나라와 연대해 있었기 때문에 실력 면에서 큰 차이가 있었다. 더구나 초나라 성왕은 송나라 양공이 무슨 생각으로 휴수 회맹을 주도했는지, 앞으로 어떤 일을 계획하고 있는지 훤히 꿰뚫어보았다. 반면 송나라 양공은 초나라 성왕이 무슨 생각을 하고 있는지 전혀 몰랐다. 이런 상황에서 양공은 패주의 위치를 인정받기 위해 성왕에게 회맹을 제안했고, 성왕은 우(盂)에서 의상(衣裳) 회의를 열자고 답했다. 의상 회의란 군대를 대동하지 않고 일체의 무기를 지니지 않은 채 의복만 갖추고 평화적으로 회의에 참여하는 것을 뜻한다. 하지만 의상 회의에 임하는 두 나라의 태도는 완전히 달랐다.

송나라 양공은 이번 회맹에서 패주의 지위를 인정받을 생각이었지만, 그가 어떤 근거로 이런 생각을 했는지는 알 수 없다. 그러나 이번에도 자어는 생각이 달랐다. "일개 소국이 맹주가 되려 하다니, 자칫 화를 자초할 수 있습니다. 송나라가 멸망할 수도 있습니다." 이번에도 양공은 조금도 귀담아 듣지 않았다. 아무리 말려도 소용이 없자 자어는 별수 없다는 듯 말했다. "그렇다면 만약의 사태에 대비해 군대와 함께 가십시오." "이미 의상 회의를 하기로 약속했으니 군대는 안 되오. 나는 인의를 저버리는 일은 절대 할 수 없소." 결국 양공은 아무런 대비 없이 오직 맹주가 될 기쁨에 들떠 회의에 참석했다.

이번 회맹에는 진(陳)나라, 채나라, 정나라, 허(許)나라, 조(曹)나라도 모두 참여했다. 초나라 성왕이 마지막으로 도착했고 제나라, 노나라, 위(衛)나라 군주는 오지 않았다. 초나라 성왕은 군대를 이끌고 오느라 빨리 올 수가 없었다. 초나라 성왕이 군대와 함께 나타나자 양공은 그제야 자기가 속았음을 알고 서둘러 자어를 본국으로 돌려보냈다. 초나라 군대가 회의장을 포위하고 양공은 포로가 되었다.

초나라 성왕은 양공을 앞세우고 송나라 수도를 공격했다. 성왕은 초나라 수도를 포위하고 말했다. "당장 항복하라. 그렇지 않으면 너희들의 왕을 죽일 것이다." 이에 자어가 성벽에 올라 말했다. "종묘사직의 보살핌으로 우리는 이미 새로운 군주를 세웠다. 그자는 송나라의 이름을 더럽혔으니, 살아 돌아오더라도 다시 추방할 것이다."

초나라 군대는 오랫동안 송나라 수도를 포위했지만 결국 함락시키지 못했다. 성왕은 양공을 넘겨주는 대가로 노나라와 협상해 동맹을 맺었다. 두 나라는 박(亳)에서 만나 협의를 끝내고 양공을 풀어주었다.

자어는 양공을 맞아 따뜻하게 위로해주었다. "친애하는 동생, 나는 다 이해하오. 아직 다 끝난 게 아닙니다. 더 많이 배워야 합니다."

홍수(泓水) 전투

큰 모욕을 겪고 돌아온 송나라 양공은 분노에 가득 차 복수의 칼을 갈았다. 그는 일단 정나라를 시작으로 무력을 동원해 천하를 제패하기로 마음먹었다. 중원 한복판에 위치한 정나라는 제나라 환공의 죽음과 함께 의지할 곳이 사라진 후 초나라의 위협을 이기지 못해 초나라 편에 붙었다. 양공이 정나라를 첫 번째 목표로 선택한 이유가 바로 여기에 있었다. 성공적으로 정나라를 제압한다면 자연스럽게 잃었던 체면을 만회하고 패주가 될 수 있을 것이다.

하지만 송나라 대신들은 송나라가 정나라를 공격하면 초나라가 곧바로 지원군을 보낼 것이므로 승산이 없다고 생각했다. 일단 힘을 비축하면서 때를 기다리는 것이 옳았다. 그러나 양공은 이번에도 고집을 피우며 영웅의 비장한 구호를 외쳤다. "하늘이 나를 버리지 않았으니 상나라가 다시 부활할 것이다!" 사실 양공의 구호는 허무맹랑하고 어이없는 말이었다. 상나라가 멸망한 지 이미 수백 년이 지났으니 말이다. 자어가 이 사실을 지적하며 양공을 깨우치려 했다. "하늘이 상나라를 버린 지 이미 오래입니다. 하늘도 버린 상나라를 인간이 어떻게 되살린단 말입니까?" 그러나 양공은 이미 이성을 잃고 제정신이 아니었다. 오로지 체면을 되살리고 패권을 쟁취할 생각에 빠져 대세의 흐름이나 상대의 전력을 전혀 고려하지 않았다. 그는 홧김에 군대를 일으켰고, 주변의 충고도 귀담아 듣지 않았으며, 구체적인 전략이나 전술 같은 건 전혀 없었다. 병법에 이르길 '승산이 많으면 이기고, 승산이 적으면 패한다'라고 했는데, 이 싸움은 누가 봐도 아무 승산이 없었다.

초나라에 성왕을 만나러 다녀온 정나라 문공은 돌아오자마자 송나라 군대가 쳐들어왔다는 말을 듣고 곧바로 군대를 이끌고 국경으로 향했다. 이 소식을 들은 초나라 성왕도 즉시 정나라를 돕기 위해 송나라 국경을 위협했다. 정나라로 향하던 양공은 어쩔 수 없이 군대를 돌려야 했다.

송나라 군대가 국경에 도착했을 때 초나라 군대는 진(陳)나라를 지나는 중이었다. 먼저 도착한 송나라 군대는 홍수 북쪽 언덕에 진을 치고 초나라 군대를 기다렸다.

조금만 거슬러 올라가면 서주 초기의 송나라는 중원의 대표적인 강국이었다. 그러나 양공 시대에는 약소국으로 전락해 병력도 2개 군단뿐이었다. 자어는 이 사실을 정확히 인지해 양공에게 늘 송나라가 '약소국'임을 강조했다. 반면 그들이 상대하려는 초나라는 최소 5개 군단 이상의 병력을 보유한 당대 군사강국이었다. 하지만 송나라가 먼저 도착해 만반의 준비를 갖추면서 시작은 조금 더 유리했다. 더구나 초나라 군대는 먼 길을 달려오느라 말도 병사도 모두 지칠 대로 지쳐 있는 상황이었다. 비록 전력의 차이가 크긴 했지만 이 상황은 오히려 송나라에게 큰 기회였다. 이번에 초나라를 꺾으면 송나라 양공은 패업 달성의 꿈을 이룰 수 있었다.

한편 홍수 남쪽 언덕에 도착한 초나라 군대는 잠시 숨 돌릴 틈도 없이 강을 건너기 시작했다. 송나라 양공은 다시 전열을 가다듬고 적을 맞을 준비를 했다. 그런데 바로 여기에서 그는 역사에 길이 남을 어리석은 행동을 하고 말았다.

초나라 군대가 한창 강을 건너고 있을 때, 자어가 공격을 해야 한다고 재촉했다. "우리가 중과부적으로 불리한 상황이니, 적이 강을 다 건너기 전에 빨리 공격을 개시해야 합니다." 그러나 양공은 이번에도 자어의 말을 듣지 않았다. 그는 송나라 군대는 인의를 대표하기 때문에 아직 전열을 갖추지 못한 초나라를 공격할 수 없다고 생각했다. 남의 위기를 이용해 이익을 취하려는 것은 인의로운 행동이 아니기 때문이다. 초나라 입장에서는 적의 배려 덕분에 안전하게 강을 건넜으니 너무나 다행스럽고 감사한 일이었다. 강을 건넌 초나라 군대가 전열을 정비하기 시작하자, 자어는 더 늦기 전에 공격을 해야 한다고 다시 재촉했다. 그러나 양공은 이번에도 거절했다.

초나라 군대가 진열을 완성하자 초나라 병사들은 그들의 위용에 놀라 입을 다물 수 없었다. 그 놀라움은 점점 두려움으로 변해갔다. 그러나 송나라 양공은 굴하지 않고 직접 선봉 부대를 이끌고 적진을 향해 달려나갔다. 송나라 군대가 초나라 중군과 만나는 순간 양쪽에서 초나라 병사들이 몰려와 송나라 군대를 완전히 포위해버렸다. 결국 송나라 군대는 참혹한 패배를 기록했다. 송나라 양공은 충성스러운 부하 장수 덕분에 간신히 포위를 뚫고 나와 목숨을 건졌다. 그는 재빨리 성 안으로 도망친 후 수비 전략으로 전환했다. 초나라가 곧바로 대대적인 공성전을 벌였으나, 송나라는 견고한 성벽 덕분에 큰 위기를 피할 수 있었다. 이 견고한 성벽은 양공이 군사 강국 초나라에 도전할 수 있었던 이유 중의 하나였다.

날이 저물자 초나라 군대는 일단 강가에 진영을 세웠다. 다음 날 날이 밝는 대로 다시 공성전을 개시할 계획이었다. 다음 날 아침 일찍 초나라 군대가 다시 강을 건너기 시작했다. 이때 상류에서 갑자기 큰물이 밀려와 강을 건너던 초나라 병사 수천 명이 익사하고, 수많은 무기가 물에 떠내려갔다. 초나라는 갑작스런 사고에 병사들의 사기가 꺾이자 일단 철수할 수밖에 없었다.

한편 성 안으로 도망친 송나라 양공은 혼전 중 화살에 맞아 큰 부상을 입었고, 근위 부대는 전멸했으며, 나머지 병사들의 부상도 매우 심각했다. 모두가 양공의 행동을 비난했지만 그는 여전히 고집을 꺾지 않았다. "군자는 이미 위기에 빠진 사람에게 위해를 가하거나 백발의 노인을 공격해선 안 된다. 옛 사람들은 전쟁을 할 때 위험한 길목에 숨어 적을 기습하지 않았다. 상나라의 후예인 내가 어떻게 진열도 갖추지 못한 적을 공격할 수 있겠느냐?" 송나라는 처음부터 '인의'의 나라로 유명했기 때문에 그는 '상나라의 후예'라는 말을 즐겨 사용했다. 하지만 '상나라의 후예'임을 자랑스럽게 여겼던 그는 결국 이듬해 여름, 상처를 털어내지 못하고 죽었다.

『회남자(淮南子)』 중에 "옛날 사람들은 전쟁을 할 때, 어린아이를 죽이지 않고 백발의 노인을 포로로 잡아가지 않았다. 이것은 옛날에는 의로움이었지만 지금은 비웃음거리다. 옛날에는 영광스러운 일이었지만 지금은 부끄러운 일이다"[92]라는 내용이 있다. 도대체 송나라 양공은 왜 그렇게 어리석었을까? 일찍이 군주의 자리를 양보해 얻은 명예도 일종의 인의로운 행동이었다. 이것으로 보건대 그의 어리석은 행동에는 분명히 어떤 역사적인 배경이 있었을 것이다. 그가 아무 이유 없이 이런 행동을 했다고는 생각하지 않는다. 그 배경을 조금 더 자세히 알아보자.

훗날 송나라 양공이 저지른 실수가 연나라에서도 발생했다. 전국시대 혼란 중에 연나라의 한 왕이 총애하던 신하에게 왕위를 선양했다. 그 결과 왕위 기반이 크게 흔들려 온 나라가 혼란에 빠졌다. 어디서든 똑같이 배우고도 제대로 이해하지 못하는 사람이 있다. 또 융통성 없이 남의 성공을 그대로 따라하려는 사람도 있다. 이런 부분에서 보면 책을 읽는 것이 꼭 좋은 것만은 아닌 것 같다. 오늘날의 관점에서 볼 때 이미 '죽은' 내용을 담은 책이라면 차라리 읽지 않는 것만 못하기 때문이다.

원대한 포부, 그러나 형편없는 준비의 결과

송나라 양공은 아주 큰 뜻을 품었다. 제나라 환공이 죽으면서 패주 자리가 공석이 되고 제나라를 중심으로 뭉쳐 있던 약소 제후국들이 뿔뿔이 흩어지자 과감히 중원의 주인이 되려 했다. 그는 인의로운 상나라의 후예라는 훌륭한 명분이 있었지만, 시대 변화의 흐름을 파악하지 못해 패권 시대의 본질이 무엇인지 전혀 몰랐고, 심지어 자신의 역량이 어느 정도인지도 제대로 파악하지 못했다. 춘추시대 이후 패권의 방향은 인의가 아니라 실력에 좌우되어왔다. 따라서 약소 제후국인 송나라가 초나라를 이기기 위해서는 아주 치밀하고 완벽한 전략이 필요했다.

하지만 송나라 양공은 원대한 포부를 실현하기 위한 최소한의 준비조차 갖추지 못했다. 여기에서 말하는 최소한의 준비는 대략 다음 네 가지로 정리할 수 있다.

첫 번째는 부국강병이다. 관중이 제나라를 운영했던 것처럼 나라의 기초를 튼튼히 할 필요가 있었다. 송나라는 면적이 작고 사방이 뚫려 있어 적의 공격을 막아내기 어려운데다 자원도 풍부하지 않았다. 즉, 아주 뛰어난 지혜와 재능을 겸비한 군주가 나타나지 않는 한 강대국으로 발전하기 매우 어려운 조건이었다. 제나라는 기본적인 대국의 조건을 갖춘데다 관중 역시 뛰어난 재상이었지만, 천하를 제패하기까지 30년이 걸렸다. 진(秦)나라는 목공이 대외적으로 크게 활약하며 영토를 확장하고 안으로 상앙이 최선을 다했지만, 역시 최고가 되기까지 20년이 걸렸다. 그렇다면 양공이 송나라를 최고로 만드는 데는 어느 정도의 시간이 필요했을까? 송나라가 결국 최고가 되지 못했으니 그 답은 알 수 없지만, 분명히 제나라와 진(秦)나라보다 짧은 시간은 아니었을 것이다.

송나라 양공이 천하 제패를 꿈꾸게 된 데는 정나라 무공의 영향도 무시할 수 없다. 정나라는 여러 가지 면에서 송나라와 비슷한 면이 많았다. 중원 한복판에 이웃해 있는 두 나라는 지리적인 조건과 사방이 적으로 둘러싸여 있다는 점이 비슷했다. 정나라 무공은 역사상 최초의 패주였으나, 그 위세가 훗날 춘추오패에 못 미치기 때문에 소패(小霸)[93]라 불렸다. 그가 활약하던 시대에는 사실 강대국이라 불릴 만한 나라가 없었다. 제나라, 진(晉)나라, 진(秦)나라는 내부 혼란에 휩싸여 있었고, 초나라는 이제 국가의 기틀을 갖추는 단계였기 때문에 중원에 관심을 둘 상황이 아니었다. 무공은 주나라 평왕(平王)이 동주(東周)를 세우는 데 협조해 주나라 왕실 안정에 큰 공을 세웠다. 이로써 정나라는 정치적으로 한층 유리한 고지에 올랐다. 송나라 양공이 제나라 왕위 안정에 기여하기는 했으나, 제나라는 주나라에 비해 존재 가치가 훨씬 떨어졌기 때문에 양공의 공은 정나라 무공에 비하면 아무것도 아니었다. 또한 정나라 무공은 다른 제후국들과 원만한 관계를 유지하며 기본에 충실했다. 그러나 송나라 양공은 자기 분수도 모르고 주제넘는 행동을 일삼았다. 그는 '네가 하면 나도 할 수 있다'라는 생각으로 남의 성공을 맹목적으로 따라했다. 이런 관점에서 볼 때 양공의 행동은 확실히 정나라 무공의 영향을 받은 것으로 보인다.

두 번째는 정치적인 포부. 패주가 되려는 자는 모두 합당한 명분이나 주장을 내세우기 마련이다. 일찍이 제나라 환공은 강력한 국력을 바탕으로 존왕양이(尊王攘夷)를 구호로 내세웠지만, 송나라 양공은 지금 것을 버리고 과거로 돌아간다는 의미에서 상나라의 부활을 외쳤다. 그러나 상나라 시대는 이미 대중에게 잊힌 정치 환상에 불과했다. 또한 그는 대중의 마음을 얻기 위한 방법으로 너그러운 태도로 제후국의 지지를 얻어내는 것이 아니라 무력과 살육으로 위엄을 보여주는 쪽을 선택했다. 그는 대신들의 충고나 다른 의견을 전혀 귀담아 듣지 않고, 끝까지 자기 고집을 꺾지 않고 홧김에 전쟁을 일으켰다.

세 번째는 전략과 전술. 전쟁에서는 누구와 손을 잡고, 누구를 끌어들이고, 누구를 이용하고, 누구를 공격할 것인가가 매우 중요하다. 또한 각 제후국에 적합하고 효과적인 방법으로 응대해야 하는데, 양공은 아무 준비가 없었다. 그는 패권의 본질이나 패업을 달성하기 위해 원대하고 체계적인 전략과 계획이 필요하다는 사실을 전혀 인지하지 못했다. 당시 송나라의 전력으로 볼 때 동이 제후국의 맹주가 되는 일은 어렵지 않았다. 그러나 그는 자신의 위엄을 세우기 위해 동맹국의 군주를 죽임으로써 오히려 일을 더 어렵게 만들었다. 또 초나라 성왕과의 대결에서는 상대의 의도를 파악하지 못하고 그의 말을 곧이곧대로 믿어 화를 자초했다.

네 번째는 인재. 송나라 양공을 보좌했던 인재는 자어와 공손고(公孫固)가 대표적이다. 자어의 충고는 언제나 단호하고 강력하게 핵심을 짚어냈지만, 양공은 그의 의견을 전혀 받아들이지 않았다. 양공이 의상 회의에서 초나라 성왕에게 속은 것을 알고 서둘러 자어를 돌려보냄으로써 망국의 화를 면한 것은 그의 선택 중 유일하게 칭찬할 만한 결정이었다. 그는 제위에 오르기 전에는 정말로 자어에게 군주의 자리를 양보할 마음이 있었으므로 이 부분에서는 조금도 망설임이 없었다.

자어는 확실히 훌륭한 인재였고, 양공과 조국 송나라에 대한 충심이 매우 깊었다. 송나라가 연이은 위기 속에서도 운명을 이어갈 수 있었던 데는 자어의 공이 컸다. 그러나 지나친 인의로 인한 폐해는 생각보다 심각했다. 그의 충고는 늘 도덕적인 한계에 얽매여 있어 패권을 차지하기 위해 인의를 가장해야 한다는 방법은 전혀 생각하지 못했다. 당시 패권의 본질은 이미 실력으로 굳어지는 분위기였고, 자어도 이 사실을 인지하고는 있었다. 그러나 인의에 얽매여 사고 전환이 빨리 이루어지지 않아 양공에게 실질적인 충고를 할 수 없었다. 자어가 결코 어리석었던 것은 아니다. 다만 사고가 지나치게 인의와 도덕에 얽매여 있어 어떻게든 도덕적으로 양공을 설득하고 싶었던 것이다. 이런 점에서 볼 때 송나라는 확실히 인의예지의 나라라 할 만하다.

송나라 양공은 애초에 자신의 포부를 실현할 수 없는 운명이었는지 모른다. 아무래도 그는 시대와 나라를 잘못 선택해 태어났다. 현실적인 조건이 만족되지 않으면 아무리 대단한 포부라도 결국 공상에 그칠 수밖에 없다. 포부는 크지만 재능이 따라주지 않고, 분수도 모르는 주제 넘는 인간이 될 수밖에 없는 것이다.

그의 행동은 언제나 맹목적이고 일방적이었다. 용기는 가상했지만 지혜가 부족했는데, 도덕적으로는 높은 신뢰를 줄 수 있는 인물이었다. 하지만 과거에 얽매여 진부하고 고리타분했기 때문에 새로운 시대의 패권 변화에 적응하지 못했다. 그는 제나라 환공이 죽은 후 천하의 주인이 사라진 것만 생각하고, 초나라 성왕의 야망은 전혀 눈치 채지 못했다. 송나라가 명분상으로는 일류 국가였지만, 이미 패업의 기초는 실력으로 넘어가고 있었다. 양공은 인의의 기치를 내세운 주나라 왕실이 쇠락하는 모습을 지켜보았지만, 주나라 왕실이 여전히 천하의 정신적 지주임을 간과했다. 더 큰 실수는 패권 전쟁의 규칙이 바뀌었음을 인식하지 못한 것이다. 모든 병력을 정면에 배치하고 요란한 북소리를 울리며 위풍당당한 모습을 보여주는 전통적인 포진 방식은 사라지고, 온갖 음모와 계략을 이용한 속임수가 난무하고 있었다.

제나라 환공, 진(晉)나라 문공은 강력한 국력을 바탕으로 존왕양이의 구호를 내세워 중원의 주인이 된 대표적인 사례다. 그러나 송나라 양공은 여전히 '인의'와 '상나라 후예'임을 외쳐 후세의 웃음거리가 되었다.

그로부터 3년 후 중원 패권 무대에 새로운 영웅이 나타났다. 바로 진(晉)나라 문공이다. 그는 8년이라는 짧은 재위 기간 동안 주나라 왕실을 받들고 초나라와 진(秦)나라 목공을 제압했으니, 춘추오패로서 손색이 없었다. 그의 업적을 간단하게나마 짚고 넘어가자.

공자 중이(重耳)가 19년간의 방랑 끝에 진(秦)나라 목공의 도움을 받아 드디어 진(晉)나라 문공으로 즉위했다. 그는 즉위 4년 만에 성복(城) 전투에서 초나라 군대를 격파하고 천하의 주인이 되었다. 그의 업적은 다른 패주와 비교할 때 더욱 빛난다.

제나라 환공은 관중과 함께 30년 만에 천하를 제패했고, 총 재위기간은 43년이다. 진(秦)나라 목공은 백리해(百里奚), 건숙(蹇叔)과 함께 20년 만에 천하를 제패했고, 총 재위기간은 39년이다. 초나라 성왕은 영윤자문(令尹子文)과 함께 30년 만에 중원을 휩쓸었고, 총 재위기간은 46년이다. 진(晉)나라 문공은 호언(狐偃), 조쇠(趙衰)와 함께 4년 만에 초나라를 제압하고 천하를 제패했고, 총 재위기간은 8년이다.

그의 성공 요인은 대략 이렇게 정리해볼 수 있다. 먼저 그는 19년 동안 세상을 떠돌면서 많은 친구와 지지자를 얻어 보이지 않는 막강 지원군을 형성해두었다. 그를 따르는 사람 중에는 뛰어난 인물이 아주 많았다. 오랜 유랑 생활을 통해 얻은 소박한 생활 습관은 상업을 발전시키고 군대를 건설하는 데 큰 도움이 되었다. 원대한 정치 포부와 치밀한 전략을 바탕으로 진(秦)나라와 우호적인 관계를 유지하며 불필요한 전력 낭비를 피했다.

진(晉)나라 문공이 막 즉위했을 때, 주나라 왕실은 수도 낙양이 적의 공격으로 위험에 빠지자 동쪽 정나라로 피난했다. 이때 호시탐탐 중원 패권을 노리던 진(秦)나라 목공이 주나라 천자를 지킨다는 명목을 내세워 군대를 출동시켰다. 진(秦)나라 군대는 동관을 출발해 황하 남쪽 강변을 따라 동쪽으로 이동하다 함곡관을 넘었다. 이 길은 진(晉)나라에 속해 있었기 때문에 진(晉)나라 문공의 동의를 얻어야 했다.

하지만 진(晉)나라 문공은 진(秦)나라 목공의 의도를 분명히 알고 있었기에 어떻게든 그가 중원으로 가는 것을 막아야 했다. 문공은 진(秦)나라를 적으로 만들지 않으면서 그들의 중원 진출을 막기 위해 직접 목공을 설득했다. "여기에서 남쪽 무관으로 내려가면 곧 지원군을 보내겠소. 천자를 모시는 일은 우리 진(晉)나라가 맡겠소." 먼저 주나라 천자를 만난 진(晉)나라 문공은 오늘날 하남성 내향현(內鄕縣), 석천현(淅川縣), 형자관(荊紫關) 일대에 군대를 보내 진(秦)나라가 무관을 지나갈 수 있게 도왔다. 진(秦)나라 무공은 진(晉)나라 문공의 제안이 마음에 들지 않았지만, 다수의 의견에 따라 어쩔 수 없이 따랐다.

춘추전국시대 패권 전쟁은 대략 제나라, 진(晋)나라, 초나라, 진(秦)나라에 한정되어 있었다. 후에 등장한 조(趙)나라, 위나라, 한(韓)나라도 모두 진(晋)나라에서 갈라져 나왔으니 위의 범위에 해당한다. 진(晋)나라 문공은 정치적으로 넓은 도량을 지니고 있었기에 진(秦)나라와 불필요한 무력 충돌을 피하고 오직 초나라에 집중해서 즉위 4년 만에 천하를 제패할 수 있었다.

그렇다면 반대로 초나라 성왕은 강력한 군대를 보유했음에도 불구하고 왜 중원의 주인이 되지 못했을까? 그는 무슨 잘못을 했을까? 일찍이 주나라 천자가 그에게 중원을 침략하지 말라고 경고한 적이 있었는데, 그는 이 말을 무시하고 수십 년 동안 끊임없이 중원을 넘보았다. 만약 그가 정나라를 돕는다는 구실로 중원에 진출했더라면 아무도 그를 막지 못했을 것이다. 하지만 그는 순수한 마음으로 정나라를 돕지 않았다. 역사 기록에 따르면 그는 처음에 정나라의 열렬한 환대를 받았으나 정나라를 떠날 때 정나라 공주 둘을 데려갔다고 한다. 역사에서는 초나라 성왕이 천하 제패에 실패한 이유를 무례함 때문이라고 말한다.

제8장

의지의 깃발을 휘날려라

시대가 영웅을 만드는 법. 태평천국의 난을 진압해 치욕을 씻겠다는
새로운 결심이 서자, 드디어 장강 위에 증국번의 깃발이 휘날리기 시작했다.

    중국에 지금까지 '증국번 열풍'이 이어지는 이유는 '증국번 따라잡기'의 내용이 현실적이기 때문이다. 진시황, 유방, 주원장(朱元璋), 모택동 같은 위인은 너무 대단한 인물인지라 일반인이 모델로 삼기엔 지나치게 멀고 높은 곳에 있다. 하지만 증국번이 이용한 방법들은 보통사람들도 충분히 배우고 따라할 수 있는 것들이었다.

    그를 따라한다고 해서 반드시 그처럼 대업을 이루거나 고관대작이 되는 것은 아니겠지만, 최소한 타고난 자신의 재능을 더 크게 발전시킬 수 있을 것이다. 그가 했던 것처럼 명확한 뜻을 세우고, 끊임없이 노력하고 분발한다면 세상에 못할 일은 없다. 증국번이 오랫동안 사랑받는 이유가 바로 여기에 있다.

    증국번의 성공은 포부를 세우는 데서 시작되었다. 그는 진사, 성리학자, 고관대작, 세상의 평화, 태평천국의 난 진압, 체면 회복, 양무운동 등의 포부를 세웠고, 그의 포부는 대부분 실현되었다. 그 결과 지금 사람들은 그를 성리학자, 유학자, 군사전문가, 정치가, 양무운동 지도자 등으로 부른다. 그는 이렇게 다양한 모습을 가지고 있지만, 끊임없이 새

로운 뜻을 세우고 자신을 발전시켜 나갔다는 점에서는 늘 한결같은 사람이었다.

청나라의 위기가 본격화되기 전까지 그는 성현, 고관대작, 학자를 꿈꾸었다. 그러나 나라 전체가 내란에 휩싸이고 청나라 지배 기반이 크게 위협받자 '세상을 평안하게 만들겠다'는 새로운 뜻을 세웠다. 그리고 피나는 노력 끝에 뜻을 실현했다. 이렇게만 보면 그가 위대한 포부를 실현한 위대한 인물로 보이지만, 인생 전체를 보면 그는 역시 보통사람에 가까웠다. 그는 평범한 사람들의 가장 이상적인 모델이다. 사실 그 자신도 스스로 평범하다고 생각했기 때문에 처음에는 선생이 되는 소박한 꿈을 꾸기도 했다. 자신이 그렇게 빨리 거인이 되고 진사에 합격할 줄 몰랐던 것이다.

증국번이 지금까지 높은 명성을 이어오는 가장 큰 이유는 단연 태평천국의 난을 진압한 공로 때문이다. 그가 단순히 훌륭한 학자나 충성스러운 신하였다면, 모택동이 "근대 인물 중 나를 무릎 꿇게 하는 이는 오직 증국번뿐이다"라고 말하지 않았을 것이다.

'불요전, 불파사' 투지를 불태우다

함풍제가 널리 의견을 구한다고 발표하자 증국번은 연달아 14개의 상소문을 올린 바 있다. 그는 이미 '세상을 평안하게 만들겠다'는 포부를 세웠지만, 이때까지는 주로 부패한 정치나 관리체계를 정비하는 데 초점을 맞추고 있었다. 태평천국의 난이 일어난 지 이미 2년이 넘었지만, 그는 돌아가신 어머니를 위해 종제(終制)[94]할 생각으로 조정의 명령을 받아들이지 않았다. 자신이 직접 군대를 지휘해 태평천국의 난을 진압하는 모습은 상상조차 할 수 없었다. 그러나 상황이 점점 악화되고 청나라 지배 체계가 크게 위협받는 것을 보면서 '비적 소탕 방법'을 강구하기 시작했다. 그는 이 포부를 실현한 덕분에 역사에 길이 남을 위인이 되었다.

앞에서 언급했듯 그는 강서 과거시험 감독관으로 부임하던 중 어머니의 부고를 접하고 곧바로 방향을 바꿔 고향으로 향했다. 이때 홍수전의 태평천국군은 이미 강서에 진입해 장사와 무창을 점령하며 한창 기세를 올리고 있었다. 그러나 증국번은 한적한 고향 시골 마을에 묻혀 있어 바깥세상이 어떻게 돌아가고 있는지 확실히 알지 못했다.

한편 청나라 조정이 지방 단련 조직을 장려하기 시작하면서 증국번의 아버지도 백양평 단련을 맡았다. 북경에서 이품 관직을 역임한 증국번이 금의환향하자 현 관청에서 사람을 보내 온갖 아첨을 늘어놓으며 단련 조직을 맡아달라고 청했다. 그러나 증국번은 일언지하에 거절했다. 표면적인 이유는 어머니 상중이라는 것이었지만, 사실 다른 이유도 있었다. 단련을 맡으면 군사훈련뿐 아니라 자금 조달까지 책임져야 했다. 지금까지 글만 읽어온 문인이니 군사에 대해 아는 것도 없을 뿐더러 자금 조달은 결코 쉬운 일이 아니었다. 그의 고향 친구들은 대부분 형편이 넉넉하지 않았다. 지방 유지들은 겨우 이름만 들어봤을 뿐 일면식도 없는데 어떻게 다짜고짜 돈을 내놓으라고 할 수 있겠나? 그래서 일단 어머니 상을 마치고 관청의 요청에 따라 고향 마을을 지키는 데 적극 협조하겠다고만 답했다. 유용은 증국번이 예의상 거절하는 것이라 여겨 다시 여러 번 단련을 맡아달라고 요청했으나, 증국번은 모두 거절했다.

증국번이 고향에 돌아온 지 넉 달째 되던 어느 날, 그를 단련대신에 임명한다는 함풍제의 명령이 떨어졌다. 즉시 장사로 부임해 군사훈련과 비적 소탕 임무를 맡으라는 내용이었다.

그러나 증국번은 가지 않을 생각이었다. 무엇보다 상중이라 공무를 맡을 수 없기 때문이었다. 그리고 사실 단련대신이란 직책은 위치가 애매해서 실질적인 권력이 거의 없었다. 단련대신의 중요 임무 중 하나가 지방 마을을 모두 돌아다니며 현지 유지들에게 기부를 호소하는 일이다. 하지만 이 일은 잘해도 그만이고 조금이라도 잘못되면 욕먹기 십상이었다. 물론 대충 단련대신 모양만 낼 수도 있었다. 하지만 관청 안에 편안히 자리만 자치하고 앉아 봉록만 받아먹으면서 국세만 축내는 쓸모없는 관리가 된다는 건 증국번에게 절대 있을 수 없는 일이었다. 결국 증국번은 최선을 다하는 쪽을 선택했다. 하지만 예상했던 대로 여러 가지 문제에 걸려 순조롭게 일이 진행되지 않았다. 그 중 가장 큰 문제는 다른 장군들과 병사들이 그의 엄격한 훈련 방식을 받아들이려 하지 않는 것이었다. 이 때문에 병사들이 그를 암살하려는 사건이 일어나기도 했다.

자금 조달도 만만치 않았다. 지방 실권을 거머쥐고 있는 유지들은 증국번을 거들떠보지도 않았다. 양강 총독 도주(陶澍)를 배출한 호남 안화(安化) 도(陶)씨 가문은 그가 죽은 지 15년이 지났지만, 여전히 실세로 통했다. 이들은 권력을 바탕으로 어떻게든 기부금을 내지 않으려고 온갖 수단과 방법을 동원했다. 나중에 도저히 빠져나갈 수 없는 상황에 몰리자 가산을 팔아 은자 5,000냥을 내놓겠다고 약속했으나 결국 2,000냥을 기부하는 데 그쳤다. 증국번은 이 소식을 듣고 격분했다. 그가 수집한 정보에 따르면 도씨 가문이 1년에 거둬들이는 농지세만 은자 5,000냥이 넘었다. 도씨 가문의 명성에는 못 미치지만 역시 만만치 않은 재력가인 양(楊)씨 역시 기부금을 내지 않으려고 수단과 방법을 가리지 않았다. 그는 증국번이 자신의 죄상을 파헤치자 어쩔 수 없이 은자 2만 냥을 내놓았다. 이렇게 강력한 수단을 동원했으니 그에 대한 원성이 날로 높아질 수밖에 없었다.

물론 증국번은 자신이 어떤 위치에 있는지 잘 알고 있었다. 같은 종이품이라도 그는 조정에서 직접 임명한 관리였으므로 호남 순무보다 한 단계 위였다. 하지만 단련대신이란 직위는 이름뿐인 관직이라 실권은 거의 없었다. 뭘 하든지 현지 실세의 힘을 빌려야 했기 때문에 순무보다 나을 것이 없었다. 증국번은 북경에서 관직 생활을 하는 동안 큰 재물을 모으거나 대단한 권력을 휘두른 것이 아니었다. 이때까지 그는 그저 고결하고 청렴한 관리가 되는 것이 목표였다. 하지만 지방 실무는 조정 사무와 달리 지나치게 현실적이어서 고결한 태도로는 적응할 수 없다. 만약 호남 순무가 그를 도와주지 않았다면 하급 관리들도 그를 무시했을 것이기에 아마 단 며칠도 버티기 어려웠을 것이다.

증국번은 황제 명령에 따라 단련대신으로 부임하긴 했지만, 사실 계속 고향에 묻혀 있을 생각은 아니었다. 그는 어머니 상을 치르기 위해 고향에 머무르는 동안 「보수태평가」라는 시를 지었는데, 여기에 당시 그의 생각이 잘 드러나 있다. 처음에 그가 조정의 임무를 받아들이려 하지 않았던 이유는 태평천국의 난이 아직 위급한 상황이 아니었기 때문이다. 또한 관직세계에 부패가 만연해 있어 혼자 힘으로는 대세를 바꿀 수 없다고 생각해서 일단 상황을 지켜보기로 했던 것이다. 증국번은 곧바로 상소문을 작성했다. 지금은 황제의 명령을 받아들일 수 없고, 종제 후 이듬해에 종군하겠다는 내용이었다. 그는 상소문 내용을 그대로 다른 종이에 옮겨 적어 북경에 있는 지인들에게도 보내기로 했다. 자신의 곤란한 처지를 주변에 알려 불충의 오명을 피하기 위해서였다.

이즈음 증국번도 세상이 뭔가 잘못되어가고 있다는 생각은 했지만, 기껏해야 어떻게 고향 땅을 지킬 것인가를 고민했을 뿐, 직접 군대를 이끌고 태평천국의 난을 진압할 생각까지는 하지 못했다. 아직 '세상을 평안하게 만들겠다'는 포부를 언급할 단계가 아니었다. 그런데 이틀 후인 1852년 12월 15일, 편지 두 통과 그를 찾아온 한 사람으로 인해 상황이 180도 바뀌었다.

편지 두 통은 모두 호남 순무가 보낸 것이었는데, 하나는 무창을 태평천국군에게 빼앗겼다는 내용이고, 다른 하나는 호북 순무가 전사했다는 내용이었다. 증국번은 안타까움과 슬픔을 감출 수 없었다. 호북 순무는 그가 고향으로 돌아오던 중 무창에 들렀을 때 많은 도움을 주었기 때문에 잊을 수가 없었다. 그러나 더 큰 문제는 호북을 지키지 못하면 그다음 차례가 호남이라는 사실이었다. 비록 상을 치르는 중이라고는 하지만, 만약 호남이 태평천국군 세상이 되면 조정에서 종이품 관직을 지낸 그는 무사할 수 없을 터였다. 이런 생각을 하고 있을 때, 그의 절친 곽숭도가 찾아왔다. 곽숭도는 훗날 중국 최초의 외교관으로 영국 및 프랑스 주재 흠차대신을 역임한 인재였다. 그는 증국번, 유용과 함께 상향이 낳은 3대 위인으로 꼽힌다. 그는 곽숭도가 찾아온 이유를 잘 알고 있었다. 곽숭도는 한참 동안 이런저런 말을 늘어놓았지만, 결론은 '세상을 평안하게 만들겠다'라는 포부를 펼치려면 지금이 기회라는 것이었다. 그리고 계속 고향에 숨어 지낸다면 세상 사람들은 그가 죽음을 두려워한다며 비웃을 것이라는 말도 덧붙였다. 여기에 아버지의 권유가 더해지면서 그는 마침내 결심을 바꾸었다. 그리고 미리 써둔 상소문을 찢어버렸다.

불과 며칠 만에 고향에서 종제를 하겠다는 굳은 의지가 세상을 구하겠다는 더 큰 의지로 바뀌었다. 곽숭도의 충고나 아버지의 권유도 어느 정도 영향을 끼쳤지만, 그가 마음을 바꾼 가장 큰 이유는 세상의 흐름이 급변했기 때문이었다.

12월 17일, 곽숭도와 함께 고향집을 떠난 증국번은 21일에 장사에 도착했다. 다음날 그는 함풍제에게 올리는 「경진단련사비대개규모절(敬陳團練查匪大槪規模折)」이라는 보고서에 비적 소탕, 자금 조달, 군사훈련 준비 상황을 낱낱이 적었다. 그리고 마지막에 한 가지 요청을 덧붙였다. 단련이 어느 정도 궤도에 오르고 비적 소탕이 소기의 목적을 달성하면 다시 고향으로 돌아가 종제하고 싶다는 내용이었다.

단련대신으로 부임하기는 했지만 그는 여전히 직접 군대를 지휘해 태평천국의 난을 진압할 생각은 없었고, 단지 비적을 소탕해 호남을 안전하게 지키고 싶을 뿐이었다. 여기에 초점을 맞추어 상주문에 다음과 같은 내용을 적었다. '청나라 관병은 모든 전투력을 상실했다. 그들은 죽음이 두려워 감히 앞에 나서지 못하고 뒤꽁무니에 숨어 있다. 기존 관병 제도는 개선의 여지가 없으니 새로운 군대를 조직해야 한다.' 그는 청나라 관병이 이미 무용지물임을 깨닫고 새로운 기반 위에 새로운 군대를 조직하는 편이 낫다고 생각했다. 하지만 이것 역시 태평천국의 난을 진압하기 위한 것은 아니었다.

증국번은 단련대신으로서 군의 기강을 바로 세우기 위해 먼저 자신에게 엄격했다. "나는 황제 폐하의 명을 받든 이후로 한시도 긴장을 늦추지 않고 있다. 나는 재능과 지혜가 부족하니 오직 '불요전(不要錢), 불파사(不怕死)'95)라고 외칠 뿐이다. 언제나 죽음을 두려워하지 않고 임금과 부모를 섬기는 데 최선을 다할 것을 호소했다." 비적 소탕과 군사훈련은 적절한 방법을 찾아 끊임없이 노력해야 하는 일이었다. 그래서 이런 사정을 아무것도 모르는 황제가 출병 명령을 내렸을 때, 세 번이나 거절할 수밖에 없었다. 황제는 상군을 단순히 관병의 보충 병력 정도로 생각했으나 그는 완벽하고 새로운 군대를 만들려 했다.

1853년 1월에 강충원, 좌종당, 호림익이 모두 장사에 모였다. 세 사람은 몇날 며칠 동안 머리를 맞대고 대국 상황을 분석하고 전략을 구상했다. 당시 기록 중 '불가능에 도전하는 마음으로 작은 힘이나마 척박한 고향을 구하는 데 쓰려 한다'는 내용으로 보아 세 사람의 포부는 여전히 호남에 묶여 있었다. 이들 모두 태평천국의 난을 완전히 진압해 세상을 평안하게 만들겠다는 생각은 하지 못했다.

강충원은 줄곧 호남에서 소규모 농민 반란을 진압해왔다. 1853년 2월, 함풍제가 그를 강남 군영으로 파견한다는 명령이 전해졌다. 홍수전이 남경을 점령한 후, 이곳을 수도로 삼아 정식으로 태평천국 건립을 선포했기 때문이었다. 청나라 조정은 향영(向榮)에게 강남 군영을 맡기고 남경을 주시하도록 하면서 강충원 부대를 증원했다. 강충원이 떠나면 증국번으로서는 오른팔을 잃는 것과 같았다. 이때까지 호남의 비적 소탕은 대부분 강충원의 공적이었다. 그가 강남 군영에 배치된 것도 이러한 공적 덕분에 그의 명성이 조정에까지 알려졌기 때문이었다. 증국번은 강충원을 떠나보내는 심정을 솔직히 표현했다. "자네가 떠나면 나는 한동안 기운을 내지 못할 것이네. 황제께서 세운 대국 전략이니 감히 사적인 감정을 개입시켜선 안 되겠지. 하지만 자네가 떠나면 또 어디에서 자네와 같은 인재를 찾을 수 있겠는가? 지금 가장 힘들고 걱정스러운 일은 바로 자네라네. 자네 한 사람이면 천군만마를 얻는 것이나 다름없네. 자네가 없으면 난 힘없는 갓난아이처럼 아무것도 할 수 없을지 모르네. 이런 내 심정을 알아줬으면 하네."

강충원이 떠난 것을 계기로 증국번의 포부는 새로운 전기를 맞이했다. 강충원이 호남을 떠난 후 증국번이 그에게 보낸 편지 내용을 보자. "난 이곳에서 매일 훈련에 집중하고 있네. 만약 봉화가 하북(河北)에 도달하거든 당장 군대를 이끌고 제량 국경에서 만나도록 하세. … 그래서 중원을 제멋대로 날뛰는 저들이 아무것도 깨닫지 못했으니 … 만약 군대를 거느리고 강을 건너는 날이 오면…" 여기에서 증국번은 처음으로 호남 밖으로 범위를 넓힌 전략을 언급했다. 이때가 1853년 3월 27일이었다.

그는 드디어 호남성에서 전국적인 범위로 시야를 넓혀 어떤 전략과 용병술로 장강을 건너 중원과 하북에 진출할 것인지 고민하기 시작했다. 물론 아직까지 명확한 전략이나 구체적인 구상이 떠오른 것은 아니었지만, 그의 포부는 전에 비해 확실히 커졌다.

이즈음 대국 흐름 역시 빠르게 변하고 있었다. 홍수전은 남경을 수도로 삼아 태평천국을 정식 선포한 후, 1853년 4월 5일에 북벌과 서정을 동시에 진행했다. 당시 증국번은 이미 명확한 포부와 전략을 수립한 후 호북 순무 장량기(張亮基)에게 이렇게 말했다. "나는 상군 3,000명을 더 조직할 생각이오. 이 정도면 비적을 소탕해서 호남을 평안하게 만들겠다는 맹세를 지킬 수 있을 것 같소."

태평천국 서정군은 장강을 따라 거슬러 올라와 안경, 구강, 무창 등 장강 연안 주요 거점을 공격할 계획이었다. 태평천국군이 안경을 점령하고 계속해서 구강을 위협하자 호북과 호남이 동시에 위기에 처했다. 이 소식을 들은 증국번은 "대의를 지키기 위해 호구를 막고 적들과 결전을 벌일 것이다." "잃어버린 영토를 되찾겠다." "저들이 중원을 활보하도록 내버려두지 않겠다"라며 강한 의지를 드러냈다. 이와 동시에 태평천국의 난을 완전히 제압하겠다는 증국번의 포부가 점점 뚜렷하게 드러났다.

그는 1853년 5~7월에 장사의 숨 막히는 무더위 속에서 혹독한 군사훈련을 강행했다. 그리고 얼마 뒤 군사훈련에 반대하는 자들에게 살해당할 뻔한 사건이 일어났다. 1853년 8월 4일 밤. 이유야 어찌됐든 황제의 명을 받들고 있는 조정 관리가 병사들에게 암살당할 뻔했다는 것은 보통 일이 아니었다. 당시 아주 가까운 곳에 호남 순무 낙병장(駱秉章)이 있었지만, 그는 모른 척하며 일부러 증국번을 돕지 않았다. 다행히 목숨을 건지긴 했지만 이것은 대단히 모욕적인 일이었다. 그는 더 이상 장사에 머물 수 없었다. 부끄럽고 분한 마음에 결국 형양으로 거처를 옮겨야 했다.

일생일대의 모욕적인 사건을 겪은 증국번은 오히려 더 강한 투지를 불태웠다. 그는 "대장부는 맞아 이빨이 부러지면 피와 함께 삼킨다"라는 말과 함께 치욕을 안으로 삼켰다. 그는 이 사건을 공론화하지 않고 조용히 묻어두었다. 대신 군사훈련에 더욱 매진해 태평천국의 난을 진압하고 공을 세워 무너진 자존심을 회복하기로 결심했다. 이것은 대장부로서 최선의 선택이자 진정한 영웅호걸만이 할 수 있는 의미 있는 선택이었다. 당시 증국번은 조렬문에게 "군대를 일으킬 때는 격한 감정도 필요한 법이다"라고 말했다.

이 사건 이후 그의 편지, 상소문, 일기는 온통 군사훈련과 비적 소탕에 대한 내용뿐이었다. 그리고 그 내용은 호남성을 뛰어넘어 전국적으로 발전하기 시작했다. 그 해 8월 20일 그는 편지에 이런 내용을 적었다. "나는 비록 어리석지만 반드시 비적을 소탕할 것이다. 그러기 위해서는 먼저 장군들이 한마음이 되어야 하고, 모든 군민이 힘을 합해야 한다. 그래야 비로소 전투를 시작할 수 있다. … 중원을 질주하며 세상을 평안케 할 것이다. … 나는 절대 비적들과 같은 하늘 아래 숨 쉬며 살아가지 않겠다." 또 9월 6일에 쓴 편지에는 이렇게 적었다. "광서 비적이 창궐하니 하늘도 우리와 함께 분노한다. 나 증국번은 비록 어리석고 별 볼일 없는 인간이지만, 한 순간도 비적 소탕의 임무를 잊어본 적이 없다. … 작은 목표까지 살필 수 있다." 여기에서 말하는 '작은 목표'란 그가 장사에서 당한 모욕을 안으로 삼킨 채 태평천국의 난을 진압해 오명을 씻겠다는 뜻이다.

이렇게 시야가 전국적으로 확대되어 태평천국의 난을 진압하겠다는 포부가 확립되자 증국번은 서둘러 전함을 만들기 시작했다. 태평천국군과 장강 통제권을 다투기 위해서는 수군 강화가 가장 시급했다. 그는 장강만 장악하면 태평천국군과의 전투에서 유리한 고지를 점할 수 있다고 생각했다. 먼저 상류를 장악하고 물길을 따라 내려가며 하류를 공격하는 것이 증국번 전략의 핵심이었으므로 수군의 역할이 매우 중요했다.

장사 사건을 다시 한 번 짚어보면, 분명 증국번의 잘못도 있었다. 그는 자신이 왜 그런 모욕적인 일을 당했는지 고민하고 반성했다. 그는 지나친 의욕 때문에 월권 행동을 할 때가 많았고, 모든 군사 문제를 자기 뜻대로 해결하려 한 탓에 많은 적을 만들고 말았다. 그는 단련대신으로 부임한 이후 줄곧 나라와 백성을 위하는 일이라면 어떤 오해와 시기도 두렵지 않다는 생각을 가지고 있었다. 그러나 장사 사건 이후 형양으로 거처를 옮기면서 공무에서 완전히 손을 떼고 오로지 강력한 군대와 전함을 만드는 데 집중했다. 그는 나라를 위해 할 수 있는 최선의 선택은 이것뿐이라고 생각했다.

강한 공명심과 원대한 포부로

태평천국의 난을 진압하고 세상을 평안하게 만들겠다는 증국번의 포부는 여러 달이 지난 후 보다 구체적이고 체계적으로 정립되었다. 그의 포부가 완벽한 모습을 갖춘 때는 대략 1853년 8월 중이었다.

증국번이 처음에 단련을 맡지 않으려 했던 것은 무엇보다 어머니 상중이라 공무 수행을 피해야 했기 때문이다. 그러나 얼마 뒤 자의 반 타의 반으로 장사 단련대신에 부임했다. 일단 태평천국군이 세력을 확장하면서 그의 고향 마을마저 위태로워졌기 때문이었다. 가만히 앉아 죽음을 기다리는 것보다는 어떻게든 방법을 찾아 자신의 목숨과 고향의 안전을 지켜야 했다. 위기 상황이 고조될수록 그의 시야는 호남성을 벗어나 전국으로 확대되었고, 점차 전국적인 대국관이 형성되기 시작했다. 증국번의 포부는 단번에 만들어진 것이 아니라 이렇게 시대 변화와 흐름에 따라 조금씩 발전했다.

증국번은 장사에서 큰 모욕을 당했으나, 사건을 공론화하지 않고 태평천국의 난을 진압함으로써 오명을 씻기로 결심했다. 이즈음 그는 이미 세상을 평안하게 만들겠다는 포부를 가지고 있었다. 장사 사건은 그의 결심을 굳건히 하는 동시에 그를 더욱 분발하게 하는 중요한 계기가 되었다. 그의 포부를 실현시켜줄 도구는 지금까지 힘들게 훈련시켜온 육군과 강력한 전함과 대포를 갖춘 수군이었다. 특히 그는 전함과 대포의 성능을 강화하는 데 심혈을 기울였다.

그러나 이때까지만 해도 그는 직접 군대를 지휘해 전투에 나설 생각은 없었기에, 훈련을 마친 군대를 강충원에게 넘겨주었다. 무엇보다 아직 어머니 3년상 기간이 지나지 않은 터라 전투에 나서는 일이 부담스러웠기 때문이다. 또한 그는 문인 특유의 유완한 성격 때문에 자신이 직접 전투를 지휘할 재목이 못 된다고 생각했다. 대신 후방에서 군사훈련과 대국 전략을 담당하며 강충원을 돕는 일은 자신 있었다. 마치 소하가 유방을 도왔던 것처럼 말이다. 하지만 태평천국군과 전투를 시작하자마자 강충원이 려주 전투에서 전사하고 말았다. 이렇게 되자 증국번은 어쩔 수 없이 군대를 지휘해야 했다. 육군과 수군을 포함한 1만 상군을 훈련시킨 장본인이 바로 그였기 때문에 다른 사람은 생각할 수 없었다.

황제의 출정 명령을 세 번이나 거절하는 동안 함포를 갖춘 함대가 갖추어졌다. 기본 준비를 마친 증국번은 1854년 1월 28일, 단련대신으로 부임한 지 13개월 만에 드디어 1만 7,000명의 상군을 이끌고 출정했다. 태평천국의 난을 진압하고 세상을 평안하게 만들겠다는 그의 포부가 드디어 첫 발걸음을 시작한 것이다.

이렇게 복잡한 설명을 늘어놓은 것은 '태평천국의 난을 진압하겠다'는 증국번의 포부가 한순간에 탄생한 것이 아니라 시대 흐름과 변화에 따라 조금씩 발전했음을 보여주기 위해서다. 그의 재능이 별 볼일 없는 것이라고 말하는 사람이 있다면 그냥 한 번 비웃어주고 말자. 하지만 그가 천재적인 재능을 타고났다고 말한다면 그것 역시 진실은 아니다. 그의 재능은 분명히 평범 이상이었다. 스물일곱 살에 진사에 합격한 후, 그는 목창아와 도광 황제에게 인정받고, 숙순의 적극적인 추천을 받았다. 이들은 평생 수많은 인재를 만나본 사람들이었다. 일찍이 그의 재능을 알아본 또 한 사람이 있었으니, 바로 그의 장인이다. 아버지의 친구였던 장인은 그의 문장을 보고 감탄해 그에게 딸을 시집보냈다. 그에게 재능이 없다고 말한 사람은 앞의 일화에서 등장하는 형양의 스승뿐이었다.

그렇다고 그가 천재적인 재능을 타고났다고 말하기도 힘들다. 그는 직접 지휘한 전투에서 세 번 모두 패한 후 두 번 다시 전장에 나가지 않았다. 그는 스스로 유완한 성격을 단점으로 꼽았다. 이 때문에 행동이 느리고 일처리가 늦어질 때가 많았다. 이런 성격은 어렸을 때부터 있었다. 그의 아버지가 대련을 가르칠 때 그는 빨리 답을 내놓지 못했다. 그는 확실히 기지가 뛰어나고 민첩한 인재는 아니었다. 훗날 그의 든든한 후원자가 된 목창아도 이 점을 아쉬워했다. 하지만 이런 점 때문에 그가 보통사람들의 본보기가 될 수 있었던 것이 아닐까? 그의 포부는 유방과 항우처럼 타고난 것이 아니라 환경의 변화와 교육의 결과로 탄생한 것이기에 누구라도 증국번처럼 도전해볼 수 있다.

　증국번은 뜻을 세우는 것이 가장 중요하고, 그다음은 지식을 쌓는 것이며, 마지막으로 변치 않는 마음이 중요하다고 말했다. 만약 지식이나 변치 않는 마음이 없다면 아무리 대단한 포부라도 헛된 망상일 뿐이다. 태평천국의 난을 진압하는 일은 그의 포부였고, 그에 알맞은 지혜와 전략이 있었으며, 그는 어떤 어려움이 있어도 끝까지 대국관을 포기하지 않았다. 특히 그는 상류를 거점으로 삼아 하류를 공격하기 위해 최신 설비를 갖춘 강력한 수군을 조직했다.

　증국번은 단련대신으로 부임한 후 '불요전, 불파사'를 외치며 임무를 완수하기 위해 최선을 다했다. 그러나 지나친 의욕 때문에 많은 불만을 야기했고, 급기야 부하들에게 살해 위협을 받기도 했다. 그 후 정항, 악주, 호구 전투에서 패하고 세 번이나 자살을 시도했다. 강서에 고립됐을 때는 스스로 너무 초라하고 처량한 생각이 들어 당장이라도 고향으로 돌아가고 싶은 마음뿐이었다. 부친상을 당해 군대 일을 뒤로 하고 고향으로 돌아온 그는 '권력을 주지 않으면 복귀하지 않겠다'는 생각으로 16개월을 버텼다. 그러나 상황을 지켜보던 중 더 이상 기다릴 수 없다고 생각해 1858년 군대에 복귀했다. 그리고 복귀하자마자 기문 위기에 처했다. 당시 상황이 매우 절망적이었던 터라 그는 미리 아들 앞으로 유서를 남겼다. 그는 유서에서 아들에게 관리가 되거나 군대를 지휘하지 말라고 당부했다.

　이외에도 수많은 시련과 풍파가 11년 동안 끊이지 않았다. 세 번의 자살 시도, 처참한 패배와 자괴감, 깊은 한과 분노가 그를 괴롭혔지만 그는 단 한 순간도 자신의 이상을 포기하지 않았다. 그리하여 뼈아픈 패배를 이겨내고 끊임없이 도전한 결과 점차 전력이 강화되어 남경을 탈환하기에 이르렀다.

시대가 영웅을 만든다는 말은 증국번에게 꼭 어울리는 말이다. 물론 누구보다 강한 공명심과 원대한 포부 역시 영웅 증국번을 탄생시킨 원동력이었다. 그는 누구보다 고결하고 위대한 포부를 지녔기 때문에 태평천국의 난을 진압해 세상을 평화롭게 만들고 무한한 영광을 얻을 수 있었다. 하지만 워낙 많은 일을 처리하다보니 욕먹을 일도 많았던 것이 사실이다. 함풍제도 그를 무시하고 비웃은 적이 한두 번이 아니었다.

그렇다면 증국번과 대적했던 홍수전은 어떤 인물이었을까? 그의 포부는 어떤 것이었고, 어떻게 형성되었을까? 홍수전은 처음 군대를 일으킬 때 「봉천토호격포사방유(奉天討胡檄布四方諭)」라는 글을 발표했다. 여기에서 그는 '오랑캐 세력을 일소한다', '중원을 평정한다'라는 표현과 함께 청나라 통치를 뒤엎겠다는 뜻을 확실히 밝혔다. 훗날 손문도 이와 비슷한 포부를 드러냈다. 이들의 뜻은 증국번의 포부와 확실히 대립되는 내용이었다. 한쪽은 청나라 통치를 뒤엎겠다는 것이고, 한쪽은 청나라 왕실을 지키겠다는 것이었다.

홍수전 군대는 광서를 장악한 후 호남으로 진출했다. 이들은 상강을 따라 북상하던 중 사의도(蓑衣渡)에서 기습 공격을 당해 전력이 크게 약화되자 일단 도주(道州)에 머물며 다음 일을 생각하기로 했다. 이때 다시 광서로 돌아가자는 의견, 남쪽으로 내려가 광동을 장악해야 한다는 의견, 북상해 사천으로 세력을 넓혀야 한다는 의견 등이 나왔으나 모두 신통치 않았다. 그 중 양수청(楊秀淸)의 의견이 가장 그럴듯했다. "가장 좋은 것은 계속 전진하는 것입니다. 계속 장강을 따라 내려가 남경을 점령하십시오. 남경을 근거지로 삼아 사방으로 뻗어나가면 남에서 북까지 중원 전체에 영향을 끼칠 수 있습니다. 일단 남경을 취하면 천하를 얻지 못하더라도 최소한 황하 이남을 장악할 수 있습니다." 이것이 바로 그 유명한 '도주 책략'이다. 홍수전은 이 의견에 따르기로 했다.

하지만 문제는 여기에서 비롯되었다. 원래 홍수전의 포부는 '오랑캐 세력을 일소한다'였는데, 이때부터 '천하를 얻지 못하더라도 황하 남쪽 지역을 차지한다'로 바뀌었다. 홍수전이 '오랑캐 세력을 일소한다'는 포부를 끝까지 유지했더라면 남경은 종착점이 아니라 출발점이 되었을 것이다. 그가 남경을 점령한 후 북벌과 서정 군대를 파견한 것은 위에서 말한 것처럼 '남경을 근거지로 삼아 사방으로 뻗어나가 남에서 북까지 중원 전체에 영향을 끼친다'는 의견에 따른 것이었다. 그러나 '오랑캐 세력을 일소한다'는 최종 목표를 달성하지 못해도 상관없었다. 그는 남경을 비롯해 황하 이남을 차지하는 것만으로도 충분하다고 생각했던 것이다. 중원을 평정하지 못하더라도 청나라와 천하를 양분할 수 있다면 충분했다. 하지만 역사적으로 작은 성공에 만족하며 안주했던 이들은 결국 오래가지 못했다.

도주 책략은 결국 한 발 물러서겠다는 뜻이었다. 전쟁에서는 전략적으로 전진할 수도 있고 후퇴할 수도 있다. 하지만 양수청의 제안은 전략적인 후퇴가 아니라 비겁하고 안일한 생각일 뿐이었다. 포부가 작으면 얻는 것도 적을 수밖에 없다. 포부가 작으면 작은 결과에 쉽게 만족하고, 쉽게 만족하면 발전할 수 없다. 홍수전이 천하의 주인이 되지 못한 이유가 바로 여기에 있다.

일찍이 명나라를 세운 주원장이 남경을 공격할 때, 그 역시 북벌에 실패할 경우 원나라와 천하를 양분한다는 생각을 했었다. 그런데 어떻게 주원장은 천하의 주인이 될 수 있었을까? 두 사람은 결과적으로 똑같은 생각을 했지만, 그들이 처한 시대 상황은 분명히 달랐다. 첫째, 주원장이 상대했던 원나라는 내부 분열이 매우 심각했다. 주원장 외에도 이미 수많은 무장 세력이 원나라 지배 기반을 흔들고 있었다. 원나라 순제(順帝)는 명목상 황제일 뿐 군권을 비롯한 모든 실권을 잃은 상태였다. 둘째, 원나라와 주원장 사이에는 한동산(韓童山)과 유복통(劉福通) 같은 제3의 세력이 존재했다. 주원장의 가장 강력한 적수는 원나라 군대가 아니라 진우량(陳友諒), 장사성(張士誠) 군대였다. 진우량은 대단한 야심가였지만, 결국 지역의 한계를 벗어나지 못한 탓에 원나라 군대에 밀렸다. 이렇게 많은 반란 세력이 공존한 덕분에 주원장은 오히려 더 많은 기회를 얻을 수 있었다.

그렇다면 청나라 상황은 어땠을까? 서양 열강의 침입이 끊이지 않고 백성들의 삶은 날이 갈수록 피폐해졌다. 건강성세가 지난 후 청나라 지배 구조는 점차 내리막길을 걷기 시작했다. 하지만 왕실과 조정을 비롯한 지배 세력의 단결력이 비교적 강한 편이었다. 황제의 위엄이 아직 살아 있었고, 지식인들은 여전히 청나라 통치에 희망을 걸고 충성했다. 그래서 홍수전이 '오랑캐 세력을 일소한다'는 구호로 반란을 일으켰을 때, 그의 적은 청나라 왕실이 아니라 청나라를 지지하는 수많은 지식인이었다. 이들은 유서 깊은 문화와 전통, 지혜를 바탕으로 대중을 움직이는 실질적인 지도자였다. 따라서 이들을 내 편으로 만드느냐 적으로 만드느냐가 매우 중요한 문제였다. 하지만 홍수전은 이들을 강력한 적으로 만들었다.

만약 주원장이 처음부터 강남 지역에 안주할 생각이었다면, 북방의 원나라와 천하를 양분했더라도 절대 오래가지 못했을 것이다. 일찍이 위나라 조씨 정권을 무너뜨린 사마염은 가장 먼저 촉나라를 합병했다.

당시 오나라 군주 손호는 포악하고 어리석기로 유명했다. 많은 신하들이 당장 오나라를 쳐야 한다고 재촉했지만, 사마염은 오나라가 아직 눈에 띄게 약해진 것이 아니라 계속 망설였다. 이때 사마염의 마음을 바꾼 결정적인 제안이 있었다. "폭군 손호가 재위에 있을 때 오나라를 쳐야 합니다. 만약 손호가 죽고 오나라에 현군이 나타난다면, 그때는 늦습니다. 기회가 사라지는 것입니다."

천하의 주인이 된다는 것은 그런 것이다. 내가 상대를 공격하지 않으면 상대가 나를 공격해온다. 그렇기 때문에 양수청의 생각은 혼자만의 착각인 셈이다.

성공 인물의 처세력 ❽
주원장의 포부를 내 것으로!

　주원장은 열일곱 살에 출가해 스님이 되었고, 스물다섯 살에 군대에 들어갔으며, 서른일곱 살에 오왕(吳王)이 되었고, 마흔한 살에 명나라 태조(太祖)로 등극했다. 그는 중국 역사상 하층민 출신으로 개국 황제가 된 유일한 인물이다. 유방은 가난한 집안에서 태어났지만, 최소한 그에겐 정장이라는 관직을 얻을 만한 배경이 있었다.

　주원장이 살던 시대에는 지배층에 반기를 든 반란군이 셀 수 없이 많았다. 그들은 대부분 주원장보다 먼저 훨씬 강력한 군대를 이끌었지만, 결과적으로 대업을 달성한 사람은 그였다. 그렇다면 그는 제왕이 될 운명을 타고난 것일까? 아니면 어렸을 때부터 원대한 포부를 키웠기에 제왕이 된 것일까? 그것도 아니라면, 증국번처럼 시대 흐름을 따라가며 끊임없이 배우고 발전한 결과일까? 원나라 말기에 이르러 정치가 부패하고 백성들의 삶이 피폐해지자 각지에서 농민 반란이 끊임없이 일어났다. 이미 원나라 통치에 대한 희망이 사라진 지 오래였기 때문에 어디서든 구호만 외치면 사방에서 사람들이 모여들었다.

　주원장은 열일곱 살에 부모를 여의었다. 오랜 전란과 흉작으로 대기근이 시작되어 주원장 가족도 굶기를 밥 먹듯 하던 중이었다. 집안에 곡식이 다 떨어질 무렵 전염병이 유행하면서 그의 부모는 반년 사이에 앞서거니 뒤서거니 세상을 떠났다. 그는 이웃의 도움으로 간신히 부모의 시신을 땅에 묻고 몇 달 동안 마을을 배회했다. 그러나 도저히 끼니를 이을 방법이 없어 스님이 되기로 결심하고 황각사(皇覺寺)로 향했다. 어린 나이에 세상을 떠돌며 많은 시련을 겪은 그는 몰래 불상에 대고 그동안 쌓인 화를 풀어내기도 했다. 하지만 끼니를 때울 수 있는 곳은 이곳뿐이었기에 최대한 감정을 억눌러야 했다.

주원장이 절에서 지낸 지 불과 열흘이 조금 지났을 뿐인데, 황각사에도 곡식이 바닥나고 말았다. 오랜 전쟁과 흉작 때문에 소작료를 걷지 못했기 때문이었다. 주지 스님과 연로한 스님 몇몇을 제외하고 나머지 스님들은 모두 절을 떠났다. 주원장도 마지막으로 황각사를 떠났다. 그는 승모를 쓰고 목탁과 주발을 들고 떠돌이 탁발승이 되었다.

이즈음 안휘 지역은 점점 더 큰 혼란 속으로 빠져들고 있었지만, 탁발하는 스님과는 별 상관없는 일이었다. 하지만 결국 주원장의 운명을 바꾸어놓은 것은 변화하는 시대였다. 한산동과 유복통이 영주(潁州)에서 일으킨 반란은 순식간에 10만이 넘는 대규모 집단으로 발전했다. 기주(蘄州)에서 세력을 규합한 서수휘(徐壽輝)는 덕안(德安), 무창, 강릉, 강서 지역을 장악했다. 참깨라는 별명으로 유명한 이이(李二)를 비롯해 팽대(彭大), 조균용(趙均用)은 서주에서 봉기해 빠르게 주변 지역으로 세력을 불려갔다. 빈곤에 허덕이던 농민들은 이들의 위협에 못 이겨 자의 반 타의 반으로 반란군에 가담했다. 정원(定遠)에서는 호족 출신 곽자흥(郭子興)이 손덕애(孫德崖)와 함께 군대를 일으키자 정원과 종리(鐘離) 일대 백성 수만 명이 몰려들었다. 곽자흥은 일련의 의식을 행하고 정식으로 반란군 지도자가 되었다. 곽자흥 무리는 순식간에 호주(濠州)성을 점령했다.

이때 주원장은 어느덧 탁발승 생활 8년을 넘기며 스물다섯 살이 되었다. 마지막 4년간은 스님이 아니라 그냥 구걸하는 거지였다. 하지만 사지 멀쩡한 사내가 언제까지 구걸이나 하고 살 수는 없으니 앞날을 생각해야 했다. 마침 그는 호주성 근처에 머물고 있던 터라 곽자흥에 대한 소문을 익히 알고 있었다. 그러나 탁발승에게 군대는 아직 먼 나라 이야기였다.

그러던 어느 날 주원장은 호주성으로부터 편지 한 통을 받았다. 편지를 보낸 사람은 어린 시절 친구 탕화(湯和)였다. 탕화는 몇 년 전 부하 몇 명을 데리고 홍군(紅軍)[96]에 투신해 이미 어느 정도 위치에 올라 있었다. 편지 내용은 물론 주원장에게 홍군 참여를 권유하는 것이었다. 주원장은 앉지도 못하고 한참 동안 생각하고 또 생각했지만, 어떻게 해야 할지 도저히 결정을 내리 수 없었다. 일단 다른 사람 눈에 띌 것을 염려해 편지를 불태웠다. 그런데 며칠 후, 함께 지내던 동료가 '호주성에서 편지를 받은 사실을 누군가 관군에 고발했다'며 빨리 도망치라고 말해주었다. 주원장은 깜짝 놀라 서둘러 마을을 떠났다. 그는 잠시 고민하다가 어린 시절 친구 곽덕흥(郭德興)을 찾아가 어떻게 하면 좋을지 상의했다. 한참 동안 머리를 맞댄 결과 확신할 수는 없지만 아무래도 호주성 홍군에 가담하는 것이 살길 같았다. 하지만 평생 무기를 들어본 적 없는 평범한 백성에게 '반란'은 생각만 해도 살 떨리는 말이었다. 그래서 두 사람은 부처님의 뜻을 구하기 위해 황각사로 향했다.

  사실 두 사람에게는 다른 방법이 없었다. 하지만 막상 용기가 나지 않았기에 일단 점이라도 쳐보자는 생각이었다. 자신의 결정보다는 하늘의 뜻이라면 안심할 수 있을 것 같았다. 그런데 두 사람이 산 입구에 들어선 순간 황각사 쪽에서 함성과 함께 불길이 치솟았다. 잠시 후 가람전(伽藍殿)을 제외한 사찰 건물 대부분이 전소되었고, 스님들은 모두 어디론가 사라졌다. 그런데 황각사에 왜 이런 일이 벌어졌을까? 홍군의 '미륵불 환생'이라는 구호 때문에 원나라 관군은 모든 사찰이 홍군과 관련 있다고 생각했던 것이다. 그래서 사찰이란 사찰을 모두 공격하기 시작했고, 이날이 황각사 차례였던 것이다.

  주원장은 계획이 틀어지자 풀이 죽어 잠시 멍하니 서 있다가, 갑자기 가람전 앞에 무릎을 꿇고 앉아 막대제비를 던졌다. 스스로 점을 칠 생각이었다. 주원장은 막대를 던지기 전에 마음속으로 빌었다. '부처님, 만약 제가 살아서 이곳을 떠날 수 있다면 막대 두 개 모두 앞면을, 그냥 여기에 머무는 게 좋다면 앞면 하나 뒷면 하나를 보여주세요.' 그런데 결과는 두 개 모두 뒷면이었다. 부처님이 답을 주지 않으려는 것일까? 그는 실망스럽기도 하고 당황스럽기도 했다. '도대체 가라는 거야, 말라는 거야? 아니면 나보고 반란을 일으키란 거야? 정말 그런 뜻이라면 …… 부처님, 다시 한 번 뒷면 두 개를 보여주세요.'

주원장은 다시 막대제비를 던졌다. 두 개 모두 뒷면이었다. 그는 온몸을 부르르 떨었다. 반란이라니! 10년 가까이 스님으로 살아온 그로서는 도저히 상상할 수 없는 일이었다. 이 순간 가장 바라는 것은 마음 편히 이곳을 떠날 수 있는 앞면 두 개였다. 그는 간절한 마음으로 다시 막대제비를 던졌다. 이번에도 두 개 모두 뒷면. 그는 현실을 받아들일 수 없어 다시 막대제비를 던졌다. 그런데 이게 웬일인가? 정말 상상도 못할 일이 벌어졌다. 그가 던진 막대제비 중 하나가 앞면도 아니고 뒷면도 아니고 땅에 박혀 서버렸다. 도저히 하늘의 뜻을 이해할 수 없었다. 잠시 후 그는 질문을 조금 바꿔봤다. '만약 제가 반란을 일으켜 성공할 수 있다면 다시 한 번 뒷면 두 개를 보여주세요.' 그는 눈을 질끈 감고 막대제비를 던졌다. 두 개 모두 뒷면이었다. 주원장은 극도로 긴장되고 흥분된 상태에서 결국 홍군에 가담하기로 결심했다.

이즈음 호주성은 원나라 관군에 포위된 상태였다. 하지만 원나라 병사들은 모두 죽음이 두려운 오합지졸이었으므로 감히 성벽에 다가설 생각은 하지 못했다. 곽자흥도 포위당한 입장에서 경솔하게 움직일 수 없었기에 수비에만 집중했다.

어느 날 이른 아침, 호주성 성벽 아래 한 스님이 나타났다. 홍군에 투신하겠다며 곽자흥을 만나게 해달라고 말하는 이 스님이 바로 주원장이었다. 호주성 수비대장은 그의 못생긴 외모가 마음에 안 들어 특별한 이유 없이 그를 간첩으로 단정했다. 수비대장은 즉시 주원장을 체포하고 곽자흥에게 간첩 처형 승인을 요청했다. 보고를 받은 곽자흥은 뭔가 이상하다는 생각이 들었다. 간첩이라기엔 너무 침착하고 말이 없었다. 곽자흥은 어쩌면 정말 홍군에 자원하러 온 인재일지 모른다는 생각에 정확한 사정을 알아보기 위해 서둘러 성문 수비대로 달려갔다. 성문이 가까워지자 저 멀리 수많은 병사와 백성들이 주원장을 둘러싸고 손짓발짓을 해가며 시끄럽게 떠들고 있었다. 곽자흥은 고함을 질러 사람들을 흩어지게 하고 직접 주원장을 만났다. 못생기긴 했지만 기골이 장대하고 무엇보다 눈빛이 강렬했다.

보통사람들은 이렇게 많은 사람에게 둘러싸이면 겁을 먹고 무서워하기 마련인데, 그는 너무나 침착한 표정이었다. 곽자흥은 그에게서 뭔가 비범한 기운을 느끼며 호기심이 생겼다. 이것저것 물어보고 나서야 탕화가 불러들인 친구라는 사실을 알고 즉시 포박했던 밧줄을 풀어주었다. 이렇게 해서 주원장은 곽자흥 군대에서 제2의 인생을 시작했다.

그런데 주원장은 도대체 얼마나 못생겼던 것일까? 여러 사료에 표현된 그의 외모를 보면, 일단 체격은 매우 우람했고, 각지고 까무잡잡한 얼굴은 온통 곰보자국으로 덮여 있었다고 한다. 주걱턱과 광대뼈가 유난히 도드라졌고, 코와 귀가 아주 컸다. 정수리 한가운데 산처럼 솟은 뼈가 튀어나와 괴상한 느낌을 주었다. 거칠고 새까만 눈썹 밑에는 유난히 크고 반짝이는 눈이 냉정하고 위엄 있는 분위기를 뿜어냈다. 단순히 못생겼다기보다는 보통사람과 확실히 다른 특이한 외모였을 것으로 보인다.

주원장은 홍군 병사가 된 후 처음 만난 소대장과 마음이 잘 맞아 금방 군대에 적응하고 빠르게 무술 실력을 쌓았다. 타고난 강인한 체력과 오랜 세월 탁발승 생활을 하며 꾸준히 몸을 단련한 덕분에 그의 무술 실력은 하루가 다르게 일취월장했다. 그리고 그는 머리 회전이 빠르고 행동이 민첩해 곧바로 두각을 나타냈다. 수차례 성 밖으로 정찰 임무를 나가 모든 부대원을 안전하게 이끌면서 임무를 완수했다. 특히 그는 어떤 위기 상황에서도 항상 침착하고 냉정한 태도를 유지하면서 과감한 결단력과 뛰어난 리더십을 발휘했다. 시간이 지날수록 그를 흠모하는 병사들이 늘어났고, 소대장도 그를 크게 신임해 모든 일을 그와 상의했다.

어느 날 곽자흥이 순시를 하다가 주원장 막사에 들렀다. 그를 맞이하기 위해 진열을 갖춘 병사들 가운데 기골이 장대한 주원장이 유난히 눈에 띄었다. 처음부터 주원장이 마음에 들었던 곽자흥은 소대장으로부터 그동안의 공적을 보고받고 기쁨과 놀라움을 감출 수 없었다. 소대장은 입에 침이 마르도록 끊임없이 주원장을 칭찬했다. 그리고 이날 이후 주원장은 곽자흥 친위대로 자리를 옮겼다.

주원장은 항상 조심스럽고 신중하게 행동했으며, 지략과 결단력이 뛰어났다. 어떤 명령이든 빠르고 완벽하게 처리했으며, 무엇보다 임기응변에 능했다. 이뿐이 아니었다. 전장에서는 누구보다 용감하게 적진을 파고들어 매번 홍군에 승리를 안겨주었다. 전투가 끝나고 거두어들인 전리품은 모두 상납했고, 하사품을 받으면 다른 사람에게 공을 돌리며 부하와 동료들에게 나누어주었다. 그는 평소 과묵한 편이었지만, 일단 입을 열면 핵심을 정확히 찔러 모두가 혀를 내두르게 만들었다. 조목조목 논리적으로 사건을 분석하고 참신한 의견을 제시하곤 했다. 그가 본격적으로 글공부를 시작한 것은 홍군에 들어온 후였지만, 꾸준히 노력한 결과 문인으로서의 기본적인 소양을 쌓았다. 그가 부대 내에 글 쓰는 일까지 도맡게 되자 곽자흥의 신임은 더욱 두터워졌다. 그는 곽자흥과 여러 가지 중요한 군사를 상의하면서 점점 더 깊은 신뢰를 쌓아갔다.

일찍이 곽자흥과 함께 군대를 일으킨 동료 중 전투가 시작되자마자 전사한 마(馬)씨가 있었다. 이때 곽자흥은 고아가 된 마씨의 딸을 거두어 수양딸로 삼았다. 곽자흥은 능력 있고 충성심이 깊은 주원장이 너무 마음에 들어 아내와 상의해 그를 데릴사위로 삼기로 했다. 그를 완전히 자기 사람으로 만들고 싶었던 것이다.

총지휘관의 사위가 된다는 것은 가장 확실한 배경을 얻는 동시에 홍군에서 가장 전도유망한 장군이 되는 것을 의미했다. 더구나 이미 혼기를 넘긴 그로서는 마다할 이유가 전혀 없었다. 곽자흥은 두 사람의 사주를 받아 길일을 택해 혼사를 치러주었다. 이때 주원장은 스물다섯 살이었고 마씨는 스무 살이었으니 당시로서는 확실히 늦은 결혼이었다. 총지휘관의 사위가 되자 주원장을 대하는 사람들의 태도가 크게 달라졌는데, 심지어 그를 주공자라 부르는 사람도 있었다. 그는 이렇게 신분이 상승한 후에야 비로소 '주원장'이라는 이름이 생겼고, 자는 국서(國瑞)라고 지었다. 그전까지는 그 시대의 다른 하층민들처럼 성만 있고 이름이 없었다.

그러나 지위와 신분이 올라갔다고 해서 하루아침에 대단한 포부가 생기는 것은 아니다. 이때까지 주원장은 그저 굶어죽지 않으려고 발버둥치며 살아왔을 뿐이다. 위대한 영웅 항우가 그와 비슷한 나이에 이미 삼군의 지도자가 되었으니, 그는 아직 갈 길이 멀었다.

홍군에는 곽자흥과 동등한 지위를 가진 총지휘관 네 명이 더 있었다. 그러나 나머지 네 명은 모두 빈곤한 농민 출신으로 거칠고 무식했다. 이들은 힘만 세고 농사만 지을 줄 알았지 전투 전략이나 군대 운영에 대해서는 전혀 아는 바가 없었다. 더구나 자존심만 내세우며 지지 않으려 하고 간섭당하는 것을 싫어해서 연결 고리가 매우 약한 상태였다. 호주성을 점령하고 반년이 지나도록 이들이 한 일이라곤 들판에서 곡식을 거둬들인 것뿐이었다. 더 큰 문제는 이들이 곽자흥을 배제하고 자기들끼리만 뭉치려 한다는 것이었다. 곽자흥은 매번 혼자 네 사람을 설득하다 너무 지쳐 나중에는 아예 포기해버렸다. 어차피 자기 힘으로 어쩔 수 없으니 그냥 내버려둘 수밖에 없었다.

주원장도 이런 상황을 잘 알고 있었다. 이대로 내버려두면 내분이 일어나 원나라 군대에 빌미를 제공하게 될지도 모를 일이었다. 그렇게 되면 호주성이 위험해진다. 주원장은 곽자흥을 독려하는 동시에 손덕애를 비롯한 네 명의 홍군 총지휘관을 구슬리며 홍군의 분열을 막기 위해 동분서주했다.

그 해 가을 원나라 승상 탈탈(脫脫)이 몽고족과 한족이 뒤섞인 수십만 대군을 이끌고 서주성을 공격했다. 서주성은 결국 원나라 군대에 넘어갔고, 이곳에 주둔하고 있던 이이는 도망치다가 죽었다. 부장 팽대와 조균용은 패잔병을 모아 호주성으로 도망쳐왔다. 패잔병이라고는 하지만 원래 호주성 수비군의 수보다 훨씬 많았기 때문에, 하루아침에 주객이 전도되면서 홍군의 다섯 지휘관은 크게 위축됐다. 그러나 곽자흥은 용맹한 장수이자 뛰어난 지략가인 팽대와 의기투합하면서 오히려 숨통이 트이는 듯했다. 곽자흥과 팽대의 관계를 의식한 손덕애 등 나머지 네 명은 조균용을 끌어들였다. 이렇게 명확하게 파가 갈리면서 홍군 내부 경쟁은 더욱 치열해졌다.

어느 날 손덕애는 눈엣가시 곽자흥을 제거하기 위해 조균용을 충동질했다. 곽자흥이 팽대만 인정하고 조균용을 무시한다는, 대략 그런 말이었다. 결국 폭발하고 만 조균용은 당장 곽자흥을 잡아들여 호되게 매질을 하고 옥에 가두었다.

이때 주원장은 일이 있어 성 밖에 나갔다가 보고를 받고 서둘러 돌아왔다. 곽자흥의 부하들은 우왕좌왕하다가 무기를 챙겨들고 조균용 부대로 향하려 했다. 그러나 주원장은 무력으로는 문제를 해결할 수 없다는 생각에 부하들을 말렸다. 그는 한참 고민한 끝에 이 일을 해결하려면 팽대의 힘을 빌려야 한다는 결론을 내렸다. 그래서 곽자흥의 부인과 그의 두 아들을 데리고 팽대를 찾아갔다. 자초지종을 들은 팽대는 화를 참지 못하고 소리쳤다. "정말 방자하구나! 내가 있는 한 아무도 곽 장군을 건드릴 수 없다!" 팽대는 당장 친위대를 출동시켰고, 주원장도 완전무장을 갖추고 뒤따랐다. 팽대와 주원장이 나타나자 손덕애와 조균용은 덜컥 겁을 먹고 얼른 곽자흥을 풀어주었다. 손발이 묶인 곽자흥은 처참하게 얻어맞아 제대로 몸을 가누지도 못했다. 주원장이 곽자흥을 업고 돌아갔다. 조균용은 팽대가 무섭다기보다는 그와 사이가 멀어질 것을 염려해 일이 더 커지기 전에 곽자흥을 풀어준 것이었다.

한편 원나라 승상 탈탈이 어사대부 가로(賈魯)를 보내 호주를 공격해왔다. 갑자기 눈앞에 강적이 나타나자 홍군 지도자들은 일단 개인적인 감정은 뒤로 하고 다시 뜻을 모으기로 했다. 원나라 군대는 홍군 내부에 어떤 일이 일어나고 있는지 전혀 몰랐기에 감히 정면 승부를 하지 못하고 성을 포위한 채 눈치만 보고 있었다. 다행히 호주성에는 식량이 충분히 비축되어 있었고, 주원장과 같은 뛰어난 장수가 있었기에 반년 동안 조금도 흔들리지 않았다.

원나라 군대가 호주성을 포위한 지 7개월이 지난 어느 날 원나라 총지휘관 가로가 갑자기 급사했다. 반년 넘도록 성을 포위하는 동안 서서히 지쳐가던 원나라 병사들은 총지휘관이 죽자 완전히 의욕을 상실한 채 철수했다. 호주성은 그동안 적잖은 피해가 있었지만, 성벽은 변함없이 굳건했다. 원나라 군대가 물러간 후 홍군 지도자들은 기쁨에 들떠 각자 왕을 자칭했다.

호주성은 일단 군사적인 위협에서 벗어나기는 했지만, 식량이 바닥을 드러내기 시작했다. 이에 주원장은 소금 무역으로 곡식을 마련해 곽자흥에게 바쳤다. 계속해서 그는 홍군의 기반과 세력을 넓히기 위해 고향 마을로 돌아가 병사를 모집하고 말을 구해왔다. 이때 어린 시절 주원장의 친구였던 서달(徐達)이 친구의 소식을 듣고 홍군에 가담하기 위해 찾아왔다. 서달은 주원장보다 세 살 아래였지만, 우람한 체격과 용맹함을 갖추어 훗날 그에게 없어서는 안 될 중요한 조력자가 되었다. 주원장은 불과 열흘 만에 700명이 넘는 신병을 모집해 호주성으로 돌아왔다. 곽자흥은 크게 기뻐하며 주원장을 더 높은 지위로 승진시켰다.

한편 주원장은 원나라 관군의 호주성 포위 사건을 겪으면서 홍군 지도자들이 얼마나 무능하고 포부가 작은 사람들인지 알 수 있었다. 이들에게는 더 이상 발전가능성이 없었으므로 이들과 함께 대업을 도모하긴 힘들다고 판단했다. 곽자홍은 어느 정도 학식과 포부를 갖추었으나, 홍군 내에서 큰 영향력이 없었기 때문에 그에게 의지하기도 힘들었다. 그래서 주원장은 결국 홍군을 떠나 독자적으로 세력을 키우기로 결심했다.

주원장은 고향에서 모집한 신병을 다른 장수에게 넘긴 후, 서달과 탕화 등 측근 20여 명만 데리고 홍군을 떠났다. 그는 남쪽으로 내려가 정원에 자리를 잡고 세력을 키우기 시작했다. 현지 백성을 대상으로 신병을 모집하는 동시에 기존에 형성된 세력을 흡수하면서 빠르게 규모를 키워갔다.

그는 장가보(張家堡) 려패채(驢牌寨)에 고립된 민병 3,000명이 식량이 다 떨어져 매우 위험한 상황에 처해 있다는 소식을 듣고 그들을 구해 자기 부하로 만들어야겠다고 생각했다. 그는 민병 지도자를 만나 지금 상황에서 만약 다른 군대가 공격해오면 크게 패할 것이 분명하니 함께 힘을 합치자고 제안했다. 민병 지도자는 흔쾌히 주원장의 제안을 받아들였으나 며칠 후 태도가 돌변했다. 결국 주원장은 무력으로 그들을 제압해 자기 군대에 편입시켰다.

어느 정도 규모를 갖춘 주원장 군대는 동쪽으로 이동해 횡간산(橫澗山)을 습격했다. 당시 횡간산에는 정원 출신 무대형(繆大亨)이 이끄는 민병 2만 명이 있었다. 무대형은 주력부대를 이끌고 호주성 포위에 동참했다가 상황이 여의치 않아 다시 횡간산으로 돌아왔다. 원나라 조정은 그에게 관직을 내리고 그를 관리감독하기 위해 장지원(張知院)이 이끄는 관군을 파견했다. 주원장의 민병 부대는 어둠과 적들의 허술한 수비를 틈타 횡간산을 포위했다. 일단 정면 승부를 미루고 요란한 북소리와 함께 고함을 지르며 적을 혼란스럽게 만들었다. 깜짝 놀란 장지원은 이것저것 생각할 것 없이 제일 먼저 도망쳤다. 마침 주원장 수하 중 무대형의 친구가 있어 무대형을 설득하게 했다. 완전히 포위당해 별다른 방법이 없다고 생각한 무대형은 주원장의 제안을 받아들였다. 이렇게 해서 병사와 민간인을 포함해 총 7만 명이 주원장의 수하가 되었다. 주원장은 이 중에서

2만 명을 뽑아 정예부대를 조직했다. 이제야 그는 완벽한 군사 기반을 갖추고 천하 영웅들과의 한판 승부에 나섰다.

주원장은 처음 군대를 조직할 때부터 규율과 훈련을 중시했다. 그는 체계적인 군사훈련 없이는 강력한 전투력을 갖출 수 없다고 생각했다. 또한 모든 장군과 병사들에게 '군대가 함부로 사람을 죽이지 않아야 민심을 얻을 수 있다'라는 원칙과 엄격한 규율을 강조했다. 이런 기초가 있었기에 주원장 군대는 정원을 떠난 후 승승장구할 수 있었다. 그의 명성이 널리 퍼지면서 풍국용(馮國用), 풍국승(馮國勝) 형제가 군대를 이끌고 찾아왔다. 주원장은 기쁜 마음으로 이들을 받아들이고 풍씨 형제를 참모로 삼아 가까이 두었다.

풍씨 형제는 용기와 지혜를 두루 갖춘 인재였기 때문에, 주원장의 측근이 되어 그와 함께 중대사를 논했다. 주원장이 두 사람에게 향후 발전 계획을 묻자, 이들은 주저 없이 남경을 점령해야 한다고 말했다. 예로부터 남경은 수비에 유리한 지역으로 세력을 키워 사방으로 뻗어나가기 좋은 제왕의 도시였다. 일단 남경을 기반으로 삼으면 천하 제패는 시간문제였다.

주원장은 정원에서 기초를 닦은 후 남쪽으로 이동해 저주(滁州)를 공격했다. 저주 수비군의 전력이 워낙 약한데다 선봉장 화운(花雲)이 용감하게 적진에 돌진하며 병사들을 이끈 결과 순식간에 저주를 점령했다.

주원장이 저주를 점령하던 순간 그에게 또 한 명의 귀인이 나타났다. 바로 정원이 고향인 이선장(李善長)이었다. 이선장은 학식이 높을 뿐 아니라 군사 지략이 뛰어난 인재로 주원장이 대업을 달성하는 데 크게 기여한 인물이다. 만나자마자 환상의 호흡을 발휘한 두 사람은 조금 더 일찍 만나지 못한 것이 한스러울 따름이었다. 서기에 임명된 이선장은 가장 가까이에서 주원장을 보좌했다. 그는 주원장에게 한나라 고조(高祖) 유방의 '도량을 넓히고, 인재를 적절히 등용하며, 함부로 사람을 죽이지 않는 점' 등을 배우라고 조언했다. 또한 원나라 조정의 부패가 이미 돌이킬 수 없는 지경에 이르러 민심이 떠나고 대세가 기울었으니, 대업을 이룰 시기가 멀지 않았다며 주원장의 공명심을 고취시켰다.

주원장이 천하의 주인이 될 포부를 세운 것은 풍씨 형제와 이선장의 제안과 충고를 받아들이면서부터였다. 남경을 근거지로 세력을 키운 후 본격적으로 패권 경쟁에 뛰어든다는 계획이었다. 이를 위해서는 특히 인의의 구호 아래 민심을 얻고 재물과 여자를 탐하지 않는 것이 중요했다.

이때 주원장의 나이는 스물여섯 살로 종군 인생을 시작한 지 겨우 1년 만에 천하를 도모할 완벽한 포부를 세웠다. 2년 뒤 그는 10만 대군을 이끌며 이상 실현을 위해 착실하게 전진했다.

주원장의 초기 인생을 보면 그는 천부적인 재능과는 거리가 멀었다. 군대 생활을 시작한 후에도 특별한 가르침을 받은 적이 없었다. 하지만 그는 맡은 바 임무를 완벽히 수행해 곽자흥에게 크게 중용되었다. 스물다섯 살의 나이로 처음 군대에 들어올 때까지만 해도 그에게 가장 중요한 것은 끼니를 해결하는 것이었다. 그랬던 그가 스물여섯 살 무렵부터 천하 통일을 꿈꾸기 시작했고, 스물여덟 살에 이미 10만 대군의 지도자가 되었다.

결과적으로 보면 그의 재능이 천부적인 것이 아니라고 말하기는 힘들 것 같다. 물론 서달, 이선장과 같은 인재들이 문무에서 고른 활약을 보여준 것도 큰 힘이 되었을 것이다. 한 번은 서달이 공선전에 나섰다가 상황이 여의치 않자 주원장에게 조언을 구했다. 주원장은 직접 전선을 둘러보고 서달에게 새로운 전략을 세워주었고, 성이 곧 함락되었다. 또 진우량을 상대로 한 파양호 전투에서는 직접 군대를 이끌며 치열한 전투 끝에 승리를 기록했다. 후에 원나라 관군을 상대로 북벌을 진행할 때는 서달을 총지휘관으로 임명하고 주원장은 남경에서 전략에 몰두했다.

포부나 재능은 반드시 타고나는 것이 아니라 환경과 교육을 통해 계발되는 것이다. 포부와 재능을 키우는 것은 분명 대업을 이루기 위한 최우선 과제다.

제9장
똑똑하기보다 참된 고수가 되라

증국번이 대업을 이룬 것은 그가 진정한 고수였기 때문이다.
그는 여러 상황과 이해득실을 따져보고 성공 가능성을 예측한 후 움직였다.

    증국번의 성공에는 여러 가지 요인이 있었을 것이다. 위인은 하늘에서 내리는 것이니 물론 운도 따랐겠지만, 여기에서는 그의 고차원적인 지혜를 살펴보려 한다. 그는 여러 가지 면에서 지혜와 전략의 고수다운 면모를 보여주었다. 첫째, 새로운 군대를 조직하면서 병사들에게 정치 사상 교육을 진행했다. 둘째, 태평천국군을 진압해야 하는 사상적인 목표를 강조하는 전략으로 중립자들의 지지를 얻어내 적을 확실히 고립시켰다. 셋째, 안경을 승부처로 삼아 태평천국군과 결전을 벌이기 위해 안경 포위에 주력했다. 넷째, 자신의 공로가 황제를 위협할 수 있음을 인식하고 대업을 완성하는 순간 물러날 방법을 생각했다. 다섯째, 군사 독립을 권유하는 여러 부하들의 권고를 단호하게 물리쳤다.
    여기서 중점적으로 살펴볼 내용은 다섯 번째 내용으로, '증국번은 왜 황제가 되지 않았는가' 이다. 2장에서 이미 말했듯 증국번은 군사 독립이나 스스로 황제가 될 야심, 혹은 그와 비슷한 생각은 전혀 해본 적도 가져본 적도 없었다. 그러나 그의 생각이나 의지와 상관없이 외부 상황이 바뀌면서 자신을 대하는 청나라 조정의 태도가 변하고 있음을 잘 알고 있었다. 그는 외부 상황이나 조정의 태도 등을 종합적으로 분석해 자신이 어떻게 행동해야 할지 확실한 기준을 세웠다. 중국의 근대 역사가 소일산(蕭一山, 샤오이산)이 정리한 「증국번과 군사 독립」에 대한 자료를 보면 대략 그의 생각을 알 수 있다.

독립 권유를 물리치다

일찍이 상군이 안경을 점령했을 때 호림익과 좌종당 등 여러 상군 지도자들이 증국번을 찾아가 군사 독립을 권유했다. 그러나 증국번은 조금도 흔들리지 않았다. 상군이 안경에 입성한 후 모두가 성대한 축하연을 벌이자고 했지만, 증국번은 이를 허용하지 않았다. 대신 장군들에게 안경 탈환의 기쁨을 대련구로 표현해보라고 지시했다.

이원도는 가장 먼저 시구를 완성해왔다. '왕후의 씨가 따로 있을까, 제왕이 되면 진짜가 되는 것이다.'[97] 이원도가 말하고자 하는 것은 군사 독립, 즉 반란이었다. 증국번은 이 시구를 읽자마자 종이를 찢어버리고 이원도를 호되게 꾸짖었다. 이원도는 증국번이 죽은 후 그를 추모하는 시를 지었는데, 이때까지도 군사 독립에 대한 미련을 버리지 못했다. '천둥과 번개, 비바람이 모두 봄바람에 사라지네.'[98] 그는 증국번이 자신의 충고를 받아들이지 않은 것에 대한 아쉬움을 이렇게 표현했다.

증국번의 4대 제자로 유명한 장유소(張裕釗)는 '천자께서 미리 기린각의 문을 열고 기다리니, 상공은 채주를 평정하고 돌아가네'[99]라는 시구를 지었다. 증국번은 이 시구를 높이 평가하며 다른 장군들에게도 읽어보도록 했다. 그 중 누군가 "기린과 거북은 어울리지 않는 짝이다. 이 시구는 형편없다"라고 말하자 증국번은 노발대발하며 이렇게 말했다. "너희들은 나를 벼랑 끝으로 밀어낼 생각만 하고 책은 전혀 보지 않는 모양이구나. 기린은 영물이고 채(蔡)는 영험한 거북인데 뭐가 어울리지 않는다는 것이냐?" 채가 영험한 거북이라는 것은 옛 성현의 글을 많이 읽지 않은 사람은 절대 알 수 없는 것이다.

『논어』「공손장(公孫長)」 중에 '장문중거채(藏文仲居蔡), 산절조절(山節藻梲), 하여기지야?(何如其知也?)'라는 구절이 있다. 글자만 보고 대충 뜻을 짐작하는 사람들은 이것을 '장문중이 채라는 곳에 살고 있다'라고 생각할 수 있는데, 이것은 그런 뜻이 전혀 아니다. 채는 옛날에 군주가 점을 칠 때 사용하던 커다란 거북인데, 주로 채 지방에 서식했기 때문에 이렇게 불렀다. 거(居)는 동사로 쓰여서 커다란 거북이를 그곳에 살게 한다는 뜻이고, '산절조절'은 기둥에 산을 새기고 대들보에 그림을 그린다는 뜻으로 집을 화려하게 꾸민다는 의미다. 따라서 위의 예문은 '장문중이 거북에게 집을 짓게 하고, 그 집을 화려하게 꾸몄으니, 이 사람은 도대체 어떻게 된 걸까?'라는 뜻이다. 공자가 말하려 했던 것은 대략 이런 내용일 것이다. 채는 군주만이 사용할 수 있는 것인데, 장문공이 이것을 사용하고 화려한 집까지 지어주었으니, 이것은 명백히 군신의 도리와 제도에 어긋나는 크게 잘못된 행동이다.

하루는 호림익이 증국번을 찾아가 한담을 나누다가 다음 시구를 읊었다. "강력한 수단을 이용하면서 부처와 같은 마음을 드러내다(用霹靂手段, 顯菩薩心腸)." 호림익은 한참 동안 이런저런 대화를 나누고 돌아가면서 일부러 종이 한 장을 흘리고 갔다. 호림익을 전송하고 방으로 돌아온 증국번은 그가 남기고 간 종이를 보고 크게 화를 냈다. 그 종이에는 '동남 땅에 주인이 없습니다. 공의 뜻은 어떠신지요?'라고 적혀 있었다.

또 이런 일도 있었다. 안경 함락 후 증국번의 배가 아직 뭍에 닿기 전에 팽옥린이 급히 사람을 보내 증국번에게 편지 한 통을 전했다. 역시 '동남 땅에 주인이 없습니다. 스승님의 뜻은 어떠신지요?'라는 내용이었다. 증국번은 이번에도 불같이 화를 냈다. "말 같지 않은 소리를 지껄이는구나! 설금(雪琴, 팽옥린의 자-역주)이 어찌 나를 시험하려드는가? 가증스럽구나!" 그리고 편지를 갈기갈기 찢고 돌돌 말아 한입에 삼켜버렸다.

좌종당도 자신의 뜻을 담은 시구를 호림에게 주어 대신 증국번에게 전달하도록 했다. 좌종당은 완곡한 표현으로 호림익과 증국번이 힘을 합쳐 새로운 역사를 만들라고 말했다. 좌종당의 뜻을 알아차린 호림익은 이 시구를 그대로 증국번에게 전했다. 좌종당의 시구는 '신이 의지하는 것은 그 사람의 덕이다. 지금은 정의 무게를 따져볼 수 있으리라'[100]였다. 증국번은 아무 말 없이 붓을 들어 '사(似)' 자를 본래의 '미(未)' 자로 고쳐 '신이 의지하는 것은 그 사람의 덕이다. 지금은 정의 무게를 따져볼 수 없다'라는 글을 돌려보냈다. 편지를 받아본 호림익은 "사 자가 미 자로 돌아왔는데, 내가 뭘 더 어떻게 할 수 있겠는가?"라며 탄식했다.

남경 함락 직후 증국번이 직접 이수성을 심문한 뒤 막사로 돌아와 쉬고 있는데 부하 장군 30여 명이 약속이나 한 듯 보고할 것이 있다며 한꺼번에 들이닥쳤다. 장군들은 남경 함락 후 뭔가 상황이 심상치 않음을 느꼈던 것이다. 증국번은 한참 만에 겨우 "증국전도 왔는가?"라고 입을 뗐다. 뛰어난 포위전술로 '증철통'이라 불리며 남경 포위를 주도했던 증국전은 지금 이 자리에 없었다. 증국번은 자리에서 일어나 뭔가 생각하다가 갑자기 고개를 들고 외쳤다. "증국전을 부르라." 잠시 후 증국전이 아픈 몸을 이끌고 증국번 막사에 들어왔다. 증국번은 그제야 장군들에게 자리를 권하고 대화를 시작했다. 지금까지 그는 이런 자리에서 농담을 섞어가며 재미있고 화기애애한 분위기를 만들었지만, 이날만큼은 웃음기를 싹 거둔 엄숙한 표정이었다. 장군들은 평소와 다른 그의 모습을 보고 왠지 모를 불안과 긴장 때문에 감히 고개도 들지 못했다. 막사 안은 쥐 죽은 듯 조용했다.

증국번이 오랜 침묵을 깨고 드디어 입을 열었다. "종이와 붓을 가져오라." 누군가 증국번이 평소 사용하던 종이를 가져왔다. 그러자 그는 "더 큰 종이를 가져오라"고 명했다. 부하들은 감히 이유를 물어보지도 못하고 서둘러 큰 종이를 가져왔다. 증국번은 그제야 붓을 들고 진하게 갈아 놓은 먹을 듬뿍 묻혔다. 그리고 힘 있게 글씨를 써내려갔다. '하늘에 기대어 바다를 바라보니 세상에 무수히 많은 꽃이 있구나. 유유히 흐르는 강물과 우뚝 솟은 높은 산만이 그 마음을 아노라.'[101] 그는 글씨를 다 쓰고 아무 말 없이 밖으로 나갔다. 막사 안에 모인 장군들은 모두 학식을 갖춘 인재였기 때문에 더 이상 말로 설명할 필요가 없었다. 잠시 후 증국전이 증국번의 글을 확인하기 위해 자리에서 일어나 탁자 앞으로 걸어갔다. 곧이어 나머지 장군들도 탁자를 에워쌌다. 누구는 한숨을 내쉬고, 누구는 고개를 흔들고, 누구는 미소를 짓고, 누구는 고개를 끄덕이고, 누군가는 뜨거운 눈물을 흘렸다. 증국전은 비분강개해 엄숙한 표정으로 다른 장군들에게 말했다. "앞으로 두 번 다시 이 일을 언급하지 마라. 이 일은 오직 당사자가 결정할 일이다." 장군들은 조용히 돌아갔다.

소일산의 해설을 참고하면, 남경성 함락에 큰 공을 세운 증국전과 몇몇 장수들이 공을 독차지하자 이들을 시기하는 분위기가 조성되었다. 이들을 비난하고 중상모략하는 소문이 꼬리에 꼬리를 물고 이어졌다. 이들이 남경성의 재물을 빼돌려 사리사욕을 채웠다며 조정에서 엄중히 문책해야 한다는 주장까지 나왔다. 상군은 남경성을 포위하는 2년 4개월 동안 물 샐 틈 없이 포위망을 유지하며 목숨 걸고 공성전을 벌여 성을 함락시켰다. 이때 많은 장군과 병사들은 남경성의 재물을 탐내고 있었다. 그런데 막상 성을 함락시키고 보니, 남경성 재물은 물론 모든 공이 청나라 조정으로 넘어가게 생긴 것이다. 그래서 차라리 증국번을 앞장세워 반란을 일으키자는 생각을 하게 된 것이었다.

청나라는 증국번의 활약으로 조금 더 생명을 연장했지만, 결국 운명을 마감하고 역사 속으로 사라졌다. 중화민국이 수립된 후, 어떤 사람이 증국번이 쓴 대련구를 가져와 왕개운(王闓運, 왕카이윈)에게 발문을 부탁했다. 왕개운은 이 대련구를 읽고 깜짝 놀랐다. "이런 일이 있었단 말인가? 증공의 포부가 이 정도인 것을, 지금까지 나는 그 절반밖에 몰랐구나. 이제야 완전히 이해할 수 있게 되었다. 내가 늙었다고 해서 이 글을 보여주지 않았다면 나는 문정(文正)이 왜 문정인지 몰랐을 것이다." 왕개운은 한동안 깊은 생각에 잠겼다가 드디어 붓을 들었다. 그는 증국번의 시구가 적힌 종이가 아니라 다른 종이를 펼쳐놓고 적었다. '꽃과 새는 봄날의 웅장함을 알 것이니, 세상에 도움이 되고자 종횡무진한다'[102] 그는 말했다. "문정에게 누가 되지 않을까 하여 감히 증공의 시구에 먹을 묻힐 수 없어 다른 종이에 적었소. 증공의 큰 뜻과 나의 어리석음을 적었소."

사실 왕개운도 증국번에게 군사 독립을 적극 권유했던 사람 중 하나였다. 호남 상담 출신인 그는 훗날 『상군지(湘軍志)』를 저술했다. 그는 여러 번 증국번을 찾아가 여러 가지 이유를 늘어놓으며 강력히 군사 독립을 권유했다. 하지만 증국번은 묵묵히 듣기만 할 뿐 아무 말도 하지 않았다. 잠시 후 증국번은 손가락에 찻물을 찍어 탁자 위에 글씨를 쓰고 밖으로 나갔다. 왕개운은 즉시 일어나 탁자 앞으로 갔다. 탁자 위에 희미하게 보이는 글씨는 '황류(荒謬)'였다. 왕개운의 말이 터무니없고 황당한 헛소리라는 뜻이었다. 왕개운은 더 이상 증국번을 설득할 수 없음을 깨닫고 그를 떠나기로 했다. 그는 증국번을 떠나면서 「별증막제우시(別曾幕諸友詩)」라는 시를 지었다. '나는 단검을 찬 내가 부끄럽다. 그저 묘자리나 찾으러 돌아다닌 것뿐이니. 이런저런 계략이 모두 먹히지 않으니, 그저 공허한 외침만이 붉게 물든 강에 떠돈다.'[103] 그는 훗날 형양, 성도 등지에서 학생들을 가르칠 때에도 증국번에 대한 원망을 드러내곤 했다.

검증된 자료는 아니지만, 왕개운은 증국번에게 총 세 번에 걸쳐 군사독립을 권유했으나 모두 거절당했다고 한다. 그 후 그는 증국번에 대한 원망과 아쉬움을 감출 수 없었는데, 『상군지』 중에도 이런 마음이 은연중에 드러나 있다. 그러나 청나라가 멸망하고, 장훈(張勛, 장쉰)의 황제 복위 사건과 원세개(袁世凱, 위안스카이)가 황제를 칭하는 일들을 겪은 후, 증국번이 남긴 시구를 본 그는 그제야 증국번의 깊은 뜻을 이해할 수 있었다.

이상의 내용은 증국번의 발언이나 행동을 바탕으로 그가 왜 황제가 되지 않았는지를 보여주고 있다. 그러나 그는 군사독립과 관련된 일을 언급할 때 최대한 직접적인 표현을 피하고 완곡하게 속마음을 드러냈다. 완곡하고 모호한 표현 때문에 사실 그의 진심을 정확히 파악하기는 어렵다.

이번에는 외부 환경이 군사 독립과 관련된 증국번의 태도에 끼친 영향을 살펴보자. 사실 증국번이 정말 황제가 될 생각이었다면 남경이 아니라 안경을 함락했을 때가 더 확실한 기회였다. 남경에 홍수전, 북경에 청나라, 안경에 상군. 장강 상류를 장악한 상군과 남경의 홍수전이 청나라를 상대로 연합전선을 형성했다면 중국 역사에 또 다른 삼국시대가 시작되었을지 모른다. 상군은 청나라와 같은 편에 서 있었지만, 민족의 뿌리를 생각하면 홍수전과 연합할 수도 있었다. 삼국시대란 기본적으로 셋 중 어느 누구도 혼자 힘으로 나머지 두 세력을 상대할 수 없다는 뜻이다. 하지만 삼국정립은 그저 환상에 불과했다. 정작 증국번은 황제가 되거나 청나라를 멸망시킬 생각이 조금도 없었기 때문에 주저 없이 남경을 공격했다. 그는 최종 목표인 남경을 함락하던 그 순간에도 이성을 잃지 않았다. 그는 결코 원세개와 같은 과오를 범하지 않았다.

한편 청나라 조정에서도 상군의 분위기 변화를 감지하고 미리 대비책을 세웠다. 함풍제가 증국번에게 지방 실권을 넘기려 하지 않은 것도 이런 이유 때문이었다. 남경 함락 소식을 들은 함풍제가 "홍수전을 해결하고 나니, 이번엔 증국번이로구나"라고 말한 것으로 보아 청나라 조정에서는 이미 오래전부터 증국번을 예의주시하고 있었을 것이다. 얼마 뒤 함풍제가 죽은 후 나이 어린 동치 황제가 즉위하자 서태후가 실권을 장악했다. 그녀는 남다른 식견과 지혜로 한족 신하들을 적절히 이용해 바람 앞에 등잔불 같은 청나라의 운명을 계속 이어갔다. 서태후는 확실히 비범한 인물이었다. 당시 청나라 조정이 한족 대신들을 중용하면서도 그들의 권력을 적절히 제한할 수 있었던 것은 모두 서태후의 뛰어난 정치 안목과 수단 덕분이었다. 청나라 왕실 전통과 한족 문화 아래서 당시의 혼란 정국을 수습하려면 한족 인재가 반드시 필요했다. 이에 서태후는 중용하되 경계를 늦추지 않고, 경계하면서도 중용하는 방법으로 한족 인재를 최대한 활용했다. 그 결과 증국번이라는 한족 영웅이 청나라를 위해 큰 공을 세우지 않았던가? 하지만 증국번을 이용한 목적을 달성한 후에는 그가 쥐고 있는 병권을 걱정하지 않을 수 없는데, 서태후는 이미 이것까지 생각하고 있었다.

함풍제가 죽은 후, 그의 임종을 지킨 고명대신(顧命大臣)[104] 설복성이 황제의 유언에 따라 '남경을 수복하는 자를 왕으로 봉한다'고 발표했다.

이 때문에 상군이 남경을 함락한 후 조정에서는 증국번의 논공행상을 두고 열띤 논쟁을 벌였다. 대체로 문신을 왕으로 봉하는 것은 역사에 비추어볼 때 과한 처사라는 의견이었다. 이렇게 해서 '왕'은 물 건너갔고, 증국번을 후(侯), 백(伯), 자(子), 남(男)에 봉하자는 의견으로 갈렸다. 결국 그는 의용후(毅勇侯)라는 직함을 얻었다. 청나라 조정이 증국번을 거부하며 내세운 이유는 역사와 제도에 부합하지 않는다는 것이었지만, 사실 증국번의 세력을 견제하기 위해서였다.

지금까지의 일련의 조치를 통해 청나라 조정이 이미 오래전부터 그를 견제하고 있었음을 알 수 있다. 1855년에 호광 총독에 임명된 관문은 만주족이었기 때문에 별다른 공을 세우지 못했는데도 매년 많은 봉록을 챙기고 승진을 거듭했다. 그는 협판대학사(協辦大學士)와 문연각대학사(文淵閣大學士)를 거쳐 문화전대학사(文華殿大學士)가 되었다. 서태후가 정권을 장악하면서 중용되기 시작한 증국번은 많은 공을 세우면서 협판대학사가 되었다. 그러나 관문이 아무것도 하지 않고 문화전대학사가 되었을 때, 증국번은 죽을 고비를 넘기며 공을 세우고도 겨우 무영전대학사(武英殿大學士)에 머물렀다. 문화전대학사가 대학사의 우두머리였기 때문에 무영전대학사는 당연히 그 아래였다. 이것은 만주족 관문으로 하여금 한족 증국번을 관리하도록 하겠다는 뜻이었다. 문관이 무한에 머문 것도 장강 상류에서 상군의 움직임을 감독하기 위해서였다.

도흥아(都興阿) 등이 이끄는 청나라 팔기군이 양주와 진강(鎭江) 일대에서 장강 중류를 관리하고, 승격림심의 기병부대가 안휘 북부에 주둔함으로써 증국번의 상군을 포위하는 형태를 갖춘 데도 다 이유가 있었다. 만약 증국번이 다른 마음을 품더라도 북쪽으로 향하는 길을 막아 북경에서 대비할 시간을 벌려는 의도였다. 한편 증국번은 생각이 깊고 분석력이 뛰어난 문인이었고, 평생 신중하고 조심스럽게 행동해왔기 때문에 청나라 관군의 배치를 보고 단번에 조정의 뜻을 알아차렸다.

청나라 조정은 기본적으로 상군 내부 권력을 분산시켜야 한다고 생각하고 있었다. 증국번이 독점하고 있는 병권을 분산시켜 그의 위엄과 영향력을 약화시켜야 했다. 상군은 본래 다섯 파벌로 나눠져 있었다. 그러나 강충원이 일찍 전사하고 호림익마저 죽고 난 후, 이 두 부대는 별다른 성과를 올리지 못했다. 결국 상군은 증국번, 좌종당, 이홍장 세 사람을 중심으로 재편되었다.

청나라 조정은 유천왕(幼天王)[105] 사건을 이용해 증국번과 좌종당 사이를 벌려놓았다. 상군은 남경성을 함락한 후, 당시 전쟁이 모두 그러하듯 온갖 살육과 약탈을 저질렀다. 이때 무너진 성벽 틈새를 지키는 병사가 없는 틈을 타 이수성과 유천왕은 친위병과 함께 무사히 성을 빠져나갔다. 곧이어 청나라 조정은 증국번에게 빨리 유천왕의 소재를 파악하고 체포하라는 명령을 내려보냈다. 증국번은 부하의 허위 정보를 그대로 믿고 유천왕이 성벽이 무너지는 것을 보고 장작 불더미 속으로 뛰어들어 자살했다고 보고했다. 혼전 중이라 시체를 확인하지는 못했지만, 절대 성 밖으로 빠져나가지 못했을 것이라고 덧붙였다. 그러나 좌종당은 부하들로부터 유천왕이 탈출했다는 정보를 입수해 따로 조정에 보고했다. 이 일을 계기로 증국번과 좌종당 사이가 벌어졌고, 두 사람은 죽을 때까지 앙금을 풀지 못했다. 이후 청나라 조정은 좌종당을 적극 지지하며 상군 내분을 심화시켰다.

사실 좌종당은 상군 창단 멤버로 증국번을 적극 추천한 장본인이었다. 두 사람이 함께 힘을 모아 오늘의 성과를 이룬 만큼 도리상 그는 당연히 증국번 편이어야 했지만, 현실은 그렇지 못했다. 1857년(함풍 7년)

에 증국번은 강서 고립으로 상군 출병 이래 가장 힘든 시간을 보냈다. 이때 아버지가 돌아가셨다는 소식이 전해지자 그는 조정의 명령이 떨어지기도 전에 서둘러 고향으로 돌아갔다. 보는 사람의 관점에 따라 위기에서 벗어나려고 꽁무니를 빼는 것처럼 느껴질 수도 있었다. 좌종당은 그의 사정을 충분히 이해했지만, 표면적으로는 청나라 조정 편에 서서 증국번의 행동을 비난했다. 이후 좌종당이 증국번의 빈자리를 채우며 상군을 총지휘했다. 여론마저 증국번에게 매우 적대적이었기 때문에 당시 그는 심한 불면증에 시달렸다고 한다.

영원한 청나라의 충신으로

유천왕 사건에서 좌종당이 확실하게 청나라 조정 편으로 돌아섰던 이유를 좀 더 자세히 살펴보자. 아마도 그는 청나라 조정에 '나는 완전히 조정 편이니, 만약 증국번이 반란을 일으키면 가장 먼저 나설 것입니다'라며 속마음을 전했을지 모른다. 이것은 평소 그의 정치 성향을 바탕으로 추측한 것이다. 증국번, 좌종당, 이홍장 세 사람은 청나라 말기에 가장 크게 활약한 한족 대신이다. 증국번은 태평천국의 난을 진압했고, 이홍장은 염군을 진압했으며, 좌종당은 신강을 되찾았다. 세 사람의 관직은 모두 대학사까지 올랐고, 특히 좌종당은 두 번에 걸쳐 군기대신(軍機大臣)으로 발탁되었다. 물론 신강 수복이 큰 업적이기도 했지만, 무엇보다 청나라 조정에 대한 그의 충성심이 큰 영향을 끼쳤을 것이다. 일부에서는 좌종당이 공개적으로 증국번을 비난하고 헐뜯은 것이 그를 보호하기 위한 것이었다고 주장하기도 한다.

이홍장은 증국번의 제자였고, 두 사람은 줄곧 좋은 관계를 유지했다. 안휘성 합비(合肥) 출신인 이홍장은 증국번의 배려로 안휘 지역 상군을 지휘했는데, 그가 이끌던 부대를 회군(淮軍)이라 불렀다. 증국전이 남경성을 포위하고 있을 때, 상해 재벌들이 상군에 상해를 보호해달라고 요청해왔다. 군량을 지원할 테니 군대를 파견해달라는 것이었다. 상해는 본래 작은 어촌 마을이었는데, 서양 열강이 중국 본토에 진출하기 시작하면서 항구가 들어서고 급속히 발전했다. 태평천국군이 남경을 점령하자 강서와 절강의 재벌들이 상해로 피난하면서 상해는 강남에서 가장 부유한 도시로 급부상했다. 이들이 군량과 자금을 대어준다니 어떻게 이 제안을 거절하겠는가? 증국번은 일단 증국전을 상해에 파견하기로 했다. 하지만 증국전은 남경성에서 얻게 될 재물과 공적을 다른 사람에게 넘겨주기 싫었다. 증국번은 증국전이 끝까지 고집을 피우자 어쩔 수 없이 이홍장이 지휘하는 회군을 상해로 보냈다. 이홍장과 회군은 태평천국군의 눈을 피하기 위해 상해 재벌들이 마련해준 서양 전함을 상선으로 위장해 상해로 이동했다. 이홍장은 상해에 있는 동안 재벌들의 지원과 서양 군대로부터 배운 기술을 바탕으로 회군 전투력을 크게 향상시켰다.

이홍장은 증국번의 제자였지만, 스승의 말이라고 해서 맹목적으로 따르는 사람은 아니었다. 물론 평소에는 '스승님, 스승님' 하며 충직하게 증국번을 따랐다. 그러나 군사 독립이나 반란 등 정치적인 문제에서는 주관이 확고했다. 증국번이 기문 위기를 겪고 있을 때, 이홍장은 철저히 자기 위주로 생각하고 판단해 혼자 도망쳤다. 만약 증국번이 반란을 일으켰더라면 그는 무조건 동참하지도 않았겠지만, 그렇다고 좌종당처럼 필사적으로 반대하지도 않았을 것이다. 아마 당장 어느 쪽에 가담하기보다는 사태를 지켜보다가 자신에게 유리한 쪽으로 움직였을 것이다. 이홍장은 종종 뚜렷한 자기 주관, 뛰어난 안목과 지혜를 드러냈다. 안경 포위 중 함풍제가 지원군 파견을 요청했을 때, 증국번은 이홍장의 의견을 받아들여 최대한 시간 벌기 전략을 펼쳤다. 결과적으로 이홍장의 생각이 옳았고, 덕분에 상군은 기존 계획을 유지해 안경을 함락시켰다. 이상의 내용으로 볼 때 그는 증국번이 스승이라고 해서 무조건 따라가는 무모하고 경솔한 사람이 아니었다.

한편 청나라 조정은 상군 내에서 증국번을 견제할 새로운 인재를 키우는 방법을 생각해냈다. 지금은 증국번이 워낙 독보적인 위치에 있기 때문에 그를 중심으로 똘똘 뭉쳐 있지만, 그와 같은 관직을 가진 장군이 등장하면 분명히 증국번으로부터 독립하려 할 것이라고 생각했다. 그렇게 되면 증국번 혼자 상군을 좌지우지할 수 없다. 청나라 조정은 곧바로 좌종당, 이홍장, 심보정, 양재복, 유장우(劉長佑) 등을 승진시켜 증국번과 어깨를 나란히 할 수 있게 만들었다. 이들이 각자 독립 권한을 강화해 서로를 견제하기 시작하면서 상군의 결속력은 확실히 약해졌다.

증국번의 권력과 영향력을 약화시키는 데 가장 효과적인 방법은 그와 가장 가까운 혹은 그의 영향력을 크게 받은 사람을 독립시키는 것이다. 여기에 가장 적격인 인물은 그의 수제자인 이홍장이었다. 이즈음 태평천국군 잔당이 다시 활동하기 시작하고, 염군이 세력을 확장했기 때문에 청나라 조정은 아직 상군의 힘이 필요했다. 또한 남경을 탈환한 지 얼마 안 되어 노골적으로 증국번을 깎아내릴 수 없었을 테니 새로운 인재를 키우는 방법이 가장 효과적이었을 것이다.

하지만 청나라 조정이 의도적으로 키웠던 인재들은 대부분 몇 년 지나지 않아 권력 밖으로 밀려났다. 1866년(동치 5년) 1월에 협서(陝西) 순무 유용이, 2월에 광동 순무 곽숭도가, 8월에 협감(陝甘) 총독 양재복이 파직되었다. 1867년 10월에는 증국전이 호북 순무에서 파직되었고, 같은 해 11월에는 직예 총독 유장우가 혁직(革職) 처분을 받았다.

상군은 안경 함락 이후 남경 함락까지 전성기를 구가하며 30만으로 늘어났지만, 증국번이 직접 지휘하는 병사는 약 12만 명이었다. 이 12만 명은 증국번이 반란을 일으킬 경우 그에게 충성할 수 있는 병력이었지만, 이 중 가장 규모가 큰 증국전 부대는 사기나 전투력 부분에서 큰 문제가 있었다. 남경성 함락 직후 재물을 약탈한 이들은 대부분 결사의 투지를 잃은 상태였다. 상당수 장군과 병사들이 어떻게 하면 탈취한 재물을 가지고 안전하게 고향으로 돌아갈 수 있을까 고민하고 있었다. 증국전 부대는 증국번 수하의 핵심 정예부대였다. 이런 군대를 믿고 반란을 일으키면 결과는 불 보듯 뻔했다. 증국번이라면 이런 상황까지 충분히 파악했을 것이다. 그가 상군 해산을 결정하면서 "상군은 이미 지는 해다"라고 말했는데, 이는 바로 이런 현실이 반영된 표현이었을 것이다. 배부른 병사들에게 '만주족을 몰아내자'고 민족주의를 호소해봤자 그들이 거들떠보기나 하겠는가?

『손자병법』의 명구 '승산이 많으면 이기고, 승산이 적으면 패한다. 하물며 승산이 없다면 어떻게 되겠는가'는 증국번 군사 전략의 기초였다. 만약 그가 정말 황제가 될 욕심이 있었다고 해도 외부 상황을 정확히 파악하고 완벽한 전략을 세웠을 텐데, 이런 상황이라면 성공 확률이 낮다는 것도 잘 알았을 것이다.

증국번이 황제가 될 생각이 없었다는 사실은 그가 남긴 일기, 편지, 시구 등을 통해 확인할 수 있다. 물론 그것이 진심인지는 본인만 아는 일이겠지만, 최소한 그의 기본적인 정치 견해라고 이해할 수는 있다. 청나라 조정 입장에서 보면 태평천국이라는 강적이 존재하는 한 증국번의 병권을 회수할 수 없었다. 하지만 강적이 사라진 후에도 증국번의 병권이 유지된다면 그야말로 여우를 피하려다 호랑이를 만나는 상황이 벌어질지 모른다. 그래서 청나라 조정은 여러 가지 방법으로 증국번에게 압력을 가하거나 그의 권력을 제한하기 시작했다.

상군이 남경성을 포위하면서 태평천국군의 기세는 눈에 띄게 약해졌다. 이에 청나라 조정은 증국번을 견제하기 위해 가장 먼저 절강 순무 증국전을 목표로 삼았다. 규정상 순무인 증국전은 직접 조정에 보고서를 올릴 자격이 있었다. 그런데 남경성을 함락하고 순무 승진 후 처음으로 직접 조정에 보고서를 올린 그는 크게 욕을 먹었다. 조정의 의도를 알 리 없는 증국전은 아직 절강으로 부임하지 않은 상태에서 직접 보고를 올린 것이 잘못이라고 생각했다. 그래서 이후에는 증국번을 통해 보고를 올렸다. 하지만 그가 절강에 부임하지 못한 것은 애초에 청나라 조정이 의도한 바였다. 당시 증국전은 남경성 포위를 주도하고 있어 남경을 떠날 수 없었는데, 조정에서는 이것을 알고도 일부러 그를 절강 순무로 임명한 것이었다.

남경을 함락하던 날 증국전은 양재복, 팽옥린과 함께 밤새도록 보고서를 작성해 북경으로 보냈다. 그는 당연히 조정으로부터 격려와 칭찬이 내려올 것이라고 생각했다. 그런데 며칠 후 전혀 생각지 못한 답변이 도착했다. '역적 무리가 아직 남아 있거늘 … 증국전은 작은 승리에 도취되어 오만하기 짝이 없구나. 만약 눈앞에 둔 성공을 그르친다면 반드시 증국전에게 책임을 물을 것이다.' 당시 양재복은 협감 총독이었고, 팽옥린은 병부우시랑이었으니, 관직 서열로 따지면 모두 증국전보다 위였다. 그래서 조정 서신에도 양재복, 팽옥린, 증국전 순으로 이름이 적혀 있었다. 하지만 전공으로 따지면 나머지 두 사람은 증국전과 비교도 안 되었다. 그럼에도 불구하고 증국전의 관직이 가장 낮았던 이유는 청나라 조정이 증국번을 경계했던 것과 같은 맥락일 것이다.

계속해서 청나라 조정은 증국번에게 남경성에서 거둔 재물 현황을 조사하고 호부에 상납하라고 명했다. 남경성의 재물은 공성부대가 모두 약탈해갔는데 어떻게 조사를 한단 말인가? 조렬문이 자신의 일기에 당시 상황을 기록해두었는데, 대략 이런 내용이다. '증국번은 유완한 문신으로 군대를 지휘하면서 오랫동안 많은 공을 세웠고 끝까지 이성을 유지해 명예로운 이름을 남겼다. 그러나 그의 부하들, 특히 증국전 수하의 장군과 병사들은 항상 눈앞의 작은 승리에 도취되어 앞날을 생각하지 못했다.'

'증국번이 문신의 신분으로 군대를 이끌었다'라는 내용에는 또 다른 뜻이 숨겨져 있다. 그는 남경성 총공격을 앞두고 이미 남경 함락 이후 상황에 어떻게 대처할 것인지 생각해두었다. 남경이 함락되는 그날로 증국번은 위기에 빠질 터였다. 군주가 위기를 느낄 만큼 큰 공을 세워 화를 당한 예는 역사 속에 수도 없이 있었던 일이다. 증국번은 남경 함락이 무엇을 의미하는지 분명히 알고 있었다.

청나라 조정의 목적은 증국번을 압박해 어떤 쪽으로 명확한 입장을 표명하도록 하는 것이었다. 반란을 일으킬 것인가, 병권을 포기할 것인가.

증국번은 자신과 가족들의 안위를 지킬 수 있는 방법을 생각해내려 머리를 쥐어짰다. 온갖 노력 끝에 고위 관직에 올랐지만, 그 자리에 앉아 있는 내내 정말 괴롭고 고통스러웠다. 특히 병권을 부여받고 군대를 지휘할 때는 전투의 승패에 상관없이 하루도 마음 편할 날이 없었다. 그리고 남경 함락을 앞둔 이 순간 그는 진정 고수다운 면모를 보여주었다. 그는 청나라 조정과 줄곧 팽팽한 긴장감을 유지해오다 드디어 스스로 날개를 잘라버리기로 결심했다. 그는 스스로 많은 권력을 포기함으로써 앞으로 일어날 불행의 싹을 잘랐다. 송나라 태조 조광윤(趙匡胤)은 대업을 이룬 후 공신들을 초대해 연회를 열었다. 이때 그는 석수신(石守信) 등에게 술 한 잔을 권하며 자신의 속마음을 비쳤고, 다음 날 공신들은 모두 사직서를 제출하며 권력을 내놓았다. 이 이야기가 바로 술잔으로 병권을 놓게 했다는 '배주석병권(杯酒釋兵權)'의 유래다.

증국번은 잠시 군대를 떠났다 다시 복귀한 후 강직한 성격을 버리고 신중하고 조심스러운 태도를 취했다. 특히 기문에서 큰일을 겪고 난 후에는 절대 모험을 하거나 경솔하게 행동하지 않았다. 황제가 되느냐마느냐는 대단히 큰 문제이기도 하지만, 대단히 위험한 문제이기도 하다. 절대 승리를 장담할 수 없는 도전이었다. 그에 비하면 청나라의 충신이 되는 일은 아주 쉬웠다. 병권만 내놓으면 그만이었다. 조금 더 참고 견디면 '중흥명신', '성현'과 같은 명예를 얻을 수도 있다. 단 하나 염려되는 점은 병권을 내놓은 후 도마 위에 생선과 같은 처지가 될 수도 있다는 것이다. 그러나 그가 아무리 지혜롭다 해도 미래까지 예측할 수는 없었다. 최선을 다했다면 그저 하늘의 뜻을 기다릴 수밖에. 증국번이 스스로 병력을 감축하고 권력을 줄이면서 그는 더 이상 청나라 조정에 위협적인 존재가 아니었다. 청나라 조정에서도 '토사구팽'이라는 비난을 받아가면서 굳이 그를 죽일 이유가 없었다. 또한 좌종당과 이홍장이 그를 견제하고 있었기에 이제 증국번은 크게 염려할 바가 아니었다.

다음 문제는 구체적으로 어떻게 상군을 감축할 것인가였다. 처음부터 청나라 조정이 가장 경계했던 대상이 증국전 부대였기 때문에, 여기에서부터 손을 대기 시작했다. 5만 명에 달했던 증국전 부대는 이런 저런 명목으로 병사 대부분을 다른 부대에 전출시키고 6,000명만을 남겼다. 그리고 증국전 본인은 요양을 이유로 지휘권을 내놓고 고향으로 돌아갔다. 이것이야말로 청나라 조정이 가장 바라던 바였기에, 조정은 기쁜 마음으로 증국전에게 인삼을 하사했다. 적을 상대할 때는 절대 적이 바라는 길로 들어가면 안 된다. 하지만 윗사람의 비위를 맞추려면 윗사람이 바라는 길로 들어가야 한다. 이것은 증국번이 오랜 관직 생활을 통해 얻은 값진 교훈이자 처세 철학이었다. 증국전은 이런 진리를 이해하지 못했지만, 다른 선택의 여지가 없었기에 증국번의 명령에 따를 수밖에 없었다. 증국번은 안타까운 마음에, 혹은 다른 문제를 일으키지 않을까 염려되어 그를 부드럽게 달래고 위로했다. "동생, 너무 실망하지 말게. 예로부터 큰 공을 세운 사람들이 많았지만, 그저 작위 하나 얻은 것에 불과했을 뿐이지. 하지만 동생은 나라와 집안을 위해 큰일을 할 수 있는 사람이야. 앞으로도 포부와 전략이 있으면 못할 일이 없으니, 그렇게 의기소침할 필요 없네."

남경 함락 두 달 후인 1869년(동치 8년) 8월은 증국전이 만 40세가 되는 달이었다. 증국번은 동생의 마흔 번째 생일을 맞아 시를 지어 선물했다고 한다. 고향에 돌아간 증국전은 시간이 흐르면서 조금씩 평정을 되찾았다. 증국번과 증국전의 생가는 호남성 쌍봉현(雙峰縣) 하엽향(荷葉鄕) 대평촌(大坪村)에 있다. 부후당이라 불리는 그들 생가는 정면 너비만 500m에 달할 정도로 상당한 규모를 자랑한다. 하지만 이것은 증국전이 고향에 돌아간 후 지은 건물이라 증국번은 이곳에 거주한 적이 없다.

증국번은 병권을 내놓은 후 당연하다는 듯 재정권도 반납했다. 그가 강남 4성의 실권을 쥐고 있을 때, 여기에는 군권과 재정권이 모두 포함되어 있었다. 군대를 지휘하기 위해서는 군량을 비롯해 많은 자금이 필요하기에 이는 지극히 당연한 조치였다. 덕분에 상군을 효과적으로 운영해 태평천국의 난을 진압할 수 있었다. 하지만 이제 병권이 없어졌으니 재정권도 의미가 없었다. 증국번이 가장 먼저 미련 없이 포기할 수 있었던 것이 바로 재정권이었다.

남경 함락 직전, 증국번은 자신의 공이 황제의 근심거리가 될 것과 청나라 조정의 태도를 분명히 인지했던 터라 미리 물러날 길을 마련해두었다. 그가 이홍장에게 보낸 편지에서도 그의 대략적인 생각을 읽을 수 있다. "3,000리 장강 위에 떠 있는 모든 배에 나의 이름이 새겨진 깃발이 휘날렸고, 강남 4성의 재정권이 모두 내게 있었다. 강남 4성의 병권과 재정권을 모두 갖다니, 너무 과했다. 자고로 큰 권력을 가진 자는 나라와 집안에 해를 끼쳤다. 비록 내가 어리석긴 하지만 권력을 멀리해야 화를 면할 수 있다는 사실은 안다." 또 증국전에게 보내는 편지에서 이렇게 말했다. "높은 관직에 올라 큰 권력과 명예를 얻은 사람 중 비극적인 결말을 맞이하지 않은 사람이 얼마나 되겠느냐? 반드시 '권력'이라는 두 글자와 거리를 두어야 말년에 좋은 결과를 얻을 수 있다."

그는 시대 흐름과 역사 교훈을 바탕으로 가장 이상적인 인생 전략을 세웠다. 수많은 간접 경험을 통해 순리에 따라 위기를 해소하고 평화로운 결말을 낼 수 있는 방법을 터득했다. 그는 자신의 생명과 가문의 안위를 지키고 영원한 청나라의 충신으로 남는 길을 택했다. 그러나 청나라는 권력 구조 문제와 내우외환을 이겨내지 못해 신해혁명과 함께 역사 속으로 사라지면서 수많은 군벌이 득세하는 혼란 정국을 초래했다.

성공 인물의 처세력 ❾

고수의 막강 파워를 구사하라

유방은 본인의 능력보다는 아랫사람의 의견을 취사선택하고 받아들이는 부분에서 가장 고수다웠다. 역사 기록에 따르면 그의 성공 전략은 대부분 모사들의 의견이었다.

유방은 삼진을 박차고 나와 관중을 점령한 후 곧바로 56만 대군을 이끌고 항우의 근거지 팽성을 공격했다. 이때 북방에서 제나라와 교전 중이던 항우는 유방이 공격해왔다는 소식을 듣고 서둘러 정예부대 3만을 이끌고 팽성으로 돌아왔다. 그는 번개 같은 솜씨로 순식간에 유방을 제압했다. 유방은 전차를 타고 정신없이 도망쳤다. 당시 그의 아들과 딸이 함께 전차를 타고 있었는데, 그는 사람이 많으면 전차가 속도를 낼 수 없다고 생각해 몇 번이나 자식들을 버리려 했다. 그때마다 부하 장수들이 아이들을 구해오는 웃지 못할 일이 벌어졌다. 그래서 중국의 근현대 사상가 이종오(李宗吾, 리종우)는 그의 저서 『후흑학(厚黑學)』에서 유방을 '겉으로 인의를 가장했을 뿐 마음은 시커먼 사람'이라고 비판적인 입장을 취했다.

팽성에서 항우에게 크게 패한 유방은 가까스로 형양으로 도망쳐 이곳에 진을 세우고 항우 군대와 대치했다. 초반에는 항우 군대의 강력한 전투력에 밀려 고전을 면치 못했다. 이때 한 유생이 유방에게 새로운 전략을 제시했다. "제게 항우 세력을 약화시킬 수 있는 좋은 방법이 있습니다. 일찍이 하나라 걸왕(桀王)이 도에 어긋나는 행동을 일삼자 상나라 탕왕(湯王)이 하나라를 정벌하고 그 후손을 기(杞)에 책봉했습니다. 상나라 주왕(紂王)이 덕을 잃자 주나라 무왕이 상나라를 정벌하고 그 후손을 송(宋)에 책봉했습니다. 이것은 천하의 민심을 얻기 위함이었습니다. 지금 진(秦)나라는 오로지 무력만으로 육국의 기반까지 무너뜨렸습니다. 만약 대왕께서 육국의 후예를 제후에 봉하면 그들은 대왕의 은덕에 감동해 신하를 자처할 것입니다. 그렇게 되면 항우의 세력은 자연히 약화될 것이니, 그 역시 대왕에게 고개를 숙이지 않을 수 없을 것입니다."

유방은 이 말을 듣고 매우 기뻐하며 당장 유생에게 일을 처리하도록 명했다. 유생이 육국으로 출발하기 전에 마침 장량이 돌아왔다. 유방은 벌써 천하의 주인이 된 것처럼 한껏 들떠 장량에게 자랑을 늘어놓았다. "마침 잘 왔소. 방금 어떤 유생이 항우의 기세를 꺾을 수 있는 기막힌 계책을 내놓았다네. … 어떤가? 자네 못지않지?" 장량은 유방의 이야기를 듣고 깜짝 놀랐다. "도대체 누가 그런 말을 했습니까? 그대로 했다간 대업을 그르칠 것입니다. 정말 큰일 날 일입니다." 유방이 이유를 묻자 장량은 상세히 답했다.

"상나라 탕왕이 하나라 걸왕을, 주나라 무왕이 상나라 주왕을 토벌하고 그 후손들에게 봉지를 내린 것은 스스로 그들을 통제할 실력이 있었기 때문입니다. 그런데 지금 대왕께서는 항우를 통제할 수 있습니까? 이것이 첫 번째 잘못입니다. 주나라 무왕은 조가(朝歌)[106]를 점령한 뒤, 상용(商容)[107]의 충심을 칭찬하고, 비간(比干)의 절개를 칭송했습니다. 그런데 지금 대왕께서는 무엇을 할 수 있습니까? 이것이 두 번째 잘못입니다. 백성들에게 식량과 재물을 나누어주어 살기 좋게 해주어야 하는데, 지금 대왕께서는 그렇게 할 수 있습니까? 이것이 세 번째 잘못입니다. 주나라 무왕은 조가를 점령한 후 모든 무기를 거두어 남산 아래 버렸습니다. 이렇게 해서 앞으로 전쟁 없이 세상이 평화로워질 것이라고 선언했습니다. 지금 대왕께서는 그렇게 할 수 있습니까? 이것이 네 번째 잘못입니다. 천하의 인재들이 고향과 부모를 버리고 대왕에게 충성을 맹세하고 따르는 것은 공을 세워 봉지를 얻기 위함입니다. 그런데 지금 육국의 후손에게 봉지를 내리면 천하의 인재들이 육국으로 돌아갈 것입니다. 그렇게 되면 대왕께서는 누구와 천하를 도모하시렵니까? 이것이 다섯 번째 잘못입니다. 만약 항우 세력이 약해지면 육국은 대왕을 따를 이유가 없습니다. 또한 지금처럼 항우가 강력한 세를 떨치고 있을 때 대왕께서 육국의 후손에게 봉지를 내리면 그들은 살기 위해 분명히 강자 편에 설 것입니다. 절대 대왕의 신하가 되지 않을 것입니다. 이것이 여섯 번째 잘못입니다."

유방은 장량의 자세한 설명을 듣고 나서야 유생의 제안이 크게 잘못되었음을 알았다. 그는 당장 유생을 불러 호되게 꾸짖었다. "하찮은 네놈 때문에 대사를 그르칠 뻔하지 않았느냐!"

처음에 유방은 유생의 의견이 그럴듯해 보여 깊이 생각해보지도 않고 그대로 따르려 했다. 그러나 곧바로 장량의 설명을 듣고 잘못을 깨달아 과오를 범하지 않을 수 있었다. 여기에서 말하려는 것은 장량의 뛰어난 식견이 아니라 유방의 태도다. 아랫사람들이 전혀 다른 의견을 내놓았을 때 지도자는 어떻게 그 허와 실을 판단하고 최상의 선택을 할 수 있을까?

한나라 말기 관도 전투에서 원소(袁紹)는 모사의 정확한 조언을 듣지 않아 실패했다. 조조가 손권을 공격해왔을 때, 손권의 부하들은 모두 투항해야 한다고 목소리를 높였다. 이때 단 한 사람 노숙(魯肅)만이 무력 대응을 주장했는데, 손권은 노숙의 의견을 받아들여 성공했다. 전진의 부견이 동진을 공격하려 하자 그의 동생과 아들은 반대하고, 일부 부하들은 찬성했다. 도대체 어느 의견에 따라야 한단 말인가? 결국 부견은 실패했다. 주원장이 진우량과 장사성의 협공으로 위기에 처했을 때 대체로 투항해야 한다는 의견과 장사성의 전력이 비교적 약한 편이니 그를 먼저 꺾어야 한다는 의견이 우세했다. 오직 유기(劉基)만이 먼저 진우량을 쳐야 한다고 주장했다. 주원장은 누구의 의견을 선택했을까? 그는 유기의 의견에 따랐고, 결국 천하의 주인이 되었다.

조조가 여포(呂布)를 제압하고 하남을 통일했을 때, 원소는 공손찬(公孫瓚)을 꺾고 하북을 통일했다. 하남과 하북은 각기 다른 명칭으로 불렸으나 하나로 이어진 광활한 평야였기 때문에 두 개 세력이 충돌 없이 공존하기는 힘들었다. 결국 조조와 원소의 대결은 피할 수 없는 숙명이었고, 그것이 바로 관도 전투였다.

군대 규모로만 보면 원소가 조조보다 훨씬 유리한 입장이었다. 정예 병사로 구성된 원소 군대는 최소 10만 이상이었다. 그러나 조조 군대는 유효 병력만 대략 2만이었다. 특히 원소의 기병부대는 갑옷이 만여 개에 마갑(馬甲)이 300개였고, 조조 군대는 갑옷 20여 개, 마갑 10여 개뿐이었다.

원소는 전략을 짜기 위해 장군 회의를 열었다. 먼저 모사 전풍(田豊)은 공손찬과 전쟁을 치른 지 얼마 지나지 않아 병사와 백성들이 지쳐 있고, 식량도 충분치 않음을 지적했다. 비록 상대보다 전력이나 전투력이 우세하지만, 많은 병사와 장군들이 승리에 도취되어 현실을 직시하지 못하는 상황이므로 지금 바로 전쟁을 치르면 반드시 패할 것이라고 말했다. 더구나 조조는 천자를 끼고 제후들을 움직일 수 있는 상황이기에 지금 조조를 공격하는 것은 곧 한나라에 반기를 드는 것이 되므로 명분이 서지 않는다. 먼저 헌제(獻帝)에게 그동안의 전공을 보고하고 백성들의 삶을 안정시키는 편이 유리했다. 만약 조조가 중간에서 방해할 경우 그가 천자를 이용해 권력의 주도권을 차지하려 한다고 세상에 알리면 원소는 조조를 공격할 정당한 명분이 생긴다. 먼저 기병부대가 전방에서 소규모 기습 공격을 반복하면서 상대를 혼란스럽게 만들면 조조군의 집중력과 사기를 떨어뜨릴 수 있다. 이때 주력부대를 동원해 총공격하면 쉽게 적을 궤멸시킬 수 있다. 전풍은 마지막으로 지금 바로 공격하는 것은 최상책이 아닐 뿐더러 실패 확률이 높은 모험이라고 강조했다.

그러나 나머지 두 명의 모사는 아군의 병력이 확실히 우세하고 공손찬을 제압한 직후라 군의 사기가 높으니 반드시 조조를 이길 것이라고 주장했다. 이것은 하늘이 주신 절호의 기회이며, 이 기회를 놓치면 대사를 그르칠 것이라고 말했다. 주나라 무왕이 걸왕을 공격한 것도 신하가 군주를 친 것이지만 아무도 반대하지 않았다. 더구나 지금 원소가 치려는 것은 황제가 아니라 조조이니 도덕적으로 문제될 게 없다고 생각했다. 모든 병사들이 한마음 한뜻으로 사기를 높이고 있는 이때 움직이지 않는다면 일생일대의 기회를 놓치는 것이다.

이렇듯 두 의견이 너무 극단적이어서 조금도 타협의 여지가 없으니 도대체 어느 의견에 따라야 한단 말인가? 민주적인 방법으로 투표를 한다면, 당연히 전풍이 질 수밖에 없다. 원소도 당장 조조를 꺾고 싶었으니, 결과는 3:1이 될 것이다. 당시 원소는 야망에 휩싸여 이성적인 판단을 하기 어려웠다.

결국 원소는 당장 출병하는 것으로 결정했다. 두 명의 모사는 큰 상을 받았고 전풍은 감옥에 갇혔다. 결국 원소는 처참하게 패했고, 얼마 지나지 않아 세상을 떠났다.

원소의 가장 큰 잘못은 자신에게 유리한 부분만 보고 상대의 장점과 자신의 단점을 간과한 점이다. 원소가 두 모사의 의견을 선택한 것은 그것이 치밀한 분석에 따른 명확한 견해이기 때문이 아니라, 단지 그의 야망에 부합되었기 때문이었다. 외부 상황을 전혀 고려하지 않은 일방적인 전략으로 성공할 수 있다고 생각한 것은 그만의 커다란 착각이었던 셈이다.

조조는 대책 없이 가만히 앉아 감이 떨어지길 기다릴 사람이 아니었다. 더구나 나보다 훨씬 강한 적을 상대하려면 더 많은 준비가 필요했다. 그는 먼저 모사 순욱(荀彧), 곽가(郭嘉), 허유(許攸)에게 의견을 구했다. 그 중 허유는 관도전투 직전 원소군에서 투항해온 사람이었다. 조조는 허유가 투항해왔다는 말을 듣고 맨발로 뛰어나가 그를 맞이했다. "그대가 왔으니 이제 성공은 시간문제다." 허유는 조조에게 원소군의 내부 사정을 낱낱이 알려주었고, 특히 원소군의 식량 창고를 기습하도록 하는 등 큰 공을 세웠다.

모사가 장량처럼 뛰어난 분석력을 지니기는 쉽지 않다. 지도자로서 많은 의견 중에서 옥석을 가려내고 최상의 선택을 하는 것도 만만치 않은 일이다. 또한 윗사람이 잘못된 길로 갈 때 그를 설득하는 것만큼 어려운 일도 없다. 하지만 결국 모사가 아무리 뛰어나더라도 지도자가 그의 의견을 받아들이지 않는다면 아무 소용이 없다.

대업을 이루기 위해서는 반드시 뛰어난 인재의 도움과 고수다운 지도자가 만나야 한다. 그래야 양쪽 모두 최대한의 능력을 발휘할 수 있다. 제나라 환공은 관중을, 진(秦)나라 효공은 상앙을 등용해서 패업을 이루었다. 여기에서는 관중과 상앙의 뛰어난 재능보다 제나라 환공과 진(秦)나라 효공의 인재 등용 방식을 눈여겨봐야 한다. 두 사람은 모두 고수다운 정치 안목과 원대한 포부를 지닌 영웅이었다. 이들은 인재를 기용할 때는 과감했고, 그들을 관리할 때는 권력을 독점하거나 반란을 도모하지 못하도록 철저히 관리했다.

제나라 경공은 송나라 공격을 앞두고 높은 곳에 올라 먼 곳을 바라보며 깊은 한숨을 내쉬었다. "선왕 환공은 전차 800대로 제후들을 제패했는데, 나는 3,000대를 가지고도 아직까지 이 자리에 머물러 있다. 이것은 관중과 같은 인재를 얻지 못했기 때문이 아닌가?" 곁에 있던 대신이 이렇게 대답했다. "깊고 넓은 물에 큰 고기가 살듯 현명한 군주 밑에 충신이 있다고 했습니다. 환공이 있었기에 관중이 있었던 것입니다. 만약 지금 환공이 계시다면 여기 있는 대신 모두가 관중일 것입니다."

뛰어난 인재를 판별해내는 일은 보통사람의 재능으로는 어렵다. 그 대표적인 예가 상앙이다. 일찍이 진(秦)나라 효공이 나라를 발전시키고 국력을 키워 중원을 제패하고자 인재 초빙 포고령을 내렸다. 한 젊은이가 이 포고령을 듣고 짐을 꾸려 진(秦)나라로 향했다. 위(衛)나라 귀족의 서자로 태어난 이 젊은이는 공손앙(公孫鞅) 혹은 위앙(衛鞅)이라 불렸는데, 그가 바로 훗날 진(秦)나라를 강대국으로 만든 상앙이다. 그는 원대한 포부를 지녔으나, 위(衛)나라에서는 뜻을 펼칠 기회를 얻을 수 없었다.

전국시대 초기, 가장 먼저 개혁 조치를 실행해 강대국으로 발돋움한 나라는 위나라였다. 그래서 상앙은 위나라로 갔지만, 몇 년이 지나도록 기회조차 찾을 수 없었다. 그러던 중 운 좋게 위나라 재상의 눈에 들었으나 그가 중병에 걸려 일찍 죽는 바람에 등용되지 못했다. 재상이 죽기 전 위나라 왕이 직접 병문안을 온 적이 있었다. 왕은 재상의 병이 나을 가망이 없음을 알고 마지막으로 의견을 구했다. "그대는 내가 존경해 마지않는 위나라의 재상이오. 하지만 이렇게 병이 깊으니 언제 큰일을 당할지 모를 일이오. 혹시 그대를 대신할 인재를 생각해 두었소?" 재상은 이미 생각해둔 대로 대답했다. "상앙입니다. 대왕께서는 그가 어려서 별로 대단치 않을 것이라 생각하시겠지만 정말 대단한 인재입니다. 그에게 나라를 맡기셔도 될 것입니다." 왕이 아무 말도 하지 않자 재상은 곧 왕의 뜻을 알아차렸다. "대왕, 만약 그를 등용하지 않으시려거든 반드시 죽이십시오. 그자가 다른 나라로 가지 못하도록 해야 합니다." 왕은 그제야 알았다고 대답했다.

위나라 왕이 돌아간 후 재상이 상앙을 불렀다. "오늘 대왕께서 내가 죽은 후 누구를 등용해야 하는지 물으셨다. 내가 너를 추천했는데, 대왕이 대답을 안하시는 걸 보니 아마도 네가 마음에 들지 않는 것 같구나. 그래서 내가 다시 대왕에게 너를 등용하지 않으려거든 죽이라 했다. 부디 나를 원망하지 마라. 알다시피 나는 사(私)보다 공(公)을, 친구보다 나라를 중시하는 사람이다. 내가 네게 마지막으로 해줄 수 있는 건 이 말뿐이다. 살려거든 당장 떠나거라." 그러나 상앙은 이렇게 대답했다. "대왕은 공의 추천을 받아들이지 않으셨으니, 저를 죽이라는 충고도 받아들이지 않을 것입니다." 그는 도망가지 않았다.

한편 위나라 왕은 재상을 만나고 돌아온 후 신하들에게 이렇게 말했다. "재상의 병이 아주 깊은 것 같소. 세상에, 그 어린놈한테 이 나라를 맡기라니! 제정신이 아닌 게야!"

얼마 지나지 않아 재상이 죽었다. 이즈음 진(秦)나라 왕의 포고령이 들려왔고, 상앙은 미련 없이 위나라를 떠났다. 하지만 상앙은 그렇게 운이 좋은 편이 아니었다. 왕이 적극적으로 인재를 찾고는 있지만, 타국인이 아는 사람 하나 없이 왕을 만나기가 쉽지 않았다. 백방으로 수소문하고 뇌물을 쓴 후에야 진(秦)나라 왕의 총애를 받고 있는 태감 경(景)을 만났다. 경은 초나라 전쟁 포로의 후손으로 태어나 진(秦)나라의 태감이 된 것으로 알려져 있으나, 정확한 내용은 알 수 없다. 상앙은 경의 추천을 받아 드디어 진(秦)나라 효공을 만났다. 진(秦)나라에 온 지 2년 만에 얻은 기회였다.

효공은 상앙을 만나 한참 동안 그의 이야기를 들었지만, 대부분 흘려듣거나 졸면서 들었다. 접견이 끝난 후 효공은 경에게 화를 냈다. "그대가 인재라고 추천해서 만났건만, 도대체 그런 인간을 뭐에다 쓰겠나!" 왕에게 욕을 먹은 경은 그대로 상앙에게 화풀이를 했다. 그러자 상앙은 이렇게 말했다. "저는 대왕에게 황제의 도리에 대해 말했는데, 대왕께서는 별로 관심이 없으셨나봅니다. 부탁드립니다. 대왕을 한 번만 더 만나게 해주세요."

5일 후에 효공과 상앙이 다시 만났다. 첫 번째 만남보다 조금 더 오랜 시간이 걸렸다. 하지만 이번에도 경은 왕에게 욕을 먹었고, 다시 상앙을 꾸짖었다. 이에 상앙은 말했다. "저는 대왕에게 군왕의 도리에 대해 말했는데, 대왕께서는 별로 관심이 없으셨나봅니다. 다시 한 번 대왕을 만나게 해주십시오."

세 번째 만남에서 효공은 상앙의 말에 관심을 보이기 시작했다. 하지만 당장 그를 등용할 만큼은 아니었다. 효공은 상앙을 만난 후 경에게 말했다. "보아하니 자네가 추천한 그 사람, 재주가 좀 있는 것 같군. 나중에 다시 한 번 만나보지." 경은 매우 기뻐하며 이 말을 상앙에게 전했다. "이번엔 대왕에게 패업에 대해 말했는데, 대왕께서는 그쪽에 관심이 있으신가보군요. 대왕이 나를 다시 보자고 했다니, 이제 대왕의 뜻을 분명히 알겠습니다."

네 번째 만남에서 효공은 상앙에게 완전히 매료되었다. 자기도 모르게 몸을 상앙에게 기울이며 그의 말에 집중했다. 며칠 동안 매일 상앙의 말을 들었지만 조금도 지루하거나 피곤하지 않았다. 경은 너무 궁금해 상앙에게 물었다. "대왕께서 아주 기뻐하고 있소. 도대체 어떻게 한 거요?" "처음에 제가 대왕에게 제왕과 군왕의 도에 대해 말했을 때, 아마도 대왕은 너무 고리타분한 이야기라 느꼈을 것입니다. 무릇 현명한 군주는 모두 살아서 이름을 날렸습니다. 지금 기반을 닦아 수백 년 후에 제왕이 될 수 있다면 기다릴 수 있겠습니까? 그래서 저는 부국강병책에 대해 말했고, 대왕은 아주 마음에 들어했습니다. 패업을 달성하기 위해서는 부국강병이 기초가 되어야 하지만, 은나라와 주나라에 버금가는 덕행 또한 갖추어야 합니다."

효공이 우여곡절 끝에 상앙의 재능을 발견한 이야기는 소설에나 나올 법한 이야기다. 역사 중에는 전설이나 소문의 영향을 받은 것도 많기 때문에 이 이야기가 100% 진실이라고 보기는 어렵다. 어떻든 효공이 상앙의 재능을 인정하고 중용한 것만은 사실이다.

얼마 뒤 진(秦)나라 효공은 상앙을 좌서장(左庶長)에 임명하고 변법을 채용했다. 이때가 기원전 359년, 중국 역사에 커다란 변혁이 시작될 즈음이었다. 효공이 태감의 추천을 받아들여 상앙을 등용한 것은 결과적으로 중국 역사 발전에 크게 기여한 셈이 되었다. 이런 관점에서 볼 때, 가장 먼저 상앙의 가능성을 알아본 태감 경의 공로를 잊지 말아야 할 것이다.

만약 상앙과 효공의 세 번째 만남이 이루어지지 않았다면 이 두 사람의 이름은 역사에 묻혀버렸을 것이다. 정치를 한다는 것, 나라를 다스린다는 것은 정말 쉬운 일이 아니다.

제10장
부러진 이는 피와 함께 삼켜라

'대장부는 맞아서 이가 부러지면 피와 함께 삼킨다.'
시련과 고통을 흔들림 없이 참고 견뎌야 크고 완전한 성공을 이룰 수 있다.

    역사적으로 대업을 이룬 사람 중 시련과 고통을 겪지 않은 사람은 없다. 수많은 시련과 좌절, 세상의 멸시를 이겨내고 성공을 거두어야 비로소 위인이 될 수 있다. 진(晉)나라 문공은 19년 간 세상을 떠돌며 온갖 시련을 이겨냈기 때문에 즉위 4년 만에 천하를 제패할 수 있었다. 유방은 항우에게 패해 혼이 빠지게 도망친 일이 한두 번이 아니었다. 심지어 그는 전차 속력을 높여 빨리 달아나기 위해 자식을 버리기까지 했다. 사마천은 궁형(宮刑)을 당한 후 더욱 저술 활동에 매진해 불후의 명작 『사기』를 탄생시켰다. 칭기즈칸은 가족이 적의 포로가 되고 그 자신도 목숨을 잃을 위기를 겪는 등 참혹한 패배를 당한 후에 유라시아를 아우르는 대제국을 건설했다. 주원장은 부모님이 돌아가셨을 때 너무 가난해 거적때기 하나로 시신을 감싸 장례를 치러야 했다. 그리고 굶어죽지 않으려고 출가해 스님이 되었다. 평생 순탄하게 바람 한 점 없이 평안하게 사는 사람은 거의 없다. 그런 사람이 대업을 달성하는 일은 더더욱 없다.

    증국번 역시 많은 시련을 겪었는데, 먼저 단련대신으로 부임한 장사에서 큰 모욕을 겪은 후 쓴 편지 내용을 보자. "초엿새 밤 사고로 공관과 숙소가 파괴되고 정문 보초병을 비롯해 여러 병사들이 죽고 다쳤습니다. 사실대로 조정에 보고하고 싶은 마음이 굴뚝같지만, 나라를 위해 비적을 소탕해야 하는 임무를 부여받은 몸인데 사소한 일로 황제 폐하의 마음을 어지럽히는 것은 신하된 도리가 아닐 것입니다. 그렇다고 아무 말 없이 꾹 참고 계속 장사에 머물 수도 없습니다. 녹영군은 늘 비적을 소탕할 거라고 큰소리치지만, 막상 비적이 나타나면 쥐새끼처럼 꽁무니 빠지게 도망치기 일쑤입니다. 이대로는 절대 소기의 목적을 달성할 수 없습니다. 그래서 저는 이곳을 떠나 형양에 머물기로 결정했습니다. 광서 비적이 점점 더 크게 날뛰고 있으니, 도저히 묵과할 수 없습니다. 비록 저의 재주가 부족하고 어리석기는 하지만 한 순간도 제 임무를 잊은 적은 없습니다. 하루 빨리 1만 군대를 훈련시켜 비적을 소탕할 것입니다. 이 일을 위에 보고하기 전에 스승님이 먼저 제 뜻을 살펴주시기를 바랍니다. 다만 자금을 모으는 일이 쉽지 않아 지금 당장 훈련에 차질이 있습니다. 부디 잠시 비밀을 지켜주시면 감사하겠습니다."(1853년, 함풍 3년 9월 6일 오문용에게 보낸 편지)

오문용은 강소 사람으로 증국번이 회시를 치를 당시 시험관으로 만나 사제의 인연을 맺었다. 그는 복건, 강서, 절강 순무와 운귀, 호광 총독을 지낸 고관대작이었다. 그러나 태평천국군이 성지(城池)를 장악하자 물에 뛰어들어 스스로 목숨을 끊었다. 강충원도 이와 비슷하게 운명을 마감했다. 당시 청나라의 지방 관리는 성지와 운명을 함께하는 것이 관례였다. 절강 순무 왕유령(王有齡)도 이수성에게 항주성을 빼앗긴 후 자살했다.

명색이 청나라 조정이 임명한 이품 관리인데 부하 병사들에게 습격당해 목숨을 잃을 뻔했으니, 정말 부끄럽고 어처구니없는 일이 아닐 수 없었다. 평생 잊지 못할 이 모욕을, 이 수치를 어떻게 씻을 수 있을까? 결국 증국번은 더욱 분발해 군사훈련에 매진하기로 다짐하고 실행에 옮겼다. 자존심과 명예를 걸고 그의 불행을 보고 기뻐하는 이들에게 반드시 본때를 보여주리라 결심했다.

때론 정당한 분노가 필요하다

단련대신은 황제로부터 직접 명령을 받기는 하지만 실권은 거의 없었다. 큰일이든 작은 일이든 현지 관리의 도움을 받지 않으면 아무것도 할 수 없었다. 증국번은 자신의 임무에 충실하기 위해, 비적 소탕 목표를 달성하기 위해 지방 세력가들과 계속 충돌하고 갈등을 빚었다. 지방 관리들은 자기가 맡고 있는 지역의 문제점이 공개적으로 드러나는 것을 원치 않았기에 비적 관련자를 처벌하는 데 소극적인 태도를 보였다. 그러나 증국번은 군사훈련에 어느 정도 성과가 나타나자 적극적으로 비적 소탕을 시작했다. 반면 이를 원치 않는 현지 관리들은 그를 무시하거나 궁지로 몰아 곤란하게 만들거나 온갖 비난을 퍼붓곤 했다.

호남 순무 장량기는 증국번에게 단련을 맡아달라고 적극적으로 요청한 장본인이었다. 그래서 처음 장사에 도착했을 때는 장량기의 도움으로 별 탈 없이 지낼 수 있었다. 그러나 채 한 달도 안 되어 장량기가 다른 관직으로 이동했고, 신임 호남 순무는 증국번과 생각이 너무 다른 사람이었다. 그는 기본적으로 증국번과 상군을 무시했고, 증국번의 월권 행위에 강한 불만을 가지고 있었다.

사실 조정이 증국번을 단련대신으로 임명한 것은 일종의 응급조치였다. 녹영군만으로 지방 치안을 유지할 수 없게 되자 민병을 조직해 급한 불을 끄자는 생각이었을 뿐, 그들이 장차 태평천국의 난을 진압할 것이라고는 꿈에도 상상할 수 없었다. 그러나 증국번의 생각은 달랐다. 그는 처음부터 세상을 평안하게 만들겠다는 확고한 의지를 가지고 비적 소탕 임무를 시작했다. 그는 최종 목적을 위해 잘못된 관례나 관습을 과감히 거부했고, 이 때문에 현지 관리들에게 미움을 살 수밖에 없었다. 특히 증국번이 심안국(審案局)을 설치해 직접 죄인을 심문하고 사형까지 시행한 것은 명백한 사법권 침해였다. 본래 규정대로라면 사형 판결을 내리기 전에 상부에 보고를 하고 승인을 받아야 한다. 먼저 문서가 구비되어야 비로소 사형 집행이 가능했다. 그러나 증국번은 이런 관례가 너무 번거롭다고 생각해 문서 왕래 없이 간단한 조사만 하고 곧바로 형을 집행했다. 호남 사법 기관이 불만을 갖는 것은 당연했다. 증국번도 북경에서 12년 동안 관직 생활을 했으니 이런 규정을 모르지 않았지만 국가와 대의를 위해 과감히 관례를 깨뜨렸다. "나라와 백성의 이익을 위해서라면 어떤 비난도 피하지 않겠다." 그는 당당히 강한 의지를 드러냈고, 이로 인해 지방 권력자를 적으로 만들고 말았다.

상군 훈련 성과가 높아질수록 현지 세력과의 갈등은 더욱 깊어졌다. 청나라 법령에 따르면 녹영군 군사훈련은 호남 제독 관할이므로 순무를 비롯한 문관들은 일체 관여할 수 없었다. 단련대신 증국번은 원래 시랑 신분이었던지라 역시 녹영군에 관여할 자격이 없었다. 그러나 그는 대의를 펼치기 위해서는 녹영군과 상군이 하나의 군대가 되어야 한다고 생각했다.

증국번은 처음에 모집한 병사 1,000명을 좌군, 우군, 중군 셋으로 나누었다. 그는 문관이었으므로 실전 군사훈련을 맡아줄 교관이 필요했다. 세 명의 교관 중 한 명인 탑제포는 만주족으로 원래 녹영군 소속이었다. 그러나 다른 장군들과 달리 부패한 녹영군 분위기에 휩쓸리지 않아 증국번으로부터 총애를 받았다. 두 사람이 처음 만났을 때 그의 관직은 정사품 도사(都司)였으나 증국번의 적극적인 지지를 받아 불과 일 년도 안 되어 정삼품 참장(參將)으로 승진했다. '선비는 자신을 알아주는 사람을 위해 목숨을 바친다'라는 옛말처럼 탑제포는 증국번의 은혜에 보답하기 위해 죽음을 무릅쓰고 용맹을 떨쳤다. 상군의 초기 전공은 대부분 그가 세운 것이었다. 두 사람의 활약이 커질수록 녹영군의 불만은 커져갔지만, 당장은 뾰족한 수가 없었기에 일단은 참고 지켜볼 수밖에 없었다.

증국번의 좌, 우, 중 삼군은 어느 정도 훈련을 거쳐 그럴듯한 군대의 위용을 갖추기 시작했다. 증국번은 탑제포에게 말했다. "군사훈련의 목적이 같으니 녹영군과 함께 훈련을 해도 좋다." 그러나 녹영군 병사들은 증국번을 따르려 하지 않았다. 부패와 타락이 극에 달해 걸핏하면 술 마시고 담배 피우며 소란을 피웠다. 이들은 애초부터 고생해가며 힘들게 군사훈련을 받을 생각이 없었다. 그나마 봄까지는 참을 만했는데, 무더운 여름이 시작되자 병사들의 불만이 극에 달했다. 이런 상황에서 증국번이 무더운 운동장에 병사들을 모아놓고 사상 교육이라며 반나절 넘도록 잔소리를 늘어놓자 녹영군 병사들은 도저히 참을 수가 없었다.

탑제포는 충직하게 증국번을 따랐지만, 본래 탑제포의 직속상관인 녹영군 부장 덕청(德淸)은 증국번을 절대 인정하지 않았고 그의 훈련에 매우 비협조적이었다. 무더위가 한창 기승을 부리던 어느 날 신임 호남제독 포기표(鮑起豹)가 부임했다. 포기표의 관직은 정이품으로 관직 서열은 증국번과 같았지만 군사 실권은 오로지 그에게 있었다. 그 역시 월권 행위를 일삼는 증국번을 싫어했고, 자연스럽게 덕청과 가까이 지내며 탑제포를 질책했다. 특히 그는 혹서를 이유로 군사훈련을 중단하고, 이를 어길 경우 곤장형에 처한다고 발표했다. 두 사람은 같은 관직

등급인지라 자존심을 지키기 위해서라도 서로 한 치의 양보도 하지 않았다. 두 사람이 사사건건 충돌하면서 녹영군과 상군의 갈등은 날이 갈수록 깊어졌다.

하지만 결국 군사 실권을 쥐고 있는 쪽은 호남 제독이었기에 증국번의 상황이 점점 불리해졌다. 증국번은 자신의 입지를 확보하기 위해 덕청을 탄핵하는 상소를 올렸다. 그는 덕청의 파렴치한 행동과 죄상을 낱낱이 밝히며 형부에서 직접 사건을 조사하도록 요청했다. '덕청이 이끄는 녹영군은 멀리 적의 그림자만 보고도 달아나기 일쑤이고, 작은 공을 서로 다투고 위기에 처했을 때 서로 돕지 않고 자기 살길만 찾는 타락한 군대입니다. 이것은 덕청이 평소 군사훈련을 게을리해 병사들이 어떻게 싸워야 하는지 모르기 때문입니다. 한 마디로 덕청은 전혀 쓸모없는 인간입니다. 지난해 비적 무리가 장사를 공격했을 때, 남쪽 성벽이 무너지면서 성내가 온통 아수라장이 된 적이 있습니다. 그때 덕청은 관모와 관포를 벗어던지고 백성들 사이에 숨어들었고, 병사들도 모두 그를 따라했습니다. 백성을 지켜야 할 장군과 병사가 백성으로 위장해 도망쳤으니, 이런 웃음거리가 또 어디 있겠습니까? 올 봄, 그의 군대는 교외 순찰을 나갔다가 비적은 잡지 않고 백성의 재물을 강탈했다고 합니다. 배에 한가득 꽃장식을 하고 돌아와 뭇 장수들을 황당하게 만들기도 했습니다. 지금까지 이곳의 모든 부대가 열심히 군사훈련에 매진하고 있으나, 덕청은 한 번도 군사훈련에 참가한 적이 없습니다. 비적의 기세가 날로 높아지고 곳곳에서 다급한 소식을 알려오고 있는 지금, 이렇게 한심하고 자질이 부족한 장수를 탄핵하지 않을 수 없습니다. 부디 형부에서 직접 그의 죄를 다스려 다른 장군과 병사들의 사기를 꺾지 않도록 해주십시오. 이상은 한 치의 거짓 없는 진실이며 조금도 사심을

담지 않았습니다. 청컨대 황제 폐하께서 직접 조사하시어 그의 죄상을 밝혀주십시오.'

증국번의 입장에서 군사 대권을 쥐고 있는 포기표를 함부로 경솔하게 건드릴 수는 없었을 것이다. 또한 그는 한 번에 무너뜨릴 수 있는 만만한 상대가 아니었으므로 일단 하부 조직을 공략하기로 했던 것이다. 증국번은 덕청을 탄핵하는 동시에 탑제포를 참장으로 추천해 자기 세력을 키우는 일석이조의 효과를 노렸다. 덕청의 빈자리를 자기편으로 채우면 훨씬 큰 효과를 얻을 수 있다고 생각했다. 이때가 1853년 6월 12일이었다. 이번 대결은 확실한 증국번의 승리였다. 덕청은 혁직 처분을 받고 물러났고, 탑제포가 그 뒤를 이어 부장으로 승진했다. 포기표는 이 사건을 일종의 선전포고로 생각하고 복수의 칼을 갈기 시작했다. 이런 분위기를 읽은 주변 사람들이 증국번에게 미리 대비하라고 충고했으나, 그는 "사적인 감정을 끌어들이는 것은 나라와 대의에 어긋나는 일이다"라며 아무렇지 않게 넘겼다. 그러나 포기표는 증국번이 생각하는 것처럼 나라와 대의를 중요하게 생각하는 사람이 아니었다.

7월 13일, 사격 훈련을 하던 중 상군 병사가 잘못해 녹영군 병사에게 총상을 입히는 사건이 발생했다. 분노한 녹영군 병사들이 무기를 들고 성 밖에 있는 사격 훈련장으로 몰려갔다. 증국번은 녹영군 병사들의 분노를 가라앉혀 상황을 수습하기 위해 오발 사건의 당사자를 데려다 모두가 지켜보는 앞에서 곤장 200대를 때렸다. 이렇게 해서 당장의 위기를 모면할 수 있었다. 그런데 며칠 후, 도박판의 사소한 시비가 크게 번져 양쪽 병사들은 다시 무기를 들고 성 밖으로 나가 대치했다.

증국번은 전장에서는 벌벌 떠는 병사들이 이렇게 사적인 일에 목숨을 거는 것을 보니 답답해 미칠 노릇이었다. 그는 이번 기회에 군대 기강을 바로 잡을 생각으로 포기표에게 정식으로 공문을 띄워 관련자를 엄중히 처벌할 것을 요구했다. 한편 덕청 탄핵 사건으로 증국번에 대한 분노가 아직 가라앉지 않은 포기표는 이 공문을 받고 더 화가 치밀었다. 포기표는 당장 관련자를 밧줄로 묶어 북과 징을 울리며 요란스럽게 증국번 공관으로 보냈다. 이 일은 빠르게 녹영군 군영에 퍼져나갔고, 분노한 녹영군 병사들이 하나 둘 모여들면서 점점 위기감이 고조되었다. 이는 바로 포기표가 바라던 상황이었다. 분노한 녹영군 병사들은 완전히 이성을 잃고 먼저 탑제포 막사로 몰려가 그곳을 쑥대밭으로 만들었다. 탑제포는 황급히 짚더미 속에 숨어 목숨을 건졌다. 녹영군 병사들은 다시 증국번 공관으로 몰려갔다. 입구에서 보초를 서던 병사가 총에 맞아 쓰러졌고 증국번도 총에 맞을 뻔했다. 증국번의 공관은 순무 관청 안에 있었고, 사건 당시 담장 하나 너머에 바로 호남 순무 낙병장이 있었다. 하지만 그는 이렇게 큰 소란이 났는데 코빼기도 내밀지 않았다. 일부러 모른 척하고 있었던 것이다. 증국번이 그의 공관으로 달려가 세게 문을 두드리자 그제야 얼굴을 내밀고 깜짝 놀라는 척했다. 낙병장이 등장하면서 소란은 금방 가라앉았지만, 증국번의 체면은 완전히 땅에 떨어졌다. 황제가 직접 임명한 엄연한 이품 관리이거늘 일개 병사들에게 쫓겨 목숨을 잃을 뻔했으니, 정말 어이없고 창피한 일이었다. 관아에서는 특별히 이 사건을 조사하지 않았고, 장사 관리들은 모두 증국번의 과도한 월권 행위가 이 일을 자초했다고 생각했다. 분위기가 이렇게 흘러가자 증국번은 더 이상 장사에 머물 수가 없었다. 결국 그는 형양으로 거처를 옮기고 군사훈련에 더욱 매진하기로 했다. 이것이 바로 증국번이 말한 '초엿새 밤의 사건'이다.

이 사건은 매우 모욕적이었지만, 또 한편으로는 큰 자극제가 되었다. 형양으로 거처를 옮긴 그는 분발해서 군사훈련에 집중했다. 얼마 뒤 그는 조렬문에게 이렇게 말했다. "군대를 일으킬 때는 '분노'라는 감정도 필요하다. 처음 단련대신으로 부임해서 순무 관청 내에서 지낼 때, 명령에 불복하는 자를 처벌하려다가 오히려 내가 죽을 뻔한 일이 있었지. 그때 녹영군 병사들의 기세는 정말 대단했어. 하지만 그 덕분에 더 열심히 병사를 모집하고 훈련해서 지금의 군대를 갖추게 된 거야. 그때 그들에게 본때를 보여주겠다는 결심이 지금까지 이어진 거라네." '초엿새 밤의 사건'이 그의 투지를 자극해 더욱 분발할 수 있었던 것이다. 처음엔 단순히 자존심과 체면을 되찾으려고 군사훈련에 매진한 것이었는데, 뜻밖에 이로써 태평천국의 난을 진압하며 큰 공을 세우게 된 것이다.

모욕과 억울, 참담함을 견디라

무릇 사람은 기개가 있어야 하는 법이다. 증국번은 강직하고 굳은 의지, 굽힐 줄 모르는 성격 덕분에 대업을 이룰 수 있었다. 증국번이 겪은 모욕적인 사건은 이것뿐만이 아니었다. 그는 스스로 총 여섯 번의 모욕을 겪었다고 말했다.

다음은 태평천국의 난이 진압된 후 염군이 창궐하기 시작할 즈음 증국번이 동생 증국전에게 보낸 편지 내용이다. "괴로운 마음과 걱정이 가득했지만, 정교하게 옥을 갈듯 그것이 곧 영웅이 되는 길이라 생각했다. 이신부(李申夫)가 말한 것처럼 나는 화를 내본 적이 거의 없다. 참고 또 참으면서 천천히 완벽한 계획을 세워 힘을 키웠을 뿐이다. 대장부는 맞아서 이빨이 부러지면 피와 함께 삼키는 법이다. 내가 평생 이를 악물고 포부를 이룰 수 있었던 비결이 바로 이것이었는데, 그 사람은 벌써 나를 꿰뚫어보고 있었다. 나는 북경에서 권문귀족들에게 무시당하고, 장사에서 병사들에게 모욕당하고, 강서에서 고초를 겪고, 악주, 정강, 호구 전투에서 패하면서 이빨이 부러질 때마다 입안에 가득 고인 피와 함께 삼켰다. 이번에 곽군(郭軍)이 패해 세 개 현을 잃었으니, 동생에게는 앞니가 부러져나간 것처럼 큰 모욕일 테지. 운이 나빴다고 하늘을 탓하는 것은 대장부의 자세가 아님을 명심하라. 그저 아무 말 없이 이를 악물고 천천히 완벽한 계획을 세워 힘을 길러야 한다."(1866년, 동치 5년 12월 18일 원강沅江에 있는 동생에게 보내는 편지)

원래 증국전 부대는 남경 함락 직후 가장 먼저 해산되었으므로, 증국전은 은퇴하고 호남 고향 집으로 돌아가 있었다. 그런데 얼마 뒤 염군이 갑자기 세력을 크게 확장하기 시작했다. 이들은 기동력과 전투력이 뛰어난 기병부대를 앞세워 청나라 군대를 농락했다. 청나라 조정은 증국번이 태평천국의 난을 진압하면서 크게 이름을 떨친 터라, 또다시 그에게 날개를 달아주고 싶지 않았다. 그래서 승격림필에게 염군 소탕을 명했다. 그러나 승격림필이 어이없이 패하고 전사하자 어쩔 수 없이 증국번을 다시 기용할 수밖에 없었다.

1866년 1월 하순, 청나라 조정은 증국전을 호북 순무로 임명하고 군대 모집을 명했다. 증국번은 병사 1만 5,000명을 모아 새로운 상군을 조직했고, 곽송림(郭松林) 등의 장군을 기용했다. 증국전은 7월부터 연말까지 염군과 수차례 전투를 치렀으나 연패를 거듭하면서 고전을 면치 못했다. 그는 오랜만에 겪은 패배에 자신감을 잃어 새로운 상황에 적응하기가 힘들었다. 앞에 소개한 편지가 바로 이즈음 증국번이 동생을 위로하기 위해 쓴 것이었다. 그는 "괴로운 마음과 걱정은 곧 영웅으로 가는 길이다. 대장부는 맞아서 이빨이 부러졌을 때 피와 함께 삼키는 법이다. 대장의 기개를 길러라. 승리하는 그날까지 오로지 참고 또 참으며 쓰러지지 말아야 한다"라는 말로 동생을 격려했다. 위의 편지 내용에 등장하는 이신부는 사천 검주(劍州) 사람으로 1847년(도광 27년)에 진사에 합격한 인물이다. 당시 증국번은 북경에서 이미 이품 관직에 올라 있었다. 1859년(함풍 9년)부터 증국번을 따르기 시작한 그는 태평천국의 명장 황문금(黃文金)을 격파했고, 염군 소탕에서도 큰 공을 세워 정삼품 호남 포정사(布政使)에 임명되었다. 이신부는 나중에 탄핵을 받아 파직되었는데, 평소 청렴하게 살아온 탓에 여비조차 마련하지 못할 정도로 가난했다고 한다. 증국번은 그의 이런 점을 높이 평가했던 것이다.

증국번은 평생 여섯 번의 시련을 겪었고, 그때마다 이를 악물고 말없이 꿋꿋이 버텨냈다. 그는 봄이 되면 겨우내 쌓인 눈과 얼음이 녹아내리듯 최후의 승리를 거두는 순간 과거의 원망이나 비난은 저절로 사라질 것이라고 믿었다. 그래서 굳은 의지와 인내로 끝까지 쓰러지지 않고 묵묵히 자기 자리를 지켰다.

함풍제를 비난하는 상소문을 올린 일은 여섯 번의 시련 중 첫 번째 사건으로 이미 앞에서 자세히 언급했다. 그가 황제에게 미움을 받자 조정 대신들은 화가 미칠 것을 염려해 그를 멀리했다. 또 그는 평소 '재물은 필요 없다, 죽음을 두려워하지 않는다'라고 말하며 기존의 관풍에 강한 반감을 드러낸 탓에 기득권 세력과 좋은 관계를 맺을 수 없었다. 그는 성격상 당시 관직 세계를 도저히 이해할 수도 받아들일 수도 없었다. 얼마 뒤 기선(琦善)[108] 사건 심의에서 그가 권력자들의 심기를 건드린 후 사람들은 그의 옆자리에 앉는 것조차 꺼렸다. 황제를 화나게 하고 권문세가에게 미움을 샀으니, 그는 망망대해에 떠 있는 외로운 섬이나 마찬가지였다. 세상을 평안하게 만들겠다는 포부는 있었지만, 나라와 백성을 위한 뜻을 펼칠 길이 없었다. 원대한 포부와 이상을 마음에만 담아두기란 정말 괴로운 일이었을 것이다.

악주 전투는 상군 출병 이후 태평천국군과 직접 부딪힌 첫 전투였다. 당시 증국번은 상군 1만 7,000명을 이끌고 위풍당당하게 출정했으나, 호남도 벗어나지 못한 채 악주에서 주저앉고 말았다. 사실 악전 전투가 처음부터 상군에게 불리했던 것은 아니었다. 처음 상군과 마주친 태평천국 선봉부대는 적진에 너무 깊숙이 들어갈 경우 고립될 것을 염려해 곧바로 방향을 돌려 후퇴했다. 북쪽으로 물러난 태평천국군은 재공격을 위해 전열을 정비했다. 한편 증국번은 태평천국군이 도망치는 것을 보고 자신감을 얻어 수륙 양동 작전으로 과감하게 북진했다. 그는 직접 수군을 지휘했다. 전열을 가다듬은 태평천국군은 다시 기세를 높여 순식간에 악주성을 포위했다.

증국번은 당시 악주 수비대장과 사이가 좋지 않았던데다, 태평천국군의 기세 또한 만만치 않자 일단 후퇴하기로 했다. 그러나 부하들이 계속해서 공격할 것을 요구하자 결국 다시 배에 올라 악주성으로 향했다. 하지만 태평천국군이 화살을 돌릴까 두려워 감히 가까이 가지 못하고 멀리서 쓸데없이 대포만 쏘아댔다. 악주성에는 본래 3,000여 병력이 있었으나, 성벽을 기어내려와 탈출에 성공한 병사는 900명뿐이었다. 나머지는 모두 태평천국군의 포로가 되거나 목숨을 잃었다. 증국번 군대에서는 유일하게 탑제포 부대만이 용감하게 싸웠을 뿐 나머지 부대는 모두 장사로 도망쳤다.

일찍이 증국번은 함풍제의 출정 명령을 세 번이나 거부하면서 전함, 대포, 정예부대를 갖춘 후에 출정하겠다고 말한 바 있었다. 이것은 곧 필승을 향한 강한 의지의 표현이었다. 당시 함풍제는 "그대가 강남 네 개 성의 군권을 모두 장악하겠다니, 그대가 그럴 능력이 된다고 생각하는가?"라며 그를 비웃었다. 그렇게 큰소리쳤는데 첫 전투에서 어이없이 패했으니, 정말 고개를 들 수 없는 상황이 된 것이다. 당장 장사 관리들이 가만있지 않았다. 욕이나 모욕적인 비난은 기본이고 아예 상군을 해산시켜야 한다고 주장하는 사람도 있었다. 장사 관리는 모두 증국번을 원수처럼 생각하고 있었으니 당연한 반응이었다. 10년 후, 증국번은 당시의 참담한 심정을 이렇게 회상했다. "악주에서 패한 후 돌아와 강변에 전함을 정박시켰는데 호남 순무가 도착했다는 말을 들었다. 그가 온 것은 분명했는데, 내가 보이지 않는지 내 배에 찾아와 인사 한 번 하지 않았다."

악주에서는 제대로 칼 한 번 휘두르지 못한 터라 증국번이 태평천국군과 제대로 맞붙은 진정한 의미의 첫 전투는 정강 전투였다. 당시 증국번은 태평천국의 정강 주둔군 병력이 얼마 되지 않는다는 민병의 보고를 받고 곧바로 기습 작전을 펼쳤다. 그러나 손쉽게 이길 거라는 생각과는 달리 적의 반격이 예상외로 강했다. 적군의 반격을 전혀 예상치 못했던 상군 병사들은 도망치기 바빴다.

증국번은 급한 마음에 깃발에 '이 깃발에 뒤처지는 자는 참수한다' 라고 써서 높이 치켜들었다. 그리고 칼을 뽑아 들고 직접 전투를 지휘했다. 병사들은 깃발을 보고 증국번 주위로 우르르 몰려들었다. 그들은 깃발 앞으로 나가 싸우려 하지 않고, 단지 깃발 뒤로 밀리지 않으려 할 뿐이었다. 결국 또다시 참패를 기록한 증국번은 부끄럽고 화가 나 견딜 수가 없었다. 그는 돌아오는 길에 강물에 뛰어들었으나 곁에 있던 부하의 도움으로 목숨을 건졌다.

증국번이 한 달도 안 되는 동안 두 번 연속 패배를 기록하자 장사 관리들은 격분해 상군을 해산시키라고 강력히 요구했다. 증국번은 모든 희망이 사라져버렸다고 생각해 며칠 동안 밥도 먹지 않고 잠도 자지 못했다. 유서를 쓰고 관까지 마련한 그는 죽음으로써 세상에 사죄하기로 결심했다. 그런데 그날 새벽 동이 틀 무렵, 상담에서 급보가 날아들었다. 그간의 근심, 걱정, 울분을 한꺼번에 날려줄 따뜻한 봄바람처럼 반가운 소식이었다. 탑제포가 태평천국군을 상대로 대승을 거둔 것이었다. 이것을 시작으로 상군은 장장 6개월 동안 연승가도를 달렸다. 승전보가 전해지자 함풍제도 크게 기뻐하며 상군을 격려했고, 증국번의 입지는 하루아침에 달라졌다.

그러나 그로부터 8개월 후, 호구에서 또다시 참담한 패배를 기록했다. 그전까지는 무한을 탈환하고 장강을 장악하면서 조정과 지방에서 모두 증국번을 크게 인정하는 분위기였다. 함풍제도 생각을 바꿔 증국번을 호북 순무로 임명하고 지방 실권을 넘겨주었다. 그런데 불과 일주일 만에 명령을 다시 거둬들였다. 증국번의 세력이 너무 커지는 것을 염려했던 것이다. 그러는 동안 전열을 재정비한 태평천국군이 명장 석달개, 라대강을 내세워 무한 재탈환을 시도했다. 증국번은 준비되지 않은 상황에서 태평천국군을 만나 고전하다가 그 자신이 탄 배마저 잃는 참패를 당했던 것이다. 그는 이번에도 부끄러움과 분함을 이기지 못해 차가운 강물에 몸을 던졌다가 겨우 목숨을 건졌다. 승기를 잡은 석달개가 무한을 재탈환하면서 장강 유역은 다시 태평천국군 손에 들어갔다.

한편 전함을 잃은 증국번은 육로로 이동하던 중 강서 고립을 겪었다. 그가 강서에 고립되어 한동안 복귀하지 못하자 그의 부하들 중 상당수가 활동을 멈추거나 그의 명령에 따르지 않았다. 이 때문에 상황은 점점 더 어려워졌다. 연패를 거듭하는 동안 탑제포와 라택남이 전사하면서 상군의 위기는 더욱 커졌다. 후에 증국번은 강서에서 보낸 2년을 인생에서 가장 고통스러운 시기였다고 말했다. 그래서였을까? 아버지의 부고를 접한 그는 뒤도 돌아보지 않고 당장 고향으로 돌아갔다.

이 모든 시련과 고통 속에서 증국번이 할 수 있는 최선은 참고 견디는 것뿐이었다. 부러진 이빨을 피와 함께 삼키며 억울함을 감추고 참고 또 참는 것뿐. 이렇게 강한 의지와 인내력을 발휘할 수 있는 사람만이 더 크게 발전할 수 있다.

성공 인물의 처세력 ⑩
'와신상담'의 교훈을 잊지 마라

중국 역사에서 가장 유명한 복수 사건을 꼽으라면 월나라 왕 구천의 와신상담(臥薪嘗膽)이 단연 최고일 것이다. 여기에서는 구천을 비롯해 그와 같은 시대에 활약한 몇몇 인물을 중심으로 굳은 의지와 인내가 만들어낸 성공을 살펴보고자 한다.

오나라를 강대국으로 만든 주인공은 오나라 사람이 아닌 초나라 사람 오자서였다. 그의 아버지 오사(伍奢)와 형 오상(伍尙)은 간신의 모함을 받아 결국 초나라 평왕에게 죽임을 당했고, 오자서는 홀로 살아남아 도망쳤다. 오사는 죽음을 앞두고 말했다.

"내 아들 오자서는 어떤 시련도 이겨낼 수 있는 강한 의지와 인내심을 지녔으므로 반드시 큰일을 이룰 것이다. 그 아이가 초나라를 떠나면 그대들은 모두 편안히 잠들지 못할 것이다." 평왕은 이 말을 듣고 당장 오자서를 잡아오라고 명했다.

오자서는 도망치는 길에 절친 신포서를 만났다. 신포서는 친구의 억울한 사정을 듣고 너무 가슴이 아팠다. 이때 오자서는 아주 강렬한 어조로 이렇게 맹세했다. "만약 초나라를 멸망시켜 원수를 갚지 못한다면 나는 절대 그들과 같은 하늘 아래 살지 않겠다." 신포서는 답했다. "그래도 나는 초나라 사람이네. 만약 자네에게 복수를 하라고 하면 나는 불충한 신하가 될 것이고, 복수를 하지 말라고 하면 자네를 불효한 자식으로 만들 것이네. 어서 가게. 하지만 자네가 초나라를 멸망시키려 한다면 나는 초나라를 구할 것이네. 자네가 초나라를 위험에 빠뜨릴 수 있다면 나 역시 초나라를 평안하게 만들 수 있네." 두 사람은 이 안타까운 이별을 계기로 적으로 돌아서야 했다.

오자서는 사람들의 눈을 피해 초나라 국경 소관(昭關)에 도착했다. 국경 초소 주변은 온통 그의 초상화로 도배가 되어 있었고, 현상금도 있었다. 그는 이 난관을 어떻게 빠져나갈 것인가를 고민하다가 하루 밤 동안 머리가 하얗게 새어버렸다. 다행히 어떤 늙은 어부의 도움으로 몰래 강을 건너 오나라로 들어갈 수 있었다. 오자서는 정치 망명자 신분으로 오나라 왕 료(僚)를 만났다. 그는 어느 정도 이야기를 나눈 후 오나라 왕 료가 자신의 이상을 실현하는 데 별 도움이 되지 않는다고 판단했다. 대신 왕의 사촌형인 공자 광(光)의 남다른 포부와 야심을 꿰뚫어 보고 그를 왕위에 앉히기로 결심했다. 오자서는 뛰어난 무사를 물색해 공자 광에게 소개하고 자신은 시골로 내려가 농사를 지으며 기회를 기다렸다. 그렇게 5년이 지났다.

오자서가 공자 광에게 소개한 무사가 요리 기술을 갈고 닦아 오나라 왕 료를 모시게 됐다. 무사는 자신이 요리한 생선 뱃속에 칼을 감춰두었다가 오나라 왕 앞에서 칼을 빼들고 단칼에 그를 죽였다. 그러나 무사 자신도 오나라 왕 근위병에게 죽임을 당했다. 이렇게 해서 왕위를 차지한 광이 바로 오나라 왕 합려다. 합려는 즉시 오자서를 불러들여 재상으로 삼고 모든 국사를 그와 상의했다. 오자서는 괴로운 마음과 온갖 걱정 속에서도 원수를 갚기 위해 오나라 왕 합려를 위해 인재 물색에 최선을 다했다. 이 시점에서 또 다른 영웅이 등장한다. 바로 『손자병법』의 저자 손자다. 오자서와 손자는 조국을 등지고 오나라에 왔다는 공통점 때문에 금방 의기투합했다. 이때 초나라에서 정치 망명한 또 다른 인물이 있었으니, 그 역시 복수심에 불타 합려의 대업을 도왔다. 그의 이름은 백비(伯嚭)였다.

이렇게 뛰어난 재능과 깊은 한을 가진 망명자들의 도움으로 오나라는 빠르게 힘을 키워갔다. 오나라 군대의 총책임자가 된 손자는 그만의 특별한 방법으로 몇 년 동안 벌인 전쟁에서 연승을 거뒀다. 그리고 드디어 초나라 수도를 점령하기에 이르렀다. 이때 초나라 평왕은 이미 죽은 후였고, 소왕은 어디론가 도망쳐 버렸다. 이에 오자서는 평왕의 시체를 파내 채찍질을 하며 분풀이를 했다. 얼마 뒤 신포서가 이 소식을 듣고 편지를 보내와 그를 꾸짖었다. "자네가 군대를 이끌고 와 초나라를 격파했으니 이미 복수하겠다는 목적을 이룬 것이 아닌가? 그런데 시체를 꺼내 죽은 사람을 채찍질하다니, 어떻게 이렇게 무례하고 잔인할 수 있는가?" 오자서도 곧 자신의 잘못을 인정했다. "나도 늙어서 이제 얼마 살지 못할 건가보네. 그러니 이렇게 도리에 어긋나는 짓을 한 게야."

어떻든 오자서는 이날을 위해 16년을 기다렸다. 가능한 모든 의지와 인내심을 발휘해 한 걸음 한 걸음 자신의 목적을 실현시켜나갔다. 이렇게 해서 그의 성공은 역사의 한 페이지를 장식하며 오늘날까지 전해지고 있다. 그의 절친 신포서도 자신의 맹세를 지켰다. 그는 진(秦)나라에서 힘을 키워 오나라 군대를 몰아내고 초나라를 구했다.

10년 후 오나라의 동남쪽 이웃 나라 월나라의 군주가 죽었다. 오나라 왕 합려는 이를 좋은 기회라 여겨 당장 군대를 일으켰다. 오자서가 때가 아니라며 말렸지만 소용없었다. 합려는 결국 부상만 입고 돌아왔다. 그는 태자 부차(夫差)에게 물었다. "너는 아비의 원수를 잊겠느냐?" 부차는 "절대 잊지 않겠습니다"라고 답했고, 합려는 결국 그날 밤 죽었다.

부차의 원수는 월나라 왕 구천이었다. 구천은 이제 막 즉위해 젊고 경험이 많지는 않았지만 지혜로운 전략과 전술로 강력한 오나라 군대를 물리쳤다. 뜻하지 않은 승리로 구천은 다소 거만해졌다. 한편 부차는 아버지의 원수를 갚기 위해 군사훈련에 매진했다. 사실 그는 월나라에 원수를 갚는 것뿐 아니라, 여러 제후국을 제압해 중원의 패권을 차지하겠다는 큰 야망을 가지고 있었다. 그는 왕궁 안에 시종들을 세워두고 매일 "부차, 네 아버지의 원수를 잊었느냐?"라고 외치게 했다. 그때마다 그는 "절대 잊지 않았다!"고 외치며 복수의 칼을 갈았다.

　3년 후, 부차는 드디어 구천을 무너뜨렸다. 부차에게 쫓겨 작은 산 속으로 도망친 구천은 꼼짝없이 월나라가 망하는 모습을 지켜봐야 했다. 월나라는 단발과 문신 등 중원과 전혀 다른 관습을 가진 민족으로 오늘날 소흥(紹興)에 도읍을 정한 뒤 20여 명의 왕을 거친 후 구천이 등장했다. 구천은 차마 나라가 망하는 것을 지켜볼 수 없어 범려(范蠡)에게 조언을 구했다. "애초에 그대 말을 듣지 않은 것이 정말 후회되는구려. 결국 이 모양이 되고 말았소. 지금 내가 어떻게 해야겠는가?" 범려는 대답했다. "지금은 그저 납작 엎드리는 수밖에 없습니다. 일단 오나라 왕에게 선물을 보내고 화의를 청하십시오. 만약 오나라가 강화를 거절한다면 최후의 방법으로 대왕이 직접 그의 포로가 되어야 합니다." 결국 구천에게 부차의 노예가 되라는 뜻이었다. 한 나라의 왕이 다른 나라 왕의 노예가 되다니, 당시로서는 정말 상상조차 할 수 없는 커다란 모욕이었다. 범려는 다시 구천을 설득했다. "임금이 치욕을 당하면 신하는 임금의 치욕을 씻기 위해 목숨을 바치는 법입니다." 구천이 모욕을 당하면, 월나라의 신하들이 목숨 걸고 분발해 반드시 원수를 갚을 것이라는 뜻이었다. 훗날 원수를 갚기 위해서는 일단 구차하게라도 살아남아야 한다.

　결국 구천은 범려의 조언에 따르기로 하고, 문종(文種)을 오나라 진영으로 보내 협상하게 했다. 문종은 부차 앞에 엎드려 머리를 조아리며 구천의 뜻을 전했다. 부차가 구천의 뜻을 받아들이려는 순간 오자서가 나서 강하게 반대했다. 문종으로부터 강화가 어렵게 됐다는 보고를 접한 구천은 처자식을 죽이고 오나라와 결전을 치르겠다고 다짐했다. 문종이 구천을 말리며 다른 방법을 제안했다. "들자하니 오나라 태재 백비는 재물과 여색을 밝히는 사람이라고 합니다. 금은보화와 미녀를 준비해 그를 매수하면 일을 성사시킬 수 있을 것입니다." 구천은 문종에게 이 일을 일임했다. 문종은 정성껏 마련한 금은보화와 미녀를 데리고 몰래 백비를 만났다. 과연 백비는 문종과 부차의 만남을 주선하고 적극적으로 부차를 설득했다. 결국 부차는 월나라와 강화를 맺기로 결정했다. "지금 월나라를 멸망시키지 않으면 장차 큰 후환거리가 될 것입니다. 구천은 비범한 인물이고, 그의 곁에는 문종과 범려 같은 인재가 있습니다. 만약 그들을 월나라로 돌려보낸다면 반드시 오나라에 큰 화가 미칠 것입니다." 오자서가 말했지만 부차는 듣지 않았다. 대신 부차는 구천을 오나라로 데려가 자신의 노예로 삼았다.

구천은 모든 국사를 문종에게 위임하고 아내와 범려를 데리고 오나라로 갔다. 부차는 구천에게 합려의 묘 옆에 머물게 하고, 그를 마부로 삼았다. 부차가 외출할 때마다 구천은 직접 말을 준비하며 매우 충직한 노예 노릇을 했다.

이렇게 2년이 지난 어느 날, 부차는 구천이 이제 야망을 접고 충직한 자신의 부하가 되었다고 생각해 그를 월나라로 돌려보냈다. 이즈음 월나라는 더 이상 부차의 안중에도 없었다. 그는 이제 더 큰 야망과 포부를 실현하기 위해 중원으로 눈을 돌려 다른 제후국들을 제압할 방법을 연구하기 시작했다. 그의 야망을 눈치챈 백비가 비위를 맞춰주자 부차는 더욱 기고만장해졌다. 오자서가 계속해서 후방을 안전하게 한 뒤에 중원을 도모해야 한다고 충고했지만, 부차는 오자서의 말을 귀담아 듣지 않은 지 오래였다. 이때 오자서가 "월나라가 10년 동안 인구를 늘리고 물자를 모아 다시 10년 동안 군대를 기를 텐데, 그러면 20년 후 오나라는 어찌 될 것인가?"라고 말했는데, 그의 예상은 그대로 적중했다.

너무나 큰 모욕을 당한 터라 구천은 월나라로 돌아온 후에도 마음 편히 지낼 수 없었다. 그는 한 순간도 원수를 갚아야 한다는 생각을 잊어본 적이 없었다. 그의 원한은 부차보다 더 깊고, 크고, 고통스러운 것이었다. 때문에 그는 당연히 부차보다 더 분발할 수밖에 없었다. 그는 월나라 왕이었지만 직접 농사를 지었고 그의 아내는 베를 짰다. 두 사람은 먹는 것도 입는 것도 일반 백성들과 다르지 않게 했다. 특히 구천은 항상 자신을 낮추고 신하와 백성을 높이며 그들과 함께 어려움을 이겨나갔다. 중국의 4대 미인으로 꼽히는 서시(西施)가 등장하는 것도 바로 이즈음이다. 그녀는 월나라를 위해 오나라로 가 부차의 여자가 되었다.

계획대로 차근차근 일이 진행되었지만, 구천은 시간이 지날수록 자신의 의지가 약해질 것이 가장 염려스러웠다. 그래서 그는 푹신한 이불을 치우고 장작과 건초 더미 위에서 잠을 자며 투지를 불러일으켰다. 또 대들보에 소의 쓸개를 달아두고 매일 수차례 쓸개를 핥아 쓴 맛을 느끼며 스스로에게 물었다. "너는 회계(會稽)의 치욕을 잊었느냐?" 이것이 바로 고사성어 '와신상담'의 유래다.

구천은 나라 살림은 문종에게 맡기고 군대는 범려에게 맡겼다. 그는 두 사람의 의견을 적극적으로 받아들여 농업 생산과 출산을 장려했다. 이는 백성들이 바라는 바이기도 했으므로 월나라는 모두가 일치단결해 빠르게 국력을 키울 수 있었다.

7년 후, 구천은 어느 정도 힘을 키웠다고 생각해 군대를 일으키려 했다. 그러나 대부 봉동(縫同)이 나서 그를 말렸다. "월나라는 그동안 망국의 재난을 겪고 이제 겨우 조금 숨 쉴 수 있게 되었을 뿐입니다. 그동안 힘들게 노력해서 조금 여유로워졌을 뿐인데, 지금 군대를 일으켜 또다시 재난이 반복된다면 두 번 다시 일어설 수 없습니다. 현재 오나라는 제나라, 진(晉)나라와 군사 대치중이고 초나라와도 원한이 깊습니다. 지금은 강력한 군대를 앞세워 당당함을 드러내고 있지만, 덕행을 쌓지 못하고 오로지 무력으로만 상대를 제압했을 뿐이니, 오래가지 못할 것입니다. 장기적인 계획을 세워 제나라, 초나라, 진(晉)나라와 동맹을 구축해, 그들로 하여금 먼저 오나라를 공격하게 해야 합니다. 그 후에 오나라가 지쳐 있을 때 공격하면 쉽게 그들을 무너뜨릴 수 있습니다." 구천은 이 제안을 받아들였다.

다시 2년 후, 부차가 제나라를 공격하려 하자 오자서가 황급히 그를 말렸다.

"지금 오나라의 가장 큰 걱정거리는 월나라입니다. 제나라는 그저 작은 티눈에 불과합니다. 대왕, 부디 월나라를 먼저 공격하십시오." 부차는 이번에도 오자서의 말을 듣지 않았다. 제나라를 이기고 돌아온 부차는 오자서의 생각이 틀렸다며 그를 비난했다. 이즈음 문종은 다시 꾀를 하나 냈다. 오나라에 식량을 빌려달라고 해서 그들이 월나라를 어떻게 생각하고 있는지 알아보자는 제안이었다. 구천은 즉시 문종을 오나라에 파견했고, 부차는 월나라의 부탁을 흔쾌히 들어주었다. 이번에도 오자서는 강력히 반대했지만 결국 부차의 뜻을 꺾지 못했다. 구천은 모든 것이 계획한 대로 이뤄지자 너무 기뻤다.

오자서는 점점 희망을 잃어갔다. "대왕이 옳고 그름을 가리지 못하니 3년 안에 오나라는 폐허가 될 것이다." 한편 백비는 이 기회를 놓치지 않고 오자서를 제거하고 권력을 장악하려 했다. 백비가 계속 오자서를 비방하자 부차도 점점 그를 의심하고 멀리하기 시작했다. 결국 부차는 오자서에게 칼을 하사하며 자살하도록 강요했다. 오자서는 하늘을 향해 긴 탄식을 토해냈다. "나는 그대의 아버지를 보좌해 대업을 달성하게 했고, 그대를 왕위에 오르게 했다. 그때 그대가 내게 오나라의 절반을 떼어주겠다고 했지만 나는 거절했다. 그런데 지금 그대는 간사한 무리에게 현혹되어 나를 죽이는구나." 오자서는 이렇게 유언을 남기고 자살했다. "내가 죽으면 내 두 눈을 파내 성문 위에 달아라. 나는 월나라 군대가 오나라 도성을 짓밟는 모습을 직접 지켜볼 것이다." 일세를 풍미한 영웅 오자서는 이렇게 비극적인 최후를 맞이했다. 평생 복수를 위해 무력과 폭력을 일삼았던 그는 결국 칼날을 피하지 못했다. 한편 부차는 오자서가 남긴 말을 전해 듣고 분노해 그의 시체를 강물에 내던지게 했다. 결국 이렇게 해서 오나라의 실권은 모두 백비에게 넘어갔다.

3년 후, 구천은 다시 범려의 의견을 구했다. "부차가 오자서를 죽이고 간사한 무리들을 중용하고 있으니, 이제 군대를 일으켜도 되지 않는가?" 그러나 범려는 여전히 "아직은 때가 아닙니다"라고 대답했다.

이듬해 봄, 부차가 황지(黃池)에서 제후들과 회맹하기 위해 오나라 주력부대를 이끌고 북쪽으로 길을 떠났다. 오나라 도성에 힘없는 병사들만 남자 드디어 범려가 말했다. "지금 공격해야 합니다." 구천은 즉시 전국의 병사들을 모아 오나라를 공격했다. 오나라 수비군은 힘없이 무너졌고 혼전 중에 오나라 태자가 전사했다. 이 소식을 들은 부차는 다른 제후국들이 오나라를 우습게 생각할까 봐 일단 이 일을 비밀에 부쳤다. 일단 회맹이 끝난 후, 서둘러 돌아와 구천에게 많은 선물을 보내며 화의를 요청했다. 구천은 당시 월나라 실력으로는 오나라를 단번에 무너뜨릴 수 없다고 생각해 일단 화의를 받아들였다.

첫 전투 승리로 자신감을 얻은 구천은 군사훈련과 국내 생산 활동에 더욱 박차를 가했다. 4년 후 월나라는 더욱 부강해졌고, 오나라는 계속되는 전쟁으로 병사와 백성 모두 피폐해졌다. 특히 오나라 정예부대는 대부분 전사해 더 이상 명맥을 유지하기 힘들 정도였다. 구천은 다시 군대를 일으켜 오나라를 공격했다. 월나라 군대는 3년 동안 오나라 도읍을 포위했다. 부차는 천신만고 끝에 포위를 뚫고 도망쳤으나 다시 고소산(姑蘇山)에 갇히는 신세가 되었다.

더 이상 도망칠 곳이 없었던 부차는 결국 공손웅(公孫雄)을 보내 화의를 요청했다. 공손웅은 상의를 벗은 채 구천 앞에 무릎 꿇고 앉아 머리를 조아리며 부차의 뜻을 전했다. "고립무원 처지에 놓인 소신 부차, 외람되오나 대왕께 몇 가지 말씀 올립니다. 과거 회계에서 대왕께 큰 죄를 지은 것을 잘 알고 있습니다. 그러나 부차는 감히 대왕의 뜻을 거역하지 않고 강화를 맺었으며, 후에 대왕이 월나라로 돌아갈 수 있도록 하였습니다. 지금 대왕께서 수고로움을 무릅쓰고 직접 소신을 벌하러 오셨으니, 소신은 대왕께서 시키는 대로 복종하겠습니다. 청컨대 회계산에서 부차가 그랬던 것처럼 대왕께서도 부차의 죄를 용서해주시길 바라옵니다."

구천은 공손웅이 애쓰는 모습을 보고 그의 요청을 받아들이려 했다. 그러나 범려는 이에 강력히 반대하며 구천의 의견을 무시하고 계속 전투를 이어갔다.

공손웅은 절망의 눈물을 흘리며 월나라 진영을 떠났다. 구천은 측은한 마음을 지울 길 없어 부차에게 이렇게 전했다. "그대에게 살길을 마련해주겠노라. 그대에게 100명의 수하를 거느릴 수 있게 해주겠다." 그러나 부차는 "나는 이미 늙었으니 그 명령을 받아들일 수 없다"고 거절한 뒤 "저승에 가면 무슨 낯으로 오자서의 얼굴을 본단 말인가!"라며 얼굴을 천으로 가리고 자살했다. 부차가 자살한 후, 구천은 불충죄를 이유로 백비를 처형했다.

범려는 22년 동안 구천을 보좌하면서 지극정성을 다했다. 특히 그는 온갖 고통과 시련을 함께 겪으며 구천이 회계의 치욕을 씻고 대업을 달성할 수 있도록 도왔다. 그래서 오나라를 멸망시킨 후 그는 상장군에 봉해졌다. 그러나 범려는 자신의 공이 너무 큰 탓에 오랫동안 부귀영화를 누릴 수 없다고 판단했다. 또한 구천이 어려움을 함께할 수는 있지만 부귀를 함께 누릴 수 있는 사람이 아니라는 것을 잘 알고 있었다. 그래서 그는 구천이 내린 관직을 정중히 사양하고 가족과 함께 월나라를 떠났다. 구천은 범려의 공을 기리기 위해 회계산 일대를 범려의 봉지로 정해두었다.

범려는 월나라를 떠난 직후 문종에게 편지를 보냈다. "날던 새가 다 없어지면 좋은 활은 쓸모없어지고, 교활한 토끼가 다 죽으면 사냥개는 솥에서 삶아지는 법입니다. 월나라 왕은 목이 길고 입이 뾰족해 새를 닮았으니, 어려움을 함께할 수는 있어도 부귀를 함께할 수는 없습니다. 왜 아직도 월나라를 떠나지 않으십니까?"

그러나 문종은 구천이 자신의 공을 인정하고 후하게 대접해줄 것이라고 믿었다. 그러나 얼마 지나지 않아 구천은 문종에게 칼 한 자루와 편지를 전했다. "예전에 그대가 내게 오나라를 멸하는 일곱 가지 전략을 알려주었다. 나는 그 중 세 가지만 이용했고, 아직 네 가지는 그대 손에 쥐어져 있다. 그대는 나 대신 선왕에게 그 네 가지 전략을 전하라." 막다른 궁지에 몰린 문종은 자살 외에 다른 방법이 없었다. 전설에 따르면 범려는 월나라가 부차에게 선물했던 미녀 서시와 함께 배를 타고 서호를 건너가 행복하게 살았다고 한다.

지금까지 오자서, 손무, 구천, 부차, 범려, 문종 등 깊은 원한을 씻어낸 오나라와 월나라의 영웅들 이야기를 살펴보았다. 일찍이 사마천은 이들에 대해 이렇게 평가했다. '작은 의리를 버려 큰 치욕을 씻음으로써 후세에 길이 이름을 남겼으니, 슬프도다!'

오자서는 도망가는 중에 구걸을 해야 했지만 원수를 갚아야 한다는 생각을 한시도 잊지 않았다. 굳은 의지와 인내를 발휘해 마침내 뜻을 이루어 널리 이름을 알렸으니, 진정한 대장부가 아니면 어느 누가 이렇게 할 수 있겠는가! 부차와 구천 역시 굳은 의지와 인내를 발휘해 원수를 갚은 주인공으로 유명하다. 범려는 굳은 의지와 인내뿐 아니라 지혜로운 처세의 달인으로 후세의 모범이 되고 있다. 구천을 도와 대업을 이룬 그는 물러나야 할 때를 정확히 알았기에 끝까지 목숨을 보전할 수 있었다. 대장부라면 반드시 대업을 이루기 위해 굳은 의지와 인내를 발휘할 수 있어야 한다.

제11장

자기최면으로 용기를 길러라

증국번은 위기의 순간에도 끊임없는 자기최면으로 정신력을 강화해 끝까지 포기하지 않고 이겨냈다. 이것이 바로 증국번의 담대한 용기다.

    용기가 없는 사람은 성공하거나 이름을 알릴 수 없다. 용기는 타고나는 것이기도 하지만 노력에 따라 길러지기도 한다. 안경 포위 전략을 진행하던 중 증국번이 기문에 고립된 적이 있었다. 그는 잠시 상군을 떠났다가 복귀한 후 호림익과 함께 세운 안경 포위 전략을 본격적으로 실행했다. 이 전략의 핵심 목표는 안경이 아니라, 안경을 포위함으로써 적의 지원군을 끌어들여 그들의 주력부대를 섬멸하는 것이었다. 계속해서 안경을 점령하면 강을 타고 내려가 곧바로 남경성을 공격할 수 있었다.

    안휘성 남부 산지에 위치한 기문현은 삼면이 산으로 둘러싸인 대바구니 형태의 분지다. 북쪽에는 황산(黃山)과 구화산(九華山), 동쪽에는 천목산(天目山), 남쪽에는 백제산(白際山)과 제운산(齊雲山)이 솟아 있고, 유일하게 큰 산으로 막히지 않은 서쪽이 분지의 출입구다. 바로 이 출입구가 기문현이었다. 현재 중국의 대표적인 명승지 황산, 구화산, 강서 무원, 명청 유갱(流坑) 고촌이 모여 있는 곳이기도 하다.

    이홍장은 기문 지형이 병법에서 '사지(死地)'로 꼽는 가마솥 밑바닥처럼 생겼다고 말했다. 분지 안에서 밖으로 나가거나 분지 밖에서 안으로 들어가려면 치열한 전투를 치러야 했다. 그러나 증국번의 생각은 달랐다. 그는 안휘 남부 산지가 안휘성, 강서성, 절강성, 강소성을 연결하고 있기 때문에 이곳을 지키면 4개 성을 모두 조정할 수 있다고 생각했다. 또한 경덕현과 호구 방어선을 강화하면 안경 함락에 실패하고 태평천국군에게 쫓기더라도 장강 상류와 강서를 지켜 대치 국면을 유지할 수 있다고 보았다. 반대로 이곳을 적에게 빼앗기면 나머지 삼면이 산으로 가로막혀 있어 진퇴양난 상황에 처할 것이다. 그래서 그는 위험을 무릅쓰고 기문에 주둔했다. 증국번이 이렇게 죽음을 두려워하지 않았던 것에 비해 이홍장은 현실에 타협하는 경향이 강했으므로 모험이나 도전을 좋아하지 않았다. 하지만 이런 도전정신이 있었기에 증국번은 수많은 선구적 업적을 남겼고, 이홍장을 비롯한 많은 인재들이 그를 따랐을 것이다.

안경은 장강 상류로 이어지는 남경의 문호다. 따라서 상군이 안경을 포위하면 태평천국군은 당연히 안경을 구하기 위해 온 힘을 다할 터였다. 바로 이것이 상군이 의도하는 바였다. 증국번이 기문현을 비롯한 안휘 남부 산지를 주시한 이유는 이곳이 안휘 남부에서 활약하고 있는 태평천국군의 주요 길목이었기 때문이다. 이곳에서 이수성, 이세현(李世賢), 양보청(楊輔淸), 황문금 등 태평천국 주력부대를 이끄는 맹장들을 모두 만날 수 있었다.

죽음은 누구에게나 두려운 것

증국번은 먼저 장강 수로로 이동한 뒤 다시 육로를 이용해 기문현에 도착했다. 이때 증국번이 이끄는 군대는 3,000명으로 보충부대 규모에 불과했다. 원래 계획으로는 1만 3,000명이 기문현에 모일 계획이었다. 그러나 장운란 부대 4,000명이 기문에 도착한 지 나흘 만에 급보를 받고 영국부를 구하러 떠났다. 또 포초 부대 6,000명은 포초의 고향 사천을 지나던 중 삼협(三峽) 홍수를 만나는 바람에 약속한 기한이 한참이 지나도록 도착하지 않았다. 이렇게 해서 결국 증국번 부대 3,000명만이 기문을 지키게 된 것이다.

증국번이 기문에 주둔한 지 반달이 지난 어느 날, 양보청이 영국부를 점령했고, 혼전 중에 영국부 수비대장과 호남 제독 주천수가 전사했다는 소식이 전해졌다. 다시 3일 후, 이세현이 황산 일대 휘주부를 점령했다. 영국부는 휘주부 동북쪽 120km 거리에 있었고, 기문은 휘주부 서쪽 60km 거리에 있었다. 영국부에 이어 휘주부까지 함락되었다는 소식이 전해지자 천하의 증국번도 불안과 초조를 감출 수 없었다. 태평천국군이 하루면 닿을 거리까지 근접해왔으니 이제 생사여부마저 불투명했다.

적의 대군이 코앞에 나타나 제정신이 아닌 이때, 보급로마저 끊겨 상황은 점점 최악으로 변해갔다. 그러나 고난과 위기는 여기서 그치지 않았다. 황제가 위험에 빠졌으니 당장 북경으로 지원군을 보내라는 조정의 급보가 전해졌다. 영-프 연합군이 북경을 공격해 원명원이 불타고 황제가 열하로 도망치는 사건이 일어난 것이 바로 이즈음이었다. 하지만 당장 내 목숨도 지키지 못할 판국인데, 무슨 수로 북경에 지원군을 보낸단 말인가? 적이 바로 코앞에서 내 목에 칼날을 겨누고 있는데, 황제 명령도 어길 수 없으니 도대체 어떻게 해야 한단 말인가? 죽음은 두렵지 않지만 불충과 매국노의 오명은 절대 용납할 수 없었다. 증국번은 급히 막료 회의를 소집해 이 문제를 상의했다. 대부분의 막료들은 생각해보지도 않고 당장 황제를 구하러 달려가야 한다고 주장했다. 단 한 사람, 이홍장만이 경솔하게 움직이지 말고 일단 지금 상황을 유지하면서 황제의 다음 명령을 기다려야 한다고 말했다. 이홍장은 영-프 연합군은 청나라를 무너뜨리려는 것이 아니라 단지 재물을 원하는 것이므로 성급하게 군대를 움직이면 헛걸음을 할 확률이 높다고 생각했다. 그래서 일단 현재 군대 배치를 유지하면서 상황 변화에 따라 유연하게 대처하는 것이 현명하다고 판단했다.

증국번은 이홍장의 의견을 받아들여 당장 함풍제에게 답신을 보냈다. "지원군을 보내 황제와 북경을 지키는 일은 두말 할 것 없이 신의 의무이자 책임입니다. 다만 북경 지원군을 증국번이 지휘할지 호림익이 지휘할지 황제께서 직접 지목해주십시오." 황제에게 중요한 선택을 맡기는 것처럼 보이지만, 사실 내용이나 선택은 조금도 중요하지 않았다. 이 편지의 목적은 오로지 최대한 시간을 끄는 것이었다. 당시 교통 여건상 안휘에서 북경까지 편지가 왕래하려면 최소한 한 달이 소요되었다. 한 달이면 분명이 상황이 달라질 터였다. 증국번과 이홍장의 예상이 적중했다. 한 달 후, 조정으로부터 영국, 프랑스와 강화조약을 맺었으니 지원군을 보낼 필요가 없다는 서신을 받았다.

다행히 황제 문제는 잘 해결되었지만 증국번 부대는 더 큰 위기에 빠졌다. 이수성의 주력부대가 드디어 기문현 분지에 진입한 것이다. 태평천국군은 양잔현(羊棧嶺)을 내려와 먼저 이현(黟縣)을 점령했다. 이제 태평천국군과 증국번 부대와의 거리는 20여 킬로로 하루 안에 양군의 운명이 결정될 상황이었다. 양군 사이에는 특별히 요새로 이용할 만한 지형이나 시설이 없었던 터라 증국번 부대는 그야말로 바람 앞에 놓인 등잔불이었다. 이수성 부대가 이현을 점령하기 일주일 전, 증국번은 사태를 파악하기 위해 직접 양잔현에 올라가보았지만 짙은 안개 때문에 아무것도 볼 수 없었다. 다음 날, 다시 동림령(桐林嶺)에 올라가던 중 폭설을 만나 봉우리에는 올라가보지도 못했다. 모든 상황이 증국번에게 매우 불리했지만, 단 하나 그에게 유리한 것이 있었다. 이수성의 정보력이 형편없었다는 사실이다. 나중에 남경이 함락된 후 포로로 잡힌 이수성은 당시 기문에 증국번이 겨우 병사 3,000명과 주둔했다는 사실을 알고 땅을 치며 안타까워했다고 한다. 그때 증국번이 코앞에 있다는 사실을 알았다면 위험을 무릅쓰고서라도 과감하게 공격했을 것이다. 그러나 당시 이수성은 그곳에 증국번이 있는지도 몰랐고, 상군의 병력 규모도 정확히 파악하지 못했다. 그러던 중 려촌(廬村)과 백장(柏庄) 일대에서 포초에게 밀리자 휘주부로 목표를 바꾸었다. 이렇게 이수성 부대가 기문을 포기하고 둔계(屯溪)와 무원을 지나 강서에 진입하면서 증국번과 이수성 두 사람의 운명이 바뀐 것이다.

사실 증국번 부대가 기문에서 물리적으로 큰 피해를 입은 것은 아니었다. 하지만 시시각각 변화하는 상황 속에서 증국번은 엄청난 정신적 압박과 충격을 받았다. 그는 도저히 살길이 없다고 생각해 미리 유서를 작성하기도 했다. 막료들도 당황스럽기는 마찬가지였다. 미리 짐을 싸고 도망칠 준비를 하는 사람이 한둘이 아니었다. 증국번은 이 모습을 보고 매우 안타까워했다. "떠나고 싶은 사람에게는 여비를 주겠다. 이 위기가 지난 후 돌아오겠다면 언제든 환영한다." 막료들은 이 말을 들으니 차마 떠날 수 없었다. 여기에 함풍제의 지원군 파병 명령과 함께 포초가 휴녕(休寧)에서 이수성을 이길 수 있을까 하는 걱정으로 그는 한시도 마음 편할 날이 없었다. 도저히 희망이 보이지 않는 상황이었지만, 그는 병사들을 안심시키기 위해 최대한 평소처럼 대범한 태도, 태연하고 침착한 태도를 유지했다. 당장 취할 수 있는 방법이 없었으므로 일단 수비에 집중하면서 지원병을 기다렸다.

이즈음 그는 함풍제에게 보내는 보고서에 이렇게 적었다. '이곳은 병력이 크게 부족하지만 군영이 튼튼하므로 아직은 문제없습니다.' 그리고 증국전에게 보내는 편지에 이렇게 적었다. "지금 나는 오로지 수비 전략 연구에 몰두하고 있다. 만약 일이 잘못되더라도 끝까지 굳은 의지를 보여주겠다. 절대 도망치지 않을 것이다. 다만 지난 50년을 돌이켜보니 학문적으로 아무런 성과를 얻지 못한 것이 정말 한스럽구나. 그것 말고 다른 여한은 없다." 이것을 보아 증국번은 이미 죽음을 피할 수 없는 현실로 받아들였음을 알 수 있다. 앞일을 전혀 예측할 수 없는 매우 절망적인 상황이었다.

죽음은 언제든 누구에게나 두려운 것이다. 증국번도 인간인 이상 예외일 수 없었다. 그가 모든 것을 포기할 즈음 포초가 이수성 부대를 제압하고 증국번을 구하러 달려왔다. 포초는 증국번 부대 3,000명의 생명의 은인이었다. 병사들은 환호하며 포초를 향해 달려나갔고, 증국번은 애써 침착한 표정을 유지하며 그를 맞이했다. 포초는 멀리 서 있는 증국번을 보고 즉시 말에서 내렸다. 그는 증국번 앞에 무릎을 꿇고 예를 취했다. 증국번은 한 걸음 앞으로 나와 포초를 일으키며 말했다. "그대를 다시 보게 될 거라고는 생각도 못했네!" 이 순간 그는 참고 참았던 감정이 복받쳐올라 눈물까지 흘렸다. 그러나 이 시기 증국번의 일기에서는 불안해하는 그의 모습을 조금도 찾아볼 수 없다. 그는 매일 바둑을 두고 고문을 읽으며 편안하게 지냈다고 적었을 뿐이다.

태평천국군은 안휘 남부 대부분을 점령한 후, 휘주에 주둔하면서 기문을 노렸다. 증국번은 포초에게 어정(漁亭)을 지키게 하고, 장운란은 이현에 배치해 기문 군영의 정면을 수비하게 했다. 태평천국군은 산을 등지고 아래로 분지를 공격하는 형세였기 때문에 공격과 수비 모든 면에서 유리했다. 반면 상군은 평지를 등지고 위에서 내려오는 적을 맞이해야 했기 때문에 지형적으로 훨씬 불리한 상황이었다. 더구나 병력 규모에서도 상군이 열세였으므로 증국번에게는 거의 희망이 없었다.

한겨울 강풍이 몰아치던 어느 날, 태평천국의 맹장 황문금이 군대 2만을 이끌고 강서 경덕현을 공격했다. 이곳은 증국번 부대의 보급로이자 기문과 외부를 연결해주는 유일한 통로였다. 기문에서 도망칠 수 있는 유일한 탈출구를 태평천국군에게 빼앗기면 증국번 부대는 앉아서 죽음을 기다릴 수밖에 없게 된다.

증국번은 즉시 경덕현으로 군대를 보냈다. 황문금이 전투 중 부상을 입자 태평천국군은 일단 경덕현을 포기하고 물러섰다. 황문금이 아무리 맹장이라도 포초와 좌종당을 동시에 상대하기는 힘들었을 것이다. 어떻든 상군에게는 큰 행운이었다. 이번 전투에서 증국번 부대는 별다른 피해가 없었고 다행히 보급로도 지켰지만, 증국번의 정신적 압박은 날로 심각해졌다. 당시 증국번의 일기를 보면 그가 강서 보급로에 얼마나 신경을 쓰고 있었는지 알 수 있다. 경덕현은 상군에게 밥줄이나 마찬가지였다. 때문에 그는 하루 종일 불안하고 초조해하며 잠도 제대로 이루지 못했다. 그는 신경쇠약으로 심신이 피폐해져 예전의 당당하고 침착한 모습은 전혀 찾아볼 수 없었다. '하루 온종일 장맛비가 그치지 않으니, 마음이 울적하기 그지없다. 아무 일도 손에 잡히지 않는다. 경덕현이 막히면 바깥세상과 통할 수 없다. 좌종당이 자칫 잘못되지 않을까 잠시도 마음을 놓을 수 없다.' 이즈음 그의 일기에는 온통 기문 군영의 퇴로에 대한 걱정뿐이었다.

이듬해 1월, 구정을 앞두고 태평천국군이 다시 기문 군영을 위협해왔다. 대적령(大赤嶺)을 넘어온 태평천국군은 상군 방어선을 뚫고 역구(歷口)로 진입했다. 역구는 기문에서 서쪽으로 15km 떨어진 교통의 요지로서 기문 군영의 후방 기지에 해당했다. 증국번은 서둘러 포초를 역구로 보냈다. 이날 밤 증국번은 "밤새 잠을 이루지 못했다. 밤새 비바람이 세차게 불어댔다. 두세 번 하늘을 보았는데 칠흑 같은 어둠에 처량함이 더해져 이상한 느낌이 들었다"고 했다. 이때 태평천국군은 기문 군영에서 7km 떨어진 거리까지 근접했다. 적이 코앞에 들이닥치자 기문 군영은 큰 혼란에 빠졌다. 일부 병사들은 벌써 짐을 챙겨 달아날 준비를 하고 있었다. 그러나 석문교(石門橋)에서 상군이 기적적인 반격을 가하면서 태평천국군을 다시 10km 밖으로 쫓아냈다. 태평천국군이 역구로 물러난 후, 군영을 정리하던 상군은 태평천국군 시체 186구를 수습했다.

매우 위험한 순간이었지만 이번에도 행운이 따라 큰 피해 없이 태평천국군을 막아냈다. 그러나 증국번은 점점 더 정신이 혼미해졌다. 특히 호림익의 병이 깊다는 소식을 전해들었을 때는 속이 타들어가는 것 같았다. 그리고 얼마 뒤 그 자신도 이틀 넘게 각혈을 쏟아냈다. 특별히 다른 증상이나 문제가 없는 것으로 보아 정신적인 압박이 원인이었을 것이다.

필사의 신념이 '나'를 구한다

한 달 후, 태평천국군이 다시 거근령(欅根嶺)에서 역구로 이동했다. 증국번은 이번에도 속이 새까맣게 타들어갔다. 그러나 이들은 이번에도 상군 수비선을 뚫지 못하고 3일 만에 역구로 되돌아갔다. 이날 증국번의 일기를 보면, 증국번 친위부대의 개인 시종들까지 모두 전투에 참여했다고 한다. 그만큼 상황이 매우 급박했음을 알 수 있다. 그는 자신도 적군 열 명을 직접 죽였다고 기록하면서 적들이 매우 나약하고 실력 없는 오합지졸이었다고 적었다. 결국 증국번이 기문 위기를 넘길 수 있었던 것은 태평천국군의 전투력이 형편없었기 때문이었다.

태평천국군이 끊임없이 기문 군영을 공격하면서 증국번은 한시도 마음을 놓지 못하고 항상 극도의 긴장 상태로 지내야 했다. 특히 경덕현은 기문 군영의 유일한 퇴로였으므로, 이곳이 공격당했을 때 가장 정신적으로 힘들었다. 원래 증국번은 장강 전함으로 군영을 옮길 생각이었지만 경덕현이 공격당하면서 미처 후퇴하지 못했던 것이다.

얼마 뒤 동쪽으로 눈을 돌려 휘주부를 되찾아 절강 보급로를 확보했다. 이제야 기문은 위기에서 벗어나 동쪽 절강과 서쪽 강서를 확실히 연결해주었다. 이로써 상군은 안휘 남부를 장악하고 상황을 주도할 수 있게 되었다.

증국번이 휘주부를 공격하기 직전, 태평천국군이 경덕현을 점령하면서 강서로 이어지는 퇴로가 막혔다. 동쪽 휘주에는 여전히 태평천국군이 주둔하고 있었고 서쪽 경덕현 퇴로가 막혔으니, 삼면이 높은 산으로 둘러싸인 분지 안에 앞뒤로 적을 둔 상황이었다. 증국번이 가장 우려하던 일이 현실이 되고 말았다. 보급로가 끊기고 외부와의 연락이 완전히 끊겨 지원병을 요청할 수도 없었다. 이 작은 분지는 그야말로 죽음의 땅으로 변해버렸다.

유일한 희망은 동쪽의 휘주를 점령하고 기문 군영을 휴녕으로 옮긴 후 절강에 연락을 취하는 것이었다. 그러나 태평천국군은 휘주부를 점령한 후 수비군을 증원한 상태였기 때문에 이 방법은 거의 가능성이 없었다. 부하들도 모두 휘주부 공격에 반대하고 기문 군영으로 돌아가야 한다고 주장했다. 증국번은 심란하고 복잡한 마음으로 밤새 다시 심사숙고했다. 그러나 결론은 역시 휘주부 공격이었다.

이 전투에는 증국번 자신과 가문의 운명이 걸려 있었던 터라 절대 소홀할 수 없었다. 1861년(함풍 11년) 3월 5일 증국번의 일기 내용이다. '무릇 이번 전투는 아주 중요하다. 휘주를 점령하면 기문, 이현, 휴녕에 식량을 공급할 수 있다. 하지만 휘주를 얻지 못하면 기문, 이현, 휴녕 모두 희망이 없다. 이것이 가장 걱정되는 부분이다. 밤새도록 한 숨도 자지 못했고, 입이 마르고 속이 새까맣게 타들어가는 기분이었다. 삶의 기쁨도 죽음의 슬픔도 느낄 수 없었다.'

그는 휘주 공격에 만전을 기하기 위해 직접 철저하게 주변 조사에 나섰다. 휴녕 성벽 동문에서 말을 타고 남문 방향으로 돌아보니 둘레가 약 6km였다. 그는 이 정도면 충분히 가능성 있다고 생각했다. 상군은 본래 체계적인 군사훈련을 거쳐 전투력이 뛰어난 편이었지만, 태평천국군에게 몇 차례 패하면서 사기가 떨어졌다. 휘주부 공격에서도 세 번 연속 실패했다. 세 번째 공격이 실패한 날에는 밤중에 태평천국군의 기습으로 큰 타격을 입고 휴녕으로 후퇴했다. 새벽 2시에 보고를 받은 증국번은 날이 샐 때까지 계속 정찰병을 보내 상황을 파악하려 했지만 좀처럼 정확한 상황을 알기 힘들었다. 대략 오전 8시쯤이 되어서야 4개 부대가 안전하게 돌아왔고, 8개 부대는 절반 이상의 병사를 잃은 채 처참한 모습으로 돌아왔다. 정오가 되어서야 흩어졌던 병사들이 모두 돌아왔는데 희생자가 100명이 넘었고 무기손실도 컸다.

휘주부를 차지하지 못하면 희망이 없었다. "하늘의 뜻이 무엇인지 알 수가 없구나." 증국번은 긴 한숨을 내쉬었다. 바로 이날 밤 그는 두 아들에게 편지를 썼는데, 내용으로 볼 때 유언장이나 다름없었다. 이 편지에는 절망적이고 처참한 그의 마음이 고스란히 드러나 있다. 당시 그의 마음을 느껴보기 위해 편지 전문을 실어본다.

기택, 기홍(紀鴻) 보거라

지난 2월 23일 편지 잘 받아보았다. 집안이 두루 평안하다니 정말 다행이다. 나는 지난 3일에 휴녕현에서 경덕현을 잃었다는 소식을 들었다. 그래서 4일에 집으로 보내는 편지를 써서 아홉째 숙부에게 전해달라고 부탁했다. 대략 이곳 상황이 매우 위급해 오래 버티지 못할 것 같다는 내용이었다. 그러나 아직까지는 휘주 공격에 전력을 다하고 있다. 휘주를 얻으면 살길이 열릴 것이다.

5일, 강중(强中), 상전(湘前) 부대가 서문에서 벌어진 전투에서 패했다. 12일에 다시 진격했으나 적들이 응하지 않았다. 그날 새벽, 적군의 기습으로 강중, 상전 부대가 거의 와해되었다. 총 22개 군영 중 8개 군영(강중 부대 3개 군영, 노상老湘 부대 3개 군영, 상전 부대 1개 군영, 진자震字 부대 1개 군영)이 큰 타격을 입었고, 다행히 14개 군영(노상 부대 6개 군영, 정霆 부대 3개 군영, 예禮 부대 2개 군영, 친병 부대 1개 군영, 봉峰 부대 2개 군영)은 모두 무사했다. 이날 상황은 1854년(함풍 4년) 12월 12일 밤에 호구 수군이 기습당했을 때와 비슷했다.

기습을 당하긴 했지만 피해를 입지 않은 군영이 더 많아 큰 문제는 없다. 타격이 전혀 없는 것은 아니지만 이번 일 자체가 전체 병력에 영향을 끼칠 정도는 아니다. 하지만 지금까지의 상황으로 볼 때 결코 쉽게 넘길 수 없는 일이다. 사면이 단단히 가로막혀 지원군과 보급이 모두 끊긴 상황에서 당한 기습이라 병사들이 많이 동요하고 있다. 지금 유일한 희망은 좌종당과 포초뿐이다. 좌종당 부대가 경덕현과 악평(樂平)의 적을 물리치고, 포초 부대가 호구 전선을 뚫고 달려와준다면 숨통이 트일 것이다. 그 외 상황은 전혀 상상할 수 없다.

나는 군대에 몸담은 후로, 어떤 위기가 닥쳐도 목숨을 바쳐서라도 목표를 이루겠다는 뜻을 꺾은 적이 없었다. 잠시 고향에서 요양할 때도 언제 어떻게 상황이 바뀔지 몰라 늘 촉각을 곤두세우고 있었다. 혹시라도 내 뜻과 달리 세상과의 약속을 지키지 못하게 될까봐 여간 걱정되는 것이 아니었다. 그래서 다시 일어나 군대에 돌아오면서 의지를 더욱 강하게 다졌다. 만약 이번에 이 위기를 넘기지 못하게 되더라도 여한은 없다. 보잘것없는 집안에서 태어나 일품 관직에까지 오르고 나이 오십이 넘다보니 어떻게 조금 이름이 알려졌고, 황공하게도 병권과 함께 많은 것을 얻었으니 어찌 여한이 있을 수 있겠느냐!

다만 고문과 시, 이 두 가지는 열심히 노력하고 깊이 연구했지만, 여전히 내세울 것 없고 일가를 이루기엔 아직 멀었다. 특히 고문은 조금 더 깊은 연구가 필요한데, 이렇게 갑자기 죽어버리면 그동안 심혈을 기울인 것이 물거품이 될 터이니 정말 아쉽구나. 글쓰기는 그동안 별로 열심히 하지 않다가 최근에야 다시 시작했다. 이 세 가지에서 성과를 얻지 못한 것이 마음에 걸리는구나. 나는 본래 군대 지휘에는 소질이 없다. 군사에는 기재(奇才)가 중요한데 나는 너무 평범하다. 군사에는 속임수가 중요한데 나는 너무 정직하다. 그러니 내가 어떻게 적들을 제압하겠느냐? 이전에 몇 번 승리한 것은 운이 좋았던 것뿐이니 더 이상 바란다면 욕심이 아니겠느냐?

너희들은 나중에라도 절대 군사에 가까이하지 마라. 이 일은 공을 세우기는 어렵고 쉽게 비난받는 일이라 후세에 길이 오명을 남길 수 있다. 나는 오랜 세월 군대를 지휘하는 동안 하루하루가 바늘방석이었다. 하지만 하늘과 양심에 부끄럽지 않도록 백성을 위하는 마음을 잠시도 저버리지 않았다. 그러나 최근 들어 여러 가지 힘든 일을 겪으면서 군사가 얼마나 힘든 일인지 뼈저리게 느꼈다. 너희들은 오로지 학문에 매진하고 절대 군대에 몸담거나 관리가 될 생각은 하지 마라.

나는 제자들에게 항상 여덟 가지 기본과 세 가지 치상(致祥)[109]을 강조했다. 먼저 여덟 가지 기본에 대해 정리해보자. 첫째, 고문을 읽을 때는 훈고(訓詁)를 기본으로 한다. 둘째, 시문을 지을 때는 성조를 기본으로 한다. 셋째,

부모를 모실 때는 기쁜 마음을 기본으로 한다. 넷째, 양생(養生)에는 화를 적게 내는 것이 기본이다. 다섯째, 사회적인 성공을 위해서는 경거망동하지 않는 것이 기본이다. 여섯째, 집안을 다스릴 때는 아침에 일찍 일어나는 것이 기본이다. 일곱째, 관리는 돈 욕심을 버리는 것이 기본이다. 여덟째, 군사에서는 백성을 보호하는 것이 기본이다. 세 가지 치상이란 효, 근면, 관대함이다. 나의 아버지는 '효'를 가장 중시하셨고, 할아버지는 여덟 가지 가르침과 함께 세 가지 맹신하지 말아야 할 것을 강조하셨다. 여덟 가지 가르침이란 조상을 받들고, 주변 사람과 화목하고, 일찍 일어나고, 청결을 유지하고, 독서를 게을리하지 말며, 직접 채소를 기르고, 물고기를 기르고, 가축을 기르라는 것이다. 그리고 승려와 무당, 지선(地仙), 의술과 약재를 맹신하지 말라고 하셨다.

이렇게 혼란한 세상에서는 돈이 적을수록 화를 피할 수 있고, 몸이 적게 쓰여야 오랫동안 복을 누릴 수 있다. 너희 형제는 앞으로 어머니를 잘 봉양하고, 항상 노력하고 검소한 자세를 잃지 말아야 한다. 내가 군사위기에 처해 보니 이 두 가지가 가장 중요한 것 같구나. 이제 달리 할 말이 없다. 너희들은 이 내용을 다른 숙부와 네 어머니에게 전해 잊지 않도록 해라.

이 편지에서 주목할 것은 세 가지다. 먼저, 유일한 희망인 휘주부 공격에 실패한 후 상군의 상황이 더욱 열악해졌다는 점이다. 사방이 높은 산과 적으로 가로막혀 보급마저 끊긴 지 오래였기 때문에 오로지 외부 지원을 바랄 수밖에 없는 상황이었다. 좌종당이 경덕현을 탈환하거나 포초가 호구 전선을 뚫고 그들을 구하러 오지 않는 한 다른 희망은 없었다. 다음은 증국번이 관운이 형통해 높은 관직에 올랐으나 고문, 시, 서법에서 성과를 이루지 못한 것을 아쉬워한 점이다. 마지막으로 그는 아들들에게 군사나 관직에 몸담지 말고 오로지 학문에 매진할 것을 당부했다. 그는 스스로 군사에 재능이 없음을 인정하며 '군사에는 기재가 중요한데 나는 너무 평범하다. 군사에는 속임수가 중요한데 나는 너무 정직하다'라고 말했다. 그리고 기본적인 가르침과 치상 등에 대해 자세히 언급하며 난세에 지켜야 할 처세법으로 삼도록 했다.

그로부터 4일 후, 좌종당이 경덕현에서 승리했다는 소식이 전해졌다. 증국번은 그제야 불안한 마음을 내려놓고 다시 기문 군영으로 돌아갔다. 이즈음 제운산을 지나던 날 쓴 일기를 보면 당시 그가 좌종당의 승전보에 얼마나 기뻐했는지 잘 알 수 있다.

증국번은 기문에서 위기를 겪은 후로 시도 때도 없이 심장이 두근거리고 밤에는 악몽에 시달리느라 잠을 이루지 못해 한시도 마음 편히 지내지 못했다. 그 자신도 "요즘 내가 간이 콩알만해졌다"라고 말할 정도였다. 그가 휘주부 공격에 실패했을 때, 증국전이 그에게 빨리 장강 전함으로 철수하라는 편지를 보내오자 이에 증국번이 답했다. "글이 너무 간절하고 정성스러워 차마 끝까지 읽을 수가 없구나. 옛사람들이 말하길, 「출사표」를 읽고 감동받지 않으면 불충한 사람이고, 「진정표(陳情表)」[110]를 읽고 감동하지 않으면 불효한 사람이라고 했다. 내가 동생의 편지를 읽고 감동하지 않으면 동기간의 우애를 모르는 사람일 것이다." 그러나 안타깝게도 증국전의 감동적인 편지 내용을 확인할 길이 없다.

증국번은 더 이상 영웅이나 대장부의 기개에 얽매이지 않고 분위기를 타고 움직이기로 결심했다. 그래서 경덕현의 상황이 호전된 틈을 타, 드디어 기문을 떠났다. 곧이어 장강 전함으로 군영을 옮기고 수군을 거느리며 태평천국군의 위협에서 완전히 벗어났다. 증국번의 기문 고립은 1860년(함풍 10년) 6월 11일에서 1861년 3월 27일까지 무려 9개월 반가량 지속되었다. 이 기간은 그의 인생을 통틀어 가장 힘들고 두려운 시간이었지만 그는 필사의 신념으로 꿋꿋이 버텨냈다. 이후로 그는 두 번 다시 직접 전선에 나서지 않았다.

한편 태평천국군은 이상의 내용을 전혀 몰랐기 때문에 증국번을 잡을 수 있는 절호의 기회를 놓쳤다. 태평천국군의 가장 큰 문제는 정보력이 아주 약했다는 점이다. 그들은 증국번이 기문에 있는 것은 물론 그의 병력이 3,000명뿐이라는 사실도 몰랐다. 태평천국군의 두 번째 문제는 지휘체계가 통일되지 못했다는 점이다. 당시 이들에겐 안경을 구한다는 공동 목적이 있었지만, 장강 남부에서 강서까지 이동하는 동안 각 부대가 개별적으로 움직였다. 전체적으로 체계와 틀을 갖춘 일관된 전략이나 노선이 전혀 없었다.

증국번이 걱정했던 것도 태평천국군이 어떻게 움직일지 도무지 알 수 없다는 것이었다. 하지만 증국번의 걱정과 스트레스의 절반 이상은 그의 과민한 성격 때문이었다. 태평천국군이 총 다섯 번 기문을 공격하는 동안 증국번은 몇 번이나 생사의 기로에 서야 했다. 하지만 태평천국군의 공격은 모두 미리 계획된 것이 아니라 그냥 지나가는 비처럼 혹은 나그네처럼 발걸음 가는 대로 움직인 결과였을 뿐이었다. 어떤 목표를 두고 공격한 것이 아니었다. 당연히 증국번을 목표로 한 것도 아니었으니 그렇게까지 걱정할 필요는 없었다. 그가 비록 위기에 민감하게 반응하기는 했지만, 죽음을 두려워하지 않는 용기 덕분에 결국 대업을 이루고 길이 이름을 남길 수 있었을 것이다.

성공 인물의 처세력 ⑪
긍정적으로 평상심을 유지하라

대업을 이루려면 당연히 용기가 필요하다. 하지만 생명의 위협과 두려움을 떨쳐내기는 쉽지 않다. 병법 중에 '용감용탐(用憨用貪)'이란 죽음을 두려워하지 않는 어리석은 자와 탐욕스러운 자를 이용한다는 말이다. 전쟁에서 죽음을 두려워하지 않는다면 그만큼 승리할 확률이 높다. '무식하면 용감하다', 혹은 '간이 부었다'라고 말하지만, 이들의 용기는 대업을 이루는 데 큰 힘이 된다. 이들의 용기는 정말 어리석음에서 비롯되는 것일까? 이들은 정말 죽음이 두렵지 않은 걸까? 도대체 이들의 용기는 어디에서 나오는 걸까?

모택동은 정강산(井岡山)에서 군대를 이끌 때, 첫 전투에서는 승리했지만 두 번째, 세 번째 전투에서 연달아 패했다. 그는 너무 괴롭고 참담해서 앞으로 어떻게 해야 할지 갈피를 잡을 수 없었다. 한참 생각에 잠겨 있던 그는 이렇게 가만히 앉아 있어서는 안 되겠다는 생각에 무조건 밖으로 나갔다. 산 고개를 따라 길을 내려가면서, 그는 문득 이 계곡이 매복하기에 좋은 조건이라는 생각이 들었다. 이렇게 해서 탄생한 것이 바로 모택동의 16자 전법 유격 전술이다. '적이 다가오면 우리는 후퇴한다. 적이 후퇴하면 우리는 그들을 추격한다. 적이 휴식을 취하면 우리는 그들을 괴롭힌다. 적이 피곤해지면 우리는 그들을 공격한다.'[111]

이것은 아주 우연한 결과였다. 이후 모택동 부대에는 지휘관이 직접 지형을 조사하고 분석하는 풍토가 정착되었다. 이것은 지형의 이점을 전투에 최대한 이용함으로써 병력의 열세를 극복하기 위해서였다. 임표(林彪)가 지휘한 평형관(平型關) 전투와 팽덕회(彭德懷)가 지휘한 청화폄(靑化貶) 전투는 지형의 이

점을 최대한 이용해 매복 전술로 큰 승리를 얻은 대표적인 예다. 지형을 정확히 분석하고 이용함으로써 승리에 대한 자신감과 의지를 높일 수 있고, 자신감이 강해지면 자연스럽게 용기가 생긴다. 용기는 이렇게 생기는 것이다.

두려움은 전쟁이 없는 평화로운 때에도 항상 존재한다. 일상 중에 흔히 스트레스나 시련을 겪을 때 느끼는 심리적 부담, 신체 고통이나 질병에 대한 두려움, 이런저런 걱정, 고민, 갈등, 우유부단한 태도, 시간을 끌며 일을 뒤로 미루는 태도 등도 모두 일종의 두려움으로 볼 수 있다. 이것은 위험하고 무섭고 어려운 일을 앞에 두고 불리한 상황에 놓였을 때 나타나는 자연스러운 심리 반응이다. 공포와 걱정은 겁쟁이들의 전유물이 아니므로 폄하의 의미는 없다. 찬바람을 맞으면 팔에 닭살이 돋는 것처럼 위기의 순간에 나타나는 지극히 자연스럽고 정상적인 심리 반응이다. 자다가 악몽을 꾸지 않을까 걱정하고 예상치 못한 일이 닥치지 않을까 걱정하는 것은 지극히 자연스러운 반응이고, 조금만 노력하면 긍정적인 생각으로 충분히 억제할 수 있다.

이렇게 긍정적인 생각을 적극적으로 발전시켜 일관된 형식의 심리 체계를 만들면, 이것이 바로 용기다. 먼저 용기의 사전적 의미를 살펴보면, 『현대한어사전(現代漢語辭詞典)』에서는 '위험을 무서워하지 않는 정신'이라고 풀이하고 있다. 『웹스터사전』에서는 'courage'를 '사람을 고난과 위험에 맞설 수 있게 해주는 심리적인 에너지'라고 정의했다. 이 두 가지를 종합해볼 때 용기는 일종의 심리적인 혹은 정신적인 에너지로 볼 수 있다.

심리적 에너지나 정신적 에너지는 인간의 의지로 충분히 제어할 수 있다. 꾸준히 자신을 독려해 모험에 도전하고 생명의 위협이나 모든 것을 희생해야 하는 고난에 맞서다보면 다른 사람들보다 훨씬 강한 용기를 키울 수 있다. 용기는 두려움과 상대적인 의미지만 그 뿌리는 같다고 할 수 있다. 두려움도 용기도 모두 마음에서 비롯되기 때문이다. 일종의 심리 체인지 놀이를 상상해보라. 심리

에너지 A로 심리 에너지 B를 대체한다. 긍정적인 심리 에너지 A로 부정적인 심리 에너지 B를 억제하고 소멸시키는 것이다.

위험에 처했을 때 가장 먼저 떠오르는 심리는 두려움이다. 그리고 사람에 따라 두려움을 억제하는 심리 에너지를 뿜어내는데, 이것이 바로 용기다. 용기는 타고나는 것이 아니라 인류가 외부 환경과 끊임없이 투쟁하는 과정에서 의식적으로 발전시켜온 심리 에너지다. 보통사람들의 경우 일생 동안 수많은 경험을 통해 용기를 기른다. 용기를 기르는 가장 보편적인 방법으로 꾸준한 신체 단련이 있다. 지속적인 자기암시를 통해 용기를 키우는 것도 매우 효과적인 방법이다.

그렇다면 용기는 유전과는 아무 상관이 없을까? 만약 관련이 있다면 신체 조건이 좋은 사람이 위험에 처했을 때 조금 덜 긴장하고, 침착하게 강한 의지를 유지할 수 있다고 볼 수 있다. 그렇다면 역사상 위인이나 성공한 사람들은 모두 신체 건장한 사람이어야 한다. 하지만 현실은 전혀 그렇지 않다. 물론 심리 유전 인자와 신체 유전 인자는 다르다. 그렇다면 그들의 부모나 조부모가 보통 이상의 용기를 가진 사람들이어야 한다. 하지만 유감스럽게도 그들 배경을 종합해볼 때 이런 특징이나 규칙은 전혀 찾아볼 수 없다.

만약 유전적인 부분에 어떤 공통점이나 규칙이 있었다면 전쟁 역사도 달라져야 할 것이다. 그러나 실제로 전쟁사를 보면 가장 죽음을 두려워하지 않는 사람들은 사회 하층민들이었다. 이것은 앞에서 언급한 '무식한 용기'에 해당하는데, 이것 역시 유전과는 거리가 멀다. 이들은 불우한 시대 및 사회 배경 때문에 궁지에 몰려 어쩔 수 없이 목숨 걸고 투쟁에 참여한 사람들이다.

양재복의 수군 병사들은 맨몸으로 뱃머리에 서서 빗발치는 총알을 아랑곳하지 않고 조금도 두려운 기색 없이 태평천국군을 막아냈다. 이것은 전쟁 중에 드러나는 가장 대표적인 용기의 표현이다. 물론 처음엔 그들도 총알이 무서워서 뱃머리에 그물, 소가죽, 물에 적신 솜 등을 걸어두곤 했다. 하지만 이것이 총알을 막는 데 아무런 효과가 없자 아예 다 걷어치우고 맨몸으로 뱃머리에 섰다. 생사 운명을 하늘에 맡긴 것이다.

이들이 목숨을 걸고 투쟁에 나선 것은 타고난 용기 덕분이 아니라 현실적인 상황 때문이었다. 만약 그들에게 잃을 것이 남아 있었다면 죽음이 두려웠을 것이다. 이처럼 앞뒤 가리지 않고 덤벼드는 용기도 있지만, 또 한편으로 정확한 통계와 수치가 용기를 더해주기도 한다.

어떤 사람들은 일을 진행하거나 선택해야 할 때, 먼저 현재 상황을 통해 성공 가능성과 잠재된 위험 요소를 파악한다. 그리고 성공을 향해 조심스럽게 일을 진행시킨다. 어려움이 있다는 것을 알지만 포기하거나 물러서지 않는 사람이 승리를 쟁취하는 법이다. 이것은 다른 사람 눈에는 단순히 운이 좋았기 때문이라고 보일 수도 있지만, 사실 미리 여러 가지 가능성을 충분히 고려했기 때문에 위험 발생 확률을 줄이고 피해갈 수 있었던 것이다. 혹자는 영웅이나 성공한 사람들은 예지 능력이 뛰어나다고 말하는데, 전혀 틀린 말은 아니다. 그러나 이는 투쟁을 통해 단련되고 계발된 것이지 타고난 초능력이 아니다. 또 혹자는 성공한 사람들의 용기를 '무식한 용기'라고 말하는데, 이것은 사람을 보지 않고 사건 자체만 보기 때문에 하는 말이다. 무식해서 용감하게 행동하는 것, 앞뒤 가리지 않고 덤벼드는 것으로도 종종 좋은 결과를 만들어낼 수 있다. 예를 들어 천 길 낭떠러지 절벽 길을 지나가야 할 때, 밝은 대낮이라 주변 환경을 똑똑히 볼 수 있다면 당연히 무서울 것이다. 하지만 칠흑 같은 어둠 속에 오직 길만 보이는 상황이라면 담담하게 절벽 길을 지나갈 수도 있다. 아무것도 보이지 않으니 무서울 것이 없는 것이다. 물론 다음 날 해가 뜨고 자신이 지나온 길이 똑똑히 보이는 순간 식은땀이 흐를지도 모른다.

통계 수치도 두려움을 줄이는 데 큰 효과가 있다. 통계 결과로 보면, 전쟁이 일어났을 때 전쟁터에서 죽는 병사보다 그 외 장소에서 죽는 사람이 훨씬 더 많다. 전쟁사를 살펴보면 무기를 들고 적군을 막아내야 하는 병사보다 일반 백성들의 희생이 더 컸다. 여기, 용기를 계발하는 아주 간단한 방법이 있다. 먼저 "나에게 발생할 수 있는 가장 최악의 상황은 무엇일까?"라고 자문해본다.

평형관 전투가 개시되기 전, 임표는 아군 사상자를 100~200명으로 예상했다. 이 숫자대로라면 충분히 승리할 수 있었으므로 그의 자신감도 덩달아 상승했다. 그러나 이 수치는 국민당 군대를 상대했던 경험을 기초로 한 것이었고, 지금 상대는 일본군이었기 때문에 또 다른 가능성을 염두에 두어야 했다. 여기에서 임표는 세 가지 대비책을 세웠다. 첫 번째, 국민당이 동맹을 깨뜨리거나 그들과 손발이 맞지 않을 경우 일본군을 완전히 포위할 수 없으므로 측면 공격을 준비했다. 두 번째, 일본군을 포위한 후 바로 섬멸하지 못할 경우 상대가 궁지에 몰린 쥐가 고양이를 물듯 완강한 태도로 돌변할 수 있으므로 적의 퇴로를 터준다. 세 번째, 전세가 아군에게 불리해지면 병력 손실을 막기 위해 즉시 철수한다. 그러나 전투 결과는 임표가 예상한 것과 크게 달랐다. 임표 군대의 사상자는 무려 1,500명에 달했고, 일본군 사상자는 약 1,000명이었다. 만약 임표가 애초에 아군 사상자 1,500명을 예상했다면 평형관의 자랑스러운 승리는 존재하지 않았을 것이다. 비록 그의 예상은 크게 빗나갔지만 덕분에 자신감을 얻을 수 있었으니 효과는 있었던 셈이다. 도박이나 마약처럼 모든 것을 잃는 상황이 아니라면 하늘이 무너져도 솟아날 구멍이 있는 법이다. 아니, 모든 것을 다 잃어도 상관없다. 어차피 알몸으로 태어난 인생인데 다시 처음으로 돌아가 다시 시작하면 된다.

다음으로 받아들일 수밖에 없는 것은 그냥 받아들여야 한다. 결과를 예상하면 어떤 선택을 해야 할지 알 수 있다. 물론 선택이 잘못되어 실패하더라도 결과는 거부할 수 없다. 어차피 현실을 거부할 수는 없으니 모든 것을 받아들여야 한다. 갈등하고, 화내고, 고민하고, 슬퍼하고, 방황하고, 당황해하고, 두려워한다고 해서 현실이 바뀌는 것은 아니다. 바다가 제방을 무너뜨릴 생각이라면 나 혼자 어떻게 막을 수 있겠는가? 사실을 받아들인 후 대처 방법을 찾는 데 집중하는 편이 현명하다. 고통스러워하고 아파하고 통곡하는 것은 문제 해결에 아무 도움이 되지 않는다. 일단 사실을 받아들이기로 했다면 평상심을 되찾아 불면증에 시달리는 일도 사라진다. 역사 속의 영웅이나 성공한 사람들은 모두 침착하고 냉정한 태도를 유지하기 위해 많은 노력을 기울였다.

마지막으로 침착하게 개선 방법을 찾는다. 사실을 받아들이면 평상심을 유지할 수 있다. 그럼, 이제 어떻게 해야 할까? 당연히 문제를 해결할 방법을 찾아야 한다. 가능한 모든 수단을 동원해 손실을 최소화하고 다시 재기할 방법을 모색한다. 비록 실패할 운명이었더라도, 그것이 훗날 성공을 위한 중요한 발판이 될 수 있도록 유용한 실패로 만들어야 한다. 실제로 성공한 사람들 중에는 실패 후 성공의 길을 찾은 사람들이 많다.

위의 내용에서 가장 중요한 것은 무엇보다 침착하고 냉정한 태도를 유지하는 것이다. 평상심을 유지하는 가운데 좋은 방법을 생각해낼 수 있기 때문이다.

제12장
강직함으로 큰일을 감당하라

강직함이란 자신이 옳다고 믿는 생각을 끝까지 유지하는 것.
증국번의 강직함은 하늘을 우러러 한 점 부끄럼 없는 진실한 것이었다.

증국번은 '유약무강(儒弱無剛)'이란 말이 대단히 큰 모욕이라고 생각했다. 자고로 남자가 완벽하게 자립하려면 강직한 기개가 필요한 법이다. 그는 스스로 올바른 행동을 유지하기 위한 노력에서 강인함이 시작된다고 보았다. 이렇게 강인함을 키운 덕분에 그는 황제 명령을 거부하면서도 강약을 적절히 조절해 결국 뜻한 바를 이뤄냈다. 그는 강직함을 표현하는 데서도 확실히 고수다웠다.

태평천국의 난 초기에 태평천국군은 일반 선박을 개조해 1만여 함대를 거느린 수군을 조직했다. 태평천국군 전함이 기세등등하게 장강 전체를 장악하자 청나라 관병은 육로로만 이동해야 했다. 그러다보니 강을 타고 빠르게 이동하는 태평천국군을 도저히 따라잡을 수 없었고, 멀리 태평천국군이 나타났다는 소문만 들려도 도망치기 바빴다. 이런 상황을 직접 경험한 곽숭도와 강충원은 장강 영향력을 높이기 위해 수군을 조직해야 한다고 조정에 상소를 올렸다. 함풍제는 이들의 의견을 받아들여 즉시 수군 창설을 승인했다.

이런 분위기에 힘입어 호남의 증국번도 수군 조직에 가세했다. 수군 창설에서 가장 시급한 문제는 전함이었는데, 당시 호남 사람들은 한 번도 전함을 만들어본 적이 없었다. 아무것도 모르는 상태에서 하는 일이다 보니 어려움이 많았다. 여러 가지 방법을 시도해봤지만 생각대로 되지 않았다. 특히 수백 킬로에 달하는 대포 무게를 어떻게 감당하느냐가 가장 큰 문제였다. 또한 자금이 넉넉하지 않아 이용할 수 있는 재료나 방법이 매우 제한적이었다. 처음엔 커다란 통나무를 단단히 엮고 그 위에 대포를 고정시켰다. 하지만 대포를 발사하면 그 충격으로 통나무들이 다시 뿔뿔이 흩어져버렸다.

증국번은 많은 시행착오를 겪은 후 악주 수군에서 파견된 두 전문가를 통해 함포와 전함에 대한 기본적인 정보를 얻었다. 그리고 특별히 광서에서 목재를 구입해 다시 제대로 된 전함을 만들기 시작했다.

호남성 밖에서는 태평천국군이 한창 기세를 올리며 위기 상황이 점점 고조되고 있었지만, 증국번은 대충 아무렇게나 서둘러 전함을 만들 수는 없었다. 그는 당대 최고의 전함을 만들고 싶었다. 목재 선별에서부터 신중을 기해 전함의 견고함과 내구성, 대포의 위력을 향상시키는 데 주력했다. 당시 중국에서도 독자적으로 대포를 만들 수 있었지만, 무겁기만 하고 사정거리가 짧아 살상력이 약하고 오발로 자폭하는 경우도 많았다. 중량 1,800kg에 달하는 중국제 대포보다 절반 이상 가벼운 서양 대포가 훨씬 편리하고 살상력도 강했다. 이에 증국번은 서양 대포를 최대한 많이 확보하기 위해 돈을 아끼지 않았다.

대포를 전함에 장착하는 과정도 쉽지 않았다. 서양 대포를 그들이 만든 전함에 장착하기까지 수많은 연구와 도전이 필요했다. 다행히 그의 노력은 헛되지 않았다. 이렇게 만들어진 상군의 전함은 당대 최강 화력을 자랑하는 동시에 전함 자체의 견고성과 내구성도 뛰어났다. 여기에 체계적인 훈련을 받은 수군 병사들이 투입되어 전력을 높이면서 태평천국군의 오합지졸 수군은 더 이상 장강에 발붙일 수 없게 됐다.

하지만 수군을 모집하는 과정도 순탄하지 않았다. 지금까지 주로 뭍에서 생활해온 호남 사람들은 배 위에서 먹고 자는 생활에 상당한 거부감을 느꼈다. 일반 병사를 모집하는 것보다 더 어려운 것이 그들을 지휘할 수군 장군을 찾는 일이었다. 모집 공고를 보고 찾아온 사람들은 수군이라는 말을 듣자마자 뒤돌아섰다. 후에 수군 명장으로 이름을 날린 양재복과 팽옥린도 본래 육군 장군이었다. 두 사람도 처음에는 절대 수군으로 옮기지 않겠다며 고집을 부렸다. 증국번이 온갖 당근과 채찍을 동원한 후에야 겨우 설득할 수 있었다. 처음엔 수군 전체를 통틀어 수전(水戰)의 기본을 이해하는 사람은 악주 수군에서 파견된 두 사람뿐이었다. 나머지 사람들은 수전이라는 말 자체도 들어본 적이 없었다. 훗날 수군이 증국번의 가장 큰 자랑거리가 된 이유는 바로 이렇게 많은 역경과 시련을 이겨내고 당대 최강, 최고의 수군으로 발전했기 때문이었다.

상군 수군의 시련은 여기에서 그치지 않았다. 아직 훈련이 끝나지 않은 어느 날, 갑자기 황제의 출정 명령이 떨어졌다. 증국번은 처음 수군을 조직할 때부터 1만 군대를 완벽하게 훈련시켜 강충원에게 지휘권을 넘겨주겠다고 말했었다. 그런데 두 사람이 편지를 주고받던 중 오해가 생겼고, 강충원은 정확하지 않은 상황을 황제에게 보고했다. 아직 호남에서는 전함에 대포를 장착하지 못했는데, 조정에서 출정 명령을 내린 것이다. 황제는 세 달 동안 총 세 번에 걸쳐 증국번에게 출병을 요구했다.

증국번은 난감하고 당황스러웠지만 결국 함풍제에게 정확한 뜻을 전하기로 마음먹었다. '전함과 함포를 준비하는 일은 절대 경솔하게 처리할 수 없습니다.' 복잡한 시범 과정을 거쳐야 하는데다 실력 있는 기술자가 없어 진행이 더뎠다. 처음에 만든 배는 너무 작아 장강 풍랑 속에서 중심을 잡지 못했고, 결정적으로 대포 무게를 감당하지 못했다. 많은 시행착오를 겪은 후에야 그럴듯한 전함을 만들기는 했지만, 겨우 형태만 갖추었을 뿐 아직 준비해야 할 것이 많았다. 기름칠이 아직 마르지 않아 물에 띄울 수도 없었다. 대포를 고정시키기 위해 발라놓은 석회, 모래, 진흙 반죽도 아직 덜 말라 지금 대포를 쏘면 그대로 대포가 떨어져나갈 판이었다. 여러 가지 상황을 종합해볼 때 강물에 전함을 띄우려면 최소한 한 달은 지나야 했다. '전함, 대포, 수군 훈련까지 완벽히 준비하는 데 한 달은 턱없이 부족한 시간입니다. 북쪽에서는 황제 폐하의 근심이 끊이지 않고, 동쪽에서는 안휘의 위기가 고조되고 있어 저 역시 한시도 마음 편할 날이 없습니다. 형세가 급박하지만 출병은 경솔하게 판단할 일이 아닙니다. 신의 생각으로는 내년 봄이 되어야 가능할 것입니다. 간절히 바라옵고 또 바라옵니다. 부디 소신의 진심을 헤아려주시길 바라옵니다.'

욕심이 없으면 강해진다

증국번이 감히 황제의 명령을 거부한 것은 확고한 의지와 소신이 있었기 때문이다. 당시 태평천국군은 100만 대군이라고 허풍을 떨고 있었지만 실제 병력은 20만 정도였다. 그러나 장강을 완전히 장악하고 있었기에 청나라 관병은 그들 상대가 되지 못했다. 한편 상군은 체계적이고 조직적인 훈련을 거쳐 정규군과 같은 전투력을 갖춘 덕분에 다른 무장봉기 세력과는 확실히 차별화되었다.

'비적을 소탕하고 천하를 평안하게 만들겠다'라고 결심한 이상, 가장 먼저 군사적으로 우월함을 보여주어야 했다. 증국번은 조직력과 단결력, 신식 무기를 통해 전투력을 강화해야만 태평천국군을 제압할 수 있다고 생각했다.

증국번은 상군 총책임자로서 군사훈련 외에 식량, 군복, 급여 문제에도 신경을 써야 했다. 당시 호북, 강서, 안휘 지역에서는 돈이 있어도 식량을 구할 수 없는 상황이었으므로 본격적인 출병에 앞서 호남에서 미리 곡식 2~3만 섬을 준비했다. 호남성 밖에서 장기전을 치르려면 군량 확보가 기본이었다.

증국번은 이 모든 상황을 감안해 출병에 관한 한 자신의 뜻을 굽히지 않았다. '거대한 적과 결전을 치르는데 감히 오합지졸을 모아 서둘러 출병할 수는 없습니다.' 함풍제로서는 당연히 불쾌할 수밖에 없었다. '지금 안휘성이 매우 위급해 지원군 파병이 한시가 급한 상황인데 그대는 어떻게 자기 생각만 고집하면서 그렇게 느긋할 수 있는가? 짐은 아직 그대에게 양심이 남아 있다고 생각하고 다시 한 번 서둘러 지원군을 파병할 것을 명하노라. 그런데 그대의 글을 읽으니 강남 4성의 군권을 혼자 독차지하려 하는데, 과연 그대가 그럴 능력이 있는지 묻고 싶구나. 지금 그대에게 즉시 지원군을 보낼 것을 명하노니, 빠르면 빠를수록 그대에게 좋을 것이다. 그대가 감히 스스로 중임을 감당할 수 있다고 하니 겁먹고 뒤로 물러나는 자들보다 강할 것이다. 그대 스스로 말한 것이니 지금 당장 실천하라. 짐이 지켜볼 것이다.'

함풍제가 계속해서 출병을 종용했지만 증국번은 다시 간곡하게 자신의 뜻을 전했다. 앞서 보낸 편지에서는 아직 전함이 준비되지 않아 출병할 수 없다는 이유를 들었지만, 이번에는 군량과 병력이 모두 부족해 승산이 없음을 강조했다. '지금 출병해서 비적을 소탕하는 일은 현실적으로 승산이 없습니다. 신은 지방 실권이 없는 일개 단련대신이기 때문에 호남을 벗어나면 자금을 보충할 방법도 없습니다. 지금 호남에서 확보한 자금도 겨우 5,000냥뿐이니 도저히 군대를 움직일 수 있는 상황이 아닙니다.'

그는 계속해서 장문의 내용을 덧붙여 임금에게 충성하고 나라에 보답하려는 자신의 충심을 풀어놓으면서 밤낮없이 고심하며 혈성을 다하고 있음을 강조했다. '신 스스로도 지식과 재능이 부족함을 잘 알고 있습니다. 오직 진심을 다해 어리석지만 죽음을 두려워하지 않고 나아갈 뿐입니다. 일의 성패에서 조금도 자만해 뽐내려 한 적이 없습니다. 황제 폐하께서 일의 성패를 두고 신을 질책하신다면 황망해 몸 둘 곳을 모르겠습니다. 그러나 장차 전공이 없어 황제 폐하를 기만한 죄를 받는 것보다 차라리 지금 사실을 분명히 말씀드리고 겁이 나 몸을 사렸다는 죄를 받는 것이 낫다고 생각합니다. 신은 본래 군사에 익숙하지 않은데 부득이하게 군대를 지휘하게 되어 모친상도 제대로 지키지 못해 이미 사람의 조롱거리가 되었습니다. 그런데 또 큰소리만 치고 일을 그르친다면 더 큰 천하의 웃음거리가 될 것이니 어떻게 얼굴을 들고 살 수 있겠습니까? 그래서 밤마다 노심초사하며 잠을 이루지 못하고 그저 통곡할 뿐입니다. 부디 황제 폐하께서 굽어살피시어 진퇴양난에 빠진 신을 불쌍히 여기시고, 신이 신중함을 유지하도록 채찍질해주시고 일의 성패만으로 신을 질책하지 말아주십시오. 신은 목숨을 다해 최선을 다할 것이며, 감히 함부로 행동하거나 잘난 척하지 않고, 또한 겁이 나 뒤로 물러서며 움츠리지도 않을 것입니다.'

이 글을 읽고 감동받은 함풍제는 결국 증국번의 요청을 받아들여 잠시 출정을 미루었다. 이것은 증국번의 강직함을 여실히 보여준 사건이었다. 하지만 그는 강직하게 자신의 뜻을 지키기 위해 막대한 대가를 치러야 했다. 그가 출정을 거절하는 동안 오문용과 강충원이 전사하고, 려주와 무창이 태평천국군에게 함락되었다.

강직하게 자신의 뜻을 지키려면 반드시 전략이 필요하다. 경솔하고 무모하게 자기 생각만 고집해서는 원하는 결과를 얻을 수 없다. 증국번의 강직함은 기본적으로 하늘을 우러러 한 점 부끄럼 없는 진실함을 갖추고 있었다. 또한 시대 흐름과 사회 분위기를 읽는 눈이 정확했기 때문에 준비 없이 경솔하게 일을 벌이지 않았다. 준비 없이 서두르기만 해서는 대업을 이루는 데 아무 도움이 되지 않을 뿐더러 오히려 큰 타격을 초래할 수 있기 때문이다. 그는 황제를 설득할 때도 스스로 정해놓은 기본에 충실했다. 그가 조금이라도 진실하지 않았거나, 문제를 명확히 파악하지 못해 충분하고 명확한 이유를 제시하지 못했다면 오히려 황제를 자극해서 문제가 더 커졌을 것이다.

중국 속담에 '욕심이 없으면 강하다'[112]라는 말이 있는데, 이 속담은 전쟁터에서 가장 빛을 발한다. 즉 모든 장군과 병사들이 삶에 대한 욕심을 버리고 죽음을 두려워하지 않으면 최강의 전투력을 발휘할 수 있다. 증국번은 이러한 이치를 몸소 실천하면서 혈성을 다했기 때문에 함풍제를 설득할 수 있었다. 만약 그가 황제의 노여움을 두려워하거나 황제의 총애에 집착했다면, 생각할 것도 없이 황제의 명령이 떨어지자마자 군대를 출동시켰을 것이다. 그랬다면 어떤 결과가 펼쳐졌을까? 아마도 상군은 큰 패배를 기록해 다시 전력을 회복하기까지 더 오랜 시간이 걸렸을 것이다.

강직함이란 자신이 옳다고 믿는 생각을 끝까지 유지하는 것이다. 강직함을 유지하기 위해 가장 필요한 것이 바로 욕심을 버리는 일이다. 모든 이익을 포기하는 순간 빈틈없이 완벽한 강직함을 완성할 수 있다. 죽음도 두렵지 않은데, 무엇이 두렵겠는가?

함풍제가 즉위한 지 얼마 되지 않았을 때, 증국번은 황제를 직접적으로 비난하는 상소문 때문에 황제의 심기를 건드려 하마터면 목숨을 잃을 뻔한 일이 있었다. 그는 이 일이 얼마나 위험한 일인지 잘 알았지만, 어떤 이익도 바라지 않았기에 과감히 상소문을 올렸던 것이다. 당시 그의 머릿속에는 '대신으로서 나라에 보답하고 충성을 다해야 한다', '이품 관직에 올라 어찌 고귀하지 않은 행동을 하겠느냐? 지금 내가 충성을 다해 바른 말을 하지 못한다면 언제 또 할 수 있겠느냐?'라는 생각뿐이었다.

증국번의 상소문 사건은 '욕심이 없으면 강하다'라는 속담의 대표적인 예다. 황제의 노여움이 두려워 아무 말도 하지 못한 관리들은 모두 자리를 보전하고 부귀영화를 지키려는 욕심을 버리지 못한 사람들이었다. 당시 증국번은 패기로 똘똘 뭉친 햇병아리 초보 관리였으므로 관직 세계의 부정부패를 보고 그냥 넘길 수 없었다. 그는 나라에 보답하고 충성해야 할 관리들이 실수나 과오를 범해 자리를 잃을까 두려워 아예 아무것도 하지 않으려는 행태를 도저히 이해할 수 없었다.

그는 장사에 단련대신으로 부임했을 때도 '강직함'을 유지하며 기존 관직 풍토에 물들지 않겠다는 의지를 확고히 했다. 그래서 현지 관리들의 조롱과 비난을 한몸에 받으며 끊임없이 공격당하고 배척당하다가 결국 도망치듯 형양으로 옮겨갈 수밖에 없었다. 하지만 장사 사건을 통해 얻은 새로운 교훈을 이렇게 정리했다. '혈기가 왕성할수록 경쟁심이 높아진다. 인간의 승부욕은 항상 자신이 남보다 앞서야 한다는 생각을 만들어낸다. 하지만 내가 원하지 않는 일이라면 남에게도 시키지 말아야 하는 법이다.'

증국번이 황제의 출병 명령을 거절한 일은 앞서 있었던 상소문 사건에 비하면 방법적인 면에서 많이 발전했다고 볼 수 있다. 일단 직접적으로 황제 잘못을 지적하지 않았고, 자신의 생각을 이해시키기 위해 최대한 노력했다. 여기에 오문용, 낙병장, 강충원 등의 지지도 큰 영향을 끼쳤다. 특히 강충원은 함풍제의 신임이 두터웠기 때문에 더 큰 힘이 되었다. '강인함'을 지키려는 뜻에는 변함이 없었지만 태도와 전략 면에서 확실히 달라졌다.

함풍제를 비롯해 증국번을 적대시하는 사람들은 그가 자기 멋대로 행동하고 고집을 부리며 죽어도 출병하지 않으려 한다고 비난했다. 그러나 그는 직접적으로 함풍제를 비난하지 않았다. 대신 사적인 편지나 글을 통해 자신을 반대하는 사람들을 비난했다. "그들은 그저 구경꾼에 불과하다. 군대를 지휘하는 일이 얼마나 힘든지 아무것도 모르면서 입만 떠벌리는 자들이다"라며 분노를 드러냈다. 당시 증국번은 '세상을 평안하게 만들겠다'는 포부를 세운 지 얼마 되지 않은데다 아직 젊음의 혈기가 남아 있었기 때문에 나라와 백성을 망치는 허풍쟁이 관리들을 포용할 여유가 없었다.

그렇다면 그는 비공개 자리에서는 함풍제를 비난했을까? 그가 반대파들을 비난한 내용으로 미루어보아 분명 함풍제에 대해서도 어떤 생각이 있었을 것이다. 그러나 황제와 관련된 이야기는 일절 발설하지 않았고 오직 일기에만 풀어놓았던 것으로 보인다. 그러나 지금으로서는 이 내용을 확인할 길이 없다. 현재 전해지고 있는 『증국번전집』에 일기 3권이 포함되어 있는데, 1853년(함풍3년)~1858년(함풍8년) 부분만 빠져 누군가 고의로 누락시킨 것으로 추측된다. 아마도 청나라 조정과 함풍제를 비난하는 내용이 많아 통째로 삭제한 것이 아닌가 싶다.

세월의 타성을 비낄 수만 있다면

증국번의 태도 변화는 1858년 복귀 이후 뚜렷하게 드러났다. 그는 그 전에 비해 확실히 능수능란하고 한층 성숙된 자세로 어떤 상황에서도 유연하게 대처했다. 그는 이제 시골 청년의 우직함을 벗고 경험과 실력을 쌓아 존경받는 어엿한 청나라 고위 관리가 되었다. 또한 나이가 들면서 예전의 강직함이 점차 사라져가고 언제 어디서나 신중하고 조심스럽게 행동했다. 이제 더 이상 강력하게 자기주장을 관철시키려 하지 않았다. 이것은 그의 마음가짐, 의지, 지위, 주변 환경 변화가 복합적으로 작용한 결과였다. 시간이 흐르면서 자리도 바뀌고 사람도 바뀌는 법이다. 그래서 인생의 말년은 온통 쓸쓸한 낙엽으로 뒤덮이는 것처럼 느껴지기 마련이다.

증국번 말년의 대표적인 사건인 천진교안 처리 과정을 보면, 그의 '강직함'이 어떻게 변했는지 잘 알 수 있다. 그는 천진 파견 명령을 받고 불길한 느낌을 지울 수 없었다. 일이 잘못될 수도 있다는 생각에 미리 아들에게 뒷일에 대비하라는 편지를 보냈다. 그는 조정에서 최대한 서양 열강을 도발하지 않고 일을 해결하길 바란다는 사실을 잘 알고 있었다. 그 역시 기본적으로 서양인과 시끄럽게 얽히고 싶지 않다는 입장이었다.

사실 천진교안은 서양인이 일으킨 사건인 만큼 그들이 책임져야 할 일이었다. 하지만 증국번과 서태후를 비롯한 청나라 지배층은 서양 열강과의 전쟁을 피해야 한다고 생각했기 때문에 어떻게든 타협점을 찾아야 했다. 결국 증국번이 취할 수 있는 방법은 민족투항주의뿐이었다. 서양인들의 말은 전혀 말이 안 되는 것이었지만, 어차피 이치를 따져 공정하게 처리할 수 있는 상황이 아니었다. 당시 중국과 서구 열강 관계에서 중국이 절대 약자였기 때문이기도 하지만, 증국번도 확실히 예전의 증국번이 아니었다. 이미 노년에 접어든 그에게서 더 이상 '강직함'은 찾아볼 수 없었다. 그는 서태후의 심기를 건드릴 생각이 조금도 없었다.

증국번은 관직, 권력, 명예가 높아지면서 확실히 변했다. 그는 스스로도 이 사실을 알고 있었고, 그래서 고민도 많았다. 그는 치욕을 참아내며 마침내 대업을 이루었고, 그 후엔 황제에게 버림받지 않기 위해 온갖 노력과 지혜를 발휘했다. 이를 위해 그는 항상 조심스럽고 신중하게 행동했고, 그러는 동안 예전의 '강직함'은 흔적도 없이 사라졌다.

말년의 증국번은 떨어진 낙엽이고 기우는 해였다. 그의 강직함은 어느새 타성으로 바뀌었다. 천진교안 사건은 중국 근현대사의 비극이지만 증국번 개인사의 비극이기도 했다.

그는 매국노가 될 생각은 결코 없었지만 결국 매국노라는 비난을 피해갈 수 없었다. 이 사건이 그에게 더 비극적인 이유는 이 모든 결과를 예상하고도 천진으로 떠났다는 사실이다. 그는 평생 입국(入局), 주변에서 말참견만 하지 말고 직접 그 상황에 뛰어들어 일을 해결할 것을 강조해왔는데, 천진교안은 그의 인생에서 마지막 '입국'이 되었다. 그렇기에 그를 매국노라고 비난하더라도 그의 고충과 상황을 알아볼 필요는 있다. 그 시대에 그의 위치였다면 어느 누구라도 이 문제를 해결하기 어려웠을 것이다.

얼마 뒤 전국에서 비난 여론이 거세게 일어나자 청나라 조정은 증국번을 물러나게 하고 이홍장을 기용했다. 이홍장은 염군을 진압할 때와 마찬가지로 증국번이 다 해놓은 일을 이어받아 마무리만 했을 뿐이다. 이홍장이 일을 맡은 후 달라진 것이 있다면, 처벌 관리 수가 20명에서 16명으로 줄었다는 것뿐이었.

만약 증국번이 개인의 이익, 나아가 국가와 민족의 운명을 생각하지 않았다면, 그는 서양인의 터무니없는 요구를 강력히 거부하고 스스로 목숨을 끊었을 것이다. 그가 죽은 후 전쟁이 일어나든 말든, 청나라가 전쟁에 져서 막대한 배상금을 지불하든 말든 아무 상관하지 않았다면 그렇게 했을 것이다. 하지만 중국번은 그렇게 할 수 없었다. 그는 그렇게 무책임한 사람이 아니었다.

물론 다른 방법이 없지는 않았다. 한족과 만주족이 모두 힘을 합해 어떤 희생을 치르더라도 끝까지 저항하자고 서태후와 황실을 설득하는 방법이 있다. 일찍이 서태후는 이렇게 말한 적이 있다 "우리는 이 땅에 별로 미련이 없다. 언젠가 한족에게 돌려주겠다." 정말 그럴 생각이라면, 어차피 버릴 생각이 있었다면 투쟁하지 못할 이유도 없다. 그러나 그것은 말뿐이었고 그녀는 조금도 물러날 생각이 없었다. 역사상 어떤 지배자도 스스로 물러난 경우는 없었다.

항전은 곧 목숨을 건다는 의미다. 전쟁이 시작되면 굶기를 밥 먹듯 해야 하고, 집도 없이 떠돌며 흙을 삼켜야 할 수도 있다. 어쩌면 이편이 죽는 것보다 더 고통스러울지 모른다. 가난하게 살다가 부자가 되는 것은 아무 문제가 안 되지만, 부유하게 살다가 초라한 삶으로 전락하는 사람들의 고통은 말할 수 없이 큰 법이다. 청나라 지배자들은 차라리 서양의 속국이 될지언정 폐허 속에서 다시 시작할 생각은 없었다. 이들은 오로지 현재 상황이 그대로 유지되기를 바랄 뿐, 중국을 구하는 일 따위에는 아무 관심이 없었다. 따라서 이들은 어느 것 하나 희생할 생각이 없었다.

강직한 사람만이 중임을 감당할 수 있고, 자신이 옳다고 믿는 방향으로 끝까지 밀고 나갈 수 있다. 조직과 단체에 강직한 사람, 즉 중임을 감당할 사람이 없다면 오래 유지될 수 없다. 하지만 과한 것은 모자람만 못하다 했으니, 지나치게 강직하면 고난과 불행을 자초할 수 있음을 잊지 말아야 한다. 그래서 '나라를 잘 다스리는 사람은 자신을 잘 다스리지 못한다'라는 옛말이 있는 모양이다. 중국 역사를 살펴보면 역사를 위해, 나라를 위해, 황제를 위해 큰 공을 세웠던 사람들은 대부분 비참한 최후를 맞이했다. 지나치게 강직해 상황 변화에 유연하게 대처하지 못했기 때문이다. 오자서는 너무 충직해서, 문종은 끝까지 자신이 옳다고 생각했기 때문에, 상앙은 너무 많은 적을 만들어서, 백기는 진(秦)나라 왕의 미움을 사서, 이목(李牧)[113]은 소인배의 모함 때문에, 한신은 여후에게 미움을 사서, 조조(晁錯)[114]와 원숭환(袁崇煥)[115]은 반대파의 모함으로 모반 누명을 쓰고 비참한 최후를 맞이했다.

성품이 강직하고 절개를 중요시하는 사람들의 가장 큰 단점은 자만에 빠지기 쉽다는 것이다. 하지만 스스로 이 사실을 깨닫지 못한다. 그래서 증국번은 말했다. "강직함을 지키려면 오만함을 버려야 성공할 수 있다." 그리고 이와 관련해 번쾌(樊噲)와 주아부(周亞夫)의 이야기를 예로 들었다.

성공 인물의 처세력 ⑫
강직하다는 오만을 버려라

번쾌는 유방을 도와 한나라를 건국한 명장이다. 한나라 건국 이후, 회음후(淮陰侯)에 봉해진 한신은 백정 출신인 번쾌가 개국공신이라는 이유로 자신과 비슷한 대우를 받자 매우 불쾌했다. 한신의 오만함을 엿볼 수 있는 대목이지만, 증국번은 여기에서 번쾌의 빛나는 '강인함'에 주목했다. 번쾌는 특유의 '강인함'을 발휘해 유방에게 직설적인 충고를 하기도 했다. 그는 무장으로서 한나라 개국에 큰 공을 세우기도 했지만, 황제를 보좌하는 문관의 역할까지 겸한 보기 드문 인재였다.

한나라가 건국되기 전, 천하 영웅들은 함양을 먼저 차지하는 사람을 왕으로 추대하기로 약속했다. 얼마 뒤 유방이 가장 먼저 함양을 접수했다. 그는 화려한 진(秦)나라 왕궁과 아름다운 여인에 취해 발길을 멈추려 했다. 번쾌는 유방의 마음이 흔들리는 것을 보고 단호하게 직언해 그를 다시 일어나게 만들었고, 덕분에 유방은 함양을 뒤로 하고 파상으로 군대를 돌려 항우와 결전을 치를 수 있었다.

결국 유방은 항우를 제압하고 천하의 주인이 되었다. 어느 날 유방은 게으름을 피우려 몸이 좋지 않다며 태감에게 아무도 들여보내지 말라고 단단히 일렀다. 그러나 번쾌는 아무렇지도 않게 왕궁에 들어가 유방에게 따끔한 충고를 했다. "지난날 폐하는 정말 용감한 영웅이었는데, 지금은 왜 이렇게 무기력해졌습니까? 임금이 신하를 만나지 않겠다니, 진(秦)나라 조고(趙高)[116]의 일을 잊으셨습니까?"

영웅의 위엄과 도리를 갖춘 번쾌의 강인함은 감히 막을 자가 없었다. 그의 강인함은 홍문연에서도 빛을 발한 바 있었다. 홍문연은 항우가 유방을 죽일 목적으로 칼춤을 선보인 연회로 유명하다. 번쾌는 이 사실을 알고 유방을 구하기 위해 자진해서 사지로 들어갔다. 그가 당당하게 장막을 걷어올리고 연회장 안으로 들어가 유방 곁에 서자 칼춤을 추던 장수는 감히 손을 쓸 수 없었다. 번쾌의 강인함이 유방의 목숨을 구해낸 것이다.

사마천의 『사기』를 보면 하내 태수 주아부가 관상을 잘 보기로 유명한 허부(許負)와 만나는 장면이 있다. 허부는 주아부의 관상을 보고 이렇게 말했다. "3년 후 후(侯)에 봉해질 것이고, 또 8년 후에는 이 나라의 재상이 되어 권력을 장악해 황제 다음으로 존귀한 분이 될 것입니다. 그리고 9년 후에 굶어죽을 것입니다." 도저히 믿을 수 없는 말이라 주아부는 그저 웃음만 나왔다. "형님이 이미 작위를 계승했고, 또 형님이 죽는다고 해도 작위를 이어받을 아들이 있는데, 내가 어떻게 후에 봉해진단 말이냐? 설사 그대 말대로 내가 재상이 된다고 치자. 황제 다음으로 존귀한 자리에 올라서 굶어죽는다는 게 말이 되나? 그러지 말고 다시 자세히 좀 보게." 허부는 주아부의 입가를 가리키며 대답했다. "여기 이렇게 세로로 주름이 길게 입가까지 내려와 있으니, 이것이 바로 굶어죽을 상입니다."

3년 후, 주아부의 형이 큰 죄를 지어 처형당하자 문제가 대신들에게 주발(周勃)의 아들 중 재능이 뛰어난 자를 추천하도록 했는데, 모두가 입을 모아 주아부를 추천했다. 이렇게 해서 주아부는 강후(絳侯)에 봉해졌다. 몇 년 후, 흉노족이 한나라 국경을 침범하기 시작했다. 이에 문제는 주아부를 세류(細柳)에, 유례(劉禮)를 파상에, 서력(徐歷)을 극문(棘門)으로 파견해 흉노의 침략을 막게 했다.

어느 날 문제가 세류, 파상, 극문 군영으로 직접 시찰을 나갔다. 파상과 극문 군영에서는 황제가 왔다는 말만 듣고 당장 성문을 열고 열렬히 환대했다. 황제의 수레가 군영을 들고나는 데 아무 어려움이 없었다. 문제는 마지막으로 세류 군영으로 향했다. 멀리 군영이 보이기 시작했고, 군영 밖에 나와 있던 병사들은 황제의 수레를 보고 즉시 진열을 갖추었다. 활과 방패를 들고 완전무장한 병사들의 눈빛과 태도는 마치 적을 맞이하듯 경계의 눈빛을 멈추지 않았다. 문제는 이 모습을 보고 은근히 기대가 되었다.

맨 앞에서 황제의 행차를 이끄는 시종이 성문으로 달려가 황제 행차를 알렸으나, 성문 수비병은 꼼짝도 하지 않았다. 전혀 문을 열 기미가 보이지 않았다. 황제의 시종은 다급한 마음에 화를 내면서 소리쳤다. "황제 폐하가 오셨단 말이다! 빨리 문을 열어라!" 그러나 성문 수비병은 "여기에서는 오직 장군의 명령만 따를 뿐입니다"라고 대답했다. 잠시 후 문제가 성문 앞에 도착했는데도, 수비병은 여전히 문을 열지 않았다. 문제는 어쩔 수 없이 황제의 부절(符節)[117]을 내보이며 말했다. "주아부에게 짐이 그대들의 노고를 위로하고자 왔다고 전하라." 황제의 부절을 확인한 주아부가 성문을 열라고 명하자, 수문 병사가 성문을 열고 말했다. "장군의 명령입니다. 군영 안에서는 절대 말과 수레를 달리지 마십시오." 황제 수행원들이 화를 내며 반발하려 하자, 문제가 직접 말의 고삐를 늦추라고 명했다.

중군 막사 앞에 도착하니 완전무장한 주아부가 위풍당당하게 서 있었다. 그는 황제 앞에 다가와 공손히 손을 모으고 말했다. "신은 지금 갑옷을 입고 있어 무릎을 꿇을 수 없습니다. 이렇게 군례(軍禮)로 대신하는 것이 무례한 줄은 아오나, 부디 용서해주십시오." 주아부의 언행에 깊이 감동한 문제는 자신의 의복을 단정히 정리하고 엄숙한 목소리로 장군과 병사들의 노고를 치하했다. 잠시 뒤 군영 밖으로 나온 문제는 들뜬 목소리로 이렇게 말했다. "주아부야말로 진정한 장군이다! 파상과 극문 군영은 군대가 아니라 마치 극단 같았다. 그런 상태로는 절대 적의 기습을 막아낼 수 없다. 하지만 주아부 군영은 어느 누구도 넘볼 수 없을 것이다!" 그로부터 한 달 후, 흉노의 위협이 사라지자 문제는 군영을 철수시키고 주아부를 중위(中尉)에 임명했다.

문제는 임종 직전 태자 유계(劉啓)에게 "만약 위급한 상황이 생기거나 반란이 일어나면 주아부에게 중임을 맡기도록 하라"는 유언을 남기고 죽었다. 유계가 경제(景帝)로 즉위한 지 3년째 되던 해에 오초칠국(吳楚七國)[118]의 난이 일어났다. 경제는 문제의 유언대로 주아부를 태위에 임명하고 반란을 진압하라고 명했다. 주아부는 출병에 앞서 경제에게 말했다. "초왕의 병사들은 기동력이 뛰어나고 민첩해 단번에 그들을 제압하기는 힘들 것입니다. 먼저 초왕으로 하여금 양왕을 공격하게 만들고 우리는 초왕 군대의 보급로를 끊을 것입니다. 이렇게 하면 초왕을 확실히 제압할 수 있습니다." 경제는 주아부의 전략에 동의했다.

주아부는 군대를 일단 낙양에 집결시켰다. 이즈음 오왕이 양왕을 공격하자, 위험에 빠진 양왕이 한나라에 다급히 구원을 요청했다. 그러나 주아부는 미리 계획한 대로 양왕을 돕지 않았다. 양왕이 경제에게 직접 편지를 보내자, 경제는 주아부에게 지원군을 보내라고 명했다. 주아부는 황제의 명령을 거부하고 꿋꿋이 그 자리를 지켰다. 그리고 비밀리에 군대를 배치해 오왕과 초왕 군대의 보급로를 끊어버렸다. 오왕과 초왕 군대는 보급이 끊기자 속전속결을 원했으나, 주아부는 그들이 어떤 도발을 해와도 절대 응하지 않았다.

어느 날 밤, 한나라 군영에 소란이 일어났다. 군영끼리 싸움이 일어나 주아부 막사 앞까지 시끄러워졌지만, 그는 끝까지 잠자리에서 일어나지 않았다. 병사들은 주아부가 나타나지 않는 것을 의아하게 생각하다가 모두 제자리로 돌아갔다.

한편 오왕과 초왕 군대는 양식이 떨어지자 드디어 철수하기 시작했고, 주아부는 그제야 그 뒤를 쫓으며 맹렬한 공격을 퍼부었다. 오왕과 초왕 군대는 대패해 쫓겨갔다. 주아부는 승세를 타고 나머지 반란 세력을 모두 평정했다. 반란 진압에는 성공했지만, 이 때문에 양왕 유무(劉武)와 원수가 되었다.

5년 후, 주아부는 승상에 임명되었다. 경제는 겉으로는 그를 매우 중용하는 것처럼 행동했지만 사실 이미 오래전부터 그를 경계하기 시작했다. 그를 승상에 임명한 것도 사실 태위에서 물러나 병권에서 멀어지게 하기 위해서였다. 경제가 그를 멀리하게 된 결정적인 이유는 태자 문제에 있었다.

경제는 원래 장자인 유영(劉榮)을 태자로 책봉했는데, 나중에 유영의 생모인 율희(栗姬)에 대한 애정이 식자 마음이 바뀌었다. 그는 총애하는 왕부인의 아들 유철(劉徹)을 태자로 삼으려 했다. 그러나 주아부는 태자가 특별히 잘못을 하지도 않았는데, 아무 이유 없이 태자를 폐하는 것은 옳지 않다며 강력히 반대했다. 이때 주아부는 좋은 말로 황제를 설득하려 하지 않고 반대 주장만 펼쳐 경제의 심기를 매우 불편하게 만들었다. 경제는 주아부가 오만불손하고 자신을 무시한다고 생각했다. 한편 양왕 유무는 두(竇)태후에게 끊임없이 주아부의 험담을 늘어놓고 있었다.

두태후가 왕부인의 오빠인 왕신(王信)을 후에 봉하려 하자, 주아부가 반대하고 나섰다. "고조께서 일찍이 대신들 앞에서 '유씨가 아닌 자를 왕으로 봉하거나 공이 없는 자를 후로 봉한다면 천하가 모두 일어나 그를 공격할 것이다'라고 맹세하셨습니다. 왕신이 황후의 오라버니이긴 하지만 공이 없는 자를 후에 봉한다면 고조의 맹약을 깨뜨리는 것입니다." 주아부의 말이 모두 옳았기 때문에 경제는 대꾸 한 마디 못하고 뜻을 접어야 했다. 그러나 주아부를 미워하는 마음은 한층 더 깊어졌다. 얼마 뒤 흉노왕이 한나라에 귀순해오자 경제는 그를 후에 봉하려 했다. 이번에도 주아부가 강력히 반대했지만 경제는 그의 의견을 무시하고 흉노왕을 후에 봉했다. 그러자 주아부는 병을 핑계로 사직해버렸다.

어느 날 경제가 주아부를 왕궁에 초대해 간단한 연회를 베풀었다. 그러나 상 위에는 술잔 하나와 커다란 고깃덩어리 하나만 놓여 있고 젓가락이 없어 음식을 먹을 수가 없었다. 주아부는 경제가 자신을 골탕 먹이려 한다는 걸 알고 심기가 불편해졌다. 그는 곁에 있던 시종에게 젓가락을 가져오라고 명했다. 그러나 경제가 시종에게 미리 귀머거리, 벙어리 행세를 하라고 지시해두었기 때문에 시종은 꿈쩍도 하지 않았다. 아무것도 모르는 주아부가 다시 시종에게 뭐라 말하려는 순간 경제가 갑자기 웃음을 터트렸다. "이것만으로는 부족하단 말인가?" 황제의 뜻을 헤아린 주아부는 황급히 무릎을 꿇고 사죄했다. 잠시 후 경제가 일어나라고 허락하자 서둘러 자리를 떠났다. 경제는 주아부의 뒷모습을 보면서 말했다. "마음속에 불만이 가득하니, 어린 황제의 신하가 될 수 없겠구나."

얼마 뒤 주아부의 아들이 연로한 아버지를 위해 예법에 따라 미리 장례용품을 준비하기 시작했다. 이 중에는 부장품으로 사용할 갑옷과 투구 500벌이 있었는데, 이것을 집안으로 옮긴 일꾼들에게 비용을 지불하지 않은 것이 화근이 되었다. 돈을 받지 못한 일꾼들이 앙심을 품고 주아부 부자가 불법으로 무기를 사들였다고 신고한 것이다. 경제는 좋은 기회라 여겨 당장 주아부를 잡아들여 조사하라고 명했다. 그러나 주아부는 뭐가 어떻게 된 일인지 전혀 몰랐기 때문에 아무 말도 할 수 없었다. 이에 조사관은 황제에게 주아부가 일부러 묵비권을 행사하며 죄를 인정하지 않는다고 보고했다. 경제는 크게 분노하며 "그자가 죄를 인정하든 말든 상관없다!"라며 그를 정위(廷尉)에게 넘겼다. 정위는 주아부를 보자마자 말했다. "너는 황제의 은혜를 입어 고관대작 지위에 올랐는데, 어찌해 모반을 꾸몄느냐?" 주아부는 대답했다. "그 갑옷과 투구는 내 아들이 부장품으로 준비한 것인데 어찌해 모반이라고 하는가?" 주아부의 말이 틀리지 않았으므로 정위는 딱히 대꾸할 말이 생각나지 않았다. 하지만 황제의 뜻에 따라 반드시 주아부를 처형해야 했기에 이렇게 말했다. "네가 살아서는 모반할 생각이 없었다지만, 죽은 후에 저승에서는 모반할 것이 분명하다."

주아부는 정위의 말을 듣고 나서야 어떻게 된 일인지 알 수 있었다. 그는 옥에 갇힌 후 닷새 동안 음식을 거부하다가 굶어죽었다. 주아부의 인생은 일찍이 허부가 예언한 그대로였다.

제13장
내 편을 적극 확보하라

증국번은 처음부터 다수를 끌어들여 소수를 고립시키는 원칙을 고수했다.
많은 사람의 도움이 더해질수록 큰일을 이루는 데 유리한 법이다.

일찍이 맹자는 '도리를 지키는 사람은 돕는 사람이 많고, 도리를 지키지 않는 사람은 돕는 사람이 적다'[119]라는 말을 남겼다. 하지만 현실은 이렇게 단순하지 않다. 도리를 지키는 사람이라도 실력이 없으면 도움을 주는 사람이 많지 않을 수 있고, 도리를 지키지 않는 사람이라도 실력이 뛰어나면 도움을 주는 사람이 많을 수 있다. 그러나 도덕과 실력을 겸비한 사람은 반드시 많은 사람의 도움을 받을 수 있다. '친구가 많으면 여러 가지 방법이 생기고, 친구가 많을수록 좋은 방법이 생긴다'라는 중국 속담이 있는데, 도움을 주는 사람이 많을수록 성공 확률이 높아지는 것은 당연한 진리일 것이다.

증국번은 전국에서 모여든 많은 인재와 조정 실권자에게도 많은 도움을 받았다. 그가 많은 위기를 극복하고 마침내 대업을 이룰 수 있었던 것은 이들 도움 덕분이었다. 특히 목창아와 숙순의 도움은 증국번에게 결정적인 도움과 기회를 주었다. 목창아와 숙순은 모두 황제의 총애를 한몸에 받는 최고의 권력자였다. 이들 도움은 증국번이 탄탄한 기반 위에서 실력을 다지는 데 큰 힘이 되었다.

한쪽에서 최대한 많은 지지자를 끌어모아 단결력과 규모를 강화하면 상대쪽은 수적으로 불리한 고립 상태에 빠질 수밖에 없다. 나의 지지 세력이 많아진다는 것은 곧 반대 세력이 적어진다는 의미이므로 그만큼 성공 확률이 높아지는 셈이다. 만약 지지 세력도 적고 반대 세력도 적고 대부분이 중립 세력인 상황이라면, 최대한 빨리 중립 세력을 내 편으로 끌어들일 방법을 강구해야 한다. 중립 세력은 아직 확실한 내 편이 아니며 언제든 적이 될 수 있는 만큼 그 수를 최소한으로 줄여야 한다. 반대 세력을 줄이는 일은 매우 어려우므로 중립 세력을 줄여 반대 세력이 늘어나는 것을 줄이는 편이 훨씬 효과적이다. 이렇게 해서 조금씩 상대편을 고립시키면 나의 성공 가능성은 점점 높아진다.

다수의 지지로 소수를 고립시켜라

1858년(함풍 8년)에 다시 군대에 복귀한 증국번은 확실히 그전과 달라졌다. 물론 여전히 다른 사람의 비위를 맞추거나 아부를 하지는 않았지만, 적을 만들지 않기 위해 아주 조심스럽고 신중하게 행동했다. 나중에 숙순이 황제의 신임을 잃고 재산을 몰수당했을 때 많은 사람이 그와 연루되어 화를 당했지만, 증국번은 평소 신중한 행동 덕분에 의심받을 만한 여지가 전혀 없었다. 오히려 이를 계기로 숙순과 대립했던 서태후에게 중용되었다.

증국번은 항상 '다수의 지지를 얻어 소수를 고립시키는 방법', '내 편을 늘리고 적을 줄이는 방법'을 찾기 위해 노력했다. 그 중 하나가 형양에서 첫 출병을 앞두고 쓴 「토월비격(討粵匪檄)」이라는 글이다 '월비'는 태평천국군을 비하하는 말인데, '월(粵)'은 태평천국의 난이 시작된 광동 및 광서 지역을 가리킨다. 증국번은 이 글에서 상군의 적은 '홍수전과 양수청이 이끄는 광서 도적'임을 분명히 하면서 '월비'의 협박으로 어쩔 수 없이 가담한 나머지 사람들과 구분했다. 즉, 태평천국군에 가담하고 있더라도 광서에서부터 가담한 사람이 아니라면 상군의 적이 아니라는 뜻이었다. 태평천국군의 분열, 그것이 바로 「토월비격」의 주요 목적이었다. 이것이 얼마나 효과적이었는지 정확히 따지기는 힘들지만, 그는 「토월비격」을 통해 '다수의 지지를 얻어 소수를 고립시킨다'라는 명확한 의지와 행동 원칙을 보여주었다.

곧이어 조금 더 구체적인 방안이 제시되었다. '오랫동안 월비 소굴에 있었더라도 스스로 발을 빼거나 혹은 월비 장수의 목을 베어 투항해오는 자가 있으면 내가 직접 거둘 것이며 조정에 상주해 관직을 받게 해주겠다. 또 오랫동안 월비의 위협 때문에 어쩔 수 없이 묶여 있었지만 전장에서라도 무기를 버리고 맨몸으로 귀순해온다면 목숨을 살려주는 것은 물론이고 원한다면 고향으로 돌아갈 수 있도록 여비를 주겠다.' 세부 사항에서는 일단 '월비에게 위협당한 사람'은 적이 아님을 분명히 밝혔다. 그리고 스스로 투항해오는 자에 한해 목숨을 살려주고 고향으로 돌아갈 여비를 주고, 공에 따라 관직까지 주겠다고 약속했다.

사실 이것은 적을 유혹하기 위한 전략성 구호에 불과했다. 실제로 증국번이 직접 거둔 투항자는 소수에 불과했고, 대부분 목숨을 부지하지 못했다. 안경 전투에서만 태평천국군 병사 1만여 명이 목숨을 잃었다. 청나라 관군에 투항한 위지준, 이홍장에게 투항한 정학계, 황개방(黃開榜)에게 투항한 진국서, 진국서와 대치했던 이세충 등은 청나라 조정 입장에서는 아주 반가운 사람들이었지만, 증국번은 이들을 별로 좋아하지 않았다. 태평천국 북왕(北王) 위창휘(韋昌輝)의 동생인 위지준은 권력 다툼 중 불리한 상황에 놓이자 태평천국 지도층에 불만을 품고 투항한 터라 더욱 마음에 들지 않았다. 증국번이 예순한 살로 천수를 누리지 못한 이유가 전쟁 포로를 대량 학살했기 때문이라는 말이 있을 정도로 그는 투항자들에게 냉정했다. 그를 존경했던 모택동도 "전쟁에서 포로를 죽이는 일은 화를 초래할 수 있다"라고 말했다.

증국번은 호남에서 성내 비적 소탕 작전 중, 특히 산골의 가난한 농민들을 군대에 동원하는 데 주력했다. 순박하고 가난에 찌든 농민들은 먹고살기가 너무 힘들어 상군이든 태평천국군이든 상관없이 따라갈 수밖에 없는 상황이었다. 따라서 이들을 끌어들이면 상군 병력을 증가시키는 동시에 태평천국군의 병력 보충을 막는 두 가지 효과를 누릴 수 있었다.

증국번은 적군과 대치할 때 주로 상대 전력을 분산, 고립시키는 전략을 이용했다. 이것은 가능한 적을 만들지 않고 내 편을 늘려 '다수의 지지를 얻어 소수를 공격'하기 위한 대국 전략과 일맥상통한다. 물론 이론과 현실은 크게 달랐지만 최대한 이 원칙을 지키려 노력했다. 그래서 그는 누군가를 탄핵하기보다는 자기편을 추천해서 인재로 등용하는 데 주력했다. 천진교안 사건 당시, 서양인들이 진국서를 사형에 처하라고 강력히 요구했을 때도 그는 이 원칙을 지켰다. 평소 진국서를 탐탁지 않게 여겼지만, 그는 남의 불행을 틈타 자기 욕심을 채울 사람이 아니었다. 원칙대로 공정하게 사건을 조사한 결과 진국서는 아무죄가 없었다.

증국번은 장사에서 부장 덕청을 탄핵한 일이 있었다. 사실 덕청의 잘못이 분명하긴 했지만, 증국번 역시 악의적으로 사적인 불만을 드러내 많은 적을 만들었다. 결국 얼마 뒤 병사들에게 살해 위협을 당하는 모욕을 당하고 형양으로 도망치듯 쫓겨갔다. 또 정항 전투에서 패했을 때, 호남 순무 낙병장이 증국번 전함 가까이에 있었지만 그를 만나려 하지 않았다. 상담 승리 소식이 전해지기 전까지 증국번은 최악의 날들을 보내야 했다. 상담 승전보가 아니었다면 그는 목숨도 보전하기 어려웠을지 모른다.

이렇게 어려운 상황이었지만 그를 도우려는 지지자들도 적지 않았다. 만주족 출신으로 상군 초기 맹장으로 이름을 날린 탑제포는 증국번의 추천으로 포부를 이루었기 때문에 증국번에 대한 충성심이 남달랐다. 후에 무창에서 큰 공을 세우면서 그의 관직은 호남 제독에까지 올라갔다. 관직 서열상 같은 정이품이었지만, 당시 증국번은 시랑신분으로 단련대신을 겸하고 있었기 때문에 실권은 거의 없었다. 하지만 그는 변함없이 증국번을 존경하고 깍듯이 받들어 모셨다. 이때 증국번 곁에는 탑제포, 라택남, 팽옥린, 양재복이 있었고, 호림익은 증국번의 추천으로 조정에 나가 있었다.

증국번은 강서에 고립되어 있는 2년 동안 군사뿐 아니라 정치 경제적으로도 큰 어려움을 겪었다. 상군이 무창을 탈환했을 때, 함풍제가 대신들의 의견을 받아들여 증국번을 호북 순무로 임명했다. 그러나 이 명령은 일주일 만에 취소되면서 황제가 증국번을 어떻게 생각하는지 노골적으로 드러났다. 황제가 이렇게 그를 무시했으니, 밤낮으로 황제 비위를 맞추느라 고심하는 조정 관리들이야 말할 것도 없었다. 나라를 위해 아무런 공도 세우지 못한 이들이었지만, 조정에서 살아남는 기술만은 대단했다. 당시 증국번은 "수년 동안 목숨을 내놓고 전장을 누볐는데, 북경에 있는 저들은 나를 깎아내리려고만 하는구나. 무슨 세상인심이 이렇게 고약하단 말이냐!"라고 한탄하며 동한 시대의 양진(楊震)을 떠올렸다. 양진은 뛰어난 학자이자 삼공(三公)[120] 중 하나인 태위에 올라 높은 명성을 누렸으나 권문귀족의 심기를 건드려 관직 세계에서 철저히 배척당하고 결국 자살로 비극적인 삶을 마감한 인물이었다. 당시 증국번이 얼마나 고통스러웠는지 짐작할 수 있는 부분이다.

　이러한 고통과 걱정에는 그럴 만한 이유가 있었다. 증국번은 한낱 단련대신에 불과했지만, 그는 자신에게 주어진 권리를 뛰어넘어 사형 집행까지 주관했다. 그의 월권행위는 호남 사법기관과 청나라 정규군을 무시하고 혼자 중임을 맡으려는 것처럼 보였기 때문에 많은 지방 관리들에게 비웃음과 미움을 샀다. 쫓겨나듯 형양으로 거처를 옮긴 것도 강서에 고립된 것도 이런 상황과 무관하지 않았다. 그는 호남에서 덕청을, 강서에서 강서 순무 진계매(陳啓邁)를 탄핵한 바 있다. 두 사람을 탄핵함으로써 어느 정도 걸림돌을 해결하는 효과는 있었지만 부작용도 무시할 수 없었다. 그와 가까이 지내다가 괜히 꼬투리를 잡혀 탄핵당하지 않을까 하는 걱정에 주변 사람들이 그를 멀리하기 시작했다. 그는 덕청과 진계매를 통해 일벌백계 효과를 얻으려 했으나, 오히려 주변 사람을 적으로 만들어 스스로 궁지에 몰리는 상황을 만들고 말았다.

　이상의 행동은 모두 대의에 따른 것이므로 도의적으로 유가 성현의 가르침에 충실했다고 볼 수 있다. 그러나 역시 유가 가르침 중 하나인 '중용사상'에는 어긋나는 행동이기에 좋은 결과를 얻지 못했다. 사실 중용사상은 군대 운영의 기본이 되는 법가사상과 크게 상충된다. 중용사상에서는 결과를, 법가에서는 원칙을 중시하기 때문이다. 따라서 이상적인 군대 운용을 위해서는 결과와 원칙 사이에서 이상적인 합의점을 찾아야 한다.

　강서 고립은 증국번 인생에서 가장 힘들고 어려운 시기였지만, 사실 그렇게 절망적인 상황은 아니었다. 당시 그의 주변에는 그를 도우려는 사람들이 많았다. 강서 관리들이 똘똘 뭉쳐 증국번을 배척하려고 걸핏하면 군량을 지급하지 않겠다고 협박할 때, 형부 시랑 황찬탕(黃贊湯)은 적극적으로 중국번을 지원했다. 그가 중국번을 위해 모은 자금은 은자 10만 냥에 달했다. 이외에도 많은 지식인들이 음양으로 중국번을 지지했지만, 안타깝게도 이들은 모두 권력과 거리가 멀어 큰 도움이 되지 못했다.

이렇게 정치권력과 거리가 먼 지식인들을 보통 사신(士紳)이라 부르는데, 이들은 수준 높은 문화와 교양을 바탕으로 뛰어난 지식과 이상을 지닌 흙 속의 진주와 같은 존재였다. 이들은 만약 중국번이 거두지 않았다면 반대로 중국번의 적이 되었을지 모른다. 중국번은 '이웃 국가의 성인은 적국의 근심이 된다'[121]는 교훈을 되새겨 적극적으로 사신들을 받아들였다. 중국 최초의 미국 유학생 용굉(容閎)은 중국번과 인연을 맺기 전에 홍수전을 찾아갔었다. 그러나 홍수전은 그의 재능을 알아보지 못했고, 중국번은 용굉을 중용한 덕분에 양무운동의 지도자로 명성을 드높일 수 있었다. 일설에 따르면 좌종당도 홍수전을 먼저 찾아갔지만 중용되지 못하고 결국 중국번과 손을 잡았다. 만약 홍수전도 '이웃 국가의 성인은 적국의 근심이 된다'의 이치를 알았더라면 용굉이나 좌종당을 놓치지 않았을 것이다. 설사 그들이 별로 뛰어난 인재가 아니라고 생각했더라도 그냥 떠나도록 내버려두지 않았을 것이다. 내 편이 줄어드는 동시에 적수가 늘어나는 상황을 피하려면 그들을 가둬두거나 아예 죽였어야 했다.

증국번이 첫 출병을 앞두고 「토월비격」 중에 '뜨거운 피를 가진 남자', '도를 아는 군자', '인의를 아는 사람'과 함께하자고 호소한 데는 최대한 많은 사람을 내 편으로 끌어들여 적을 고립시키기 위한 의도가 숨어 있었다. 일찍이 그가 조정에 상소를 올려 일가 전체가 목숨 바쳐 충의를 실천한 신사 가문을 위해 충렬비를 세워달라고 요청한 것도 같은 맥락으로 볼 수 있다.

아부 아닌 신중한 사교술

증국번은 어떻게 그렇게 오랫동안 조정에서 살아남을 수 있었을까? 혹시 특정 권력자의 힘을 빌렸던 것이 아닐까? 지금 남겨진 자료로 볼 때 그가 특정인에게 빌붙었던 뚜렷한 증거는 없다. 그렇지만 남다른 관운과 몇 번의 위기를 무사히 넘긴 것으로 보아 조정 안에 그를 도우려는 사람이 많았던 것만은 확실하다.

흔히 증국번의 관직 생활을 십수칠천(十壽七遷)이라고 말하는데, 사실 오년십급(五年十級)이 더 정확한 표현이다.[122] 그는 스물일곱 살에 진사에 합격해 한림원에 들어갔고, 스물아홉 살에 종칠품으로 관직 생활을 시작했다. 1843년부터 매년 승진을 거듭해 1847년에 정이품에 해당하는 내각학사(內閣學士) 겸 예부시랑이 되었다. 이때 그의 나이 서른일곱 살이었다.

스물아홉 살에 종칠품으로 관리 세계에 첫발을 내딛은 후 한동안은 별다른 희망이 보이지 않았다. 그러나 서른두 살 이후 5년 동안 종칠품에서 정이품까지 무려 10단계를 뛰어넘었다. 이런 배경이 있었으니 증국번이 다른 관리들을 우습게 보는 것도 무리는 아니다. 정치 배경이 전무한 호남 시골 마을에서 올라온 촌놈이 오로지 실력과 노력만으로 만들어낸 대단한 성공이었다. 설사 권력자에게 빌붙고 아부를 했더라도 역시 놀랍고 대단한 성공이었다.

현대 역사가 주동안 교수는 증국번의 성공을 이렇게 평가했다. '먼저 뛰어난 재능을 발휘해 선비들 사이에 명성을 쌓았다. 다음으로 목창아가 특별한 관심을 갖고 적극적으로 추천해주었기 때문이다.'

목창아는 도광 황제가 총애한 대신이었다. 그는 20년 넘게 군기대신 자리에서 권세를 누렸다. 그러나 도광 황제와 목창아의 국정 운영은 형편없었고, 그 결과 아편전쟁이 일어나는 등 중국의 치부가 만천하에 드러나고 국가 위상이 크게 실추되었다. 무고한 임칙서를 비난하고 배척하는 데 앞장선 사람도 바로 목창아였다. 당시 목창아는 목당(穆黨)이라는 말이 생길 정도로 대단한 세력을 형성해 도광 황제가 죽고 함풍제가 즉위한 후에도 권세를 이어갔다.

증국번이 진사에 합격할 당시 총감독관이 목창아였고, 이것이 인연이 되어 두 사람은 사제 관계를 맺었다. 증국번이 서른두 살 때 치른 한림원 평가 시험의 총책임자도 목창아였다. 이것을 계기로 두 사람의 관계는 더욱 돈독해졌고, 이후 증국번은 승진을 거듭해 5년 만에 정이품에 올랐다. 이렇게 보면 증국번도 목당의 일원이라 할 수 있다.

1843년(도광 2년) 3월 6일 오후 2시, 3월 10일에 원명원 정대광명전(正大光明殿)에서 한림원 평가 시험이 있다는 발표가 났다. 증국번은 갑자기 마음이 급해졌다. 시험 준비를 전혀 못한데다 최근 들어 눈까지 침침해져 더욱 걱정이었다. 그는 먼저 친구들을 찾아가 의견을 나누고 밤 10시가 되어야 집에 돌아왔다. 그제야 마음을 잡고 붓을 들었다.

7일 아침 일찍 일어난 그는 시험에 필요한 붓, 먹, 종이 등을 사러 유리창에 다녀왔다. 집에 돌아와 아침밥을 먹고 나니 9시가 조금 넘었다. 곧바로 친구를 만나 함께 원명원으로 향했다. 12시쯤 원명원에 도착한 두 사람은 근처 대수암에 묵기로 했다. 8일에는 연습 삼아 「반초통서역론(班超通西域論)」, 「여인불구비론(與人不求備論)」이라는 제목으로 두 편의 글을 썼다. 이때 그는 발등에 불이 떨어지고 나서야 허둥대는 자신의 게으름을 다시 한 번 반성했다.

9일에는 이번 평가 시험에 참가할 또 다른 친구를 만났다. 그는 친구들의 뛰어난 문장을 보면서 부러움을 감출 수 없었다. 10일 새벽 3시 반에 일어난 그는 7시쯤 현량문(賢良門)에 도착했다. 이름이 호명된 후에야 정대광명전으로 들어갈 수 있었다. 8시에 시작된 시험은 부(賦), 논문, 시의 3과목으로 진행되었다. 오후 1시쯤 머릿속으로 구상을 끝내고 2시부터 본격적으로 붓을 들었다. 6시쯤 답안 작성을 끝낸 그는 자신 있게 답지를 제출했다. 하지만 시험장 밖으로 나와 친구들과 답안을 맞춰보다가 아주 큰 실수를 했음을 알았다. 신중하고 꼼꼼하지 못한 자신을 탓하며 후회했지만 이미 어쩔 수 없는 일이었다. 당시 시험 감독이 매우 엄격해서 부정행위가 드러나면 곧바로 형부로 끌려가 무서운 처벌을 받았다.

11일 집으로 돌아온 증국번은 시험에서 실수한 것이 계속 생각나 걱정스럽고 불안해 견딜 수가 없었다. 아내에게도 말하지 못하고 혼자 속앓이를 하느라 제대로 잠도 이루지 못했다. 평소 '도를 터득해 천명을 안다'라고 자부해왔던 그였지만, 지금은 자신이 너무 한심하고 부끄러웠다. 12일에는 친구를 만나러 외출했지만 여전히 한숨만 나왔다. 친구들과 이야기를 나누다보니 시험 결과가 더 신경 쓰였다.

13일 오전 8시에 드디어 시험 결과가 나왔다. 그는 2그룹 일등이었다. 124명이 참가한 이 시험의 결과는 1그룹이 5명, 2그룹이 55명, 3그룹이 57명, 4그룹이 7명이었다. 124명 중 6등이면 꽤 좋은 결과였다. 그는 기쁜 마음에 머리와 의관을 단정히 하고 원명원으로 향했다. 이번에도 대수암에 묵었다. 14일 새벽 6시에 새로운 관직 발표가 있었는데, 그는 정칠품으로 승진했다. 집에 돌아오니 축하 인사가 쇄도했다. 다음 날 일일이 답례를 하느라 아침 7시부터 저녁 6시까지 하루 종일 쉰여섯 집을 돌아다녔다. 원명원에서 새로운 관직을 발표한 그날, 목창아가 특별히 그의 답안을 요청했는데, 2주 후에야 겨우 필사를 마치고 목창아를 찾아갔다.

어떻든 이후로 증국번은 승진을 거듭해 서른일곱 살 때 이품 관직에 올랐다. 그는 육부 조정 관직 중 다섯 개 부의 시랑을 역임했다. 상서는 각 부의 총책임자로 관직 서열상 종일품에 해당했고, 시랑은 상서 바로 아랫단계로 각 부의 부책임자 역할이었다. 이렇게 관운이 형통하니 증국번도 사람인지라 다소 거만해지지 않을 수 없었다. 그는 스스로 "청나라 역사상 호남 출신이 서른일곱 살에 정이품에 오른 예는 단 한 번도 없었다"라고 말했고, 호남 출신 재북경 관리 모임의 대표가 되었다.

그러나 관운과 재물운은 별개였다. 그는 스물아홉에서 서른세 살까지 북경에서 관직 생활을 하는 5년 동안 경제적으로 매우 궁핍했다. 북경 관리는 일종의 명예직이라 수입이 거의 없었다. 그는 5년 동안 주변에서 돈을 빌려 생활을 꾸려야 했다. 서른두 살 되던 해 집으로 보내는 편지에 이렇게 적었다. "그동안 북경에서 빚진 돈이 400금이다. 빨리 지방 파견직을 얻지 못하면 점점 더 생활이 어려워질 것 같다." 그의 다른 글을 보더라도 이렇게 돈을 빌려 생활하는 궁핍한 북경 관리들이 적지 않았음을 알 수 있다. 생활고를 면하려면 비록 먼 곳이라도 돈을 만질 수 있는 지방 관리로 파견되어야 했다. 이즈음 그가 지은 시 중에 '하늘을 가로지르는 것이 이렇게 춥구나'라는 구절이 있는데, 궁핍한 삶에 대한 고민이 엿보이는 부분이다.

사실상 증국번은 역사상 유례 없는 고속 승진의 주인공이었는데, 많은 사람들이 목창아의 적극적인 도움을 가장 큰 이유로 꼽는다. 증국번은 한족이었고 이때까지는 국가 위기 상황이 아니었으므로 권력자 도움이 없었다면 5년 만에 10단계를 뛰어넘는 파격적인 승진은 절대 있을 수 없는 일이다. 현재 두 사람의 관계를 정확히 밝혀줄 자료가 많지 않은데, 아마도 목창아가 실권하면서 그와 관련된 자료도 함께 폐기되었을 것으로 추측된다.

그런데 과연 증국번은 목창아의 도움을 받기 위해 그에게 아부를 일삼았을까? 아쉽게도 확실한 물증이나 자료는 없다. 다만 시험 총감독관 목창아가 특별히 증국번의 답안을 살폈고, 그를 매우 마음에 들어했다는 것만은 확실하다. 목창아가 다른 사람의 답안도 직접 살폈는지, 혹은 이렇게 특별히 직접 당사자를 앞에 두고 답안을 살피는 일이 흔히 있는 일이었는지는 정확히 알 수 없다. 반면 증국번의 일기나 다른 글에서 목창아에게 아부하는 내용을 찾아볼 수 없는 것으로 보아, 그가 의도적으로 목창에게 빌붙지는 않은 것으로 보인다. 다만 출처를 알 수 없는 야사 기록 중에 증국번이 목창아의 힘을 빌리려 한 일화가 있다.

어느 날 증국번은 내일 입궁해 황제 알현을 준비하라는 명을 받고 그날 밤 목창아 집에 묵었다. 하지만 그날 밤 그가 왜 그곳에 있었는지 무엇을 했는지에 대한 설명은 없다. 다음 날 황궁에 들어간 그가 안내되어 간 곳은 보통 대신들이 황제를 알현하기 전에 대기하는 장소가 아니었다. 낯선 장소에서 온종일 황제의 명을 기다렸지만 끝내 만남은 이뤄지지 않았다. 그는 내일 다시 와야겠다고 생각하며 황궁을 나와 목창아의 집으로 돌아갔다.

그날 밤 목창아가 그에게 물었다. "자네가 대기하고 있던 곳에 혹시 족자가 걸려 있지 않았던가?" 그는 목창아가 왜 그런 걸 묻는지 몰라 당황스러웠다. 그가 아무 말도 못하자 목창아는 "안타깝네. 안타까워"라며 한숨을 내쉬었다. 목창아는 한참 동안 무언가 생각하더니 사람을 불러 심부름을 시키고 증국번에게 이렇게 말했다. "지금 당장 은자 400냥을 준비하게. ○○내관을 찾아가서 오늘 자네가 대기했던 건물 실내에 걸려 있는 족자에 적힌 문구를 베껴달라고 부탁하는 거야. 은자 400냥이면 아주 적은 수고비지."

다음 날 증국번은 다시 입궁해서 황제를 만났다. 목창아의 예상대로 황제는 그에게 족자에 적혀 있던 선대 황제의 교훈에 대해 질문했다. 증국번이 침착하게 정확한 답변을 내놓자 황제는 매우 만족해했다. 이 일이 있은 후 황제는 목창아에게 "그대가 말한 증국번이라는 사람, 신중하고 꼼꼼한 사람이더군. 역시 훌륭해. 아주 마음에 들었네"라고 말했다. 이후 증국번의 관운은 만사형통으로 막힘없이 뻗어나갔다.

증국번의 기본적인 성격으로 보건대 그는 사리사욕을 채우기 위해 아부를 일삼을 사람은 아니었다. 이는 장사에 단련대신으로 부임했을 때 현지 관리들과 사이가 좋지 않았던 것만 봐도 알 수 있다. 북경에서 고위 관직을 지낸 터라 현지 하급 관리들을 무시하는 경향도 있었을 테지만, 무엇보다 자신의 목표를 이루기 위해 현실과 타협할 줄 모르는 그의 성격 탓이 컸다. 그러나 1857년(함풍 7년)에 잠시 고향에 돌아와 있는 동안 자신을 돌아보면서 세상을 보는 관점이 달라지기 시작했다. 이후부터 주변 사람들과 원만한 관계를 유지하면서 지나치게 강직한 성격을 버렸다. 그는 한층 신중하고 조심스럽게 행동하면서 가능한 마찰을 일으키지 않았다. 이런 변화는 어쩌면 그의 지위가 높아지고 권력이 커지면서 더 이상 그에게 도전하는 사람이 없어졌기 때문일 수도 있다.

지금까지 살펴본 증국번의 성격이나 여러 가지 상황으로 보아 그가 맹목적으로 목창아를 따르지는 않았을 것이다. 목창아 입장에서 보면 증국번에게 남다른 재능이 보이지 않았다면 절대 그를 돕지 않았을 것이다. 결국 목창아와 증국번 관계에서 가장 중요한 것은 증국번의 뛰어난 능력이 목창아의 눈길을 사로잡았다는 사실이다. 다음으로 증국번이 목창아에게 아부하고 영합하지는 않았어도 최소한 스승이자 조력자에 대한 존경과 감사의 마음을 표현했기 때문에 관계를 유지할 수 있었을 것이다. 증국번의 남다른 능력은 태평천국의 난을 진압하는 과정에서 충분히 증명되었다.

증국번은 목창아가 실각한 후에도 예전과 같은 태도로 그의 가족을 대했다. 그는 서태후를 만나기 위해 북경에 갔을 때, 특별히 목창아 집에 들러 안부를 전했다. 또 천진교안 임무를 맡은 후, 두 번 다시 북경에 가지 못할 것이라 생각해 아들에게 편지를 써서 목창아의 아들에게 자신의 뜻을 대신 전하도록 당부했다.

일찍이 그가 황제를 비난하는 상소를 올려 화가 난 함풍제가 그를 벌하려 했을 때, 많은 사람들이 그에게 힘이 되어주었다. 그가 이렇게 큰 위기를 모면할 수 있었던 것은 모두 주변 사람 도움 덕분이었다. 그 중에서도 적극적으로 그를 변호해준 특별한 두 사람이 있었다. 먼저 함풍제의 스승이자 정일품 대학사였던 기준조는 목창아와 정적 관계였음에도 불구하고 증국번을 도와주었다. 이에 증국번은 감사하는 마음을 담은 특별한 문장을 지어 그에게 선물했다. 다른 한 사람은 증국번이 진사에 합격할 당시 시험 감독관으로 만나 사제 관계를 맺은 종이품 민절 총독 계지창이다.

1860년(함풍 10년) 5월, 증국번은 양강 총독에 임명되면서 드디어 지방 실권을 얻었다. 하지만 이것은 그의 힘으로 이뤄낸 결과가 아니라 숙순의 적극적인 지지 덕분이었다. 당시 숙순은 군기대신, 협판대학사, 호부 상서를 겸임하며 막강한 권력을 행사했다. 숙순이 모든 것을 책임지고 적극적으로 그를 추천하자 함풍제는 숙순을 믿었던 것뿐이다. 민족 편견 없이 인재를 아꼈던 숙순은 특히 증국번, 호림익, 좌종당을 적극 지원했다. 그는 증국번의 용기와 지혜, 호림익의 재능을 크게 인정해 이들을 중용했다.

전임 양강 총독 하계청(何桂淸)이 이수성에게 절강, 소주, 상주를 빼앗긴 죄로 혁직 처분당하면서 새로운 양강 총독이 필요했을 때, 원래 함풍제가 염두에 두었던 사람은 호림익이었다. 그러나 숙순의 생각은 달랐다. "호림익은 현재 호북 관리들과 뜻이 잘 맞아 호북을 잘 운영하고 있습니다. 안정적으로 운영되고 있는 호북은 건드리지 말고 증국번을 양강 총독에 임명하십시오. 이렇게 하면 장강 상류와 하류에 각각 인재를 둘 수 있습니다." 함풍제가 숙순의 의견에 동의하면서 비로소 증국번의 세상이 열린 것이다.

여기서 반드시 짚어봐야 할 것이 있다. 숙순은 왜 증국번을 도와주었을까? 두 사람이 사적으로 친분이 두터워서였을까? 전혀 아니다. 현재 확인할 수 있는 모든 자료를 보건대, 증국번은 숙당파(肅黨派)가 아니었다. 1859년(함풍 9년)에 증국번이 호림익에게 보낸 편지 중 이런 내용이 있다. "얼마 전 과거 사건에서 지나치게 많은 사람을 연루시켰네. 반면 모든 법이 서양인에게는 너무 관대해 많은 사람들이 불만스러워하고 있지. 하지만 이 생각은 그저 내 머릿속에만 머물러 있네. 근래에 내가 공을 쌓지 못했으니, 그저 침묵할 수밖에 없다네." 이 내용으로 보아 증국번이 당시 숙순의 대내외 정책에 동의하지 않았음을 알 수 있다. 하지만 후에 그 역시 천진교안 사건을 처리하면서 서양인에게 관대하지 않았던가? 그러나 이것은 그의 적극적인 '입국' 정신으로 이해해야 한다. 그는 천진교안 사건으로 자신의 명예가 실추될 것을 알면서도 피하지 않고 그 안에 뛰어들었기 때문이다.

왕개운이 증국번에게 숙순과 손잡고 서태후의 수렴청정을 중단시키자고 권했을 때, 증국번은 단호히 거절했다. 왕개운 측근의 말에 따르면, 당시 왕개운이 증국번에게 보낸 편지에 이런 내용이 있었다고 한다.

'대인이라면 군대를 동원해 조정의 질서를 바로잡을 수 있습니다. 숙순을 지지해 서태후의 정권 장악을 중단시켜야 합니다.' 하지만 증국번은 이 말을 조금도 귀에 담지 않았다. 왕개운은 너무 실망한 나머지 증국번이 원망스럽기까지 했다.

사실 왕개운이 증국번을 곤란하게 만든 것은 이번뿐이 아니었다. 앞에서 언급했든 그는 증국번에게 직접 황제가 되라고 권하기도 했다. 증국번이 만약 그의 의견을 받아들였다면 어떻게 되었을까? 물론 어느 쪽으로도 결과를 장담할 수는 없겠지만, 왕개운과 증국번의 관계에서는 대부분 증국번이 사람 보는 눈이 있었다고 말하는 의견이 우세하다.

증국번이 왕개운의 의견을 받아들이지 않은 게 혹시 숙순과의 사이가 좋지 않았기 때문은 아닐까? 여러 가지 자료를 종합해보면 증국번은 확실히 숙순을 좋아하지 않았다. 하지만 국익 입장에서 볼 때 서태후 정권보다는 숙순의 정견이 옳다고 생각했다. 이홍장이 유럽에서 활동할 당시 독일 총리 비스마르크를 만난 일이 있었다. 이때 비스마르크가 "여자 밑에서 일하는 당신이 뭘 할 수 있겠나?"라고 말했다고 한다. 당시 사회는 아직 남성 중심이었기 때문에 서태후의 등장은 크게 환영받지 못했지만 드러내놓고 반감을 표현할 수는 없었다.

얼마 뒤 서태후는 숙순을 제거한 뒤, 그의 집에서 편지가 가득 들어 있는 상자를 발견했다. 이것은 숙순이 뜻을 함께하는 대신들과 주고받은 편지로, 여기에 이름이 거론된 사람들은 모두 처벌을 면치 못했다. 그러나 증국번은 숙순과 개인적인 친분을 쌓지 않은 터라 화를 면했고, 이를 계기로 서태후의 총애를 받게 되었다. 이후 서태후가 증국번에게 강남 4성의 군권을 넘겨주고 중용했다.

증국번이 숙순과 뜻을 함께하지 않은 이유는 무엇보다 정치적인 견해가 달랐기 때문이다. 그리고 또 하나, 그의 신중하고 조심스러운 태도도 큰 영향을 끼쳤다. 그는 관직이 높아지고 권력이 커질수록 철저히 자신을 지켜야 한다고 생각했다. 높은 자리에 있을수록 언제 실각할지 모르기 때문에 조정 대신들과 사적인 교류를 피하고 최대한 거리를 두어 그들의 죄에 연루되지 않도록 신중을 기했다.

증국번이 먼저 숙순에게 다가가 아부하거나 친한 척한 일은 단 한 번도 없었다. 하지만 숙순은 증국번의 재능을 인정하고 그를 적극 지지했다. 왜 그랬을까? 개인적인 친분이 없었다면 당연히 그의 재능 때문이었을 것이다. 숙순이 증국번을 적극 추천한 것이 자신을 위해서였는지 증국번을 위해서였는지는 확실치 않다. 다만 증국번이 숙순의 도움으로 고관대작이 된 것은 사실이지만 증국번의 모든 업적이 숙순 덕분이라고 볼 수는 없다.

중용사상이나 중립적인 태도는 확실한 성공을 보장해주지는 못한다. 하지만 그 사람의 타고난 재능을 발전시키거나 지혜로운 판단력을 키우는 데 큰 영향을 끼칠 수는 있다. 타고난 재능을 최대한 발휘하면서 지혜로운 판단력이 뒷받침된다면 이 세상에 이루지 못할 꿈은 없다.

성공 인물의 처세력 ⑬
큰일은 절대 혼자 할 수 없다

하나라 계(啓)는 어떻게 상속제를 안착시켰을까?

여기에서 말하는 '내 편 만들기'는 반드시 인재나 지지자를 많이 모아야 한다는 의미는 아니다. 모택동은 성공적인 혁명 과정을 종합하면서 '통일전선'을 강조했다. 통일전선의 목적이 바로 다수가 단결해 소수를 고립시키는, 혹은 적을 만들지 않으면서 지지자를 늘리는 것이다.

모든 역사 기록이 100% 진실이라면, 진(秦)나라의 조상은 영(嬴)씨 성을 하사받은 대비(大費)로부터 시작되었다. 대비는 백익(伯益)이라고도 불리는데, 왜 이름을 바꿨는가에 대해서는 잠시 접어두자. 어떻든 중국 역사에서 이름, 지명, 기관명, 조직명을 바꾸는 일은 강이 흐르다 길이 막히면 돌아가는 것처럼 자연스러운 일이다. 이것은 수천 년 동안 그래왔고 지금도 여전히 변하지 않는 일종의 관습일 뿐, 좋다 나쁘다를 말하기는 힘들다.

백익은 우임금과 함께 홍수를 다스리고 묘란(苗亂)을 평정하는 등 큰 공을 세웠다. 두 사람은 각자 자기 부족을 이끌었으나 기본적으로 우임금의 일관된 지휘 체계에 따랐다. 또 백익은 순임금을 도와 새와 짐승을 길들여 영씨 성을 하사받았다. 백익이 많은 공을 세웠을 뿐 아니라 도덕적으로 명망이 높았기 때문에 우임금은 임종을 앞두고 그에게 자리를 물려주었다. 후에 계가 일으킨 일련의 사건이 없었다면 요, 순, 우 3대 성인이 아니라 요, 순, 우, 익 4대 성인으로 역사가 바뀌었을 것이다. 우임금은 화하족의 왕이고 백익은 동이족의 우두머리였으므로 두 사람의 단결은 곧 두 민족의 단결이기도 했다.

그런데 백익이 우임금의 뒤를 이었음에도 사람들은 그가 아닌 우임금의 아들 계를 왕처럼 떠받들었다. 소송 같은 문제가 생겨도 백익이 아니라 계를 찾아갔다. 사람들은 "계는 우리들 왕의 아들이다"라고 말했다. 고대 사람들은 일상적으로 노래하고 춤추며 왕을 칭송했는데, 이들이 칭송하는 대상은 역시 백익이 아닌 계였다. 계는 왕의 아들이기 때문이었다. 이렇게 민심이 계에게 돌아서자 백익의 지위가 위태로워졌다.

우임금의 아들 계는 씨족 족장들의 추대를 받아 왕위 투쟁에 나섰고 결국 백익을 죽이고 하나라를 세웠다. 이것은 아마도 중국 역사상 최초의 왕위 찬탈 음모였을 것이다. 여기에 관련된 역사 배경을 자세히 알아보자.

계의 할아버지이자 우임금의 아버지인 곤(鯀)[123]은 요임금의 명령으로 물을 다스렸다. 곤은 홍수를 막기 위해 둑을 쌓았는데, 처음에는 효과가 있는 것처럼 보였지만 물이 점점 불어나면서 둑은 아무 소용이 없었다. 이즈음 요임금이 순임금에게 왕위를 선양하자 곤이 반기를 들었다. 곤은 왕이 될 욕심으로 세상을 어지럽히다가 결국 우산(羽山)에서 죽었다.

기록이 없어 우임금이 아버지의 죽음 때문에 원한을 품었는지는 알 수 없다. 어떻든 그가 아버지를 대신해 물을 다스리기 시작한 것만은 사실이다. 전설에 따르면 우임금은 치수에 집중하느라 자기 집 앞을 지나면서도 집에 들어가지 않았다고 한다. 아무튼 그는 산맥을 뚫어 물길을 터줌으로써 드디어 홍수를 이겨낼 수 있었다. 순임금은 요의 공을 높이 인정해 그에게 왕위를 물려주었다.

우임금이 임종을 앞두고 백익에게 왕위를 선양하면서 중국 역사에 왕위 찬탈이 시작되었다.

창의(昌意),[124] 곤, 우임금, 계까지 4대를 이어오는 동안 이들의 권력 기반은 더욱 탄탄해졌고, 화하족 내에서 상당한 영향력을 행사했다. 당시 사회는 사유 개념이 발전하던 때이므로 너와 나의 구분이나 배타적인 경향이 강했다. 황제

(黃帝)부터 요임금, 순임금, 우임금까지는 모두 화하족이었는데 갑자기 동이족이 나타나 왕이 되겠다고 하니, 화하족으로서는 도저히 용납할 수 없는 일이 벌어진 것이었다. 일찍이 곤이 왕위에 욕심을 내고 순임금에게 도전했다가 실패했는데, 계는 그때보다 더욱 탄탄한 기반과 대담함을 갖추었다.

전설에 따르면, 백익은 우임금의 뒤를 잇자마자 계를 옥에 가두었다. 그러나 탈출에 성공한 계는 도망가서 힘을 키운 뒤 다시 돌아와 백익을 죽였다. 계가 이렇게 빨리 큰 힘을 모을 수 있었던 것은 우임금이 죽기 전에 이미 확실한 지지 세력이 있었기 때문이다. 백익이 이미 왕위에 오른 후였기 때문에 어떤 억압 조치가 내려지기 전에 서둘러 행동을 취해야 했다. 계가 이때 시간을 지체했더라면 왕위 찬탈에 실패했을지도 모른다.

이 사건을 다른 관점에서 보자. 우임금은 선양을 선언하고 7년 후에 죽었다. 이것이 사실이라면 계가 일을 도모할 시간은 충분했을 것이다. 백익이 왕위에 오르자마자 계를 가둔 데는 다 이유가 있었던 것이 아닐까? 계의 움직임을 눈치채고 미리 선수를 친 것이다. 하지만 결과적으로 백익의 행동은 좋은 선택이 아니었다. 요임금, 순임금, 우임금은 왕위를 이어받은 후 전임자의 아들을 옥에 가두지 않았을 뿐더러 전임자가 그랬던 것처럼 아들이 아닌 다른 사람에게 왕위를 양위했다. 하지만 백익은 아직까지 많은 사람들이 우임금을 잊지 못한 상태에서 그의 아들을 옥에 가두었으니, 당연히 민심을 잃을 수밖에 없었을 것이다.

백익은 내 편을 만들고 동맹을 형성하는 것이 얼마나 중요한지 잘 몰랐던 것 같다. 사실 계가 왕위를 찬탈하고 백익을 죽이기까지 한 것은 비난받아 마땅한 일이었다. 하지만 공개적으로 계에게 저항한 이는 유일하게 유호(有扈)씨뿐이었다. 이것은 백익에게 정치적으로 생사를 함께할 조력자가 거의 없었고, 그가 왕위를 공고히 하거나 적극적으로 민심을 얻는 일에도 소홀했음을 보여준다. 그는 치밀한 계획 하에 많은 사람을 내 편으로 끌어들여 소수의 적을 고립시키는 전략 따위는 전혀 생각하지 못했다. 반면 계는 왕위를 빼앗기 위해 연맹 회의를 열어 적극적으로 다른 부족을 설득하며 지지 세력을 늘려갔다. 전략적인 면에서 보면 확실히 계가 백익보다 한 수 위였다.

　백익은 결과적으로 실패자가 되었지만 영웅의 이미지는 그대로 남았다. 만약 백익이 조금 더 적극적으로 행동했다면 어떻게 되었을까? 그가 왕위에 오른 후 철저히 계를 감시하고 강력한 근위부대를 키워 자신을 지켰다면, 계보다 한 발 앞서 부족 연맹 회의를 열어 통일전선을 구축하고 지지 세력을 키웠다면? 만약 민심이 백익에게 기울었다면 계가 반란을 일으켰더라도 그렇게 쉽게 성공하지는 못했을 것이다. 백익이 냉정한 사람이었다면 후환을 없애기 위해 아예 계를 죽였을 수도 있다. 그랬다면 물론 반대 여론이 일어났겠지만, 그리 오래가지는 않았을 것이다. 실제로 계가 백익을 죽였을 때도 세상은 그렇게 혼란스럽지 않았다. 왕위 찬탈은 찬탈 그 자체보다 그 후에 알맞은 후속조치를 취해 뒷수습을 잘하는 것이 중요하다. 백익은 성인군자였을지는 몰라도 세상물정에 어두운 고지식한 사람이었을 것이다. 그는 특별한 계획이나 대책 없이 오로지 하늘이 정해준 운명에 따를 뿐이었다.

　일부 기록에서는 위의 사건이 모두 우임금의 의도와 전략이었다고 말한다. 먼저 『전국책(戰國策)』의 기록을 보면, 우임금이 후계 문제를 고민할 때 계의 능력이나 명망이 부족하다고 생각했다. 그래서 백익에게 왕위를 넘겼다. 그러나 계가 협력자를 모아 스스로 백익을 몰아내고 왕위를 차지하는 것이 최종 목표였다. 우임금은 백익에게 왕위를 선양했다는 명분을 세우는 동시에 실력을 키운 아들 계가 스스로 왕이 되기를 바랐던 것이다. 계가 왕이 될 자질과 능력이 있다면 스스로 왕이 될 것이고, 그렇지 않다면 왕이 될 자격이 없다는 생각이었다. 『전국책』의 내용이 사실이라면 우임금은 전략적으로 최고의 고수일 것이다. 그러나 이 내용은 전설일 뿐이고 또 다른 관점도 있다. 『사기』에서는 무력 충돌 없이 백익이 스스로 계에게 왕위를 양보했다고 전한다.

어찌되었든 계가 왕위를 차지하는 과정에서는 씨족 족장들의 지지가 큰 힘이 되었는데, 이를 통해 원시 사회 말기의 민주화 특징을 엿볼 수 있다. 그러나 이후 봉건시대가 깊은 뿌리를 내리면서 더 이상 이러한 사례는 찾아볼 수 없게 되었다. 계 이후 4,000여 년 동안 특정 가문이 중국 천하의 주인으로 군림했다.

이세민의 세력 키우기

'세력 키우기'를 인재와 협력자를 모으는 것으로만 본다면, 가장 성공적인 사례로 이세민을 꼽을 수 있다. 당태종 이세민은 중국 역사를 대표하는 위인이다. 그는 한나라 이후 수백 년 동안 혼란에 빠져 있던 중국을 통일했고, 당나라를 태평성세로 이끄는 등 큰 업적을 남겼다.

이세민이 황위를 차지하기 위해 일으킨 사건이 바로 현무문(玄武門) 사변이다. 그는 형 이건성(李建成), 동생 이원길(李元吉)을 죽이고 황제가 되었다. 현무문 사변은 인재를 얻는 방법, 인재의 중요성 등을 보여주는 아주 좋은 사례다. 이세민은 당나라 건국에 큰 공을 세워 진왕(秦王)에 봉해졌는데, 시간이 지날수록 이세민의 진왕부(秦王府) 세력과 태자 이건성의 동궁 세력은 첨예하게 대립했다. 진왕부파와 동궁파는 각자 세력을 키우기 위해 온갖 수단과 방법을 동원했다.

당나라 개국 황제 고조 이연은 부인도 많고 아들도 많았던 만큼 후계 경쟁이 없을 수 없었다. 이세민과 이건성은 이연의 후궁을 매수해 '베갯밑공사'를 십분 이용했다. 이연의 후궁들은 대부분 편안한 앞날을 위해 후계자가 될 가능성이 높은 태자 이건성을 지지했다. 물론 이세민도 가만있지 않았다. 태자 이건성이 황궁을 지키는 동안 그는 밖으로 돌아다니며 많은 전공을 세웠다. 이 과정에서 얻은 전리품으로 후궁들을 매수했다. 훗날 황후가 된 이세민의 부인 장손(長

孫)씨도 남편을 돕기 위해 이연의 후궁들과 적극적으로 친분을 쌓았다.

조정대신과 지방 귀족들도 진왕부파와 동궁파의 주요 협력 대상이었다. 고조 말기의 대표적인 권문대신 배적(裵寂)은 공개적으로 이건성을 지지했다. 봉덕이(封德彛)는 겉으로는 이건성, 이세민과 모두 원만한 관계를 유지했지만, 몰래 이건성과 더 깊은 관계를 맺고 있었다. 봉덕이는 이처럼 신중하게 행동한 덕분에 이세민이 황제에 등극한 후 재상으로 중용되었다. 그가 한때 이건성 편에 서려 했다는 사실은 그가 죽은 후에야 밝혀졌다. 이세민은 대신들의 지지를 얻기 위해 고군분투했지만 태자 신분을 이용한 이건성을 뛰어넘을 수는 없었다. 이연의 또 다른 아들 이원길이 공개적으로 이건성 편에 서자 이세민의 상황은 더욱 불리해졌고 진왕부 세력은 불안감에 휩싸였다.

진왕부와 동궁의 대립은 점점 치열해졌다. 한편 이연은 아들 간의 권력 다툼을 원치 않아 화해 분위기를 만들어보려 노력했지만 아무런 소용이 없었다. 오히려 두 아들의 감정을 더욱 상하게 만들었고, 결국 유혈 사태까지 일어나고 말았다. 진왕부파의 핵심 세력을 소위 '진왕부 18학사'라 부르는데, 현무문 사변에서 가장 큰 공을 세운 이는 장손무기(長孫無忌)와 위지경덕(尉遲敬德)이었다. 사실 장손무기는 이세민의 처남이었으므로 그를 지지할 수밖에 없었다. 위지경덕은 이세민에게 투항해온 장군이었으나 충성심만큼은 그를 따를 자가 없었다.

위지경덕은 수나라 양제 말기에 각지의 반란을 진압하는 데 큰 공을 세운 명장으로 조산대부(朝散大夫)에 봉해졌다. 그런데 조산대부는 무관이 아니라 문관의 관직이라는 점이 조금 의아하다. 어떻든 그는 이렇게 해서 본격적으로 관리 무대에 발을 내딛었다. 그러나 그는 유무주(劉武周)를 도와 수나라에 반기를 들었다. 당나라 건국 이후 유무주가 이세민에게 패하자 돌궐로 도망쳤던 그는 얼마 뒤 이세민에게 투항했다. 그런데 얼마 뒤 유무주 수하 장군들이 모여 다시 반란을 일으키자 이세민의 부하들은 위지경덕을 의심해 그를 옥에 가두었다. 굴돌통(屈突通), 은개산(殷開山) 등은 말했다. "위지경덕은 매우 위험합니다. 원래 사나운 성격인데다 불신당하고 있다는 것을 알았으니 분명히 원한을 품었을 것입니다. 후환을 남기지 말고 아예 그를 죽이십시오."

그러나 이세민은 생각이 달랐다. "그가 정말 배반할 생각이었다면, 왜 그들과 함께 떠나지 않고 혼자 여기 남았겠는가?" 이세민은 당장 위지경덕을 불러 금은보화를 하사하고 그를 위로했다. "대장부가 의기투합하기로 했으면 작은 일에는 개의치 않는 법이라네. 나는 그런 중상모략에 넘어가 충직한 부하를 죽일 만큼 어리석지 않으니 지금까지 있었던 일은 그대가 이해해주길 바라네. 만약 지금 그대가 떠난다고 해도 난 이해할 것이야. 이 선물들은 내 마음이라고 생각해주게."

이날 이세민은 부하장수들과 함께 사냥을 나갔는데, 위지경덕도 함께 갔다. 이때 우연히 왕세충(王世充) 군대를 만나 교전이 벌어졌다. 왕세충 수하의 맹장 단웅신(單雄信)이 이끄는 기병 선봉부대가 이세민을 향해 돌진해왔다. 이때 위지경덕이 고함 소리와 함께 박차고 나와 단칼에 단웅신을 베어버렸다. 장군을 잃은 단웅신의 부하들은 위지경덕의 위세에 눌려 뿔뿔이 흩어져 도망치기 바빴다. 위지경덕은 이렇게 적의 포위망을 뚫고 이세민을 안전하게 구출했다. "사람들이 그대가 나를 배반할 거라고 했던 건 아마도 하늘이 나를 시험하려는 것이 아닌가 하네. 하지만 나는 그대가 절대 그럴 사람이 아니라고 믿었어. 그런데 그에 대한 보답이 이렇게 빨리 돌아올 줄은 미처 몰랐네." 위지경덕 덕분에 목숨을 건진 이세민은 다시 그에게 큰 상을 내렸다. 그 후로 위지경덕은 이세민과 함께 전장을 누비며 많은 공을 세웠고, 이세민의 호위대장으로 임명되면서 두 사람의 신뢰는 더욱 깊어졌다.

한편 이건성은 이세민의 세력을 약화시키기 위해 고조의 명령을 내세워 진왕부의 맹장 정지절(程知節)과 진숙보(秦叔寶), 모사 방현령(房玄齡)과 두여회(杜如晦)를 다른 곳으로 인사이동시켰다. 또 그는 위지경덕을 매수하기 위해 많은 재물을 하사했다. 그러나 위지경덕은 이건성의 선물을 사양하며 이렇게 말했다. "저는 항장으로 이미 죽어 마땅한 죄를 지었으나, 다행히 주인의 은혜를 입어 목숨을 부지하고 있습니다. 지금 저는 오로지 주인에게 은혜를 갚아야 한다는 생각뿐입니다. 또한 저는 태자 전하를 위해 세운 공이 없으니 이렇게 과한 선물은 받을 수 없습니다. 만약 제가 이 선물과 함께 태자 전하를 받아들인다면 두 마음을 품는 것이 되지 않겠습니까? 제가 재물에 눈이 어두워 인의와 은혜를 저버리는 사람이라면 태자 전하에게도 쓸모없는 인간일 것입니다." 나중에 이 사실을 전해들은 이세민은 위지경덕에게 이렇게 말했다. "그대의 마음은 정말 저 높은 산처럼 무겁고 믿음직하구나. 어찌 그대의 마음을 의심하겠는가! 하지만 앞으로 또 그런 일이 있으면 못 이기는 척 선물을 받아두시게. 혹시라도 상대를 자극해서 화가 미치지 않도록 하게."

재물로 위지경덕을 매수하는 데 실패한 이건성은 그의 존재가 더욱 크게 느껴져 이번에는 아예 그를 죽여 없애기로 하고 자객을 보냈다. 위지경덕은 일부러 문을 활짝 열어놓고 한껏 여유를 부렸다. 자객이 몇 번이나 왔지만 위지경덕이 너무 태연하게 행동하니, 혹시 함정이 있을까봐 감히 손을 쓰지 못하고 돌아갔다. 암살 계획도 실패하자 이번에는 유언비어를 퍼뜨리고 중상모략에 열을 올렸다. 드디어 고조 이연이 위지경덕을 처형하라는 명령을 내렸지만 이세민이 적극 만류해 겨우 화를 면했다.

현무문 사변 당시 이세민이 차마 형제를 죽일 수 없어 망설일 때, 위지경덕이 나서 그를 설득했다. "일을 처리할 때 조금이라도 의심스러운 부분이 있다면 이상적인 지혜가 아니고, 어려움이 닥쳤을 때 조금이라도 머뭇거린다면 진정한 용기가 아닙니다. 800명의 병사들이 이미 황궁에 진입했으니 이제 되돌릴 수 없습니다." 626년 6월 4일 현무문 사변이 일어났다. 이세민이 이건성을, 위지경덕이 제왕 이원길을 죽이니 그 부하들은 저절로 흩어졌다. 대략 상황이 수습되자 위지경덕은 병사들을 이끌고 고조 이연의 거처로 향했다. 이연은 깜짝 놀라 물었다. "도대체 누가 반란을 일으킨 게냐? 너는 여기 왜 왔느냐?" "태자 이건성과 제왕 이원길이 반란을 일으켰습니다. 진왕께서 이미 그들을 처형했습니다. 저는 진왕의 명령을 받고 황제 폐하를 보호하러 왔습니다."

현무문 사변이 성공한 후 누군가 이세민에게 이건성의 가족과 측근 100여 명의 죄를 다스려야 한다고 말했다. 그러나 위지경덕은 "주모자 이건성과 이원길을 죽였으면 됐습니다. 만약 주변 사람들을 모두 연루시키면 민심이 불안해질 것입니다"라고 말하고, 동궁파에게 관용을 베풀고 그들과 함께 정국을 안정시켜야 한다고 주장했다. 이렇게 해서 위지경덕은 100명의 목숨을 살렸다.

위지경덕은 현무문 사변의 일등공신임을 인정받아 오국공(吳國公)에 봉해졌다. 그러나 그는 지나치게 솔직한 성격 탓에 자신의 공을 너무 드러냈다. 이 때문에 황후의 오빠이자 그와 더불어 현무문 사변의 일등공신인 장손무기, 방현령, 두여회와 치열한 자존심 경쟁을 벌였다. 어느 날 황궁 연회에서 그는 자기보다 높은 자리에 앉아 있는 사람을 보고 화를 냈다. "네가 무슨 공이 있다고 감히 나보다 높은 자리에 앉아 있는 거냐?" 곁에 있던 이세민의 동생 임성왕(任城王) 이도종(李道宗)이 좋은 말로 위지경덕을 달래던 중 그가 휘두른 주먹에 눈을 맞아 실명 위기에 처했다.

연회가 끝난 후 이세민은 위지경덕에게 이렇게 말했다. "예전에 『한서』에서 유방이 공신들을 죽이는 것을 보고 도저히 이해할 수 없었는데, 지금 이 자리에서 이런 일을 겪으니 이제 알 것 같다. 유방이 한신, 팽월, 영포 등을 죽인 게 그의 잘못만은 아니었어. 국가와 대의를 위해서는 반드시 상벌을 분명히 해야 하는 법이니, 그대 스스로 자신을 바로잡아 후회할 일이 없도록 하라." 훗날 위지경덕이

74세로 삶을 마감했을 때, 고종은 3일 동안 조정을 폐하고 오품 이상 관리들에게 그를 애도하도록 명했다.

이건성은 이세민 수하의 위지경덕을 자기편으로 끌어들이려고 온갖 수단과 방법을 동원했지만 결국 실패했다. 반면 이세민은 이건성 수하에서 별로 주목받지 못하던 인물을 매수해 아주 요긴하게 기용했다. 현무문 수비대장 상하(常何)가 바로 그 주인공이다. 이건성과 이원길이 현무문에서 이세민과 위지경덕에게 죽임을 당한 일이 결코 우연이 아니었으니, 현무문 사변에서 상하의 역할이 얼마나 중요했는지 충분히 짐작할 수 있다.

이세민 수하에서 빼놓을 수 없는 또 한 명의 인재로 위징(魏徵)이 있다. 위징은 원래 이건성의 모사였다. 동궁파와 진왕부파가 한창 대립하던 때 위징이 먼저 거사를 도모해야 한다고 제안했지만, 이건성은 그의 의견을 받아들이지 않았다. 현무문 사변이 일어난 후 다른 동궁파 사람들은 모두 정신없이 도망쳤으나 위징은 자기 자리를 지켰다. 그러자 이세민이 그에게 질책했다. "너는 우리 형제 사이를 이간질했다. 그 이유가 무엇이냐?" 위징은 침착하게 대답했다. "태자가 내 말을 들었더라면 지금과 같은 비극은 일어나지 않았을 것입니다." 이세민은 위징의 충직함에 감탄해 그를 수하에 거둬 중용했다. 위징도 이세민의 믿음이 헛되지 않도록 최선을 다해 '정관치세(貞觀治世)'를 뒷받침했다. 후에 그는 이렇게 말했다. "나는 충신이 아니라 현신이 되길 바랐다. 현신은 국가를 이롭게 하고 군신 모두에게 영광스러운 결과를 만들어주지만, 충신은 국가에 별 도움이 되지 않는 허울 좋은 이름일 뿐이다."

일설에 따르면 어느 날 화가 머리 끝까지 치민 이세민이 황후를 찾아와 소리쳤다. "내 언젠가 위징, 그 망할 놈의 영감탱이를 죽여버리고 말 테다!" 장손 황후가 자초지종을 물어보니 위징이 황제의 체면을 지켜주지 않고 매번 면박을 주어 화가 났던 것이었다. 장손 황후는 이세민의 말을 듣고 얼른 바닥에 무릎을 꿇고 말했다. "폐하, 감축드립니다." 이세민은 어찌된 영문인지 몰라 "도대체 무슨 말이오?"라고 물으니, 황후가 이렇게 대답했다. "옛말에 군주가 현명해야 신하가 감히 직언을 올릴 수 있다고 했습니다. 위징이 감히 면전에서 폐하를 반박하는 것은 폐하가 성군이라는 뜻이 아니옵니까?" 이세민은 황후의 말을 듣고 금방 기분이 좋아졌다. 위징이 죽었을 때 이세민이 직접 그의 비문을 적어주었다고 하니 두 사람의 관계가 얼마나 돈독했는지 충분히 짐작할 수 있다.

 역사적으로 장손 황후에 버금가는 현명한 아내가 있었으니, 바로 조조의 아내 변(卞)씨가 그 주인공이다. 변씨는 본래 기생이었다고 한다. 어느 날 조조가 서역에서 가져온 귀한 장신구를 선물받았다. 그는 이 장신구를 아내들에게 나눠주기로 하고 먼저 첫 번째 부인 변씨의 처소로 향했다. 변씨에게 장신구를 고르라고 하자 그녀는 한참 고민하다가 아주 좋은 것을 내버려두고 적당히 좋은 것을 골랐다. 조조가 이상히 여겨 이유를 묻자 변씨는 이렇게 대답했다. "가장 좋은 것을 고르면 탐욕스러운 여자가 되고, 가장 나쁜 것을 고르면 가식적인 여자가 될 것입니다. 그래서 중간 것을 고른 것입니다." 조조는 부인의 지혜에 감탄하지 않을 수 없었다. 부인조차 이렇게 지혜롭고 현명했으니, 그들은 당연히 큰일을 이룰 수밖에 없었으리라.

제14장
냉정하고 엄격하게 다스려라

인자함만으로는 군대를 다스릴 수 없기에 증국번은 전략적으로 냉정했다.
인의를 내세워 여지를 남기긴 했지만 그는 실로 엄격한 리더였다.

　냉정하지 못한 사람은 성공할 수 없다. 냉정하지만 여지를 남겨두고, 냉정하더라도 대의를 지켜야 진정한 고수가 될 수 있다. 나이 어린 태자를 둔 한나라 무제는 자신의 삶이 얼마 남지 않았음을 예감하는 순간, 20대 초반의 꽃다운 나이였던 태자의 모후를 죽였다. 자신이 죽은 후 어린 태자를 내세워 모후가 정권을 농락할 수 있다고 생각해서 내린 처사였다.
　모질고 냉정한 태도에는 세 가지 종류가 있다. 자신에게 냉정한 것, 가족과 친구에게 냉정한 것, 적에게 냉정한 것. 역사 인물을 예로 들면, 항우는 적에게 냉정하지 못했기 때문에 결국 오강(烏江)에서 자살로 생을 마감해야 했다. 당나라 태종은 여자에게 모질지 못해 측천무후가 황실을 농락하게 만들었다. 상앙은 주변 사람에게 융통성 없이 너무 냉정했기 때문에 결국 비참한 죽음을 맞이했다.
　증국번도 대업을 이루는 과정에서 냉정해야 할 때가 많았다. 그러나 그의 냉정함은 어느 역사 영웅보다 고차원적이었다. 그는 친구는 물론 황제에게까지 냉정했지만, 충의를 지키며 항상 여지를 남겨두었기 때문에 자신을 지킬 수 있었다. 냉정하지만 여지를 남겨두고, 냉정하더라도 대의를 지키는 행동은 특히 관리자들이 배워야 할 이상적인 자세다.

대의와 대세에 맞는 냉정함

증국번의 '냉정함'에 대해 얘기하자면 역시 태평천국군의 수많은 희생이 가장 먼저 떠오른다. 그가 장사에 단련대신으로 부임했을 때부터 살펴보자. 단련대신은 조정에서 직접 임명한 직책이었지만, 흠차대신이나 지방 관리처럼 실권을 행사할 수 없었으므로 작은 일 하나하나 모두 현지 담당 관리와 상의해야 했다. 그러나 증국번은 이런 관례에 얽매이지 않고 일단 냉철하게 호남 상황을 분석하고 현실적으로 일을 처리했다.

호남에서 쫓겨난 태평천국군은 장강을 따라 내려가 남경을 점령했다. 황제 명령에 따라 호남에 있던 청나라 관병까지 남경 포위에 합세했지만, 이들은 그저 멀리서 남경성을 지켜보기만 할 뿐 감히 태평천국군과 싸울 생각은 하지 못했다. 한편 호남성은 관병이 일시에 빠져나가면서 군사력이 크게 약화되어 위태로운 상황에 놓였다. 태평천국군이 불시에 기습해온다면 힘없이 무너질 것이 뻔했다. 설상가상으로 태평천국군이 기세 좋게 남경을 장악하자 여기에 고무된 호남 비적들이 다시 활동을 개시했다. 하루빨리 대비책을 세우지 않으면, 호남은 머지않아 태평천국군과 비적들의 세상이 될 터였다.

증국번은 이런 걱정으로 한시도 마음을 놓을 수가 없었다. 그리고 이것은 결코 기우가 아니었다. 그의 예상대로 호남 비적들이 움직이기 시작했고, 태평천국군의 기세는 더욱 거세졌다. 그는 호남 지방 관리들의 무시와 조롱, 온갖 방해 속에서도 자신의 판단을 믿고 자신의 방법대로 군사훈련을 이어갔다. 증국번은 태평천국군이 당장 반격해오지 않을 것이라는 판단 하에 일단 단련 목표를 '호남 지역 비적을 소탕해 호남을 평안하게 한다'로 정했다. 그는 "모두가 힘을 모아 비적을 몰아내는 데 전력을 기울이면 최소한의 노력으로 최대 효과를 만들어낼 수 있다"고 말했다. 하지만 계획이 아무리 좋아도 실천하지 못하면 아무 소용 없는 법이다. 그래서 그는 단련 목표를 세울 때 실행 가능성에 무게를 두어 최소한의 경비로 최대 효과를 누릴 수 있는 실천방법을 강구했다.

여기에서 말하는 비적이란 '호남의 평화와 단결을 해치는 모든 세력'을 의미한다. 그가 함풍제에게 올린 보고서에 이런 내용이 있다. '호남에는 비밀결사 무장조직이 아주 많습니다. 이미 알려진 바와 같이 천자회(串子會), 홍흑회(紅黑會), 반변전회(半邊錢會), 일고향회(一股香會)가 큰 세력을 형성하고 있습니다.' 증국번의 관점에서는 동네 건달, 부랑자, 반사회 성향을 띤 종교단체, 산적 등도 모두 비적에 해당했다. 또한 군대를 이탈해 고향으로 돌아가거나 세상을 떠돌며 강도짓을 하는 탈영병들도 모두 비적이었다. 이외에도 호남 지역 안에서 일어난 소규모 반란 행위도 비적 소탕의 대상이었다. 그러나 실제로는 관의 명령에 따르지 않는다는 이유로 양민들까지 비적으로 몰려 화를 당했다.

증국번이 단련대신으로 부임하기 전까지 호남 사회 질서는 엉망진창이었다. 온갖 범죄가 넘쳐났지만, 10년이 넘도록 재판과 사형 집행이 전무한 상태였다. 이렇게 법을 믿지 못하고 관부가 무섭지 않은 상황이다 보니 반란이 끊이지 않고 민심은 불안해질 수밖에 없었다. 그래서 증국번은 엄격한 법률을 내세워 비적 소탕에 나섰다. 조금이라도 행동이 의심스러운 사람이 있으면 비적이든 양민이든, 증거가 있든 없든, 엄벌에 처했다. 상황에 따라 즉결 처형하는 경우도 많았다. 이즈음 증국번이 함풍제에게 올린 보고 중에 이런 내용이 있다. '제가 엄격한 형벌로 반란

세력을 제거하려는 이유는 오로지 무고한 백성을 평안케 하기 위함입니다. 지금 제게 너무 모질고 잔인하다고 욕하는 사람도 있지만, 절대 멈출 수 없습니다.' 이에 함풍제는 답했다. '비적 소탕을 위해 엄격한 형벌을 적용하는 것은 당연하다. 반드시 뿌리를 뽑도록 하라.'

그러나 단련대신 증국번은 행정 권한이 없었기에 범인을 잡아 심문하려면 일단 호남 당국에 보고하고 승인을 받아야 했다. 처음에는 비적으로 의심되는 자가 있으면 일단 성도로 보내 조사를 받게 했다. 그것이 원칙이었기 때문이다. 그러나 심문 결과가 너무 느리고 처벌 수준이 낮아 늘 불만스러웠다. 그래서 단련대신 공관 안에 심안국을 설립하고 직접 범인을 심문하기 시작했다. 중죄인은 즉시 사형에 처해졌고, 나머지는 대부분 곤장을 맞다가 죽었다. 경범죄를 저지른 자라도 채찍 천 회 형벌에 처했기 때문에 살아남는 사람이 거의 없었다.

일반적으로 관아에서 사건을 처리할 때는 복잡한 절차와 문서가 필요하므로 시간이 오래 걸렸다. 증국번은 신속한 일처리를 위해 문서 보고 체계를 과감히 생략하고 각 지역 단위 단련 책임자에게 모든 권한을 부여했다. 그리하여 복잡한 법률 절차 없이, 확실한 증거가 없어도, 간단한 심문만으로 사건을 종결하고 사형을 집행할 수 있게 되었다. 즉, 단련 책임자를 비롯해 그와 연결된 지방 실세들이 절대적인 영향력을 행사하게 된 것이다.

이렇게 되니 증국번의 정책 목표와 자신의 이익 목표가 일치하는 일부 지방 실세들이 단련 책임자로 나서기 시작했다. 이들은 조금이라도 행동이 의심스럽거나 자기 말을 듣지 않고 마음에 들지 않는 사람을 모두 붙잡아다 사형에 처하거나 심안국으로 넘겼다. 일부 단련 책임자들은 아예 보고도 하지 않고 마음대로 사람을 죽였다. 결국 비적 소탕이라는 애초의 목적에서 벗어나 권력을 이용해 사리사욕을 채우는 사례가 빈번해졌다. 힘없는 백성들은 살아남기 위해 관에서 시키는 대로 무조건 순한 양이 될 수밖에 없었다.

증국번이 함풍제에게 올린 보고서에 따르면 그가 5개월 동안 직접 사형에 처한 죄인이 137명이었다고 하니, 매일 한 명씩 죽인 셈이다. 하지만 이것은 시작에 불과했다. 태평천국의 난을 진압하는 과정에서 약 2,000만 명이 죽었는데 이 중 전쟁터에서 목숨을 잃은 병사는 겨우 100만 명이었다고 하니, 당시 백성들의 삶이 얼마나 고통스러웠을지 짐작할 수 있다. 당시 어떤 호남 사람이 그때 사회상을 기록한 자료에 '비적 소탕이라는 명분 아래 관아에서 양민을 죽이는 일이 빈번했다'라는 내용이 있다. 당시 심안국에서 범인을 심문했던 증국번의 부하가 남긴 사건 및 집행 기록에 따르면 사형에 처해진 사람만 1,000명이 넘었다. 그의 기록 중에는 이런 문구가 자주 등장했다. '이 사람은 죽여선 안 된다. 증대인이 직접 공명정대하게 처리해야 하는데, 아! 어찌하면 좋은가!'

증국번은 심안국 설립으로 증체두, 증백정과 같은 불명예스러운 별칭을 얻었고, 중국 근현대 역사에 아주 나쁜 선례를 남겼다. 사법기관의 승인이나 법률과 제도적 절차 없이 범인을 체포하고 사형을 결정하는 비도덕적인 불법 행위가 바로 그로부터 시작된 것이다. 특별한 증거 없이 죄 없는 무고한 백성을 잡아다 죽이는 일이 빈번하게 일어났다. 증국번으로부터 시작된 '즉결 처형'은 이후 많은 군벌들에게 수없이 되풀이되었다.

단련 조직은 자위(自衛) 성격을 띤 지방 무장 조직이었다. 증국번은 단련의 특성, 역할, 한계성을 정확히 파악했다. 그는 함풍제에게 올린 보고에서 '단련 조직은 광서 비적(태평천국군)을 막지는 못하겠지만, 지역 비적을 소탕하는 데는 문제가 없어야 합니다'라고 말하고 군사훈련에 박차를 가했다. 호남 지역에서 무장 반란이 일어났는데 현지 단련조직이 진압하지 못하면 증국번 군대가 직접 나섰다. 이 과정에서 또 수많은 사람들이 증체두의 손에 죽어갔다. 안화 일대에서 체포된 132명 중 25명만이 목숨을 건지고 107명은 즉결 처형되었다.

증국번이 이렇게 무차별적으로 사형을 집행한 이유는 법의 엄격함을 알려 백성들이 감히 반란에 가담하지 못하도록 하는 것이었다. 즉, 태평천국군이 늘어나는 것을 막고 그들을 고립시키기 위해서였다. 태평천국군이 강서에 진입하면서 그들에게 전 재산을 바치고 군대에 가담하는 백성들이 늘어났는데, 소식을 들은 증국번은 이렇게 말했다. "만약 그놈들이 호남에 진입했을 때 어리석은 백성들이 그들 편에 선다면 우리는 절대 그들을 이길 수 없다. 언제 적으로 돌변할지 모를 자들이라면 반드시 사전에 싹을 잘라야 한다."

호남을 벗어나 본격적으로 태평천국군을 상대하기 시작하면서 상군은 더욱 잔혹해졌다. 성을 함락하면 재물 약탈은 기본이고 성 안에 개미 한 마리 살려두지 않았다. 주력부대를 이끌면서 누구보다 많은 인명을 살상한 증국전은 조금씩 하늘이 무서워졌다. 이에 증국번은 병사들을 꾸짖었다. "군대에 몸담은 사람은 사람을 죽이는 것이 업이다. 더 많이 죽이지 못하는 것을 걱정해야 할 때인데 어찌 죽은 자의 수에 연연하느냐?"

『증국번가서』가 처음 인쇄되었을 때 군데군데 삭제된 글자가 많았는데, 그 중 상당수가 살인에 관련된 것이었다. 예를 들어 증국번이 강서 길안을 포위하고 있는 증국전에게 보낸 편지 중에 이런 내용이 있다. "반드시 '성 전체를 도살하라.' 한 명도 도망가지 못하도록 하라."[125] 이 문장에서 작은따옴표에 든 네 글자가 지워졌다. 강서 길안은 상군 활동

초기에 점령한 도시였고, 이때 성 전체를 도살한 것이 향후 활동의 전형이 되었다.

상군이 안경을 함락시킬 당시 태평천국군 만여 명이 무기를 버리고 투항했다. 부하 장수가 증국전에게 포로들을 어떻게 처리할 것인지 물었다. "긴머리 도적들은 흉악하고 숫자가 너무 많다. 어떻게 해야겠느냐?" "죽이는 것이 상책입니다." "죽이는 데도 방법이 필요하다." "그들을 한 곳에 모아놓고 한 번에 열 명씩 끌어내 죽이십시오." "난 마음이 약하니 그대가 알아서 처리하게." 이렇게 시작된 대량 살육은 오전 7시 반에 시작되어 오후 6시가 되어야 끝났다.

당시 안경 함락 과정을 지켜본 한 영국인의 기록에 따르면, 안경 수비군 병력은 약 9,000명 정도였다고 한다. 상군의 포위가 시작된 지 이미 오래였으므로 식량이 거의 바닥난 상황에서 상군이 목숨을 살려준다고 약속한 터라 당장 무기를 버리고 투항했다. 그러나 이들은 투항하자마자 바로 목숨을 잃었다. 머리가 잘려나간 만여 구의 시체가 장강을 가득 메웠다.

증국번의 입장에서는 그럴 수밖에 없었을 것이다. 양군이 첨예하게 대립하고 있는 상황에서 내가 상대를 죽이지 않으면 상대가 나를 죽일 것이기 때문이다. 이런 상황에서 포로 만 명을 어떻게 해야 할까? 포로 만 명을 거두려면 엄청난 식량과 보초 인력이 필요하다. 그러나 당시 상군은 자금이 부족해 급료나 식량을 절반밖에 지급하지 못했다. 포로를 먹여 살릴 여유가 전혀 없었다. 또한 증국번은 평소에 '군대는 숫자가 중요한 것이 아니다. 적은 수라도 정예부대를 키워야 한다'고 주장해왔기에 투항자들을 상군에 편입시킬 생각도 전혀 없었다. 그렇다고 포로를 그냥 놔주자니 적의 병력이 늘어날 터이니 그럴 수도 없었다. 결국 죽여 없애는 것이 최선의 방법이었던 셈이다.

하지만 증국번의 이러한 '냉정함'은 결국 자신에게 돌아왔다. 중국 전통 치료법에 응용되는 오행이론을 보면, 눈과 간은 목(木)에 속한다. 인자한 마음 역시 목에 속해 이 세 가지는 일맥상통한다. 그런데 증국번은 너무 많은 사람을 죽여 오덕(五德) 중 인(仁)이 부족했고, 이 때문에 목이 크게 상했다. 증국번이 말년에 시력을 거의 잃은 것은 바로 이 때문이었다. 또한 천수를 누리지 못하고 61세에 삶을 마감한 데는 간 문제가 컸다.

그는 문인이었지만 군대를 지휘할 때는 무장 못지않게 냉정하고 잔인했다. 그는 자신의 냉정함을 시대 흐름 때문이었다고 말했다. 그는 이렇게 모질고 냉정하게 행동하지 않았다면 아무런 결과도 얻지 못했을 것이라고 생각했다. 그의 강력한 조치 덕분에 호남에서는 더 이상 비적을 찾아볼 수 없게 되었다. 나아가 호남은 가장 안정적인 상군의 병력 공급지가 되었다. 태평천국군에게 패해 전력이 감소하거나 탈영병이 생기면 호남에서 새로운 병사를 모집했다. 호남은 상군의 중요한 후방 기지였다. 증국번은 유방의 대업을 예로 들면서 말했다. "소하가 관중에서 후방 기지를 잘 운영했기 때문에 유방이 항우를 제압하고 천하를 제패할 수 있었다." 그가 태평천국 포로를 대량 학살한 것은 도의적으로는 비난받아 마땅한 일이지만, 전시임을 감안하면 이것이야말로 적의 전투력을 확실히 꺾을 수 있는 최선의 방법이었다.

한편 증국번은 대량 학살로 민심이 흉흉해질 것을 염려해 민심을 달래는 일에도 신경을 썼다. 증국번이 단련대신으로 부임하기 전에 지은 「보수평안가(保守平安歌)」 중에 이런 구절이 있다. '많은 사람들이 헛소문을 그대로 믿고 떠들고 있지만, 우리는 절대 이 혼란을 그대로 두고 도망치지 않을 것이다. … 지방 공무가 정확히 자리를 잡아야 모두가 편안하고 즐겁게 밥을 먹을 수 있다.'[126) 비슷한 시기에 지은 「애민가(愛民

歌)」에는 이런 구절이 나온다. '전군에게 이 점을 확실히 인지시켰다. 군대는 백성을 사랑하고 지켜야 한다.… 절대 남의 집 물건을 함부로 취하지 말라.'[127] 이 글을 보면 그가 백성들을 무시하고 하찮은 존재로 치부했다고 생각할 수 없다. 이외에도 그가 백성을 사랑하고 걱정하는 마음을 드러낸 기록들이 있다. '부서진 가옥 중 일고여덟은 비적들 짓이고, 두셋은 아군 탓이다. 이런 상황이 일어나다니 정말 가슴 아프다. 그래서 새로 임무나 직위를 부여할 때마다 항상 백성들에게 해를 끼치지 말 것을 첫 번째로 당부했다.'

증국번은 냉정했지만, 고수다운 면모를 유지해 오랫동안 대권을 유지할 수 있었다. 그는 먼저 태평천국군을 주모자, 스스로 가담한 자, 협박에 못 이겨 어쩔 수 없이 가담한 자로 구분했다. 그리고 협박에 못 이겨 어쩔 수 없이 가담한 사람에 대해서는 특별히 관용을 베풀었다. 그가 냉정하고 잔인하긴 했지만 엄격한 법 집행만 고집한 것은 아니었다. 민심을 이해하고 민심을 모으는 데도 힘썼다. 그는 사람의 마음을 얻는 것이 얼마나 중요한지 잘 알았고 늘 인재에 목말라했다. 한쪽의 인재를 활용하면 다른 한쪽의 혼란을 수습할 수 있다. 이는 유가 전통을 지키는 동시에 민심을 얻을 수 있는 일석이조의 효과가 있다. 그는 잔인하게 칼을 휘두르면서 또 한편으로는 민심을 얻으려 애썼기에 대량 학살로 인한 부정적인 영향을 최소한으로 줄일 수 있었다.

누구보다 자신에게 냉정하라

대장부는 남보다 자신에게 냉정해야 한다. 자신에게 냉정하다는 것은 일반적으로 신체 혹은 정신적인 가혹함을 의미한다. 『맹자』에 나오는 다음 구절 역시 이것과 같은 맥락일 것이다. '하늘이 장차 큰일을 어떤 사람에게 맡기려 할 때는 반드시 먼저 그 마음을 괴롭혀 그 몸을 지치게 하고, 그 육체를 굶주리게 하고, 그 생활을 곤궁하게 하여, 하고자 하는 바에 어긋나고 어지럽게 한다.'[128] 이런 상황에서 제대로 대처하지 못하는 사람은 고통스러운 삶을 벗어날 수 없다. 반면 그릇이 큰 사람은 각고의 노력으로 심신을 발전시켜 고통을 극복한다.

증국번이 북경에서 치른 첫 시험에 실패하고 고향에 돌아와 일 년 동안 두문불출하며 학문에 몰두했던 것도 '자신에게 냉정한 행동'으로 볼 수 있다. 젊은 나이에 외부의 유혹을 이겨내고 집안에 틀어박혀 공부만 하려면 상당한 의지가 필요한 법이다. 얼마 뒤 그는 과거 최종 시험에서 삼갑으로 합격해 한림원에 들어갈 수 없게 되자, 당장 고향으로 내려가려 했다. 보통사람들은 삼갑만으로도 기뻐했을 테지만, 남다른 포부를 지닌 증국번으로서는 여간 실망스러운 것이 아니었다. 보통사람 관점에서 보면 삼갑의 영예를 버리는 것 또한 대단히 냉정한 것이었다. 언젠가 그는 성리학자를 목표로 세우고 무리하게 좌선 수련을 시도한 적이 있었다. 이 때문에 불면증에 시달리고 심지어 피를 토하기까지 했으니, 이것 역시 자신에게 가혹하고 냉정한 태도로 볼 수 있다. 다행히 융통성을 발휘해 더 몸을 망치기 전에 수련을 포기했다. 이처럼 혹독한 신체 수련으로 정신력과 의지를 키우는 방법은 많은 사람들이 이용하는 방법으로 '자신에게 냉정한 사람'의 대표적인 행동이다.

다음으로 개인의 이해득실을 따지지 않는 것, 죽음을 두려워하지 않는 것, 목숨을 아끼지 않는 용기도 자신에게 냉정한 사람의 특징이다. 증국번은 본격적인 출병을 앞두고 필사의 각오를 다지기 위해 관을 준비했다고 한다. 삼국시대에 조조 수하의 장군 방덕(龐德)도 관우(關羽)와의 결전을 앞두고 관을 준비했다. 그는 결심 그대로 이 전투에 목숨을 바쳤다.

좌종당도 증국번과 뜻을 함께하기 위해 출병 전에 미리 관을 준비했다. 후에 증국번은 태평천국군에게 연패를 당하자 분하고 부끄러워 몇 번이나 강에 몸을 던졌다. 모두 미수에 그쳤지만, 스스로 목숨을 버리는 데는 상당한 용기가 필요한 법이다. 그가 남긴 일기나 편지 중에 수없이 반복되는 '목숨에 연연하지 않는다'는 내용은 절대 거짓이 아니다.

중국에 '전쟁에 나가서는 죽음을 두려워하지 말아야 하고, 죽음이 두려우면 전쟁에 나가지 말아야 한다'라는 옛말이 있다. 만주족 장군 중 처음으로 증국번에게 신임을 얻은 탑제포는 이 옛말에 가장 잘 어울리는 인물이다. 탑제포는 참장으로 승진한 후에도 변함없이 선봉장을 자처했다. 그는 항상 상군 깃발을 휘날리며 병사들을 이끌고 용감하게 적진으로 뛰어들었다. 참장은 삼품 관직으로 오늘날 군단장에 해당하는 높은 서열이다. 태평천국군에도 이런 인재가 없었던 것은 아니다. 태평천국의 승상 증천양은 예순한 살의 나이에도 불구하고 대단한 기백을 자랑했다. 탑제포와 대결하게 된 증천양은 아무런 망설임 없이 고함을 지르며 적진으로 뛰어들었다. 그는 용감하게 탑제포에게 도전했으나 결국 그의 실력을 넘지는 못했다.

홍수전은 원래 자신에게 냉정한 대장부였지만 시간이 흐를수록 초심이 흐려졌다. 처음에는 홍수전도 전장에서 직접 군대를 지휘했지만 스스로 황제를 칭하기 시작하면서 하늘이 자신을 보호해줄 것이라는 환상에 빠져 지냈다. 그는 위험을 무릅쓰고 직접 전장에 나가 선봉부대를 이끌며 적진으로 뛰어들 생각 따위는 전혀 없었다. 맹자의 명언 중 '우환에 살고 안락에 죽는다'[129]라는 말이 있다. 자신에게 냉정하지 못한 사람은 절대 큰일을 할 수 없다.

이홍장도 시대가 낳은 영웅이었다. 준수한 외모와 교양을 지닌 그는 주로 서양인을 상대하는 외교 임무를 많이 맡았다. 역사 기록에 따르면, 상해에 주둔하고 있을 때 그가 필사의 각오로 말에 올라 앞장서서 병사들의 사기를 북돋운 덕분에 많은 승리를 만들어냈다고 한다.

죽음을 각오하고 황제 의견에 반대하는 것도 자신에게 냉정한 사람만이 할 수 있는 행동이다. 냉정하지 않으면 큰일을 할 수 없다. 도량이 작으면 군자가 아니고 냉정하지 않으면 대장부가 아니다. 인자함으로는 군대를 지휘할 수 없고 냉정하지 않으면 무기를 들 수 없다. 자신에게 냉정하려면 때에 따라 가족이나 친구의 이익이나 목숨을 버려야 할 때도 있다. 역사적으로 많은 황제들이 이를 이용해 전쟁에 나간 장군들의 충성심과 용기를 유발시켰다. 그 가족들을 수도에 머물게 해 장군들이 반역을 도모하거나 적에게 투항하지 못하도록 하는 방법이다.

증국번의 경우 가족에게 냉정했던 사례는 찾아보기 힘든데, 그럴 만한 상황 자체가 없었기 때문이다. 평소 자식 교육에 엄격하긴 했지만 냉정하다고 한 만한 상황은 없었다. 그러나 동료나 친구들에게는 확실히 냉정했다. 호남에서 수군을 조직할 때, 그는 오로지 당대 최고의 수군을 만들겠다는 한 가지 목표뿐이었다. 자금이 넉넉지 않았지만 화력이 강하고 사정거리가 먼 서양 대포를 구비하고 최대한 튼튼한 전함을 만들었다. 그런데 아직 전함과 수군 훈련이 완벽하지 않은 상황에서 함풍제가 호북과 안휘를 지원하라며 출병 명령을 내렸다.

호광 총독 오문용은 그의 스승이었고 안휘 순무 강충원은 그의 절친한 친구였으니 모두 그에게 중요한 사람이었다. 그때 죽지 않았더라면 오문용은 증국번을 위해 함풍제에게 좋은 말을 해주었을 것이고, 강충원은 함께 전장을 누비며 많은 공을 세웠을 것이다. 원래 계획대로라면 수군 훈련을 마치는 대로 강충원에게 지휘권을 넘길 생각이었다. 그때까지 강충원은 상군에서 가장 뛰어난 지휘관이었다. 홍수전 부대의 행군 노선을 바꾸게 한 사의도 전투는 그의 전공 중 가장 대표적인 승리다.

함풍제의 출병 명령은 증국번을 정말 괴롭게 만들었다. 군대 훈련이 아직 부족하고, 전함과 함포가 완전히 갖춰지지 않은 상태에서 어설프게 출병했다간 호북과 강서를 구하기는커녕 증국번 자신도 지키지 못할 것이 분명했다. 자기 목숨은 그렇다 치더라도 그동안 고생해가며 훈련한 군대 전체를 잃을 수도 있었다. 이런 최악의 상황만은 절대 피해야 했다. 그래서 그는 함풍제에게 간곡한 혈성과 함께 출병할 수 없는 이유를 설명했다. 그리고 오문용에게도 자신의 고충을 이해해달라는 편지를 보냈다. 마침내 그의 혈성에 감동한 함풍제가 출병을 잠시 보류하도록 했다. 오문용도 증국번의 고충을 이해하고 다시 한 번 필사의 각오를 다졌다.

증국번은 출병 불가 결정을 내리기까지 많이 괴로워하고 망설였다. 일단 스승과 친구가 위기에 처한 것을 보고만 있어야 했기 때문이고, 두 번째는 황제의 명령을 거스르는 일이기 때문이었다. 어떤 이유로든 그는 도의적인 책임을 피할 수 없었다. 그러나 그는 대의와 대세를 위해 모든 모욕을 감수하기로 했다. 스승과 친구는 물론 황제 요청까지 거절했으니 이제 그는 물러설 곳이 없었다. 적을 섬멸하든지 스스로 목숨을 내놓아야 할 판이었다.

증국번이 냉정하지 않았다면 황제 명령을 거부하거나 스승과 친구의 구원 요청을 외면할 수 없었을 것이다. 어떻든 그는 냉정한 판단 하에 지원군 파병을 거절했고 스승 오문용과 절친 강충원이 죽는 것을 지켜봐야 했다.

강충원은 과거 시험을 보러 북경에 갔을 때 일부러 증국번을 찾아갔었다. 이때 증국번은 한눈에 그의 기개가 범상치 않다는 것을 알아차렸다. 증국번은 작별 인사를 하고 돌아서는 그의 뒷모습을 보면서 말했다. "인재로다. 허나 10년 후에 비극적인 죽음을 맞이하겠구나. 안타깝구나." 이때는 태평천국군 기세가 불타오르기 전이었기 때문에 사람들은 증국번이 무슨 말을 하는지 이해하지 못했다.

어느 날 북경에서 강충원과 함께 과거를 준비하던 동료가 갑자기 죽었다. 강충원은 먼 길을 마다하지 않고 직접 관을 들고 동료의 고향으로 향했다. 이 소식을 들은 증국번은 강충원이 더욱 마음에 들었다. 그래서 얼마 뒤 함풍제가 인재를 구한다고 발표하자 제일 먼저 강충원을 추천했다. 증국번은 북경 이품 관직에 오른 후 지방의 일개 수재에 머물러 있는 강충원의 아버지가 칠순을 맞이하자 직접 축하글을 써 보냈다. 북경 고관대작이 얼굴 한 번 본 적 없는 시골 노인에게 직접 축하글을 적어 보내는 일은 당시로서는 있을 수 없는 일이었다. 그만큼 증국번이 강충원을 중요한 인재로 생각했었던 것이다.

어느 날 강충원이 증국번에게 호남 신녕(新寧)에 청련(靑蓮)이라는 비밀결사조직이 있는데, 반란의 조짐이 보인다고 보고했다. 2년 뒤 증국번이 이 일을 떠올리며 강충원을 놀렸다. "언젠가 자네가 청련이라는 조직이 있다고 하지 않았나? 지금은 어떻게 되었지? 왜 이렇게 계속 조용한 거야?" 하지만 증국번이 모르는 사실이 있었다. 강충원은 증국번에게 보고를 마친 후 직접 신녕으로 가서 단련을 조직하고 훈련을 강화해 만반의 준비를 마쳤다. 그래서 뢰재호가 난을 일으켰을 때 신속하게 진압할 수 있었고, 이 공을 인정받아 지현에 임명되었다. 강충원이 이처럼 기대를 저버리지 않으니 증국번은 그가 나라를 구할 영웅이 될 것이라고 확신했다.

홍수전이 한창 세력을 확장하던 시기, 강충원이 사의도에서 뛰어난 전략으로 태평천국군에게 큰 타격을 주었다. 이때 강충원은 많은 전리품을 획득했고, 특히 태평천국 초기 명장으로 유명한 남왕 풍운산(馮雲山)을 죽이면서 하루아침에 영웅이 되었다. 강충원의 활약은 여기에서 끝이 아니다. 증국번이 수군을 조직하고 장강 상류를 장악한 뒤 강을 따라 내려가 최종적으로 남경을 함락하는 작전을 처음 제안한 사람이 바로 강충원이었다.

강충원은 려주를 지키던 중 태평천국군에게 포위당했다. 시간이 지날수록 식량과 탄약이 떨어져 점점 상황이 불리해졌다. 당시 불과 15km 거리에 아군 부대가 여럿 있었지만, 모두들 자신에게 화가 미치지 않을까 두려워 지켜보고만 있었다. 증국번이 파견한 부대도 겨우 1,000명뿐이었다. 그나마도 너무 늦어 지원군이 도착하기 전에 려주성은 이미 태평천국군에게 함락되었다. 이미 병을 얻어 초췌해진 강충원은 성이 함락되는 순간 스스로 목숨을 끊었다. 이때 그의 나이 마흔둘이었다. 두 사람이 이렇게 깊은 사이였지만, 증국번은 끝내 강충원을 돕지 않고 가만히 앉아 그가 죽는 것을 지켜보았다. 물론 대의를 위해서였지만 이렇게까지 냉정하려면 부단히 자신을 채찍질해야 한다.

일반적으로 적에게 냉정하기는 쉽지만 자신 혹은 가까운 사람에게 냉정하기는 어렵다. 적에게는 냉정해도 최소한 양심의 거리낌이나 도의적인 책임을 피할 수 있다. 반면 자신에게 냉정하려면 아주 강한 의지가 필요하고, 가까운 사람에게 냉정할 때는 여론의 비난을 감수해야 한다. 강철 심장이 아니면 이 모든 두려움을 이겨내고 고도의 냉정함을 보여줄 수 없다.

그렇다면 왜 증국번을 냉정함의 고수라고 할까? 그는 단순히 냉정하기만 한 것이 아니라 냉정함으로 인한 부정적인 효과를 최소화하고 부족한 부분을 채우기 위해 다양한 조치를 취했다. 그래서 그는 냉정한 것에 비해 큰 비난을 받지 않았다. 예를 들어 함풍제의 출병 명령을 거절하면서 그는 구구절절 혈성과 충성심을 표현했다. "신 스스로도 아는 것이 없고 특별한 재주도 없음을 잘 알고 있습니다. 오직 죽음을 피하지 않는 어리석음만이 있을 뿐입니다. 매일 밤마다 노심초사 잠을 이루지 못하고 그저 통곡할 뿐입니다. 오직 황제 폐하께서 굽어살피시어 진퇴양난에 빠진 신을 불쌍히 여겨주시길 바랄 뿐입니다. 신은 목숨을 다해 진력할 것이며, 감히 함부로 잘난 척하지도 또 겁을 내어 뒤로 물러나 움츠리지도 않을 것입니다." 출병을 해도 출병을 안해도 제대로 사람 노릇을 할 수 없으니 말할 수 없이 고통스럽다는 뜻이리라.

함풍제는 이 말을 듣고 결국 마음을 돌렸다. "그대의 뜻을 알겠노라. 성공과 실패는 미리 예측할 수 없는 법이지. 그대의 마음이 하늘을 우러러 한 점 부끄러움 없다는 것을 모두가 알고 있다." 바로 이것이 '냉정하지만 여지를 남겨두고, 냉정하더라도 대의를 지키는 것'이 아닐까? 증국번은 함풍제를 설득함으로써 '준비되지 않은 상태로 출병하지 않는다'라는 목적을 달성하는 동시에 '위기에 빠진 동료를 구하지 않았다'는 비난을 면할 수 있게 되었다. 냉정할 때는 강약 조절을 잘해서 적당히 타협하고 물러설 줄도 알아야 궁지에 몰리지 않는다. 이러한 이치를 알면 모든 경쟁에서 유리한 위치를 점할 수 있다.

냉정하려면 기본적으로 욕을 먹을 준비가 되어 있어야 한다. 결과적으로 확실히 이익이 된다면, 잃는 것보다 얻는 것이 많다면, 죽어도 끝까지 냉정함을 유지해야 한다. 반대로 얻는 것보다 잃는 것이 많다면 지혜롭게 포기할 줄 알아야 한다. 국가와 대의를 위해서라는 확실한 명분이 있는 냉정함이라면 욕을 먹더라도 충분히 가치 있는 일이다. 아무리 잔혹한 결정이라도 포기하지 말고 실행하라. 쓸데없는 연민에 휩싸여 주저하지 말라. 증국번이 말년에 매국노라는 오명을 얻은 것이 바로 이것과 관련이 있다. 그가 서양인과 적당히 타협하고 그들 손을 들어준 것은 국가와 민족의 이익을 위해서가 아니라 단순히 그가 속한 집단의 이익을 위한 것이었다. 그의 삶은 대부분 성현이라 하기에 부족함이 없었지만, 이 행동만은 민족의 자존심과 이익을 저버리는 것이었다.

성공 인물의 처세력 ⓮
망국 군주 숭정 황제의 비극을 보라

숭정(崇禎) 황제는 큰 뜻을 품었지만 냉정하지 못하고 타협할 줄 몰랐던 탓에 억울하게 망국 군주의 오명을 뒤집어써야 했다. 숭정 황제는 스스로 '짐은 망국 군주가 아니다. 이미 망국의 기운이 가득했다'고 말한 바 있다. 사실 그는 다른 망국 군주들과 달랐다. 그는 즉위하자마자 환관 위충현(魏忠賢)을 유배 보내고, 17년 동안 명나라를 되살리기 위해 오직 정사에만 매달렸다. 황궁에서 금은 접시 사용을 금하고 육식을 최소한으로 줄이는 등 황실재정을 아껴 군비에 보탰다. 그는 게으르거나 황제 놀음에 빠져 자신의 본분을 망각한 황제가 아니었다. 그럼에도 불구하고 명나라는 결국 그의 손에 망하고 말았다.

숭정 황제는 정무에 최선을 다해 쓰러져가는 명나라를 되살리겠다는 큰 뜻을 품었다. 하지만 밤낮으로 애 태우고 애써도 나아지는 것은 전혀 없었다. 그가 결국 실패할 수밖에 없었던 가장 큰 이유는 냉정하지 못했기 때문이다. 먼저 군비 문제를 살펴보자. 1644년(숭정 17년) 1월 1일, 명나라의 마지막 설날 아침 조회가 끝난 후 숭정 황제가 최고 대신 몇 명과 따로 중요한 문제를 상의했다. 이미 국고가 텅 비었고 내탕금도 거의 바닥을 드러내고 있었다. 숭정제는 두 손을 맞잡고 한숨을 내쉬었다. "더 이상 어떻게 해야 할지 모르겠소. 이제 황궁에는 한 푼도 없소. 금은 그릇도 사라진 지 오래라오." 그는 이렇게 말하면서 자기도 모르게 눈물을 흘렸다. 어쩌다 국가가 이렇듯 파탄 지경에 이르렀단 말인가?

한번은 숭정 황제가 병부 상서에게 명했다. "당장 남쪽으로 사람을 보내 전투 상황을 알아보도록 하라. 최대한 빨리 보고하도록 하시오." 이에 병부 상서는

"기병 정찰병을 파견하란 말씀입니까? 그러려면 최소한의 밥값과 여비가 있어야 하는데, 병부 역시 한 푼도 없습니다. 불가합니다"라고 대답했다. 당시 명나라 조정은 정찰병 한 명 파견할 수 없을 만큼 가난했다. 병부 상서와 숭정 황제 모두 가련하기 짝이 없었다.

숭정 황제는 최후의 방법으로 대신들에게 군비를 기부하도록 했다. 하지만 삼공이 각각 은자 오만 냥을 내놓았을 뿐, 나머지 대신들은 돈이 없다며 명령에 따르지 않았다. 특히 수보(首輔) 진연(陳演)은 스스로 줄곧 청렴하게 살아왔기에 재산이 하나도 없다며 발뺌하기 바빴다. 차보(次輔) 위조덕(魏藻德)도 돈이 없다며 겨우 오백 냥만 내놓았다. 숭정 황제의 장인 가정백(嘉定伯) 주규(周奎)도 태감이 찾아와 기부금을 요청하자 매몰차게 거절했다. 태감은 너무 화가 나서 말했다 "황실 어른이 어찌 이리 인색하오? 만에 하나 큰일이 닥치면 지금 움켜쥐고 있는 돈을 지킬 수 있을 것 같소?" 결국 주규는 궁지에 몰리자 울며 겨자 먹기로 은자 2만 냥을 내놓았다. 일부 대신들은 일부러 떠들썩하게 집을 공개 매도했다. 대문에 '세금을 내려고 파는 집'이라는 종이를 붙이기도 하고, 골동품이나 가재도구까지 들고 나와 길바닥에 늘어놓고 팔았다. 가재도구까지 팔아야 할 만큼 가난하다고 시위를 하는 것이었다. 이런 상황에서 망국을 부추기는 말들이 유행하기 시작했다. '여기에서 떠난다고 해서 다른 곳에 머물 곳이 없겠느냐?'

그러나 이자성 군대가 북경을 점령하면서 모든 진실이 드러났다. 이자성은 가정백 주규의 집에서 금은 50만 냥을 찾아냈고, 재산이 하나도 없다고 발뺌하던 진연의 집에서도 4만 냥이 나왔다. 이자성이 이렇게 간단하게 찾아낼 수 있는 것을 숭정 황제는 아무리 노력해도 찾을 수 없었다. 왜 그랬을까? 그만큼 숭정 황제가 모질거나 냉정하지 못했기 때문이다. 사실 숭정 황제가 몰랐을 뿐이지 당시 황궁에도 상당한 돈이 있었다. 이자성이 북경을 점령하자마자 병사들에게 황궁을 샅샅이 뒤지게 했는데, 황궁 안에서 금은보화가 가득한 40여 개의 땅굴이 발견되었다. 화폐 가치로 따지면 대략 3,700만 냥에 달하는 어마어마한 양이었다. 이 재물은 전임 황제가 모아둔 것으로 워낙 엄격하게 비밀을 유지한 터라 숭정 황제도 전혀 몰랐던 일이다.

이 사실이 알려지자 한 문인이 이렇게 탄식했다. "슬프고 안타깝도다! 3,700만 냥 중 일부만 있었어도 몇 년 치 군비를 해결할 수 있었을 텐데… 그 귀한 재물을 도적놈에게 강탈당했으니, 정말 슬프구나." 일부에서는 이 재물이 역대 태감들이 모아놓은 뇌물이므로 숭정 황제에게 책임을 전가할 수 없다고 말한다. 하지만 바로 곁에 이렇게 큰 재물이 있는 줄도 모르고 한숨만 내쉬다가 나라가 망했으니, 숭정 황제가 망국 황제의 오명을 벗기는 힘들 것이다. 결국 숭정 황제가 애타게 찾았던 금은보화는 이자성이 모두 가져가버렸다.

숭정 황제의 두 번째 문제는 장군 기용에서 냉정하지 못했다는 것이다. 1643년 연말, 이자성이 정식으로 선전포고를 해왔다. 대략 이듬해 3월 10일 북경에서 결전을 벌이자는 내용이었다. 숭정 황제는 불안하고 초조한 마음에 며칠 동안 밥도 제대로 먹지 못했다. 어느 날 그는 조정 회의에서 이렇게 말했다. "짐은 망국 군주가 아니다. 이미 나라 곳곳에 망국의 기운이 가득했다. 하지만 이대로 주저앉으면 죽어서 어떻게 선왕을 뵐 수 있겠느냐? 차라리 직접 출전해서 전장에서 싸우다 죽겠다. 그냥 이대로 죽으면 죽어도 편히 눈을 감지 못할 것이다. … 지금 명나라는 안팎으로 위기에 처해 있다. 이자성 군대가 몰려오고 국고는 텅 비어버렸다. 명나라를 구해낼 영웅이 아무도 없단 말이냐?"

숭정 황제는 계속 한탄을 이어가며 급기야 눈물까지 흘렸다. 하지만 그는 눈물을 흘리는 것 외에는 아무것도 하지 못했다. 필사의 각오로 신하들을 격려하고 결전에 나설 용기는 없었다. 장군이 무능하니 병사도 무능했고 황제가 나약하니 온 나라가 쇠약했다. 이때 수보 진연이 나서서 말했다. "신이 황제를 대신해 출정하겠습니다." 하지만 숭정 황제는 "남방 출신은 안 된다"고 거절했다. 다음에는 차보 위조덕이 나섰다. "신이 황제를 대신해 출정하겠습니다." 황제는 이번에도 거절했다. 다시 장덕경(將德璟) 나섰다. "신이 황제를 대신해 출정하겠습니다." 황제는 역시 거절했다. 계속해서 6명이 더 나섰지만 모두 거절당했다.

마지막으로 이건태(李建泰)가 나섰다. "신은 산서 출신이라 적의 상황을 정확히 예측할 수 있습니다. 가산을 모두 털면 몇 달 동안 병사 만 명을 먹일 정도가 됩니다. 제가 황제를 대신해 출정하겠습니다. 지금 당장 서쪽으로 출발하겠습니다." 숭정 황제는 이건태의 말을 듣고 매우 기뻐했다. "그대가 그리 하면 나는 옛 법도에 따라 직접 송별연을 베풀겠다." 이건태는 문인이었지만 대장부 기질이 다분했다. 체격이 우람하고 구릿빛 피부에 두 뺨은 덥수룩한 수염으로 뒤덮여 한눈에 봐도 맹장 분위기였다.

숭정 황제는 직접 교외로 나가 송별연을 하려 했으나 이건태는 명나라 역사에 그런 선례가 없다며 극구 만류했다. 숭정 황제는 예부와 논의해 정양문(正陽門)[130] 성루에서 송별연을 열었다. 숭정 황제는 손수 대짐친정(代朕親征)[131]이라는 글자를 쓰고 이날만큼은 특별히 금잔을 사용했다. 숭정 황제는 송별연이 끝난 후에도 한참 동안 난간에 기대서서 이건태의 뒷모습을 지켜보다가 황궁으로 돌아갔다. 숭정 황제가 이렇게 정성껏 송별연을 준비한 이유는 이건태를 특별히 아껴서라기보다는 달리 믿을 만한 사람이 없었기 때문이었다. 2년 전에 양사창(楊嗣昌)이 죽고, 홍승주(洪承疇)가 청나라 군대에 투항한 후로 유일하게 믿고 있던 손전정(孫傳庭)마저 두 달 전 전사했다.

숭정 황제의 기대를 한 몸에 받고 출병한 이건태는 급박한 상황을 인지하지 못한 채 일일 진군 규정 30리를 철저히 준수했다. 이것은 고대 병법 중에 '100리를 행군해 승리를 다투는 자는 상장군을 잃고, 50리를 행군해 승리를 다투는 자는 군사의 반만이 이를 수 있다'[132]와 '30리를 두고 승리를 다투면 3분의 2가 이를 수 있다'[133]는 내용을 따른 것이었다. 하지만 하루 30리 속도로는 산서 지역을 구할 수 없었다. 더 큰 문제는 산서를 잃으면 북경이 위험해진다는 사실이었다.

이건태는 황제의 고충을 덜어주고자 어려운 상황에도 불구하고 자발적으로 나서 출정했다. 위기를 피하지 않고 큰 뜻을 펼치려는 구국 영웅 혹은 충신과 같은 모습이었다. 그러나 그는 하북성을 벗어나기도 전에 주저앉고 말았다. 그는 고향 곡옥이 반란군에게 점령되었다는 소식을 듣고 너무 놀라 제정신이 아니었다. 지휘관이 흔들리자 명나라 군대는 오도 가도 못하고 제자리만 맴돌았다. 이건태는 단호한 결심을 내리고 반란군을 제압하기 위해 사재까지 털어가며 출병했지만 결국 이자성에게 투항했다. 그는 이자성 수하로 들어가 승상이 되었고, 청나라가 중국의 주인이 된 후에는 청나라 조정의 내원대학사(內院大學士)를 지냈으니, 숭정 황제가 사람을 잘못 봐도 한참 잘못 본 것이다. 숭정 황제가 고르고 골라 선택한 이건태는 죽음을 두려워하고 자기 살길만 모색하는 전형적인 배신자였던 셈이다. 사정이 이러했으니 명나라가 어떻게 망하지 않을 수 있었겠는가!

숭정 황제의 세 번째 문제는 남쪽으로 수도를 옮기는 문제를 논의하는 과정 중에 있었다. 이미 북경을 지키기 어려운 상황이니 임시방편으로 수도를 옮기자는 의견이 나왔다. 숭정 황제가 처음 천도를 언급했을 때는 그의 모후가 반대했다. "열두 선왕의 무덤이 모두 이곳에 있는데 어떻게 이곳을 떠난단 말이오?" 나약했던 숭정 황제는 대꾸 한 마디 못하고 바로 천도를 포기했다.

그러나 상황이 더욱 급박해지자 1644년 1월 3일 이명예(李明睿)가 다시 천도를 제안했다. "지금 상황으로는 남쪽으로 천도하는 것만이 유일한 해결책입니다. 일단 급한 불부터 꺼야 합니다." 숭정 황제는 주변에 아무도 없는 것을 확인하고 목소리를 낮춰 대답했다. "나도 오래전부터 그리 생각했네. 다만 아무도 나를 도와주지 않아 지금까지 실행하지 못한 것이라네." 이날 오후, 숭정 황제는 다시 이명예를 불렀다. 그리고 이날 밤, 이명예는 또 한 번 숭정 황제를 만났다. 두 사람이 하루에 세 번이나 만남을 가질 정도였으니 숭정 황제의 천도 의지가 얼마나 간절했는지 알 수 있다. 다음 날 이명예는 상소를 올려 천도 문제를 공론화시켰다. "하루하루 위기가 고조되고 있습니다. 이렇게 머뭇거리다가 큰일이 벌어지면 그땐 정말 방법이 없습니다."

그러나 수보 진연은 천도를 강력히 반대했고, 다른 대신들에게도 반대 의견을 내도록 암암리에 손을 썼다. 그는 이명예의 제안은 사악한 욕심에서 시작된 것이니 백성들의 불안을 잠재우기 위해 그를 참수해야 한다고 목소리를 높였다. 이명예도 지지 않고 역사적으로 천도가 중흥의 기회가 되었음을 강조했다. 반경(盤庚)이 천도한 후 상나라가 중흥 시대를 맞이했고, 안사(安史)의 난이 일어나자 당나라 현종이 사천으로 수도를 옮겨 후일을 도모했다. 또 서진은 천도해 동진이라는 이름으로, 북송은 장강을 건너 남송이라는 이름으로 명맥을 유지했다.

양측의 의견이 팽팽하게 대립하는 가운데 황제가 움직이느냐 태자가 움직이느냐에 대한 논의가 등장했다. 만약 조정의 반대로 황제가 움직이지 못하면 태자라도 남경으로 보내자는 의견이었다. 이것은 천도 자체를 반대하는 의견에 대한 현실적인 대체 방법이었다. 여러 가지 명분을 내세워 황제 천도를 반대하는 사람들도 태자의 천도를 막을 근거는 없었다.

수보 진연이 끝까지 강력한 반대 의사를 주장하는 가운데 나머지 대신들은 모두 귀머거리처럼 아무것도 들리지 않는 양 벙어리처럼 침묵을 지켰다. 이 모습에 더욱 화가 난 숭정 황제는 천도고 뭐고 필요 없다고 소리쳤다. 사실 그는 수보를 비롯한 대신들이 적극적으로 천도할 것을 권유하면 못 이기는 척 따라갈 생각이었다. 하지만 그의 바람에도 불구하고 천도 계획은 완전히 백지화됐다. 나중에 한 번 더 천도 의견이 나왔지만, 그때는 이미 이자성 군대가 북경 성을 에워싼 후였다.

이때 남경으로 천도했더라면 명나라의 운명과 중국 역사가 바뀌었을지도 모른다. 강남에 사가법(史可法)이 있었고, 장강 중류에 좌양옥(左良玉) 군대 수십만이 있었으며, 오삼계(吳三桂)도 정예부대 수만을 이끌고 있었다. 중흥의 발판을 마련해서 천하를 되찾지는 못했더라도 최소한 명나라의 명맥을 유지할 수는 있었을 것이다. 물론 청나라 군대가 진출했으니 남쪽으로 천도했더라도 그 운명이 얼마나 더 이어졌을지는 불투명하지만 말이다.

명나라가 멸망한 후 한동안 대만(臺灣)에서 정성공이 이끄는 천지회가 명나라 부흥 운동을 벌이고, 명나라 유신들은 문장으로 명나라에 대한 그리움과 만주족에 대한 분노를 드러냈다. 만약 숭정 황제가 남쪽에 살아 있었더라면 이들이 더 큰 세력을 형성했을 수도 있다. 물론 그렇게 생각하지 않는 사람들도 있다. 청나라가 중원의 주인이 된 후 명나라의 중앙 조직과 제도를 최대한 계승해 그들의 단점을 채워나가며 기반을 더욱 안정시켰기 때문에 명나라가 남쪽으로 천도했어도 오래가지 못했을 것이라는 의견이다. 물론 그 결과는 아무도 알 수 없다. 그래도 최소한 태자만이라도 천도했더라도 명나라의 운명을 조금 더 연장할 수 있지 않았을까라는 미련이 남는다.

천도 계획이 실패한 가장 큰 이유는 역시 숭정 황제의 무력하고 나약한 태도에 있었다. 그는 독단적으로 전횡을 일삼지는 않았지만, 적당히 타협하는 방법을 몰랐고, 매번 중요한 결정이 있을 때마다 우유부단해서 시기를 놓치곤 했다. 황제 입장에서 전제 정치의 가장 큰 장점은 황제 자신의 뜻이 가장 큰 영향력을 가진다는 점이다. 그러나 숭정 황제는 이러한 장점을 조금도 이용하지 못했다. 두 번째 요인은 수보 진연을 비롯한 대신들의 잘못된 생각이다. 진연이 파직된 후 그 뒤를 이은 위조덕은 진연처럼 황제의 뜻에 강력하게 반대하지는 않았지만, 무슨 질문을 해도 벙어리처럼 입을 꼭 다물고 있으니, 상대방 입장에서는 더욱 미칠 노릇이었다. 이런 사람들한테 나랏일을 맡겼으니 명나라가 어떻게 망하지 않을 수 있었겠는가? 아무리 봐도 숭정 황제가 사람 보는 눈이 없었다고 밖에는 할 말이 없다. 또한 대표적인 명나라 말기 영웅으로 손꼽히는 원숭환을 사형에 처했으니 어떻게 망국 황제의 오명을 벗을 수 있겠는가?

숭정 황제의 실책 네 번째는 군사 배치 문제였다. 1644년 1월 19일, 이자성 군대의 위협에 놀란 숭정 황제는 북경을 지키기 위해 변방에 주둔하고 있는 오삼계를 불러들이기로 했다. 그러나 조정 대신들은 서로 책임을 미루며 찬성도 반대로 하지 않고 시간만 끌었다. 조정 대신들이 주저하는 데는 이유가 있었다. 오삼계가 움직이면 곧바로 청나라 군대가 영원(寧遠)과 산해관(山海關) 지역을 점령할 것이 확실했으므로, 괜히 오삼계를 불러들이는 데 찬성했다가 나중에 영원과 산해관을 잃은 데 대한 책임을 져야 할지도 모르기 때문이다.

1월 21일, 숭정 황제가 진연에게 다시 회의를 제안했다. "중요한 군사 조치를 결정하는 일이니 수보인 그대가 주도하는 것이 옳지 않은가? 더 이상 책임을 미루며 시간을 끌다가는 일을 그르치게 될 걸세." 이에 진연은 이렇게 대답했다. "명나라 땅 모두가 소중합니다. 영원 주둔군은 절대 움직이면 안 됩니다. 안 그러면 금주(錦州)를 잃게 됩니다." 병부 상서는 이렇게 말했다. "오삼계를 불러들이는 일은 곧 영원을 포기하는 것과 같습니다. 이렇게 중대한 일을 어떻게 함부로 말할 수 있겠습니까?"

대신들이 서로 미루기만 할 뿐 답을 내놓지 않자 결국 숭정 황제가 결정을 내렸다. 그는 즉시 영원 군대를 산해관으로 철수시키고 오삼계를 북경으로 불러들였다.

그러나 진연과 대신들은 여전히 문서 작성을 거부하며 시간을 끌었다. 그리고 조정과 육부 관리를 모두 소집해 회의를 열었다. 이 중에는 황제 의견을 지지하는 무리도 있었다. 그러나 진연은 몇 가지 문제점을 지적하며 여전히 반대 입장을 고수했다. "영원을 포기하면 당장 산해관이 위험해진다. 영원은 산해관을 지켜주는 방패가 아니던가? 그렇게 되면 영원과 산해관 백성들은 어떻게 해야 하나? 요동성(遼東省) 총독, 순무, 총병(總兵)이 일을 잘못 처리해 문제가 생기면 누가 책임을 지겠는가?" 진연은 오로지 책임을 회피할 생각뿐이었다.

2월 2일, 오삼계가 영원을 포기하고 북경으로 돌아와 황궁을 지키기로 결정했다. 진연 등은 여전히 어떤 입장도 표명하지 않았다. 2월 8일, 태원(太原)이 함락되자 북경은 더욱 혼란에 빠졌다. 태원은 북경에서 지척이었다. 태행산(太行山)을 내려와 보정(保定)을 경유하거나 대동(大同)을 지나는 길이 있다. 양쪽 모두 평탄한 길이고, 거용관(居庸關) 외에는 걸림돌이 될 만한 요새도 없었다. 상황이 다급해지자 일부 대신들이 빨리 오삼계를 불러들여야 한다고 상소를 올렸다.

2월 10일, 숭정 황제가 진연과 위조덕에게 상소문을 보여주었다. 두 사람은 일단 말없이 물러나와 대책을 세웠다. "황제가 지금은 다급한 마음에 오삼계를 불러들이지만, 나중에 안정을 찾은 후에 분명히 우리에게 영원과 산해관을 잃은 책임을 물을 것이오. 어떻게 하면 좋겠소?" 결국 두 사람은 숭정 황제에게 이렇게 대답했다. "100km가 넘는 변경 지역 땅을 포기해야 할 이유가 없습니다. 저희가 판단하기 어려우니, 일단 오삼계의 부친인 영원 총병 오양(吳襄)을 불러 의논하는 것이 어떻겠습니까?"

2월 12일, 숭정 황제와 오양이 만나 의견을 나누었다. "적의 기세가 날로 거세지고 있소. 오삼계 부대가 적을 꺾을 수 있겠소?" "신이 보기에 그들은 협서와 산서를 점령한 것으로 만족할 것입니다. 그들이 꼭 북경을 공격할지는 미지수입니다. 만약 이자성이 분수를 모르고 날뛴다면 저희가 반드시 그 역적을 잡아다 황제 폐하께 바치겠습니다."

"그대 부자가 이끌고 있는 군대 병력이 얼마나 되는가?" "문서상으로는 8만이고, 실제로는 3만입니다. 현실적으로 두세 명 몫의 군량이 있어야 겨우 병사 한 명을 먹여 살릴 수 있기 때문입니다. 저희만 그런 것이 아니라 다른 곳에서도 모두 이렇게 하고 있습니다."

"3만이 모두 전투력이 뛰어난 정예 병사들인가?" "정예 병사는 3,000명 정도입니다." "북경 수비를 맡으려면 군량이 얼마나 필요한가?" "100만 몫이 필요합니다."

"실제 병사가 3만인데, 왜 그렇게 많이 필요한가?" "정예부대 3,000명은 산해관 밖에 상당한 전답을 소유하고 있습니다. 북경을 지키려면 재산을 모두 버리고 철수해야 하는데, 그만한 보상을 해주어야 합니다. 더구나 이미 14개월째 군량을 지급하지 못하고 있습니다. 또 수백만에 달하는 백성들도 내버려둘 수 없지 않습니까? 100만으로도 부족합니다." "지금 자금을 모으느라 동분서주하고 있네. 많아봤자 20~30만 정도일 텐데…."

이상의 내용을 보면 오삼계가 서둘러 북경에 오지 못한 데는 자금 문제도 큰 부분을 차지했음을 알 수 있다. 2월 27일, 상황이 점점 위급해지자 대신들 간에도 의견이 엇갈리기 시작했다. 이제는 옳고 그름을 따질 때가 아니라 급한 불을 꺼야 할 상황이었다. 이런 분위기를 타고 숭정 황제가 조서 작성을 촉구했다. 3월 6일, 드디어 오삼계에게 북경 입성을 명하는 조서가 완성되었다. 그러나 너무 늦은 결정이었다.

사실 대신들이 어떤 생각을 하고 있었는지, 그들이 어떤 근거로 숭정 황제를 핍박했는지에 대해서는 좀 더 자세히 연구해볼 필요가 있다. 그러나 분명한 사실은 숭정 황제가 대신들의 핍박 때문이 아니라 스스로 무너졌다는 것이다. 조상 대대로 내려온 관습과 언관의 반대에 부딪히자 용기 한 번 내보지 못하고 그대로 움츠러들었다. 그는 황제였지만 노예처럼 수동적이고 소극적인 삶 속에 묶여 있었다.

어떻든 조서가 내려지자 오삼계 군대가 움직이기 시작했다. 그러나 병사와 민간인을 합해 50만이 대이동을 하다보니 3월 16일이 되어서야 겨우 산해관에 진입했다. 산해관에서 북경까지 거리는 380km로 쉬지 않고 말을 달리면 이틀만에 도착할 수 있었다. 민간인이 포함된 대규모 이동이었고 병사들도 오랫동안 청나라 군대와 전투를 치르느라 완전히 지쳐 있었으므로 이들의 발걸음은 아주 더뎠다.

3월 17일, 이자성 군대가 북경성 서직문(西直門)에 도착해 본격적으로 공성전을 시작했다. 이날 숭정 황제는 평소와 다름없이 아침 조회를 열었다. 일설에 따르면 이날 숭정 황제는 '문신들은 모두 죽여야 한다'며 강한 원망을 드러냈다고 한다. 3월 18일 정오, 이자성 군대가 드디어 북경 성벽을 넘어섰다. 그는 투항한 태감 두훈(杜勛)을 황궁으로 보냈다. 두훈은 숭정 황제에게 "이자성 군대는 강력한 전투력을 지녀 명나라 군대가 절대 꺾을 수 없습니다. 부디 현명한 판단을 내리시길 바랍니다"라고 말한 뒤 이자성의 제안을 전했다. 서북 지역을 할양해 천하를 양분할 것, 배상금 100만 냥 등을 요구했고, 대신 명나라와 동맹 관계를 맺고 다른 반란 세력, 특히 청나라 군대를 막는 데 적극 협조하겠다고 제안했다.

숭정 황제는 곁에 있던 수보 위조덕에게 이 제안에 대한 의견을 물었다. "그대는 어떻게 생각하는가? 한시가 급한 상황이니 어서 말해보게." 그러나 위조덕의 태도는 여전히 변함없었다. 아무 말 없이 고개를 숙인 채 좀처럼 속내를 드러내지 않았다. 숭정 황제는 너무 화가 나 의자를 박차고 대전을 나가버렸다. 그날 밤 그는 황궁 뒷산에 올라가 커다란 나뭇가지에 목을 매 명나라와 함께 운명을 마감했다.

제15장

의미 있는 '사소함'을 챙겨라

천하 대업은 언제나 작은 일에서 시작된다. 증국번 또한 '자고로 큰 성공은 모두 근면성실하게 작은 일을 완수하는 데서 시작된다'라고 했다.

    증국번은 고관대작에 오르면서 일상의 사소한 일을 직접 할 필요가 없게 되었다. 북경에서 관직생활을 하면서 처음에는 종칠품으로 시작해 생활이 넉넉지 않았지만 남녀 각각 한 명씩 두 명의 하인을 두고 살았다. 번거롭고 사소한 일을 아랫사람에게 시키기 시작하면서 시간과 에너지를 아낄 수 있게 되었지만 점점 게으른 습관이 몸에 배기 시작했다. 지도자의 위치를 유지하기 위해서는 전체 상황을 파악하고 조절하는 능력도 필요한 반면 세부사항도 꼼꼼히 체크해야 한다. '윗물이 맑아야 아랫물이 맑다'는 속담처럼 리더가 작은 일을 간과하기 시작하면 그 단체의 앞날은 절대 희망적일 수 없다. 태평천국 후기에 이르러 수많은 왕과 장군들이 난립하면서 태평천국군의 기세가 꺾이기 시작한 것도 같은 맥락이다. 큰일을 결정할 사람들은 많았지만 정작 작은 일을 해결하고 실무를 담당할 사람은 거의 없었던 것이다.

    다음은 증국번이 쓴 「소물(小物)」이라는 수필의 일부다.

    '자고로 큰 성공은 모두 근면성실하게 작은 일을 완수하는 데서 시작된다. 아무리 높은 빌딩도 평지에 기초를 튼튼히 세우지 않으면 안 된다. 수천 장(丈)에 달하는 비단도 한 자 한 자가 모여 만들어진다. 만 섬이 넘는 무거운 종도 한 량 한 량 모여 만들어진다. 문왕의 업적은 아침부터 해가 질 때까지 밥 먹을 시간도 없이 부지런히 일했기 때문에 가능했다. 주공은 하늘을 우러러 생각하길 밤낮없이 이어갔고, 다행히 깨달음을 얻으면 이를 실천하기 위해 앉아서 날이 밝기를 기다렸다. 중산보(仲山甫)[134]는 밤낮없이 열심히 일했다. 큰일과 작은 일을 구분함 없이 감히 게으름을 피우지 않았다. 제갈량은 재상으로서 곤장형에 처할 일까지 모두 직접 결정했다. 두혜도(杜慧度)[135]는 나랏일을 할 때 집안일을 하듯 꼼꼼하게 일을 처리했다. 도간(陶侃)[136]은 해마다 대나무 조각과 나무 부스러기를 모아놓았다가 유용하게 이용했다. 주자는 학자는 반드시 조금씩 실력을 쌓아야 한다고 말했다. 위정자로서 매일 글을 읽지 않고 큰 성공을 거둔 이는 없었다.

　진시황은 많은 문서를 직접 읽었고, 위나라 명제는 상서령이 해야 할 일까지 직접 처리했으며, 수나라 문제는 병사들 식사까지 직접 챙겼다. 이 일이 후세에 조롱거리가 된 이유는 황제가 직접 사소한 일을 처리하는 것이 옳지 않기 때문이다. 나는 황제는 작은 일을 직접 처리하지 않아도 되지만, 대신들은 반드시 직접 처리해야 한다고 생각한다. 진평(陳平)이 세금과 곡식에 대해 묻는 질문에 모른다고 답하고 형부 일을 묻는 질문에 모른다고 답한 것은 신하로서 바른 태도가 아니다. 무릇 큰 성공을 거두려면 반드시 직접 일을 처리해야 하는 법이다.'

　여기에서 가장 주목할 내용은 '자고로 큰 성공은 모두 근면성실하게 작은 일을 완수하는 데서 시작되었다'라는 첫 문장이다. 지도자로서 일을 하는 데 있어 경중을 따지지 않고 일일이 참견하고 직접 처리하려는 자세는 절대 바람직하지 않다. 증국번이 함풍제를 비난하는 상소를 올렸을 때, 작은 일에 얽매여 큰일을 소홀히 하는 문제점을 지적한 이유가 바로 여기에 있다. 하지만 똑같이 사소한 일이라도 반드시 신경 써야 할 것이 있고 관여하지 않아도 될 일이 있다. 일반적으로 발전 가능성이 있거나 특별한 의미가 있는 경우 사소한 일이라도 반드시 지도자가 직접 챙겨야 한다. 일찍이 제갈량은 유비가 죽은 후 곤장 20대에 처할 사건까지 직접 심문하고 결정했는데, 여기에 대해서는 긍정과 부정이 엇갈린다. 지도자로서 사소한 일에까지 지나치게 간섭했다는 비판이 있는가 하면, 그가 이렇게 작은 일에까지 신경 쓰고 노력한 덕분에 무능한 황제 유선과 인재 부족으로 위기에 놓인 초나라가 명맥을 유지할 수 있었다는 의견도 있다.

작지만 중요한 일을 살펴라

증국번은 황제는 작은 일을 직접 처리하지 않아도 되지만, 대신은 작은 일에도 신중해야 한다고 생각했다. 진시황은 매일 70kg에 달하는 문서를 직접 읽고 처리했다고 한다. 이는 두 사람이 들기에도 무거울 만큼 엄청난 양이었다. 아직 종이가 발명되기 전이었으므로 당시 문서는 대나무를 쪼개 만든 죽간으로 만들었다. 당연히 죽간이 종이보다 무겁기는 하지만, 그렇다고 해도 하루에 70kg은 상당히 많은 양이었다. 삼국지의 주인공 조조의 손자인 위나라 명제는 황제이면서 상서령(尙書令)을 겸해 아주 사소한 일에까지 일일이 신경을 썼다. 이렇게 역사적으로 황제가 직접 작은 일을 처리한 예가 적지 않은데, 이는 대부분 좋은 평가를 얻지는 못했다. 작은 일에 시간과 에너지를 투자해야 하는 것은 황제가 아니라 대신들의 몫이어야 한다.

증국번이 「소물」에서 언급한 진평과 관련된 이야기를 자세히 살펴보

자. 유방이 죽은 후 여후가 정권을 장악해 여씨 천하를 만들었다. 그러나 10년 후 여후가 죽자, 진평과 주발 등 원로대신들이 힘을 합해 여씨 잔당을 제거하고 다시 유씨 황제를 세웠다. 이 과정에서 주발의 공이 가장 컸기 때문에 그가 우승상이 되고 진평은 좌승상이 되었다.

어느 날 황제가 주발에게 세금과 곡식 등 국고 상황을 질문했다. 그러나 주발은 대답하지 못했다. 황제가 다시 형사 사건이 얼마나 일어나는지 물었으나 역시 대답하지 못했다. 황제는 한숨을 내쉬고 다시 진평에게 같은 질문을 했는데, 진평은 이렇게 말했다. "세금과 곡식의 양이 얼마나 되는지는 국고 담당 관리에게 물어보면 알 수 있고, 형사 사건이 얼마나 되는지는 형부 관리에게 물어보면 됩니다." 황제는 고개를 갸웃거리며 물었다. "그럼, 도대체 그대가 하는 일은 뭔가?" 진평은 대답했다. "신은 승상으로서 위로 황제 폐하를 보좌하고, 아래로 문무백관을 관리하고 있습니다."

후에 주발이 진평에게 불만을 드러냈다. "그대는 황제 폐하의 뜻을 미리 알고 있으면서 왜 내게는 가르쳐주지 않았나?" 이에 진평은 웃으며 대답했다. "공은 이 나라 관리 중 가장 높은 우승상인데 무슨 가르침이 필요합니까?" 얼마 뒤 주발이 스스로 물러난 후 진평이 새로운 우승상이 되었다.

증국번은 진평의 답변이 기발하고 현실적이긴 하지만 모범적인 답은 아니라고 생각했다. 대신은 항상 정사에 최선을 다해야 하기 때문이다. 다음으로 위나라의 하안(何晏)과 등양(鄧颺)을 예로 들었는데, 이 이야기는 뒤의 '예화'에서 자세히 소개하겠다.

큰일에 집중하고 작은 일을 제쳐두는 태도는 기본적으로 잘못이 아니다. 문제는 큰일과 작은 일을 구별하는 것인데, 대신이라면 반드시 이를 정확히 구별할 수 있어야 한다. 그러나 실제로는 지위가 높아질수록 민생이나 실정과 멀어져 백성들의 고통을 이해하지 못하는 경우가 많다. 따라서 지위가 높아질수록 아래로부터 올라오는 보고의 진실성에 주의를 기울이고 자주 일선에 나가 직접 시정을 파악해야 한다. 물론 이렇게 해도 큰일과 작은 일을 구별하기는 쉽지 않다. 일을 하는 데 있어 경중을 따지지 않고 모든 일에 간섭하는 태도는 옳지 않다. 그렇다고 큰일에만 신경 쓰고 작은 일에 전혀 관심을 두지 않는 것도 옳지 않다. 훌륭한 지도자가 되려면 작은 일이라도 특별한 의미가 있고 발전 가능성이 있는 것을 가려 관심을 기울일 줄 알아야 한다.

그렇다면 증국번이 중요하게 생각한 작은 일에는 어떤 것이 있을까? 먼저 총알과 포탄 제조와 관련된 일이다. 처음에는 이 분야에 아는 것이 없어서 철공 기술자에게 모든 것을 일임했다. 초기에는 주철(鑄鐵)을 이용했는데, 철 침전물이 완전히 녹지 않아 화약이 터지는 순간 제자리에서 산산조각 났다. 이외에도 여러 가지 방법을 시도했지만 소리만 크고 멀리 날아가지 못해 모두 실패했다.

얼마간 연구를 거듭한 끝에 연철(鍊鐵)을 이용하는 방법을 바꾸었다. 먼저 철을 녹여 긴 막대 형태로 만들고, 이것을 다시 달구어 끝부분을 조금 잘라낸다. 잘라낸 부분을 동그란 알갱이 모양으로 만들었다. 이런 과정을 반복해서 대략 포도알 크기의 알갱이를 만들었다. 증국번은 강서에 고립되어 있는 동안에도 계속 이 방법으로 총알과 포탄을 만들었다. 그러나 부하들은 이 방법이 비효율적이라고 생각했다. 대신 철로 틀을 만들고, 틀 안에 녹인 쇳물을 붓고 이리저리 굴려 알갱이 표면을 매끄럽게 만드는 방법을 제안했다. 이렇게 만든 포탄은 500m 밖에까지 날아갔다.

상군의 근거지인 호북, 호남, 강서에서 모두 이 방법을 이용했다. 이렇게 만든 포탄은 대략 한꺼번에 100개를 발사했고, 경우에 따라 300~400개를 묶어 발사할 때도 있었다. 포탄이 날아가 마치 하늘에서 진주알이 떨어지듯 수백 개 알갱이를 뿜어냈기 때문에 살상 범위가 상당히 넓었다. 증국번은 자신이 만든 포탄을 두고 '역사상 가장 인의롭지 못한 물건'이라고 말했다. 홍수전과 양수청이 일으킨 태평천국의 난이 완전히 진압된 후에도 외세의 위협이 끊이지 않았기 때문에 증국번은 계속해서 총알과 포탄을 만드는 한편 더 좋은 방법을 위해 연구 개발에도 박차를 가했다.

증국번은 수군 훈련 중 적의 총알을 막기 위해 여러 가지 방법을 동원했다. 처음에는 척계광(戚繼光)[137]이 개발한 방법을 이용했다. 먼저 방패 겉면에 소가죽을 씌우고 옻칠을 했다. 그리고 안쪽에는 솜과 머리카락을 비벼 꽈서 틈을 메웠다. 그러나 이 방법은 총알을 막아내는 데는 전혀 효과가 없었다.

다음엔 그물을 여러 개 겹쳐서 배 앞에 걸어두었는데, 총알이 그대로 관통했다. 그래서 다시 솜을 물에 적셔 걸어보았지만, 역시 총알이 뚫고 지나갔다. 생 소가죽도 이용해봤지만 역시 소용없었다. 마지막으로 지금까지 썼던 방법을 총동원했다. 여러 개 방패를 겹쳐 겉에는 물고기 비늘 모양으로 대나무 조각을 엮어 달고, 또 소가죽을 덧대었다. 그리고 물에 적신 솜과 머리카락을 꼬아 붙였다. 그러나 모두 헛수고였다. 이즈음 양재복이 맨 몸으로 뱃머리에 올라섰다. 총알이 쌩쌩 바람소리를 울리며 지나갔지만, 그는 개의치 않고 적을 향해 총을 쏘았다. 양재복의 부하들이 여기에 동참하면서 상군 수군은 필사부대로 다시 태어났다.

증국번은 군대 지휘관이기 전에 문인이었으므로 시를 짓는 것이 밥 먹는 것처럼 자연스러웠다. 그러나 그가 남긴 「보수평안가」, 「수사득승가(水師得勝歌)」,「육군득승가(陸軍得勝歌)」,「애민가」,「해산가(解散歌)」에서 언급한 사소한 일들이 반드시 중요하게 생각해야 할 것이라고 보기는 힘들다. "전군은 반드시 명심하라. 절대 다른 사람 집의 물건을 취하지 말고, 백성들의 솥과 그릇을 빼앗지 말라." "발에 짚신을 단단히 매라." "울긋불긋 요란한 차림으로 비웃음을 사지 말라." 등은 단순한 충고일 뿐 그 이상의 의미는 없다.

이번에 살펴볼 내용은 증국번이 직접 만든 군영 규칙이다. 증국번 군영 규칙은 총 50개 조항으로 성벽의 높이와 너비, 참호의 깊이와 길이, 성문 개폐와 관련된 정확한 수치가 명시되었다. 참호를 파면서 흙을 나를 때 반드시 네모 포대를 사용하고 총알과 화약은 반드시 생옻으로 칠한 가죽통에 담았다. 이외에 백 명 당 한 개의 화장실 구덩이를 파고, 행군 중 주점에서 음식을 사먹지 못하게 하는 등 사소한 부분까지 정해두었다. 후에 기병대에 필요한 20개 상세 조항을 만들었다. 여기에는 보급과 인원 분배 및 배치에 대한 상세한 내용이 포함되어 있었다.

이상의 내용에서 보듯 상군 군영 규칙은 매우 상세했다. 증국번 수하에는 많은 막료들이 있었으므로 그들에게 초안을 만들게 하고 자신은 나중에 종합해서 간단히 수정만 할 수도 있었지만, 그는 자신이 직접 초안부터 작성하기로 했다. 그의 치밀함에 정성이 더해진 결과 사소하지만 중요한 부분을 살리고, 쓸데없는 내용을 배제한 실용적이고 알찬 규정이 완성되었다. 예를 들어 군영을 세울 때 저지대 혹은 늪지대를 피할 것, 사방이 뻥 뚫려 사방에서 공격을 받을 수 있는 평지를 피할 것, 포탄이 떨어지기 쉬운 경사진 곳은 피할 것 등이다. 실전 경험이 풍부한 지휘관이 아니고서는 이렇게 전반적인 상황과 상세한 부분을 모두 담아낼 수 없다.

1860년(함풍 10년) 6월, 증국번은 숙순의 추천으로 양강 총독에 임명되었다. 이것은 그의 군사 인생과 태평천국군을 진압하는 일에서 매우 의미 있는 사건이었다. 그러나 그는 숙순에게 감사 인사를 전하는 편지 한 통 쓰지 않았고 숙순의 이름을 입에 올리지도 않았다. 반면 목창아가 그를 지지해주었을 때는 크게 감동했고 이를 표현했었다. 1869년(동치 8년) 직례 총독에 임명되어 북경에 간 그는 12월 28일에 특별히 목창아 집을 방문했다. 목창아의 동생들을 만나 그가 죽은 후 그의 집안과 세상이 변한 이야기를 하다보니 안타까움에 한숨이 절로 나왔다. 숙순과 목창아를 대하는 태도의 차이는 그가 세상의 흐름과 변화를 파악하고 나름대로 판단한 결과였다. 결과적으로 그의 선택은 옳았다.

다음으로 그는 탑제포 집을 방문했다. 탑제포는 그의 수하에서 활약한 최초의 맹장이었다. 탑제포가 그를 믿고 따르며 깊은 충성을 한 만큼 그 역시 탑제포를 진심으로 아꼈다. 그래서 탑제포가 전사했을 때 누구보다 슬퍼했다. 증국번이 방문하면 탑제포 집안 사람들은 그를 상석에 모시고 가능한 모든 정성을 다해 상을 차렸다. 그는 80세를 넘긴 탑제포의 노모와 탑제포 이야기를 하다가 결국 두 사람 모두 눈물을 흘렸다. 탑제포 삼형제 중 첫째는 1854년에, 탑제포는 1855년에 죽었고, 마지막 한 명은 넉 달 전 죽었다. 삼형제 모두 아들은 없고 딸만 있었다. 이날 탑제포의 여동생과 딸도 증국번에게 인사를 하러 왔는데, 탑제포의 노모는 그에게 사윗감을 찾아달라고 부탁했다. 그는 이날 일기에 "집안에 대를 이을 후사를 남기지 못했으니 더욱 마음이 아프다"라고 적었다. 탑제포가 죽은 지 이미 14년이 지났지만 여전히 그를 가슴에 담고 있었던 것이다.

눈 밝은 사람이 인재를 키운다

이상의 내용은 인간적인 부분의 사소한 일들이다. 이제부터는 인재 기용과 관련된 내용을 살펴보고자 한다. 증국번이 진국서를 처음 만난 것은 1863년(동치 2년)이었다. 당시 그는 승격림필과 함께 염군을 제압한 뒤 남경성 포위를 더욱 강화하던 중이었다. 이때 증국번은 쉰두 살이었고, 진국서는 스물여섯 살에 이미 정이품 관직에 올랐으니, 가장 전도유망한 젊은 인재 중 하나였다.

1863년 말에 진국서와 이세충 군대가 무력 충돌하는 사건이 일어났고, 증국번이 황제의 명을 받고 진상조사에 나섰다. 그러나 엄밀히 따져 이 일은 증국번 소관이 아니었으므로 그는 이렇게 입장을 표현했다. '신이 알고 있는 것은 조정에서 알고 있는 것과 같습니다. 자세한 정황은 승격림필이 직접 나서 명확히 조사해야 합니다.' 그는 이때 이미 진국서의 성품을 파악했던 것 같다. 두 달 후 조정에서 다시 그의 의견을 구하는 편지를 보내왔다. '평소 진국서는 용맹하기로 유명한데, 독자적으로 군대를 지휘할 수 있다고 보는가? 그대의 의견을 속히 바란다.'

증국번은 이렇게 답변했다. '진국서는 용맹하고 전투력이 뛰어난 보기 드문 장군입니다. 아직 이십대이니 한동안 사납고 강렬한 에너지를 내뿜을 것입니다. 주둔지 관리들에게 욕설을 퍼붓고 백성들을 괴롭히더니 결국 이세충과 무력충돌까지 일으켰습니다. 아직 독자적인 지휘권을 부여하기는 힘들고 역시 승격림필이 관리하게 해 사나운 기운을 죽이도록 하는 것이 좋겠습니다. 양주 군정을 총괄하게 하는 것은 안 됩니다. 또한 종일품 제독 이세충은 절대 변절하지 않을 사람이지만, 평소 규율이 엄격하지 않아 의외의 문제가 발생할 확률이 높습니다. 그렇기 때문에 진국서와 이세충 부대를 멀리 떨어뜨려놓아야 두 번 다시 싸울 일이

없을 것입니다. 가능한 멀수록 좋습니다.'

처음 답변할 때는 사실을 보고할 뿐 확실한 결론이나 강한 주장을 드러내지는 않았다. 진국서가 아직 승격림필 수하에 있었으므로 불필요한 오해가 생길 수도 있기 때문에 최대한 조심스럽게 대처했다. 그러나 구체적인 인사 조정 의견을 묻는 두 번째 서한에 대해서는 확실한 이유를 들어 명백한 결론을 내리고 상세한 방법까지 제시했다. 증국번은 조정 관리로서 인재를 기용하는 일에서 아주 신중하게, 그러나 능력보다 덕을 중시하는 원칙을 고수했다.

남경성 함락 직후, 진국서가 태평천국 잔당을 추격하고 있을 때 그가 배반했다는 소문이 돌았다. 당시 증국번은 친구들에게 보낸 편지에 이 일을 언급한 적이 있는데, 그 역시 진국서를 조금 의심했었다. 얼마 뒤 소문이 누군가의 모함이라는 사실이 밝혀진 후, 증국번은 매우 기뻐하며 말했다. "진국서는 전장에서 언제나 용맹하게 싸웠다. 그는 정말 소중한 인재다. … 훌륭한 인재를 기용하게 되어 기쁘다."

1865년(동치 4년)에 증국번이 염군을 소탕하러 북상할 때 진국서와 함께했다. 이즈음 증국번의 인재 기용 원칙에는 약간의 변화가 있었다. 전에는 무조건 능력보다 덕이 중요하다는 입장이었지만, 시간이 지날수록 한 가지 장점이라도 적절히 활용할 수 있다는 생각을 갖기 시작했다. 그는 인재를 아끼는 마음이 누구보다 컸고 항상 사람들을 진심으로 대했다.

1865년 4월 5일, 진국서와 유명전이 충돌하는 사건이 일어났다. 증국번은 진국서에게 여러 가지 장단점을 지적하는 장문의 편지를 보냈다. 그는 진국서가 가르침을 받아들여 훌륭한 장군이 되기를 진심으로 바랐다. 하지만 진국서가 끝까지 가르침을 받아들이지 않는다면 그 역시 진국서를 포기할 생각이었다. 증국번은 조정에 이 사건을 이렇게 보고했다. '신은 진국서에게 장문의 편지를 보내 그의 장단점을 알려주고 그가 스스로 지난날의 잘못을 고치도록 했습니다. 단점을 지양하고 장점을 발전시키기 위해 세 가지 약속을 제안하고 지금 그의 답장을 기다리고 있습니다. 만약 그가 제 의견을 따르겠다고 하면 새로운 군대를 모집하도록 해서 함께 출정할 것입니다. 그러나 그가 제 의견을 따르지 않겠다고 하면 조금 더 자세히 조사해 그의 모든 죄를 밝힐 것입니다.' 그리고 마지막 부분에 진국서를 하남으로 이동시켜 유명전과 다시 부딪히지 않도록 멀리 떨어뜨려놓아야 한다는 내용을 덧붙였다.

증국번은 이 과정에서도 신중을 기했다. 먼저 진국서의 잘못된 행동을 정리해 지인들에게 보여주고 이것이 단순한 소문인지 사실인지 확인하고 좀 더 자세한 정보를 수집했다. 여기에서 다시 한 번 그의 치밀함이 드러났다. 얼마 지나지 않아 진국서의 답신이 도착했다. 진국서는 공손한 태도로 아편을 피운 사실을 인정했지만, 나머지 일에 대해서는 모두 부인했다. 증국번은 진국서가 어떤 속셈을 숨기고 있는지 알 수 없다는 생각이 들었다. 그는 진국서가 진실하지 못하고 믿을 수 없는 인간이라고 판단해 결국 그에게 징계를 내리기로 결심하고 조정에 상소를 올렸다. '진국서의 방판직을 거두어주십시오. 그러나 그가 공을 세워 죗값을 치를 수 있도록 기회를 주십시오.'

증국번은 여전히 진국서의 재능이 아까워 쉽게 포기할 수 없었다. 그리하여 조정의 징계를 통해 진국서가 스스로 반성하기를 바랐다. 사실 그의 인재 사랑은 조금 지나친 감이 없지 않다. 특히 그의 단점을 채워줄 맹장에 대한 간절함이 강했기에 쉽게 진국서를 버리지 못했던 것이다. 이때까지도 그는 지인들에게 "만약 진국서가 진심으로 반성한다면 나는 기꺼이 다시 그를 맞이할 것이네"라고 말했다.

두 달 후, 진국서가 직접 증국번을 찾아와 두 사람은 한참 동안 대화를 나누었다. 그러나 진국서는 증국번의 가르침을 받아들일 생각이 아니라 그의 동정을 살피러 온 것뿐이었다. 증국번이 이것을 모를 리 없었다. 물론 진국서가 괘씸했지만 한편으로는 이렇게 두뇌회전까지 빠른 그의 재능이 더욱 아까웠다. 간절한 마음으로 진심을 다해 가르치면 잘못을 고치고 훌륭한 장군이 될지도 모른다는 생각이 들었다. 다만 승격림필 수하로 가서 고생이 너무 심하면 사기가 떨어져 예전만큼 용맹함을 발휘하지 못할 수도 있다. 마침 진국서가 요양을 위해 휴가를 청하자 증국번은 이 기회에 그가 아편을 끊고 열심히 체력 훈련을 해서 단순한 맹장이 아니라 명장이 되기를 바랐다.

염군과 대치하던 중, 증국번은 염군 포로로부터 그들이 가장 두려워하는 장군이 진국서라는 사실을 알게 됐다. 진국서는 특히 야간 습격 성공률이 높았고, 지구전에 능했으며, 죽음을 두려워하지 않아 쉽게 공격을 멈추지 않고 끝장을 보려 했다. 상군 내에는 진국서 말고도 전투력이 뛰어난 장군이 많았지만 대부분 지구력이 약해 공격이 금방 끝나곤 했다. 이런 점에서 진국서의 재능이 더욱 아까웠던 것이다.

그러나 얼마 뒤 염군 전선에서 물러난 그는 양강 총독으로 복귀하면서 오랜 고민을 끝내고 진국서를 버리기로 결정했다. 남경으로 돌아온 그는 일단 군량을 모아 그의 뒤를 이어 염군을 진압하고 있는 이홍장에게 보내주었다. 이때까지도 진국서를 다시 불러야 하나 말아야 하나 잠시 고민했지만 결심을 바꾸지는 않았다. "잠시 진국서를 이곳으로 불러야 하나 생각했지만, 다시 생각해보니 역시 그렇게 하지 않는 게 좋겠다." 그가 진국서를 아꼈던 것은 전장에서의 용맹함 때문이었다. 그러나 자신이 다시 양강 총독으로 복귀했으니 더 이상 맹장은 필요치 않았다.

증국번은 인재를 아끼고 사람을 불쌍히 여기는 마음으로 진국서에게 여러 번 덕을 권하고 잘못을 고치도록 했다. 다만 진국서가 끝까지 이를 받아들이지 않았기에 결국 포기할 수밖에 없었다. 그러나 그의 노력이 전혀 의미가 없었던 것은 아니다. 그가 당근과 채찍을 섞어가며 진국서를 다스린 덕분에 항상 거만하던 진국서가 수그러들기 시작했고 더 이상 다른 장군들과 문제를 일으키지 않았다. 증국번은 확실히 리더로서의 자질이 있었다.

성공 인물의 처세력 ⓑ
큰일이 되는 작은 일을 살펴라

하안과 등양의 어리석음

위나라 명제 조예는 임종을 예감하면서 누구에게 뒷일을 맡겨야 할지 고민했다. 이때 황제 다음으로 가장 큰 권력을 잡고 있던 조상이 조예에게 귓속말로 말했다. "신이 목숨 걸고 종묘사직을 받들겠습니다." 그러나 명제는 조상이 적합한 인물이 아니라고 생각해 조서를 내리지 않았다. 다급해진 조상은 담당 관리를 협박해 강제로 조서를 작성하게 만들었다. 더 이상 조상을 내칠 수 없게 된 명제는 어쩔 수 없이 조상과 사마의 두 사람에게 뒷일을 맡겼다.

하안, 정밀(丁謐), 등양, 이승(李勝)은 모두 뛰어난 학문으로 널리 이름을 알린 사람들이지만, 명제는 이들이 권력에 편승해 부귀를 탐한다고 생각해 중용하지 않았다. 그래서 이들은 명제가 죽기 전까지 관직을 얻지 못했다. 그러나 이들과 가까이 지내던 조상이 권력을 장악하면서 이들은 조상의 충실한 심복이 되었다. 상서, 교위(校尉) 등 높은 관직에 오른 이들은 조상의 권력을 강화하고 사마의의 권력을 약화시키기 위해 온갖 수단과 방법을 동원했다.

어느 날 황문(黃門) 시랑 부하(傅嘏)가 조상의 동생 조희(曹羲)에게 하안 무리를 비난하는 말을 했다. "하안은 겉모습은 점잖은 학자이지만 속은 난잡한 소인배입니다. 교활하고 영악하게 사리사욕을 채울 뿐 근본이 바르지 않습니다. 저는 공과 형님이 큰일을 그르칠까 걱정될 뿐입니다. 그들 때문에 민심을 잃고 조정의 기강이 무너지지 않을까 걱정입니다." 이 말을 전해들은 하안은 얼마 뒤 작은 꼬투리를 잡아 부하를 파직시켰다.

하안 무리는 조상의 위엄을 높여 권력을 강화하기 위해 조상에게 촉나라 정벌을 부추겼다. 조상은 사마의의 반대에도 불구하고 전쟁을 강행했으나 결국 많은 병사를 잃고 대패했다. 계속해서 정권을 장악한 조상은 법과 제도를 무시한 채 독재 정치를 강행했고, 사마의는 자신의 충고가 받아들여지지 않자 병을 핑계 삼아 일선에서 물러났다.

당시 위나라에 점술로 유명한 관로(管輅)라는 인물이 있었다. 어느 날 하안이 관로를 찾아가 관상을 부탁하자 그가 이렇게 말했다. "공은 지금 존귀한 자리에서 막강한 권력을 쥐고 있습니다. 그러나 덕이 부족해 공을 두려워하고 불만을 가진 자가 많으니 이대로는 복을 구할 수 없습니다. 만약 공이 가진 것을 덜어 어려운 사람을 돕고 덕을 행한다면 반드시 삼공의 지위에 오를 것입니다. 그렇지 않으면 설사 높은 자리에 오른다고 해도 반드시 실패할 것입니다." 나중에 관로가 숙부에게 하안을 만난 이야기를 하자, 숙부는 그렇게 곧이곧대로 말했다가 화를 당할지도 모른다며 그를 꾸짖었다. 그러자 관로는 말했다. "죽은 사람과 말하는 게 무서울 게 뭐 있습니까?"

얼마 뒤 사마의가 조상을 제거하고 하안 무리도 삼족이 멸하는 화를 당했다. 이 소식을 들은 관로의 숙부는 관로에게 물었다 "하안과 등양 무리가 저렇게 될 줄 어떻게 알았느냐?" "등양은 정신이 산만하고 성질이 급하며, 하안은 늘 넋이 나가 있었습니다. 혈색이 어둡고 정기가 흩어져 있으며, 고목처럼 말라비틀어진 얼굴에는 죽음의 그림자가 가득했습니다." 평소 학문에 대한 자부심이 강했던 하안은 육경(六經)[138]을 성인의 '찌꺼기'라고 표현하며, 자신은 '서두르지 않아도 빠르고, 가려 하지 않아도 이른다'라며 거만하게 행동했다. 그는 내적으로 기가 산만하게 흩어져 있고 덕이 부족했지만 학문적인 성과는 확실히 인정할 만했다.

진수(陳壽)의 『삼국지』 기록에 따르면 하안, 하후현(夏侯玄), 등양 세 사람이 부하를 한 편으로 끌어들이려 했으나 부하가 거절했다고 한다. 누군가 거절한 이유를 묻자 그는 이렇게 대답했다. "하후현은 뜻은 크지만 재능이 따라주지 못하니, 허명만 있을 뿐 실제 능력은 없습니다. 하안은 말하고 따지는 것을 좋아하지만, 됨됨이에 실속이 없고 무성의하며, 자기와 의견이 다른 사람을 적으로 생각합니다. 등양은 시작은 있으나 끝이 없고 헛된 명예를 좋아합니다. 자기와 뜻이 같으면 존중하고 뜻이 다르면 배척할 뿐 아니라 질투가 심합니다. 이 셋은 덕을 어지럽히고 백성들을 괴롭게 하는 사람들입니다. 멀리하고 피해도 부족한데 어찌 그들을 가까이 하려 하겠습니까?"

사소하지만 중요한 것을 놓친 히틀러

2차 세계대전 초기, 히틀러는 소련, 미국과 중립 협정을 맺은 덕분에 유럽과 아프리카 전선에서 확실한 승기를 잡았다. 그러나 소련과 미국을 적으로 돌리면서 그의 운명은 걷잡을 수 없이 깊은 수렁으로 빠지기 시작했다. 미국은 1929~1933년에 경제공황에 빠졌지만 여전히 세계 최대 경제 강국이었다. 히틀러는 이 사실을 분명히 인지했지만, 자신이 더욱 강력한 에이스를 쥐고 있다고 생각했기 때문에 과감히 미국에 선전포고를 했다.

이때 미국 해군은 특히 광학 기계 설비가 크게 부족했다. 미국 자체 기술이 없어 프랑스 수입품에 100% 의존하고 있었다. 당시 광학 기술은 철저한 보안 속에 가족 내에서만 전수되고 있었다. 기술자가 많지 않은데다 전쟁으로 인한 수요가 급증하면서 광학 기술자에 대한 대우가 점점 높아졌고, 그럴수록 외부 보안은 더욱 강해졌다. 광학 기술은 어느 정도 실력을 갖춘 기술자를 배출하기까지 대략 7년 정도가 걸렸다. 이런 상황이었으므로 미국이 아무리 경제 강국이라도 광학 기술을 발전시키지 못해 프랑스 수입품에 의존할 수밖에 없었다.

히틀러는 미국의 장단점을 정확히 파악한 후 대략 이런 계획을 세웠다. 일단 프랑스를 점령하면 유럽의 광학 산업을 장악할 수 있고 미국은 더 이상 광학 기계를 수입할 수 없다. 이렇게 하면 미국은 최소한 몇 년 동안 해군력을 강화할 수 없다. 미국이 광학 기술을 발전시키려면 최소한 5~7년이 걸릴 것이고 그 사이 독일군이 미국을 제압한다.

히틀러의 에이스는 바로 이 광학 기술이었다. 히틀러의 계획은 섣부른 자아도취가 아니라 정확한 판단과 이성적인 분석의 결과였다. 하지만 이 과정에서 그가 간과한 한 사람이 있었는데, 이 사람은 전쟁과 직접 관련된 사람이 아니었기에 히틀러의 정보력 안에 들어 있지 않았다. 그 주인공은 미국 경영관리학의 아버지로 불리는 프레드릭 테일러다. 오늘날 경영학을 공부하는 사람이라면 모두 알고 있는 그는 2차 세계대전 당시 혁신적인 경영관리 방법을 만들어냈다.

테일러는 노동자로 시작해 철강 회사 관리자가 되기까지 많은 경험을 통해 노동자들의 작업 효율이 매우 떨어진다는 사실에 주목했다. 대부분의 공장 작업은 몇 단계 작업 과정을 거치는데, 한 사람이 처음부터 끝까지 모든 과정을 담당했다. 테일러는 오랫동안 작업 과정을 관찰한 결과 전체 작업 과정이 비교적 간단한 여러 개의 동작으로 연결되어 있다는 사실을 발견했다. 세부 동작 하나만 놓고보면 세 살짜리 어린아이도 할 수 있을 정도로 간단해서 아주 쉽게 배울 수 있었다. 세부 동작 하나하나는 아주 쉽고 간단하게 배울 수 있어서 가르치기도 쉽고 숙련공을 만들기도 쉽다. 더구나 여러 동작을 연결하느라 이리저리 왔다 갔다 하며 에너지와 시간을 낭비할 필요도 없다. 그는 먼저 복잡한 전체 작업 과정을 30개 단계로 나누었다. 한 가지 동작은 아주 간단하고 쉽기 때문에 글을 모르거나 교육 수준이 낮은 사람이라도 반나절만 배우면 금방 익숙해졌다. 이렇게 해서 작업 효율을 크게 올리고 교육 및 관리 비용을 크게 낮출 수 있었다.

한편 히틀러가 선전포고와 함께 공격을 시작하자 미국은 속수무책으로 당할 수밖에 없었다. 그러나 테일러의 과학적인 경영관리법이 군수 산업에 도입되면서 상황이 급변했다. 미국은 불과 수개월 만에 많은 광학 기술자를 키워냈고 더 이상 프랑스 광학 기계에 의존할 필요가 없었다. 기술 열세를 극복한 미국은 빠르게 해군력을 강화하고 순식간에 해상권을 장악했다.

제16장

치우침 없이, 중용의 도를 익혀라

치우친 자의 성공은 일시적이고, 중용을 지키는 자의 성공은 평생 이어진다.
중용의 도는 증국번의 성공철학으로, 그가 대업을 이루는 데 큰 도움이 되었다.

증국번이 1858년(함풍 8년) 군대에 복귀한 후 가장 크게 달라진 것은 바로 철저히 중용 원칙을 지킨 점이다. 중국의 유가 문화는 상나라와 주나라를 지나면서 싹이 텄고, 춘추시대 말기 공자에 의해 정리되었으며, 한나라 문제 시대에 이르러 존귀한 지위를 얻었다. 그 후로 중국은 수천 년 동안 수많은 일들을 겪었고, 1840년 이후 또 한 번 극심한 사회 혼란을 겪었다. 유가 문화가 대혼란 속에서도 변함없이 위대한 전통 문화로서의 지위를 고수할 수 있었던 것은 강한 생명력과 뛰어난 자정 능력 덕분이었다.

수신, 제국, 치국, 평천하가 유가 문화와 전통의 핵심이라면, 중용은 유가 문화와 전통의 기준이라고 할 수 있다. 증국번은 중용의 도를 설명할 때 '입국(入局)'이라는 한 단어로 요약했다. 입국이란 그 상황에 직접 뛰어들어야 비로소 당사자의 마음을 이해할 수 있다는 뜻으로, 모든 결정 과정의 기준이 된다고 보았다. 유가 문화와 전통의 기준 중 가장 수준 높은 것이 바로 중용의 도다.

증국번은 유가 문화가 배출한 가장 훌륭한 위인 중 한 사람이다. 만약 천진교안 사건을 처리하면서 민족 대의를 손상시키지 않았더라면 그는 완벽한 성인으로 추앙받았을 것이다. 1858년 군대 복귀는 그의 사상과 처세에서 커다란 전환점이 되었다. 이 시기를 전후해 그의 사상과 처세는 완전히 다른 양상을 띠고 있다. 고향에 머무는 1년 4개월 동안 도대체 어떤 생각을 했기에 그는 이렇게 완전히 다른 사람이 되었을까?

사실 증국번이 처음부터 온화하고 고상한 지식인은 아니었다. 지식인으로서 높은 수양을 쌓았지만 조급한 성격과 사나운 기질을 완전히 버리지 못했다. 그가 남긴 편지와 일기를 보면 아랫사람들에게 심한 욕설을 퍼부으며 꾸짖은 일이 한두 번이 아니었다. 특히 기분이 나쁠 때는 더더욱 자기 감정을 다스리지 못했다. 그는 급히 군권을 넘기고 부친상을 치르러 고향에 돌아갔을 때도 감정을 주체하지 못해 제수들에게까지 호통을 치곤 했다. 이런 모습은 분명 바람직한 지식인의 태도라고 볼 수 없다.

그러나 군대에 복귀한 후에는 항상 중용을 지키며 신중하고 조심스럽게 행동했다. 때로는 그가 아부하는 것처럼 보일 정도였다. 일찍이 굴원은 자신의 뜻이 받아들여지지 않자 노발대발해 욕설을 퍼부었다. 결국 그는 소인배들에게 중상모략당하고 친구를 모두 잃는 처지가 되었다. 어쩌면 이 이야기가 증국번에게 큰 교훈이 되었는지 모른다.

타협이 없으면 협조도 없다

증국번이 처음부터 중용의 도를 처세 기준으로 삼았던 것은 아니었다. 특히 함풍제의 출병 명령을 거절할 당시 그는 중용의 도가 아닌 중요도와 시급함을 기준으로 일을 처리했다. 그는 언제나 가장 중요하다고 생각하는 일을 최우선시하며 자기 뜻을 굽히지 않아 황제에게 미움을 사고 많은 적을 만들었다.

첫 번째 출병 거부

1853년(함풍 3년) 2월에 남경을 점령한 태평천국군은 5월부터 장강을 따라 서정 군대를 파견했다. 그들은 안휘, 강서, 호북, 호남을 점령할 계획이었다. 장강 연안의 주요 도시를 장악하면 남경을 보호할 병풍을 둘러 세우고 식량 공급 문제를 해결할 수 있었다. 같은 해 9월, 태평천국군이 전가에서 청나라 관군을 대파했다. 이 과정에서 많은 전함을 얻어 수군을 크게 강화시킨 후 다음 목표로 무창을 선택했다.

10월, 드디어 호북에 지원군을 파병하라는 함풍제의 명령이 떨어졌다. 이때 증국번은 형양으로 거처를 옮긴 지 두 달째였다. 함풍제의 명령이 도착하고 며칠 후, 태평천국군이 갑자기 무창의 군대를 철수하고 안휘로 방향을 돌렸다. 증국번은 10월 24일, 함풍제에게 출병 연기를 요청하는 편지를 보냈다. 즉 출병 거부였다. 첫 번째 출병 거부는 외부 상황이 변하면서 자연스러운 이유가 만들어졌다. 함풍제 입장에서도 계속 출병을 종용할 이유가 없었으므로 일단 '조금 더 신중히 생각하는 것이 좋겠다. 그대가 완급을 잘 조절하는 듯해 마음이 놓인다'라고 해두었다.

이처럼 첫 번째 출병 거부는 별다른 논쟁을 불러일으키지 않았지만 두 가지 주목할 점이 있다. 하나는 증국번이 출병 명령의 의도를 정확히 파악하고 있었다는 사실이다. 함풍제의 첫 번째 출병 명령은 이런 내용이었다. '증국번이 호남 단련을 맡은 후로 지방의 수비능력이 크게 강화되었고, 비적 소탕에서도 큰 성과가 있었다고 들었다. 즉시 군대를 이끌고 호북 병력을 지원하라.' 이것은 증국번의 생각과 완전히 달랐다. 그가 상군을 강력한 군대로 키운 목적은 태평천국의 난을 진압하기 위해서였는데, 황제는 상군을 단순한 민병 조직, 혹은 관군의 보충부대 정도로 생각했다. 상군은 관군과 대등한 위치가 아니라 관군에 종속된 존재였던 것이다. 다른 하나는 증국번이 수군의 중요성을 크게 인식하고 있었다는 사실이다. 그는 태평천국군이 장강 수로를 장악한 후 청나라 관병이 전혀 손을 쓰지 못하는 모습을 지켜보면서 생각했다. '적이 물길로 가는데 육로로 쫓아가서는 절대 따라잡을 수 없으니, 어떻게 그들을 무너뜨리겠는가?' 그래서 전함과 함포 강화를 최우선 목표로 삼았다.

두 번째 출병 거부

안휘 공격을 주도한 태평천국군 지휘관은 맹장 석달개였다. 1853년 10월 말, 안휘 북부를 공격하기 시작한 태평천국군은 동성과 서성을 연달아 점령했고, 이 과정에서 공부(工部) 시랑 여현기(呂賢基)가 자살했다. 계속해서 이들은 려주 공격을 준비했다. 원래 안휘성 성도인 안경이 태평천국군에게 함락되자 청나라 조정이 려주에 임시 성도를 세웠다.

함풍제는 려주가 위험해지자 강서에 있는 강충원을 임시 안휘 순무로 임명하고 즉시 려주를 지원하도록 했다. 당시 강충원은 건강 상태가 매우 좋지 않았고 부대 병력도 겨우 2,700명뿐이었지만, 황제의 명령이 떨어지자마자 곧바로 려주로 달려갔다. 이때 함풍제는 증국번에게도 동정호에서 훈련 중인 상군 수군을 이끌고 동쪽으로 이동해 강충원 부대와 수륙 협공을 전개하라고 명령을 내렸다. '지금 안휘 지역에 비적들이 창궐해 이미 여현기가 순국했다. 강충원은 병이 깊어 육안(六安)에 멈춘 상황이다. 지금 안휘는 매우 위급한 상황이다. 증국번은 즉시 전함을 띄워 동쪽으로 이동해 강충원 부대와 합류하라. 안경, 동성, 서성을 수복하고 비적들이 북쪽으로 이동하지 못하도록 견제하라. 증국번은 평소 충성심이 깊고 지혜와 용기를 두루 지닌 것으로 유명하니, 반드시 대세를 장악할 것이라 믿는다. 절대 짐의 믿음을 저버리지 말라.'

증국번은 11월 23일에 이 명령을 받았고, 사흘 뒤 황제에게 답신을 보냈다. '전가현을 빼앗긴 후로 총독 오문용, 순무 낙병장이 제게 수십 차례 이상 서신을 보내왔습니다. 그들 모두 강남 각 성이 독자적으로 수비를 하고 있어, 군량 낭비가 심한 데 비해 전투력이 크게 떨어지고 있음을 알고 있습니다. 이에 강남 4성이 전선을 통일하면 군량 낭비를 막고 전투력을 높일 수 있다는 데 의견 일치를 보았습니다. 강충원도 강남 4성이 연합하는 데 찬성했습니다.' 계속해서 증국번은 전함과 함포가 완벽하게 준비되지 않으면 절대 출병할 수 없다는 자신의 입장을 강력히 피력했다. '전함을 띄우는 일은 절대 경솔하게 처리할 수 없습니다.' 증국번이 만든 초기 전함은 기술이 부족해 문제가 많았다. 크기가 너무 작아 장강의 세찬 풍랑을 넘지 못했고, 함포 발사 시 그 진동과 충격을 견디지 못했다. 광주(廣州) 수군에서 전문가를 영입하면서 점차 문제점이 개선되었으나, 이제 막 기름칠을 한 터라 당장 물에 띄울 수 있는 상황이 아니었다. 또한 광동에서 구입한 서양 대포 중 일부가 도착하지 않아 전함 준비가 완벽하지 않았다.

함풍제는 증국번에게 강충원 부대와 합류해서 수륙 양공을 전개하라고 명했지만, 당시 증국번은 독자적으로 수군과 육군을 조직할 생각을 가지고 있었다. 수군 육군이 모두 있어야 상황에 따라 유연하게 양군 협공 혹은 분산 공격을 이용할 수 있기 때문이었다. 젊은 황제의 생각보다 증국번의 전략이 확실히 뛰어났지만, 아직 수군 훈련이 끝나지 않아 당장 출병할 수 없는 것이 문제였다. 그래서 그는 '전함, 함포, 수군 훈련은 한 달 만에 해결할 수 있는 일이 아닙니다. 최소한 내년 봄까지는 기다려야 합니다'라고 못을 박았다.

함풍제는 증국번의 편지를 받고 매우 불쾌했다. '지금 안휘성이 매우 위급해 지원군 파병이 한시가 급한 상황인데, 그대는 어떻게 자기 생각만 고집하는가? 그대의 글을 읽으니 강남 4성의 군권을 혼자 독차지하려 하는데, 과연 그대가 그럴 능력이 있는지 묻고 싶구나. 그대 스스로 그만한 능력이 있다고 말했으니 당장 실력을 보여봐라.'

함풍제는 증국번이 강남 4성의 연합 수비만 언급하고 출병 명령에 답하지 않아 화가 났던 것이다. 강충원은 우직하고 충성스러워 황제 명령에 고분고분 따랐지만 증국번은 그렇지 않았다. 전투력도 뛰어나고 말도 잘 듣는 강충원은 강서로 가라 하면 강서로, 안휘로 가라 하면 안휘로 조금도 지체하지 않고 곧바로 달려갔다.

증국번은 두 번째 출병 거부 당시 별도로 호남에 필요한 곡식 20~30만 섬을 요청하는 내용의 상소문을 올렸다. 호북 지역 장강 연안 도시들은 대부분 태평천국군의 공격으로 심각한 피해를 입어 돈이 있어도 곡식을 살 수 없는 지경이었다. 따라서 상군이 호북으로 출병하려면 미리 군량을 충분히 준비해야 했다. 이 부분에 대해서는 함풍제도 동의했다. '군량은 당연히 필요한 것이지만 낭비하지 않도록 주의하라.'

세 번째 출병 거부

11월 21일에 두 번째 출병 거부 상소를 보낸 증국번은 12월 16일에 황제 답신을 받았다. 황제는 크게 그를 꾸짖으며 당장 지원군을 파병할 방법을 모색하라고 명했다. 5일 후, 그는 출병할 수 없는 이유를 한층 깊이 분석해 다시 출병 거부 상소문을 작성했다.

첫째, 출병 시기가 늦어지는 이유를 정확히 밝혔다. 일단 전함 제작 속도에는 아무 문제가 없었다. 80일 만에 대략 400~500척 전함을 준비했으니 절대 느리다고는 할 수 없다. 다만 광동에서 사들인 서양 대포

운반이 늦어져 전함 완성이 늦어진 것뿐이었다. 광동에서 사들인 서양 대포 1,000대를 열 번에 나누어 형양으로 운반하기로 했는데, 당시 형양에 도착한 대포는 겨우 80대뿐이었다.

둘째, 황제의 명령대로 강서와 안휘를 구하러 가려면 먼저 태평천국군이 장악하고 있는 호북 지역 장강 연안 도시를 지나야 했다. 그런데 태평천국군의 저항으로 시간이 얼마나 늦어질지 알 수 없었고, 어쩌면 아예 길이 막혀버릴 수도 있었다. 따라서 당장 출병하더라도 언제 안휘에 도착할지 장담할 수 없는 현실을 황제에게 확실히 인지시켰다.

셋째, 현재 상황에서 급하기로 따지자면 당연히 려주를 구해야 하지만 대국 흐름을 볼 때 가장 중요한 곳은 무창이었다. 먼저 무창과 호북을 되찾아 호남과 호북 기지를 안정시킨 후 장강 상류에서 하류를 공격하는 것이 가장 효과적인 방법이었다. 일단 호북과 호남이 안정되면 강서, 안휘를 더해 강남 4성이 연합전선을 펼쳐 쉽게 남경을 함락시킬 수 있다는 것이 증국번의 생각이었다.

넷째, 그가 상군을 조직한 첫 번째 목적이 호남 지역 비적 소탕이었는데 아직 호남이 안정되지 못했으므로 당장 호남을 비울 수 없었다.

다섯째, 상황이 이렇게 어려워진 가장 큰 이유는 군량과 병력이 크게 부족하기 때문이었다. 이대로는 출병해도 승산이 없었다. 조금 더 세력을 키워 훗날을 도모하는 것만이 황제 은혜에 보답하는 길임을 강조하면서 깊은 혈성을 드러냈다.

마지막으로 그는 '조금도 숨김없이 오직 사실과 진실만을 말했습니다. 부디 황제 폐하의 성은을 바라옵니다'라고 덧붙였다. 결국 함풍제도 마음을 바꾸었다. '그대 마음이 하늘을 우러러 한 점 부끄러움 없다는 것을 모두가 알고 있다.'

지금까지 증국번의 출병 거부에 대한 자세한 상황을 살펴보았다. 그는 겁 없이 황제 권위에 도전한 것이 아니라 일의 경중과 시급함을 따져 선후를 결정했다. 다만 그 기준이 너무 명확하고 주관이 확고하다보니 황제 권위에 도전하는 것처럼 보였던 것이다.

함풍제는 결국 마음을 바꾸기는 했지만 증국번의 태도가 매우 불쾌했다. 그러나 1854년 8월에 증국번이 무창을 수복하자 너무 기쁜 나머지 당장 그를 호북 순무로 임명했다. 이것은 증국번에게 지방 실권이 주어지는 것을 의미했다. 이때 한 대신이 함풍제의 경각심을 일깨웠다. "일개 문신인 그가 이렇게 많은 사람을 모아 큰 승리를 거두었으니 이는 결코 좋은 징조가 아닙니다." 함풍제는 이 말의 진의를 알아차리고 당장 명령을 거두고 증국번을 다시 병부 시랑으로 복귀시켰다.

증국번은 단련대신으로 부임한 이후 줄곧 일이 잘 풀리지 않았다. 부하 병사들에게 쫓겨 죽을 뻔했고 강서에 고립되어 죽을 고비를 넘겼다. 그 이후에도 사천으로 절강으로 떠돌아다녔다. 이럴 수밖에 없었던 근본적인 이유는 그에게 지방 실권이 없어 군량, 인사, 상벌을 비롯해 크고 작은 모든 일을 지방 관리에게 의존해야 했기 때문이다. 이것은 불편하기도 했지만, 더 큰 문제는 지방 관리들이 매우 비협조적이라는 사실이었다.

증국번은 왜 이렇게까지 어려운 상황에 직면했을까? 개인은 환경을 바꿀 수는 없지만 환경에 순응하는 방법을 찾을 수는 있다. 그러나 그는 환경에 순응하려 하지 않았고, 이것이 가장 큰 문제였다. 포부를 실현하고 대업을 이루기 위해서는 반드시 이 난관을 극복하고 조정과 지방 실세들의 지지를 얻어야 했다. 하지만 당시 그는 가는 곳마다 온통 적뿐이었다. 그는 황제와도 타협할 줄 몰랐으니 다른 대신이나 지방 관리들과는 더더욱 뜻을 함께하기 힘들었을 것이다.

그는 이때까지 중용의 도가 얼마나 중요한지 깨닫지 못했던 것이다. 1853년 12월, 그는 한 지인에게 이런 편지를 썼다. "관직 생활을 시작한 지 이미 여러 해가 지났고 그동안 관직 세계가 어떤 곳인지 충분히 경험했네. 그런데 지금 나는 도저히 참을 수가 없네. 당장 이 더러운 것들을 부셔버리고 싶어. 지난 수십 년 동안 이도 저도 아닌 태도를 취하곤 했는데 이제 고쳐야겠어. 다만 중용의 도리에 어긋나 한쪽에 치우치게 될 것이 걱정이네."

중용의 도를 처세 기준으로

1857년 2월 11일, 강서에 고립되어 있던 증국번은 고향에서 보내온 편지를 받았다. 일주일 전인 2월 4일에 아버지가 돌아가셨다는 내용이었다. 그는 즉시 조정에 휴가를 신청하고 승인이 떨어지기도 전에 동생 증국화와 함께 강서를 떠났다. 3월 21일에 출발해 8일 뒤 호남 고향집에 도착했다.

전쟁에 나간 군대 지휘관이 상부 허락 없이 자리를 비운 것은 처벌을 피할 수 없는 큰 잘못이었다. 그러나 그동안의 전공을 고려해서, 또 호남 순무 낙병장과 호북 순무 호림익의 변호 덕분에 증국번은 별 탈 없이 3개월의 휴가를 얻었다. 조정에서는 3개월 후 강서 전선에 복귀하는 조건을 달고 승인 없이 군대를 이탈한 죄에 대해서는 더 이상 추궁하지 않았다.

5월 22일, 3개월 휴가가 끝나는 날 증국번은 함풍제에게 종제를 청하는 편지를 썼다. "신은 북경에서 14년을 보내고 군에서 5년을 지내느라 20년 동안 집을 떠나 있었습니다. 이 때문에 조부모와 부모님의 임종을 지키지 못했고 끝까지 3년상을 치르지도 못했습니다. 자식 된 도리를 하지 못해 부끄럽고 마음이 아픕니다. 현재 대국 상황을 보건대 남경성에 내란이 일어나고 호북이 안정되고 수군이 강화되어 점차 상황이 좋아질 것으로 보입니다. 미천한 신의 힘은 별 도움이 되지 않을 것이니 신이 없어도 큰 문제는 없을 것입니다. 부디 신이 종제할 수 있도록 허락해주십시오."

그러나 함풍제는 계속해서 즉시 군대에 복귀하라는 말과 함께 구강을 수복하고 장강 연안을 평정한 후 남은 상을 치를 수 있도록 다시 휴가를 주겠다고 했다. 그는 어쩔 수 없이 솔직한 속내를 털어놓기로 했다. "지금 상황으로는 일을 처리하기가 너무 힘듭니다. 오히려 제가 큰일을 그르칠 수도 있으니, 역시 고향에서 종제하는 것이 나을 것 같습니다"라는 말과 함께 세 가지 구체적인 이유를 제시했다.

'첫째, 신은 병부 시랑으로 실권에서는 제독이나 총병보다도 못합니다. 수년 동안 신을 따르고 있는 장군과 병사들을 추천해 2~3품 관직에 오르기도 했지만, 원래 초장(哨長)이었던 자는 여전히 초장 급여를, 대장(隊長)이었던 자는 그대로 대장 급여를 받고 있으니 실질적인 이익은 전혀 없습니다. 또한 천총(千總), 파총(把總)처럼 작은 관직을 추천할 때도 일일이 순무와 상의해야 하고 그의 도움이 필요한 실정입니다.

둘째, 신은 지방 실권이 없다는 이유로 어디에서나 불이익을 감수해야 합니다. 신은 일개 객관(客官)[139]일 뿐이고 군사, 재정, 자금 조달과 관련된 일은 모두 지방 관리들이 전담하고 있습니다. 그러나 그들의 일 처리가 매우 부당하고, 때로는 군량 지급을 중단하겠다며 협박하기 때문에 신은 아무것도 할 수 없습니다.

셋째, 신은 흠차대신 직함이 없고 단지 방판 단련인지라 나무 인장을 새겨 사용하고 있습니다. 그런데 관아에서 자주 인장을 바꾸는 바람에 신의 인장은 위조 인장으로 오해받기 일쑤입니다. 이성모(李成謀)가 탁월한 전공을 세워 참장에 추천했으나, 호남 지강현(芷江縣)에서 뜻하지 않게 처벌받는 일이 있었습니다. 이성모가 내보인 제 인장이 위조된 것으로 오해받았기 때문입니다. 제가 부장으로 추천한 주봉산(周鳳山)도 장정현(長汀縣) 관아에서 옥에 갇혔는데, 역시 제 인장이 가짜라는 이유였습니다.

이상의 내용은 작은 일이지만 일을 처리하는 데 매우 중요한 부분입니다. 현재 상황으로는 순무 직위가 없으면 군대를 이끌 수 없습니다.'

증국번이 전선으로 돌아가지 않으려는 진짜 이유는 고향에서 종제하기 위해서가 아니라 실권이 주어지는 강서 순무 직함을 얻는 데 있었다. 함풍제는 이 글을 읽고 증국번의 의도를 확실히 알았지만, 이 일은 생각처럼 간단한 일이 아니었다. 청나라 조정은 대대로 '한족에게는 지방 실권을 주지 않는다'는 원칙을 중요시해왔다. 마침 태평천국군의 기세가 조금씩 꺾이기 시작했으므로 증국번이 없어도 대세를 장악하는 데 별 무리가 없을 것 같았다. 그래서 함풍제는 증국번의 종제 요청을 받아들이기로 했다. '강서 군사 상황이 좋아지고 있으니 그대는 일단 고향에서 종제에 충실하며 다음 명령을 기다려라.'

이렇게 되자 아쉬운 쪽은 증국번이었다. 그는 이러지도 저러지도 못한 채 결국 1년 4개월 동안 고향에 갇혀 있어야 했다. 그동안 외부 상황은 하루하루 달라졌다. 태평천국 내부에 분열이 일어나 석달개가 남경성을 뛰쳐나오면서 태평천국군의 세력이 크게 약해졌다. 상군은 이 분위기를 타고 호림익의 지휘 아래 구강을 포함해 강서 지역을 대부분 되찾았다. 이제 대세는 청나라 조정으로 기울었다. 양재복과 이속빈은 큰 포상을 받았고, 관문과 호림익은 태사소보(太子少保) 직함을 겸했다. 반면 증국번은 여전히 시랑 직위에 머물러 있었다. 증국번은 하루하루 지날수록 마음이 급해졌다. 이런 상태로라면 일 년 안에 태평천국의 난이 완전히 진압될 것 같았다. 이대로 있다가는 다시 복귀할 기회가 영원히 사라질 것 같았다.

애초에 그가 황제에게 실권을 요구한 것은 나라를 구하기 위해서였지만, 방법적으로 볼 때 유가 예법에 어긋나는 행동이었다. 이 때문에 비난 여론이 거세게 일었고 증국번은 그 부담감으로 심한 불면증을 앓기까지 했다. 당시 증국번은 여론의 압박과 앞으로 영원히 기회를 얻지 못할 것이라는 걱정으로 매우 불안하고 초조했다. 그는 진지하게 자신을 돌아보며 잘못을 깊이 뉘우쳤고 새로운 교훈을 얻었다. 고향에서 지내는 1년여 동안 그는 표면적으로 아무 일도 하지 않았지만 내적으로 큰 발전을 이룬 셈이었다. 1858년(함풍 8년) 4월 9일에 그는 강서 전선에서 활약하는 동생 증국전에게 보내는 편지에 자신의 심정을 드러냈다. "나는 지난 일을 후회하고 있다. 온통 후회뿐이구나."

증국번은 자신의 태도가 잘못되었음을 인정하고 반성했지만, 청나라 조정에 대한 기본적인 입장은 그대로였다. 단지 방법적인 부분을 바꾸었을 뿐이다. 1867년(동치 6년) 1월 2일에 동생 증국전에게 보낸 편지에서 그의 바뀐 생각을 확인할 수 있다.

"나는 지난날 자신의 능력이 대단하다고 생각했다. 자유자재로 나아가고 물러나고, 드러내고 감출 수 있다고 생각해 다른 사람들의 옳지 않은 것만 보였다. 그러나 함풍 7~8년 큰 깨달음을 얻은 후로 나 자신의 능력 부족이 느껴지고 다른 사람들의 옳은 점이 보이기 시작했다. 그날 이후 지금까지 9년 동안 나는 지난 40년과 완전히 다른 삶을 살아왔다. 먼저 나 스스로 일어서고 통달할 수 있어야 하고, 하늘을 원망하거나 남을 탓하면 안 된다. 일어선다는 것은 끊임없이 강해질 수 있도록 노력해서 단단한 입지를 다지는 것이다. 통달한다는 것은 원만하게 일을 처리해야 완전하게 성공할 수 있다는 뜻이다. 나는 지난 9년 동안 끈기가 없는 단점을 고치고자 노력했다. 하루도 빠짐없이 책을 읽고 글씨를 썼다. 장군을 선발하고 군사훈련을 할 때 신중했다. 이 모든 것이 스스로 강해져 일어서기 위한 노력이다. 상소문이나 공문을 쓰면서 두 번, 세 번 심사숙고하고 지나친 말이나 거만한 표현이 없는지 살폈다. 이것은 모두 원만하게 통달하기 위한 노력이다. 하늘을 원망하지 않고 남을 탓하지 않기 위해 노력했다. 이것은 수시로 나 스스로 강제로나마 이런 단점을 버리기 위함이다."

위에서 큰 후회와 깨달음이 있었던 함풍 7년, 8년은 그가 고향에 머물던 바로 그 시기다. 깊은 반성을 통해 그는 안으로는 엄격하지만 겉은 부드러운 태도로 항상 중용의 도를 지킬 줄 아는 사람이 되었다.

1859년 4월 23일, 증국전에게 보내는 편지에 그는 이렇게 적었다. "내가 다시 복귀한 지 벌써 10개월이 지났다. 그동안 침착하게 굳은 마음으로 분발하고 노력하며 오직 비적 소탕을 목적으로 삼아왔다. 비록 예전만큼 굳은 결심은 아니지만, 항상 세심하고 치밀하게 행동하고 있으니 반드시 결과가 있을 것이라 믿는다. 공문서를 처리할 때도 오늘 해야 할 일을 미루지 않았으니 앞으로는 점점 더 좋아질 것이다."

그는 잘못을 철저히 반성하고 고쳤지만 자신의 과거를 완전히 부정하지는 않았다. 그는 여전히 자신의 생각이나 판단에 대해서는 옳다고 믿었다. 다만 방법적인 부분을 바꾼 것뿐이다. 이즈음 그는 곽숭도에게 이런 뜻을 전했다. "예전에 나는 호남과 강서에서 온갖 모욕과 위기를 겪었지만 결국 누구에게도 인정받지 못했네. 1856~1857년 두 해 동안 나는 조용히 침묵했지만 여전히 큰 뜻을 품고 있었네. 하지만 처음부터 너무 큰 것을 바랐던 거야. 그때는 목숨도 아깝지 않았는데, 명예 따위는 전혀 신경도 쓰지 않았네. 무모하게 전진하고 잔꾀를 부려 물러나고, 진심을 다해 남에게 충고하면서 자신의 안위를 지키는 데는 소홀했으니, 누가 봐도 한심했겠지."

그는 자신을 돌아보면서 큰 단점을 발견했다. 처음 큰 뜻을 품고 군대 훈련을 시작했을 때 그는 오로지 비적을 소탕하기 위해 목숨도 아끼지 않았고 명예 따위는 아무 관심 없었다. 하지만 그 결과는 참담했다. 어느 누구도 그를 이해하고 지지해주지 않았으며 곳곳에서 모욕과 비난이 빗발쳤다. 그의 방법과 태도가 유가의 중용에서 크게 벗어났기 때문이었다. 그가 황제에게 직접 실권을 요구한 것은 나라를 구하기 위한 뜻이었지만 유가에서 정한 군신의 도리에 어긋나는 행동이었다.

강서에 고립되었을 때도 그는 오로지 나라를 위해 비적을 소탕할 생각뿐이었다. 사실 강서 고립은 그가 자신의 안위를 뒤로 한 채 무모하게 적진을 향해 뛰어든 것이었으니 스스로 자초한 일이었다. 이 때문에 후방의 지방 관리들과 실세들은 모두 그를 비웃고 비난했다. 당시 깊은 절망에 빠진 그는 친구에게 다음과 같은 메모를 남겼다. '만약 내가 여기에서 살아나가지 못한다면 자네가 내 묘비를 써주게. 부디 자네가 나의 억울함을 밝혀 나의 행동이 공정한 평가를 받을 수 있게 해주게. 그렇지 않으면 나는 죽더라도 편하게 눈을 감을 수 없을 것이네.' 증국번은 그동안 자신은 비적을 소탕하기 위해 분발했으나 비협조적인 관리들 때문에 모든 일이 뜻대로 이루어지지 않았다고 생각해서 억울했던 것이다. 여기에 온갖 중상모략까지 더해지니 분통이 터질 지경이었다. 공익 관점에서 봤을 때 증국번의 행동이나 생각은 모두 옳았다. 하지만 현실 상황을 고려할 때 그는 그저 자신의 처지를 비관하는 불평불만에 가득 찬 사람일 뿐이었다.

그러던 중 고향으로 돌아간 그는 자신을 돌아보며 깊은 반성의 시간을 보냈다. 그는 그동안 자신의 행동이 매우 극단적이었음을 깨달았다. 어차피 환경을 바꿀 수 없다면 환경에 적응하는 방법을 찾아야 한다. 이렇게 해서 그는 철저히 중용의 길을 걷게 되었다.

처음 군대 훈련을 시작했을 때 그는 온 힘을 다해 비적을 소탕하겠다고 굳게 다짐했다. 오로지 하루라도 빨리 이 목표를 이루기 위해 쉬지 않고 달려 열 달 만에 구강에 도착했으나 호구에서 참패를 당하고 말았다. 그러나 다시 복귀한 후에는 조금 더 유연하게 융통성을 발휘했다. 예전처럼 성급하게 결과를 얻으려 서두르지 않고 침착하게 하늘의 뜻을 기다렸다.

예전에는 오로지 비적을 소탕하겠다는 굳은 결심으로 죽음도 두려워하지 않고 부귀영화도 뒤로 했다. 심지어 온갖 모욕과 비난에도 연연하지 않던 그였지만 결과는 참담했다. 그를 이해하고 지지하는 사람은 거의 없었고, 지방 실세와 권문세가에게 미움을 받아 모든 일이 뜻대로 되지 않았다. 다시 복귀했을 때 그는 성공과 결과에 대한 집착을 버렸다. 큰일이든 작은 일이든 진지한 태도로 임했고, 관리들을 대할 때는 더욱 신중하게 행동했다. 가능한 불필요한 오해와 소문을 피하기 위해 노력했고 상황에 따라 본심을 숨길 줄 아는 능력을 키웠다. 이렇게 조금씩 중용의 도를 키워 웬만한 일은 모두 참아 넘길 수 있었다. 언젠가 한 고위 관리가 충고해준 다음 말도 허투루 듣지 않았다. "중요한 것은 대신들이 어떻게 말하느냐가 아니라 황제 폐하가 어떻게 듣는가 하는 것이오. 황제 폐하의 마음을 정확히 헤아려 그 생각을 읽고 비위를 맞추는 것이 중요하오."

그는 관직 세계의 처세술을 익혀 항상 일을 그르치지 않기 위해 유연한 태도를 취했다. 하지만 그가 중용의 도를 실천한 근본적인 목적은 작은 희생을 통해 더 큰 목적을 실현하기 위해서였다. 청나라 말기의 관직계 분위기는 어차피 증국번 개인의 힘으로 바꿀 수 있는 것이 아니었다. 자신의 뜻을 조금이라도 펼치려면 그 안에 자연스럽게 적응하면서 기회를 잡아야 했다. 예전의 그는 가는 곳마다 관리들과 갈등을 빚었지만, 중용의 길을 걷기 시작하면서 관직계에 완벽하게 적응했다. 태평천국의 난을 진압한 후에는 대의를 내세우며 스스로 물러나는 지혜를 발휘했다. 그가 문종이나 한신처럼 대업을 이룬 후 비참한 최후를 맞이하지 않은 것도 자기 성찰의 긍정적인 결과 중 하나였다.

고향에서 보낸 1년 4개월의 시간은 증국번 인생에서 커다란 전환점이었다. 그렇다면 그는 이 변화로 무엇을 얻었을까? 형양에서 군사훈련을 할 때, 그는 황제의 출병 명령을 세 번이나 거절했다. 이것은 일의 중요도에 따라 선후 관계를 따졌기 때문인데, 결과적으로 황제 권위에 도전하는 우를 범하고 말았다. 다행히 함풍제를 설득하기는 했지만 함풍제는 이미 그를 눈엣가시처럼 생각하고 있었다. 그가 다시 군에 복귀한 후, 황제의 군대 파견 명령이 두 차례 있었다. 한 번은 절강을 구하라는 것, 다른 한 번은 북경에 황제를 보호할 군대를 파견하라는 명령이었는데, 이때는 아주 유연하게 대처했다.

1860년 2월~3월, 이수성이 이끄는 태평천국 군대가 절강, 소주, 항주 지역을 공격했다. 이들은 강남 본영을 공격하는 척하다가 강남 본영을 구하러 달려오는 청나라 관병에게 불시에 반격을 가할 계획이었다. 강남 본영과 관병 주력부대를 한꺼번에 무너뜨려 남경성 포위를 푸는 것이 목적이었다.

예로부터 풍요롭기로 유명한 강남 지역은 청나라 시대에도 매우 중요한 재정 기지였다. 깜짝 놀란 함풍제는 다급히 강남 본영에 지원군을 파견했지만 태평천국군의 진의까지는 알지 못했다. 강남 본영에는 본래 관병 4만이 있었는데, 얼마 전 함풍제의 명령으로 1만 3,000명이 항주를 구하러 빠져나간 상황이었다. 이수성은 재빨리 방향을 돌려 진옥성 부대와 합류해 총공세를 펼쳤다. 이로써 청나라 관병이 2년 동안 지켜온 강남 본영이 반나절 만에 무너졌다.

이때 안경 포위에 주력하던 증국번도 소주와 상주를 구하라는 명령을 받았다. 그러나 그의 병력은 겨우 1만뿐이라 지원군을 보내지 못했다. 이것은 그가 안경과 장강 상류를 중요하게 생각해 지원군을 보내지 않은 것이 아니라 정말 어쩔 수 없는 상황이었다.

1860년 4월, 양강 총독 하계청이 혁직 처분을 받고 물러나자 증국번이 새로운 양강 총독에 임명되었다. 함풍제는 그에게 강남 4성 육군과 수군의 총지휘권을 넘기고 서둘러 절강, 소주, 상주에 지원군을 보내라고 명했다. 이렇게 되니 지원군을 보내지 않을 수 없었다. 강남 4성의 군대 지휘권을 넘겨받기는 했지만 현실적으로 전투가 가능한 병력은 그가 지휘하던 상군 5~6만뿐이었다. 그의 대국 전략은 일단 하류를 버리더라도 안경 포위를 끝까지 유지하고 이곳에서 결전을 치르는 것이었다. 안경을 포위해 적의 주력부대를 불러들여 섬멸하는 것이 최종 목표였다. 전략적으로 가장 중요한 곳은 안경이었기에 하류 지역을 구하느냐 마느냐는 다음 문제였다.

증국번은 안경 포위를 포기할 수도, 황제의 명령을 어길 수도 없었다. 두 가지를 모두 취할 방법은 없을까? 아니면 형양에서처럼 단호하게 거절해야 하나? 그는 새로운 결심에 따라 중용의 길을 선택했다. 일단 안경 포위는 절대 포기할 수 없으므로 주력부대는 그대로 안경에 남겨두었다. 대신 황제 명령에 따르기 위해, 결국 지방 실권을 부여해준 성은에 보답하려는 마음을 표현하기 위해, 강소와 절강 지역 백성들에게 희망을 주기 위해, 직접 지원군을 이끌고 절강, 소주, 상주로 향했다. 원래 계획은 1만 3,000명을 세 길로 나누어 진군하는 것이었다. 일단 기문에 주둔하면서 안휘 남부를 평정하고, 여세를 몰아 절강에 진입해 소주와 상주를 구할 생각이었다. 그러나 이 계획 때문에 그는 기문에서 죽을 고비를 넘겨야 했다.

사실 증국번이 직접 군대를 이끌고 나선 것은 단지 황제에게 보여주기 위한 것이었다. 그가 생각하는 전략의 중심은 여전히 안경이었기 때문에 진짜 절강, 소주, 상주에 갈 생각은 아니었다. 일단 그는 안휘 남부로 향했다. 이 길은 절강, 소주, 상주로 향하는 유일한 육로였으므로 표면적으로는 황제 명령에 충실한 것처럼 보일 수 있었다. 그러나 안경에서 너무 멀리 떨어질 생각은 없었다. 이렇게 군대를 움직이면 태평천국군을 끌어들여 절강, 소주, 상주의 부담을 낮출 수 있고, 강서, 안휘, 절강을 유기적으로 연결할 수 있었다.

원래 함풍제는 장강을 타고 남경을 지나 소주, 상주로 갈 것을 명했다. 태평천국군이 장강에서 힘을 잃은 상태였기에 이는 충분히 가능한 일이었다. 하지만 증국번은 양재복과 수군은 그대로 남겨둔 채 안경을 지원하라고 지시했다. 대신 회양(淮揚), 영국, 태호에서 남경과 절강에 파견할 예비 수군을 따로 준비했다. 이렇게 길을 떠난 증국번 부대는 기문에서 잠시 걸음을 멈추었다. 이즈음 태평천국군이 안휘, 영국, 경덕현을 공격하기 시작했기 때문이었다. 하지만 증국번의 강서 고립에는 또 다른 이유가 있었다. 그는 전략 중심지인 안경에서 멀리 떨어지고 싶지 않았던 것이다. 당시 함풍제에게 보고한 내용은 이러했다. '도중에 만난 적들을 제압해두어야 후방이 안정되고, 그래야 절강에서 전투를 치를 때 확실한 승리를 거둘 수 있습니다.' 함풍제는 증국번이 매우 노련하고 신중하다고 생각하며 그의 의견에 동의했다. 그러면서도 다시 한 번 빨리 절강을 구하라고 재촉했다.

증국번은 기문에 고립되어 있는 동안 몇 번이나 죽을 고비를 넘겼다. 하지만 그가 기문에 고립되지 않았더라도 곧바로 절강에 진입했을지는 미지수다. 아마도 그는 안경 전략에 영향이 가지 않는 범위 안에서 다른 방법을 생각해냈을 것이다. 그가 직접 절강 지원군을 지휘한 것은 사실 조정과 세상의 눈을 속이기 위해서였다. 결과적으로 그는 스스로 사지에 뛰어든 형국이 되었으니 어느 누구도 그가 황제의 뜻을 어기고 기만한다고 생각하지 못했을 것이다. 이것은 그가 군대에 복귀하면서 세웠던 '불필요한 오해나 소문을 만들지 않는다'는 원칙에 따른 행동이었다.

이수성 군대가 절강을 공격할 당시, 강남 본영 총지휘관은 화춘(和春)이었다. 그는 태평천국군이 절강을 공격한다는 보고를 듣고 그들의 진짜 목적이 강남 본영이라는 것을 직감적으로 알아차렸다. 그래서 일단 절강 지원군 파병을 미뤘다. 하지만 함풍제가 계속 지원군 요청을 재촉하면서 그에게 절강 군권까지 부여하자 더 이상 모른 척할 수가 없었다. 화춘은 어쩔 수 없이 지원군 1만 3,000명을 파견했다. 강남 본영 병력이 절반으로 줄어들면서 태평천국군이 목적을 달성하기는 더욱 쉬워졌다.

같은 상황에서 같은 명령을 받은 증국번과 화춘은 모두 중용의 도를 알고 있었지만, 역시 증국번이 한 수 위였다. 중용의 도와 절충주의는 분명히 다르다. 중용이란 양자 간 평균점을 찾는 것이 아니라 대세를 안정적으로 유지하면서 옳다고 믿는 방법을 실현할 방법을 찾는 것이다. 이런 관점에서 볼 때 화춘은 중용의 도보다는 절충주의에 가까웠다. 결국 그는 의미 없는 병력 분산으로 절강도 구하지 못하고 강남 본영도 지키지 못했다. 증국번도 1만 군사를 분산 출병했으나 그의 전략 중심은 변함없이 안경이었다. 그래서 그는 일부러 안휘 남부에 머물면서 안경 상황을 주시했다. 기문 고립은 결과적으로 이수성의 발길을 붙잡아 태평천국군을 견제하는 효과를 발휘했다. 기문 사건에서 가장 안타깝고 아쉬운 사람은 이수성이었다. 일단 그는 증국번이 기문에 있는지조차 몰랐고 병력이 3,000명뿐이라는 사실도 몰랐다. 당시 이수성이 조금 더 과감하게 밀어붙였더라면 역사가 바뀔 수도 있었다.

다음은 북경에 황제를 보호할 군대를 파견하라는 명령이다. 이것 역시 매우 난감한 문제였다. 북경에 군대를 파견하면 병력이 분산되어 안경 전선이 위험해지고 군대를 파견하지 않으면 황제 명령을 어기는 것이 된다. 이때 증국번은 약간의 잔꾀를 부리기는 했지만 결과적으로 훌륭한 중용의 도를 보여주었다.

함풍제는 시공일관 태평천국군의 뒤꽁무니를 쫓으며 중심을 잡지 못하고 이랬다저랬다 했지만 증국번은 예전처럼 황제를 비난하지 않았다. 대신 함풍제와 태평천국군의 상황을 모두 살피며 기발한 방법으로 중용의 도를 지켰다. 이러한 태도는 형양에서 황제의 출병 명령을 거절했던 것과 비교할 때 확실히 큰 변화였다. 그는 더 이상 자기 생각을 고집하거나 과격하고 극단적으로 행동하지 않았으며, 그렇다고 적당히 절충안을 선택하지도 않았다. 그는 철저히 중용의 도를 실천하되 자신이 옳다고 믿는 방향으로 갈 수 있는 방법을 찾았다.

비록 중용의 도가 모든 문제를 해결해주지는 못했지만 그의 인생에 큰 영향을 끼친 것만은 분명하다. 무엇보다 증씨 가문이 계속해서 운명을 이어갈 수 있게 해주었다. 역사적으로 수많은 영웅들이 대업을 이룬 후 멸문지화를 당한 것을 생각할 때 이는 매우 의미 있는 사실이다. 그는 군대에 복귀한 이후 중용의 도에 따라 청나라 조정에서 한 발 물러서는 자세를 취했다. 더 이상 예전처럼 자신의 의견을 고집하거나 강경한 태도를 고수하지 않았다. 이것은 결과적으로 상군의 운명이 좋은 결실을 맺는 데 큰 도움이 되었다. 그러나 한 가지 안타까운 부분이 있다. 중용의 도를 지키기 위해 늘 양보하고 물러서는 것이 습관이 되어 천진교안 사건에서 매국노라는 오명을 얻은 것이다.

중용을 기준으로 증국번의 인생을 정리해보면 그의 초반 인생은 좌파 성향이 강했다. 뛰어난 지혜를 발휘해 많은 전공을 세웠지만 황제와 조정의 신임을 얻지 못하고 수많은 비난을 불러일으켰다. 하지만 인생 중반부터 철저히 중용의 도를 지키기 시작했고, 안경과 남경을 연이어 함락하고 황하 전략으로 염군을 소탕하면서 인생 황금기를 누렸다. 그리고 그의 후반 인생은 우파에 치우쳤다. 그는 늘 양보하고 물러서는 태도를 취하면서 가능한 조정과 마찰을 일으키지 않는 것을 목표로 삼았다. 하지만 천진교안 사건으로 불명예를 안고 은퇴했으니 결과는 별로 좋지 않았다.

물론 중용만으로는 설명할 수 없는 부분도 있지만 당시 사회 환경에서 이만큼 할 수 있었던 것도 결코 쉬운 일은 아니었을 것이다. '그는 인생 40%를 태평천국의 난을 진압하는 데 보냈고, 나머지 60%는 관습과 관직계와 투쟁하는 데 보냈다.' 혹자는 증국번의 인생을 이렇게 말했는데, 그만큼 그의 인생은 고난과 투쟁의 연속이었다.

중국 사람들은 '성격이 운명을 결정한다'는 말을 많이 한다. 하지만 증국번은 성격이 바뀐 것이 아니라 단지 처세 방법을 바꾸었을 뿐이다. 처세법은 성격의 문제가 아니라 개념과 사고의 문제이니, '성격이 운명을 결정한다'는 말이 꼭 맞는 것은 아닌 듯하다. 그러나 성격이 인생의 선택 과정에 어느 정도 영향을 끼칠 수는 있으므로 성격의 영향을 완전히 무시할 수도 없다.

성공 인물의 처세력 ⓰
중용의 지혜가 목숨을 살린다

곽자의 처세법

곽자의가 자신과 가문을 지켜낸 비법은 유가의 중용철학과 도가의 피세(避世) 사상의 결합물이다. 곽자의가 분양왕(汾陽王)에 봉해진 후, 수도 장안의 친인리(親仁里)에 왕부를 지었다. 왕부가 완성된 후에는 항상 대문을 활짝 열어두고 누구든 마음대로 드나들 수 있게 하고 아무런 간섭도 하지 않았다.

어느 날 곽자의 수하 한 장군이 지방으로 발령받아 떠나기 전에 작별인사를 하러 왔다. 곽자의 왕부에 특별한 금기사항이 없음을 알고 있던 장군은 곧장 내실로 들어갔다. 그런데 공교롭게도 곽자의 부인과 두 딸이 함께 머리 손질에 화장을 하는 중이었고, 곽자의는 그 옆에서 시중을 들고 있었다. 곽자의 아내와 딸들은 그에게 수건을 가져다달라, 물을 떠와라 하며 그를 마치 하인 부리듯 하고 있었다. 이 모습을 본 장군은 그 자리에서는 감히 웃지 못하다가 집에 돌아와 가족들에게 말해주었다. 그 후 이 이야기는 사람들의 입을 돌고 돌아 온 성안에 퍼졌고, 사람들은 만나기만 하면 이 이야기를 하며 웃음을 참지 못했다.

곽자의도 이 사실을 알고 있었지만 별로 개의치 않았다. 그런데 그의 아들들은 아버지 체면이 크게 실추되었다는 생각에 참을 수 없었다. 아들들은 다함께 곽자의를 찾아가 다른 왕부처럼 대문을 닫고 외부인 출입을 통제해야 한다고 말했다. 곽자의가 별일 아니라는 듯 웃기만 하자 아들들은 무릎을 꿇고 다시 한번 간곡히 청했다.

"아버님은 뛰어난 공을 세워 온 백성의 존경을 받고 계십니다. 그런데 정작 아버님은 스스로를 존중하지 않고 아무나 멋대로 내실에까지 들어오게 하고 있습니다. 상나라의 명재상 이윤(伊尹)이나 한나라 장군 곽광(霍光)도 아버님처럼은 하지 않았습니다."

그러자 곽자의가 미소를 거두고 아들들을 일으켜세우며 의미심장한 표정을 지었다.

"내가 대문을 열어놓고 아무나 드나들도록 한 것은 명예를 위해서가 아니라 나 자신과 우리 집안을 지키기 위해서다."

아들들은 어리둥절한 표정으로 자세한 이유를 물었다. 곽자의는 긴 한숨을 내쉬고 대답했다. "너희들은 단지 우리 가문의 권세만 생각하고 이 권세로 인해 닥칠 수 있는 위험은 보지 못하는구나. 내가 분양왕에 봉해진 것은 이미 지난 일이고 이보다 더 큰 부귀영화는 없을 것이다. 달이 차면 기울고 흥성이 극에 달하면 쇠하는 것은 필연적인 도리다. 그래서 예부터 한창 전성기에 있을 때 과감히 물러날 줄 알아야 한다고 했다. 하지만 지금 조정에서 아직 날 필요로 하고 있어 감히 물러날 수가 없다. 아니 물러난다고 해도 1,000명이 넘는 가솔들이 살 수 있는 은거지를 찾을 수 있겠느냐? 그래서 지금 나는 이러지도 저러지도 못하고 있다. 이런 상황에서 우리가 대문을 닫아걸고 외부와 왕래를 끊는다면 어떻게 되겠느냐? 누군가 우리 집안에 원한이 있어 우리가 다른 마음을 품었다고 조정에 모함을 할지도 모른다. 또 설상가상으로 시기 질투를 일삼는 소인배들이 불에 기름을 붓듯 누명을 만들어낸다면 우리 곽씨 집안 사람들은 모두 죽은 목숨이나 마찬가지다."

곽자의는 화가 어떻게 시작되는지, 어떻게 하면 화근을 없앨 수 있는지 정확히 알고 있었던 것이다. 그는 뛰어난 정치 안목을 지녔으며, 불행과 위기를 묵묵히 참고 견뎠을 뿐 아니라, 부귀영화를 어떻게 받아들여야 하는지도 잘 알고 있었다. 공정하고 평화롭게 문제를 해결하고, 어떤 변화에도 놀라지 않고 침착함을 유지할 줄 알았다. 덕분에 그는 네 명의 황제가 바뀌는 동안 관직을 유지할 수 있었다.

이외에도 곽자의의 뛰어난 처세술을 보여주는 이야기가 몇 가지 더 있다. 그는 '나를 인정해서 써주면 도를 천하에 행하고, 버리고 써주지 않으면 도를 내 몸에 간직한다'[140]는 명언을 가슴에 새겨 평생 하늘을 원망하거나 남을 미워한 적이 없었다. 곽자의는 군대를 다스릴 때도 너그럽고 모든 사람에게 진심을 다한 것으로 유명했다. 또한 전투가 시작되면 침착하게 치밀한 전략을 세우고 누구보다 용감하게 싸웠다. 조정에서 그를 필요로 할 때는 어떤 명령이든 따지지 않고 당장 행동으로 옮겼다. 그러다 상부에서 그를 의심해 관직을 거두면 역시 따지지 않고 곧장 평범한 백성의 삶으로 돌아갔다. 그래서 그는 몇 번이나 쫓겨났지만 조정에서는 끝내 그를 버리지 못했다.

이번에는 그의 품행에 대한 이야기로 곽자의와 환관 어조은(魚朝恩) 사이에 있었던 갈등과 화해를 살펴보자. 두 사람의 갈등은 당시 정국에 대단히 심각한 사건이었다. 사건은 어조은이 몰래 사람을 보내 곽자의 부친의 묘를 파헤치면서 시작되었다.

당나라 대종(代宗) 대력(大曆) 4년(769년) 봄, 조정 대신들은 한 차례 칼바람이 몰아치지 않을까 두려움에 떨고 있었고, 대종은 사건의 심각성을 알고 특별히 곽자의를 위로했다. 그런데 곽자의가 갑자기 통곡하기 시작했다. "신이 밖에서 전쟁을 치르는 동안 수하 병사들이 아무 상관 없는 사람들의 묘비를 파헤치곤 했습니다. 그때 저는 그 일을 전혀 신경 쓰지 못했습니다. 지금 제 아버지의 묘비가 파헤쳐진 것은 신의 업보이니 다른 사람을 탓할 수 없습니다."

이 말을 듣고 감동한 어조은이 존경과 우정을 표하는 뜻에서 곽자의를 특별히 장경사(章敬寺)로 초대했다. 이 소식을 들은 재상 원재(元載)는 어조은이 곽자의와 함께 세력을 키울 것을 염려해 계략을 꾸몄다. 동서고금을 막론하고 정치판의 파벌 싸움은 정말 골치 아픈 일이다. 원재는 몰래 곽자의에게 사람을 보내 어조은의 초대에는 암살 계획이 숨어 있다고 전했다. 곽자의 부하들은 이 말을 듣고 반드시 무장 경호원을 대동해야 한다고 주장했다.

그러나 곽자의는 헛소문을 믿지 않았다. 그는 집안에서 부리는 하인 서넛만 데리고 가벼운 마음으로 어조은의 초대에 응하기로 했다. 그는 집을 나서면서 부하들에게 이렇게 말했다. "나는 이 나라의 대신이니 아무리 어조은이라도 황제 폐하 명령 없이는 감히 나를 해할 수 없을 것이다. 허나 만약 황제 폐하가 비밀리에 명령을 내린 것이라면 어떻게 감히 저항하겠느냐?"

잠시 후 곽자의가 장경사에 도착했다. 어조은은 곽자의 하인들이 심하게 긴장한 모습을 보고 무슨 일이 있었느냐고 물었다. 곽자의는 자신이 들었던 소문을 솔직하게 말해주었다. 그리고 이렇게 덧붙였다. "만약 그 말이 사실이라면, 그대가 손을 쓰는 데 수고스럽지 않도록 일부러 집안에서 부리는 하인 서넛만 데리고 왔소." 어조은은 곽자의의 솔직함과 배려심에 감동해 눈물까지 흘렸다. "공이 아닌 다른 사람이었다면 분명히 나를 의심했을 것입니다." 당시 정황으로 미루어볼 때 곽자의처럼 도량이 넓고 지혜로운 대인이 아니라면 이런 소문을 듣고 의심하지 않을 수 없었을 것이다.

두 번째 이야기는 곽자의가 은퇴한 후 한가롭게 무희들과 가무를 즐기며 시간을 보낼 때 있었던 일이다. 당나라 역사상 최고로 손꼽히는 간신 노기(盧杞)가 아직 이름을 알려 재상이 되기 전이었다. 어느 날 노기가 찾아왔는데, 곽자의는 마침 무희들에게 둘러싸여 한가로운 시간을 보내는 중이었다. 그는 노기가 왔다는 말을 듣고 급히 무희들에게 악기를 들고 병풍 뒤에 숨어 있으라고 하면서 절대 손님을 훔쳐보지 말라고 단단히 일렀다.

두 사람이 한참 동안 이야기를 나누고 노기가 돌아간 후 무희들은 곽자의에게 이유를 물었다. "대감께서는 평소에 손님이 찾아와도 저희들을 물러가게 하지 않으셨습니다. 지금까지는 항상 함께 웃고 떠들었는데, 오늘 온 사람은 별로 대단한 손님도 아닌데 왜 그렇게 조심스러워하셨습니까?" "너희들은 잘 모르겠지만, 노기는 재주가 뛰어난 반면 도량이 좁아 작은 원한이라도 반드시 되갚는 사람이다. 그는 얼굴이 아주 못생겼는데, 심지어 한쪽은 푸르뎅뎅해서 꼭 묘지에 나타나는 귀신 같단 말이지. 너희 같은 여인네들이 보면 단박에 웃음을 터트릴 것이다. 만약 너희들이 노기의 얼굴을 보고 웃음을 터트리면 그는 원한을 품을 것이고, 훗날 높은 자리에 오르면 반드시 우리에게 보복할 것이다. 그러면 나도 너희들도 모두 살아남지 못할 것이다."

과연 얼마 지나지 않아 노기는 재상이 되었고, 과거 그를 무시하거나 그에게 원한을 산 사람들은 모두 멸문지화를 당했다. 무사한 집은 오직 곽씨 집안뿐이었다. 곽자의도 사람인 이상 마음만 먹으면 충분히 꼬투리를 잡을 수 있었지만, 노기는 곽자의가 자신을 인정해준 것에 대해 고마움을 느끼고 있었기에 그렇게 하지 않았다. 역사 기록에 따르면 곽자의는 천수를 누리고 여든다섯 살로 생을 마감했다. 그가 기용한 부하들 중 60명 이상이 장군 혹은 재상으로 부귀영화를 누렸다. 그의 아들 8명, 사위 7명도 모두 사회적으로 성공을 거두었다. 그야말로 곽자의의 삶은 다음 말을 떠올리게 한다. '이 세상에서 안위를 지킬 수 있는 것은 대체로 30년 정도. 세상을 뒤엎을 만큼 큰 공을 세우고도 임금의 의심을 받지 않고, 높은 관직에 올라 대중의 질투를 받지 않으며, 부귀영화를 누리며 비난을 받지 않을 수 없기 때문이다.'[141]

따라야만 할 '중용의 도'

전설에 따르면 주공(周公)의 묘에 항상 기울어져 있는 기기(敧器)라는 제기(祭器)가 있었다고 한다. 기기는 물이 가득 차면 한쪽으로 기울고 물이 너무 적어도 한쪽으로 기운다. 많지도 적지도 않게 적당히 물을 채워야 수평을 유지하는 것이다.

어느 날 공자가 주공의 묘를 참배하러 갔다가 기기를 보고 묘지기에게 물었다. "이게 무엇이오?" "기기입니다." 묘지기는 대답했다. "듣자니 기기는 물이 가득 차거나 너무 적으면 기울고, 많지도 적지도 않게 적당히 물을 채워야 똑바로 선다는 데 맞소?"

현재 곡부(曲阜) 공자묘에도 기기가 있다. 이 기기는 물을 가득 채우면 한쪽으로 기울어 물이 쏟아지고 물이 너무 적어도 한쪽으로 기울어 쏟아진다. 반드시 많지도 적지도 않게 적정량을 채워야 수평을 이루어 물이 쏟아지지 않는다. 공자가 이 기기를 보고 어떤 생각을 했는지 어떤 말을 남겼는지는 알 수 없다. 훗날 장형(張衡)[142]과 조충지(祖沖之)[143] 같은 과학자들이 기기를 연구했다고 하나 그들이 남긴 자료는 전해지지 않는다. 현재 공자묘에 있는 기기도 어느 시대에 만들어진 것인지 확실치 않다.

공무를 처리하거나 개인적인 처세에서나 중용의 도를 따르는 것은 확실히 나쁘지 않다. 공자는 제자들에게 '말을 많이 하지 말라. 말이 많으면 실패가 많아진다. 일을 많이 벌이지 말라. 일이 많으면 근심걱정이 많아진다'는 옛말을 전하면서 이렇게 가르쳤다. "너희들은 잘 기억해두어라. 이대로 행하면 절대 입으로 화를 불러일으키는 일은 없을 것이다."

'군자는 천하의 위가 될 수 없음을 알아 아래에 처하고, 대중의 선두가 될 수 없음을 알아 뒤에 선다'[144]는 옛말도 처세와 관련된 금쪽같은 명언이다. 여기에 대해 증국번은 이렇게 말했다. "나는 그저 그런 용속한 인간이 되고 싶지 않았다. 근래에 많은 일들을 겪으면서 평범하지만 실속을 채우기 위해 노력하고 있다. 절대 기가 죽거나 의기소침하지 않는다. 관직이 높아지고 명예가 높아지는 것은 좋은 일이 아니라 위험한 일이다."

증국번은 평범하게 살고 싶지 않았기 때문에 각고의 노력 끝에 성공할 수 있었다. 그러나 관직과 명예가 높아질수록 중용의 도를 지키지 못하면 목숨을 부지하기 힘들다는 것을 알았다. 그래서 항상 신중하고 조심스럽게 행동할 수밖에 없었고, 이 때문에 나이가 들수록 예전과 같은 기백을 발휘할 수 없었다.

제17장
사람을 얻는 일이 최고의 전략이다

대업을 이루기 위한 첫 번째 조건은 두말 할 것 없이 바로 인재다.
증국번 인재 판별 능력의 기본은 상대방의 말과 행동을 살피는 것이었다.

한나라 무제, 당나라 태종, 강희제는 탁월한 인재 활용으로 손꼽히는 황제들이다. 그러나 중국 역사를 통틀어 인재 선발과 기용 부분에서 가장 모범이 되는 인물은 단연 유방이다. 그는 자신을 이렇게 평가했다. '나는 문사(文事)에서 장량만 못했고, 군사에서는 한신만 못했으며, 후방 기지를 운영하는 데 소하만 못했다. 하지만 이들을 완벽하게 기용해 대업을 이루었다.' 여기에서 한신은 유방이 직접 발굴한 것이 아니라 소하의 적극 추천으로 반신반의하며 기용한 인재였다.

증국번도 인재 선발에서는 당대 최고라 불리기에 손색이 없었다. 증국번의 인재 활용이 특히 주목받는 이유는 그가 황제를 능가하는 인재 군단을 키웠기 때문이다. 그는 중국 동남부 지역에서는 거의 황제와 같은 영향력을 행사하면서 천하 인재의 절반을 수하에 두었다. 사실 '천하의 절반'이라는 표현은 다소 과장된 것이지만, 한때 그가 황제가 되려 한다는 소문이 돌 만큼 대단한 세력을 키웠던 것만은 분명하다. 이렇게 많은 인재를 관리하려면 확실히 남다른 능력이 필요했을 것이다. 첫째, 바다처럼 넓은 도량을 지녀야 다양한 인재들을 받아들일 수 있다. 둘째,

인재임을 알아볼 수 있는 지혜로운 안목이 필요하다. 셋째, 수많은 인재를 수용하고, 그들에게 비전을 주며, 모든 인재를 골고루 기용할 수 있는 큰 포부와 거시적인 전략이 필요하다.

당시 사회에서 이렇게 거대한 인재 집단을 운용하기란 결코 쉬운 일이 아니었다. 그는 황제가 아닐 뿐더러 한족인지라 청나라 조정의 감시, 질투, 견제가 끊이지 않았다. 또한 내부 결속력을 탄탄히 해 기반이 무너지지 않도록 대비해야 했다. 호림익, 좌종당, 이홍장은 그나마 믿을 만했고 대부분 남의 위기를 이용해 이익을 취하려는 사람은 아니었지만, 간혹 원칙과 도리를 무시하는 사람도 있었다. 증국번이 기문에서 인생 최대 위기를 겪을 당시, 이원도가 휘주에서 치명적인 패배를 기록하면서 상군 전체에 큰 피해를 주었다. 이원도는 막역한 친구이자 생명의 은인이었지만 증국번은 원칙에 따라 이원도를 탄핵했다. 이원도의 패배가 상군 전체의 이익을 해치지만 않았어도 이렇게까지 모질게 행동하지는 않았을 것이다. 후에 호림익도 라택남과 이속빈 형제를 끌어들이려고 했고 좌종당은 증국번에게 중용되지 못한 인재들을 집중적으로 끌어들였다. 이홍장은 미리 솔직하게 고백하고 증국번에게 직접 가르침을 받아 자신만의 인재 집단을 키웠다.

인재를 구할 때는 한쪽에 치우치지 않고 상호보완 관계에 충실해야 한다. 지략이 뛰어난 두뇌형 인재가 있으면, 반드시 용감하게 적진을 향해 뛰어들 수 있는 영웅형 인재가 있어야 한다. 단독 임무를 수행할 수 있는 리더형 인재가 있다면, 성심성의껏 윗사람을 따를 보좌형 인재도 있어야 한다. 수직 상하 관계에 적합한 부하도 있어야 하지만, 친구나 동료처럼 평등 관계에 적합한 두뇌형 인재도 있어야 한다. 이 과정에서 가장 중요한 것은 인재를 어떻게 발굴하고 어떻게 키워서 적재적소에 기용하는가이다. 대업을 이루는 데 인재가 차지하는 비중이 매우 높기 때문에 인재에 관해서는 두 장에 걸쳐 소개하려 한다. 먼저 이번 장에서는 인재 발굴에 초점을 맞추었다. 광범위하게 인재를 끌어모으고 인재를 판단하는 과정을 자세히 살펴보자.

정성껏 인재를 구하라

증국번이 북경에서 관직생활을 할 때, 함풍제에게 '인재 관리'에 대한 상소문을 올린 적이 있었다. 대략 앞날을 위해 미리 인재를 육성해야 한다는 내용이었으나, 구체적인 목표를 제시하지 못한 탓에 막연한 탁상공론으로 치부되어 외면당했다. 단련대신으로 부임한 후 '태평천국 진압'이라는 명확한 목표가 생기면서 그에겐 더더욱 인재가 절실해졌다. 태평천국군을 진압하기 위해서는 실전 지휘자, 전략가, 후방 관리자 등 다방면의 인재가 필요했다. 처음에는 주로 친구, 스승, 제자 등 지인으로부터 인재를 추천받았는데, 전략 규모가 크지 않은 탓에 그를 외면한 인재들도 많았다.

지인의 추천을 받은 인재

증국번의 상군은 1,080명 병사를 훈련시키는 것으로 시작되었다. 이들을 셋으로 나누고 라택남, 왕흠(王鑫), 추수장(鄒壽章)을 영관으로 임명했다. 라택남은 증국번의 고향 친구였고, 증국화와 증국전의 스승이기도 했다. 그는 1851년(함풍 원년)에 증국번 아버지와 함께 지방 단련 조직을 관리했다. 증국번의 큰아들과 하장령(賀長齡)의 딸이 인연을 맺을 수 있게 중간에서 다리를 놓아준 사람이 바로 라택남이었다. 증국번은 라택남을 친구 이상으로 존경해 종종 그를 '선생'이라고 부르기도 했다. 일찍이 증국번이 함풍제를 직접 비난하는 상소를 올려 화를 당할 뻔한 일이 있었는데, 이 일을 적극 지지한 사람도 라택남이었다. 두 사람은 이렇게 각별한 사이였고 라택남은 자연스럽게 증국번 사단의 핵심 위치에 올랐다. 그러나 희생정신이 너무 컸던 탓에 일찍 세상을 떠났다. 1853년, 드디어 상군이 첫 출병의 막을 올렸다. 그러나 얼마 뒤 남창 전투에서 라택남은 두 아들 라신동(羅信東), 라진남(羅鎭南)과 제자 사방한(謝邦翰), 역량간(易良干)을 비롯해 7명의 지휘관을 잃었다. 그리고 그 자신은 1856년 3월, 무창에서 포탄에 맞아 전사했다.

왕흠은 호남 상향 출신으로 라택남의 제자였다. 그는 증국번과는 잘 맞지 않아 표면적으로는 낙병장 수하에 있었지만, 어떻든 증국번의 인맥 범위 안에 있었다. 그는 특히 강서 전선에서 중과부적의 위기를 극복하고 많은 전공을 세웠으나, 1857년 군영에서 병사했다.

추수장은 호남 신화(新化) 사람으로 강충원의 사촌동생이었지만 군사적인 재능은 없었다. 추수장 부대는 증국번의 첫 패배로 기록된 악주 전투에서 전멸했다. 수군으로 자리를 옮긴 그는 호구에서 적의 습격을 받아 또다시 부대가 전멸했다. 그 후 낙병장 수하로 들어간 그는 1863년(동치 2년) 소흥 이금국(厘金局)에서 죽었다.

증국번은 형양에서 1만 군대 훈련을 마친 후 본격적인 출병을 앞두고 좌종당에게 협조를 구했으나 거절당했다. 그는 다시 여러 사람에게 도움을 요청했지만, 절친 풍탁회(馮卓懷)와 곽숭도에게도 거절당했고, 마지못해 억지로 왔던 유용도 금방 다시 떠났다. 끝까지 그의 곁에 남은 사람은 호림익, 이원도, 진사걸(陳士杰) 등으로, 그의 요청을 받아들인 사람은 대략 절반 정도였다.

초기에 증국번을 따랐던 인재들은 안타깝게도 대부분 일찍 세상을 떠났다. 강충원은 려주에서, 라택남은 무창에서, 왕흠은 강서에서, 탑제포는 구강에서 전사했다. 라택남이 아끼던 제자 이속빈, 이속의 형제는 각각 1858년 강서에서, 1863년 안휘에서 죽었다. 호림익도 1861년에 무창에서 병사했다. 증국번의 제자이자 후계자이기도 했던 이홍장은 비교적 늦게 증국번 막료에 합류한 인재였다. 개인 운명으로 볼 때 일찍 증국번 사단에 합류한 사람들은 좋은 결과를 맺지 못했다. 반면 시기가 늦을수록 돌아오는 몫이 적기 마련이니, 적절한 시기를 선택하기란 역시 쉬운 일이 아니다. 운명이란 결국 스스로 판단하는 것이 아니라 하늘에 맡겨야 하는 것이다.

지인의 추천으로 얻은 인재는 범위가 제한적이라는 단점이 있는 반면 인품과 재능을 겸비해 독자적인 임무를 맡길 수 있는 믿을 만한 리더형 인재라는 장점이 있다. 유유상종이라는 말도 있지 않던가! 증국번 사단의 핵심 지도자 강충원, 호림익, 좌종당, 이홍장은 모두 지인의 범위에서 발굴한 인재들이었다. 그러나 증국번 수하의 일류 무장들은 절반 이상이 지인의 범위 밖에 있었다. 요속(僚屬)이나 영관과 같은 중급 무관의 경우도 지인의 추천이 절반이었고, 나머지 절반은 새로 모집한 인재였다. 증국번은 친구, 스승, 가족에게 편지를 쓸 때 늘 인재 추천에 대한 내용을 빠뜨리지 않았다. 지인이 추천해준 인재는 재능은 다소 부족하더라도 인간적으로 믿을 만한 사람들이었다. 재능이 부족하다고 해도 기본적인 실력은 갖추고 있었고, 무엇보다 이들은 절대 배신하지 않을 사람들이었기 때문에 마음 놓고 기용할 수 있었다.

이 부분에서 눈여겨볼 것이 있다. 증국번은 부하 앞에서 항상 '나라와 대의를 위해 행동하라'는 구호를 외쳤다. 이것은 증국번 인재 시스템과 대업 실현에 중요한 사상 기초가 되었다. 이러한 기초가 없었다면 상군 역시 태평천국군의 남경사변과 같은 치명적인 내란을 겪었을지 모른다.

하지만 현대 사회에서는 더 이상 이런 구호가 통하지 않는다. 현대인은 오직 연봉과 개인의 이익을 추구할 뿐이니 '나라와 대의를 위하여'라는 구호로는 인재를 끌어모을 수 없다.

한 인터넷 사이트에서 실시한 설문 결과를 보면 지금의 현실을 분명히 알 수 있다. '고액 연봉에 훌륭한 복지 혜택을 주는 외국계 회사가 있다. 당신은 여러 단계 시험과 면접을 거쳐 드디어 이 회사에 입사했다. 그런데 이 회사는 우리나라 경제와 사회에 막대한 피해를 주면서 이익을 얻고 있었다. 이것은 앞으로 당신이 하게 될 일이기도 하다. 당신은 이 회사에 남겠는가, 떠나겠는가?' 이 질문에 설문 응답자 90%가 남겠다고 대답했다. 현대 사회에서 '국가와 대의'는 이미 '개인의 이익'에 밀려난 지 오래다. 하지만 '국가와 대의'가 완전히 사라진 것은 아니다. '국가의 대의'는 가장 기본적인 사상 기초이기 때문에 모든 사람의 의식 속에 존재한다. 다만 표현 방법이 달라졌을 뿐이다. 예를 들어 직원들의 애사심을 높이면 이직률을 낮추고 산업스파이 사건을 예방하는 데 큰 도움이 된다. 대들보 대신 철근콘크리트가 등장하고, 주판 대신 컴퓨터가 나타났으며, 한복 대신 미니스커트가, 떡보다 햄버거가 사랑받는 시대가 됐지만, 수천 년 이어져온 전통과 문화는 여전히 우리 마음속에 살아 숨쉬고 있다. 최근에는 지나친 개인주의 폐해로 말미암아 전통문화를 되살리자는 목소리가 높아지는 추세이기도 하다. 물론 이런 시도가 결실을 맺으려면 더 많은 연구와 노력이 필요할 것이다.

광범위한 인재 모집

역사에 길이 남을 대업을 이루려면 지인 범위의 인재만으로는 부족하다. 처음에는 전략이나 행동 규모가 크지 않았으므로 그렇게 많은 인재가 필요하지 않았다. 증국번이 여러 가지 임무를 겸해도 크게 무리가 없었다. 그러나 점점 군대 규모가 커지면서 질적으로 양적으로 새로운 인재가 절실해졌다. 특히 양강 총독으로 임명되면서 더더욱 마음이 급해졌다. 전쟁으로 폐허가 된 도시들을 하루 빨리 재건하려면 관리경영 분야의 인재가 필요했다.

증국번은 상군의 첫 출병을 앞두고 「토월비격」이란 글을 발표해서 '뜨거운 피를 가진 남자', '도를 아는 군자', '인의를 아는 사람'들을 불러 모았다. 뜨거운 피를 가진 남자는 용감하게 적진을 돌파했다. 도를 아는 군자는 책략을 짜내는 빈객이 되었다. 인의를 아는 사람에게는 자금 조달과 운영을 맡겼다. 한편 태평천국군을 겨냥해 오랫동안 비적이 되어 있었더라도 적장의 목을 베어오거나 성문을 열고 투항하는 자에게는 관직을 내리겠다고 발표했다. 또한 협박을 받아 어쩔 수 없이 배적이 된 자는 무기를 버리고 투항해오면 목숨을 살려주고 어떤 죄도 묻지 않겠다고 했다. 이렇게 해서 위지준, 정학계, 진국서 등이 태평천국군을 배신하고 투항해왔다.

증국번의 인재관은 광범위한 인재 모집을 기본으로 삼았다. 특히 그는 인재를 구하기 위해서라면 아군과 적군을 가리지 않았다. 일단 양적으로 많아지면 그만큼 선택의 폭이 넓어지고, 많은 인재를 만나다보면 그만큼 많은 경험을 쌓아 인재를 보는 눈이 더 높아질 수 있다. 그래서 그는 가는 곳마다 위의 내용을 널리 선전했다. 새로운 지역에 갈 때마다 인재 공고를 냈고, 거리를 따지지 않고 인재를 찾아나섰다. 혹은 각급 지방정부에 인재를 추천하도록 했다.

남경 함락 이후 태평천국 잔당이 염군에 합류했고, 이들은 황회(黃淮) 지역을 중심으로 크게 세력을 확장했다. 급기야 승격림필이 전사하면서 위기가 고조되었다. 청나라 조정은 다급한 마음에 다시 증국번을 기용했다. 당시 증국번 수하에는 이미 수많은 인재가 모여 있었지만 그는 인재 발굴을 멈추지 않았다.

태평천국 잔당과 염군이 완전히 진압되자 지방 실권은 제독과 순무에게 돌아갔다. 내부의 적이 사라지자 청나라 조정은 지방 실권을 약화시키기 위해 증국번을 직례 총독으로 임명했다. 그는 북경 관직 사회 분위기를 너무 잘 알고 있었기에 지방에서 숨은 인재를 찾는 방법을 택했다. 각 현급 관아에 인재 추천을 청했다. 많게는 5~6명, 적게는 1~2명씩 새로운 인재를 추천해주었고, 증국번이 직접 면접을 보았다. 훌륭한 인재로 판명되면 포상을 주고 그렇지 않은 경우엔 벌점을 주었다.

그런데 찾아오는 사람이 많아지면서 문제가 생겼다. 한 사람 한 사람 정성껏 대할 수 없으니 그 사람을 정확히 파악하기 힘들어졌다. 하지만 증국번은 끝까지 큰 포부와 정성으로 수많은 인재들을 감동시켰다.

당시 최고 지휘관들은 보통 좌대(坐臺)에 앉아 내려다보며 막료들을 만났다. 최고 지휘관이 앉아 있는 좌대 좌우로 막료들이 서서 지휘관의 말을 경청하고 질문에 답했다. 그러나 증국번은 이런 방식을 좋아하지 않았다. 그는 말년에 건강이 악화되기 전까지 좌대에 앉아본 적이 없다. 막료들과 다함께 앉거나 혹은 다함께 서서 이야기를 나누었다. 간혹 함께 산책을 하기도 하면서 친근함을 드러냈다. 이렇게 했기 때문에 아랫사람들의 마음을 쉽게 얻을 수 있었다.

증국번은 새로 찾아오는 인재가 있으면 항상 미루지 않고 바로 만나 보았는데, 이것 역시 쉽지 않은 일이다. 그는 나이를 생각하지 않고 예전과 같은 방법으로 인재를 접견하다가 결국 건강을 크게 해쳐 남경 관저에서 예순한 살의 나이로 운명을 마감했다.

당시 강소 순무가 조정에 올린 보고서에 이런 내용이 있다. '증공은 남경에 돌아온 후 시간이 날 때마다 새로운 손님을 맞았습니다. 항상 세세한 것까지 묻고 답했고, 때로는 진심어린 충고를 아끼지 않으며 정성을 다했습니다. 그는 부하들의 능력과 모든 일의 전후 사정을 전부 기억했습니다. 나이가 들수록 더 부지런하고 성실했으니 모두가 존경해 마지않았습니다. 그는 인재를 구하기 위해 모든 노력을 아끼지 않다가 결국 건강을 해친 것입니다.'

증국번의 건강이 급속히 악화된 데는 정신적인 충격도 큰 이유였다. 일 년 전 그는 천진교안 사건에 연루되어 하루아침에 중흥명신에서 매국노로 전락하면서 온갖 모욕을 견뎌야 했다. 물론 강소 순무가 언급한 내용도 큰 이유 중 하나였다. 그는 임종 직전 닷새 동안 몸이 아주 안 좋았지만 평소와 다름없이 손님을 맞이했다. 임종 전날을 제외하고 나머지 나흘 동안 공무와 관련해 각각 7회, 7회, 8회, 6회 손님을 맞았다. 그는 임종 사흘 전 일기에 이렇게 적었다. '이미 정신이 흐릿해진 지 오래다. … 세상이 온통 쓸쓸한 낙엽으로 뒤덮이니 어디에도 편히 쉴 곳이 없구나.' 체력이 떨어진 지는 이미 오래였고, 더 이상 정신력으로 버티기도 힘들었지만, 그는 끝까지 인재 발굴을 포기하지 않았던 것이다.

일찍이 증국번은 조렬문에게 말했다. "인재를 구하는 일은 정말 어렵네. 그 안에는 예측할 수 없는 일들이 너무 많아." 이에 조렬문은 대답했다. "그래서 '성(誠)'이 중요한 것 같습니다. 위로 정성을 다해 구하고 아래로 정성을 다해 응해야 합니다. 나랏일에 집안일처럼 정성을 다하면 반드시 인재를 찾을 수 있습니다."

진심과 정성도 중요하지만, 원대한 포부와 넓은 도량이 있어야 다양한 인재를 받아들일 수 있다. 자기와 같은 생각을 가진 사람만 받아들이는 것은 인재 기용에서 가장 흔하게 범하는 잘못이면서 절대 범하지 말아야 할 잘못이기도 하다. 정성이 부족하거나 도량이 넓지 않으면 절대 다양한 인재를 구할 수 없다.

광범위하게 인재를 구하면 양적으로나 질적으로 인재 수요를 만족시킬 수 있고 적에게 인재를 빼앗기는 것을 막을 수 있다. 실제로 좌종당과 용굉은 홍수전을 찾아갔다가 중용되지 않아 증국번을 찾아오지 않았던가? 또 청나라 조정이 홍수전을 과거에 합격시켰다면, 혹은 다른 방법으로 그를 받아들였다면, 태평천국의 난이 일어나지 않았을 수도 있다. 어쩌면 증국번보다 더 훌륭한 충신이 되었을지도 모른다.

이상의 내용으로 볼 때 태평천국의 난이 실패한 가장 큰 이유는 인재 발굴에서 실패한 것과 정성을 다해 인재의 마음을 얻지 못한 점을 들 수 있겠다.

능력과 인품을 함께 판단하라

일단 많은 인재를 끌어모았다면 이제 이들의 능력을 정확히 파악하고 평가해서 적절한 곳에 기용해야 한다. 가장 좋은 방법은 면접을 통해 많은 대화를 나누는 것이다. 지휘관 한 사람의 주관적인 경험과 판단에만 의지한다는 것이 왠지 믿음이 안 가고 비과학적이라는 생각이 들 수도 있지만, 절대 그렇지 않다. 인적 자원을 구축하는 과정에서 특히 인재를 자세히 분석하고 평가할 때 경험이 풍부한 심리학자를 초청하는 경우가 많다. 심리학자나 지휘관이나 오랜 경험을 통해 일련의 평가 기준을 가지고 있다는 점은 같다.

어떤 학자가 20년 동안 미국 백만장자들의 성공 비법을 연구한 결과,

특별한 공통점을 찾아냈다. 백만장자들 중 대다수가 대학 시절에 '사람을 판단하는 법'을 배웠다는 것이었다. 물론 미국 백만장자와 중국번은 상황이 많이 다르지만, 성공과 인재의 관계에서 보면 같은 맥락이 아닐까? 태평천국군을 제압하기 위해 그는 세상의 모든 인재를 끌어모았고, 인재를 정확히 가려 적재적소에 기용했다.

이런 인재 판별 능력은 타고나는 것일 수도 있고, 오랜 경험과 노력의 결과일 수도 있다. 일찍이 백거이(白居易)는 말했다. '옥돌을 시험하려면 사흘을 꼬박 불에 넣어보면 알 수 있지만, 인재는 족히 7년을 기다려야 가릴 수 있다.'[145) 만약 모든 사람을 7년 동안 관찰하려 한다면 기다려줄 사람은 거의 없을 것이다. 그러므로 빠른 시간 안에 사람을 정확히 판단하는 방법을 배우고, 그 기술을 익히는 것이 성공의 필수조건이 되는 것이다.

사람을 정확히 판단하는 일은 일상 속에서도 매우 중요한 일이다. 최소한 다른 사람의 속임수에 넘어가지 않도록 해야 한다. 방법은 간단하다. 먼저 공짜를 탐하지 말라. 사기꾼들의 가장 큰 무기가 바로 보통사람들의 '공짜 심리'라는 사실을 아는가? 세상에 공짜가 없다라고 생각한다면, 다른 사람 몫의 공짜도 탐하지 말아야 한다. 사소한 것이라도 공짜에 욕심내지 않으면 절대 사기당할 일은 없다.

사람을 판단할 때는 기본적으로 능력과 인품을 반드시 확인해야 한다. 일반적으로 능력은 판단하기 쉽지만 인품을 평가하기는 쉽지 않다. 예를 들어 노새와 말을 구별하려면, 일단 밖으로 데리고 나와 조금만 끌어보면 금방 알 수 있다. 그러나 인품은 눈에 보이는 것이 아니기 때문에 쉽게 파악할 수 없다. '열 길 물속은 알아도 한 길 사람 속은 모른다'라는 속담도 있지 않은가?

정신은 오랫동안 주시해봐야 안다

정신(精神)이란 단어에서 '신(神)'은 '눈빛'을 의미한다. 눈 속에 그 사람의 정신이 담겨 있기 때문에, 눈을 보면 그 사람의 진심을 알 수 있는 것이다. 중국번의 인재감별법이 담긴 『빙감(氷鑒)』 1편에 '한 사람의 정신 상태는 그 사람의 두 눈에 모두 나타난다'[146]는 구절이 있다. 이 부분만큼은 동서양 사상이 크게 다르지 않다. 중국에 '얼굴 모양은 마음에서 비롯된다'[147]는 말이 있는 것처럼 서양에도 이와 비슷한 말이 있다. 플라톤은 '사람은 각자의 차이를 개체에 드러낸다'라는 의미로 '우리는 각자 자신의 생각을 상징화하고 있다'고 말했다. 또 아리스토텔레스는 '형상은 개성의 차이로 만들어진다'는 의미로 '개성은 형상의 요소다'라고 말했다.

다음은 『빙감』 중에 제시된 '눈빛을 통해 충직함과 간사함을 판별하는 방법'에 대한 내용이다.

'문인론신(文人論神), 유청탁지변(有淸濁之辨), 청탁역변(淸濁易辨), 사정난변(邪正難辨). 욕군사정(欲群邪正), 선관동정(先觀動靜). 정약함주(靜若含珠), 동약수발(動若水發). 정약무인(靜若無人), 동약부적(動若赴的). 차위징청도저(此爲澄淸到底). 정약형광(靜若螢光), 동약류수(動若流水), 첨교이희음(尖巧而喜淫). 정약반수(靜若半睡), 동약록해(動若鹿駭), 별재이심사(別才而深思). 일위패기(一爲敗器), 일위은류(一爲隱流), 균탁적이청(均托迹二淸), 불가불변(不可不辨).' (『빙감전집』 31쪽, 당대세계출판사 2007년 7월)

위의 원문은 대략 이런 뜻이다. 옛사람들은 눈빛에 대해 말할 때 기본적으로 맑고 탁하기로 구분했다. 그러나 맑음과 탁함은 쉽게 확인할 수 있지만 거짓과 진실은 쉽게 판별할 수 없다. 거짓과 진실을 판별하려면 반드시 동태(動態)와 정태(靜態)를 나누어 생각해야 한다. 먼저 정태일 때

눈동자가 진주나 수정처럼 맑게 빛나며 감정을 드러내지 않고, 눈동자가 움직이기 시작하면 눈빛이 봄물처럼 맑게 흐르고 햇살에 반짝이는 푸른 파도가 끊임없이 밀려오는 것 같은 사람이 있다. 또 정태일 때 주변에 아무도 없는 것처럼 느껴지고, 동태일 때 심장을 꿰뚫는 화살이 날아오는 것 같은 눈동자가 있다. 이상은 완벽하게 맑고 순수한 눈빛이다. 반면 정태일 때 반딧불처럼 희미하고 약한 불빛이 흩어져 사라지는 것 같고, 동태일 때 역류하는 강물처럼 혼탁해지고 기운이 사방으로 흩어지는 것은 잔꾀로 위장한 위선적인 눈빛이다. 또 정태일 때 눈을 가늘게 뜨고 있어 자는 것인지 깨어 있는 것인지 알 수 없고, 동태일 때 놀란 사슴처럼 크고 동그란 눈으로 사방을 살피는 것은 마음속에 싹트고 있는 사악함을 감추려는 눈빛이다. 반딧불과 같은 눈빛은 도덕과 인품이 올바르지 않은 사람이고, 놀란 사슴과 같은 눈빛은 간사하고 사악한 생각을 품고 있는 사람이다. 이런 사람들은 맑은 눈빛이라도 혼탁한 흔적이 남아 있기 때문에 자세히 보면 구별할 수 있다.

이처럼 정의로운 사람과 사악한 사람을 구별하는 방법은 눈빛에 달려 있다. 눈빛이 바르면 바른 사람이고 눈빛이 사악하면 간사한 사람이다. 역사 중에도 이와 관련된 일화가 많이 있다.

서한 왕권을 찬탈한 왕망은 고모가 황후였고 숙부들이 모두 고관대작이었지만, 아버지를 일찍 여의는 바람에 홀어머니를 모시며 힘들게 살았다. 그는 온갖 무시와 모욕 속에서도 기죽거나 자괴감에 빠지지 않고 오히려 더욱 열심히 학문을 쌓고 지극한 효성을 실천했다. 숙부 왕봉(王鳳)이 병이 났을 때, 그는 한 달 동안 침대 곁을 지키며 지극정성으로 간호했다. 혹시 누군가 원한을 품고 몰래 탕약에 독을 넣지 않았는지 직접 시음하기도 했다. 그래서 얼마 뒤 왕봉이 완쾌되었을 때 왕망은 몰골이 말이 아니었다. 이 일로 크게 감동한 왕봉은 왕망을 친자식보다 더 아끼게 되었다. 왕망이 재능을 발휘하면서 왕봉의 신임은 더욱 깊어졌다. 특히 왕봉이 정적을 제거하고 정권을 장악하는 과정에서 큰 공을 세워 관직을 얻기 시작하면서 뜻을 펼치기 시작했다. 그는 서른여덟 살에 대사마가 되었고, 얼마 뒤 가장 가까이에서 황제를 보필하며 정권을 장악했다.

왕망의 명성이 하늘을 찌르던 어느 날 그의 어머니가 병이 났다. 이 소식을 들은 수많은 조정 대신들의 부인들이 병문안을 왔다. 당시 왕망이 매우 소박하고 검소하다는 소문이 있었지만, 부인들은 소문은 그저 소문일 뿐이라고 생각했다. 그런데 거친 베옷을 입은 부인이 나와 자신이 왕망의 부인이라고 말하자 부인들은 너무 놀라 서로 얼굴만 쳐다보며 아무 말도 하지 못했다.

얼마 뒤 왕망은 서한을 배신하고 반란을 일으켰다. 그는 하루아침에 충신에서 간신으로 변신해 세상을 뒤집어놓았다. "만약 그가 반란을 일으키기 전에 뜻밖의 사고로 일찍 죽었더라면 그는 영원히 명예로운 충신의 이름을 남겼을 것이다." 훗날 백거이가 이렇게 말했을 정도로 그는 정말 완벽한 충신이었다. 그렇다면 그가 반란을 일으키기 전에 그의 간사한 속마음을 알아차린 사람이 있었을까?

『자치통감』 중에 이런 내용이 있다. 왕망이 대사마가 된 후 신임 사공(司空)으로 임명된 팽선(彭宣)이 왕망을 처음 만난 날 큰아들에게 이렇게 말했다. "왕망은 눈빛이 맑고 밝게 빛나며 기운이 넘쳐흐른다. 하지만 눈빛에 사악함이 깃들어 있으니 반드시 세상을 어지럽게 만들 사람이다." 그러고는 황제에게 상소를 올려 심신에 기가 빠져 몸을 가눌 수 없다며 고향으로 돌아갔다. 왕망은 팽선의 행동을 못마땅하게 생각해 통상적인 위로금도 주지 않았다.

마음가짐은 첫인상으로 파악한다

'정신은 오랫동안 주시해봐야 알고, 마음가짐은 첫인상으로 파악한다'[148]는 말도 『빙감』 중에 나오는 구절이다. 만약 시간의 여유가 있다면 그 사람의 정신을 자세히 살펴봐야 한다. 하지만 잠깐 마주치고 스쳐지나가더라도 그 사람의 마음가짐을 알 수 있다. 정신은 눈 속에 나타나고 마음가짐은 행동으로 드러나는 법이다. 그래서 정신보다 마음가짐을 알아내는 것이 더 쉽다.

'대가거지(大家擧止), 수삽역가(羞澁亦佳). 소아행장(小兒行藏), 도규유실(跳叫愈失). 대지역변청탁(大旨亦辨淸濁), 세처겸론취사(細處兼論取舍).' (『빙감전집』 208쪽, 당대세계출판사 2007년 7월)

여기에서 '대가(大家)'는 학식이 높고 행동이 침착하며 믿음직한 풍모와 재능을 겸비한 사람을 가리킨다. 대가의 풍모란 용맹스럽고 진취적인 기개, 침착 엄숙하고 담담 고상하며, 부끄러워 머뭇거리며 아무 말 하지 않지만 빛나는 사람을 가리킨다. 전하는 바에 따르면 공자는 말주변이 없었다고 한다. 평소에는 꾸밈없이 어눌했지만 대전에만 들어가면 감정이 격해지면서 그동안 나라를 위해 생각했던 것들을 끊임없이 쏟아냈다.

어린아이처럼 순수한 마음으로 발랄하게 행동하더라도 대가의 풍모를 잃지 않아야 한다. 너무 기쁜 나머지 아이처럼 소리를 지르며 팔짝팔짝 뛰고 싶은 마음을 지녔더라도 최대한 엄숙함과 호방함을 지켜야 한다. 그렇다고 해서 가식적으로 기쁨을 억누르며 목석처럼 가만히 서 있는 것도 진심을 표현하는 올바른 방법이 아니다. '부끄러워 머뭇거리더라도 빛나는 사람'과 '소리를 지르며 팔짝팔짝 뛰더라도 대가의 풍모를 잃지 않는 사람'을 구별하려면 눈빛을 봐야 한다.

세상일을 겪어보지 못한 공주가 바깥에 나와 길을 잃으면서 재미있는 일이 벌어진다는 이야기가 있다. 아마도 이 공주의 정신, 즉 눈빛은 맑고 투명할 것이다. 물론 세상에 닳고 닳은 교활한 인간도 어린아이와 같은 순수함을 가장할 수 있지만 완벽하게 맑고 투명할 수는 없다.

춘추시대 정나라는 보잘것없는 소국이었다. 그러나 영토 확장에 남다른 야망을 지닌 무공이 왕위에 오르면서 이웃나라 땅을 넘보기 시작했다. 이웃 호(胡)나라는 소수민족 국가였지만 용맹한 전사가 많기로 유명했기 때문에 정면 공격은 무리였다. 그래서 무공은 꾀를 내어 딸을 호나라에 시집보냈다. 호나라 왕은 여색에 빠져 나랏일을 뒷전으로 미뤘다. 무공은 애써 기쁜 마음을 감추고 회의를 열어 영토 확장을 위해 어느 나라를 먼저 공격해야 할지 대신들에게 물었다. 이때 하대부(下大夫) 관기사(關其思)가 말했다. "지금 공격하기에 가장 좋은 것은 호나라입니다." 그러자 무공은 "어찌 감히 내게 도리에 어긋나는 일을 시키려는 것이냐?"라며 노발대발했다. 하지만 관기사는 뜻을 굽히지 않고 호나라를 공격해야 하는 이유를 계속 말했다. 무공은 도저히 화를 참을 수 없어 "여봐라, 저놈을 당장 끌어내 참수하라!"고 말했다. 이 소식을 들은 호나라 왕은 무공의 결정에 감격하는 한편 더욱 안심하고 쾌락을 즐겼다. 그러는 사이 호나라 국경 수비는 점점 허술해졌다. 드디어 무공이 공격을 개시하자 호나라는 맥없이 무너졌다. 정나라 무공은 딸의 행복과 충신의 목숨을 희생해가며 순수한 마음을 가장해 결국 뜻하는 바를 이룬 것이다.

정확히 인재를 판별해내는 증국번의 능력이 가장 돋보인 순간은 강충원과 유명전을 만났을 때였다. 먼저 강충원이 증국번을 만난 것은 곽숭도의 추천 덕분이었다. 두 사람이 처음 만났을 때 증국번은 북경에서 관직 생활을 하고 있었다. 그는 호남에서 찾아오는 사람이 있으면 언제나 환영이었다.

강충원은 의혐심이 강했으며 복잡하고 형식적인 것들을 아주 싫어했다. 두 사람 모두 남자답기로 유명했는데, 이때는 그저 편안하게 웃으며 세상 돌아가는 얘기를 나누었을 뿐이다. 두 영웅의 첫 만남이었지만 특별히 인상적인 일은 전혀 없었다. 강충원이 인사를 하고 돌아가자 증국번은 말없이 눈으로 그를 전송했다. 잠시 후 그는 곽숭도에게 말했다. "북경에는 저런 인재가 없어. 저 사람은 천하에 널리 이름을 알리게 될 거네. 하지만 지조가 너무 강해 장렬한 죽음을 맞이할 것이야." 당시는 건륭 황제 이후 수십 년 동안 태평성세를 이어오고 있던 터라 사람들은 증국번이 어째서 '장렬한 죽음'을 언급했는지 그때는 이해하지 못했다.

호남으로 돌아간 강충원은 첫 전투에서 뢰재호의 농민 반란을 진압하고 그 공로로 지현에 임명되었다. 그러나 아직 그를 아는 사람은 거의 없었다. 태평천국군이 세력을 확대하면서 상강을 통해 호남까지 위협했다. 이때 강충원은 사의도에 매복하고 있다가 태평천국군에게 치명적인 패배를 안겼고 이를 계기로 유명해졌다. 당시 태평천국군은 맹장으로 유명한 남왕 풍운산이 전사하며 큰 타격을 입었다. 풍운산은 태평천국 내에서 양수청에 버금가는 핵심 인물이었으므로 만약 그가 일찍 죽지 않았더라면 양수청과 세력 균형을 유지하며 남경사변을 막을 수 있었을 것이다.

1853년 강충원은 안휘 순무에 임명되면서 증국번과 같은 등급까지 올랐다. 당시 함풍제의 총애와 기대는 온통 강충원에게 가 있었다. 일찍이 증국번이 1만 군대를 훈련시켜 강충원에게 넘기겠다고 한 데는 이런 분위기가 큰 영향을 끼쳤다. 이때 증국번은 시랑 신분으로 파견된 단련대신이었기 때문에 실권이 전혀 없었다. 작은 일 하나 마음대로 결정할 수 없었고 온갖 모욕과 멸시를 당하며 생명의 위협까지 감수해야 했다.

그렇다면 증국번은 강충원이 널리 이름을 알리고 장렬한 죽음을 맞이할 것임을 어떻게 미리 알았을까? 다른 이유는 잠시 미뤄두고 여기에서는 『빙감』에서 제시한 방법으로 답을 찾아보도록 하자.

증국번이 1845년(도광 25년) 9월 17일 숙부에게 보낸 편지 중에 강충원에 대한 내용이 있다. 그 해 8월 5일, 호남 상향이 고향인 등철송(鄧鐵松)이라는 사람이 북경에서 왔다가 고향으로 돌아가기 위해 강충원과 함께 길을 떠났다. 그런데 다음 날 등철송이 갑자기 죽었다. 강충원은 수고를 마다하고 직접 관을 메고 등철송의 고향집으로 향했다. 그전에도 그는 호남 신화 사람인 추류계(鄒柳溪)가 북경에서 급사했을 때도 뒷일을 처리하고 직접 관을 메고 그의 고향집까지 갔다. 이 소식을 들은 증국번은 "이 사람은 정말 의로운 선비로구나. … 두 번이나 친구의 관을 메고 수백 킬로를 갈 수 있는 사람이 또 어디 있겠는가!"라고 말했다. 이 이야기만 보더라도 강충원은 확실히 의협심이 강한 사람이었음을 알 수 있다.

태평천국군이 려주를 함락하던 그날, 강충원은 책임을 통감하며 스스로 목숨을 끊으려 했다. 그러나 부하의 만류로 다시 필사의 각오를 다지고 대항했으나 결국 온몸에 상처를 입고 물속에 몸을 던졌다.

강충원 일가는 증국번에게도, 청나라 조정에게도 최고의 충신 가문이었다. 강충원 외에도 그의 동생 강충준(江忠浚), 강충제(江忠濟), 강충숙(江忠淑)과 친족 강충의(江忠義), 강충신(江忠信) 등이 모두 군대에 몸을 담았다. 『청사고(淸史稿)』에 강충준의 전기가 있다고 적혀 있으나 지금은 전해지지 않는다. 그러나 증국번이 쓴 「강충렬공신도비(江忠烈公神道碑)」 중에도 그의 이름이 분명히 적혀 있다. 그는 강충원이 포위당했다는 소식을 듣고 유장우와 함께 려주로 달려갔으나 도중에 태평천국군을 만나

려주성 성벽 근처에도 가보지 못했다. 후에 그는 안휘, 사천, 광서 포정사를 역임했다.

강충제는 강충원 다음으로 많은 전공을 세웠으나 1856년 악주에서 전사했다. 강충숙은 줄곧 고향에서 병사 모집을 담당하며 노모를 부양했다. 강충신은 열여섯 살 때 강충원 부대에 합류했다. 강충원이 전사한 후에도 계속 군대에 남아 있던 그는 동성 전투에서 큰 활약을 펼치던 중 적의 대포에 맞아 전사했다. 강충의는 열여덟 살에 종군했고, 강충원이 죽은 후 직접 군대를 이끌며 수차례 석달개와 맞붙었다. 후에 귀주 제독에까지 올랐으나 1863년(동치 2년)에 군영에서 병사했다.

이외에 믿을 만한 자료는 아니지만 강충박(江充珀)이라는 친척 동생이 있었다. 그는 유장우 수하에서 많은 공을 세워 총병으로 승진했고, 나중에는 제독 직위에까지 올랐다고 한다. 1863년 귀주에서 묘족의 난을 진압했고 1869년 계명관(鷄鳴關)에서 전사했다.

다음 인재는 유명전이다. 이홍장이 처음 회군을 조직할 즈음, 세 사람을 데리고 증국번을 만나러 갔다. 잠시 후 산책 나갔던 증국번이 돌아왔다.

"스승님, 제가 이 세 사람을 기용하려는데, 한번 만나보시고 어떤 일을 맡기면 좋을지 봐주십시오." "만나볼 필요 없네." "예? 왜 그러십니까?" "첫 번째는 감히 고개를 들지도 못하니 아주 작은 일에도 조심스럽고 신중하게 행동할 것이다. 또한 노련하고 너그럽고 듬직하니 어떤 직책이라도 맡은 바 책임을 다할 사람이다. 두 번째는 상대를 똑바로 쳐다보며 앞에서는 예의를 다하는 것 같지만 보이지 않게 끊임없이 주변을 살피고 있다. 두 얼굴을 가진 자의 전형이니 기용하지 않는 것이 좋다. 세 번째는 부릅뜬 눈으로 보아 기세가 단단하고 강한 정신력의 소유자다. 의리와 충성심이 강한 훌륭한 장군 재목이니 훗날 그대와 나를 능가하는 영웅이 될 것이다."

위에서 언급한 세 번째 사람이 바로 유명전이다. 그는 이홍장과 같은 안휘 합비 출신으로 훗날 뛰어난 회군 장군으로 이름을 떨쳤다. 본래 불법 소금 밀매를 하던 장사꾼이었던 그는 이홍장에게 발탁되어 회군에 들어왔다. 그는 영관에 임명되어 처음으로 100명의 병사들을 관리했는데, 이것이 훗날 회군의 주력부대가 된 명자영(銘子營)의 시작이었다. 유명전은 염군 소탕 당시 가장 큰 공을 세우며 이름을 널리 알렸다. 사실 오늘날 그의 가장 큰 업적으로 평가받는 것은 대만의 근대화다. 당시 대만은 복건성에 속해 있었는데, 그의 강력한 주장에 힘입어 성으로 승격했다. 그는 외세 침략에 대비하기 위해 군사 방위에 많은 노력을 기울였다. 또한 대만 남북을 가로지르는 철도를 건설해 대만 근대화의 선구자가 되었다.

전체적으로 회군의 업적은 상군에 비할 바가 못 된다. 신강 수복과 대만 근대화 정도가 최고의 업적이고 그 외에는 별다른 업적이 없다.

아무튼 이렇게 영리한 중국번도 사람을 잘못 보고 사기를 당해 재산을 잃은 적이 있다. 천하의 중국번도 실수를 하니 항상 돌다리도 두드려보고 건너야 함을 잊지 말아야 할 것이다.

많은 사람들이 『빙감』을 중국번의 저서로 알고 있는데 사실 그렇지 않다. 『빙감』은 중국번의 저서가 아니지만, 그는 이 책을 인재감별법에 관한 한 최고의 명작으로 인정하고 여기에 충실히 따랐다. 『빙감』은 전체 2,269자밖에 안 되는 짧은 글이지만 읽어볼 가치가 높은 책이다. 총 7편의 구성 중 '정신 고찰'과 '정태 고찰'에 대해 언급한 1장과 4장은 반드시 정독해보길 바란다.

사실 인재를 판별하는 가장 좋은 방법은 오랫동안 교류하면서 많은 대화를 나누는 것이다. 안경 전략 당시 증국번은 매일 세 명 이상 사람을 만나면서 그들에게 자신의 이력을 적도록 했다. 그들의 필체만 보고 대략적인 것을 판단할 수 있었기 때문에 특별히 다른 질문을 하지는 않았다. 물론 그들이 직접 적은 이력으로 그들의 모든 것을 판단할 수는 없었지만, 그것은 큰 참고가 되었다.

증국번의 인재감별법이 특별하고 대단한 것은 아니다. 위지준이 태평천국군을 배신하고 투항해왔을 때, 사실 증국번은 그를 기용할 생각이 없었다. 하지만 증국전이 위지준의 용병술을 칭찬하며 적극 추천하자 생각을 바꿔 그에게 단독 임무를 맡기려고 했다. 그러나 막료들은 항장에게 단독 임무를 맡길 수 없으니 포초 수하에 배치하는 편이 좋겠다고 제안했다. 결국 증국번은 위지준을 포초 수하에 배치했다. 그런데 얼마 뒤 증국전이 다시 편지를 보내와 위지준의 단점을 늘어놓으며 그를 기용하지 말 것을 주장했다. 이때 증국번은 이렇게 답하며 동생을 꾸짖었다. '인재를 판단할 때는 반드시 여러 가지 의견을 들어봐야 한다. 여기 저기 위지준의 사람됨을 알아본 결과 수군 영관들과 기문 현령 등이 그를 좋게 평가했다. 하지만 나는 아직 쉽게 결정을 내릴 수 없었다. 그런데 동생이 그가 좋은 사람이라고 말해 그를 기용하기로 결정한 것이었다. 그런데 지금 다시 그를 나쁘게 말하는구나. 네가 지금은 포초가 훌륭하다고 말하지만, 또 언제 말이 바뀔지 믿을 수가 없구나.'

제18장
인재의 수준을 한층 끌어올려라

큰 재능은 타고나는 것이므로 키울 수 있는 것이 아니라 발견해야 하는 것.
증국번은 인재를 발견하고 양성시키는 데 고군분투했다.

　큰 재능은 발견해야 하지만 중간 재능은 노력하고 키워서 얻을 수 있다. 대업을 실현하기 위해서는 실무를 담당하는 중간 간부의 능력을 키우는 것이 매우 중요하다. 그룹 전체의 실력을 결정하는 것은 최고위 핵심 간부가 아니라 중간 간부의 능력이다. 아무리 치밀하고 완벽한 계획이라도 실행에 옮기지 못하면 절대 성공을 기대할 수 없다. 이에 증국번은 말한다. '무릇 전투력이 뛰어나면 계획이 잘못 되었더라도 이길 수 있고, 전투력이 없으면 승산이 있어도 패할 수 있다', '사전에 많은 의견을 나누고 많은 계획을 세워놓아도 승패는 전투가 시작되는 한 순간에 결정된다.'
　전장에서 큰 공을 세우는 사람들이 대업을 이루기 위해서는 뜻이 맞는 군주와 시기를 잘 만나야 한다. 단순히 노력과 수련만으로는 불가능하다. 대업을 이루는 데 필요한 인재를 확보하기 위해서는 발굴과 교육 모두 중요하다. 먼저 인재 발굴에 적극적으로 나서서 양적으로 충분한 인재를 확보해야 한다. 그리고 정성과 노력으로 재능을 키워 인재의 수준을 높이 끌어올려야 한다.

인재를 키우는 일은 집을 짓는 과정과 비슷하다. 평범한 집을 지을 때에는 일반적으로 쉽게 구할 수 있는 자재를 이용하면 되지만, 황궁 건물에 쓰일 대들보와 기둥은 쉽게 구할 수도 없고 직접 키울 수도 없다. 이렇게 특별한 자재는 하늘이 내리는 것이기 때문에 깊고 울창한 산속에 들어가도 쉽게 찾을 수 없다. 증국번이 '산은 거장을 위해 특별한 거목을 키워낼 수 없고, 하늘도 현군을 위해 특별한 인재를 내리지 않는다'고 한 것도 이와 같은 맥락이다.

사실상 증국번의 인재 사랑은 병적일 정도였다. 그는 인재를 위해서라면 어디라도 달려갈 준비가 되어 있었다. 그런데 도대체 인재는 하늘이 내리는 것일까, 교육으로 길러지는 것일까? 여기에 대해 증국번은 두 가지 모두 필요하다는 중용적인 입장을 취했다. 강충원, 라택남, 호림익, 좌종당은 그들 스스로 부지런히 노력하고 수련했기 때문에 증국번이 따로 가르칠 것이 없었다. 그러나 이홍장, 증국전, 유명전의 성공은 절반은 타고난 재능 덕분이고 절반은 증국번의 가르침 덕분이었다. 증국번은 이들의 재능을 키우기 위해 많은 노력과 정성을 들였다. 상군의 2세대, 3세대 지도자는 대부분 증국번의 가르침을 받아 실력을 키운 인재들이었다.

인재 사랑의 명확한 기준

증국번 사단은 한 마디로 '인재 대학'이었다. 이들은 당시 사회에서 매우 막중한 역할을 담당했는데, 첫 번째는 시대와 사회의 요구를 해결하는 것이고, 두 번째는 인재 교육이었다. 증국번이 인재 양성에 심혈을 기울인 이유는 무엇보다 자신의 이상을 실현하고 국가 부흥에 이바지하기 위해서였다. 그는 막료들을 대상으로 한 대외적인 인재교육 외에 가

정교육에도 힘썼다. 동생들과 아들들에게 보내는 편지에 항상 중요한 가르침을 담아 인재 양성을 끊임없이 실천했다.

그는 형양에서 군사훈련을 할 때부터 교육자의 역할을 담당했다. 장군에서 일반 병사에 이르기까지 그의 군사훈련에는 정치사상 훈련과 무술 훈련이 모두 포함되어 있었다. 그는 항상 '노력과 인내'를 강조하는 동시에 아버지처럼 따뜻한 마음으로 모든 병사들을 대했다. 이런 사상 기초가 있었기에 많은 상군 병사들이 목숨을 아끼지 않고 전쟁에 뛰어들었던 것이다.

증국번 인재양성 과정은 대략 세 단계로 나누어진다. 첫째는 학문 수련, 둘째는 신체 단련, 셋째는 말과 행동으로 직접 모범을 보이는 것이었다. 그는 지도자로서, 교육자로서 매우 성공적인 결과를 만들어냈다. 그는 선비 출신 인재를 군사 작전에 기용할 때는 먼저 그의 곁에서 참모 교육을 시키면서 군영 사무를 보게 했다. 이렇게 조금씩 군대에 적응할 때쯤 병사들을 직접 지휘하게 하고, 어느 정도 경험이 쌓이면 단독 지휘를 맡겼다. 하지만 이 방법이 아무리 체계적이라고 해도 교육만으로는 일류 장군을 키워낼 수 없었다.

증국번은 인재 기용에서 항상 신중한 태도를 유지해 절대 경솔하게 일을 진행시키지 않았다. 그는 새로운 인재가 찾아올 때마다 항상 직접 면접을 보며 꼼꼼히 살폈다. 당장 시간이 없어 면접을 보지 못할 때는 일단 최소한의 경비를 지급하고 기다리게 했다. 빈자리가 있으면 상황에 따라 군영 사무를 보게 하거나 그의 막료에 배치했다. 군영에 배치되는 사람은 훈련과 실전에서 실력을 발휘하면서 전공에 따라 승진되었다. 막료가 된 사람은 직접 만날 기회가 많기 때문에 같이 일하면서 그들의 재능과 성격을 파악하고 부족한 부분을 가르칠 수 있다. 충분히 파악해서 인재임이 판명되면 조정에 추천하거나 그의 수하에서 중임을 맡겼다.

인재를 파악하는 방법에는 두 가지가 있다. 처음 시작할 때 50점을 주고, 한 가지씩 임무를 완수할 때마다 10점씩 가산점을 준다. 가산점은 동기 부여 효과가 크기 때문에 자연스럽게 재능을 발전시킬 수 있다. 다른 방법은 처음부터 100점을 주고 실수할 때마다 10점을 감점하는 방법이다. 하지만 이렇게 하면 점수가 깎일 때마다 위축되어 결국 그 사람은 아무것도 하지 못하는 무용지물이 될 것이다. 이것은 인재와 인재를 구하는 단체에 모두 바람직하지 못한 일이다.

인재를 추천했다가 잘못되면 추천한 사람까지 화를 당할 수 있다. 증국번이 기본적으로 인재 기용에 큰 실수가 없었던 것은 자신만의 확실한 기준이 있었기 때문이다. 그는 마치 마음속에 정확한 저울이 있는 것처럼 체계적이고 완벽하게 인재를 판별해냈다. 그는 '인품과 재능 겸비', '문무 구별'을 인재 기용의 기본 원칙으로 삼았다.

인품과 재능 겸비

인품과 재능을 똑같은 비율로 평가하기란 말처럼 쉽지 않다. 전체적으로 볼 때 증국번은 인품 쪽에 무게를 두었다. 그래서 좌종당은 그가 기용한 인재들이 '덕은 넘치지만 재능이 부족하다'고 지적했다. 하지만 그가 인품에 조금 더 무게를 두었기 때문에 전반적인 인재 기용에 큰 문제가 없었던 것이다. 그는 먼저 『자치통감』의 명구를 인용했다. '재능과 덕을 모두 갖추면 그를 성인이라 하고, 재주와 덕이 모두 없으면 그를 어리석다 한다. 덕이 재능보다 많으면 그를 군자라 하고, 재능이 덕보다 많으면 그를 소인이라 한다.'[149] 그리고 이렇게 자신의 견해를 덧붙였다. '나는 덕과 재능 중 어느 한쪽에 치우쳐서는 안 된다고 생각한다. 덕보다 재능이 커도 어리석을 수 있고 재능보다 덕이 커도 소인이 될 수 있다.'

여기에서 주의할 것은 위에서 언급한 사람들이 모두 당대 최고의 인재라는 점이다. 즉, 기본적으로 인재 기준을 통과한 사람들이란 말이다. 이들에게는 덕이 주이고 재능은 보조적인 역할에 불과하다. 증국번은 재능이 없는 사람을 존중하기는 했지만 기용하지는 않았다. 재능은 대업을 이루기 위한 기초 중의 기초이기 때문이다. 덕의 유무를 떠나 재능이 없는 사람은 절대 기용하지 않았는데, 증국번은 끝까지 이 원칙을 고수하느라 종종 한숨을 내쉬었다. "공명정대하고 인의를 갖춘 사람이 재능이 부족하면 정말 안타깝다." 또 호림익은 말했다. "군사에는 많은 인재가 필요하다. 특히 강한 의지를 가진 인재가 필요하다. 전투에서 패하더라도 절대 기가 꺾여서는 안 되고, 다소 기가 꺾이더라도 절대 의지가 꺾여서는 안 된다."

그러나 현실적으로 재능과 덕을 모두 갖춘 인재는 거의 없다. 그래서 선택한 차선책이 '덕이 재능보다 많은 인재'였다. 덕을 갖춘 사람은 기본적으로 최소한의 재능을 가지고 있기 때문이다. 운이 좋으면 대단한 재능을 가진 인재를 얻을 수 있고, 그렇지 않더라도 모두 기본적으로 기용할 만한 사람들이다.

상군과 회군을 비교해보면 증국번이 확실히 재주보다 덕을 중시했음을 알 수 있다. 상군과 회군은 증국번과 이홍장의 모든 것이라 할 수 있을 만큼 대표성이 강하다. 증국번은 보통 도덕과 진실, 학문의 순수성, 포부와 기개로 표현된다. 반면 이홍장은 기지와 모략, 시대 변화에 따른 뛰어난 임기응변, 과감한 결단력, 두려움을 모르는 용기로 표현되며, 증국번보다 혈기왕성한 행동력을 보여주었다. 증국번은 이홍장을 "재능이 뛰어나고 치밀한 사고를 지녔다. 강인한 기개를 지닌 동시에 섬세하다"고 평가했다. 이홍장은 정치 군사적으로 많은 업적을 남겼지만 학문적으로는 별다른 성과를 남기지 못했다. 그는 관리로서의 삶에 모든 것을 걸었기 때문에 어떻게 하면 관직을 높일 수 있을까 하는 데에만 관심을 두었다. 그는 증국번의 제자 중 가장 성공한 인물이었지만 도덕과 학문에서는 감히 증국번의 제자로 거론할 수조차 없다.

회군이 상군만 못하다는 평가를 얻는 데는 장군들의 출신 배경이 한 이유가 됐다. 회군의 대표적인 장군에는 정학계, 유명전, 장수성(張樹聲) 형제, 주성파(周盛波) 형제, 반정신(潘鼎新), 유병장(劉秉璋) 등이 있다. 정학계는 진옥성의 수하에 있다가 투항해온 항장이었고, 유명전은 앞에서도 말했듯 소금 밀매꾼이었다. 장수성 형제와 주성파 형제는 단련 대장 출신이고 나머지 장군들도 모두 무관 출신이었다. 기본적인 학문을 쌓은 인재는 거인 출신인 반정신 한 사람뿐이었다. 회군에는 상군의 강충원, 탑제포, 라택남, 이속빈 형제, 팽옥린과 같은 뛰어난 인재가 없었다. 회군이 상군에 비해 개인적인 성향이 강했던 것도 이것과 연관이 있다. 회군은 보통 명(銘, 유명전의 '명'), 정(鼎, 반정신의 '정'), 수(樹, 장수성의 '성'), 성(盛, 주성파의 '성'), 정(程, 정학계의 '정')처럼 장군의 이름으로 부대 이름을 정했다. 이 중 유명전은 증국번이 발탁해서 키운 인재로 많은 공을 세웠지만, 여전히 그를 소금 밀매꾼 혹은 허세와 과도한 경쟁심으로 무모했던 장군으로 기억하는 사람들이 많다. 일부에서는 이홍장이 사군(私軍) 혹은 군벌의 선구자라고 말하기도 한다. 증국번은 남경 함락 직후 스스로 상군을 해산시켰으나 이홍장은 회군을 권력 기반으로 삼았다.

재주보다 덕을 중요시한다는 증국번의 인재 기용 원칙은 곧 상군의 장점이 되었다. 그가 발탁한 인재들은 '덕이 많고 재능이 부족한 사람'이 아니라 '기본적인 재능을 갖춘데다 덕이 많은 사람'이었다. 상군 초기 대표적인 맹장 포초는 군기를 제대로 잡지 못해 문제를 일으켰다. 증국전은 걸신이라 불릴 만큼 탐욕스럽기로 유명했다. 그러나 청나라 조정은 증국전을 기용하는 데 실보다 득이 크다고 판단해 증국번 사후 그를 양강 총독에 임명했다. 포초와 증국전처럼 '도덕성'이 기준에 미치지 못하는 경우도 있었지만, 그의 인재 기용 원칙은 전체적으로 성공적이었다.

그러나 시간이 지나면서 그의 인재 기용 원칙에 약간의 변화가 생겼다. 단점이 있더라도 한 가지 특별한 재능을 가진 사람이라면 과감히 기용했다. 물론 도덕적으로 심각한 문제가 있거나, 탐욕이 지나쳐 공금에 손을 대거나, 지나치게 잔꾀를 부리거나, 지나치게 속이 좁은 사람은 아무리 뛰어난 재능이 있더라도 절대 기용하지 않았다. 그는 말년에 이런 글을 남겼다. "나는 평생 충실한 사람을 좋아했다. 하지만 지금에서야 좋은 약도 너무 많이 먹으면 효과가 없다는 걸 알게 됐다. 일찍이 진평이 유방에게 이렇게 말하지 않았던가? '미생(尾生)과 효기(孝己)의 행실이 훌륭하다고는 하지만 전쟁의 승패에는 아무런 도움이 되지 않습니다. 폐하께서는 그들을 기용하실 생각입니까?' 세상에 인재가 없다고 걱정하지 말고, 어떻게 인재를 적절히 기용할 것인지를 걱정하라."

문무 구별

인재 기용에서 문무 구별이란, 문관은 재물을 탐하지 않아야 하고 무관은 죽음을 두려워하지 않는 기준을 엄격히 적용해야 한다는 의미다.

증국번이 단련대신으로 부임해서 가장 먼저 발탁한 인재는 무장이었다. 그의 무장 선발 기준은 대략 이러했다. '용맹한 사람을 찾기는 어렵지 않으나 용맹한 사람들을 지휘할 사람을 찾기는 어렵다. 무장이 되려면 첫째, 사람을 다스릴 만한 재능이 있어야 한다. 둘째, 죽음을 두려워하지 않아야 한다. 셋째, 눈앞의 이익과 명예에 연연하지 말아야 한다. 넷째, 고통과 어려움을 참고 견딜 수 있어야 한다.' 이외에도 다양한 조건이 있지만 현실을 고려할 때 다음 두 가지로 요약할 수 있다. 충심과 의리를 기초로 한 왕성한 혈기, 적진을 향해 뛰어들 용기.

충심과 의리가 최고조에 달하면 마음을 다해 지혜를 만들어낼 수 있다. 혈기가 고조되면 죽음을 두려워하지 않는 용기가 나온다. 상군의 명장 강충원, 라택남, 팽옥린, 양재복 등이 모두 여기에 해당한다. 이들은 군대를 지휘하는 동시에 백성들을 평안케 해주었으며, 명예를 중요시해 죽음을 두려워하지 않았다.

학자 출신인 라택남은 증국번과 함께 상군 훈련에 힘쓰다가 호남성을 나선 후 본격적으로 전투에 참여했다. 그는 무한 전투에서 자발적으로 선봉 부대를 맡아 2,000명의 병사들을 이끌고 화원(花園)을 공격했다. 상군은 무창을 함락한 후 장강을 따라 강서로 진입했다. 곧이어 탑제포가 구강 공격을 개시했다. 그러나 성이 쉽게 함락되지 않자 마음이 급해진 탑제포는 심장병이 재발해 피를 토하며 죽고 말았다. 이때 그의 나이 겨우 서른아홉이었다. 얼마 뒤 라택남도 무한을 재탈환하던 중 총상을 입고 쓰러져 5일 만에 숨을 거두었다. 핵심 간부 두 명이 잇따라 전사하자 증국번의 부담이 커졌고, 결국 그는 강서 위기에 봉착했다. 한편 포초는 용맹하기로 따지면 탑제포에 뒤지지 않았지만, 전략 전술에 약하고 군기를 바로잡지 못한다는 단점이 있었다. 그러나 그는 증국번에게 무한한 충성을 바쳤으며, 죽음을 두려워하지 않는 전형적인 맹장으로 증국번의 든든한 지원군이 되었다.

다음으로 문관의 기준에 대해서는 '올바른 자질을 갖춘 자, 관풍에 물들지 않은 자, 체계적이고 사리가 분명한 사람, 큰소리치지 않는 사람'으로 요약했다. 먼저 올바른 자질을 갖추어야 하기 때문에 당연히 탐욕스러운 사람은 배제했다. 사리가 분명하다는 것은 순서와 절차에 따라 일을 처리해 언제나 정확하고 말끔하게 일을 마무리하는 것을 뜻한다. 특히 문서 작업을 할 때는 질서정연하게 체계적으로 일을 처리해야 한다. 큰소리를 치지 않는다는 것은 허풍이나 빈말을 하지 않고 성실하게 행동으로 실천한다는 의미다.

문관의 기준에서 가장 중요한 것은 관풍에 물들지 않아야 한다는 내용이다. 관리는 크게 관풍이 강한 사람과 소박하고 수수한 사람으로 나눌 수 있다. 먼저 관풍이 강한 사람은 자격이나 조건 따지기를 좋아해 겉치레나 형식을 중시한다. 세상일에 닳고 닳아 힘든 고생을 싫어하고 책임회피 경향이 짙다. 반면 소박하고 수수한 사람은 다소 힘들고 무리가 되더라도 최선을 다하려 하고 새로운 것을 좋아한다. 이들은 꾸미지 않고 거침없이 솔직하게 말하기 때문에 어떤 일을 시작하기도 전에 비난을 불러일으키기도 한다. 증국번은 아랫사람들에게 늘 고생을 마다하지 말고 치욕을 참을 줄 알아야 한다고 가르쳤다. 그는 관풍에 물들지 않은 소박하고 수수한 사람, 새로운 인물을 좋아했다. 대체로 새로운 인물은 관풍이 거의 없고, 지방 출신 인재들이 지조가 강했다.

명확한 기준을 마련했으니, 이제 여기에 맞춰 인재를 가늠하고 적절히 기용해야 한다. 증국번은 특별한 인재의 능력 발휘를 위해 '정보국'이라는 새로운 기관을 만들기도 했다. 그 특별한 인재는 호북에서 순포관(巡捕官)으로 시작해 호북 총독과 순무 수하에서 선전 홍보 업무를 전담하던 장덕견(張德堅)이라는 하급 관리였다.

장덕견은 태평천국에 관련된 이야기에 본능적으로 끌리는 사람이었다. 1853년, 태평천국군이 무한을 지나 장강을 따라 곧장 남경을 습격할 즈음 장강 연안 지역은 온통 태평천국군 이야기로 시끄러웠다. 그는 업무와 관련해 탈영병이나 유랑자들과 접촉할 기회가 많았고, 이들을 통해 태평천국군에 대한 이야기를 들었다. 그는 이 이야기들을 하나도 빠짐없이 기록으로 남기기 시작했다. 그의 관심은 집착으로 발전해 심지어 난민으로 분장을 하고 정보를 수집하기도 했다.

그가 수집한 자료는 점점 늘어나 두꺼운 책 한 권이 만들어졌다. 그는 『적정집요(賊情集要)』라고 명명한 이 책을 각 지방정부 수장들에게 보냈다. 그러나 장덕견의 지위가 하찮았기 때문에 대부분 관심을 보이지 않았다. 그는 크게 실망했다. 일 년 후 상군이 무창을 함락한 직후, 증국번은 한 친구의 추천으로 『적정집요』를 읽었다. 증국번은 크게 기뻐하며 당장 장덕견을 불러들였다. 그리고 특별히 정보국을 만들고, 그를 국장으로 임명해 태평천국군에 대한 자료를 수집하고 정리하게 했다. 자료는 주로 전투에서 잡은 포로를 통해 얻거나 직접 정찰을 나가 수집했다.

1855년에 무창이 다시 태평천국군에게 함락되자 정보국도 위기를 맞이했다. 장덕견과 그의 조수 두 명만이 무사히 장사로 도망쳤다. 후에 그는 조금 더 자료를 보강해 다시 『적정회찬(賊情匯纂)』을 편찬했다. 그가 죽을 고비를 넘기고 장사로 도망친 후에도 계속해서 자료 수집과 편집에 온 힘을 기울인 데는 증국번에 대한 충성심이 큰 영향을 끼쳤을 것이다. 이 경우만 보더라도 증국번의 인재 기용은 확실히 다른 지방 관리들에 비해 한 수 위였다. 이는 증국번이 넓은 도량과 기개를 지녔기 때문이기도 하다.

증국번은 평소 은혜를 이용하기보다는 인의를, 위엄을 세우려 하기보다는 올바른 예의를 강조했다. 장덕견이 증국번에게 충성을 다한 것은 아마도 이런 대우를 받았기 때문일 것이다. 보통사람들은 은혜를 알고 되갚을 줄 알아야 한다고 하지만, 증국번은 은혜보다 인의를 중시했다. 인(仁)이란, '자신이 먼저 일어서 남을 일으키고, 자신이 먼저 깨닫고 남을 깨우치는 것'[150]을 의미한다. 증국번은 자신이 발탁한 인재들의 은인이 되려 하기보다 상호 보완할 수 있는 평등한 관계가 되길 원했다. 그래야 그들의 성공이 곧 자신의 성공이 되고, 자신의 성공이 곧 그들의 성공이 될 수 있기 때문이다. 또한 그는 위엄을 세우려 하지 않고 항상 예의를 갖추었기 때문에 탑제포, 포초처럼 사납고 거친 인재들을 효과적으로 다룰 수 있었다. 위엄은 권력을 표면적으로 드러내 상대방을 억지로 복종하게 만드는 것이다. 반면 예의는 존중의 표현인 동시에 제도적으로 상대를 묶을 수 있다. 올바른 예를 세워 학자를 존중하고, 거친 무장들을 제도와 규칙으로 제약하는 것이 권력으로 굴복시키는 것보다 훨씬 효과적이다. 위엄을 내세우면 겉으로는 복종시킬 수 있지만, 상대는 진심으로 복종하지 않는다. 그러나 예의를 세우면 마음으로 행동으로 모두 복종시킬 수 있다.

  증국번의 인재 사랑이 널리 알려지면서 점점 더 많은 인재들이 몰려들었다. 그러다보니 언제 어떻게 인재를 기용하고 배치할 것인지에 대한 문제가 커졌다. 너무 많은 인재가 한꺼번에 몰려 대기 시간이 길어지다보니 실망하고 불만을 터트리는 사람이 많아졌다. 증국번은 이들을 수용하기 위해 최대한 많은 일자리를 만들어냈다. 처음에는 특별한 임무를 맡기지 않고 그저 입에 풀칠할 정도의 급료만 주면서 일단 발길을 잡아놓았다. 판별 결과 기용하지 않기로 결정되면 넉넉히 여비를 주어 돌려보냈기에 증국번의 명성은 날이 갈수록 높아졌다.

상벌을 분명히 하라

이번에는 인재들이 최선을 다하도록 만드는 방법에 대해 알아보자. 단순히 충성과 의리를 강조하는 것은 너무 진부하다. 인재의 재능을 최대한 끌어올리려면 역시 상벌 제도를 효과적으로 이용해야 한다.

증국번은 황제가 아니므로 상벌 제도를 실행하는 데 여러 가지 제약이 많았다. 또 조금만 잘못해도 꼬투리를 잡혀 모함을 당할 수도 있기에 더욱 조심스러웠다. 그가 주로 이용한 상벌 수단은 관직 추천과 탄핵이다. 큰 공을 세우고 충성심이 강한 사람은 적극적으로 추천했고, 죽음을 두려워하고 명령에 불복하고 충성심이 없는 사람은 냉정하게 탄핵했다. 하지만 기본적으로 공적인 제도를 이용해 사적인 원한을 풀려 하거나 고의적인 보복을 가하지는 않았다. 이렇게 해서는 장기적으로 아랫사람들의 충성심을 끌어낼 수 없기 때문이다.

하지만 상벌을 분명히 한다는 것은 말처럼 간단하지 않다. 상에는 물질적인 보상과 승진이 있고, 벌에는 해고와 탄핵이 있다. 어느 것 하나 쉽게 결정하고 실행할 수 없는 것들이다. 특히 감정적인 문제가 걸리면 더욱 힘들어진다. 충성과 의리가 기본적으로 감정에 속하는 것들이고, 지인의 추천으로 찾아온 인재가 대부분이었으므로 추천이든 탄핵이든 감정적인 요소를 완전히 배제하기는 힘들었다.

증국번이 처음으로 조정에 좌종당을 추천할 때, 좌종당 본인에게는 미리 알리지 않았다. 그런데 좌종당이 나중에 소식을 듣고 자신은 증국번 덕을 볼 생각이 없다며 크게 화를 내는 바람에 아주 난감해졌다. 그래서 그다음에 누군가를 추천할 때는 먼저 본인 의사를 확인했다. 하지만 이것도 좋은 방법은 아니었다. 누군가 증국번에게 "추천하기로 마음 먹었으면 그냥 하면 되는 것이지, 미리 말하면서 생색 낼 필요 없다"라고 말했을 때, 그는 정말 할 말이 없었다. 어떻든 위로 황제를 모시고 있어 마음대로 상벌을 결정할 수 없으니 인재와 황제 사이에서 갈피를 잡기가 힘들었다.

증국번이 세운 충의국은 여러 가지 의미가 있다. 먼저 충의국의 기본적인 임무는 충성과 의리가 강한 사람을 널리 표창해 모범을 세우는 것이었다. 충의국의 또 다른 역할은 여유 인원을 흡수하는 것이었다. 지인들이 추천한 사람들 중에는 재능이 부족해 마땅히 기용할 곳은 없지만, 그렇다고 그냥 돌려보낼 수 없는 사람들도 많았다. 충의국 업무는 별다른 재능이 없어도 그냥 성실하기만 하면 되는 일이었다. 설사 일을 잘못하더라도 그의 대국 전략에 아무런 영향을 끼치지 않았다. 특별히 상소를 올릴 일도 없었기에 문제가 생길 일도 없었다.

상은 '물질보상과 승진'

증국번이 상군 조직 초기에 정한 급여 수준은 녹영군과 비교가 안 될 만큼 높았다. 녹영군의 급여 수준은 기병 월급이 2냥, 공격부대 병사가 1냥 5전, 수비군 병사가 1냥이었다. 이것으로는 기본적인 생계유지도 힘들었기 때문에 당연히 전투력에 부정적인 영향을 끼칠 수밖에 없었다. 반면 상군의 경우 일반 병사들의 급여가 최소 3냥 이상 최대 9냥이었으므로 병사 모집에서도 훨씬 유리했다. 영관, 총령 이상 중간 간부들은 여러 항목의 보너스가 더해져 여유롭게 생활하고도 재산을 모을 수 있을 정도였다. 영관 월급은 260냥, 3,000명 이상 관리자는 390냥, 5,000명 이상 관리자는 520냥, 만 명 이상 관리자는 650냥을 받았다.

후에 군량과 자금이 부족해지면서 급여가 50% 이상 삭감되고 이마저도 제때 지급되지 않자 상군 병사들도 약탈을 시작했다. 증국번 입장에서는 병사들 약탈을 금지할 입장이 아니었고 그만한 명분도 없었다. 이 때부터 상군은 성을 함락할 때마다 며칠씩 약탈을 자행했다. 이때만큼 은 병사와 장군의 구별이 없었다. 안경에서도 남경에서도 같은 상황이 벌어졌다. 청렴하기로 유명한 다륭아를 제외한 모든 장군들이 막대한 부를 축적했다. 그 중에서도 가장 유명한 사람은 역시 증국전이었다. 그 가 고립 위험을 감수하고 단독으로 우화대에 주둔한 것도 이것과 무관하지 않다. 당시 증국번은 적진 깊숙이 들어가 있는 증국전 부대가 전멸할까 걱정되어 수차례 철수 명령을 내렸지만, 증국전은 끝까지 말을 듣지 않았다. 남경성 포위가 길어지자 조정에서 회군을 남경으로 보내려 했지만 증국전은 강력히 반대했다. 남경성의 재물을 독차지하고 싶었기 때문일 것이다.

증국번 생가에 커다란 건물이 들어선 것도 이즈음이었다. 지금은 부후당 하나만 남아 있지만 이런 건물이 4채 더 있었다. 부후당은 정면 너비가 500m에 달하는 엄청난 규모를 자랑하는데, 증국전의 급여만으로는 절대 이런 건물을 지을 수 없었다.

물질보상 외의 다른 방법은 조정에 추천해 관직을 주는 방법이다. 상군이 승리를 거둘 때마다 큰 공을 세운 사람을 가려 관직을 추천해 조상과 가문을 빛낼 수 있게 해주었다.

처음 추천할 때는 매우 조심스러웠다. 혹시 추천이 난무해 옥석이 뒤섞여 혼란을 초래하지 않을까 걱정되었기 때문이다. 그래서 증국번은 항상 재능보다는 덕을 중요시했다. '내가 일찍이 군영에 있을 때 추천을 자제하고 지나치게 물자를 아껴 부하들의 마음을 얻지 못했다'라는 기록에서도 알 수 있듯 처음에는 공직 추천에 매우 소극적이었다. 1854년 무창을 함락했을 때, 공을 인정해 추천한 사람은 겨우 300명뿐이었다. 한편 호림익은 1856년 무한을 함락한 후 한꺼번에 3,000명의 승진을 요청했다. 이후 많은 인재들이 호북으로 몰려들었다. 호림익을 보며 자극받은 증국번은 본격적으로 인재에 욕심을 내기 시작했다. 얻는 것이 있어야 사람들이 찾아오는 법이다. 냉정하게 현실을 생각해보면 증국번, 강충원, 라택남, 팽옥린처럼 명예를 위해 목숨을 내놓을 사람이 몇 명이나 되겠는가?

결국 증국번도 다른 제독이나 순무들처럼 관직 추천을 남용하기 시작했다. 전투에서 공을 세운 병사는 물론이고 자금과 식량을 기부한 대지주에 이르기까지 상군을 위해 공헌한 사람이라면 모두 관직 추천 대상이었다. 이렇게 관직 추천이 남발했지만 관직 수는 그렇게 많지 않았다. 결국 기명 제독, 기명 총병, 기명 도원(道員)처럼 조정 명부에 이름만 올라가 있는 기명(記名) 관직이 무더기로 쏟아졌다. 이 중에는 종일품, 정이품, 종이품에 해당하는 고위관직도 많았지만 모두 이름뿐인 관직이었다.

일부 자료에 따르면 당시 조정 기록에 올라 있는 제독이 8,000명, 총병이 2만 명이고, 부장 이하 관직은 셀 수 없이 많았다고 한다. 처음에는 추천자가 많지 않았고 대략 한 달 정도면 실무자가 정해져 결원이 채워졌는데, 나중에는 사정이 달라져 실무자 없이 자리가 계속 비어 있었다. 일부 군인들은 스스로 자신에게 상을 줄 수 있었기에 더 이상 관직이 필요 없었다. 이들이 스스로에게 줄 수 있는 상이란 바로 약탈한 재물이었다. 당시 전쟁에 참가한 사람들은 관직이나 재물을 얻을 수 있다면 공을 세우기 위해 물불 가리지 않고 뛰어들었다.

이렇게 공수표를 남발하면서 수많은 관직이 생겨났지만, 정작 실무를 담당할 관리가 부족한 상황이 한동안 계속되면서 청나라 말기 정치는 점점 더 썩어갔다. 1866년(동치 5년), 누군가 조정에 기명 관직을 없애야 한다는 상소를 올렸다. 그러나 증국번은 아직 남아 있는 염군과 각지의 반란 세력을 소탕하려면 기명 관직으로 병사들의 사기를 북돋을 필요가 있다며 반대했다.

이런 상황에서 실무 담당 관직을 보충하거나 정말 충실하고 뛰어난 인재를 추천하려면 뭔가 특별한 방법이 필요했다. 증국번은 특별 추천, 비공개 추천과 같은 방법으로 파격적인 인사를 단행해 충직하고 훌륭한 인재들에게 실질적인 혜택을 주었다. 특별 추천이나 비공개 추천은 당연히 신중하고 또 신중해야 했으며, 반드시 자신과 같은 뜻을 가진 사람이어야 했다. 신중에 신중을 기해 선택한 인재였으므로 증국번에게 특별히 발탁된 사람들은 끝까지 충성을 다하며 절대 그를 배신하지 않았다. 1860년, 심보정, 이속의, 이홍장, 좌종당이 증국번의 특별 추천을 받아 순무 등으로 승진했다. 주동안 교수의 자료에 따르면 증국번 사단에는 고위관직에 등용된 인재가 475명이었다고 한다. 이들은 대부분 증국번이 직접 추천한 인재들로, 당시 고위관직의 절반 이상을 차지했다. 증국번 수하에 '천하 인재의 절반이 모였다'라는 말은 과장이 아니었다.

벌은 '해고와 탄핵'

증국번은 상황에 따라 상벌을 효과적으로 이용했는데, 벌을 내릴 땐 주로 해고와 탄핵을 이용했다. 상군 초기, 전장에서 적극적으로 싸우지 않거나 죽음을 두려워하는 자가 있으면 영관, 일반 병사를 막론하고 부대 전체를 해고시켰다. 1854년, 첫 출병 당시 상군은 육군 5,000명, 수군 5,000명 규모였다. 육군과 수군을 각각 10개 군영으로 나누어, 20명의 영관에게 각각 500명의 병사들을 관리하게 했다. 증국번의 동생 증국보도 20명 영관 중 하나였다. 얼마 뒤 태평천국군과 전투를 치른 상군은 정강에서 패하고 상담에서 승리를 얻었다. 그런데 이 과정에서 적극적으로 전투를 치른 부대는 팽옥린, 탑제포, 양재복 부대뿐이었다.

증국번은 팽옥린, 탑제포, 양재복의 활약에 크게 기뻐했지만, 마냥 기뻐할 수만은 없는 상황이었다. 그는 단호히 군대를 재정비하기로 했다. 전투에 적극적으로 참여하지 않은 부대는 영관과 병사를 모두 해고했다. 그리고 남은 5,000명의 병사를 탑제포, 라택남, 팽옥린, 양재복 부대로 재편해 4부대 체제를 만들었다. 계속해서 신병을 모집해서 다시 1만 병력을 채웠다. 당시 탑제포의 활약이 가장 두드러졌으므로 탑제포 부대가 차지하는 비중이 1만 중 6~7,000이었다.

재정비 과정에서 해고된 13명의 영관 중 일부는 상군 조직에서 완전히 배제되었고, 일부는 문관으로 자리를 옮겼으며, 일부는 호림익을 비롯한 다른 부대로 옮겨갔다. 이때 해고된 영관 중에는 증국번의 동생 증국보도 있었다. 그는 고향에 돌아간 후 너무 부끄러워 몇 년 동안 집밖에 나가지 못했다고 한다. 몇 년 후 그는 다시 증국전 부대로 복귀했다. 그가 증국번과 증국전의 동생이 아니었다면 아마도 두 번 다시 기회를 얻지 못했을 것이다.

다음은 1858년 이홍장이 증국번 사단에 합류한 후 기문에서 위기를 겪을 당시 있었던 일이다. 이원도가 치명적인 실수로 전투에 패하자 증국번이 그를 탄핵하려 했다. 이에 이홍장을 비롯한 대다수 막료들이 강력히 반발했다. 이원도는 증국번의 오랜 친구이자 생명의 은인이었기 때문이다. 그러나 증국번이 끝까지 탄핵을 고집하자 이홍장이 이렇게 말했다. "스승님께서 끝까지 고집하시면 저는 절대 상소문을 쓰지 않을 것입니다." 이때 증국번은 "네가 쓰지 않겠다고 해도 소용없다. 내가 직접 못 쓸 것 같으냐?"라고 대꾸했다. 이홍장은 다급하고 분한 마음에 증국번을 떠나겠다고 선언했다. 증국번 역시 화가 났고 또 약한 모습을 보이고 싶지 않아 그를 복건 관리로 임명했다. 처음부터 기문 사지에서 벗어나고 싶어 기회를 찾던 이홍장은 마침 잘됐다 싶어 당장 기문을 떠났다.

하지만 막상 증국번 곁을 떠나니 어디로 가야 할지 정할 수가 없었다. 복건으로 부임할 생각은 전혀 없었고, 그렇다고 다시 돌아가면 체면이 말이 아닐 터이니 그저 강서 지역을 떠돌 수밖에 없었다. 곽숭도는 정처 없이 떠도는 이홍장을 보다가 더 이상 가만둬서는 안 되겠다고 생각해 그에게 편지를 썼다. '지금 시기에 뜻을 펼치려면 반드시 의지할 곳이 있어야 하네. 냉정하게 생각해보게. 증공 말고 의지할 곳이 또 어디 있겠나? 비록 내키지는 않겠지만, 그래도 앞날을 위해 돌아가도록 하게.'

곽숭도의 편지는 이홍장의 공명심을 다시 불러일으켰고, 결국 그는 증국번에게 돌아가기로 결심했다. 증국번은 상군으로 돌아온 이홍장이 다른 사람 수하로 가지 않고 다시 자신을 찾아온 데 감동했다. 두 사람은 지난 일에 연연하지 않고 다시 깊은 신뢰를 쌓았다. 만약 이홍장이 증국번에게 다시 돌아가지 않았다면 회군 지도자가 되고 상해에서 다양한 경험과 경제적 기반을 쌓을 기회를 얻지 못했을 것이다. 그때 홧김에 복건으로 가버렸다면 '장장 30년 동안 청나라 정국을 장악한 이홍장'의 역사는 존재하지 않았을 것이다. 그만큼 증국번이 이홍장 인생에 끼친 영향은 대단한 것이었다.

증국번에게 외면당한 사람 중에는 호림익, 좌종당, 낙병장 수하로 옮겨 간 경우가 많은데, 이 중 크게 활약한 사람은 거의 없다. 증국번에게 외면당했다는 것 자체가 이미 가능성이 없음을 뜻하기 때문이다. 특히 증국번이 양강 총독으로 실권을 장악하면서 그의 영향력은 더욱 커졌다.

증국번은 자신의 권력 범위 내에서 해결할 수 있는 경우에는 직접 해고 조치를 취했고, 그렇지 않은 경우에는 조정에 정식으로 탄핵을 제기했다.

평균적으로 한 번 상소를 올릴 때마다 한 명씩 탄핵했다고 하니 증국번에게 탄핵된 사람이 적지 않았을 것이다. 대표적인 예가 장사에서 부장 덕청을 탄핵한 일이다. 그러나 이원도를 탄핵한 일은 많은 논란을 일으켰다. 이원도는 증국번의 오랜 친구이자 생명의 은인이었다. 그럼에도 불구하고 증국번이 그를 탄핵한 이유는 그가 휘주에서 패하고 왕유령 수하로 옮겨간 것 때문이었다. 이에 배신감을 느낀 증국번은 그를 절대 용서할 수 없었다. 끝내 증국번을 배신하지 않고 다시 돌아온 이홍장이 승승장구했던 것과 비교하면 증국번의 인재 기용 특징을 잘 알 수 있다.

증국번이 아무리 막강한 권력을 가지고 있었더라도 위로 황제가 있으니 모든 것을 마음대로 처리할 수는 없었다. 황제와 인재 사이에서 균형을 잡지 못하면 그 자신이 가장 곤란해진다. 좌종당을 처음 추천했을 때처럼 말이다.

증국번이 상군을 지휘하는 동안 그의 추천으로 실질적인 혜택을 받은 사람은 대략 4~500명에 달했다. 그가 배출한 인재 중 무관 부분에서 종일품에 해당하는 제독 이상에 오른 이가 58명이었고, 문관 부분에서 순무, 당관(堂官) 등 정이품 이상에 오른 자가 67명이었다. 이는 청나라 전체 정이품 이상 고위 관리 중 절반 가까이에 해당하는 숫자였다. 또 그는 승격림필이 염군과의 전투에서 전사한 후 그의 군대를 맡아 지휘하기도 했다.

증국번의 뜨거운 교육 열정

다음은 증국번의 인재 교육에 대해 알아보자. 가족을 포함한 직속 부하들과, 이홍장 직속 부하인 회군 장수들, 태평천국군에서 투항해온 이들까지 그의 손길을 거치지 않은 사람이 거의 없을 만큼 그는 남다른 교육 열정을 펼쳤다.

증국전

증국번은 친동생인 증국전을 가르치는 데 가장 많은 시간과 노력을 쏟았다. 그는 동생이 마흔이 넘을 때까지 많은 편지를 주고받으며 끊임없이 애정을 쏟았다.

그가 기문에서 위기를 겪을 당시, 안경 전선에 있는 증국전과 증국보가 편지를 보내왔다. 증국전은 증국번에게 기문을 떠나 동류(東流)로 군영을 옮기라고 여러 번 권유했다. 동류는 장강 연안에 위치해 있기 때문에 상황이 어려워지면 곧바로 배를 타고 위기에서 벗어날 수 있다. 장강 대세가 이미 상군에게 넘어오기 시작한 상황이었으므로 장강만큼 안전한 곳도 없었다.

하지만 증국번은 '무릇 자신의 지식에 자만하는 자들은 대부분 경험이 적기 때문이다'라며 동생의 제안을 거절했다. "내가 동류로 옮기고 건덕(建德)을 잃으면 적들이 경덕은 물론 강서 전체를 활보하게 될 것이다. 물론 내가 적들을 막지 못할 수도 있지만, 지금 동류로 도망간다면 내 체면이 어떻게 되겠느냐? 나는 이미 높은 자리에 올라 이름이 널리 퍼져 있기 때문에 적들은 어떻게든 내게 큰 모욕을 주려 할 것이다. 국전이 이렇게 하나만 알고 둘은 모르는 것은 자기가 아는 것만 믿고 자만하며 경험이 적기 때문이다. 국전은 진옥성이 빈틈을 정확히 찾아낸 기회주의자라고 말하지만, 사실 그는 오랜 경험으로 많은 지혜를 쌓은 인물이다. 역시 국전은 경험이 적어 상대를 정확히 파악하지 못한 것이다."

계속해서 그는 증국보에게 이렇게 전했다. "국보는 예전에 휘주에서 반드시 이길 것이라 했고, 좌종당이 분명히 질 것이라고 예상했었다(그러나 결과는 정반대였다. 증국번은 휘주에서 패했고, 좌종당은 경덕에서 승리를 거두면서 기문 위기의 돌파구를 마련했다). 하지만 이는 직접 보고 분석한 것이 아니라 단순히 추측한 것이었다. 이것 역시 자기 지식에 자만하고 경험이 부족한 탓이다. 너무 급한 마음에 싸움에 나서면 적군의 단점만 보이고 자신의 단점을 간과하기 쉽다. 이것 역시 경험 부족에서 나오는 행동이다."

증국번은 두 동생이 자만에 빠져 거만해지지 않고 항상 겸손하고 신중할 수 있도록, 또한 어떤 일이든 쉽게 생각하지 않도록 가르쳤다.

남경 함락 직후 청나라 조정이 증씨 형제를 압박하기 시작했다. 증국전이 이런 상황을 받아들이지 못하고 억울함을 표출하자 증국번은 애써 그를 다독였다. 증국번은 가족과 지인들에게 보내는 편지마다 진심어린 관심과 충고를 아끼지 않았다.

유명전

유명전은 회군 최고의 맹장으로 엄밀히 따지면 이홍장 직속 부하였다. 승격림필이 염군 소탕 중 전사하자 증국번이 황명을 받고 염군 소탕에 나섰다. 그러나 상군은 이미 해산되어 최소 인원만 남아 있던 터라 회군 병력을 이용할 수밖에 없었다. 그는 회군 장군들의 자질과 교양이 과거 상군 장군들에 비해 크게 떨어진다는 것을 잘 알고 있었다. 회군에서는 탑제포, 라택남, 팽옥린, 양재복, 이속빈과 같은 인재를 찾을 수 없었다. 그러나 어쩔 수 없는 상황이었기에 행군 중에 틈틈이 회군 장군들을 교육하기로 했다. 이때 증국번이 가장 공을 들이고 가장 큰 효과가 있었던 상대가 바로 유명전이다.

증국번은 유명전을 교육할 때, 끊임없이 격려하고 충고해주면서 최대한 기대와 믿음의 표현을 많이 하고 비난은 최소한으로 줄였다. 유명전은 성격적으로 전형적인 맹장이었기 때문에 그의 장점을 최대한 끌어내기 위해서는 채찍보다 당근이 필요했다.

염군 소탕 초기, 상군과 회군의 전력을 최대한 발휘해도 염군을 상대하기 쉽지 않았다. 열악한 상황에서 가장 뛰어난 활약을 보여준 이가 바로 유명전이었다. 그는 자발적으로 선봉에 나서 수차례 염군을 격퇴했다. 이에 증국번은 유명전을 중심으로 주력 기병부대를 조직하기로 했다. 그런데 이때 이홍장의 편지가 도착했는데, 대략 군량 조달이 어려워 병력 보충이 어렵다는 내용이었다. 새로 기병부대를 조직하려면 기존 보병을 줄여야 군량 공급량을 맞출 수 있었다. 포초 부대에서 일어난 폭동으로 보아 당시 증국번 군대의 식량 문제가 얼마나 심각했는지 알 수 있다. 하지만 증국번은 새로운 기병부대 조직을 강력히 추진했다. 그는 유명전 기병부대를 위해 따로 특별히 군량을 준비하고 칭찬과 격려를 아끼지 않았다. "오직 귀군 부대만이 뛰어난 무예를 지닌 전사를 길러낼 수 있다. 자고로 명장은 부하들의 실력을 키울 수 있어야 한다." 그는 유명전에게 전체 친병 수를 줄이고 일당백의 실력을 갖춘 정예 병사를 키우도록 했다. 비록 숫자는 적더라도 수족처럼 부릴 수 있는 뛰어난 전사가 훨씬 유용하기 때문이다. 군량 부족 사태가 점점 심각해졌지만, 증국번은 오히려 유명전 부대에 대한 군량 지원을 몇 배로 늘려 이들의 사기를 높여주었다.

물질적인 지원 외에 증국번은 유명전에게 '고통과 시련을 견뎌야만 큰일을 이룰 수 있다'는 가르침을 전했다. 그가 가족 아닌 외부 사람에게 이처럼 간절한 기대와 희망을 표현한 것은 아마도 유명전이 처음이었을 것이다. 「비명자영류군문명전품방하사의사저주구여반장이군통력합작등정(批銘字營劉軍門銘傳稟防河事宜抵周口與潘張二軍通力合作等情)」이라는 제목이 붙은 편지에 그의 마음이 잘 나타나 있다.

증국번은 편지 첫머리에 "모든 일은 전략에 따라 진행해야 하며, 반드시 시련과 고통이 따르는 법이다. 이것을 참고 견딜 수 있어야 성공할 수 있다"고 적었다. 그리고 세 가지 예를 들었다. 첫째, 강충원의 수군 창설 제안. 그의 제안에 따라 수군을 창설했지만, 처음에는 정강, 호구에서 연이어 패했다. 많은 사람들이 상군 수군에 회의적인 시선을 보냈고, 수군 병사들도 완전히 사기가 꺾여 육군으로 돌아가길 원했다. 하지만 끝까지 포기하지 않고 훈련을 거듭한 결과 드디어 장강을 장악할 수 있었다. 둘째, 안경 포위 전략 중 기문 군영에 닥친 큰 위기. 많은 사람들이 기문이 무너지면 대세가 흔들릴 수도 있으니, 일단 안경을 포기하고 먼저 기문와 황덕을 구해야 한다고 말했다. 하지만 증국번은 생명의 위험을 무릅쓰면서 안경 포위를 풀지 않았고, 결국 안경 함락에 성공했다. 셋째, 남경성 공격 당시 증국전이 위험을 무릅쓰고 적진 깊숙이 들어갔을 때. 이때 모두 그의 부대가 전멸할 것이라고 불안해했지만 증국전은 긍정적인 생각으로 위기를 이겨냈다. 그는 견고한 남경성을 무너뜨리기 위해 성벽 밑으로 땅굴을 파고 그 안에서 폭약을 터뜨렸다. 증국번은 유명전에게 어떤 일이든 포기하지 않고 끝까지 노력하면 반드시 성공할 수 있다는 가르침을 전하고 싶었던 것이다.

다음으로 유명전의 하천 방어 전략을 적극 지지하며 칭찬을 아끼지 않았다. 염군은 기병부대가 중심이 되어 기동력이 뛰어난 반면 물에서는 전혀 실력을 발휘하지 못했다. 덕분에 유명전의 전략은 큰 효과를 거둘 수 있었다. 증국번은 유명전에게 항상 자발적으로 선봉에 나서며 성실하게 자신의 뜻을 밀고 나가면 반드시 성공할 것이라고 격려했다. 기동력과 용맹함을 뽐내던 염군 기병은 결국 '하천 방어 전략'에 막혀 무너졌다.

위의 편지는 증국번이 생각하는 '인내 정신'을 가장 잘 표현했다고 볼 수 있다. 가족이나 지인들에게 보냈던 다른 편지에 비해 강한 함축성을 가지고 있다.

유명전은 증국번의 가르침을 저버리지 않았다. 염군 소탕 초기에 증국번이 큰 성과를 올리지 못하자 이홍장이 그의 후임이 되었다. 당시 이홍장은 유명전의 하천 방어 전략을 대수롭지 않게 생각했다. 그러나 유명전이 "만약 하천 방어가 안 된다면 저는 당장 고향으로 돌아가겠습니다. 이렇게 질 것이 뻔한 전투는 치를 수 없습니다"라며 단호한 의지를 표현하자 결국 이홍장은 그의 하천 방어 전략을 승인했다.

염군의 대표적인 주력부대는 맹장 임주(任柱)와 뢰문광(賴文光)이 이끄는 부대였다. 이에 유명전이 염군 병사 반귀승(潘貴升)을 매수해 임주를 암살하도록 지시해두었다. 산동성 일조(日照)에서 유명전과 임주 부대의 전투가 시작되었다. 회군 병사들이 일제히 총을 발사하자 황색 모래 바람이 일었다. 어느 순간 반귀승이 임주에게 접근해서 암살에 성공했다. 임주가 죽은 후 급격히 힘을 잃은 동염군(東捻軍)[151]은 두 달 후 완전히 사라졌다.

동염군 소탕 후 청나라 조정에서 논공행상을 벌였는데, 유명전은 큰 공에 비해 별로 인정을 받지 못했다. 이에 그는 병을 핑계로 고향으로 돌아가버렸다.

한편 서염군(西捻軍)[152]은 복수심에 불타 동쪽으로 이동해 북경을 위협하기 시작했다. 유명전이 병을 핑계삼아 뒤로 빠지자 이홍장은 매우 난감했다. 유명전은 용기와 지혜를 갖춘 회군의 대들보였고 서염군이 가장 두려워하는 존재였기 때문이다. 어떻게든 유명전을 기용하고 싶었지만 그는 끝까지 이홍장의 부름에 응하지 않았다. 이홍장으로서는 오른팔을 잃은 것이나 마찬가지였다. 서염군이 날로 기세를 드높이며 이홍장을 밀어붙이자 조정에서는 이홍장 대신 다른 인물을 물색하기 시작했다. 다급해진 이홍장은 증국번을 찾아가 유명전을 불러내달라고 도움을 청했다.

증국번은 여러 가지 면에서 이홍장을 능가했는데, 이것이 바로 그 중 하나다. 증국번은 유명전에게 편지 세 통을 보내 군대에 복귀하라고 권했다. 그리고 오곤수(吳坤修)에게 직접 찾아가 설득하도록 했고, 결국 유명전을 복귀시키는 데 성공했다.

유명전은 소금 밀매꾼 출신으로 성격이나 행동이 거칠고 사나워 거의 불량배에 가까웠다. 그러나 증국번의 가르침을 받아 용기와 지혜를 두루 갖춘 회군 최고의 명장으로 다시 태어났다. 훗날 그는 대만에 철도를 건설하면서 대만 근대화를 앞당기는 큰 업적을 세웠다. 또 프랑스 군대가 쳐들어왔을 때, 광서의 풍자재(馮子材)와 더불어 서구 열강을 상대로 의미 있는 승리를 만들어냈다.

진국서

진국서는 어린 나이에 태평천국군에 들어갔으나 포로로 잡힌 후 청나라 장군의 양자가 되었다. 그는 제대로 교육을 받아본 적이 없어 무지했지만 타고난 용맹함과 무예 실력을 발휘해 순식간에 총병으로 승진했다. 승격림필 부대에 속해 있던 그는 1865년 승격림필이 전사하고 부대가 거의 전멸할 당시 큰 부상을 입었는데, 운 좋게 살아남았다. 곧이어 부임한 증국번은 승격림필 부대의 패잔병들을 불러들여 패배에 대한 책임을 물었다. 진국서도 심문 대상이었으나 부상이 심한데다 용맹함이 인정되어 처벌을 면할 수 있었다. 그러나 증국번은 곧 생각이 바뀌었다. 일단 진국서는 승격림필을 구하지 못한 것에 대한 책임을 져야 한다. 이런 상황에서 부상을 핑계로 처벌을 피해갔으니 괘씸하다는 생각마저 들었다.

진국서는 거칠고 사나운데다 거만하고 막무가내여서 온갖 못된 짓을 저질렀다. 한눈에 봐도 불량배 같은 그는 온갖 사건사고의 주인공이었다.

남경 함락 직후, 진국서가 태평천국 잔여 세력을 추격하느라 호북에 있는 동안 그가 변절했다는 소문이 났다. 그가 돌아와 직접 억울함을 호소하고 진실을 해명하기 전까지 대부분의 사람들이 소문을 그대로 믿었다. 그러나 증국번은 말했다. "지금 우리 군은 그 어느 때보다 강력한 세력을 유지하고 있다. 반면 진국서의 병력은 수천 명에 불과한데 그가 어떻게 우리를 적으로 삼겠느냐? 만약 내가 틀렸다면 내가 모든 것을 책임지겠다."

1865년 5월, 염군을 추격하던 진국서는 느닷없이 유명전 군영에 침입해 무기를 탈취해갔다. 소금 밀매꾼 출신인 유명전 역시 사납고 거칠기로는 누구에게도 뒤지지 않았던 터라 일이 더 커졌다. 유명전은 한 차례 싸움을 벌인 끝에 진국서를 사로잡고 그의 부하 수천 명을 몰살시켰다. 증국번은 진국서의 잘못된 행동으로 사건이 일어났다는 것은 알고 있었지만, 유명전도 큰 죄를 지은 만큼 진국서를 놓아주고 서로 책임을 묻지 않기로 하고 사건을 마무리 지었다. 한편 진국서는 유명전에게 붙잡혀 있는 동안 구타와 굶주림 등 온갖 모욕을 겪은 터라 너무 분했지만, 당장은 어찌할 도리가 없었다. 일단 다시 병사를 모으는 것이 시급했다.

얼마 뒤 천진교안 사건이 일어났고 진국서가 여기에 연루되었다. 그러나 진국서의 행동이 사형에 처할 만큼 중죄는 아니었으므로 증국번은 일단 그를 양주(揚州)로 이동 조치했다. 그런데 양주에서 한 영국인이 진국서가 군중을 선동해 교회를 공격하고 자신들을 협박해 쫓아냈다며 그를 고발했다. 조사 결과 이 고발은 모함으로 밝혀졌지만, 진국서가 외국인에게 어떤 위협적인 행동을 했던 것만은 사실이었다. 증국번은 진국서가 또 사고를 치지 않을까 한시도 마음을 놓을 수가 없었다. 어떻게 그를 외부와 격리시킬 수 있을까 고민하던 중 보름 만에 또다시 더 큰 사고 소식이 들려왔다.

태평천국에서 투항해온 항장 이세충이 양주 무관으로 있었는데, 그가 난데없이 진국서를 잡아다가 배안에 가둬버렸다. 진국서를 찾으러 몰려온 수천 명이 강변을 온통 난장판으로 만들었다. 이세충은 상황이 불리해지자 재빨리 몸을 피했으나 그의 가족들이 진국서 일당에게 붙잡혀 봉변을 당했다. 이 과정에서 한 사람이 목숨을 잃었다.

사실 이 사건에는 다른 이유가 있었다. 이세충과 진국서 부대는 모두 장강 연안에서 활동하고 있었는데, 어느 날 진국서가 이세충 부대의 군량과 갑옷 등을 탈취해갔다. 이세충은 일단 화를 누르고 불만을 감춘 채 복수할 기회를 노렸다. 그러던 중 양주에서 우연히 만나게 된 것이었다. 이세충은 일부러 친한 척하며 진국서에게 접근했다. 진국서는 여전히 버릇없이 거만하게 거드름을 피우며 이세충을 곤란하게 만들었다. 이세충은 드디어 마음을 먹고 어느 이른 아침 진국서의 집을 급습해 그를 잡아갔다.

증국번은 두 사람 모두 제독까지 지낸 사람들인데 아직까지 포악하고 오만불손한 태도를 고치지 못하는 것이 안타까웠다. 더구나 제도와 규칙을 무시해 양주 백성들에게 피해를 주고 서양인들의 미움을 샀다. 그리고 결국 이렇게 인명이 희생되는 사고까지 일으켰으니 더 이상 두고 볼 수 없었다. 증국번은 더 이상 풍파를 일으키지 않기 위해 두 사람에게 당장 양주를 떠나 고향으로 돌아갈 것을 명했다. 그러나 진국서는 고향으로 돌아가지 않고 양주, 회강 일대를 배회했다. 앞으로 어떻게 해야 할지 막막했다.

진국서의 됨됨이를 잘 알고 있었던 증국번은 여러 차례 잘못을 지적하고 고치도록 권했다. '자신감은 좋지만 너무 지나쳐 거만하다', '간사하고 포악하다', '난폭하고 오만함이 아직 그대로다', '사적인 감정으로 싸우기를 좋아하니 사고가 끊이지 않는다', '거칠고 사나운 기질을 버리지 못하니 항상 사건을 만들고 큰소리치며 남을 괴롭히는구나.' 등등.

한번은 증국번이 진국서에게 공문을 띄울 일이 있었는데, 평소 그에게 하고 싶었던 말들을 모두 담아 장문의 편지를 썼다. 증국번이 이렇게 여러 번 충고했던 것은 그만큼 진국서의 재능이 아까웠기 때문이다. 그는 진국서가 잘못을 깨닫고 훌륭한 장군이 되기를 진심으로 바랐다. 이 글은 『증국번전집』 비독(批牘)편에 실려 있는데, 총 2,606자로 비독편에 실려 있는 편지 중 가장 길다. 이 편지에는 남을 가르치길 좋아하는 증국번의 못 말리는 성격이 그대로 담겨 있다. 어떻든 이 편지의 요지는 진국서가 단점을 고치고 명장의 자질과 소양을 키우길 바란다는 것이었다.

증국번은 먼저 공무와 관련된 이야기를 한 뒤 이렇게 속마음을 드러냈다. "마음속에 자네에게 해주고 싶은 말이 너무 많은데, 좋은 약은 입에 쓰다는 말처럼 자네가 받아들이지 않을까봐 그동안 말을 못했다네." 진국서는 열 명 중 셋은 그를 좋다 말하지만, 나머지 일곱에게는 미움을 받는 사람이었다. 증국번은 이 편지에서 배은망덕한 행동, 아랫사람을 학대하는 행위, 아편 등 그의 잘못을 열거하고, 나중에 그의 장점을 몇 가지 언급했다. 그는 용감하고 무예가 출중해 기본적으로 명장의 자질을 타고났으니 깊이 반성해 단점을 고치면 훌륭한 장군이 될 수 있다고 충고했다. 그렇지 않으면 앞으로 비참한 최후를 맞이하게 될지도 모른다는 경고도 덧붙였다.

다음으로 증국번은 진국서에게 앞으로 지켜야 할 세 가지 약속을 제안했다. 첫째, 백성들을 괴롭히지 말 것. 둘째, 개인적인 감정으로 싸우지 말 것. 셋째, 제도와 규칙을 준수할 것. 이 부분에서 유명전 이야기를 언급하면서 앞으로 더욱 분발해 큰 공을 세우고 명예를 드높여 치욕을 씻으라고 충고했다. 한신이 불량배들의 가랑이 밑을 기어갔던 일, 곽자의가 조상의 묘가 파헤쳐지는 수치를 견뎌낸 일을 예로 들면서 어떤 일이 있어도 절대 사사로운 감정으로 싸움을 일으키지 말라고 말했다.

마지막으로 증국번은 진국서에게 명령에 복종하고, 그동안 실추된 명예를 회복해 명장의 자질을 키워 정정당당한 대장부로 다시 태어나라는 바람을 전했다. 그러나 증국번은 진국서에게 큰 기대를 걸지 않았다. 예로부터 재능이 뛰어나면서 거만하지 않고, 거만하지만 굽힐 줄 아는 사람이 극히 드물었다는 사실을 잘 알고 있었기 때문이다.

후에 조정에서 진국서 기용 문제를 두고 증국번에게 조언을 청했을 때 그는 반대 의견을 표시했다. 그가 진국서 기용에 반대한 이유는 그의 됨됨이를 너무 잘 알고 있었기 때문이다. 진국서를 변화시키려는 증국번의 노력은 비록 실패로 돌아갔지만, 그는 그것 때문에 사사로운 감정에 사로잡혀 공무를 망칠 사람이 아니었다.

증국번은 기본적으로 진국서의 됨됨이를 좋게 보지 않았다. 그는 유명전, 반정신과는 많은 편지를 주고받았지만 진국서에게는 거의 편지를 쓰지 않았다. 결과적으로 진국서에게 쏟은 증국번의 노력은 수포로 돌아갔다. 그리고 진국서의 운명은 증국번이 말했던 것처럼 '비극적인 최후'를 맞이했다. 증국번이 세상을 떠나고 몇 년 후, 또 다른 사건에 연루되어 흑룡강에 유배된 그는 황량한 벌판에서 쓸쓸히 삶을 마감했다.

| 주석 |

1. 삼불후(三不朽), '썩지 않는 세 가지'라는 뜻으로, 이 세상에서 덕(德)과 공(功), 말(言)을 세우는 일은 그 사람이 죽은 후에도 영원히 사라지지 않는다는 말이다. 『좌씨춘추(左氏春秋)』에 나오는 '태상유립덕(太上有立德), 기차유립공(其次有立功), 기차유립언(其次有立言), 수구부폐(雖久不廢), 차지위부후(此之謂不朽)'라는 구절에서 유래한 말이다(가장 뛰어난 것은 덕을 세우는 일이고, 바로 뒤에 공을 이루며, 그다음으로는 말을 세우는 것이다. 비록 오래되어도 없어지지 않으니, 이것을 썩지 않는다고 말한다).
2. 하늘, 땅, 임금, 부모, 스승을 모신다는 뜻.
3. '궁칙독선기신(窮則獨善其身), 달칙겸선천하(達則兼善天下).' (『맹자』 중에서)
4. 상용(湘勇)이라고도 함. 중국번이 태평천국의 난을 진압하기 위해 조직한 군대. 병사 대부분이 호남 출신이었기 때문에 호남 지역을 뜻하는 '상(湘)' 자를 붙였다.
5. 1853~1868년에 하남(河南), 안휘, 산동(山東) 지역에서 폭동을 주도한 농민, 수공업자 등으로 조직된 비밀결사 부대.
6. 양강은 강남(江南)과 강서(江西)를 통칭하는 말로 현재 행정구역으로는 강서성, 강소(江蘇)성, 안휘성에 해당함.
7. 투항주의(投降主義)는 민족이나 계급의 이익을 떠나 적에게 굴복해야 한다는 주장이나 행동. 민족투항주의, 계급투항주의 등이 있음.
8. 청나라는 독무제(督撫制)라는 지방행정체제를 두었음. 전국을 스물세 개 성으로 나누고 성 최고관리로 순무를 두었고, 스물세 개 성을 다시 여덟 지역으로 묶어 순무를 관리하는 총독을 두었다.
9. 과거 시험의 여러 단계 중 향시(鄕試)에 합격한 사람.
10. 청나라 때 한족으로 구성된 정규군. 만주족으로 구성된 팔기군(八旗軍)이 수적으로 크게 부족했기 때문에 지방마다 녹영군이 조직되었다.
11. '양활일단춘의사(養活一段春意思), 탱기양근궁골두(撑起兩根窮骨頭).'
12. 군군(君君), 신신(臣臣), 부부(父父), 자자(子子).
13. 주(周)나라의 현군으로 유가에서 칭송하는 이상적인 군주.
14. 전해 내려온 것을 말로 할 뿐 새로 지어내지 않는다. (『논어』 중에서)
15. '국궁진췌(鞠躬盡瘁), 사이후이(死而後已).'
16. '출사미첩신선사(出師未捷身先死), 장사영웅누만금(長使英雄淚滿襟).' (「촉상(蜀相)」 중에서)
17. 조조는 구유가 한자로 조(槽)이므로 조(曹)씨 집안을 가리키는 것이고, 말은 한자로 마(馬)이므로 사마(司馬)씨를 가리키는 것으로 해석했다.
18. 안녹산의 난에 공을 세운 당나라 장군.
19. 여기에서는 행동력이 떨어지고 생각이 많은 유학자의 보편적인 특성을 뜻함.
20. 시를 지을 때, 같은 형식으로 의미가 다른 시구를 배치하는 것.
21. 구미초는 강아지 꼬리 모양 풀, 즉 강아지풀. 봉관화는 봉황 모양 모자처럼 생긴 꽃, 혹은 봉황 모양 머리 장식.
22. 『자치통감(資治通鑑)』 주해본을 남긴 남송 시대 학자.
23. 중국전이 이끌던 부대로 강서 길안(吉安)에 주둔하면서 붙은 이름.

24. 태평천국에서 사용한 직함. 홍수전은 자신이 '신의 아들'임을 강조하며 스스로 천왕(天王)이라 칭하고 그 아래 왕을 두었다. 태평천국 말기까지 총 2,700여 명이 왕에 임명되었다.
25. 민첩하게 공을 세울 수 있다.(『논어』 중에서)
26. 무릎을 꿇고 머리가 땅에 닿게 조아리는 것.
27. '로인지고(魯人之皐), 수년불각(數年不覺), 사아고도(使我高蹈). 유기유서(唯其儒書), 이위이국우(以爲二國憂).'(『좌전·애공(哀公) 21년』 중에서)
28. 한(漢)나라 애제(哀帝) 시대의 무관 출신 재상(宰相).
29. 형가(荊軻)에게 진시황 암살을 사주한 주인공으로 유명하다.
30. 흉노족의 군주 칭호.
31. '선천이천불위(先天而天弗違), 후천이봉천시(後天而奉天時).'(『역경대전(易經大傳)』 중에서)
32. 예술평론가, 문화사학자. 중국에서 인세수입 1위를 기록할 만큼 영향력 있는 스타 작가.
33. 중국 4대 서원 중 하나. 천 년의 역사를 지닌 중국 전통 고등교육기관.
34. 향시에 합격한 거인을 모아 중앙정부에서 주관하는 과거시험의 한 단계.
35. 중국 역대 왕조 역사서 중 정사로 인정되는 사서(史書)로 보통 이십사사(二十四史)로 많이 알려져 있다. 이십삼사는 건륭제 때 『구오대사(舊五代史)』가 포함되기 전의 총서 명칭임.
36. '고래명리객(古來名利客), 수불도장안(誰不到長安).'
37. 장재는 11세기 북송(北宋)의 학자다. '위천지립심(爲天地立心), 위생민립명(爲生民立命). 위왕성계절학(爲往聖繼絕學), 위만세개태평(爲萬世開太平).'
38. 고서와 골동품이 모여 있는 북경의 전통문화 거리.
39. 고거학(考據學), 고증학(考證學)이라고도 함. 확실하고 구체적인 증거를 찾아 사실을 규명하려는 유학의 일파.
40. 1939년 산동 출생, 중국 현대 역사학자.
41. 정이(程頤)와 주자의 이론을 기초로 한 유학의 일파.
42. 청나라의 전성기를 일컫는 말. 4대 황제 강희제, 5대 황제 옹정제, 6대 황제 건륭제 재위시기에 해당함.
43. 부모상을 당함.
44. '다산승(多算勝), 소산부승(少算不勝).'
45. 상군은 삼하전투에서 이속빈의 정예부대 6,000명과 중국번의 동생 중국화 부대가 전멸하는 등 참혹한 패배를 맛봤다. 한편 진옥성이 지휘하는 태평천국군은 완벽한 승리를 거두고 사기를 드높였다. 이후 상군 장수들이 모인 전략회의에서 호림익이 훌륭한 장수는 용기보다 지략이 먼저임을 강조하며 이렇게 말했다. "군대는 머리수보다 실력이 중요하고, 장수는 용기보다 지략이 중요하다. 삼하전투 패배 요인은 병사수가 적었기 때문이 아니다." "군대를 지휘하는 데 가장 중요한 것은 지략이고, 용기는 그다음이다." "지략이 뛰어나고 용기가 부족한 경우 정확한 결과를 예측할 수 없지만, 용기가 넘치고 지략이 부족할 경우 절대 성공할 수 없다."
46. 유가의 기본 개념 중 하나. 맹자는 성에 대해 "성은 하늘의 도리이다(誠者, 天之道也)"라고 정의했다. 성은 진심, 진실, 성실, 정성 등으로 풀이할 수 있다.
47. 개별적으로 보면 충은 충실하다, 충직하다는 뜻으로 성(誠)과 연결되고 서는 용서하다, 너그럽다는 뜻으로 인(仁)과 연결된다. 시대와 인물에 따라 조금씩 해석이 다른데, 주자는 '충서는 도에 가까운 것(忠恕違道不遠)'이라고 말했다. 보편적으로 스스로에게 정성을 다하고 남의 사정을 헤아리는 것으로 풀이된다.
48. 체두(剃頭)는 본래 머리카락을 자른다는 뜻인데, 여기에서는 목을 베어 사람을 죽인다는 의미임.

49. 효는 효산(崤山), 함은 함곡관(函谷關).
50. 중원을 기준으로 북방 오랑캐.
51. 진(晉)나라 대부 겸 장군.
52. '고리를 잇는 계책'이라는 뜻으로 여러 가지 계책을 교묘하게 연결시킨다는 뜻이다. 중국의 고대 병법인 36계 중 35번째 계책이다.
53. '병자(兵者), 궤도야(詭道也).' (『손자병법』 중에서)
54. '기왈무의(豈曰無衣), 여자동포(與子同袍). 왕우흥사(王于興師), 수아과모(修我戈矛), 여자동구(與子同仇).'
55. 제나라, 초나라, 진(秦)나라, 연(燕)나라, 위나라, 한(韓)나라, 조(趙)나라.
56. '불모전국자(不謀全局者), 불족모일시(不足謀一時).' 청나라 말기에 태어나 신해혁명을 거쳐 중화민국 시대에 활약한 문인이자 정치가인 진담연(陳澹然)의 『오언이천도건번의(寤言二遷都建藩議)』의 명구 "불모만세자(不謀萬世者), 불족모일시(不足謀一時). 불모전국자(不謀全局者), 불족모일역(不足謀一域)"을 인용한 말.
57. '이천하위기임(以天下爲己任).' (『남사(南史)』 「공휴원전(孔休源傳)」 중에서)
58. '달칙겸제천하(達則兼濟天下), 궁칙독선기신(窮則獨善其身).' (『맹자』 중에서)
59. 매문춘풍지노호(每聞春風之怒号), 칙촌심욕쇄(則寸心欲碎). 견적범지상사(見賊帆之上駛), 칙요옥방황(則繞屋傍徨).
60. 남경의 옛 이름.
61. 남경의 옛 이름.
62. '寬以居之.' 넓은 마음으로 살아간다. / '修辭立其誠, 所以居業.' 말을 잘 다듬어 진심을 담아 행동에 드러나게 한다. / '誠信,' 진심과 신의.
63. 북송 시대 유학자 정호(程顥)를 가리킴. 정주리학의 창시자 동생인 정이는 소정자(小程子)라 부르며, 둘을 함께 이정자(二程子)라 부르기도 함.
64. '집덕불굉(執德不宏), 신도부독(信道不篤), 언능위유(焉能爲有), 언능위망(焉能爲亡).' 자장은 공자의 제자. 진(陳)나라 사람이고 본명은 전손사(顓孫師)이며, 충의와 신의를 중시한 것으로 유명함.
65. '是故誠者, 不欺者也. 不欺者, 心無私著也. 無私著者, 至虛者也. 是故天下之至虛, 天下之至誠者也. 一有著, 則私也. 靈明無著, 物來順應, 未來無迎, 當時不雜, 旣過不戀, 是之謂虛而已矣, 是之謂誠而已矣.' (『증호치병어록(曾胡治兵語錄)』 - 중국번과 호림익의 군사책략을 모아놓은 어록체 병서 중에서)
66. '사래시부혹(事來時不惑), 사거시불류(事去時不留).'
67. 出世는 성공하다, 세상에 이름을 알리다, 사회에 진출하다 등의 뜻이 있으나, 여기에서는 세속을 벗어난다는 뜻. / 入世는 속세에 뛰어든다는 뜻.
68. 국내 무역에 부과하는 세금.
69. 항우가 유방을 제거하려는 의도로 홍문에서 벌인 연회. 이후 음모와 살기가 가득 찬 모임이란 뜻으로 쓰임.
70. '인언초인목후이관이(人言楚人沐猴而冠耳), 과연(果然).' (『사기(史記)』 「항우본기(項羽本紀)」 중에서)
71. 제나라, 초나라, 연나라, 한(韓)나라, 위나라, 조(趙)나라.
72. 과거제도는 587년에 수나라 문제가 처음 실시했고, 그 뒤 양제(煬帝)가 진사과(進士科)를 설치하면서 제도화되기 시작했다. 당나라 때 수재과(秀才科), 명법과(明法科), 명서과(明書科), 명산과(明算科)를 증설했고, 측천무후 때 전시(殿試)와 무과(武科)가 시작되었다. 과거제도는 명나라 때보다 체계적으로 정비되었다. 3년에 한 번 성 단위로 치르는 향시(鄕試)에 합격한 사람을 거인(擧人)이라 했는데, 이들은 조정에서 직접 주관하는 시험에 응시할 자격을 부여받았다. 이 시험에 합격한 자를 공사(貢士)라고 불렀다. 공사는 황제가 직접 주관하는 과거의 최종시험인 전시에 참가할 수 있었다. 전시의 3급(일갑, 이갑, 삼갑

혹은 갑과, 을과, 병과) 이상 합격자만 관리가 될 수 있었다. 갑과(일갑) 합격자를 진사급제라 칭했고, 을과(이갑) 합격자는 진사출신, 병과(삼갑) 합격자는 동진사출신이라 불렸다.
73. 기존 관료와 이갑, 삼갑 진사를 모아 경사(經史) 토론을 벌여 실력을 가리는 시험. 황제가 직접 주관하는 시험으로 뛰어난 실력을 입증하면 한림원에 들어갈 수 있었다.
74. 1. 몸가짐을 경건하고 엄숙하게 하라. / 2. 조용히 앉아 천성을 함양하라. / 3. 일찍 일어나라. / 4. 전념해 독서하라. / 5. 역사책을 읽어라. / 6. 신중하게 말하라. / 7. 진기를 키워라. / 8. 자신의 몸을 사랑하라. / 9. 매일 새로운 학문을 얻어라. / 10. 자신의 기량을 녹슬게 하지 말라. / 11. 붓글씨를 써라. / 12. 저녁 늦게 집을 나가지 않는다.
75. 통행 혹은 군사 목적으로 성벽 곳곳에 동굴 모양으로 구멍을 내어놓은 것.
76. '민포물여(民胞物與)', 모든 인류는 나의 동포이며 만물은 나와 함께 한다. / '내성외왕(內聖外王)', 안으로는 성인, 밖으로는 임금의 덕을 갖춘 사람. 학식과 도덕을 겸비했음을 뜻함.
77. '불위성현(不爲聖賢), 즉위금수(卽爲禽獸). 막문수확(莫問收獲), 지문경운(只問耕耘).'
78. 詩書六藝. 시는 『시경』, 서는 『서경』, 육예는 고대 중국 교육의 여섯 과목으로 예(禮), 악(樂), 사(射), 어(御), 서(書), 수(數)를 뜻함.
79. 제나라 환공, 진(晉)나라 문공(文公), 초나라 장왕(莊王), 오나라 합려(闔閭), 월(越)나라 구천(勾踐).
80. 전국시대에 두각을 나타낸 영웅 중 한 명. 중원 국가 최초로 기병을 조직했음.
81. 진(秦)나라 말기의 농민 반란 지도자.
82. 전한(前漢)의 황제 권력을 찬탈한 인물. 신(新)을 건국하고 스스로 황제가 되었으나, 15년 만에 멸망함.
83. 황건의 난을 일으킨 주모자.
84. 진(晉)나라의 명장으로 황권을 위협하며 막강한 권력을 휘두른 인물.
85. 당나라 말기 황소의 난을 일으킨 인물.
86. 남송의 시인 겸 정치가.
87. 남송의 명장. 금(金)나라에 맞서 싸운 구국 영웅으로 유명함.
88. 명나라 말기 농민반란 지도자.
89. 청나라 초기 명나라 부흥 운동을 전개한 인물.
90. 청나라 말기 정치가. 서구 열강에 강경 수단을 고수해 아편전쟁 도발자로 몰렸다.
91. 강은 장강, 한은 한수(漢水).
92. '고지벌국(古之伐國), 불살황구(不殺黃口), 불획이모(不獲二毛), 어고위의(於古爲義), 어금위소(於今爲笑). 고지소이위영자(古之所以爲榮者), 금지소이위욕야(今之所以爲辱也)'. (『회남자』 중에서)
93. 춘추오패에는 이름을 올리지 못했으나 그에 버금가는 실력을 갖추었다는 의미.
94. 해상(解喪)이라고도 함. 부모 삼년상을 마친다는 뜻.
95. 재물은 필요 없다, 죽음을 두려워하지 않는다.
96. 머리에 붉은 두건을 둘러 홍건군(紅巾軍), 홍적(紅賊), 홍건적(紅巾賊), 홍두적(紅頭賊) 등으로 불렸음.
97. '왕후무종(王侯無種), 제왕유진(帝王有眞).'
98. '뇌정여우로(雷霆與雨露), 일례시춘풍(一例是春風).'
99. '천자예개린각대(天子預開麟閣待), 상공신파채주환(相公新破蔡州還).'
100. '신소빙의(神所凭依), 장재덕의(將在德矣). 정지경중(鼎之輕重), 사가문언(似可問焉).' 정(鼎)은 고대 중국에서 천자의 상징이었다. 정의 무게를 따진다는 것은 천자의 정통성을 따진다는 의미. 이 구절은 『좌전』에 나오는 '정지경중(鼎之輕重), 미가문야(未可問也)'를 인용한 것이다. 초나라가 주나라를 위협하며 천하를 넘보자 주나라 대부 왕손만(王孫滿)이 '정의 무겁고 가볍고는 물을 것이 못 된다'라며 초나

라의 야망에 일침을 가했다.
101. '의천조해화무수(倚天照海花無數), 류수고산심자지(流水高山心自知).'
102. '화조총지춘호탕(花鳥總知春浩蕩), 강산위조의종횡(江山爲助意縱橫).'
103. 아참휴단검(我慚携短劍), 진간위산래(眞看爲山來). 종횡계불수(縱橫計不售), 공류고영만강홍(空留高咏滿江紅).
104. 임금의 유언으로 나라의 뒷일을 부탁받은 대신.
105. 홍수전이 죽은 후 왕위를 이은 그의 아들 홍천귀복(洪天貴福).
106. 상나라 수도.
107. 상나라에서 존경받던 현자.
108. 영국이 아편전쟁을 일으켜 호문을 점령했을 때, 청나라 조정 대표로 영국과 협상을 진행한 인물. 그러나 협상 결과가 조정의 뜻과 어긋나 관직을 박탈당했다.
109. 상서로움을 불러일으키는 것.
110. 중국 진(晉)나라 때, 이밀(李密)이 지은 글. 무제가 그를 세마(洗馬)로 임명하자 어머니를 봉양할 사람이 없어 벼슬에 나갈 수 없음을 하소연한 글로 제갈량의 「출사표」와 함께 감동적인 문장으로 꼽히는 글.
111. '적진아퇴(敵進我退), 적퇴아추(敵退我追), 적주아요(敵駐我擾), 적피아타(敵疲我打).'
112. '무욕칙강(無欲則剛).'
113. 전국시대 조(趙)나라 명장.
114. 서한 시대 명신.
115. 명나라 말기 명장.
116. 진시황의 최측근 환관으로, 진시황이 죽은 후 권모술수를 이용해 권력을 가로챈 인물.
117. 부계(符契) 혹은 부신(符信)이라고도 함. 돌, 대나무, 옥 등으로 만든 일종의 신분증.
118. 한나라 경제 때의 일곱 제후국. 오, 초, 교서(膠西), 교동(膠東), 치천(淄川), 제남(濟南), 조(趙).
119. '득도자다조(得道者多助), 실도거과조(失道去寡助).' (『맹자』 중에서)
120. 세 개의 최고의 직위를 가리키는 말. 시대에 따라 명칭이 다른데, 동한 시대의 삼공은 사도(司徒), 태위(太尉), 사공(司空)을 가리킨다.
121. '린국유성인(隣國有聖人), 적국지우야(敵國之憂也).' (『한비자(韓非子)』 중에서)
122. 10년 동안 일곱 번 승진했다. /5년 동안 10단계 승진했다.
123. 이 세 사람이 모두 물을 다스렸는지는 확실치 않지만, 혈연으로 이어진 조손삼대(祖孫三代)라는 사실만은 분명하다.
124. 곤의 아버지.
125. '只求[全城屠數], 不使一名漏網耳.'
126. '중인요언수만구(衆人謠言雖滿口), 아문절막란도주(我們切莫亂逃走). 지방공사제심판(地方公事齊心辦), 대가흘완안락반(大家吃碗安樂飯).'
127. '삼군개개자세청(三軍個個仔細聽), 행군요선애백성(行軍要先愛百姓). … 막주인가취문판(莫走人家取門板).'
128. '고천장강대임어시인야(故天將降大任於是人也), 필선고기심지(必先苦其心志), 노기근골(勞其筋骨), 아기체부(餓其體膚), 공핍기신(空乏其身), 항불난기소위(行拂亂其所爲).'
129. '생어우환(生於憂患), 사어안락(死於安樂).' 위기감을 느끼고 항상 대비해야 살 수 있고, 안락함에 빠져 있으면 죽는다.
130. 북경성의 남문.

131. 친정은 임금이 직접 군대를 지휘한다는 뜻. 임금의 명을 받아 임금 대신 출정한 것이나, 임금이 직접 출정한 것과 같다는 의미.
132. '백리이취리자궐상장(百里而趣利者蹶上將), 오십리이취리자군반지(五十里而趣利者軍半至).' (『사기』 중에서)
133. '삼십리이쟁리(三十里而爭利), 칙삼분지이지(則三分之二至).' (『손자병법』 중에서)
134. 주나라 선왕(宣王) 때의 명재상.
135. 오호십육국 시대 송나라의 관리.
136. 진(晉)나라의 무장.
137. 명나라 말기 왜구를 물리친 장군.
138. 『시경(詩經)』『서경(書經)』『예기(禮記)』『악기(樂記)』『역경(易經)』『춘추(春秋)』.
139. 관아 사무에 직접적인 책임이나 권한이 없는 벼슬아치. 다른 관청에서 파견된 임시 관리.
140. '용지칙행(用之則行), 사지칙장(舍之則藏).' (『논어』 중에서)
141. '천하이기신위안위태삼십년(天下以其身爲安危殆三十年), 공개천하이주불의(功蓋天下而主不疑), 위겁인신이중불질(位極人臣而衆不疾), 궁사극욕이인불비지(窮奢極欲而人不非之).' (『자치통감』 중에서)
142. 후한 시대의 과학자 겸 문인. 천구의의 일종인 혼천의(渾天儀)와 지진계(地震計)의 일종인 후풍지동의(候風地動儀)를 만들었다.
143. 남송의 과학자. 특히 수학에 뛰어나 대명력(大明曆)을 만들었고, 기계를 다루는 능력도 뛰어나 많은 발명품을 남겼다.
144. '군자지천하지부가상야(君子知天下之不可上也), 고하지(故下之). 지중인지부가선야(知衆人之不可先也), 고후지(故後之).'
145. '시옥요소삼일만(試玉要燒三日滿), 변재수대칠년기(辨材須待七年期).'
146. '일신정신(一身精神), 구호량목(具乎兩目).'
147. '상유심생(相由心生).'
148. '구왕관인정신(久往觀人精神), 사견현인정태(乍見現人情態).'
149. '재덕겸전(才德兼全), 위지성인(謂之聖人). 재덕겸망(才德兼亡), 위지우인(謂之愚人). 덕승재(德勝才) 위지군자(謂之君子). 재승덕(才勝德), 위지소인(謂之小人).'
150. '자달달인(自達達人), 자립입인(自立立人).' (『논어』 중에서) '자기가 서고자 하면 먼저 남을 세우고 내가 통달코자 하면 먼저 남을 통달케 하라.' (己欲立而立人, 己欲達而達人)를 인용한 것.
151. 임주와 뇌문광의 지휘 아래 주로 하남과 산동에서 활동한 염군을 가리킴.
152. 장종우(長宗禹)와 구원재(邱遠才)의 지휘 아래 주로 섬서에서 활동한 염군을 가리킴.

KI신서 2664

처세
중국 최고 전략가 증국번의 세상을 이기는 법 18

1판 1쇄 인쇄 2010년 8월 20일
1판 1쇄 발행 2010년 8월 25일

지은이 챵펑뤄 **옮긴이** 양성희
펴낸이 김영곤 **펴낸곳** (주)북이십일 21세기북스
출판콘텐츠사업부문장 정성진 **출판개발본부장** 김성수 **인문실용팀장** 강선영
책임편집 이주희 **외주편집** 임정량 **표지디자인** 씨디자인 **본문디자인** 에이틴
마케팅·영업본부장 최창규 **마케팅·영업** 김용환 이경희 허정민
출판등록 2000년 5월 6일 제10-1965호
주소 (우413-756) 경기도 파주시 교하읍 문발리 파주출판단지 518-3
대표전화 031-955-2100 **팩스** 031-955-2151 **이메일** book21@book21.co.kr
홈페이지 www.book21.co.kr **커뮤니티** cafe.naver.com/21cbook

책 값은 뒤표지에 있습니다.
ISBN 978-89-509-2617-5 03320

이 책 내용의 일부 또는 전부를 재사용하려면 반드시 21세기북스의 동의를 얻어야 합니다.
잘못 만들어진 책은 구입하신 서점에서 교환해 드립니다.